첫걸음 베스트 1위!

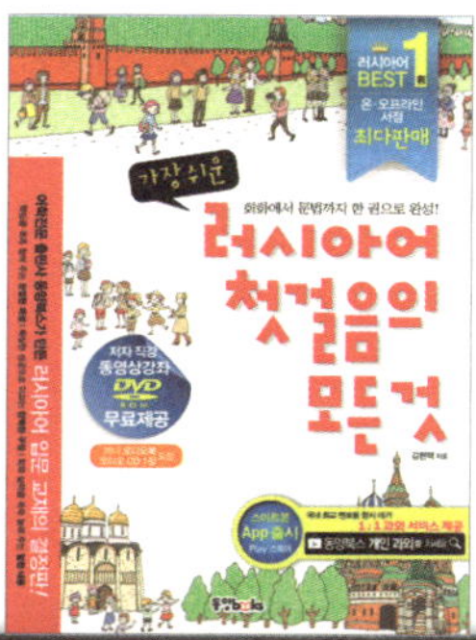

가장 쉬운
러시아어 첫걸음의 모든 것
16,000원

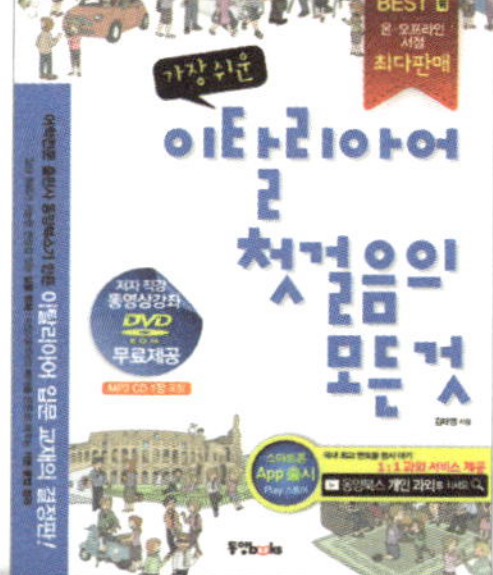

가장 쉬운
이탈리아어 첫걸음의 모든 것
17,500원

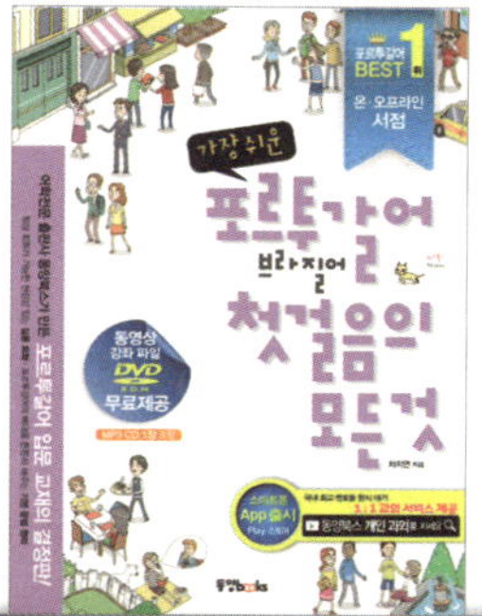

가장 쉬운
포르투갈어 첫걸음의 모든 것
18,000원

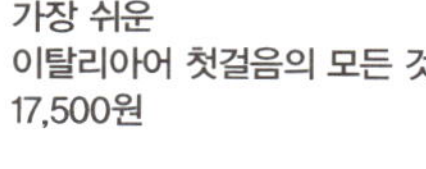

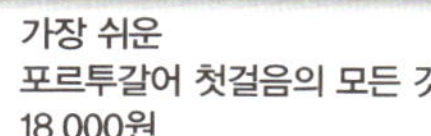

가장 쉬운
터키어 첫걸음의 모든 것
16,500원

버전업! 가장 쉬운
아랍어 첫걸음
18,500원

가장 쉬운
인도네시아어 첫걸음의 모든 것
18,500원

가장 쉬운
영어 첫걸음의 모든 것
16,500원

버전업! 굿모닝
독학 일본어 첫걸음
14,500원

가장 쉬운
중국어 첫걸음의 모든 것
14,500원

오늘부터는 팟캐스트로 공부하자!

팟캐스트 무료 음성 강의

▸1
iOS 사용자

Podcast 앱에서
'동양북스' 검색

▸2
안드로이드 사용자

플레이스토어에서 '팟빵' 등
팟캐스트 앱 다운로드,
다운받은 앱에서
'동양북스' 검색

▸3
PC에서

팟빵(www.podbbang.com)에서
'동양북스' 검색
애플 iTunes 프로그램에서
'동양북스' 검색

◉ **현재 서비스 중인 강의 목록** (팟캐스트 강의는 수시로 업데이트 됩니다.)

- 가장 쉬운 독학 일본어 첫걸음
- 페이의 적재적소 중국어
- 가장 쉬운 독학 중국어 첫걸음
- 중국어 한글로 시작해
- 가장 쉬운 독학 베트남어 첫걸음

매일 매일 업데이트 되는 동양북스 SNS! 동양북스의 새로운 소식과 다양한 정보를 만나보세요.

 blog.naver.com/dymg98    instagram.com/dybooks    facebook.com/dybooks   twitter.com/dy_books

동양북스
新HSK
1-5급 단어
2500
편집부 엮음
동양북스

新 HSK 1-5급 필수단어 2500 **활용팁**

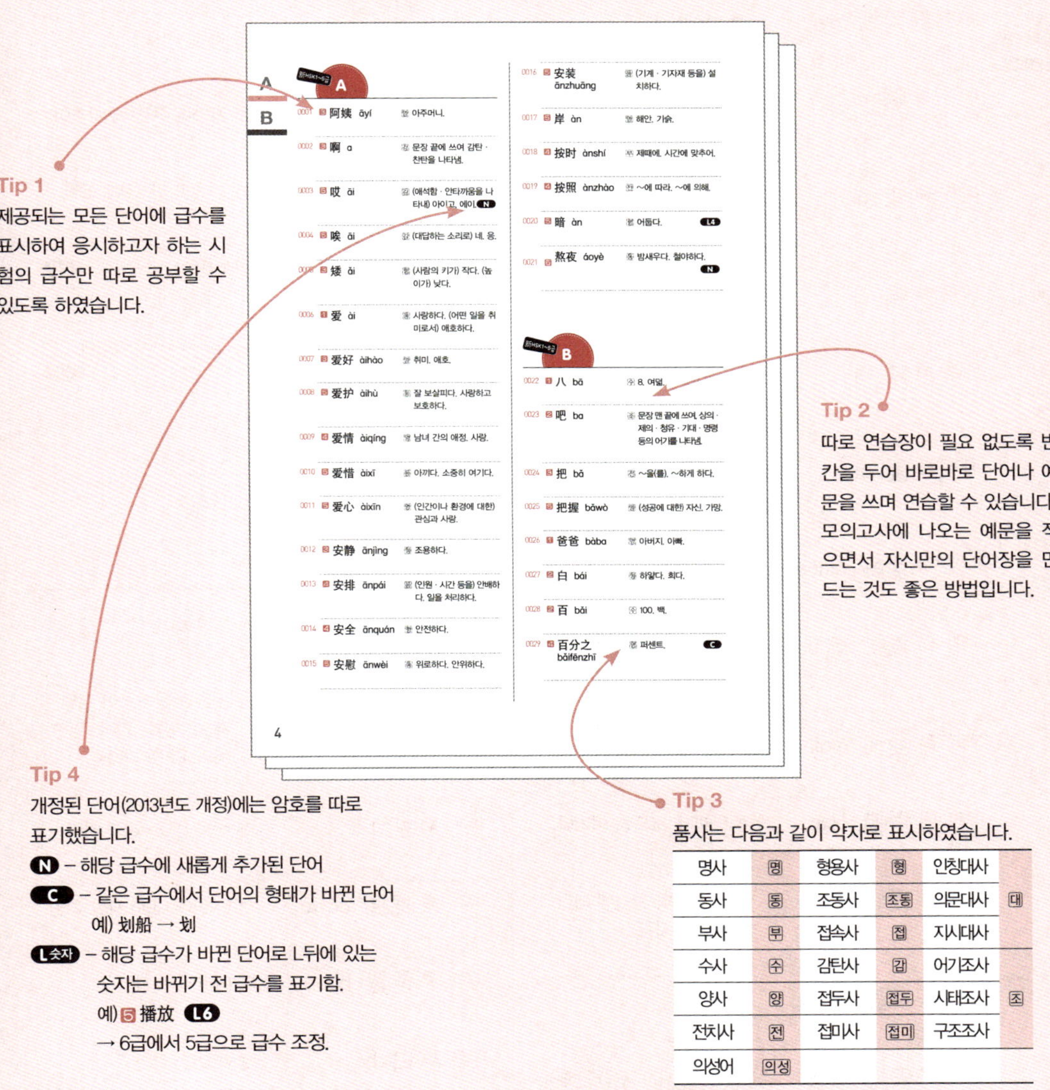

Tip 1

제공되는 모든 단어에 급수를 표시하여 응시하고자 하는 시험의 급수만 따로 공부할 수 있도록 하였습니다.

Tip 2

따로 연습장이 필요 없도록 빈 칸을 두어 바로바로 단어나 예문을 쓰며 연습할 수 있습니다. 모의고사에 나오는 예문을 적으면서 자신만의 단어장을 만드는 것도 좋은 방법입니다.

Tip 4

개정된 단어(2013년도 개정)에는 암호를 따로 표기했습니다.
- **N** – 해당 급수에 새롭게 추가된 단어
- **C** – 같은 급수에서 단어의 형태가 바뀐 단어
  예) 划船 → 划
- **L숫자** – 해당 급수가 바뀐 단어로 L뒤에 있는 숫자는 바뀌기 전 급수를 표기함.
  예) ⑤ 播放 **L6**
  → 6급에서 5급으로 급수 조정.

Tip 3

품사는 다음과 같이 약자로 표시하였습니다.

명사	명	형용사	형	인칭대사	
동사	동	조동사	조동	의문대사	대
부사	부	접속사	접	지시대사	
수사	수	감탄사	감	어기조사	
양사	양	접두사	접두	시태조사	조
전치사	전	접미사	접미	구조조사	
의성어	의성				

※ 新 HSK의 어휘 급수는 상위 급수가 하위 급수를 포함합니다. 예를 들어 5급 단어는 1~4급 단어를 포함합니다. 이 책에서는 단어가 새롭게 출현했을 때의 급수를 표기하였습니다.

- **3급** 시험 대비: 1~3급 단어 학습
- **4급** 시험 대비: 1~4급 단어 학습
- **5급** 시험 대비: 1~5급 단어 학습

0001	③ 阿姨 āyí	명	아주머니.
0002	③ 啊 a	감	문장 끝에 쓰여 감탄 · 찬탄을 나타냄.
0003	⑤ 哎 āi	감	(애석함 · 안타까움을 나타내) 아이고, 에이. N
0004	⑤ 唉 āi	감	(대답하는 소리로) 네. 응.
0005	③ 矮 ǎi	형	(사람의 키가) 작다. (높이가) 낮다.
0006	① 爱 ài	동	사랑하다. (어떤 일을 취미로서) 애호하다.
0007	③ 爱好 àihào	명	취미. 애호.
0008	⑤ 爱护 àihù	동	잘 보살피다. 사랑하고 보호하다.
0009	④ 爱情 àiqíng	명	남녀 간의 애정. 사랑.
0010	⑤ 爱惜 àixī	동	아끼다. 소중히 여기다.
0011	⑤ 爱心 àixīn	명	(인간이나 환경에 대한) 관심과 사랑.
0012	③ 安静 ānjìng	형	조용하다.
0013	④ 安排 ānpái	동	(인원 · 시간 등을) 안배하다. 일을 처리하다.
0014	④ 安全 ānquán	형	안전하다.
0015	⑤ 安慰 ānwèi	동	위로하다. 안위하다.

0016	⑤ 安装 ānzhuāng	동	(기계 · 기자재 등을) 설치하다.
0017	⑤ 岸 àn	명	해안. 기슭.
0018	④ 按时 ànshí	부	제때에. 시간에 맞추어.
0019	④ 按照 ànzhào	전	~에 따라. ~에 의해.
0020	⑤ 暗 àn	형	어둡다. L4
0021	⑤ 熬夜 áoyè	동	밤새우다. 철야하다. N

0022	① 八 bā	수	8. 여덟.
0023	② 吧 ba	조	문장 맨 끝에 쓰여, 상의 · 제의 · 청유 · 기대 · 명령 등의 어기를 나타냄.
0024	③ 把 bǎ	전	~을(를). ~하게 하다.
0025	⑤ 把握 bǎwò	명	(성공에 대한) 자신. 가망.
0026	① 爸爸 bàba	명	아버지. 아빠.
0027	② 白 bái	형	하얗다. 희다.
0028	② 百 bǎi	수	100. 백.
0029	④ 百分之 bǎifēnzhī	명	퍼센트. C

0030	⑤ 摆 bǎi	동	놓다. 벌여 놓다.
0031	③ 班 bān	명	반. 그룹. 조.
0032	③ 搬 bān	동	이사하다. (비교적 크거나 무거운 것을) 옮기다.
0033	③ 办法 bànfǎ	명	방법. 수단.
0034	③ 办公室 bàngōngshì	명	사무실.
0035	⑤ 办理 bànlǐ	동	처리하다. 취급하다.
0036	③ 半 bàn	수	절반. 2분의 1.
0037	③ 帮忙 bāngmáng	동	도움을 주다. 원조하다.
0038	② 帮助 bāngzhù	동	돕다. 원조하다.
		명	도움. 원조.
0039	④ 棒 bàng	형	(성적이) 좋다. (수준이) 높다.
		명	몽둥이. **L5**
0040	⑤ 傍晚 bàngwǎn	명	저녁 무렵.
0041	③ 包 bāo	명	가방. 주머니.
		동	(종이나 베 혹은 기타 얇은 것으로) 싸다.
0042	⑤ 包裹 bāoguǒ	명	소포.
		동	싸다. 포장하다.
0043	⑤ 包含 bāohán	동	포함하다.
0044	⑤ 包括 bāokuò	동	포함하다. 포괄하다. **L4**

0045	④ 包子 bāozi	명	(만두 소가 든) 찐빵. 만두. **L5**
0046	⑤ 薄 báo	형	엷다. 얇다.
0047	③ 饱 bǎo	형	배부르다.
0048	⑤ 宝贝 bǎobèi	명	귀염둥이. 보물. 보배.
0049	⑤ 宝贵 bǎoguì	형	소중한. 진귀한.
0050	⑤ 保持 bǎochí	동	(지속적으로) 유지하다. 지키다.
0051	⑤ 保存 bǎocún	동	보존하다. 지키다. 간직하다.
0052	④ 保护 bǎohù	동	보호하다.
0053	⑤ 保留 bǎoliú	동	남겨두다. 보류하다.
0054	⑤ 保险 bǎoxiǎn	명	보험.
0055	④ 保证 bǎozhèng	동	보증하다. 담보하다.
0056	⑤ 报到 bàodào	동	(도착하였음을) 보고하다. **L6**
0057	⑤ 报道 bàodào	동	(뉴스 등을) 보도하다. **L4**
0058	⑤ 报告 bàogào	명	보고서. 리포트.
		동	보고하다.
0059	④ 报名 bàomíng	동	신청하다.
0060	⑤ 报社 bàoshè	명	신문사. **L6**

0061 ② 报纸 bàozhǐ	몡 신문.	
0062 ④ 抱 bào	동 안다. 껴안다. 포옹하다.	
0063 ④ 抱歉 bàoqiàn	동 죄송합니다. 미안해하다.	
0064 ⑤ 抱怨 bàoyuàn	동 (불만을 품고) 원망하다. **L6**	
0065 ① 杯子 bēizi	몡 (술·물·차 등 음료의) 잔. 컵.	
0066 ⑤ 悲观 bēiguān	형 비관적이다. 비관하다.	
0067 ③ 北方 běifāng	몡 북쪽. 북방.	
0068 ① 北京 Běijīng	몡 베이징.(중국의 수도)	
0069 ⑤ 背 bèi	몡 등. 동 외우다. 암기하다.	
0070 ⑤ 背景 bèijǐng	몡 (주요 관찰 물체의) 배경.	
0071 ④ 倍 bèi	양 배. 배수. 곱절. 갑절.	
0072 ③ 被 bèi	전 피동문에서 주어가 동작의 대상임을 나타냄.	
0073 ⑤ 被子 bèizi	몡 이불.	
0074 ① 本 běn	몡 (儿과 함께 쓰여) 책. 공책. 양 (책의) 권을 나타냄.	
0075 ⑤ 本科 běnkē	몡 (대학교의) 학부 (과정).	
0076 ④ 本来 běnlái	부 원래. 본래.	
0077 ⑤ 本领 běnlǐng	몡 능력. 기량. 재능. 솜씨.	

0078 ⑤ 本质 běnzhì	몡 본성. 본질.	
0079 ④ 笨 bèn	형 멍청하다. 우둔하다.	
0080 ③ 鼻子 bízi	몡 코.	
0081 ② 比 bǐ	전 ~에 비해. ~보다.	
0082 ③ 比较 bǐjiào	부 비교적. 상대적으로. 동 비교하다.	
0083 ⑤ 比例 bǐlì	몡 비례. 비.	
0084 ④ 比如 bǐrú	접 예를 들면. 예컨대. **L5**	
0085 ③ 比赛 bǐsài	몡 경기. 시합.	
0086 ⑤ 彼此 bǐcǐ	대 서로. 피차. 상호. 쌍방. 양쪽.	
0087 ③ 笔记本 bǐjìběn	몡 노트. 수첩. **L4**	
0088 ⑤ 必然 bìrán	형 필연적이다. 부 꼭. 필연적으로.	
0089 ③ 必须 bìxū	부 반드시 ~해야 한다. 꼭 ~해야 한다.	
0090 ⑤ 必要 bìyào	형 필요로 하다. 몡 필요(성).	
0091 ⑤ 毕竟 bìjìng	부 결국. 끝내. 필경. 어디까지나.	
0092 ④ 毕业 bìyè	동 졸업하다. 몡 졸업.	
0093 ⑤ 避免 bìmiǎn	동 피하다. (나쁜 상황을) 방지하다.	

0094 ⑤ 编辑 biānjí 　동 편집하다.
　　　　　　　　　　명 편집자. 편집인.

0095 ⑤ 鞭炮 biānpào 　명 폭죽. 폭죽의 총칭.

0096 ③ 变化 biànhuà 　동 변화하다. 달라지다.
　　　　　　　　　　명 변화.

0097 ⑤ 便 biàn 　부 바로. 곧.
　　　　　　　형 편리하다. 편하다.

0098 ④ 遍 biàn 　양 번. 차례. 회.

0099 ⑤ 辩论 biànlùn 　동 변론하다. 논쟁하다. 토론하다.

0100 ⑤ 标点 biāodiǎn 　명 구두점.

0101 ⑤ 标志 biāozhì 　명 표지.
　　　　　　　　　동 상징하다. 명시하다.

0102 ④ 标准 biāozhǔn 　명 기준. 표준.

0103 ⑤ 表达 biǎodá 　동 (자신의 사상이나 감정을) 나타내다. L4

0104 ④ 表格 biǎogé 　명 표. 양식. 도표.

0105 ⑤ 表面 biǎomiàn 　명 표면. 외재적인 현상.

0106 ⑤ 表明 biǎomíng 　동 표명하다. 분명하게 밝히다.

0107 ⑤ 表情 biǎoqíng 　명 표정.

0108 ④ 表示 biǎoshì 　동 나타내다. 표시하다. 표명하다. L3

0109 ⑤ 表现 biǎoxiàn 　명 표현. 품행.
　　　　　　　　　동 표현하다.

0110 ④ 表演 biǎoyǎn 　명 공연. 시범.
　　　　　　　　　동 공연하다. 연기하다. L3

0111 ④ 表扬 biǎoyáng 　동 칭찬하다. 표창하다.

0112 ② 别 bié 　대 그 밖에. 달리. 따로.

0113 ③ 别人 biéren 　대 (나 또는 특정한 사람 이외의) 다른 사람.

0114 ② 宾馆 bīnguǎn 　명 호텔. L3

0115 ⑤ 冰激凌 bīngjīlíng 　명 아이스크림. N

0116 ③ 冰箱 bīngxiāng 　명 냉장고.

0117 ④ 饼干 bǐnggān 　명 과자. 비스킷.

0118 ④ 并且 bìngqiě 　접 그리고. 게다가. 또한.

0119 ⑤ 病毒 bìngdú 　명 바이러스. 병원체. 병균.

0120 ⑤ 玻璃 bōli 　명 유리.

0121 ⑤ 脖子 bózi 　명 목.

0122 ⑤ 播放 bōfàng 　동 방영하다. 방송하다. L6

0123 ④ 博士 bóshì 　명 박사.

0124 ⑤ 博物馆 bówùguǎn 　명 박물관.

0125 ⑤ 补充 bǔchōng 　동 추가하다. 보충하다.

0126	① 不 bù	男 (동사·형용사 또는 기타 부사 앞에서) 부정(否定)을 나타냄.
0127	⑤ 不安 bù'ān	톙 불안하다.
0128	③ 不但… 而且… búdàn… érqiě…	젭 ~뿐만 아니라 게다가.
0129	④ 不得不 bùdébù	男 어쩔 수 없이.
0130	⑤ 不得了 bùdéliǎo	톙 (정도가) 심하다.
0131	⑤ 不断 búduàn	男 계속해서. 끊임없이.
0132	④ 不管 bùguǎn	젭 ~에 관계없이. ~을 막론하고.
0133	④ 不过 búguò	젭 그렇지만. 그러나.
0134	⑤ 不见得 bújiàndé	男 확정할 수 없다.
0135	④ 不仅 bùjǐn	젭 ~뿐만 아니라.
0136	① 不客气 bú kèqi	사양하지 않다. 천만에요.
0137	⑤ 不耐烦 búnàifán	톙 못 참다. 귀찮다.
0138	⑤ 不然 bùrán	젭 그렇지 않으면. 아니면.
0139	⑤ 不如 bùrú	젭 ~만 못하다. ~하는 편이 낫다.
0140	⑤ 不要紧 búyàojǐn	톙 괜찮다. 문제 될 것이 없다.
0141	⑤ 不足 bùzú	톙 부족하다. 충분하지 않다. 男 (일정한 숫자에) 이르지 못하다.
0142	⑤ 布 bù	뎽 천. 포.
0143	⑤ 步骤 bùzhòu	뎽 (일이 진행되는) 순서. 절차. 차례.
0144	④ 部分 bùfen	뎽 (전체 중의) 부분. 일부(분).
0145	⑤ 部门 bùmén	뎽 부(部). 부문. 부서.

新HSK1~5급

C

0146	④ 擦 cā	통 (천·수건 등으로) 닦다.
0147	④ 猜 cāi	통 추측하다. 알아맞히다.
0148	④ 材料 cáiliào	뎽 재료. 원료. 감. 자재.
0149	⑤ 财产 cáichǎn	뎽 (금전·물자·가옥 등의) 재산.
0150	⑤ 采访 cǎifǎng	통 인터뷰하다. 탐방하다. 취재하다.
0151	⑤ 采取 cǎiqǔ	통 취하다. 채택하다.
0152	⑤ 彩虹 cǎihóng	뎽 무지개.
0153	⑤ 踩 cǎi	통 밟다. 짓밟다.
0154	① 菜 cài	뎽 요리. 채소.

0155 3 菜单 càidān 명 메뉴. 식단.

0156 4 参观 cānguān 동 참관하다.

0157 3 参加 cānjiā 동 참가하다. 가입하다. 참여하다.

0158 5 参考 cānkǎo 동 참고하다. 참조하다.

0159 5 参与 cānyù 동 참여하다. 참가하다.

0160 4 餐厅 cāntīng 명 식당. 레스토랑. L5

0161 5 惭愧 cánkuì 형 부끄럽다. 창피하다.

0162 5 操场 cāochǎng 명 운동장.

0163 5 操心 cāoxīn 동 마음을 쓰다. 신경을 쓰다.

0164 3 草 cǎo 명 풀.

0165 5 册 cè 명 책자. 책.
양 권. 책.

0166 4 厕所 cèsuǒ 명 화장실. 변소. L5

0167 5 测验 cèyàn 명 테스트. 시험.
동 테스트하다. 시험하다.

0168 3 层 céng 명 층. 계층.
양 겹. 층.

0169 5 曾经 céngjīng 부 일찍이. 이미. 벌써.

0170 5 叉子 chāzi 명 포크.

0171 5 差距 chājù 명 차이. 격차. L6

0172 5 插 chā 동 꽂다. 끼우다. 삽입하다.

0173 1 茶 chá 명 차.

0174 3 差 chà 형 나쁘다. 표준에 못 미치다.
동 부족하다. 모자라다.

0175 4 差不多 chàbuduō 형 (나이 · 정도 · 거리 등이) 비슷하다. 가깝다.
부 거의. 대체로.

0176 5 拆 chāi 동 헐다. 해체하다. (붙여 놓은 것을) 뜯다.

0177 5 产品 chǎnpǐn 명 생산품. 제품.

0178 5 产生 chǎnshēng 동 생기다. 발생하다.

0179 2 长 cháng 형 (길이가) 길다.

0180 4 长城 Chángchéng 명 만리장성.

0181 4 长江 Chángjiāng 명 양쯔 강.

0182 5 长途 chángtú 명 장거리. 먼 길.

0183 4 尝 cháng 동 맛보다.

0184 5 常识 chángshí 명 상식. 일반 지식.

0185 4 场 chǎng 명 장소. 곳.
양 회. 번. 차례.

0186 2 唱歌 chànggē 동 노래 부르다.

C

0187 ⑤ 抄 chāo	동 베끼다. 베껴 쓰다.	
0188 ④ 超过 chāoguò	동 초과하다. 넘다. 앞지르다.	
0189 ⑤ 超级 chāojí	형 슈퍼(super). 최상급의. **L6**	
0190 ③ 超市 chāoshì	명 슈퍼마켓.	
0191 ⑤ 朝 cháo	전 ~을(를) 향하여. ~쪽으로.	
0192 ⑤ 潮湿 cháoshī	형 습하다. 축축하다. **L6**	
0193 ⑤ 吵 chǎo	형 시끄럽다. 떠들썩하다. 동 말다툼하다. **L4**	
0194 ⑤ 吵架 chǎojià	동 다투다. 입씨름하다.	
0195 ⑤ 炒 chǎo	동 (기름 따위로) 볶다.	
0196 ⑤ 车库 chēkù	명 차고.	
0197 ⑤ 车厢 chēxiāng	명 객실. 차실. 트렁크.	
0198 ⑤ 彻底 chèdǐ	형 철저하다. 철저히 하다.	
0199 ⑤ 沉默 chénmò	형 침묵하다. 말이 적다.	
0200 ③ 衬衫 chènshān	명 와이셔츠. 셔츠. 블라우스.	
0201 ⑤ 趁 chèn	전 ~을(를) 틈타.	
0202 ⑤ 称 chēng	동 칭하다. 부르다.	
0203 ⑤ 称呼 chēnghu	명 호칭. 동 ~(이)라고 부르다.	

0204 ⑤ 称赞 chēngzàn	동 칭찬하다. 찬양하다.	
0205 ⑤ 成分 chéngfèn	명 (구성) 성분. 요소.	
0206 ④ 成功 chénggōng	형 성공적이다.	
0207 ⑤ 成果 chéngguǒ	명 성과. 결과.	
0208 ③ 成绩 chéngjì	명 (일·학업상의) 성적. 성과. 수확.	
0209 ⑤ 成就 chéngjiù	명 (사업상의) 성과. 성취.	
0210 ⑤ 成立 chénglì	동 (조직·기구 등을) 창립하다. 결성하다.	
0211 ⑤ 成人 chéngrén	명 성인. **N**	
0212 ⑤ 成熟 chéngshú	형 익다. 성숙하다. 숙련되다. **L4**	
0213 ④ 成为 chéngwéi	동 ~이(가) 되다. ~(으)로 되다.	
0214 ⑤ 成语 chéngyǔ	명 성어.	
0215 ⑤ 成长 chéngzhǎng	동 성장하다. 자라다.	
0216 ⑤ 诚恳 chéngkěn	형 진실하다. 간절하다.	
0217 ④ 诚实 chéngshí	형 진실하다. 성실하다.	
0218 ⑤ 承担 chéngdān	동 맡다. 담당하다.	
0219 ⑤ 承认 chéngrèn	동 인정하다. 승인하다.	

0220 ⑤ 承受 chéngshòu	동 받아들이다. 견뎌 내다.
0221 ③ 城市 chéngshì	명 도시.
0222 ④ 乘坐 chéngzuò	동 (자동차 · 배 · 비행기 등을) 타다.
0223 ⑤ 程度 chéngdù	명 정도.
0224 ⑤ 程序 chéngxù	명 순서. 절차.
0225 ① 吃 chī	동 먹다.
0226 ④ 吃惊 chījīng	동 놀라다.
0227 ⑤ 吃亏 chīkuī	동 손해를 보다. 손실을 보다.
0228 ⑤ 池塘 chítáng	명 연못. 못. **L6**
0229 ③ 迟到 chídào	동 지각하다.
0230 ⑤ 迟早 chízǎo	부 조만간. 머지않아. **N**
0231 ⑤ 持续 chíxù	동 지속하다.
0232 ⑤ 尺子 chǐzi	명 자.
0233 ⑤ 翅膀 chìbǎng	명 날개.
0234 ⑤ 冲 chōng	동 (물로) 씻어 내다. 돌진하다.
0235 ⑤ 充电器 chōngdiànqì	명 충전기.

0236 ⑤ 充分 chōngfèn	형 충분하다. 부 충분히.
0237 ⑤ 充满 chōngmǎn	동 충만하다. 넘치다.
0238 ⑤ 重复 chóngfù	동 (같은 일을) 중복하다. 반복하다.
0239 ④ 重新 chóngxīn	부 다시. 재차.
0240 ⑤ 宠物 chǒngwù	명 애완동물.
0241 ⑤ 抽屉 chōuti	명 서랍.
0242 ⑤ 抽象 chōuxiàng	형 추상적이다.
0243 ④ 抽烟 chōuyān	동 담배(를) 피우다.
0244 ⑤ 丑 chǒu	형 추하다. 못생기다.
0245 ⑤ 臭 chòu	형 (냄새가) 구리다.
0246 ② 出 chū	동 나가다. 나오다.
0247 ⑤ 出版 chūbǎn	동 출판하다. 출간하다.
0248 ④ 出差 chūchāi	동 (외지로) 출장 가다.
0249 ④ 出发 chūfā	동 출발하다. 떠나다.
0250 ⑤ 出口 chūkǒu	동 수출하다. 명 출구.
0251 ⑤ 出色 chūsè	형 대단히 뛰어나다.
0252 ④ 出生 chūshēng	동 태어나다. 출생하다.

C

0253 ⑤ 出示 chūshì	동 제시하다. 내보이다. **N**
0254 ⑤ 出席 chūxí	동 회의에 참가하다. 출석하다.
0255 ④ 出现 chūxiàn	동 출현하다. 나타나다. **L3**
0256 ① 出租车 chūzūchē	명 택시.
0257 ⑤ 初级 chūjí	형 초급의. 초등의.
0258 ⑤ 除非 chúfēi	접 ~한다면 몰라도. 오직 ~하여야.
0259 ③ 除了 chúle	전 ~을(를) 제외하고.
0260 ⑤ 除夕 chúxī	명 섣달.
0261 ④ 厨房 chúfáng	명 주방. 부엌. **L3**
0262 ⑤ 处理 chǔlǐ	동 처리하다.
0263 ② 穿 chuān	동 입다. 신다.
0264 ⑤ 传播 chuánbō	동 전파하다. 유포하다.
0265 ⑤ 传染 chuánrǎn	동 전염하다. 감염하다.
0266 ⑤ 传说 chuánshuō	명 전설.
0267 ⑤ 传统 chuántǒng	명 전통. 형 보수적이다. 전통적이다.
0268 ④ 传真 chuánzhēn	명 팩시밀리. 팩스.
0269 ③ 船 chuán	명 배. 선박. **L2**
0270 ④ 窗户 chuānghu	명 창문.
0271 ⑤ 窗帘 chuānglián	명 커튼.
0272 ⑤ 闯 chuǎng	동 돌진하다. 갑자기 뛰어들다.
0273 ⑤ 创造 chuàngzào	동 만들다. 창조하다.
0274 ⑤ 吹 chuī	동 불다.
0275 ③ 春 chūn	명 봄. 춘계.
0276 ③ 词典 cídiǎn	명 사전. **L4**
0277 ⑤ 词汇 cíhuì	명 어휘. **L6**
0278 ④ 词语 cíyǔ	명 단어와 어구. 어휘. **L3**
0279 ⑤ 辞职 cízhí	동 사직하다. 직장을 그만두다.
0280 ⑤ 此外 cǐwài	접 이 밖에. 이 외에.
0281 ② 次 cì	양 차례. 번. 회.
0282 ⑤ 次要 cìyào	형 부차적인. 다음으로 중요한.
0283 ⑤ 刺激 cìjī	동 자극하다. 북돋우다. 명 충격. (정신적) 자극.
0284 ⑤ 匆忙 cōngmáng	형 매우 바쁘다. 총망하다.

0285 ❸ 聪明 cōngming 　형 똑똑하다. 총명하다.

0286 ❷ 从 cóng 　전 ~부터. ~을 기점으로.

0287 ❺ 从此 cóngcǐ 　부 이후로. 그로부터. 이로부터.

0288 ❺ 从而 cóng'ér 　접 따라서. 그리하여.

0289 ❹ 从来 cónglái 　부 (과거부터) 지금까지. 여태껏.

0290 ❺ 从前 cóngqián 　명 옛날. 이전.

0291 ❺ 从事 cóngshì 　동 종사하다. 일하다.

0292 ❺ 粗糙 cūcāo 　형 (질감이) 거칠다. (일이) 서투르다. **N**

0293 ❹ 粗心 cūxīn 　형 부주의하다. 소홀하다.

0294 ❺ 促进 cùjìn 　동 촉진하다.

0295 ❺ 促使 cùshǐ 　동 ~하게끔 (추진)하다.

0296 ❺ 醋 cù 　명 식초. 초.

0297 ❺ 催 cuī 　동 재촉하다. 다그치다.

0298 ❹ 存 cún 　동 저축하다. 보존하다. 저장하다. **L5**

0299 ❺ 存在 cúnzài 　동 존재하다.

0300 ❺ 措施 cuòshī 　명 조치. 대책.

0301 ❷ 错 cuò 　형 틀리다. 맞지 않다.

0302 ❹ 错误 cuòwù 　명 착오. 잘못. **L5**

新HSK1~5급 **D**

0303 ❺ 答应 dāying 　동 동의하다. 응답하다. 허락하다.

0304 ❺ 达到 dádào 　동 도달하다. 이르다.

0305 ❹ 答案 dá'àn 　명 해답. 답안. 답.

0306 ❹ 打扮 dǎban 　동 화장하다. 꾸미다.

0307 ❶ 打电话 dǎ diànhuà 　전화를 걸다.

0308 ❺ 打工 dǎgōng 　동 일하다. 아르바이트하다.

0309 ❺ 打交道 dǎ jiāodao 　(사람끼리) 왕래하다. 연락하다.

0310 ❷ 打篮球 dǎ lánqiú 　농구시합을 하다.

0311 ❺ 打喷嚏 dǎ pēntì 　재채기하다.

0312 ❹ 打扰 dǎrǎo 　동 방해하다. 지장을 주다.

0313 ❸ 打扫 dǎsǎo 　동 청소하다.

0314 ❸ 打算 dǎsuan 　동 ~하려고 하다. 명 계획. 생각.

0315 ❺ 打听 dǎting 　동 물어보다. 알아보다.

0316 ④ 打印 dǎyìn 통 인쇄하다. 프린트하다.

0317 ④ 打招呼 dǎ zhāohu 통 인사하다. **L5**

0318 ④ 打折 dǎzhé 통 가격을 깎다. 할인하다.

0319 ④ 打针 dǎzhēn 통 주사를 놓다. 주사를 맞다.

0320 ① 大 dà 형 크다. 넓다.

0321 ⑤ 大方 dàfang 형 (언행이) 시원시원하다. 인색하지 않다.

0322 ④ 大概 dàgài 부 대개. 아마도.

0323 ② 大家 dàjiā 대 모두. 다들.

0324 ⑤ 大厦 dàshà 명 빌딩. 고층 건물. **L6**

0325 ④ 大使馆 dàshǐguǎn 명 대사관.

0326 ⑤ 大象 dàxiàng 명 코끼리.

0327 ⑤ 大型 dàxíng 형 대형의.

0328 ④ 大约 dàyuē 부 대략. 대강. 얼추.

0329 ⑤ 呆 dāi 통 머물다. 형 멍청하다. (머리가) 둔하다.

0330 ④ 大夫 dàifu 명 의사.

0331 ⑤ 代表 dàibiǎo 통 대표하다. 명 대표. **L4**

0332 ⑤ 代替 dàitì 통 대체하다. 대신하다. **L4**

0333 ③ 带 dài 통 몸에 지니다. 휴대하다. 명 띠. 벨트.

0334 ⑤ 贷款 dàikuǎn 통 (은행에서) 대출하다. 명 대출금. 대여금. 대부금.

0335 ⑤ 待遇 dàiyù 명 대우. 대접. 통 대우하다.

0336 ④ 戴 dài 통 쓰다. 착용하다. 몸에 달다.

0337 ⑤ 担任 dānrèn 통 맡다. 담임하다. 담당하다.

0338 ③ 担心 dānxīn 통 걱정하다.

0339 ⑤ 单纯 dānchún 형 단순하다.

0340 ⑤ 单调 dāndiào 형 단조롭다.

0341 ⑤ 单独 dāndú 부 혼자서. 단독으로.

0342 ⑤ 单位 dānwèi 명 회사. 직장. 기관. 단위.

0343 ⑤ 单元 dānyuán 명 (교재 등의) 단원. (아파트·빌딩 등의) 현관.

0344 ⑤ 耽误 dānwu 통 시간을 허비하다. (시간을 지체하다가) 일을 그르치다. 지체하다.

0345 ⑤ 胆小鬼 dǎnxiǎoguǐ 명 겁쟁이.

0346 ⑤ 淡 dàn 형 싱겁다. 농도가 옅다.

0347	③ 蛋糕 dàngāo	명 케이크.
0348	④ 当 dāng	동 ～이(가) 되다.
0349	⑤ 当地 dāngdì	명 현지. 현장. 그곳. **L4**
0350	③ 当然 dāngrán	형 당연하다. 물론이다.
0351	④ 当时 dāngshí	명 당시.
0352	⑤ 当心 dāngxīn	동 조심하다. 주의하다. **L6**
0353	⑤ 挡 dǎng	동 막다. 차단하다.
0354	④ 刀 dāo	명 칼.
0355	⑤ 导演 dǎoyǎn	명 연출자. 감독. 안무.
0356	④ 导游 dǎoyóu	명 가이드.
0357	⑤ 导致 dǎozhì	동 (어떤 사태를) 야기하다. 초래하다.
0358	⑤ 岛屿 dǎoyǔ	명 섬. **L6**
0359	⑤ 倒霉 dǎoméi	형 운수가 사납다. 불운하다.
0360	② 到 dào	동 도착하다. 어느 곳에 이르다.
0361	④ 到处 dàochù	명 도처. 곳곳.
0362	⑤ 到达 dàodá	동 도달하다. 도착하다.
0363	④ 到底 dàodǐ	부 도대체.
0364	④ 倒 dǎo	동 넘어지다. 자빠지다. **L5**
0365	⑤ 道德 dàodé	명 도덕. 윤리.
0366	⑤ 道理 dàolǐ	명 도리. 이치.
0367	④ 道歉 dàoqiàn	동 사과하다.
0368	④ 得意 déyì	형 득의하다. 대단히 만족하다.
0369	③ 地 de	조 (관형어로 쓰이는 단어나 구 뒤에 쓰여 중심어를 수식함) ～하게.
0370	① 的 de	조 (관형어 뒤에 쓰여) ～한. ～의.
0371	② 得 de	조 (동사나 형용사 뒤에 쓰여) 결과나 정도를 나타내는 보어와 연결하게 함.
0372	④ 得 děi	조동 ～해야 한다.
0373	③ 灯 dēng	명 등. 라이트.
0374	④ 登机牌 dēngjīpái	명 비행기의 탑승권. **L5**
0375	⑤ 登记 dēngjì	동 등록하다. 등기하다.
0376	② 等 děng	동 기다리다.
0377	④ 等 děng	조 등. 따위.
0378	⑤ 等待 děngdài	동 기다리다.

0379	⑤ 等于 děngyú	통 (수량이) ~와(과) 같다.
0380	④ 低 dī	형 (높이·등급이) 낮다. **L3**
0381	⑤ 滴 dī	양 방울. 통 (액체가) 한 방울씩 떨어지다.
0382	⑤ 的确 díquè	부 확실히. 분명히.
0383	⑤ 敌人 dírén	명 적.
0384	④ 底 dǐ	명 밑. 바닥.
0385	⑤ 地道 dìdao	형 정통의. 진짜의. 순수하다.
0386	④ 地点 dìdiǎn	명 지점. 장소. 소재지. **N**
0387	③ 地方 dìfang	명 장소. 곳.
0388	⑤ 地理 dìlǐ	명 지리.
0389	④ 地球 dìqiú	명 지구.
0390	⑤ 地区 dìqū	명 지역. 지구.
0391	⑤ 地毯 dìtǎn	명 카펫. 양탄자.
0392	③ 地铁 dìtiě	명 지하철.
0393	③ 地图 dìtú	명 지도.
0394	⑤ 地位 dìwèi	명 지위. 위치.
0395	⑤ 地震 dìzhèn	명 지진.
0396	④ 地址 dìzhǐ	명 주소.
0397	② 弟弟 dìdi	명 남동생.
0398	⑤ 递 dì	통 건네주다.
0399	② 第一 dìyī	수 첫 번째. 제1.
0400	① 点 diǎn	양 시(時).
0401	⑤ 点心 diǎnxin	명 간식. 과자류 식품.
0402	⑤ 电池 diànchí	명 전지.
0403	① 电脑 diànnǎo	명 컴퓨터.
0404	① 电视 diànshì	명 텔레비전.
0405	⑤ 电台 diàntái	명 방송국.
0406	③ 电梯 diàntī	명 엘리베이터.
0407	① 电影 diànyǐng	명 영화.
0408	③ 电子邮件 diànzǐ yóujiàn	명 이메일.
0409	⑤ 钓 diào	통 낚다. 낚시질 하다.
0410	④ 调查 diàochá	통 조사하다.
0411	④ 掉 diào	통 떨어지다.
0412	⑤ 顶 dǐng	양 개. 채. (꼭대기가 있는 물건을 세는 데 쓰임)

0413 ④ 丢 diū	동 잃다. 잃어버리다. 버리다.	
0414 ③ 东 dōng	명 동쪽. 동방.	
0415 ① 东西 dōngxi	명 물건. 물품.	
0416 ③ 冬 dōng	명 겨울.	
0417 ② 懂 dǒng	동 알다. 이해하다.	
0418 ⑤ 动画片 dònghuàpiàn	명 만화 영화.	
0419 ③ 动物 dòngwù	명 동물.	
0420 ④ 动作 dòngzuò	명 동작.	
0421 ⑤ 冻 dòng	형 얼다. 굳다.	
0422 ⑤ 洞 dòng	명 구멍. 굴.	
0423 ① 都 dōu	부 모두. 이미.	
0424 ⑤ 豆腐 dòufu	명 두부.	
0425 ⑤ 逗 dòu	동 놀리다. 골리다. / 형 재미있다. 우습다.	
0426 ① 读 dú	동 읽다. 낭독하다.	
0427 ⑤ 独立 dúlì	동 독립하다. 독자적으로 하다.	
0428 ⑤ 独特 dútè	형 독특하다.	
0429 ④ 堵车 dǔchē	동 교통이 꽉 막히다.	

0430 ④ 肚子 dùzi	명 배. 복부.	
0431 ⑤ 度过 dùguò	동 (시간을) 보내다. 지내다.	
0432 ③ 短 duǎn	형 짧다.	
0433 ④ 短信 duǎnxìn	명 문자 메시지.	L5
0434 ③ 段 duàn	양 단락. 토막.	
0435 ⑤ 断 duàn	동 자르다. 끊다.	L4
0436 ③ 锻炼 duànliàn	동 단련하다. 제련하다.	
0437 ⑤ 堆 duī	양 무더기. / 동 쌓여 있다.	
0438 ② 对 duì	형 맞다. 옳다.	L4
0439 ② 对 duì	전 ～에게. ～을(를) 향하여.	
0440 ⑤ 对比 duìbǐ	동 대비하다. 대조하다.	
0441 ① 对不起 duìbuqǐ	동 미안합니다. 죄송합니다.	
0442 ⑤ 对待 duìdài	동 대응하다. 대처하다.	
0443 ⑤ 对方 duìfāng	명 상대방. 상대편.	
0444 ④ 对话 duìhuà	명 대화. / 동 대화하다. (양자 혹은 다자간에) 접촉하다.	
0445 ④ 对面 duìmiàn	명 맞은편. 반대편.	
0446 ⑤ 对手 duìshǒu	명 상대. 적수.	

0447 ⑤ 对象 duìxiàng 명 결혼 상대. 결혼 대상.

0448 ④ 对于 duìyú 전 ~에 대해(서). ~에 대하여. **L5**

0449 ⑤ 兑换 duìhuàn 동 환전하다. **L6**

0450 ⑤ 吨 dūn 양 톤(ton).

0451 ⑤ 蹲 dūn 동 쪼그리고 앉다.

0452 ⑤ 顿 dùn 양 번. 차례. **L4**

0453 ① 多 duō 부 얼마나.
형 (수량이) 많다.

0454 ⑤ 多亏 duōkuī 동 은혜를 입다. 덕택이다.

0455 ③ 多么 duōme 부 얼마나.

0456 ① 多少 duōshao 대 얼마. 몇.

0457 ⑤ 多余 duōyú 형 여분의. 나머지의.

0458 ⑤ 朵 duǒ 양 송이. 조각. **L4**

0459 ⑤ 躲藏 duǒcáng 동 숨다. 피하다.

0460 ⑤ 恶劣 èliè 형 몹시 나쁘다. 열악하다.

0461 ③ 饿 è 형 배고프다.

0462 ④ 儿童 értóng 명 아동. 어린이.

0463 ① 儿子 érzi 명 아들.

0464 ④ 而 ér 접 그렇지만. 그러나. 그리고.

0465 ③ 耳朵 ěrduo 명 귀.

0466 ⑤ 耳环 ěrhuán 명 귀고리. **L6**

0467 ① 二 èr 수 2. 둘.

0468 ③ 发 fā 동 보내다. 건네주다. 발생하다. **L4**

0469 ⑤ 发表 fābiǎo 동 발표하다.

0470 ⑤ 发愁 fāchóu 동 걱정하다. 근심하다. 우려하다.

0471 ⑤ 发达 fādá 동 발전시키다.
형 발달하다.

0472 ⑤ 发抖 fādǒu 동 떨다.

0473 ⑤ 发挥 fāhuī 동 발휘하다.

0474 ⑤ 发明 fāmíng 동 발명하다.
명 발명.

0475 ⑤ 发票 fāpiào 명 영수증.

0476 ③ 发烧 fāshāo 동 열이 나다.

0477 ④ 发生 fāshēng	통 생기다. 발생하다.	
0478 ③ 发现 fāxiàn	통 발견하다. 알아차리다.	
0479 ⑤ 发言 fāyán	명 발언. 통 의견을 발표하다. 발언하다.	
0480 ④ 发展 fāzhǎn	통 확충하다. 발전하다.	
0481 ⑤ 罚款 fákuǎn	통 위약금을 부과하다. 명 벌금.	
0482 ④ 法律 fǎlǜ	명 법률.	
0483 ⑤ 法院 fǎyuàn	명 법원.	
0484 ⑤ 翻 fān	통 뒤집다. 열다. 펴다.	
0485 ④ 翻译 fānyì	통 번역하다. 통역하다.	
0486 ④ 烦恼 fánnǎo	형 고민스럽다. 번뇌하다.	
0487 ⑤ 繁荣 fánróng	형 (경제나 사업이) 번영하다. 번창하다.	
0488 ④ 反对 fǎnduì	통 반대하다.	
0489 ⑤ 反而 fǎn'ér	부 반대로. 도리어. 오히려.	
0490 ⑤ 反复 fǎnfù	통 거듭하다. 반복하다.	
0491 ⑤ 反应 fǎnyìng	통 반응하다. 응답하다. 명 반응. 반향.	
0492 ⑤ 反映 fǎnyìng	통 반영하다. 반사하다.	L4
0493 ⑤ 反正 fǎnzhèng	부 아무튼. 어쨌든.	
0494 ① 饭店 fàndiàn	명 식당. 호텔.	C
0495 ⑤ 范围 fànwéi	명 범위.	L4
0496 ⑤ 方 fāng	형 사각형의. 명 쪽. 방(方).	
0497 ⑤ 方案 fāng'àn	명 방안.	
0498 ③ 方便 fāngbiàn	형 편리하다.	
0499 ④ 方法 fāngfǎ	명 방법. 수단.	
0500 ④ 方面 fāngmiàn	명 분야. 방면.	
0501 ⑤ 方式 fāngshì	명 방법. 방식.	
0502 ④ 方向 fāngxiàng	명 방향.	
0503 ⑤ 妨碍 fáng'ài	통 방해하다. 지장을 주다.	
0504 ④ 房东 fángdōng	명 집주인.	L5
0505 ② 房间 fángjiān	명 방.	
0506 ⑤ 仿佛 fǎngfú	부 마치 ~인 것 같다.	
0507 ③ 放 fàng	통 놓아주다.	
0508 ④ 放弃 fàngqì	통 포기하다. 버리다.	
0509 ④ 放暑假 fàng shǔjià	여름 방학을 하다.	

0510	④ 放松 fàngsōng	동 (긴장을) 풀다. 늦추다. **L5**
0511	③ 放心 fàngxīn	동 마음을 놓다. 안심하다.
0512	① 飞机 fēijī	명 비행기.
0513	⑤ 非 fēi	동 맞지 않다. ~이(가) 아니다.
0514	② 非常 fēicháng	부 대단히. 매우. 아주.
0515	⑤ 肥皂 féizào	명 비누.
0516	⑤ 废话 fèihuà	명 쓸데없는 말. 동 쓸데없는 말을 하다.
0517	③ 分 fēn	명 분. 동 나누다.
0518	⑤ 分别 fēnbié	동 헤어지다. 이별하다. 부 각각. 따로따로.
0519	⑤ 分布 fēnbù	동 분포하다. 널려 있다.
0520	⑤ 分配 fēnpèi	동 분배하다. 배급하다.
0521	⑤ 分手 fēnshǒu	동 헤어지다. 이별하다. **L6**
0522	⑤ 分析 fēnxī	동 분석하다.
0523	① 分钟 fēnzhōng	명 분.
0524	⑤ 纷纷 fēnfēn	부 잇달아. 연달아.
0525	④ 份 fèn	양 조각. 벌. 세트. 명 몫. 조각. 부분.
0526	⑤ 奋斗 fèndòu	동 분투하다.
0527	④ 丰富 fēngfù	형 풍부하다. 많다.
0528	⑤ 风格 fēnggé	명 스타일. 기질. 풍격.
0529	⑤ 风景 fēngjǐng	명 풍경. 경치. **L4**
0530	⑤ 风俗 fēngsú	명 풍속.
0531	⑤ 风险 fēngxiǎn	명 위험. 모험.
0532	⑤ 疯狂 fēngkuáng	형 미치다.
0533	⑤ 讽刺 fěngcì	동 풍자하다. 명 풍자.
0534	⑤ 否定 fǒudìng	동 부정하다. 형 부정의. 부정적인.
0535	⑤ 否认 fǒurèn	동 부인하다. 부정하다.
0536	④ 否则 fǒuzé	접 만약 그렇지 않으면.
0537	⑤ 扶 fú	동 (손으로) 부축하다. 일으키다.
0538	② 服务员 fúwùyuán	명 종업원.
0539	⑤ 服装 fúzhuāng	명 복장. 의류.
0540	④ 符合 fúhé	동 부합하다. 들어맞다.
0541	⑤ 幅 fú	양 (옷감, 그림, 종이 등을 세는 단위) 폭.

| 0542 | ⑤ 辅导 fǔdǎo | 동 (학습을 도우며) 지도하다. |
| 0557 | ⑤ 改正 gǎizhèng | 동 (잘못·착오를) 개정하다. |

0542 ⑤ 辅导 fǔdǎo 동 (학습을 도우며) 지도하다.

0543 ④ 父亲 fùqīn 명 부친. 아버지.

0544 ④ 付款 fùkuǎn 동 돈을 지불하다. **L5**

0545 ⑤ 妇女 fùnǚ 명 부녀자. 여성.

0546 ④ 负责 fùzé 동 책임지다.

0547 ③ 附近 fùjìn 형 가까운.
명 근처. 부근.

0548 ③ 复习 fùxí 동 복습하다.

0549 ④ 复印 fùyìn 동 복사하다.

0550 ④ 复杂 fùzá 형 복잡하다.

0551 ⑤ 复制 fùzhì 동 복제하다.

0552 ④ 富 fù 형 풍부하다. 부유하다.

新HSK1~5급 G

0553 ④ 改变 gǎibiàn 동 변하다. 바뀌다.

0554 ⑤ 改革 gǎigé 동 개혁하다.
명 개혁.

0555 ⑤ 改进 gǎijìn 동 개선하다. 개량하다.

0556 ⑤ 改善 gǎishàn 동 개선하다.

0557 ⑤ 改正 gǎizhèng 동 (잘못·착오를) 개정하다.

0558 ⑤ 盖 gài 명 덮개. 뚜껑.
동 덮다. 뒤덮다.

0559 ⑤ 概括 gàikuò 동 개괄하다. 요약하다.

0560 ⑤ 概念 gàiniàn 명 개념.

0561 ④ 干杯 gānbēi 동 건배하다.

0562 ⑤ 干脆 gāncuì 부 아예. 차라리.

0563 ③ 干净 gānjìng 형 깨끗하다.

0564 ⑤ 干燥 gānzào 형 건조하다. **L4**

0565 ④ 赶 gǎn 동 뒤쫓다. 추적하다. 서두르다. **N**

0566 ⑤ 赶紧 gǎnjǐn 부 어서. 서둘러. 재빨리.

0567 ⑤ 赶快 gǎnkuài 부 재빨리. 황급히.

0568 ④ 敢 gǎn 조동 감히 ~하다. **L3**

0569 ④ 感动 gǎndòng 동 감동하다. 감동하게 하다.

0570 ⑤ 感激 gǎnjī 동 감격하다.

0571 ④ 感觉 gǎnjué 동 느끼다.
명 느낌. 감각.

0572 ③ 感冒 gǎnmào 명 감기.

0573 ④ 感情 gǎnqíng 명 감정.

No.	Level	단어	병음	품사	뜻	표시
0574	5	感受	gǎnshòu	동	느끼다. 감수하다.	
0575	5	感想	gǎnxiǎng	명	소감. 감상.	
0576	4	感谢	gǎnxiè	동	감사하다. 고맙다.	
0577	3	感兴趣 gǎn xìngqù			관심이 있다. 흥미가 있다.	C
0578	4	干	gàn	동	하다.	
0579	5	干活儿 gànhuór		동	일하다.	
0580	4	刚	gāng	부	방금. 막.	C
0581	3	刚才	gāngcái	명	방금. 막.	
0582	5	钢铁	gāngtiě	명	강철.	
0583	2	高	gāo	형	(높이가) 높다.	
0584	5	高档	gāodàng	형	고급의. 상등의.	
0585	5	高级	gāojí	형	(품질 또는 수준 등이) 고급인.	L4
0586	4	高速公路 gāosù gōnglù		명	고속도로.	L5
0587	1	高兴	gāoxìng	형	기쁘다. 즐겁다.	
0588	5	搞	gǎo	동	하다. 처리하다.	
0589	5	告别	gàobié	동	고별하다.	
0590	2	告诉	gàosu	동	말하다. 알리다.	
0591	2	哥哥	gēge	명	오빠. 형.	
0592	4	胳膊	gēbo	명	팔.	L5
0593	5	格外	géwài	부	특별히. 각별히.	
0594	5	隔壁	gébì	명	이웃집. 옆집.	
0595	1	个	gè	양	개. 사람.	
0596	5	个别	gèbié	형	일부의. 개개의. 개별적인. 극소수의.	
0597	5	个人	gèrén	명	개인.	
0598	5	个性	gèxìng	명	개성.	
0599	3	个子	gèzi	명	(사람의) 키.	L4
0600	4	各	gè	대	각. 여러.	
0601	5	各自	gèzì	대	각자. 제각기.	
0602	2	给	gěi	동	주다.	
				전	~에게.	
0603	5	根	gēn	양	가닥. 개. 대.	
0604	5	根本	gēnběn	부	전혀. 도무지.	
0605	3	根据	gēnjù	명	근거.	
				전	~에 의거하여.	
0606	3	跟	gēn	전	~와(과).	
				동	따라가다.	
0607	3	更	gèng	부	더욱. 더.	

0608 ⑤ 工厂 gōngchǎng	몡 공장.	0625 ⑤ 公主 gōngzhǔ	몡 공주.

0608 ⑤	工厂 gōngchǎng	몡 공장.
0609 ⑤	工程师 gōngchéngshī	몡 엔지니어.
0610 ⑤	工具 gōngjù	몡 도구. 공구. **L4**
0611 ⑤	工人 gōngrén	몡 노동자.
0612 ⑤	工业 gōngyè	몡 공업.
0613 ④	工资 gōngzī	몡 월급. 임금.
0614 ①	工作 gōngzuò	몡 직업. 일자리. 동 일하다. 작업하다.
0615 ⑤	公布 gōngbù	동 공포하다.
0616 ②	公共汽车 gōnggòng qìchē	몡 버스.
0617 ③	公斤 gōngjīn	양 킬로그램(kg). **L2**
0618 ⑤	公开 gōngkāi	형 공개적인.
0619 ④	公里 gōnglǐ	양 킬로미터(km).
0620 ⑤	公平 gōngpíng	형 공평하다.
0621 ②	公司 gōngsī	몡 회사.
0622 ⑤	公寓 gōngyù	몡 아파트.
0623 ⑤	公元 gōngyuán	몡 서기.
0624 ③	公园 gōngyuán	몡 공원.
0625 ⑤	公主 gōngzhǔ	몡 공주.
0626 ④	功夫 gōngfu	몡 시간. **L5**
0627 ⑤	功能 gōngnéng	몡 기능. 효능.
0628 ⑤	恭喜 gōngxǐ	동 축하하다. **N**
0629 ④	共同 gòngtóng	형 공통의. 공동의.
0630 ⑤	贡献 gòngxiàn	동 바치다. 공헌하다. 몡 공헌.
0631 ⑤	沟通 gōutōng	동 교류하다. 소통하다.
0632 ①	狗 gǒu	몡 개.
0633 ⑤	构成 gòuchéng	동 이루다. 구성하다.
0634 ④	购物 gòuwù	동 물건을 사다.
0635 ④	够 gòu	동 (필요한 수량이나 기준 등을) 만족시키다. 부 제법. 꽤.
0636 ④	估计 gūjì	동 추측하다.
0637 ⑤	姑姑 gūgu	몡 고모.
0638 ⑤	姑娘 gūniang	몡 처녀. 아가씨.
0639 ⑤	古代 gǔdài	몡 고대.
0640 ⑤	古典 gǔdiǎn	형 고전적.
0641 ⑤	股票 gǔpiào	몡 주식.

0642 5	骨头 gǔtou	명	뼈.
0643 4	鼓励 gǔlì	동	격려하다.
0644 5	鼓舞 gǔwǔ	동	격려하다. 고무하다.
0645 5	鼓掌 gǔzhǎng	동	손뼉을 치다. 박수하다. **L4**
0646 5	固定 gùdìng	형	고정되다.
0647 3	故事 gùshi	명	이야기.
0648 4	故意 gùyì	부	일부러. 고의로.
0649 4	顾客 gùkè	명	고객. 손님.
0650 3	刮风 guāfēng	동	바람이 불다.
0651 4	挂 guà	동	걸다.
0652 5	挂号 guàhào	동	등록하다. 접수시키다.
0653 5	乖 guāi	형	(어린 아이가) 얌전하다. 착하다.
0654 5	拐弯 guǎiwān	동	방향을 틀다. 굽이(커브)를 돌다.
0655 5	怪不得 guàibude	부	어쩐지. 과연.
0656 3	关 guān	동	닫다. 덮다.
0657 5	关闭 guānbì	동	닫다.
0658 4	关键 guānjiàn	동	관건.
0659 3	关系 guānxi	명	관계.
		동	관계하다.
0660 3	关心 guānxīn	동	관심을 두다. 관심을 기울이다.
0661 3	关于 guānyú	전	~에 관하여.
0662 5	观察 guānchá	동	관찰하다. 살피다.
0663 5	观点 guāndiǎn	명	관점. 견해.
0664 5	观念 guānniàn	명	관념. 생각.
0665 4	观众 guānzhòng	명	관중. 구경꾼. 시청자.
0666 5	官 guān	명	관료. 장교.
0667 5	冠军 guànjūn	명	우승자. 챔피언. 우승.
0668 4	管理 guǎnlǐ	동	관리하다. 보관하고 처리하다.
0669 5	管子 guǎnzi	명	파이프. 관. 호스.
0670 4	光 guāng	부	단지. 다만.
		명	광선. 빛.
		동	벗다. 드러내다.
0671 5	光滑 guānghuá	형	매끈매끈하다.
0672 5	光临 guānglín	동	왕림하다. 광림하시다.
0673 5	光明 guāngmíng	형	밝다. 환하다.
0674 5	光盘 guāngpán	명	시디(CD). 콤팩트디스크.

0675	④	广播 guǎngbō	동 방송하다. 명 (라디오) 방송. 방송 프로그램.
0676	⑤	广场 guǎngchǎng	명 광장.
0677	⑤	广大 guǎngdà	형 광대하다. 크고 넓다.
0678	⑤	广泛 guǎngfàn	형 폭넓다. 광범(위)하다.
0679	④	广告 guǎnggào	명 광고.
0680	④	逛 guàng	동 돌아다니다. 구경하다.
0681	⑤	归纳 guīnà	동 귀납하다. 종합하다. **L6**
0682	④	规定 guīdìng	동 규정하다. 정하다. 명 규정. 규칙.
0683	⑤	规矩 guīju	명 규정. 법칙.
0684	⑤	规律 guīlǜ	명 법칙. 규율.
0685	⑤	规模 guīmó	명 규모. 형태.
0686	⑤	规则 guīzé	명 규칙. 규정.
0687	⑤	柜台 guìtái	명 계산대. 카운터.
0688	②	贵 guì	형 비싸다.
0689	⑤	滚 gǔn	동 구르다. 뒹굴다.
0690	⑤	锅 guō	명 솥. 냄비. 가마.
0691	④	国籍 guójí	명 (사람의) 국적. **L5**
0692	④	国际 guójì	명 국제.
0693	③	国家 guójiā	명 나라. 국가.
0694	⑤	国庆节 Guóqìng Jié	명 국경절[10월 1일].
0695	⑤	国王 guówáng	명 국왕. **N**
0696	⑤	果然 guǒrán	부 과연. 아니나다를까. **L4**
0697	⑤	果实 guǒshí	명 과실.
0698	④	果汁 guǒzhī	명 과일즙. **L3**
0699	③	过 guò	동 가다. 건너다. **L4**
0700	④	过程 guòchéng	명 과정.
0701	⑤	过分 guòfèn	동 지나치다. 분에 넘치다. 과분하다.
0702	⑤	过敏 guòmǐn	동 알레르기 반응을 나타내다.
0703	⑤	过期 guòqī	동 기한을 넘기다. 기일이 지나다.
0704	③	过去 guòqù	명 과거. 동 지나가다.
0705	②	过 guo	조 ~한 적이 있다. (어떤 동작이나 변화가 일찍이 발생하였음을 나타냄)

0706	5 哈 hā	갑 거봐!. 아하!. 오!. 의성 하하. (크게 웃는 소리)
0707	2 还 hái	부 역시. 아직. 또.
0708	3 还是 háishi	접 또는. 아니면. 부 여전히. 아직.
0709	2 孩子 háizi	명 아이. 어린이.
0710	5 海关 hǎiguān	명 세관.
0711	5 海鲜 hǎixiān	명 해산물. 해물.
0712	4 海洋 hǎiyáng	명 해양. 바다.
0713	3 害怕 hàipà	동 겁내다. 두려워하다.
0714	4 害羞 hàixiū	동 수줍어하다. 부끄러워 하다.
0715	4 寒假 hánjià	명 겨울 방학.
0716	5 喊 hǎn	동 소리치다. 외치다.
0717	1 汉语 Hànyǔ	명 중국어. 한어.
0718	4 汗 hàn	명 땀.
0719	5 行业 hángyè	명 직업. 직종. 업종.
0720	4 航班 hángbān	명 항공편. 운항편.
0721	5 豪华 háohuá	형 호화스럽다. 사치스럽다.

0722	1 好 hǎo	형 좋다.
0723	2 好吃 hǎochī	형 맛있다. 맛나다.
0724	4 好处 hǎochu	명 혜택. 은혜. 장점.
0725	5 好客 hàokè	형 손님 접대를 좋아하다. 손님을 좋아하다. L6
0726	5 好奇 hàoqí	형 호기심을 갖다.
0727	4 好像 hǎoxiàng	부 마치 ~와(과) 같다.
0728	1 号 hào	명 번호. L2
0729	4 号码 hàomǎ	명 번호. 숫자.
0730	1 喝 hē	동 마시다.
0731	5 合法 héfǎ	형 법에 맞다. 합법적이다.
0732	4 合格 hégé	형 규격에 맞다. 합격이다.
0733	5 合理 hélǐ	형 합리적이다.
0734	4 合适 héshì	형 적합하다. 적당하다. 알 맞다.
0735	5 合同 hétong	명 계약서.
0736	5 合影 héyǐng	명 함께 찍은 사진. 단체사 진.
0737	5 合作 hézuò	동 협력하다. 합작하다.
0738	5 何必 hébì	부 ~할 필요가 있는가.

0739 ⑤ 何况 hékuàng 접 더군다나. 하물며.

0740 ① 和 hé 접 ~와(과).

0741 ⑤ 和平 hépíng 명 평화.

0742 ⑤ 核心 héxīn 명 핵심.

0743 ④ 盒子 hézi 명 작은 상자. 합. 곽.

0744 ② 黑 hēi 형 검다. 까맣다.

0745 ③ 黑板 hēibǎn 명 칠판.

0746 ① 很 hěn 부 아주. 매우. 대단히.

0747 ⑤ 恨 hèn 동 원망하다. 증오하다.

0748 ② 红 hóng 형 붉다. 빨갛다.

0749 ⑤ 猴子 hóuzi 명 원숭이. **L4**

0750 ⑤ 后背 hòubèi 명 등. **N**

0751 ⑤ 后果 hòuguǒ 명 (주로 안 좋은) 결과.

0752 ④ 后悔 hòuhuǐ 동 후회하다.

0753 ③ 后来 hòulái 명 그 후. 그 뒤. 그다음. **L4**

0754 ① 后面 hòumiàn 명 뒤. 뒤쪽. 뒷면.

0755 ④ 厚 hòu 형 두껍다. 두텁다.

0756 ⑤ 呼吸 hūxī 동 호흡하다.

0757 ⑤ 忽然 hūrán 부 갑자기. **L4**

0758 ⑤ 忽视 hūshì 동 소홀히 하다. 등한시 하다.

0759 ⑤ 胡说 húshuō 동 헛소리하다. 함부로 지껄이다.

0760 ⑤ 胡同 hútòng 명 골목.

0761 ⑤ 壶 hú 명 항아리. 주전자.

0762 ⑤ 糊涂 hútu 형 어리석다. 멍청하다.

0763 ⑤ 蝴蝶 húdié 명 나비.

0764 ④ 互联网 hùliánwǎng 명 인터넷. **L6**

0765 ④ 互相 hùxiāng 부 서로. 상호.

0766 ④ 护士 hùshi 명 간호사.

0767 ③ 护照 hùzhào 명 여권.

0768 ③ 花 huā 명 꽃. **C**

0769 ⑤ 花生 huāshēng 명 땅콩.

0770 ③ 花 huā 동 소비하다. 쓰다.

0771 ⑤ 华裔 huáyì 명 화교. 외국의 중국인 후예(자손).

0772 ⑤ 滑 huá 형 미끄럽다. 동 미끄러지다. **C**

0773 ⑤ 化学 huàxué 명 화학.

0774 ⑤ 划 huá	동 베다. 긋다. 배를 젓다. **C**
0775 ③ 画 huà	동 그림을 그리다.
0776 ⑤ 话题 huàtí	명 화제. 논제.
0777 ⑤ 怀念 huáiniàn	동 회상하다. 추억하다.
0778 ④ 怀疑 huáiyí	동 추측하다. 의심하다.
0779 ⑤ 怀孕 huáiyùn	동 임신하다. **L6**
0780 ③ 坏 huài	형 나쁘다.
0781 ③ 欢迎 huānyíng	동 환영하다. **L2**
0782 ③ 还 huán	동 돌아가다. 돌려주다. 반환하다.
0783 ③ 环境 huánjìng	명 환경.
0784 ⑤ 缓解 huǎnjiě	동 (정도가) 완화되다. 호전되다.
0785 ⑤ 幻想 huànxiǎng	명 환상. 공상. 몽상.
0786 ③ 换 huàn	동 교환하다.
0787 ⑤ 慌张 huāngzhāng	형 당황하다. 쩔쩔매다.
0788 ③ 黄河 Huáng Hé	명 황허.(중국의 강 이름) **N**
0789 ⑤ 黄金 huángjīn	명 황금.

0790 ⑤ 灰 huī	명 재.
0791 ⑤ 灰尘 huīchén	명 먼지.
0792 ⑤ 灰心 huīxīn	동 낙담하다. 낙심하다.
0793 ⑤ 恢复 huīfù	동 회복하다. 회복되다.
0794 ⑤ 挥 huī	동 휘두르다. 흔들다. 내두르다.
0795 ① 回 huí	동 되돌아가다. 되돌리다.
0796 ③ 回答 huídá	동 대답하다. 회답하다. **L2**
0797 ④ 回忆 huíyì	동 회상하다. 추억하다.
0798 ⑤ 汇率 huìlǜ	명 환율.
0799 ① 会 huì	동 만나다. 능숙하다.
0800 ③ 会议 huìyì	명 회의.
0801 ⑤ 婚礼 hūnlǐ	명 결혼식. 혼례.
0802 ⑤ 婚姻 hūnyīn	명 혼인. 결혼.
0803 ④ 活动 huódòng	동 몸을 움직이다. 운동하다. 활동하다.
0804 ④ 活泼 huópō	형 활발하다.
0805 ⑤ 活跃 huóyuè	형 활동적이다. 활기 있다.
0806 ④ 火 huǒ	명 불. 화염.

0807	5	火柴 huǒchái	명 성냥.
0808	2	火车站 huǒchēzhàn	명 기차역. **L1**
0809	5	伙伴 huǒbàn	명 친구. 동료. 동반자.
0810	5	或许 huòxǔ	부 아마. 어쩌면. **L6**
0811	3	或者 huòzhě	접 ～이든가 아니면 ～이다.
0812	4	获得 huòdé	동 얻다. 취득하다.

新HSK1~5급 J

0813	3	几乎 jīhū	부 거의.
0814	2	机场 jīchǎng	명 공항. 비행장.
0815	3	机会 jīhuì	명 기회.
0816	5	机器 jīqì	명 기기. 기계.
0817	5	肌肉 jīròu	명 근육.
0818	2	鸡蛋 jīdàn	명 계란.
0819	4	积极 jījí	형 적극적이다. 열성적이다.
0820	4	积累 jīlěi	동 쌓이다. 누적되다.
0821	5	基本 jīběn	형 기본의. 기본적인.
0822	4	基础 jīchǔ	명 기초.

0823	4	激动 jīdòng	동 흥분하다. 감격하다. 감동하다.
0824	5	激烈 jīliè	형 격렬하다. (감정이) 충동적이다.
0825	6	及格 jígé	동 합격하다.
0826	4	及时 jíshí	형 시기적절하다. 부 즉시. 곧바로.
0827	4	即使 jíshǐ	접 설령 ～하더라도.
0828	3	极 jí	부 아주. 극히.
0829	5	极其 jíqí	부 아주. **L4**
0830	5	急忙 jímáng	부 급히. 황급히.
0831	5	急诊 jízhěn	명 응급 진료. 급진. **N**
0832	5	集合 jíhé	동 집합하다. **L4**
0833	5	集体 jítǐ	명 단체. 집단.
0834	5	集中 jízhōng	동 집중하다. 모으다.
0835	1	几 jǐ	수 몇.
0836	4	计划 jìhuà	명 계획. 기획.
0837	5	计算 jìsuàn	동 계산하다. 산출하다. 셈하다.
0838	3	记得 jìde	동 기억하고 있다.
0839	5	记录 jìlù	동 기록하다.

0840 ⑤ 记忆 jìyì	통 기억하다.	
0841 ④ 记者 jìzhě	명 기자.	
0842 ⑤ 纪录 jìlù	명 기록. 통 기록하다.	
0843 ⑤ 纪律 jìlǜ	명 기율.	
0844 ⑤ 纪念 jìniàn	통 기념하다. 명 기념품. 기념물.	
0845 ④ 技术 jìshù	명 기술.	
0846 ⑤ 系领带 jì lǐngdài	넥타이를 매다.	
0847 ③ 季节 jìjié	명 계절. 철. 절기.	
0848 ④ 既然 jìrán	접 ~된 바에야. ~한 이상.	
0849 ④ 继续 jìxù	통 계속하다.	
0850 ⑤ 寂寞 jìmò	형 외롭다.	
0851 ④ 寄 jì	통 우편으로 부치다. 보내다.	
0852 ④ 加班 jiābān	통 초과 근무를 하다.	
0853 ④ 加油站 jiāyóuzhàn	명 주유소.	
0854 ⑤ 夹子 jiāzi	명 집게. 끼우게.	
0855 ① 家 jiā	명 집.	
0856 ④ 家具 jiājù	명 가구.	

0857 ⑤ 家庭 jiātíng	명 가정.	
0858 ⑤ 家务 jiāwù	명 집안일.	
0859 ⑤ 家乡 jiāxiāng	명 고향.	
0860 ⑤ 嘉宾 jiābīn	명 귀빈.	
0861 ⑤ 甲 jiǎ	명 갑.	
0862 ④ 假 jiǎ	형 가짜의. 거짓의.	
0863 ⑤ 假如 jiǎrú	접 가령. 만약. 만일.	
0864 ⑤ 假设 jiǎshè	명 가설. 가정. 통 가정하다.	L6
0865 ⑤ 假装 jiǎzhuāng	통 (짐짓) ~인체하다. 가장하다.	
0866 ④ 价格 jiàgé	명 가격. 값.	
0867 ⑤ 价值 jiàzhí	명 가치.	
0868 ⑤ 驾驶 jiàshǐ	통 운전하다.	
0869 ⑤ 嫁 jià	통 시집가다. 출가하다.	
0870 ④ 坚持 jiānchí	통 견지하다. 고수하다.	
0871 ⑤ 坚决 jiānjué	형 단호하다. 결연하다.	
0872 ⑤ 坚强 jiānqiáng	형 강경하다. 굳세다.	
0873 ⑤ 肩膀 jiānbǎng	명 어깨.	
0874 ⑤ 艰巨 jiānjù	형 어렵고 힘들다.	

0875	⑤ 艰苦 jiānkǔ	형 어렵고 고달프다.

0876 ⑤ 兼职 jiānzhí　동 겸직하다.　**L6**

0877 ⑤ 捡 jiǎn　동 줍다.

0878 ③ 检查 jiǎnchá　동 검사하다. 조사하다.

0879 ④ 减肥 jiǎnféi　동 살을 빼다. 감량하다.

0880 ④ 减少 jiǎnshǎo　동 줄이다. 감소하다. 줄다.

0881 ⑤ 剪刀 jiǎndāo　명 가위.

0882 ③ 简单 jiǎndān　형 간단하다. 단순하다.

0883 ⑤ 简历 jiǎnlì　명 이력서. 약력.

0884 ⑤ 简直 jiǎnzhí　부 그야말로. 너무나.

0885 ③ 见面 jiànmiàn　동 만나다. 대면하다.

0886 ② 件 jiàn　양 건. 개.

0887 ⑤ 建立 jiànlì　동 건립하다. 창설하다.
동 맺다. 형성하다. 세우다.

0888 ⑤ 建设 jiànshè　동 건설하다. 세우다.

0889 ④ 建议 jiànyì　동 제안하다. 건의하다.　**L5**

0890 ⑤ 建筑 jiànzhù　명 건축물.

0891 ③ 健康 jiànkāng　형 건강하다.

0892 ⑤ 健身 jiànshēn　동 (신체를) 건강하게 하다.
튼튼하게 하다.　**C**

0893 ⑤ 键盘 jiànpán　명 키보드.

0894 ④ 将来 jiānglái　명 장래. 미래.

0895 ③ 讲 jiǎng　동 말하다. 이야기하다.

0896 ⑤ 讲究 jiǎngjiu　동 중요시하다. ～에 신경 쓰다.
명 의의. 의미.

0897 ⑤ 讲座 jiǎngzuò　명 강좌.

0898 ④ 奖金 jiǎngjīn　명 상금. 상여금.

0899 ④ 降低 jiàngdī　동 낮추다. 내리다.

0900 ④ 降落 jiàngluò　동 착륙하다. 내려오다.　**L5**

0901 ⑤ 酱油 jiàngyóu　명 간장.

0902 ④ 交 jiāo　동 사귀다. 왕래하다.

0903 ⑤ 交换 jiāohuàn　동 교환하다.

0904 ⑤ 交际 jiāojì　명 교제.

0905 ④ 交流 jiāoliú　동 서로 소통하다. 교류하다.

0906 ④ 交通 jiāotōng　명 교통.

0907 ⑤ 交往 jiāowǎng　동 왕래하다. 교제하다.
명 왕래.　**L6**

0908 ④ 郊区 jiāoqū　명 도시의 변두리.　**L5**

0909 ⑤ 浇 jiāo	동	물을 대다. 관개하다.
0910 ④ 骄傲 jiāo'ào	형	거만하다. 오만하다.
	형	자랑스럽다. 뽐내다.
0911 ⑤ 胶水 jiāoshuǐ	명	풀.
0912 ③ 教 jiāo	동	가르치다.
0913 ③ 角 jiǎo	명	뿔.
0914 ⑤ 角度 jiǎodù	명	각도.
0915 ⑤ 狡猾 jiǎohuá	형	교활하다. 간교하다.
0916 ④ 饺子 jiǎozi	명	교자. 만두.
0917 ③ 脚 jiǎo	명	발.
0918 ① 叫 jiào	동	(~라고) 하다. 부르다.
0919 ⑤ 教材 jiàocái	명	교재.
0920 ⑤ 教练 jiàoliàn	명	감독. 코치.
0921 ② 教室 jiàoshì	명	교실.
0922 ④ 教授 jiàoshòu	명	교수.
0923 ⑤ 教训 jiàoxùn	동	꾸짖다. 교훈하다. 가르치고 타이르다.
0924 ④ 教育 jiàoyù	명	교육.
	동	교육하다.
0925 ⑤ 阶段 jiēduàn	명	단계. 계단.

0926 ⑤ 结实 jiēshi	동	튼튼하다. 단단하다. 견고하다.
0927 ③ 接 jiē	동	잇다. 연결하다.
0928 ⑤ 接触 jiēchù	동	접촉하다. 닿다.
0929 ⑤ 接待 jiēdài	동	접대하다. 영접하다.
0930 ⑤ 接近 jiējìn	동	가까이하다. 접근하다.
	형	비슷하다. 가깝다. 접근해 있다.
0931 ④ 接受 jiēshòu	동	받아들이다. 받다.
0932 ④ 接着 jiēzhe	부	이어서. 연이어. **L5**
0933 ③ 街道 jiēdào	명	거리. 가두.
0934 ④ 节 jié	명	기념일. 관절.
	동	절약하다.
	양	수업시간. **L5**
0935 ③ 节目 jiémù	명	프로그램.
0936 ③ 节日 jiérì	명	명절. 경축일.
0937 ⑤ 节省 jiéshěng	동	아끼다. 절약하다.
0938 ④ 节约 jiéyuē	동	절약하다.
0939 ⑤ 结构 jiégòu	명	구조.
0940 ④ 结果 jiéguǒ	명	결과.
0941 ⑤ 结合 jiéhé	동	결합하다.
0942 ③ 结婚 jiéhūn	동	결혼하다.

0943	5 结论 jiélùn	명 결론.
0944	3 结束 jiéshù	동 끝나다. 마치다.
0945	5 结账 jiézhàng	동 계산하다.
0946	2 姐姐 jiějie	명 누나. 언니.
0947	3 解决 jiějué	동 해결하다.
0948	4 解释 jiěshì	동 설명하다. 해석하다. 해명하다.
0949	2 介绍 jièshào	동 소개하다.
0950	5 戒 jiè	동 (좋지 못한 습관을) 끊다. 중단하다. **C**
0951	5 戒指 jièzhi	명 반지.
0952	5 届 jiè	양 회(回). 기(期). 차(次). 동 (예정된 때에) 이르다.
0953	3 借 jiè	동 빌리다.
0954	5 借口 jièkǒu	명 구실. 핑계. 동 구실로 삼다.
0955	1 今天 jīntiān	명 오늘.
0956	5 金属 jīnshǔ	명 금속.
0957	4 尽管 jǐnguǎn	접 비록 ~지만. ~에도 불구하고. 부 얼마든지. 마음대로.
0958	5 尽快 jǐnkuài	부 되도록 빨리. **L6**
0959	5 尽力 jìnlì	동 전력을 다하다.
0960	5 尽量 jǐnliàng	부 가능한 한.
0961	5 紧急 jǐnjí	형 긴박하다. 긴급하다.
0962	4 紧张 jǐnzhāng	형 불안하다. 긴장해 있다.
0963	5 谨慎 jǐnshèn	형 신중하다. 조심스럽다.
0964	2 进 jìn	동 (밖에서 안으로) 들다.
0965	5 进步 jìnbù	동 진보하다. 형 진보적이다.
0966	5 进口 jìnkǒu	동 수입하다.
0967	4 进行 jìnxíng	동 진행하다.
0968	2 近 jìn	형 가깝다. 짧다.
0969	5 近代 jìndài	명 근대. 근세.
0970	4 禁止 jìnzhǐ	동 금지하다. 불허하다.
0971	4 京剧 jīngjù	명 경극.
0972	3 经常 jīngcháng	부 언제나. 늘.
0973	5 经典 jīngdiǎn	명 경전. 고전. 형 전형적인.
0974	3 经过 jīngguò	동 경유하다. 통과하다.
0975	4 经济 jīngjì	명 경제. 국민 경제.
0976	3 经理 jīnglǐ	명 지배인. 매니저.

0977	④ 经历 jīnglì	图 경험하다. 체험하다.
0978	⑤ 经商 jīngshāng	图 장사하다. **L6**
0979	④ 经验 jīngyàn	图 경험. 체험.
0980	⑤ 经营 jīngyíng	图 운영하다. 경영하다.
0981	④ 精彩 jīngcǎi	圈 훌륭하다. 뛰어나다.
0982	⑤ 精力 jīnglì	图 정신과 체력. 정력.
0983	⑤ 精神 jīngshén	图 주요 의미. 정신.
	jīngshen	图 기운. 활력. 원기. **L4**
0984	④ 景色 jǐngsè	图 풍경. 경치. **L5**
0985	④ 警察 jǐngchá	图 경찰.
0986	④ 竞争 jìngzhēng	图 경쟁하다.
0987	④ 竟然 jìngrán	图 뜻밖에도. 의외로.
0988	④ 镜子 jìngzi	图 거울.
0989	④ 究竟 jiūjìng	图 도대체. 대관절.
		图 결말. 결과. 경위.
0990	① 九 jiǔ	图 9. 아홉.
0991	③ 久 jiǔ	圈 오래다. 시간이 길다.
0992	⑤ 酒吧 jiǔbā	图 술집. 바.
0993	③ 旧 jiù	圈 낡다. 헐다.

0994	⑤ 救 jiù	图 구하다. 구제하다. 구조하다.
0995	⑤ 救护车 jiùhùchē	图 구급차.
0996	② 就 jiù	图 바로. 즉시. 당장.
0997	⑤ 舅舅 jiùjiu	图 외삼촌.
0998	⑤ 居然 jūrán	图 의외로. 뜻밖에. 예상외로.
0999	⑤ 桔子 júzi	图 귤.
1000	④ 举 jǔ	图 들다. **L5**
1001	④ 举办 jǔbàn	图 거행하다. 열다.
1002	④ 举行 jǔxíng	图 거행하다. **L3**
1003	⑤ 巨大 jùdà	圈 아주 크다.
1004	③ 句子 jùzi	图 문장.
1005	④ 拒绝 jùjué	图 거절하다. 거부하다.
1006	⑤ 具备 jùbèi	图 갖추다. 구비하다.
1007	⑤ 具体 jùtǐ	圈 구체적이다.
1008	⑤ 俱乐部 jùlèbù	图 클럽. 구락부.
1009	⑤ 据说 jùshuō	图 다른 사람의 말에 의하면 ~라고 한다.
1010	④ 距离 jùlí	图 거리. 간격.

1011 ④ 聚会 jùhuì ⑱ 모임. 집회. **L5**

1012 ⑤ 捐 juān ⑧ 기부하다. 헌납하다.

1013 ③ 决定 juédìng ⑲ 결정.
⑧ 결정하다.

1014 ⑤ 决赛 juésài ⑲ 결승.

1015 ⑤ 决心 juéxīn ⑲ 결심. 결의. 다짐.
⑧ 결심하다. 결의하다.

1016 ⑤ 角色 juésè ⑲ 역. 역할. 배역.

1017 ② 觉得 juéde ⑧ ~라고 여기다.

1018 ⑤ 绝对 juéduì ⑲ 절대적인. 무조건적인.

1019 ⑤ 军事 jūnshì ⑲ 군사.

1020 ⑤ 均匀 jūnyún ⑲ 균등하다. 고르다. 균일하다.

新HSK1~5급

K

1021 ② 咖啡 kāfēi ⑲ 커피.

1022 ⑤ 卡车 kǎchē ⑲ 트럭.

1023 ① 开 kāi ⑧ 열다. 피다.

1024 ⑤ 开发 kāifā ⑧ 개발하다. 개척하다.

1025 ⑤ 开放 kāifàng ⑧ 개방하다. 해제하다.

1026 ⑤ 开幕式 kāimùshì ⑲ 개막식.

1027 ② 开始 kāishǐ ⑧ 시작되다. 개시하다.
⑲ 처음. 시작.

1028 ⑤ 开水 kāishuǐ ⑲ 끓인 물. **L6**

1029 ④ 开玩笑 kāi wánxiào ⑧ 농담하다. 놀리다.

1030 ④ 开心 kāixīn ⑲ 즐겁다. 기쁘다. **L5**

1031 ⑤ 砍 kǎn ⑧ 패다. 찍다.

1032 ① 看 kàn ⑧ 보다. ~라고 생각하다.

1033 ⑤ 看不起 kànbuqǐ ⑧ 경시하다. 얕보다.

1034 ④ 看法 kànfǎ ⑲ 견해.

1035 ① 看见 kànjiàn ⑧ 보다. 보이다.

1036 ⑤ 看望 kànwàng ⑧ 방문하다. 문안하다. **L6**

1037 ④ 考虑 kǎolǜ ⑧ 고려하다. 생각하다.

1038 ② 考试 kǎoshì ⑧ 시험을 치다.

1039 ④ 烤鸭 kǎoyā ⑲ 오리구이. **L5**

1040 ⑤ 靠 kào ⑧ 기대다. 접근하다. **N**

1041 ④ 科学 kēxué ⑲ 과학.
⑲ 과학적이다.

1042	④ 棵 kē	양 그루. 포기.
1043	⑤ 颗 kē	양 알. (둥글고 작은 알맹이 모양과 같은 것을 세는 데 쓰임)
1044	④ 咳嗽 késou	동 기침하다. 명 기침.
1045	③ 可爱 kě'ài	형 귀엽다.
1046	⑤ 可见 kějiàn	접 ~라는 것을 알 수 있다.
1047	⑤ 可靠 kěkào	형 믿을 만하다.
1048	④ 可怜 kělián	형 불쌍하다. 가련하다.
1049	② 可能 kěnéng	형 가능하다. 명 가능성. 가망. 부 아마도.
1050	⑤ 可怕 kěpà	형 무섭다. 두렵다.
1051	④ 可是 kěshì	접 하지만. 그러나. 그렇지만.
1052	④ 可惜 kěxī	형 아쉽다. 섭섭하다.
1053	② 可以 kěyǐ	조동 ~할 수 있다.
1054	③ 渴 kě	형 목이 타다. 목마르다.
1055	⑤ 克 kè	양 그램(g).
1056	⑤ 克服 kèfú	동 극복하다. 이기다.
1057	③ 刻 kè	동 새기다.
1058	⑤ 刻苦 kèkǔ	형 고생을 참아내다.
1059	⑤ 客观 kèguān	형 객관적이다. 명 객관.
1060	③ 客人 kèrén	명 손님. 고객.
1061	④ 客厅 kètīng	명 거실. 응접실. **L5**
1062	② 课 kè	명 수업. 강의.
1063	⑤ 课程 kèchéng	명 교육 과정. 교과목.
1064	④ 肯定 kěndìng	부 확실히. 틀림없이. 동 확신하다. 확언하다. 형 긍정적이다.
1065	④ 空 kōng 　　 kòng	형 텅 비다. (속이) 비다. 명 틈. 짬. 겨를. **N**
1066	⑤ 空间 kōngjiān	명 공간.
1067	④ 空气 kōngqì	명 공기.
1068	③ 空调 kōngtiáo	명 에어컨.
1069	④ 恐怕 kǒngpà	부 아마 ~일 것이다. 대체로.
1070	⑤ 空闲 kòngxián	동 한가하다. 명 틈. 여가. 한가한 시간.
1071	⑤ 控制 kòngzhì	동 통제하다. 제어하다.
1072	③ 口 kǒu	명 입. 양 식구. 사람. 마리.
1073	⑤ 口味 kǒuwèi	명 맛. 향미. 풍미.

1074	③ 哭 kū	图 울다.	
1075	④ 苦 kǔ	웹 쓰다. 고생스럽다.	
1076	③ 裤子 kùzi	멩 바지.	
1077	⑤ 夸 kuā	图 칭찬하다.	
1078	⑤ 夸张 kuāzhāng	图 과장하다.	N
1079	⑤ 会计 kuàijì	멩 회계. 경리.	
1080	① 块 kuài	향 덩이. 조각. 장.	
1081	② 快 kuài	웹 빠르다.	
1082	② 快乐 kuàilè	웹 즐겁다. 유쾌하다.	
1083	③ 筷子 kuàizi	멩 젓가락.	
1084	⑤ 宽 kuān	웹 넓다.	L4
1085	④ 矿泉水 kuàngquánshuǐ	멩 광천수. 생수.	L5
1086	⑤ 昆虫 kūnchóng	멩 곤충.	L6
1087	④ 困 kùn	웹 지치다. 피곤하다.	
1088	④ 困难 kùnnan	멩 곤란. 어려움.	
1089	⑤ 扩大 kuòdà	图 확대하다. 넓히다.	L4

K
L

1090	④ 垃圾桶 lājītǒng	멩 쓰레기통.	
1091	④ 拉 lā	图 끌다. 당기다. 견인하다.	
1092	④ 辣 là	웹 맵다.	
1093	⑤ 辣椒 làjiāo	멩 고추.	
1094	① 来 lái	图 오다.	
1095	④ 来不及 láibují	图 따라가지 못하다. 제시간에 댈 수 없다.	
1096	④ 来得及 láidejí	图 늦지 않다.	
1097	④ 来自 láizì	图 ~로부터 오다. ~에서 나오다.	L5
1098	⑤ 拦 lán	图 가로막다. 막다.	
1099	③ 蓝 lán	멩 남색. 웹 푸르다.	
1100	④ 懒 lǎn	웹 게으르다. 나태하다.	
1101	⑤ 烂 làn	웹 부패하다. 썩다.	
1102	⑤ 朗读 lǎngdú	图 낭독하다.	L6
1103	④ 浪费 làngfèi	图 낭비하다.	
1104	④ 浪漫 làngmàn	웹 낭만적이다. 로맨틱하다.	
1105	⑤ 劳动 láodòng	멩 노동. 图 노동하다.	

1106	⑤ 劳驾 láojià	동 실례합니다. 수고하십니다.
1107	③ 老 lǎo	형 늙다.
1108	⑤ 老百姓 lǎobǎixìng	명 국민. 백성.
1109	⑤ 老板 lǎobǎn	명 사장. 주인.
1110	④ 老虎 lǎohǔ	명 호랑이.
1111	⑤ 老婆 lǎopo	명 아내. 처. 마누라. Ⓝ
1112	① 老师 lǎoshī	명 선생님. 스승.
1113	⑤ 老实 lǎoshi	형 정직하다. 성실하다.
1114	⑤ 老鼠 lǎoshǔ	명 쥐.
1115	⑤ 姥姥 lǎolao	명 외할머니. 외조모.
1116	⑤ 乐观 lèguān	형 낙관적이다.
1117	① 了 le	조 동사 뒤에 와서 완료를 나타냄. 조 문장 맨 끝에 와서 변화를 나타냄.
1118	⑤ 雷 léi	명 천둥. 우레.
1119	⑤ 类型 lèixíng	명 유형. Ⓝ
1120	② 累 lèi	형 지치다. 피곤하다.
1121	① 冷 lěng	형 춥다.
1122	⑤ 冷淡 lěngdàn	형 냉담하다. 쌀쌀하다. L6
1123	④ 冷静 lěngjìng	형 냉정하다. 침착하다.
1124	⑤ 厘米 límǐ	양 센티미터(cm).
1125	② 离 lí	조 ～로부터. ～에서.
1126	⑤ 离婚 líhūn	동 이혼하다.
1127	③ 离开 líkāi	동 떠나다.
1128	⑤ 梨 lí	명 배.
1129	④ 礼拜天 lǐbàitiān	명 일요일. L5
1130	④ 礼貌 lǐmào	명 예의. 예의범절.
1131	③ 礼物 lǐwù	명 선물. 예물.
1132	① 里 lǐ	명 안쪽. 가운데. 내부.
1133	④ 理发 lǐfà	동 머리를 깎다. 이발하다.
1134	④ 理解 lǐjiě	동 이해하다. 알다.
1135	⑤ 理论 lǐlùn	명 이론.
1136	④ 理想 lǐxiǎng	명 이상.
1137	⑤ 理由 lǐyóu	명 이유.
1138	⑤ 力量 lìliang	명 힘. 역량.

1139	④ 力气 lìqi	몡 힘.	

1139 ④ 力气 lìqi　몡 힘.

1140 ③ 历史 lìshǐ　몡 역사.

1141 ④ 厉害 lìhai　톙 대단하다. 무섭다.

1142 ⑤ 立即 lìjí　뷔 즉시. 곧.

1143 ⑤ 立刻 lìkè　뷔 즉시. 바로.

1144 ⑤ 利润 lìrùn　몡 이윤.

1145 ⑤ 利息 lìxī　몡 이자.

1146 ⑤ 利益 lìyì　몡 이익. 이득.

1147 ⑤ 利用 lìyòng　동 이용하다.

1148 ④ 例如 lìrú　동 예를 들면.

1149 ④ 俩 liǎ　줌 두 개. 두 사람.

1150 ④ 连 lián　동 잇다.
뷔 계속하여.
전 ~조차도.

1151 ⑤ 连忙 liánmáng　뷔 얼른. 재빨리.

1152 ⑤ 连续 liánxù　동 연속하다. 계속하다. ⓒ

1153 ⑤ 联合 liánhé　동 연합하다. 결합하다.

1154 ④ 联系 liánxì　동 연락하다. 연결하다.

1155 ③ 脸 liǎn　몡 얼굴.

1156 ③ 练习 liànxí　동 연습하다. 익히다.
몡 연습 문제. 숙제.

1157 ⑤ 恋爱 liàn'ài　동 연애하다.
몡 연애.

1158 ⑤ 良好 liánghǎo　톙 양호하다. 좋다.

1159 ④ 凉快 liángkuai　톙 시원하다. 서늘하다.

1160 ⑤ 粮食 liángshi　몡 식량. 양식.

1161 ② 两 liǎng　주 2. 둘.

1162 ⑤ 亮 liàng　톙 밝다. 빛나다. L4

1163 ③ 辆 liàng　양 대. 량. (차량을 세는 데 쓰임)

1164 ③ 聊天 liáotiān　동 한담하다. 잡담을 하다. L4

1165 ⑤ 了不起 liǎobuqǐ　톙 대단하다. 뛰어나다.

1166 ③ 了解 liǎojiě　동 자세하게 알다.

1167 ⑤ 列车 lièchē　몡 열차. N

1168 ③ 邻居 línjū　몡 이웃. 이웃집.

1169 ⑤ 临时 línshí　톙 잠시의. 일시적인. 임시의.
뷔 때에 이르다.

1170 ⑤ 灵活 línghuó　톙 민첩하다. 날쌔다.

1171 ⑤ 铃 líng　몡 종. 방울. 벨.

1172 ② 零 líng ㊪ 0. 영. **L1**

1173 ⑤ 零件 língjiàn ㊱ 부속품.

1174 ④ 零钱 língqián ㊱ 잔돈. 푼돈. **L5**

1175 ⑤ 零食 língshí ㊱ 군것질. 간식.

1176 ⑤ 领导 lǐngdǎo ㊱ 지도자. 영도자.
㊌ 이끌다. 영도하다.

1177 ⑤ 领域 lǐngyù ㊱ 분야. 영역.

1178 ④ 另外 lìngwài ㊪ 다른 사람. 사물.
㊪ 따로. 별도로. 달리.
㊪ 이 외에. 그밖에.

1179 ⑤ 浏览 liúlǎn ㊌ 대강 둘러보다.

1180 ④ 留 liú ㊌ 남기다.

1181 ③ 留学 liúxué ㊌ 유학하다. **L4**

1182 ⑤ 流传 liúchuán ㊌ 널리 퍼지다. 유전하다.

1183 ⑤ 流泪 liúlèi ㊌ 눈물을 흘리다. **L4**

1184 ④ 流利 liúlì ㊪ 유창하다. 막힘이 없다.
미끈하다.

1185 ④ 流行 liúxíng ㊌ 유행하다.
㊪ 유행하는.

1186 ① 六 liù ㊪ 6. 여섯.

1187 ⑤ 龙 lóng ㊱ 용.

1188 ③ 楼 lóu ㊱ 다층 건물.
㊪ 층.

1189 ⑤ 漏 lòu ㊌ 새다. 새나가다.

1190 ⑤ 陆地 lùdì ㊱ 육지. 땅.

1191 ⑤ 陆续 lùxù ㊪ 끊임없이. 연이어.

1192 ⑤ 录取 lùqǔ ㊌ 채용하다. 뽑다. (시험으
로) 합격시키다.

1193 ⑤ 录音 lùyīn ㊌ 녹음하다.
㊱ 녹음.

1194 ② 路 lù ㊱ 길. 도로.

1195 ④ 旅行 lǚxíng ㊱ 여행.
㊌ 여행하다. **N**

1196 ② 旅游 lǚyóu ㊱ 여행. 관광.
㊌ 여행하다. 관광하다.

1197 ④ 律师 lǜshī ㊱ 변호사.

1198 ③ 绿 lǜ ㊪ 푸르다.
㊱ 녹색.

1199 ④ 乱 luàn ㊪ 어지럽다. 혼란하다.

1200 ⑤ 轮流 lúnliú ㊌ 차례로 ～하다.

1201 ⑤ 论文 lùnwén ㊱ 논문.

1202 ⑤ 逻辑 luójí ㊱ 논리.

1203 ⑤ 落后 luòhòu ㊪ 낙후되다. 뒤떨어지다.

1204	**1** 妈妈 māma	명 엄마. 어머니.		

1204 **1** 妈妈 māma — 명 엄마. 어머니.

1205 **4** 麻烦 máfan — 형 귀찮다. / 동 폐를 끼치다.

1206 **3** 马 mǎ — 명 말.

1207 **4** 马虎 mǎhu — 형 건성건성 하다. 소홀하다.

1208 **3** 马上 mǎshàng — 부 곧. 즉시.

1209 **5** 骂 mà — 동 꾸짖다. 욕하다.

1210 **1** 吗 ma — 조 의문의 어기를 나타냄.

1211 **1** 买 mǎi — 동 사다. 구매하다.

1212 **5** 麦克风 màikèfēng — 명 마이크.

1213 **2** 卖 mài — 동 팔다. 판매하다.

1214 **5** 馒头 mántou — 명 찐빵. 만터우.

1215 **4** 满 mǎn — 형 가득 차다. 가득하다.

1216 **3** 满意 mǎnyì — 동 만족하다. / 형 만족스럽다.

1217 **5** 满足 mǎnzú — 동 만족하다.

1218 **2** 慢 màn — 형 느리다.

1219 **2** 忙 máng — 형 바쁘다.

1220 **1** 猫 māo — 명 고양이.

1221 **4** 毛 máo — 명 털. 깃. 깃털. / 양 마오. (중국의 화폐 단위, 1위안(元)의 1/10) **L5**

1222 **5** 毛病 máobìng — 명 결점. 고장.

1223 **4** 毛巾 máojīn — 명 수건.

1224 **5** 矛盾 máodùn — 명 갈등. 대립. 모순.

1225 **5** 冒险 màoxiǎn — 형 (행동이) 위험하다. / 동 모험하다. 위험을 무릅쓰다.

1226 **5** 贸易 màoyì — 명 무역.

1227 **3** 帽子 màozi — 명 모자.

1228 **1** 没关系 méi guānxi — 괜찮다. 상관없다.

1229 **1** 没有 méiyǒu — 동 없다. 부족하다. **C**

1230 **5** 眉毛 méimao — 명 눈썹.

1231 **5** 媒体 méitǐ — 명 매체. **L6**

1232 **5** 煤炭 méitàn — 명 석탄.

1233 **2** 每 měi — 대 각. 매. ~마다. 모두.

1234 **4** 美丽 měilì — 형 아름답다. 예쁘다.

1235 **5** 美术 měishù — 명 미술. 그림.

1236 **2** 妹妹 mèimei — 명 여동생.

1237	⑤ 魅力 mèilì	몡 매력.	
1238	② 门 mén	먱 과목. 가지. (과목·과학·기술 등에 쓰임)	
1239	④ 梦 mèng	됨 꿈(을) 꾸다.	
1240	⑤ 梦想 mèngxiǎng	몡 꿈. 몽상. 됨 갈망하다. 간절히 바라다.	L6
1241	④ 迷路 mílù	됨 길을 잃다.	L5
1242	③ 米 mǐ	몡 쌀.	
1243	① 米饭 mǐfàn	몡 쌀밥.	
1244	⑤ 秘密 mìmì	몡 비밀. 기밀.	
1245	⑤ 秘书 mìshū	몡 비서.	
1246	④ 密码 mìmǎ	몡 비밀번호. 암호.	
1247	⑤ 密切 mìqiè	혱 밀접하다. 긴밀하다.	
1248	⑤ 蜜蜂 mìfēng	몡 꿀벌.	
1249	④ 免费 miǎnfèi	됨 무료로 하다.	
1250	③ 面包 miànbāo	몡 빵.	
1251	⑤ 面对 miànduì	됨 직접 대면하다. 직면하다. 마주보다.	
1252	⑤ 面积 miànjī	몡 면적.	
1253	⑤ 面临 miànlín	됨 직면하다.	
1254	② 面条 miàntiáo	몡 국수.	L3
1255	⑤ 苗条 miáotiao	혱 날씬하다.	
1256	⑤ 描写 miáoxiě	됨 묘사하다.	
1257	④ 秒 miǎo	먱 초(시간).	L5
1258	④ 民族 mínzú	몡 민족.	
1259	⑤ 敏感 mǐngǎn	혱 민감하다.	L6
1260	⑤ 名牌 míngpái	몡 유명 브랜드.	
1261	⑤ 名片 míngpiàn	몡 명함.	
1262	⑤ 名胜古迹 míngshèng gǔjì	몡 명승고적.	
1263	① 名字 míngzi	몡 이름. 성명.	
1264	③ 明白 míngbai	됨 이해하다.	
1265	⑤ 明确 míngquè	혱 명확하다.	
1266	① 明天 míngtiān	몡 내일.	
1267	⑤ 明显 míngxiǎn	혱 분명하다. 뚜렷하다.	
1268	⑤ 明星 míngxīng	몡 스타.	
1269	⑤ 命令 mìnglìng	몡 명령. 됨 명령하다.	
1270	⑤ 命运 mìngyùn	몡 운명.	

1271	5	摸 mō	동 더듬어 찾다. 동 어루만지다. 쓰다듬다.
1272	5	模仿 mófǎng	동 모방하다.
1273	5	模糊 móhu	형 분명하지 않다. 모호하다. 동 애매하게 하다. 흐리게 하다.
1274	5	模特 mótè	명 모델. N
1275	5	摩托车 mótuōchē	명 오토바이.
1276	5	陌生 mòshēng	형 생소하다.
1277	5	某 mǒu	대 어느. 아무.
1278	4	母亲 mǔqīn	명 어머니.
1279	5	木头 mùtou	명 나무. 목재. 재목.
1280	5	目标 mùbiāo	명 목표.
1281	4	目的 mùdì	명 목적.
1282	5	目录 mùlù	명 목록.
1283	5	目前 mùqián	명 지금. 현재.

新HSK1~5급 **N**

| 1284 | 3 | 拿 ná | 동 쥐다. 잡다. 가지다. |

1285	1	哪 nǎ	대 어느 것. 무엇. 부 어찌. 어떻게. C
1286	1	哪儿 nǎr	대 어디. 대 (반어문에 쓰여) 어디. 어떻게. N
1287	5	哪怕 nǎpà	접 설령 ~라 해도.
1288	1	那 nà	대 그. 저. 그곳. 저곳. C
1289	3	奶奶 nǎinai	명 할머니.
1290	4	耐心 nàixīn	명 인내심. 형 참을성이 있다.
1291	2	男 nán	명 남자. C
1292	3	南 nán	명 남. 남쪽.
1293	3	难 nán	형 어렵다. 힘들다. 곤란하다.
1294	4	难道 nándào	부 설마 ~란 말인가?. 설마 ~하겠는가?
1295	5	难怪 nánguài	부 어쩐지. 과연. 그러기에.
1296	3	难过 nánguò	형 슬프다. 괴롭다.
1297	5	难免 nánmiǎn	동 면하기 어렵다. L6
1298	4	难受 nánshòu	형 상심하다. 몸이 불편하다.
1299	5	脑袋 nǎodai	명 머리. 두뇌.
1300	1	呢 ne	조 의문을 나타냄.
1301	4	内 nèi	명 내부. 안. 속.

| 1302 | ⑤ 内部 nèibù | 몡 내부. | **N** |

1303 ⑤ 内科 nèikē 몡 내과.

1304 ④ 内容 nèiróng 몡 내용.

1305 ⑤ 嫩 nèn 혱 부드럽다.

1306 ① 能 néng 조동 ~할 수 있다.

1307 ⑤ 能干 nénggàn 혱 유능하다.

1308 ④ 能力 nénglì 몡 능력.

1309 ⑤ 能源 néngyuán 몡 에너지. 에너지원.

1310 ⑤ 嗯 ng 갑 응. 어. (의문을 나타냄) **L6**

1311 ① 你 nǐ 대 너. 당신.

1312 ① 年 nián 양 년. 해.

1313 ⑤ 年代 niándài 몡 시대.

1314 ③ 年级 niánjí 몡 학년.

1315 ⑤ 年纪 niánjì 몡 나이.

1316 ④ 年龄 niánlíng 몡 연령.

1317 ③ 年轻 niánqīng 혱 어리다. 젊다.

1318 ⑤ 念 niàn 동 낭독하다. 읽다. 그리워하다.

1319 ③ 鸟 niǎo 몡 새.

1320 ② 您 nín 대 당신.

1321 ⑤ 宁可 nìngkě 뷔 차라리 ~할지언정.

1322 ② 牛奶 niúnǎi 몡 우유.

1323 ⑤ 牛仔裤 niúzǎikù 몡 청바지.

1324 ⑤ 农村 nóngcūn 몡 농촌. **L4**

1325 ⑤ 农民 nóngmín 몡 농민. 농부.

1326 ⑤ 农业 nóngyè 몡 농업.

1327 ⑤ 浓 nóng 혱 진하다.

1328 ④ 弄 nòng 동 하다. 행하다. 만들다.

1329 ③ 努力 nǔlì 동 노력하다.

1330 ② 女 nǚ 몡 여자. **C**

1331 ① 女儿 nǚ'ér 몡 딸.

1332 ⑤ 女士 nǚshì 몡 여사. 숙녀. 부인.

1333 ④ 暖和 nuǎnhuo 혱 따뜻하다. 따사롭다.

新HSK1~5급 **O**

1334 ⑤ 欧洲 Ōuzhōu 몡 유럽. **L6**

1335 ④ 偶尔 ǒu'ěr 뷔 가끔. 때때로.

| 1336 | 5 | 偶然 ǒurán | 형 우연하다. |

1337	3	爬山 páshān	동 산을 오르다.
1338	5	拍 pāi	동 치다. (사진을) 찍다.
1339	4	排队 páiduì	동 줄을 서다. L5
1340	4	排列 páiliè	동 정렬하다. 배열하다.
1341	5	派 pài	동 파견하다.
1342	3	盘子 pánzi	명 쟁반. 접시.
1343	4	判断 pànduàn	동 판단하다. 판정하다.
1344	5	盼望 pànwàng	동 간절히 바라다.
1345	2	旁边 pángbiān	명 옆. 곁.
1346	3	胖 pàng	형 뚱뚱하다.
1347	2	跑步 pǎobù	동 달리다. 구보하다.
1348	4	陪 péi	동 모시다. 동반하다.
1349	5	培训 péixùn	동 양성하다. 육성하다. L6
1350	5	培养 péiyǎng	동 기르다. 배양하다. 양성하다.
1351	5	赔偿 péicháng	동 배상하다. 변상하다.
1352	5	佩服 pèifu	동 감탄하다. 탄복하다.
1353	5	配合 pèihé	동 협동하다. 협력하다.
1354	5	盆 pén	명 화분. 대야. 양 대야나 화분 등의 수량을 세는 데 쓰임.
1355	1	朋友 péngyǒu	명 친구.
1356	5	碰 pèng	동 부딪히다. (우연히) 만나다. C
1357	5	批 pī	양 무리. 떼. 패.
1358	4	批评 pīpíng	동 지적하다. 비판하다.
1359	5	批准 pīzhǔn	동 허가하다. 비준하다.
1360	5	披 pī	동 덮다. 걸치다.
1361	4	皮肤 pífū	명 피부.
1362	3	皮鞋 píxié	명 가죽 구두.
1363	5	疲劳 píláo	형 피곤하다. 명 피로.
1364	3	啤酒 píjiǔ	명 맥주.
1365	4	脾气 píqi	명 성격. 기질.
1366	5	匹 pǐ	양 필. (말이나 노새 등을 세는 데 쓰임)

1367 ④	篇 piān	양	편. 장. (문장이나 종이 등을 세는 데 쓰임)
1368 ②	便宜 piányi	형	값이 싸다.
1369 ⑤	片 piàn	양	편. (편평하고 얇은 모양의 것에 쓰임)
1370 ⑤	片面 piànmiàn	형	단편적이다. 일방적이다.
1371 ④	骗 piàn	동	속이다. 기만하다.
1372 ⑤	飘 piāo	동	바람에 나부끼다.
1373 ②	票 piào	명	표.
1374 ①	漂亮 piàoliang	형	예쁘다. 아름답다.
1375 ⑤	拼音 pīnyīn	명	병음. (중국어에서 자음+모음+성조로 구성된 음절을 가리킴) Ⓝ
1376 ⑤	频道 píndào	명	채널.
1377 ④	乒乓球 pīngpāngqiú	명	탁구.
1378 ⑤	平 píng	형	평평하다. 평탄하다.
1379 ⑤	平安 píng'ān	형	평안하다. 편안하다. Ⓒ
1380 ⑤	平常 píngcháng	형 명	보통이다. 평소.
1381 ⑤	平等 píngděng	형 명	동등한 대우를 받다. 평등하다. 평등.
1382 ⑤	平方 píngfāng	명	제곱. 평방.
1383 ⑤	平衡 pínghéng	동 형	균형을 맞추다. 균형이 맞다. 평형하다.
1384 ⑤	平静 píngjìng	형	고요하다. 조용하다.
1385 ⑤	平均 píngjūn	형	평균적인. 균등한.
1386 ④	平时 píngshí	명	평소. 평상시.
1387 ⑤	评价 píngjià	동	평가하다.
1388 ①	苹果 píngguǒ	명	사과.
1389 ⑤	凭 píng	전	～에 근거하여. ～에 따라.
1390 ③	瓶子 píngzi	명	병. Ⓛ4
1391 ⑤	迫切 pòqiè	형	절박하다. 긴박하다.
1392 ④	破 pò	동	파손되다. 찢어지다.
1393 ⑤	破产 pòchǎn	동	파산하다. 도산하다.
1394 ⑤	破坏 pòhuài	동	파괴하다.
1395 ④	葡萄 pútao	명	포도. Ⓛ3
1396 ④	普遍 pǔbiàn	형	보편적인. 일반적인.
1397 ④	普通话 pǔtōnghuà	명	현대 중국 표준어. Ⓛ3

1398 ①	七 qī	수	7. 일곱.
1399 ②	妻子 qīzi	명	아내.
1400 ⑤	期待 qīdài	동	기대하다.
1401 ⑤	期间 qījiān	명	기간. 시간.
1402 ④	其次 qícì	대	순서상으로 부차적인 것.
1403 ③	其实 qíshí	부	사실. 기실.
1404 ③	其他 qítā	대	그 외. 기타.
1405 ⑤	其余 qíyú	대	나머지. 남은 것.
1406 ④	其中 qízhōng	명	그중. 그 안.
1407 ③	奇怪 qíguài	형	이상하다. 괴이하다.
1408 ⑤	奇迹 qíjì	명	기적.
1409 ③	骑 qí	동	타다.
1410 ⑤	企业 qǐyè	명	기업.
1411 ⑤	启发 qǐfā	명	영감. 깨우침. 동 일깨우다. 계발하다.
1412 ②	起床 qǐchuáng	동	(잠자리에서) 일어나다.
1413 ③	起飞 qǐfēi	동	이륙하다. **L4**
1414 ③	起来 qǐlái	동	일어나다. **L4**

1415 ⑤	气氛 qìfēn	명	분위기.
1416 ④	气候 qìhòu	명	기후.
1417 ⑤	汽油 qìyóu	명	휘발유. 가솔린.
1418 ②	千 qiān	수	1,000. 천.
1419 ④	千万 qiānwàn	부	절대. 부디. 제발.
1420 ②	铅笔 qiānbǐ	명	연필. **L3**
1421 ⑤	谦虚 qiānxū	형	겸손하다. 겸허하다.
1422 ⑤	签 qiān	동	서명하다. 사인하다. **C**
1423 ④	签证 qiānzhèng	명	비자. 사증.
1424 ①	前面 qiánmiàn	명	앞. 앞쪽.
1425 ⑤	前途 qiántú	명	전도. 전망. 미래.
1426 ①	钱 qián	명	돈.
1427 ⑤	浅 qiǎn	형	얕다. 좁다.
1428 ⑤	欠 qiàn	동	빚지다.
1429 ⑤	枪 qiāng	명	총.
1430 ⑤	强调 qiángdiào	동	강조하다.
1431 ⑤	强烈 qiángliè	형	강렬하다. 맹렬하다.
1432 ⑤	墙 qiáng	명	담장. 벽. **L4**

1433 ⑤	抢 qiǎng	동	빼앗다. 약탈하다.
1434 ⑤	悄悄 qiāoqiāo	부	은밀히. 몰래.
1435 ④	敲 qiāo	동	두드리다.
1436 ④	桥 qiáo	명	다리. 교량.
1437 ⑤	瞧 qiáo	동	보다. 구경하다.
1438 ④	巧克力 qiǎokèlì	명	초콜릿.
1439 ⑤	巧妙 qiǎomiào	형	교묘하다.
1440 ⑤	切 qiē	동	끊다. 자르다.
1441 ⑤	亲爱 qīn'ài	형	사랑하다. 친애하다.
1442 ④	亲戚 qīnqi	명	친척.
1443 ⑤	亲切 qīnqiè	형	친절하다.
1444 ⑤	亲自 qīnzì	부	직접. 손수. 친히.
1445 ⑤	勤奋 qínfèn	형	부지런하다. 열심히 하다.
1446 ⑤	青 qīng	형	푸르다. 젊다.
1447 ⑤	青春 qīngchūn	명	청춘.
1448 ⑤	青少年 qīngshàonián	명	청소년.
1449 ④	轻 qīng	형	가볍다.
1450 ⑤	轻视 qīngshì	동	무시하다. 경시하다.
1451 ④	轻松 qīngsōng	형	부담이 없다. 수월하다.
1452 ⑤	轻易 qīngyì	형	함부로 하다. 경솔하다. 쉽다. 수월하다. Ⓝ
1453 ③	清楚 qīngchu	형	뚜렷하다. 분명하다.
1454 ⑤	清淡 qīngdàn	형	(음식이 기름지지 않고) 담백하다.
1455 ⑤	情景 qíngjǐng	명	광경. 정경.
1456 ④	情况 qíngkuàng	명	상황. 정황. 형편. 사정.
1457 ⑤	情绪 qíngxù	명	기분. 마음.
1458 ②	晴 qíng	형	하늘이 맑다.
1459 ①	请 qǐng	동	청하다. 부탁하다.
1460 ③	请假 qǐngjià	동	휴가를 신청하다. Ⓛ④
1461 ⑤	请求 qǐngqiú	명	요구. 요청. / 동 부탁하다. 요청하다.
1462 ⑤	庆祝 qìngzhù	동	경축하다.
1463 ④	穷 qióng	형	빈곤하다. 궁하다.
1464 ③	秋 qiū	명	가을.
1465 ⑤	球迷 qiúmí	명	구기 운동 팬.
1466 ④	区别 qūbié	명	차이. 구별.

1467 ⑤	趋势 qūshì	몡	추세.
1468 ④	取 qǔ	통	찾다. 찾아 가지다. 받다.
1469 ⑤	取消 qǔxiāo	통	취소하다.
1470 ⑤	娶 qǔ	통	장가들다. 아내를 얻다.
1471 ❶	去 qù	통	가다. 떠나다.
1472 ❷	去年 qùnián	몡	작년.
1473 ⑤	去世 qùshì	통	돌아가다. 세상을 뜨다.
1474 ⑤	圈 quān	몡	주위. 둘레. 주변.
1475 ⑤	权力 quánlì	몡	권력.
1476 ⑤	权利 quánlì	몡	권리.
1477 ④	全部 quánbù	몡	전부. 전체. 모두.
1478 ⑤	全面 quánmiàn	혱	전면적이다. 전반적이다.
1479 ⑤	劝 quàn	통	권고하다. 권하다.
1480 ④	缺点 quēdiǎn	몡	단점. 결점.
1481 ⑤	缺乏 quēfá	통	모자라다.
1482 ④	缺少 quēshǎo	통	부족하다. 모자라다.
1483 ④	却 què	뷔	오히려. 도리어. 반대로.
1484 ⑤	确定 quèdìng	통	확정하다.

1485 ⑤	确认 quèrèn	통	확인하다.
1486 ④	确实 quèshí	뷔	정말로. 확실히.
1487 ❸	裙子 qúnzi	몡	치마.
1488 ⑤	群 qún	양	무리. 떼. **L4**

R

新 HSK1~5급

1489 ④	然而 rán'ér	졉	그러나. 하지만. 그렇지만.
1490 ❸	然后 ránhòu	졉	그런 후에. 그다음에.
1491 ⑤	燃烧 ránshāo	통	연소하다. 타다.
1492 ❷	让 ràng	통	사양하다. 양보하다. 젼 ~하게 하다.
1493 ⑤	绕 rào	통	돌다. 맴돌다.
1494 ❶	热 rè	혱	덥다. 뜨겁다.
1495 ⑤	热爱 rè'ài	통	(국가 · 민족 등을) 뜨겁게 사랑하다.
1496 ⑤	热烈 rèliè	혱	열렬하다. 열정적이다.
1497 ④	热闹 rènao	혱	번화하다. 흥성거리다. 떠들썩하다.
1498 ❸	热情 rèqíng	혱	열정적이다. 친절하다.
1499 ⑤	热心 rèxīn	통	열심이다. 열성적이다.

1500 **1**	人 rén	몡	사람. 인간.
1501 **5**	人才 réncái	몡	인재.
1502 **5**	人口 rénkǒu	몡	인구.
1503 **5**	人类 rénlèi	몡	인류.
1504 **5**	人民币 rénmínbì	몡	인민폐. (중국의 법정 화폐) **L4**
1505 **5**	人生 rénshēng	몡	인생.
1506 **5**	人事 rénshì	몡	인사. 인간사.
1507 **5**	人物 rénwù	몡	인물.
1508 **5**	人员 rényuán	몡	인원. 요원.
1509 **5**	忍不住 rěnbuzhù	동	참을 수 없다. 견딜 수 없다.
1510 **1**	认识 rènshi	동	알다. 인식하다.
1511 **3**	认为 rènwéi	동	~라고 생각하다. ~라고 여기다.
1512 **3**	认真 rènzhēn	형	진지하다. 착실하다.
1513 **4**	任何 rènhé	대	어떠한.
1514 **4**	任务 rènwu	몡	임무.
1515 **4**	扔 rēng	동	던지다.
1516 **4**	仍然 réngrán	부	여전히. 변함없이.
1517 **2**	日 rì	몡	해. 일. 날. **L1**
1518 **5**	日常 rìcháng	형	일상의. 일상적인.
1519 **5**	日程 rìchéng	몡	일정.
1520 **4**	日记 rìjì	몡	일기.
1521 **5**	日历 rìlì	몡	달력.
1522 **5**	日期 rìqī	몡	날짜. 기간.
1523 **5**	日用品 rìyòngpǐn	몡	일용품.
1524 **5**	日子 rìzi	몡	날. 날짜. 시간. 생활. **N**
1525 **3**	容易 róngyì	형	쉽다.
1526 **3**	如果 rúguǒ	접	만약.
1527 **5**	如何 rúhé	대	어떠한가.
1528 **5**	如今 rújīn	몡	현재. 이제. 오늘날.
1529 **4**	入口 rùkǒu	몡	입구.
1530 **5**	软 ruǎn	형	부드럽다. **L4**
1531 **5**	软件 ruǎnjiàn	몡	소프트웨어.
1532 **5**	弱 ruò	형	약하다. 허약하다.

1533	⑤ 洒 sǎ	동 뿌리다.
1534	① 三 sān	수 3. 셋.
1535	③ 伞 sǎn	명 우산.
1536	④ 散步 sànbù	동 산책하다.
1537	⑤ 嗓子 sǎngzi	명 목소리.
1538	⑤ 色彩 sècǎi	명 색채. 색깔. **L6**
1539	④ 森林 sēnlín	명 숲. 삼림.
1540	⑤ 杀 shā	동 죽이다. 살해하다.
1541	④ 沙发 shāfā	명 소파.
1542	⑤ 沙漠 shāmò	명 사막.
1543	⑤ 沙滩 shātān	명 백사장. 모래사장.
1544	⑤ 傻 shǎ	형 어리석다. 우둔하다.
1545	⑤ 晒 shài	동 햇볕에 말리다. 햇볕을 쬐다.
1546	⑤ 删除 shānchú	동 삭제하다. 지우다.
1547	⑤ 闪电 shǎndiàn	명 번개.
1548	⑤ 扇子 shànzi	명 부채.
1549	⑤ 善良 shànliáng	형 선량하다. 착하다.

1550	⑤ 善于 shànyú	동 ~에 능하다. ~를 잘하다.
1551	⑤ 伤害 shānghài	동 다치게 하다. 손상하다. 해치다. **N**
1552	④ 伤心 shāngxīn	동 상심하다. 슬퍼하다.
1553	① 商店 shāngdiàn	명 상점.
1554	④ 商量 shāngliang	동 상의하다. 의논하다. 협의하다.
1555	⑤ 商品 shāngpǐn	명 상품.
1556	⑤ 商务 shāngwù	명 상업상의 용무(사무). 상무. **N**
1557	⑤ 商业 shāngyè	명 상업. 비즈니스.
1558	① 上 shàng	명 위. 형 먼저의, 앞의. 동 오르다. 타다.
1559	② 上班 shàngbān	동 출근하다.
1560	⑤ 上当 shàngdàng	동 속다. 꾐에 빠지다.
1561	③ 上网 shàngwǎng	동 인터넷을 하다.
1562	① 上午 shàngwǔ	명 오전.
1563	④ 稍微 shāowēi	부 조금. 약간.
1564	④ 勺子 sháozi	명 수저. 국자. **L5**

1565 **1** 少 shǎo	휑 적다.	
1566 **5** 蛇 shé	명 뱀.	
1567 **5** 舍不得 shěbude	동 헤어지기 섭섭해하다.	
1568 **5** 设备 shèbèi	명 설비. 시설.	
1569 **5** 设计 shèjì	동 설계하다. 디자인하다.	
1570 **5** 设施 shèshī	명 시설.	
1571 **4** 社会 shèhuì	명 사회.	
1572 **5** 射击 shèjī	명 사격. 동 사격하다. 쏘다.	
1573 **5** 摄影 shèyǐng	동 사진을 찍다.	
1574 **1** 谁 shéi	대 누구. 누가.	
1575 **4** 申请 shēnqǐng	동 신청하다.	
1576 **5** 伸 shēn	동 펴다. 내밀다.	
1577 **5** 身材 shēncái	명 몸매. 체격.	
1578 **5** 身份 shēnfen	명 신분. 지위.	
1579 **2** 身体 shēntǐ	명 신체. 몸.	
1580 **4** 深 shēn	휑 깊다.	
1581 **5** 深刻 shēnkè	휑 인상이 깊다.	
1582 **1** 什么 shénme	대 어떤. 무슨. 무엇.	

1583 **5** 神话 shénhuà	명 신화.	
1584 **5** 神秘 shénmì	휑 신비하다.	
1585 **4** 甚至 shènzhì	부 심지어. ~까지도.	
1586 **5** 升 shēng	동 오르다. 올라가다.	
1587 **2** 生病 shēngbìng	동 병이 나다.	
1588 **5** 生产 shēngchǎn	동 생산하다.	
1589 **5** 生动 shēngdòng	휑 생동감 있다. 생동하다.	
1590 **4** 生活 shēnghuó	명 생활.	
1591 **4** 生命 shēngmìng	명 생명.	
1592 **3** 生气 shēngqì	동 화내다.	
1593 **2** 生日 shēngri	명 생일.	
1594 **4** 生意 shēngyi	명 장사. 사업. 일. 직업.	
1595 **5** 生长 shēngzhǎng	동 자라다. 성장하다.	
1596 **5** 声调 shēngdiào	명 성조.	
1597 **3** 声音 shēngyīn	명 소리. 목소리.	
1598 **5** 绳子 shéngzi	명 밧줄. 새끼.	

1599 ④	省 shěng	통	절약하다.
1600 ⑤	省略 shěnglüè	통	생략하다.
1601 ⑤	胜利 shènglì	명 승리. 통 승리하다.	
1602 ④	剩 shèng	통	남다.
1603 ④	失败 shībài	명 실패. 통 실패하다.	
1604 ⑤	失眠 shīmián	통	잠을 이루지 못하다.
1605 ⑤	失去 shīqù	통	잃다. 잃어버리다.
1606 ④	失望 shīwàng	통	실망하다.
1607 ⑤	失业 shīyè	통	일을 잃다.
1608 ④	师傅 shīfu	명	스승. 사부. 선생님.
1609 ⑤	诗 shī	명	시.
1610 ⑤	狮子 shīzi	명	사자. L4
1611 ⑤	湿润 shīrùn	형	촉촉하다. 습윤하다. L4
1612 ①	十 shí	수	10. 열.
1613 ④	十分 shífēn	부	아주. 매우.
1614 ⑤	石头 shítou	명	돌.
1615 ⑤	时差 shíchā	명	시차. L6
1616 ⑤	时代 shídài	명	시대. 시기.
1617 ①	时候 shíhou	명	때. 시각.
1618 ②	时间 shíjiān	명	시간.
1619 ⑤	时刻 shíkè	명	시각. 시간.
1620 ⑤	时髦 shímáo	형	최신식이다. 유행이다.
1621 ⑤	时期 shíqī	명	시기.
1622 ⑤	时尚 shíshàng	형 유행이다. 명 시대적 유행. 시류.	
1623 ⑤	实话 shíhuà	명	실화. 솔직한 말.
1624 ④	实际 shíjì	명	실제.
1625 ⑤	实践 shíjiàn	통	실천하다. 실행하다.
1626 ⑤	实习 shíxí	통	실습하다.
1627 ⑤	实现 shíxiàn	통	실현하다. 달성하다.
1628 ⑤	实验 shíyàn	명 실험. 통 실험하다.	
1629 ⑤	实用 shíyòng	형	실용적이다.
1630 ④	实在 shízài	부	정말. 확실히. 참으로.
1631 ⑤	食物 shíwù	명	음식물.
1632 ④	使 shǐ	통	(~에게) ~시키다. ~하게 하다. L3
1633 ⑤	使劲儿 shǐjìnr	통	힘을 쓰다.

1634 ④ 使用 shǐyòng	동 사용하다. 쓰다.
1635 ⑤ 始终 shǐzhōng	명 시종. 처음과 끝.
1636 ⑤ 士兵 shìbīng	명 병사. 사병.
1637 ④ 世纪 shìjì	명 세기.
1638 ③ 世界 shìjiè	명 세계.
1639 ⑤ 市场 shìchǎng	명 시장. **L4**
1640 ⑤ 似的 shìde	조 ~와 같다.
1641 ② 事情 shìqing	명 일. 사건.
1642 ⑤ 事实 shìshí	명 사실.
1643 ⑤ 事物 shìwù	명 사물.
1644 ⑤ 事先 shìxiān	명 사전. 미리.
1645 ③ 试 shì	동 시험 삼아 해보다. 시험하다. **L4**
1646 ⑤ 试卷 shìjuàn	명 시험지.
1647 ① 是 shì	동 ~이다.
1648 ④ 是否 shìfǒu	부 ~인지 아닌지. **L5**
1649 ④ 适合 shìhé	동 적합하다. 부합하다.
1650 ④ 适应 shìyìng	동 적응하다.
1651 ④ 收 shōu	동 받다. 접수하다.

1652 ⑤ 收获 shōuhuò	명 성과. 수확. 동 수확하다. 추수하다.
1653 ⑤ 收据 shōujù	명 영수증.
1654 ④ 收入 shōurù	명 수입. 소득.
1655 ④ 收拾 shōushi	동 정리하다. 치우다.
1656 ② 手表 shǒubiǎo	명 손목시계.
1657 ⑤ 手工 shǒugōng	명 수공. 손으로 하는 일.
1658 ② 手机 shǒujī	명 휴대전화.
1659 ⑤ 手术 shǒushù	명 수술. 동 수술하다.
1660 ⑤ 手套 shǒutào	명 장갑.
1661 ⑤ 手续 shǒuxù	명 수속. 절차.
1662 ⑤ 手指 shǒuzhǐ	명 손가락.
1663 ⑤ 首 shǒu	명 처음. 시작. 머리. 지도자. **N**
1664 ④ 首都 shǒudū	명 수도.
1665 ④ 首先 shǒuxiān	부 가장 먼저.
1666 ⑤ 寿命 shòumìng	명 수명. 명.
1667 ④ 受不了 shòubuliǎo	견딜 수 없다. 참을 수 없다.
1668 ④ 受到 shòudào	동 얻다. 받다.

1669	5	受伤 shòushāng	동 상처를 입다. 부상당하다.
1670	4	售货员 shòuhuòyuán	명 판매원.
1671	3	瘦 shòu	형 마르다. 여위다.
1672	1	书 shū	명 책.
1673	5	书架 shūjià	명 책꽂이.
1674	3	叔叔 shūshu	명 숙부. 작은아버지. 삼촌.
1675	5	梳子 shūzi	명 빗.
1676	3	舒服 shūfu	형 편안하다.
1677	5	舒适 shūshì	형 쾌적하다.
1678	4	输 shū	동 지다.
1679	5	输入 shūrù	동 입력하다.
1680	5	蔬菜 shūcài	명 채소.
1681	5	熟练 shúliàn	형 능숙하다.
1682	4	熟悉 shúxī	형 잘 알다. 익숙하다.
1683	5	属于 shǔyú	동 ~에 속하다. ~의 소유이다.
1684	5	鼠标 shǔbiāo	명 마우스.
1685	5	数 shǔ	동 세다. 헤아리다. **L6**
1686	3	树 shù	명 나무. 수목.
1687	5	数据 shùjù	명 데이터.
1688	4	数量 shùliàng	명 수량. 양.
1689	5	数码 shùmǎ	명 디지털.
1690	3	数学 shùxué	명 수학.
1691	4	数字 shùzì	명 숫자.
1692	3	刷牙 shuāyá	동 이를 닦다.
1693	5	摔倒 shuāidǎo	동 넘어지다. 쓰러지다. **C**
1694	5	甩 shuāi	동 뿌리치다. 휘두르다. 흔들다.
1695	4	帅 shuài	형 잘생기다. 멋지다.
1696	3	双 shuāng	양 짝. 켤레. 쌍.
1697	5	双方 shuāngfāng	명 쌍방. 양쪽.
1698	1	水 shuǐ	명 물.
1699	1	水果 shuǐguǒ	명 과일. 과실.
1700	3	水平 shuǐpíng	명 수준. 수평.
1701	5	税 shuì	명 세금. 세.
1702	1	睡觉 shuìjiào	동 자다.

1703 ④ 顺便 shùnbiàn	부	~하는 김에.
1704 ④ 顺利 shùnlì	형	순조롭다.
1705 ④ 顺序 shùnxù	명	순서. 차례.
1706 ① 说 shuō	동	말하다. 이야기하다. 설명하다. N
1707 ⑤ 说不定 shuōbudìng	부	아마. 짐작건대. 대개.
1708 ⑤ 说服 shuōfú	동	설득하다.
1709 ② 说话 shuōhuà	동	말하다. L1
1710 ④ 说明 shuōmíng	명	설명. 해설. / 동 설명하다. 해설하다.
1711 ④ 硕士 shuòshì	명	석사.
1712 ③ 司机 sījī	명	기사. 운전사.
1713 ⑤ 丝绸 sīchóu	명	비단.
1714 ⑤ 丝毫 sīháo	부	조금도. 추호도.
1715 ⑤ 私人 sīrén	형	개인의. 사적인.
1716 ⑤ 思考 sīkǎo	동	사고하다.
1717 ⑤ 思想 sīxiǎng	명	생각. 사상. 의식.
1718 ⑤ 撕 sī	동	(손으로) 찢다.
1719 ④ 死 sǐ	동	죽다.
1720 ① 四 sì	수	4. 넷.
1721 ⑤ 似乎 sìhū	부	마치 ~인 것 같다.
1722 ② 送 sòng	동	데려다 주다. 배웅하다. 전송하다. / 동 주다. 보내다.
1723 ⑤ 搜索 sōusuǒ	동	수색하다. 검색하다. L6
1724 ④ 速度 sùdù	명	속도.
1725 ⑤ 宿舍 sùshè	명	기숙사.
1726 ④ 塑料袋 sùliàodài	명	비닐 봉투.
1727 ④ 酸 suān	형	시다.
1728 ② 虽然…但是… suīrán … dànshì …	접	비록 ~하지만 ~하다. C
1729 ④ 随便 suíbiàn	부	함부로. 마음대로. 좋을대로.
1730 ⑤ 随身 suíshēn	동	몸에 지니다. L6
1731 ⑤ 随时 suíshí	부	언제나. 수시로.
1732 ⑤ 随手 suíshǒu	부	~하는 김에. 겸해서. L6
1733 ④ 随着 suízhe	동	~에 따르다.
1734 ① 岁 suì	명	살. 세.
1735 ⑤ 碎 suì	동	부서지다. 깨지다. 부수다.

1736 ④ 孙子 sūnzi	명	손자.
1737 ⑤ 损失 sǔnshī	동	소모하다. 소비하다. 잃어버리다.
	명	손실. 손해.
1738 ⑤ 缩短 suōduǎn	동	단축하다. 줄이다.
1739 ⑤ 所 suǒ	양	채. 동. (학교나 병원 등 건물을 세는 데 쓰임)
1740 ④ 所有 suǒyǒu	형	모든. 전부의.
1741 ⑤ 锁 suǒ	명	자물쇠.
	동	잠그다.

新HSK1~5급

T

1742 ① 他 tā	대	그. 그 사람.
1743 ② 它 tā	대	그. 저.
1744 ① 她 tā	대	그녀. 그 여자.
1745 ④ 台 tái	양	대. (기계나 차량 등을 세는 데 쓰임)
1746 ⑤ 台阶 táijiē	명	층계. 계단.
1747 ④ 抬 tái	동	들어 올리다.
1748 ① 太 tài	부	대단히. 매우.
1749 ⑤ 太极拳 tàijíquán	명	태극권.

1750 ⑤ 太太 tàitai	명	처. 아내.
1751 ③ 太阳 tàiyáng	명	태양. 해.
1752 ④ 态度 tàidu	명	태도.
1753 ④ 谈 tán	동	말하다.
1754 ⑤ 谈判 tánpàn	동	회담하다. 담판하다.
1755 ④ 弹钢琴 tán gāngqín		피아노를 치다.
1756 ⑤ 坦率 tǎnshuài	형	솔직하다. 담백하다.
1757 ④ 汤 tāng	명	국. 탕.
1758 ④ 糖 táng	명	사탕. 설탕. **L3**
1759 ④ 躺 tǎng	동	눕다. 드러눕다.
1760 ⑤ 烫 tàng	형	(몹시) 뜨겁다.
1761 ④ 趟 tàng	양	차례. 번.
1762 ⑤ 逃 táo	동	도망치다. 달아나다.
1763 ⑤ 逃避 táobì	동	도피하다.
1764 ⑤ 桃 táo	명	복숭아.
1765 ⑤ 淘气 táoqì	형	장난이 심하다. **L6**
1766 ⑤ 讨价还价 tǎojià huánjià	성	값을 흥정하다. **L6**

1767	④ 讨论 tǎolùn	동	토론하다.
1768	④ 讨厌 tǎoyàn	동	싫어하다. 미워하다.
1769	⑤ 套 tào	양	세트.
1770	③ 特别 tèbié	부	특히. 매우.
1771	④ 特点 tèdiǎn	명	특징. 특성. 특색.
1772	⑤ 特色 tèsè	명	특색. 특징.
		형	독특한. 특별한. **L6**
1773	⑤ 特殊 tèshū	형	특수하다.
1774	⑤ 特征 tèzhēng	명	특징.
1775	③ 疼 téng	형	아프다.
1776	⑤ 疼爱 téng'ài	동	매우 귀여워하다.
1777	② 踢足球 tī zúqiú		축구를 하다.
1778	④ 提 tí	동	끌어올리다. **L5**
1779	⑤ 提倡 tíchàng	동	제창하다.
1780	⑤ 提纲 tígāng	명	요점. 요강.
1781	③ 提高 tígāo	동	제고하다. 향상하게 하다.
1782	④ 提供 tígōng	동	제공하다. 공급하다.
1783	④ 提前 tíqián	동	(예정된 시간을) 앞당기다.
1784	⑤ 提问 tíwèn	동	질문하다.
1785	④ 提醒 tíxǐng	동	일깨우다. 깨우치다.
1786	② 题 tí	명	문제.
1787	⑤ 题目 tímù	명	제목.
1788	⑤ 体会 tǐhuì	명	(체험에서 얻은) 느낌. 경험.
		동	체득하다.
1789	⑤ 体贴 tǐtiē	동	자상하게 돌보다.
1790	⑤ 体现 tǐxiàn	동	구현하다. 체현하다.
1791	⑤ 体验 tǐyàn	명	체험.
		동	체험하다.
1792	③ 体育 tǐyù	명	스포츠. 체육.
1793	⑤ 天空 tiānkōng	명	하늘.
1794	① 天气 tiānqì	명	날씨. 일기.
1795	⑤ 天真 tiānzhēn	형	천진하다.
1796	③ 甜 tián	형	달다. 달콤하다.
1797	④ 填空 tiánkòng	동	빈칸에 써넣다.
1798	③ 条 tiáo	양	가늘고 길거나 폭이 좁고 긴 것을 세는 데 쓰임.
1799	④ 条件 tiáojiàn	명	조건.
1800	⑤ 调皮 tiáopí	형	장난스럽다.

1801	④ 调整 tiáozhěng	통	조정하다. 조절하다.
1802	⑤ 挑战 tiǎozhàn	명	도전.
		통	도전하다.
1803	② 跳舞 tiàowǔ	통	춤을 추다.
1804	① 听 tīng	통	듣다.
1805	④ 停 tíng	통	멈추다. 중지하다. C
1806	④ 挺 tǐng	부	상당히. 대단히.
1807	⑤ 通常 tōngcháng	명	보통. 통상.
1808	④ 通过 tōngguò	통	통과하다. 건너가다.
1809	④ 通知 tōngzhī	명	통지.
1810	④ 同情 tóngqíng	통	동정하다.
1811	④ 同时 tóngshí	명	동시. 같은 시간. L5
1812	③ 同事 tóngshì	명	동료.
1813	① 同学 tóngxué	명	동창. 학우. 학교 친구.
1814	③ 同意 tóngyì	통	동의하다.
1815	⑤ 统一 tǒngyī	통	통일하다.
1816	⑤ 痛苦 tòngkǔ	명	고통. 아픔.
		형	고통스럽다.
1817	⑤ 痛快 tòngkuài	형	기분 좋다. 통쾌하다. 즐겁다.
1818	⑤ 偷 tōu	통	훔치다. C
1819	③ 头发 tóufa	명	머리카락. 머리털.
1820	⑤ 投入 tóurù	통	투자하다. 투입하다. N
1821	⑤ 投资 tóuzī	통	투자하다.
1822	⑤ 透明 tòumíng	형	투명하다.
1823	⑤ 突出 tūchū	형	뛰어나다. 두드러지다.
1824	③ 突然 tūrán	부	갑자기. 문득.
1825	③ 图书馆 túshūguǎn	명	도서관.
1826	⑤ 土地 tǔdì	명	토지. 땅.
1827	⑤ 土豆 tǔdòu	명	감자.
1828	⑤ 吐 tù	통	토하다.
1829	⑤ 兔子 tùzi	명	토끼.
1830	⑤ 团 tuán	양	뭉치. 덩어리. (덩어리로 된 것을 세는 데 쓰임)
1831	④ 推 tuī	통	밀다.
1832	④ 推迟 tuīchí	통	뒤로 미루다. 늦추다.
1833	⑤ 推辞 tuīcí	통	거절하다. 사양하다.
1834	⑤ 推广 tuīguǎng	통	널리 보급하다. 일반화하다.

1835 ⑤ 推荐 tuījiàn	동 추천하다.	
1836 ③ 腿 tuǐ	명 다리.	
1837 ⑤ 退 tuì	동 물러나다. 물러서다.	
1838 ⑤ 退步 tuìbù	동 퇴보하다.	
1839 ⑤ 退休 tuìxiū	동 퇴직하다.	
1840 ④ 脱 tuō	동 (몸에서) 벗다.	

新HSK1~5급 **W**

1841 ④ 袜子 wàzi	명 양말. 스타킹.	
1842 ⑤ 歪 wāi	형 비뚤다.	
1843 ② 外 wài	명 밖. 바깥.	
1844 ⑤ 外公 wàigōng	명 외할아버지. 외조부. **N**	
1845 ⑤ 外交 wàijiāo	명 외교.	
1846 ② 完 wán	동 마치다. 끝나다.	
1847 ③ 完成 wánchéng	동 완성하다.	
1848 ⑤ 完美 wánměi	형 완벽하다. 완전무결하다.	
1849 ④ 完全 wánquán	부 전혀. 완전히. 형 완전하다.	

1850 ⑤ 完善 wánshàn	형 완벽하다. 완전하다. 동 완벽하게 하다.	
1851 ⑤ 完整 wánzhěng	형 온전하다. 완벽하다.	
1852 ② 玩 wán	동 놀다. 놀이하다.	
1853 ⑤ 玩具 wánjù	명 장난감. 완구.	
1854 ② 晚上 wǎnshang	명 저녁.	
1855 ③ 碗 wǎn	명 그릇. 공기. 사발. 양 그릇. 공기. 사발을 세는 단위.	
1856 ③ 万 wàn	수 10,000. 만.	
1857 ⑤ 万一 wànyī	접 만일. 만약.	
1858 ⑤ 王子 wángzǐ	명 왕자.	
1859 ⑤ 网络 wǎngluò	명 네트워크. 사이버. **L6**	
1860 ④ 网球 wǎngqiú	명 테니스.	
1861 ④ 网站 wǎngzhàn	명 웹 사이트.	
1862 ② 往 wǎng	동 ～로 향하다. **L4**	
1863 ⑤ 往返 wǎngfǎn	동 왕복하다.	
1864 ④ 往往 wǎngwǎng	부 왕왕. 자주.	
1865 ③ 忘记 wàngjì	동 잊다.	

1866	⑤ 危害 wēihài	동 해를 끼치다. 명 훼손. 손상. 해.	
1867	④ 危险 wēixiǎn	형 위험하다. 명 위험.	
1868	⑤ 威胁 wēixié	동 위협하다.	
1869	⑤ 微笑 wēixiào	동 미소를 짓다. 명 미소.	
1870	⑤ 违反 wéifǎn	동 위반하다. 위배하다.	
1871	⑤ 围巾 wéijīn	명 목도리. 스카프.	
1872	⑤ 围绕 wéirào	동 주위를 돌다.	
1873	⑤ 唯一 wéiyī	형 유일한.	
1874	⑤ 维修 wéixiū	동 간수 수리하다. 보수하다. **L6**	
1875	⑤ 伟大 wěidà	형 위대하다.	
1876	⑤ 尾巴 wěiba	명 꼬리.	
1877	⑤ 委屈 wěiqū	형 억울하다.	
1878	④ 卫生间 wèishēngjiān	명 화장실. **L5**	
1879	③ 为 wèi	전 ~을(를) 위하여.	
1880	③ 为了 wèile	전 ~을(를) 하기 위하여.	
1881	② 为什么 wèishénme	대 왜. 어째서.	
1882	⑤ 未必 wèibì	부 반드시 ~한 것은 아니다.	
1883	⑤ 未来 wèilái	형 머지않은. 조만간. 명 미래.	
1884	③ 位 wèi	명 자리. 곳. 위치. 양 분. 명.	
1885	⑤ 位于 wèiyú	동 ~에 위치하다. **L6**	
1886	⑤ 位置 wèizhi	명 위치.	
1887	④ 味道 wèidao	명 맛.	
1888	⑤ 胃 wèi	명 위.	
1889	⑤ 胃口 wèikǒu	명 식욕. **L6**	
1890	① 喂 wèi	감 야. 이봐. 여보세요.	
1891	④ 温度 wēndù	명 온도.	
1892	⑤ 温暖 wēnnuǎn	형 따뜻하다. 온난하다.	
1893	⑤ 温柔 wēnróu	형 온유하다.	
1894	③ 文化 wénhuà	명 문화.	
1895	⑤ 文件 wénjiàn	명 공문. 서류.	
1896	⑤ 文具 wénjù	명 문구. 문방구.	
1897	⑤ 文明 wénmíng	명 문명. 형 교양있다. 예의 바르다.	
1898	⑤ 文学 wénxué	명 문학.	

1899 ④ 文章 wénzhāng	명 글. 문장.	
1900 ⑤ 文字 wénzì	명 문자. 글자. **N**	
1901 ⑤ 闻 wén	동 냄새를 맡다.	
1902 ⑤ 吻 wěn	동 키스하다.	
1903 ⑤ 稳定 wěndìng	형 안정되다.	
1904 ② 问 wèn	동 묻다. 질문하다.	
1905 ⑤ 问候 wènhòu	동 안부를 묻다. 문안드리다.	
1906 ② 问题 wèntí	명 문제.	
1907 ① 我 wǒ	대 나. 저.	
1908 ① 我们 wǒmen	대 우리.	
1909 ⑤ 卧室 wòshì	명 침실.	
1910 ⑤ 握手 wòshǒu	동 악수하다. 손을 잡다. **L4**	
1911 ④ 污染 wūrǎn	동 오염시키다. 오염되다.	
1912 ⑤ 屋子 wūzi	명 방.	
1913 ④ 无 wú	동 없다.	
1914 ④ 无聊 wúliáo	형 심심하다.	
1915 ④ 无论 wúlùn	접 ~에 관계없이.	

1916 ⑤ 无奈 wúnài	동 어찌 할 도리가 없다.	
1917 ⑤ 无数 wúshù	형 수를 헤아리기 어렵다.	
1918 ⑤ 无所谓 wúsuǒwèi	상관없다. 말할 수 없다. **C**	
1919 ① 五 wǔ	수 5. 다섯.	
1920 ⑤ 武术 wǔshù	명 무술.	
1921 ⑤ 勿 wù	부 ~해서는 안 된다. **L6**	
1922 ⑤ 物理 wùlǐ	명 물리.	
1923 ⑤ 物质 wùzhì	명 물질.	
1924 ④ 误会 wùhuì	동 오해하다. 명 오해.	
1925 ⑤ 雾 wù	명 안개.	

新HSK1~5급

X

1926 ③ 西 xī	명 서쪽.	
1927 ② 西瓜 xīguā	명 수박.	
1928 ④ 西红柿 xīhóngshì	명 토마토.	
1929 ⑤ 吸取 xīqǔ	동 흡수하다. 빨아들이다. **L6**	
1930 ⑤ 吸收 xīshōu	동 받아들이다. 흡수하다. 섭취하다.	

1931 ④ 吸引 xīyǐn	동	매료시키다. 흡인하다. 빨아당기다.
1932 ② 希望 xīwàng	명	희망.
	동	희망하다. 바라다.
1933 ③ 习惯 xíguàn	명	버릇. 습관.
	동	익숙해지다. 습관이 되다.
1934 ② 洗 xǐ	동	씻다. 빨다.
1935 ③ 洗手间 xǐshǒujiān	명	화장실.
1936 ③ 洗澡 xǐzǎo	동	목욕하다. 몸을 씻다.
1937 ① 喜欢 xǐhuan	동	좋아하다.
1938 ⑤ 戏剧 xìjù	명	희극. 연극.
1939 ⑤ 系 xì / jì	명	학과. 계통.
	동	묶다. 매다. 맺다. 관련되다.
1940 ⑤ 系统 xìtǒng	명	계통. 시스템.
1941 ⑤ 细节 xìjié	명	세부사항. 자세한 사정.
1942 ⑤ 瞎 xiā	동	눈이 멀다. 실명하다.
	부	막연히. 제멋대로. 함부로.
1943 ① 下 xià	명	다음. 밑. 아래.
	동	내려가다.
1944 ① 下午 xiàwǔ	명	오후.
1945 ① 下雨 xiàyǔ	동	비가 오다.

1946 ⑤ 下载 xiàzài	동	다운로드하다.	
1947 ⑤ 吓 xià	동	놀라다.	
1948 ③ 夏 xià	명	여름.	
1949 ⑤ 夏令营 xiàlìngyíng	명	하계 캠프.	L6
1950 ③ 先 xiān	부	먼저.	
1951 ① 先生 xiānsheng	명	성인 남성에 대한 경칭.	
1952 ⑤ 鲜艳 xiānyàn	형	화려하다.	
1953 ④ 咸 xián	형	짜다.	
1954 ⑤ 显得 xiǎnde	동	~하게 보이다. ~인 것 같다.	
1955 ⑤ 显然 xiǎnrán	형	분명하다. 뚜렷하다.	
1956 ⑤ 显示 xiǎnshì	동	뚜렷하게 나타내 보이다.	
1957 ⑤ 县 xiàn	명	현. (중국 행정 구획 단위의 하나)	
1958 ⑤ 现代 xiàndài	명	현대.	L4
1959 ④ 现金 xiànjīn	명	현금.	L5
1960 ⑤ 现实 xiànshí	명	현실.	
1961 ⑤ 现象 xiànxiàng	명	현상.	
1962 ① 现在 xiànzài	명	현재. 이제.	

1963 ⑤	限制 xiànzhì	명 제한. 동 제약하다. 제한하다. **L4**
1964 ④	羡慕 xiànmù	동 흠모하다. 부러워하다.
1965 ⑤	相处 xiāngchǔ	동 함께 지내다.
1966 ⑤	相当 xiāngdāng	부 상당히. 무척.
1967 ⑤	相对 xiāngduì	부 상대적으로. 비교적. 형 상대적이다.
1968 ④	相反 xiāngfǎn	접 오히려. 반대로. 동 상반되다.
1969 ⑤	相关 xiāngguān	동 관계가 있다.
1970 ⑤	相似 xiāngsì	형 비슷하다. 닮다.
1971 ④	相同 xiāngtóng	형 서로 같다. 일치하다. **L3**
1972 ③	相信 xiāngxìn	동 믿다. 신임하다.
1973 ④	香 xiāng	형 향기롭다. 맛이 좋다.
1974 ⑤	香肠 xiāngcháng	명 소시지. **N**
1975 ③	香蕉 xiāngjiāo	명 바나나.
1976 ④	详细 xiángxì	형 자세하다. 상세하다.
1977 ⑤	享受 xiǎngshòu	동 즐기다. 향유하다.
1978 ④	响 xiǎng	동 울리다. 형 소리가 크다.
1979 ①	想 xiǎng	동 ~하고 싶다. 생각하다. 그리워하다.
1980 ⑤	想念 xiǎngniàn	동 그리워하다. 생각하다.
1981 ⑤	想象 xiǎngxiàng	동 상상하다. 명 상상.
1982 ③	向 xiàng	전 ~에게. ~을(를) 향하여. **L2**
1983 ⑤	项 xiàng	명 항목.
1984 ⑤	项链 xiàngliàn	명 목걸이.
1985 ⑤	项目 xiàngmù	명 항목.
1986 ⑤	象棋 xiàngqí	명 (중국) 장기.
1987 ⑤	象征 xiàngzhēng	동 상징하다. 표시하다.
1988 ③	像 xiàng	동 닮다. 같다. 비슷하다.
1989 ④	橡皮 xiàngpí	명 지우개. **L5**
1990 ⑤	消费 xiāofèi	동 소비하다.
1991 ⑤	消化 xiāohuà	동 소화하다.
1992 ⑤	消极 xiāojí	형 소극적이다. **L6**
1993 ⑤	消失 xiāoshī	동 소실되다. 없어지다.

1994 ④ 消息 xiāoxi	몡 소식.	
1995 ⑤ 销售 xiāoshòu	동 팔다. 판매하다.	
1996 ① 小 xiǎo	형 작다. 적다.	
1997 ④ 小吃 xiǎochī	몡 간식. 간단한 음식. **L5**	
1998 ④ 小伙子 xiǎohuǒzi	몡 젊은 청년. 총각. **L5**	
1999 ① 小姐 xiǎojiě	몡 아가씨.	
2000 ⑤ 小麦 xiǎomài	몡 밀.	
2001 ⑤ 小气 xiǎoqì	형 인색하다.	
2002 ② 小时 xiǎoshí	몡 시간.	
2003 ④ 小说 xiǎoshuō	몡 소설.	
2004 ③ 小心 xiǎoxīn	동 조심하다.	
2005 ⑤ 孝顺 xiàoshùn	동 효도하다.	
2006 ③ 校长 xiàozhǎng	몡 학교장.	
2007 ② 笑 xiào	동 웃다.	
2008 ④ 笑话 xiàohua	몡 우스운 이야기. 농담. 동 비웃다. 조소하다.	
2009 ④ 效果 xiàoguǒ	몡 효과.	
2010 ⑤ 效率 xiàolǜ	몡 효율. 능률.	

2011 ① 些 xiē	양 조금. 약간.	
2012 ⑤ 歇 xiē	동 휴식하다. 쉬다.	
2013 ⑤ 斜 xié	형 기울다.	
2014 ① 写 xiě	동 글씨를 쓰다.	
2015 ⑤ 写作 xiězuò	동 글을 짓다. 저작하다. **L6**	
2016 ⑤ 血 xuè	몡 피. 혈액. **L4**	
2017 ① 谢谢 xièxie	동 감사하다. 고맙다.	
2018 ⑤ 心理 xīnlǐ	몡 심리.	
2019 ④ 心情 xīnqíng	몡 심정. 기분.	
2020 ⑤ 心脏 xīnzàng	몡 심장.	
2021 ④ 辛苦 xīnkǔ	형 고생스럽다.	
2022 ⑤ 欣赏 xīnshǎng	동 감상하다. 마음에 들다.	
2023 ② 新 xīn	형 새롭다.	
2024 ③ 新闻 xīnwén	몡 뉴스.	
2025 ③ 新鲜 xīnxiān	형 신선하다. 싱싱하다.	
2026 ④ 信封 xìnfēng	몡 편지봉투. **L5**	
2027 ⑤ 信号 xìnhào	몡 신호. 사인.	

2028 ⑤ 信任 xìnrèn	통 신임하다. 신뢰하다. 명 신임. 신뢰. **L4**
2029 ④ 信息 xìnxī	명 소식. 정보. **L5**
2030 ④ 信心 xìnxīn	명 자신. 신념.
2031 ③ 信用卡 xìnyòngkǎ	명 신용카드. **L4**
2032 ④ 兴奋 xīngfèn	형 불러일으키다. 격동하다. 격분하다.
2033 ① 星期 xīngqī	명 주일. 요일.
2034 ④ 行 xíng	형 유능하다. 통 걷다. 가다. 통 ～해도 좋다.
2035 ⑤ 行动 xíngdòng	명 행위. 행동.
2036 ③ 行李箱 xínglǐxiāng	명 트렁크. 여행용 가방.
2037 ⑤ 行人 xíngrén	명 행인. 길을 가는 사람.
2038 ⑤ 行为 xíngwéi	명 행위. 행동.
2039 ⑤ 形成 xíngchéng	통 형성되다. 이루어지다.
2040 ⑤ 形容 xíngróng	통 형용하다. 묘사하다.
2041 ⑤ 形式 xíngshì	명 형식. 형태.
2042 ⑤ 形势 xíngshì	명 상황. 형편.
2043 ⑤ 形象 xíngxiàng	명 이미지. 인상. 형상. 형 생동적이다. 생생하다.

2044 ⑤ 形状 xíngzhuàng	명 형상. 물체의 외관.
2045 ④ 醒 xǐng	통 잠에서 깨다.
2046 ④ 幸福 xìngfú	형 행복하다.
2047 ⑤ 幸亏 xìngkuī	부 다행히.
2048 ⑤ 幸运 xìngyùn	형 운이 좋다. 행운이다.
2049 ④ 性别 xìngbié	명 성별.
2050 ④ 性格 xìnggé	명 성격.
2051 ⑤ 性质 xìngzhì	명 성질.
2052 ② 姓 xìng	명 성. 성씨. 통 성이 ～이다.
2053 ⑤ 兄弟 xiōngdì	명 형제.
2054 ⑤ 胸 xiōng	명 가슴. 흉부.
2055 ③ 熊猫 xióngmāo	명 판다.
2056 ② 休息 xiūxi	통 쉬다. 휴식하다.
2057 ⑤ 休闲 xiūxián	통 한가하게 지내다.
2058 ⑤ 修改 xiūgǎi	통 수정하다. 고치다.
2059 ④ 修理 xiūlǐ	통 고치다. 수리하다. **L6**
2060 ⑤ 虚心 xūxīn	형 겸허하다.

2061 ③ 需要 xūyào	동 필요하다.	
2062 ④ 许多 xǔduō	형 매우 많다.	
2063 ⑤ 叙述 xùshù	동 서술하다. 기술하다.	
2064 ⑤ 宣布 xuānbù	동 선포하다. 공표하다.	
2065 ⑤ 宣传 xuānchuán	동 선전하다. 홍보하다.	
2066 ③ 选择 xuǎnzé	동 고르다. 선택하다.	
2067 ⑤ 学历 xuélì	명 학력.	L6
2068 ④ 学期 xuéqī	명 학기.	L5
2069 ① 学生 xuésheng	명 학생.	
2070 ⑤ 学术 xuéshù	명 학술.	
2071 ⑤ 学问 xuéwèn	명 학문.	
2072 ① 学习 xuéxí	동 공부하다. 배우다.	
2073 ① 学校 xuéxiào	명 학교.	
2074 ② 雪 xuě	명 눈.	
2075 ⑤ 寻找 xúnzhǎo	동 찾다.	
2076 ⑤ 询问 xúnwèn	동 물어보다. 알아보다.	
2077 ⑤ 训练 xùnliàn	동 훈련하다.	
2078 ⑤ 迅速 xùnsù	형 신속하다. 재빠르다.	

新HSK1~5급 **Y**

2079 ④ 压力 yālì	명 스트레스. 압력.	
2080 ④ 呀 ya	감 (놀람을 나타내어) 얘!. 얘!.	
2081 ⑤ 押金 yājīn	명 보증금. 담보금.	L6
2082 ⑤ 牙齿 yáchǐ	명 치아. 이.	N
2083 ④ 牙膏 yágāo	명 치약.	
2084 ④ 亚洲 Yàzhōu	명 아시아주.	
2085 ⑤ 延长 yáncháng	동 연장하다. 늘이다.	
2086 ④ 严格 yángé	형 엄격하다. 엄하다.	
2087 ⑤ 严肃 yánsù	형 엄숙하다. 근엄하다.	
2088 ④ 严重 yánzhòng	형 위급하다. 심각하다.	
2089 ④ 研究 yánjiū	동 연구하다. 논의하다.	C
2090 ④ 盐 yán	명 소금. 식염.	
2091 ② 颜色 yánsè	명 색. 색깔.	
2092 ② 眼睛 yǎnjing	명 눈.	
2093 ④ 眼镜 yǎnjìng	명 안경.	L3
2094 ④ 演出 yǎnchū	동 공연하다. 명 공연.	

2095 ⑤ 演讲 yǎnjiǎng	图 강연하다. 연설하다. 图 강연. **L6**
2096 ④ 演员 yǎnyuán	图 배우. 연기자.
2097 ⑤ 宴会 yànhuì	图 연회. 파티.
2098 ② 羊肉 yángròu	图 양고기.
2099 ④ 阳光 yángguāng	图 햇빛.
2100 ⑤ 阳台 yángtái	图 발코니. 베란다.
2101 ④ 养成 yǎngchéng	图 습관이 되다. 기르다.
2102 ⑤ 痒 yǎng	图 간지럽다. 가렵다.
2103 ⑤ 样式 yàngshì	图 스타일. 형식. 양식. 디자인.
2104 ④ 样子 yàngzi	图 모양. 모습.
2105 ③ 要求 yāoqiú	图 요구하다.
2106 ⑤ 腰 yāo	图 허리.
2107 ④ 邀请 yāoqǐng	图 초대하다. 초청하다.
2108 ⑤ 摇 yáo	图 흔들다.
2109 ⑤ 咬 yǎo	图 물다.
2110 ② 药 yào	图 약. 약물.
2111 ② 要 yào	图图 ～하려고 한다. 图 원하다. 필요하다.
2112 ⑤ 要不 yàobù	图 그러지 말고. 그렇지 않으면.
2113 ④ 要是 yàoshi	图 만약 ～이라면. **L5**
2114 ④ 钥匙 yàoshi	图 열쇠.
2115 ③ 爷爷 yéye	图 할아버지.
2116 ② 也 yě	图 ～도.
2117 ④ 也许 yěxǔ	图 어쩌면. 아마도.
2118 ⑤ 业务 yèwù	图 업무.
2119 ⑤ 业余 yèyú	图 여가(시간). 업무 외. 图 비전문의.
2120 ④ 叶子 yèzi	图 잎.
2121 ④ 页 yè	图 쪽. 면.
2122 ⑤ 夜 yè	图 밤.
2123 ① 一 yī	图 1. 하나.
2124 ③ 一般 yìbān	图 보통이다. 일반적이다.
2125 ⑤ 一辈子 yíbèizi	图 한평생. 일생.
2126 ③ 一边 yìbiān	图 한쪽. 한 편. 图 ～하면서 ～하다.
2127 ⑤ 一旦 yídàn	图 일단.
2128 ① 一点儿 yìdiǎnr	图 조금. 약간. **N**

2129 ③	一定 yídìng	튄 반드시. 꼭.	
2130 ③	一共 yígòng	튄 모두. 전부.	
2131 ③	一会儿 yíhuìr	명 짧은 시간. 튄 ～하다가 ～하다.	
2132 ⑤	一律 yílǜ	튄 모두. 일률적으로. 예외 없이. **L6**	
2133 ②	一起 yìqǐ	튄 같이. 함께.	
2134 ④	一切 yíqiè	대 일체. 모든.	
2135 ②	一下 yíxià	튄 갑자기. 양 (동사 뒤에 쓰여) 좀 ～하 다. **N**	
2136 ③	一样 yíyàng	형 같다.	
2137 ⑤	一再 yízài	튄 수차. 거듭. **L6**	
2138 ③	一直 yìzhí	튄 계속. 줄곧.	
2139 ⑤	一致 yízhì	형 일치하다.	
2140 ①	衣服 yīfu	명 옷. 의복.	
2141 ①	医生 yīshēng	명 의사.	
2142 ①	医院 yīyuàn	명 병원.	
2143 ⑤	依然 yīrán	튄 여전히.	
2144 ⑤	移动 yídòng	동 옮기다. 움직이다.	
2145 ⑤	移民 yímín	동 이민하다. 명 이민. 이민한 사람.	
2146 ⑤	遗憾 yíhàn	명 여한. 형 유감스럽다.	
2147 ⑤	疑问 yíwèn	명 의문.	
2148 ⑤	乙 yǐ	명 을.	
2149 ②	已经 yǐjing	튄 이미. 벌써.	
2150 ④	以 yǐ	전 ～로써. ～으로.	
2151 ⑤	以及 yǐjí	접 및. 그리고.	
2152 ⑤	以来 yǐlái	명 이래. 동안.	
2153 ③	以前 yǐqián	명 이전. 예전.	
2154 ④	以为 yǐwéi	동 여기다. 간주하다. **L3**	
2155 ①	椅子 yǐzi	명 의자.	
2156 ⑤	亿 yì	수 억. **L4**	
2157 ⑤	义务 yìwù	명 의무.	
2158 ④	艺术 yìshù	명 예술.	
2159 ⑤	议论 yìlùn	동 논의하다. 의논하다.	
2160 ④	意见 yìjiàn	명 견해. 의견.	
2161 ②	意思 yìsi	명 의미. 뜻. 재미.	
2162 ⑤	意外 yìwài	형 의외이다.	

2163	⑤ 意义 yìyì	몡 의의.	
2164	④ 因此 yīncǐ	젭 이로 인하여.	
2165	⑤ 因而 yīn'ér	젭 그러므로.	
2166	⑤ 因素 yīnsù	몡 요소. 성분.	
2167	② 因为…所以… yīnwèi … suǒyǐ …	젭 왜냐하면 ~ 그래서 ~. **C**	
2168	② 阴 yīn	혱 흐리다.	
2169	③ 音乐 yīnyuè	몡 음악.	
2170	⑤ 银 yín	몡 은.	
2171	③ 银行 yínháng	몡 은행.	
2172	④ 引起 yǐnqǐ	동 일으키다. 야기하다.	
2173	③ 饮料 yǐnliào	몡 음료. **L4**	
2174	⑤ 印刷 yìnshuā	동 인쇄하다. **L6**	
2175	④ 印象 yìnxiàng	몡 인상.	
2176	③ 应该 yīnggāi	조동 ~해야 한다.	
2177	⑤ 英俊 yīngjùn	혱 잘생기다. 재능이 출중하다.	
2178	⑤ 英雄 yīngxióng	몡 영웅.	
2179	⑤ 迎接 yíngjiē	동 영접하다. 마중하다.	
2180	⑤ 营养 yíngyǎng	몡 영양.	
2181	⑤ 营业 yíngyè	동 영업하다.	
2182	④ 赢 yíng	동 이기다. 승리하다.	
2183	③ 影响 yǐngxiǎng	몡 영향. 동 영향을 주다.	
2184	⑤ 影子 yǐngzi	몡 그림자.	
2185	⑤ 应付 yìngfu	동 대응하다. 대처하다.	
2186	④ 应聘 yìngpìn	동 지원하다. **L5**	
2187	⑤ 应用 yìngyòng	동 응용하다.	
2188	⑤ 硬 yìng	혱 단단하다. 딱딱하다. **L4**	
2189	⑤ 硬件 yìngjiàn	몡 하드웨어.	
2190	⑤ 拥抱 yōngbào	동 포옹하다. 껴안다.	
2191	⑤ 拥挤 yōngjǐ	혱 혼잡하다. 붐비다.	
2192	④ 永远 yǒngyuǎn	부 영원히.	
2193	④ 勇敢 yǒnggǎn	혱 용감하다.	
2194	⑤ 勇气 yǒngqì	몡 용기.	
2195	③ 用 yòng	동 쓰다. 사용하다.	
2196	⑤ 用功 yònggōng	혱 열심히 공부하다. **L6**	

2197	5	用途 yòngtú	명 용도.
2198	4	优点 yōudiǎn	명 장점.
2199	5	优惠 yōuhuì	형 특혜의. 우대의.
2200	5	优美 yōuměi	형 우아하고 아름답다.
2201	5	优势 yōushì	명 우세.
2202	4	优秀 yōuxiù	형 우수하다.
2203	4	幽默 yōumò	형 유머러스하다.
2204	5	悠久 yōujiǔ	형 유구하다. 아득하게 오래다.
2205	4	尤其 yóuqí	부 특히. 더욱이.
2206	4	由 yóu	전 ~로부터. ~에서.
2207	4	由于 yóuyú	전 ~때문에. ~로 인하여.
2208	4	邮局 yóujú	명 우체국. **L5**
2209	5	犹豫 yóuyù	형 망설이다. 주저하다.
2210	5	油炸 yóuzhá	동 (끓는) 기름에 튀기다.
2211	5	游览 yóulǎn	동 유람하다.
2212	3	游戏 yóuxì	명 게임. 놀이. 동 장난치다. 놀다.
2213	2	游泳 yóuyǒng	동 수영하다. 헤엄치다.

2214	4	友好 yǒuhǎo	형 우호적이다.
2215	4	友谊 yǒuyì	명 우의. 우정.
2216	1	有 yǒu	동 있다.
2217	5	有利 yǒulì	형 유리하다.
2218	3	有名 yǒumíng	형 유명하다.
2219	4	有趣 yǒuqù	형 재미있다.
2220	3	又 yòu	부 또. 다시.
2221	2	右边 yòubian	명 오른쪽.
2222	5	幼儿园 yòu'éryuán	명 유치원. 유아원.
2223	4	于是 yúshì	접 그래서. 이리하여.
2224	2	鱼 yú	명 물고기.
2225	5	娱乐 yúlè	동 (쉬는 시간을) 즐겁게 보내다. 오락하다. 명 오락. 즐거움.
2226	4	愉快 yúkuài	형 유쾌하다. 기쁘다.
2227	4	与 yǔ	접 ~와(과).
2228	5	与其 yǔqí	접 ~하기보다는. ~하느니.
2229	4	羽毛球 yǔmáoqiú	명 배드민턴.
2230	4	语法 yǔfǎ	명 어법.

2231 ⑤ 语气 yǔqì	명 말투.	
2232 ④ 语言 yǔyán	명 언어.	
2233 ⑤ 玉米 yùmǐ	명 옥수수.	
2234 ⑤ 预报 yùbào	동 예보하다.	
2235 ⑤ 预订 yùdìng	동 예약하다.	
2236 ⑤ 预防 yùfáng	동 예방하다.	
2237 ④ 预习 yùxí	동 예습하다.	
2238 ③ 遇到 yùdào	동 만나다.	
2239 ③ 元 yuán	양 위안. (중국 화폐 단위) **L2**	
2240 ⑤ 元旦 yuándàn	명 원단. (양력 1월 1일)	
2241 ⑤ 员工 yuángōng	명 종업원. **N**	
2242 ④ 原来 yuánlái	부 알고 보니. 원래는. 형 원래의. 본래의.	
2243 ④ 原谅 yuánliàng	동 양해하다. 이해하다. 용서하다.	
2244 ⑤ 原料 yuánliào	명 원료. 감.	
2245 ④ 原因 yuányīn	명 원인.	
2246 ⑤ 原则 yuánzé	명 원칙.	
2247 ⑤ 圆 yuán	명 원. **L4**	

2248 ② 远 yuǎn	형 멀다.	
2249 ⑤ 愿望 yuànwàng	명 희망. 바람.	
2250 ③ 愿意 yuànyì	동 원하다. 기꺼이 ~하다.	
2251 ④ 约会 yuēhuì	동 약속하다. 명 약속.	
2252 ① 月 yuè	명 월. 달.	
2253 ③ 月亮 yuèliang	명 달.	
2254 ⑤ 乐器 yuèqì	명 악기. **N**	
2255 ④ 阅读 yuèdú	동 독해하다. (책이나 신문을) 보다.	
2256 ③ 越 yuè	동 뛰어넘다. 부 점점 ~하다. ~하면 할수록 ~하다.	
2257 ⑤ 晕 yūn	형 어지럽다. 동 기절하다. 까무러치다.	
2258 ④ 云 yún	명 구름. **L3**	
2259 ④ 允许 yǔnxǔ	동 동의하다. 허락하다.	
2260 ② 运动 yùndòng	명 운동. 동 운동하다.	
2261 ⑤ 运气 yùnqi	명 운수. 운세.	
2262 ⑤ 运输 yùnshū	동 운송하다. 운수하다.	
2263 ⑤ 运用 yùnyòng	동 활용하다. 운용하다.	

2264 ④ 杂志 zázhì 　명 잡지.

2265 ⑤ 灾害 zāihài 　명 재해. 재난.

2266 ② 再 zài 　부 재차. 또.

2267 ① 再见 zàijiàn 　동 또 뵙겠습니다. 안녕.

2268 ⑤ 再三 zàisān 　부 몇 번씩. 재삼. 여러 번.

2269 ① 在 zài 　동 ~에 있다.
　　전 ~에서. ~에.

2270 ⑤ 在乎 zàihu 　동 마음에 두다. 개의하다. **L6**

2271 ⑤ 在于 zàiyú 　동 ~에 있다. ~에 달려 있다. **N**

2272 ④ 咱们 zánmen 　대 우리.

2273 ④ 暂时 zànshí 　명 잠깐. 잠시.

2274 ⑤ 赞成 zànchéng 동 찬성하다. 찬동하다.

2275 ⑤ 赞美 zànměi 　동 찬미하다.

2276 ④ 脏 zāng 　형 더럽다.

2277 ⑤ 糟糕 zāogāo 　형 엉망이 되다. 망치다.

2278 ② 早上 zǎoshang 명 아침.

2279 ⑤ 造成 zàochéng 동 형성하다. 조성하다.

2280 ⑤ 则 zé 　접 ~하면 ~하다.
　　접 오히려. 그러나.

2281 ⑤ 责备 zébèi 　동 나무라다. 책망하다.

2282 ④ 责任 zérèn 　명 책임.

2283 ① 怎么 zěnme 　대 어떻게. 왜. 어째서.

2284 ① 怎么样 zěnmeyàng 　대 어떻다. 어떠하다.

2285 ④ 增加 zēngjiā 　동 증가하다. 늘리다.

2286 ⑤ 摘 zhāi 　동 따다. 뜯다.

2287 ⑤ 窄 zhǎi 　형 좁다. **L4**

2288 ⑤ 粘贴 zhāntiē 　동 붙이다. 바르다.

2289 ⑤ 展开 zhǎnkāi 　동 펴다. 펼치다.

2290 ⑤ 展览 zhǎnlǎn 　명 전람. 전시회.
　　동 전시하다. 전람하다.

2291 ⑤ 占 zhàn 　동 차지하다. **N**

2292 ④ 占线 zhànxiàn 　동 (전화 선로가) 통화 중이다. **L5**

2293 ⑤ 战争 zhànzhēng 　명 전쟁.

2294 ③ 站 zhàn 　동 서다.
　　명 정거장. 역.

2295	③ 张 zhāng	향 장. (종이나 가죽 등 표면이 넓은 것을 세는 데 쓰임) 동 열다. 펼치다. **L2**
2296	③ 长 zhǎng	동 자라다. 생기다.
2297	⑤ 长辈 zhǎngbèi	명 손윗사람. 연장자. **L6**
2298	⑤ 涨 zhǎng	동 (수위나 물가 등이) 오르다.
2299	⑤ 掌握 zhǎngwò	동 파악하다. 숙달하다.
2300	② 丈夫 zhàngfu	명 남편.
2301	⑤ 账户 zhànghù	명 계좌.
2302	⑤ 招待 zhāodài	동 접대하다. 대접하다.
2303	④ 招聘 zhāopìn	동 모집하다.
2304	⑤ 着火 zháohuǒ	동 불나다. 불붙다. **N**
2305	③ 着急 zháojí	동 조급해하다.
2306	⑤ 着凉 zháoliáng	동 감기에 걸리다.
2307	② 找 zhǎo	동 찾다.
2308	⑤ 召开 zhàokāi	동 열다. 개최하다.
2309	④ 照 zhào	동 비추다. (사진·영화를) 찍다. **N**
2310	⑤ 照常 zhàocháng	부 평소대로. 동 평소와 같다.

2311	③ 照顾 zhàogù	동 돌보다. 간호하다.
2312	③ 照片 zhàopiàn	명 사진.
2313	③ 照相机 zhàoxiàngjī	명 사진기. 카메라.
2314	⑤ 哲学 zhéxué	명 철학.
2315	① 这 zhè	대 이. 이것. **C**
2316	② 着 zhe	조 ~하고 있다.
2317	⑤ 针对 zhēnduì	동 겨누다. 초점을 맞추다.
2318	⑤ 珍惜 zhēnxī	동 진귀하게 여겨 아끼다.
2319	② 真 zhēn	부 확실히. 진정으로.
2320	⑤ 真实 zhēnshí	형 진실하다.
2321	④ 真正 zhēnzhèng	형 진정한. 참된.
2322	⑤ 诊断 zhěnduàn	동 진단하다.
2323	⑤ 阵 zhèn	명 진영. 진지. 전장. 명 한동안. 일정한 시간. 양 바탕. 차례.
2324	⑤ 振动 zhèndòng	동 진동하다.
2325	⑤ 争论 zhēnglùn	동 변론하다. 쟁론하다. 논쟁하다.
2326	⑤ 争取 zhēngqǔ	동 ~하려고 힘쓰다.

2327	⑤ 征求 zhēngqiú	동 (서면이나 구두로 의견이나 허락 등을) 널리 구하다. 모집하다.
2328	⑤ 睁 zhēng	동 (눈을) 뜨다.
2329	⑤ 整个 zhěnggè	형 모든 것.
2330	④ 整理 zhěnglǐ	동 정리하다.
2331	⑤ 整齐 zhěngqí	형 가지런하다. 단정하다. L4
2332	⑤ 整体 zhěngtǐ	명 전체. 총체.
2333	⑤ 正 zhèng	형 바르다. 부 마침.
2334	④ 正常 zhèngcháng	형 정상적인.
2335	④ 正好 zhènghǎo	부 마침. 딱.
2336	④ 正确 zhèngquè	형 정확하다. 올바르다.
2337	④ 正式 zhèngshì	형 정식의.
2338	② 正在 zhèngzài	부 지금 ～하고 있다.
2339	⑤ 证件 zhèngjiàn	명 증거 서류.
2340	⑤ 证据 zhèngjù	명 증거.
2341	④ 证明 zhèngmíng	동 증명하다. 명 증명서.
2342	⑤ 政府 zhèngfǔ	명 정부.
2343	⑤ 政治 zhèngzhì	명 정치.
2344	⑤ 挣 zhèng	동 (돈·재산 등을) 벌다. C
2345	④ 之 zhī	대 이. 그. 이것. 그것. 조 ～의.
2346	⑤ 支 zhī	양 자루.
2347	④ 支持 zhīchí	동 지지하다.
2348	⑤ 支票 zhīpiào	명 수표.
2349	③ 只 zhī	양 마리. L4
2350	② 知道 zhīdào	동 알다. 이해하다.
2351	④ 知识 zhīshi	명 지식.
2352	⑤ 执照 zhízhào	명 면허증. 인가증. 허가증.
2353	⑤ 直 zhí	형 곧다.
2354	④ 直接 zhíjiē	형 직접적인.
2355	④ 值得 zhídé	동 ～할 만한 가치가 있다.
2356	④ 职业 zhíyè	명 직업.
2357	④ 植物 zhíwù	명 식물.
2358	③ 只 zhǐ	부 단지. 다만.
2359	④ 只好 zhǐhǎo	부 부득이. 부득불.

2360 ④ 只要 zhǐyào	접 ~하기만 하면.	
2361 ③ 只有…才… zhǐyǒu … cái …	접 ~해야만 ~이다. **C**	
2362 ④ 指 zhǐ	명 손가락. 동 가리키다.	
2363 ⑤ 指导 zhǐdǎo	동 지도하다.	
2364 ⑤ 指挥 zhǐhuī	동 지휘하다.	
2365 ⑤ 至今 zhìjīn	부 지금까지.	
2366 ④ 至少 zhìshǎo	부 적어도. 최소한.	
2367 ⑤ 至于 zhìyú	동 ~의 정도에 이르다. 전 ~에 관해서는. ~으로 말하면.	
2368 ⑤ 志愿者 zhìyuànzhě	명 지원자.	
2369 ⑤ 制定 zhìdìng	동 제정하다.	
2370 ⑤ 制度 zhìdù	명 제도.	
2371 ⑤ 制造 zhìzào	동 제조하다. 만들다. **L4**	
2372 ⑤ 制作 zhìzuò	동 만들다. 제작하다.	
2373 ④ 质量 zhìliàng	명 품질.	
2374 ⑤ 治疗 zhìliáo	동 치료하다.	
2375 ⑤ 秩序 zhìxù	명 질서.	

2376 ⑤ 智慧 zhìhuì	명 지혜.	
2377 ① 中国 Zhōngguó	명 중국.	
2378 ③ 中间 zhōngjiān	명 중간. 가운데.	
2379 ⑤ 中介 zhōngjiè	명 매개.	
2380 ③ 中文 Zhōngwén	명 중국어. **L4**	
2381 ① 中午 zhōngwǔ	명 정오.	
2382 ⑤ 中心 zhōngxīn	명 한가운데. 중심.	
2383 ⑤ 中旬 zhōngxún	명 중순.	
2384 ③ 终于 zhōngyú	부 마침내. 결국.	
2385 ③ 种 zhǒng	양 종류.	
2386 ⑤ 种类 zhǒnglèi	명 종류. **C**	
2387 ④ 重 zhòng	형 무겁다. **L5**	
2388 ⑤ 重大 zhòngdà	형 중대하다. 무겁고 크다. **N**	
2389 ④ 重点 zhòngdiǎn	명 중점.	
2390 ⑤ 重量 zhòngliàng	명 무게. 중량.	
2391 ④ 重视 zhòngshì	동 중시하다.	

2392 ③ 重要 zhòngyào 형 중요하다.

2393 ⑤ 周到 zhōudào 형 세심하다. 꼼꼼하다.

2394 ③ 周末 zhōumò 명 주말.

2395 ④ 周围 zhōuwéi 명 주위. 주변.

2396 ⑤ 猪 zhū 명 돼지. L4

2397 ⑤ 竹子 zhúzi 명 대나무.

2398 ⑤ 逐步 zhúbù 부 점차. 한 걸음 한 걸음.

2399 ⑤ 逐渐 zhújiàn 부 점점. L4

2400 ⑤ 主持 zhǔchí 동 주최하다.

2401 ⑤ 主动 zhǔdòng 형 주동적인. L4

2402 ⑤ 主观 zhǔguān 형 주관적이다.

2403 ⑤ 主人 zhǔrén 명 주인.

2404 ⑤ 主任 zhǔrèn 명 주임. C

2405 ⑤ 主题 zhǔtí 명 주제. L6

2406 ⑤ 主席 zhǔxí 명 주석. 위원장.

2407 ③ 主要 zhǔyào 형 주요한. 주된.

2408 ④ 主意 zhǔyi 명 방법. 생각.

2409 ⑤ 主张 zhǔzhāng 동 주장하다.
명 주장. 견해. 의견.

2410 ⑤ 煮 zhǔ 동 삶다. 끓이다.

2411 ① 住 zhù 동 거주하다. 숙박하다. 머무르다.

2412 ⑤ 注册 zhùcè 동 등록하다. 등기하다.

2413 ③ 注意 zhùyì 동 주의하다. 조심하다.

2414 ⑤ 祝福 zhùfú 동 축복하다. 축원하다.

2415 ④ 祝贺 zhùhè 동 축하하다. 경하하다.

2416 ④ 著名 zhùmíng 형 유명하다. 저명하다.

2417 ⑤ 抓 zhuā 동 붙잡다. 꽉 쥐다. N

2418 ⑤ 抓紧 zhuājǐn 동 꽉 쥐다. 단단히 잡다.

2419 ⑤ 专家 zhuānjiā 명 전문가.

2420 ④ 专门 zhuānmén 부 일부러. 특별히.

2421 ⑤ 专心 zhuānxīn 형 전심전력하다.

2422 ④ 专业 zhuānyè 명 전공. 전문.
형 전문의.

2423 ④ 转 zhuǎn 동 (몸 따위를) 돌다. (방향 · 위치 · 상황 등이) 바뀌다. 바꾸다. N

2424 ⑤ 转变 zhuǎnbiàn 동 바뀌다.

2425 ⑤ 转告 zhuǎngào 동 전달하다. 전언하다.

Z

2426 ④ 赚 zhuàn	图 벌다.	
2427 ⑤ 装 zhuāng	图 싣다. 포장하다.	
2428 ⑤ 装饰 zhuāngshì	图 장식품. 图 장식하다.	
2429 ⑤ 装修 zhuāngxiū	图 장식하고 꾸미다. 图 장식.	N
2430 ⑤ 状况 zhuàngkuàng	图 상황. 형편. 상태.	
2431 ⑤ 状态 zhuàngtài	图 상태.	
2432 ⑤ 撞 zhuàng	图 부딪치다.	L4
2433 ⑤ 追 zhuī	图 뒤쫓다. 뒤따르다. 따라 잡다. 图 구애하다.	N
2434 ⑤ 追求 zhuīqiú	图 추구하다. 탐구하다.	
2435 ② 准备 zhǔnbèi	图 ~하려고 하다. 준비하다.	
2436 ④ 准确 zhǔnquè	图 정확하다. 확실하다.	
2437 ④ 准时 zhǔnshí	图 정시에.	
2438 ① 桌子 zhuōzi	图 탁자. 테이블.	
2439 ⑤ 咨询 zīxún	图 자문하다. 상의하다.	
2440 ⑤ 姿势 zīshì	图 자세. 모양.	
2441 ⑤ 资格 zīgé	图 자격.	

2442 ⑤ 资金 zījīn	图 자금.	
2443 ⑤ 资料 zīliào	图 자료.	
2444 ⑤ 资源 zīyuán	图 자원.	
2445 ④ 仔细 zǐxì	图 세심하다. 꼼꼼하다.	
2446 ⑤ 紫 zǐ	图 자색의. 자주빛의.	
2447 ⑤ 自从 zìcóng	图 ~부터. ~에서.	
2448 ⑤ 自动 zìdòng	图 자동으로. 자발적인.	
2449 ⑤ 自豪 zìháo	图 자랑스럽다. 스스로 긍지를 느끼다.	
2450 ③ 自己 zìjǐ	图 자기. 자신.	
2451 ⑤ 自觉 zìjué	图 자각하다. 스스로 느끼다. 图 자각적이다.	
2452 ④ 自然 zìrán	图 자연. 图 천연의. 자연의.	
2453 ⑤ 自私 zìsī	图 이기적이다.	
2454 ④ 自信 zìxìn	图 자신하다. 图 자신감. 图 자신만만하다.	L5
2455 ③ 自行车 zìxíngchē	图 자전거.	L2
2456 ⑤ 自由 zìyóu	图 자유롭다. 图 자유.	
2457 ⑤ 自愿 zìyuàn	图 자원하다.	

<table>
<tr><td>2458</td><td>1</td><td>字 zì</td><td>명 문자. 글자.</td></tr>
<tr><td>2459</td><td>5</td><td>字母 zìmǔ</td><td>명 자모. L6</td></tr>
<tr><td>2460</td><td>5</td><td>字幕 zìmù</td><td>명 자막.</td></tr>
<tr><td>2461</td><td>5</td><td>综合 zōnghé</td><td>동 종합하다.</td></tr>
<tr><td>2462</td><td>5</td><td>总裁 zǒngcái</td><td>명 총재.</td></tr>
<tr><td>2463</td><td>5</td><td>总共 zǒnggòng</td><td>부 합쳐서. 모두. 전부.</td></tr>
<tr><td>2464</td><td>4</td><td>总结 zǒngjié</td><td>동 총괄하다.
명 총결산.</td></tr>
<tr><td>2465</td><td>5</td><td>总理 zǒnglǐ</td><td>명 총리.</td></tr>
<tr><td>2466</td><td>3</td><td>总是 zǒngshì</td><td>부 언제나. 늘.</td></tr>
<tr><td>2467</td><td>5</td><td>总算 zǒngsuàn</td><td>부 마침내. 드디어.</td></tr>
<tr><td>2468</td><td>5</td><td>总统 zǒngtǒng</td><td>명 대통령. 총통.</td></tr>
<tr><td>2469</td><td>5</td><td>总之 zǒngzhī</td><td>접 요컨대. 총괄적으로 말하면.</td></tr>
<tr><td>2470</td><td>2</td><td>走 zǒu</td><td>동 걷다.</td></tr>
<tr><td>2471</td><td>4</td><td>租 zū</td><td>동 세내다. 임차하다.</td></tr>
<tr><td>2472</td><td>5</td><td>阻止 zǔzhǐ</td><td>동 저지하다.</td></tr>
<tr><td>2473</td><td>5</td><td>组 zǔ</td><td>명 팀. 조.
양 세트. 조. L6</td></tr>
<tr><td>2474</td><td>5</td><td>组成 zǔchéng</td><td>동 조직하다. 짜다. 조성하다. L4</td></tr>
<tr><td>2475</td><td>5</td><td>组合 zǔhé</td><td>명 조합.</td></tr>
<tr><td>2476</td><td>5</td><td>组织 zǔzhī</td><td>동 조직하다.
명 조직. L4</td></tr>
<tr><td>2477</td><td>3</td><td>嘴 zuǐ</td><td>명 입. L4</td></tr>
<tr><td>2478</td><td>2</td><td>最 zuì</td><td>부 가장. 제일. 아주. 매우.</td></tr>
<tr><td>2479</td><td>5</td><td>最初 zuìchū</td><td>명 최초. 처음.</td></tr>
<tr><td>2480</td><td>4</td><td>最好 zuìhǎo</td><td>형 가장 좋다.</td></tr>
<tr><td>2481</td><td>3</td><td>最后 zuìhòu</td><td>형 최후의. L4</td></tr>
<tr><td>2482</td><td>3</td><td>最近 zuìjìn</td><td>명 최근. 요즈음.</td></tr>
<tr><td>2483</td><td>5</td><td>醉 zuì</td><td>동 취하다.</td></tr>
<tr><td>2484</td><td>5</td><td>尊敬 zūnjìng</td><td>동 존경하다.</td></tr>
<tr><td>2485</td><td>4</td><td>尊重 zūnzhòng</td><td>동 존중하다.</td></tr>
<tr><td>2486</td><td>5</td><td>遵守 zūnshǒu</td><td>동 준수하다. 지키다.</td></tr>
<tr><td>2487</td><td>1</td><td>昨天 zuótiān</td><td>명 어제.</td></tr>
<tr><td>2488</td><td>2</td><td>左边 zuǒbian</td><td>명 왼쪽. 왼편.</td></tr>
<tr><td>2489</td><td>4</td><td>左右 zuǒyòu</td><td>명 가량. 좌와 우. 주위. 곁. L6</td></tr>
<tr><td>2490</td><td>4</td><td>作家 zuòjiā</td><td>명 작가. N</td></tr>
<tr><td>2491</td><td>5</td><td>作品 zuòpǐn</td><td>명 작품.</td></tr>
</table>

2492	5 作为 zuòwéi	동	~로 여기다.
2493	5 作文 zuòwén	명	작문.
2494	3 作业 zuòyè	명	숙제. 과제.
2495	4 作用 zuòyòng	명	효능. 작용. 역할. 효과. **L3**
2496	4 作者 zuòzhě	명	저자. 필자.
2497	1 坐 zuò	동	앉다.
2498	4 座 zuò	명 양	좌석. 자리. (산 · 건축물 등을 세는 데 쓰이는) 좌. 동.
2499	4 座位 zuòwèi	명	좌석.
2500	1 做 zuò	동	하다.

HSK 전문 출제위원이 직접 출제한
북경어언대
新 HSK 5급
합격
모의고사

초판 5쇄 | 2018년 2월 10일

지은이 | 徐昌火
해 설 | 문정아
발행인 | 김태웅
편집장 | 강석기
편 집 | 권민서, 정지선, 김효수, 김다정
디자인 | 방혜자, 이미영, 김효정, 서진희
마케팅 | 서재욱, 김귀찬, 이종민, 오승수, 조경현
온라인 마케팅 | 김철영, 양윤모
제 작 | 현대순
총 무 | 전민정, 안서현, 최여진, 강아담
관 리 | 김훈희, 이국희, 김승훈, 이규재

발행처 | 동양북스
등 록 | 제 10-806호(1993년 4월 3일)
주 소 | 서울시 마포구 동교로22길 12 (04030)
전 화 | (02)337-1737
팩 스 | (02)334-6624

http://www.dongyangbooks.com

ISBN 978-89-8300-853-4 14720
    978-89-8300-846-6 (세트)

徐昌火 编著 2011年
本作品原由北京语言大学出版社出版。韩文版经由北京语言大学出版社授权DongYang Books
于全球独家出版发行，保留一切权利。未经书面许可，任何人不得复制、发行。

HSK 전문 출제위원이 직접 출제한

북경어언대 新 HSK 5급

합격 모의고사

徐昌火 지음   문정아 해설

문제집

동양 b▨ks

중국 국가한판(中国国家汉办)이 발표한 新HSK 요강에 따르면, 新HSK는 '시험과 교육의 결합' 원칙과 '시험으로 가르침을 촉진시키고, 시험으로 배움을 촉진시킨다'는 목적 아래, 중국어를 모국어로 사용하지 않는 응시자가 생활·학습·업무에서 중국어로 의사 소통하는 능력을 중점적으로 측정합니다.

新HSK는 필기시험과 구술시험으로 나뉘며, 필기시험은 1~6급까지 총 6개 등급이 있습니다. 그중 新HSK 5급에서 요구하는 어휘량은 2,500개이고, 5급에 합격한 응시자는 중국어로 된 신문과 잡지를 읽고 영화와 TV 프로그램을 감상할 수 있으며, 중국어로 비교적 완전한 연설을 할 수 있습니다. 국가한판이 공포한 5급 예제의 난이도로 볼 때, 중국의 대학교에서 1~2년간 정규 대외 한어교육을 받은 학습자라면 일반적으로 新HSK 5급 시험에 참가할 수 있습니다.

구HSK와 비교했을 때, 新HSK의 문제 난이도는 대폭 낮아졌으며, 문제 유형과 문제 수에도 새로운 변화가 생겼습니다. 이 책은 新HSK의 난이도와 시험 유형의 구체적인 변화에 근거하여, 응시자의 실제 수요를 만족시키기 위해, 외국 학생의 초·중·고급 중국어를 가르친 현장 경험을 토대로, 기존의 관련 자료를 참고하여 집필하였습니다. 총 4회 분량의 모의고사 문제로 구성되어 있고, 듣기 영역의 MP3 녹음과 녹음 스크립트, 참고 답안이 제공됩니다.

이 책에 실린 모의고사로 듣기·독해·쓰기 영역을 반복하여 강화 훈련하면, 新HSK의 문제 유형, 난이도, 자주 출제되는 지식 등의 전반적인 내용을 이해할 수 있을 뿐만 아니라, 단기간에 문제 유형과 주제, 속도, 난이도, 문제 수 등에 적응할 수 있고, 실제 시험에서도 좋은 성적을 거둘 수 있을 것입니다.

집필에는 有宫辰, 刘亚娟, 李莎, 张宇, 路畅, 屠妍慧 선생님이 참여하였습니다. 수업 외 시간을 이용해 짧은 기간 안에 만들어졌고, 또 어쩔 수 없는 한계로 인해 부족한 부분이 있을 수 있습니다. 독자 여러분의 많은 지도편달 부탁드립니다.

끝으로 이 책의 출간을 위한 북경어언대학출판사의 노고에 감사드리며, 남경대학교 해외교육대학 程爱民 원장님의 성원에도 감사드립니다.

徐昌火 드림

역자 머리말

2010년, 기존의 HSK 시험이 新HSK로 바뀌면서 여러 출판사에서 다양한 학습 자료가 출시되고 있습니다. 그럼에도 불구하고 新HSK 관련 강사들은 더 적중률 높은 책을 만들어내기 위해 밤낮없이 연구를 계속하고 있습니다. 이 책의 원서인 〈核心HSK新汉语水平考试模拟试题集〉(북경어언대학출판사)는 HSK 단골 출제위원으로 유명한 徐昌火 교수님이 직접 저술한 新HSK 모의고사 문제집입니다. 저자는 오랜 기간 HSK 연구 · 교육 및 시험문제 출제에 참여해오며 HSK에 대한 예리한 통찰력과 노하우를 축적했으므로, 이 책에 수록된 모의고사는 徐 교수님의 전문성이 가장 잘 집약된 新HSK 문제들이라고 할 수 있습니다. 저는 이 최고의 문제에 버금가는 최고의 해설을 하기 위해, 제가 10년간 국내에서 HSK를 강의하며 얻은 맞춤형 노하우와 팁을 이 책에 아낌없이 쏟아부었습니다.

합격을 넘어 고득점까지

이 책에 수록된 문제들은 중국 국가한판(中国国家汉办)에서 발표한 新HSK 요강(新汉语水平考试大纲)을 기초로 출제된, 총 4회분 400문제 분량입니다. 해설집은 풍부한 단어 정리로 사전 찾는 시간을 최소화하였고, 학습자의 빠르고 정확한 이해를 위해 해석 하나하나에도 심혈을 기울였습니다. HSK 전문 강의 10년 노하우를 토대로 新HSK 문제 풀이에 필요한 요령과 고득점 팁도 빠짐없이 담아 초보 학습자와 고득점 목표자 모두에게 유용하게 구성했습니다.

철저한 시간 관리와 복습

여러분은 이 책을 통해 新HSK의 문제 유형과 영역별 문제 풀이 방법, 고득점 팁까지 학습하게 됩니다. 문제를 풀 때에는 실전과 동일하게 시간을 관리하는 연습을 하고, 틀린 문제는 반드시 복습하여 같은 실수를 반복하지 않도록 합니다. '행동의 가치는 그 행동을 끝까지 이루는 데 있다'고 합니다. 여러분 스스로 목표를 세워, 노력을 멈추지 말고 인내심 있게 이뤄나가면, 반드시 본인의 실력을 충분히 발휘할 수 있습니다. 이 책을 공부하는 여러분 모두가 멋진 미래와 함께 하시길 기원합니다.

문정아 드림

新HSK는 국제 중국어능력 표준화 시험으로, 중국어가 모국어가 아닌 수험생의 생활·학습·업무 중 중국어를 이용하여 교제를 진행하는 능력을 중점적으로 측정한다.

1. 구성 및 용도

新HSK는 필기시험과 구술시험으로 나누어지며, 각 시험은 서로 독립되어 있다. 또한 新HSK는 ① 대학의 신입생 모집·분반·수업 면제·학점 수여 ② 기업의 인재채용 및 양성·진급 ③ 중국어 학습자의 중국어 응용능력 이해 및 향상 ④ 중국어 교육 기관의 교육 성과 파악 등의 참고 기준으로 사용할 수 있다.

필기시험	구술시험
新HSK 6급 (구 고등 HSK에 해당)	新HSK 고급
新HSK 5급 (구 초중등 HSK에 해당)	
新HSK 4급 (구 초중등 HSK에 해당)	新HSK 중급
新HSK 3급 (구 기초 HSK에 해당)	
新HSK 2급 (신설)	新HSK 초급
新HSK 1급 (신설)	

※구술시험은 녹음 형식으로 이루어진다.

2. 등급

新HSK 각 등급과 〈국제 중국어 능력 기준〉, 〈유럽 언어 공통 참고규격(CEF)〉의 대응 관계는 아래와 같다.

新HSK	어휘량	국제 중국어 능력 기준	유럽 언어 공통 참고규격(CEF)
6급	5,000 이상	5급	C2
5급	2,500		C1
4급	1,200	4급	B2
3급	600	3급	B1
2급	300	2급	A2
1급	150	1급	A1

新 HSK 1급	매우 간단한 중국어 단어와 문장을 이해하고 사용할 수 있으며, 구체적인 의사소통 요구를 만족시키고 진일보한 중국어 능력을 구비한다.
新 HSK 2급	익숙한 일상 화제에 대해 중국어로 간단하고 직접적인 교류를 할 수 있으며, 초급 중국어의 우수 수준이라 할 수 있다.
新 HSK 3급	중국어로 일상생활 · 학습 · 업무 등 방면에서 기본 의사소통이 가능하며, 중국에서 여행할 때 대부분의 의사소통이 가능하다.
新 HSK 4급	비교적 넓은 영역의 화제에 대해 중국어로 토론할 수 있으며, 원어민과 비교적 유창하게 대화할 수 있다.
新 HSK 5급	중국어로 된 신문과 잡지를 읽고 영화와 TV 프로그램을 감상할 수 있으며, 중국어로 비교적 완전한 연설을 할 수 있다.
新 HSK 6급	중국어로 된 정보를 가볍게 듣고 이해할 수 있으며, 회화 또는 서면 형식으로 자신의 견해를 유창하게 표현할 수 있다.

3. 접수

① **인터넷 접수** : HSK 홈페이지(www.hsk.or.kr)에서 접수

② **우 편 접 수** : 구비서류(응시원서+반명함판 사진+응시비 입금영수증)를 동봉하여 HSK한국사무국으로 등기 발송

③ **방 문 접 수** : HSK한국사무국 또는 서울공자아카데미(HSK한국사무국 2층)에서 접수
[접수시간] 평일- 오전 10시~12시, 오후 1시~5시 / 토요일- 오전 10시~12시
[준비물] 응시원서, 사진 3장(3×4cm 반명함판 컬러 사진, 최근 6개월 이내 촬영)

4. 시험 당일 준비물

수험표, 2B 연필, 지우개, 신분증

※유효한 신분증:

18세 이상- 주민등록증, 운전면허증, 기간만료 전의 여권, 주민등록증 발급신청확인서

18세 미만- 기간만료 전의 여권, 청소년증, HSK 신분확인서

주의! 학생증, 사원증, 의료보험증, 주민등록등본, 공무원증은 인정되지 않음

5. 성적조회, 성적표 수령

시험일로부터 1개월 후 중국고시센터 홈페이지(www.hanban.org)에서 개별 성적 조회가 가능하며, 성적표는 시험일로부터 40일경에 발송된다.

新HSK 5급 

1. 新HSK 5급 소개

- **어휘 수** : 2,500개
- **수　준** : 중국어로 된 신문과 잡지를 읽고 영화와 TV 프로그램을 감상할 수 있으며 중국어로 비교적 완전한 연설을 할 수 있다.
- **대　상** : 매주 2~4시간씩 2년 이상(400시간 이상) 집중적으로 중국어를 학습하고 2,500개의 상용 어휘 및 관련 어법 지식을 가지고 있는 학습자를 대상으로 한다.

2. 시험 구성

시험 과목	문제 형식	문항 수		시간
듣기	제1부분	20	45	약 30분
	제2부분	25		
듣기 답안지 작성 시간				5분
독해	제1부분	15	45	45분
	제2부분	10		
	제3부분	20		
쓰기	제1부분	8	10	40분
	제2부분	2		
합계		100		약 120분

※총 시험 시간은 125분이다.(개인정보 작성 시간 5분 포함)

3. 영역별 문제 유형

듣기	제1부분 (20문제)	**두 사람의 대화 듣고 질문에 답하기** 두 사람의 대화 뒤에 들려주는 질문에 대한 답을 고른다. 시험지에 제시된 4개의 보기 중 알맞은 답안을 고른다. (녹음은 1번 들려준다.)
	제2부분 (25문제)	**4~5문장의 대화 혹은 단문 듣고 질문에 답하기** 4~5문장의 대화는 각각 10문제, 단문(긴 대화 포함)은 3~5문제씩 15문제로 구성된다. 대화나 단문을 듣고 시험지에 제시된 4개의 보기 중 알맞은 답안을 고른다. (녹음은 1번 들려준다.)

	제1부분 (15문제)	빈칸에 알맞은 단어/문장 고르기 매 지문마다 몇 개의 빈칸이 있다.(한 지문당 3~4문제) 빈칸에 알맞은 단어나 문장을 보기에서 고른다.
독 해	제2부분 (10문제)	단문 독해: 일치하는 내용 고르기 한 문제당 1개의 단문과 4개의 보기가 주어진다. 단문의 내용과 일치하는 보기를 고른다.
	제3부분 (20문제)	장문 독해: 질문에 답하기 한 지문당 3~4문제가 나온다. 지문을 읽고 제시된 질문에 알맞은 답을 보기에서 고른다.
쓰 기	제1부분 (8문제)	주어진 어휘를 조합해서 문장 만들기 주어진 몇 개의 어휘를 이용하여 하나의 완전한 문장을 만든다.
	제2부분 (2문제)	어휘 및 그림 보고 80자 단문 쓰기 문제1: 주어진 몇 개의 단어를 모두 사용하여 80자 정도의 단문을 쓴다. 문제2: 주어진 그림이나 사진을 보고 80자 정도의 단문을 쓴다.

4. 성적

성적표는 듣기, 독해, 쓰기 세 영역의 점수 및 총점이 기재되며, 총점이 180점을 넘어야 합격이다.

	만점	점수
듣기	100	
독해	100	
쓰기	100	
총점	300	

※HSK성적은 시험일로부터 2년간 유효하다.

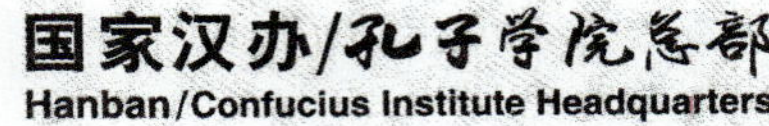

国家汉办/孔子学院总部
Hanban/Confucius Institute Headquarters

新 汉 语 水 平 考 试
Chinese Proficiency Test

HSK（五级）成绩报告
HSK (Level 5) Examination Score Report

姓名：
Name

性别：　　　　国籍：
Gender　　　　Nationality

考试时间：　　　　　　年　　　　　月　　　　　日
Examination Date　　　　Year　　　Month　　　Day

编号：
No.

	满分（Full Score）	你的分数（Your Score）
听力（Listening）	100	
阅读（Reading）	100	
书写（Writing）	100	
总分（Total Score）	300	

总分180分为合格（Passing Score：180）

主任　　　　　　　　　　国家汉办
Director　　　　　　　　　Hanban

HANBAN

中国·北京
Beijing·China

MEMO

모의고사

북경어언대

新HSK 합격 모의고사 5급

新汉语水平考试
HSK(五级)
模拟试题 1

注　意

一、 HSK(五级)分三部分：

    1． 听力(45题，约30分钟)

    2． 阅读(45题，45分钟)

    3． 书写(10题，40分钟)

二、 听力结束后，有5分钟填写答题卡。

三、 全部考试约125分钟(含考生填写个人信息时间5分钟)。

中国　北京　　　　　　　　　　　　　　　　XXXX/XXXXXXX　编制

一、听 力

第 一 部 分

第 1-20 题：请选出正确答案。

1. A 看病
   B 出差
   C 回家
   D 结婚

2. A 四个
   B 五个
   C 六个
   D 七个

3. A 心疼
   B 小气
   C 生气
   D 满意

4. A 比赛
   B 学校
   C 奶茶
   D 戏剧

5. A 老板
   B 同学
   C 亲戚
   D 秘书

6. A 担心
   B 伤心
   C 信任
   D 安慰

7. A 找工作
   B 找对象
   C 买房子
   D 买汽车

8. A 皮鞋
   B 衣服
   C 眼镜
   D 羊肉

9. A 男的十点一刻才来
   B 女的九点十分走了
   C 男的走得比女的来得早
   D 女的在男的走之前来的

10. A 男的没必要去参加
    B 两百块钱红包太少了
    C 她不同意去小李家喝酒
    D 男的和小李关系很一般

11.　A　男的现在很着急
　　　B　女的要和男的吵架
　　　C　女的承认是自己不对
　　　D　男的觉得女的没礼貌

12.　A　出差办事
　　　B　看望弟弟
　　　C　参观旅游
　　　D　参加会议

13.　A　不想要孩子
　　　B　已经离婚了
　　　C　跟妈妈关系不好
　　　D　现在心情很愉快

14.　A　医生与护士
　　　B　医生与病人
　　　C　病人与病人
　　　D　护士与病人

15.　A　星期三
　　　B　星期四
　　　C　星期六
　　　D　星期天

16.　A　男的想参加培训
　　　B　女的会参加培训
　　　C　男的不想参加培训
　　　D　女的让男的参加培训

17.　A　最近晴天比较多
　　　B　天气预报不准确
　　　C　最近下雨天比较多
　　　D　现在天气变化很快

18.　A　车站
　　　B　医院
　　　C　超市
　　　D　饭店

19.　A　票价是30块钱
　　　B　男的没带学生证
　　　C　女的带了学生证
　　　D　男的想回去拿学生证

20.　A　出差
　　　B　做饭
　　　C　去医院
　　　D　看枫叶

第 二 部 分

第21−45题：请选出正确答案。

21. A 他们在家里
    B 现在是晚上
    C 现在没座位
    D 男的要买椅子

22. A 女的也打算学游泳
    B 对话人是师生关系
    C 男的旅行前不学游泳
    D 男的爷爷奶奶在农村

23. A 会计
    B 售票员
    C 服务员
    D 研究生

24. A 老师和学生
    B 丈夫和妻子
    C 医生和病人
    D 旅客和导游

25. A 容易满足
    B 不该冒险
    C 喜欢思考
    D 应该退休

26. A 我现在年龄还小
    B 谈恋爱要看缘分
    C 结婚没有事业重要
    D 结婚后的生活太辛苦

27. A 女的喜欢同学会
    B 男的假期没去旅行
    C 女的不常打扫卫生
    D 男的假期都在家休息

28. A 免费
    B 10元
    C 30元
    D 40元

29. A 信任
    B 愤怒
    C 赞同
    D 吃惊

30. A 面积
    B 价格
    C 楼层
    D 环境

31. A 去影院看电影
    B 去买电影票了
    C 去朋友家拜访
    D 待在家里待客

32. A 男的没来
    B 没买到票
    C 看朋友了
    D 有其他事

33. A 汽车出租
    B 航班时刻
    C 讨价还价
    D 预定宾馆

34. A 10元
    B 20元
    C 80元
    D 100元

35. A 想让鱼昏过去
    B 想把鱼捞上来
    C 想买到便宜的鱼
    D 工作人员态度差

36. A 40块钱
    B 30块钱
    C 20块钱
    D 10块钱

37. A 北京
    B 上海
    C 南京
    D 广州

38. A 天气不热
    B 注意安全
    C 拿好物品
    D 感谢乘坐

39. A 逃跑累死的
    B 撞到了树桩上
    C 被农民打死的
    D 没东西吃饿死的

40. A 不理睬野兔
    B 把它捡起来
    C 给野兔治伤
    D 继续干农活儿

41. A 吃兔肉
    B 等兔子
    C 睡懒觉
    D 干农活儿

42. A 聪明的人
    B 乐观的人
    C 好奇的人
    D 很傻的人

43. A 惊讶
    B 骄傲
    C 嘲笑
    D 神秘

44. A 听我说过的
    B 大人们教的
    C 自己发现的
    D 同学教他的

45. A 要保持好奇心
    B 苹果要横着切
    C 苹果里面有星星
    D 创造力和想象力

二、阅 读

第 一 部 分

第46-60题：请选出正确答案。

46-48.

> 　　一位教授平时总是丢三落四，不是丢了眼镜盒，就是丢了手杖。__46__ 是雨伞，几乎每个月他夫人都得替他买一把。教授为此暗暗地下定决心，__47__ 要更加小心。一天，教授上午出去，下午回来，得意扬扬地对夫人说："哎，陶乐赛，今天我可没丢东西，我把伞给带回来啦！"说着，他亮出一把伞。"哎呀，瞧你这__48__人，你今天没有带伞出去呀！"他的夫人说。

46.　A 经常　　　　B 特殊　　　　C 非常　　　　D 特别

47.　A 然后　　　　B 后来　　　　C 以后　　　　D 先后

48.　A 细心　　　　B 粗心　　　　C 小心　　　　D 用心

49-52.

> 一天，曾子外出工作，他的妻子带着儿子待在家里。
>
> 妻子要出去买菜，可儿子不让，说："妈妈，你去买菜可以，但是，我要吃肉！"妻子__49__早点儿上街买菜，便对儿子说："乖孩子，让妈妈去买菜，妈妈买肉给你吃，好吗？"儿子高兴地跳了起来。可是，妻子回来时并没有给儿子买肉。
>
> 曾子回到家以后，__50__了这件事，他对妻子说："你怎么能不守信用呢？孩子现在还小，还没有辨别是非的能力，__51__，你现在不守信用，长大后他也会和你一样去欺骗别人！"曾子说完，便把自己家__52__养了三个多月的小猪给杀了，割下肉煮给儿子吃，儿子边吃肉边说："大人真守信用，说到做到！"曾子听了欣慰地笑了。

49. A 因为 　　　 B 为了 　　　 C 由于 　　　 D 于是

50. A 认识 　　　 B 懂得 　　　 C 认为 　　　 D 知道

51. A 和你一样不想吃肉
　　 B 知道了信用的重要性
　　 C 觉得什么事情都是对的
　　 D 什么事情都以我们做榜样

52. A 刚才 　　　 B 刚刚 　　　 C 曾经 　　　 D 经常

53-56.

53.　A　既然　　　　B　当然　　　　C　果然　　　　D　突然

54.　A　很想爬到树上去
　　　B　想到了一个好主意
　　　C　以为月亮还躲在树上
　　　D　伤心得不知道该怎么办

55.　A　摆　　　　　B　摸　　　　　C　挂　　　　　D　拦

56.　A　按着　　　　B　随着　　　　C　接着　　　　D　拿着

57-60.

足球已经成为当代世界第一大运动。不过，__57__足球比赛11人制的演变过程还是颇有历史的。公认的现代足球运动始于英格兰。最初的时候，比赛就在长方形场地内进行，时间和参赛人数都由双方临时商定。在19世纪早期的英国伦敦，牛津和剑桥之间经常进行比赛，他们__58__起来，__59__。当时每队有11个人进行比赛。因为当时在学校里每__60__宿舍住有10个学生和1位教师，因此他们就双方各11人进行宿舍与宿舍之间的比赛，现在的11人足球比赛就是从那时开始的。

57. A 在于　　　　B 关于　　　　C 至于　　　　D 对于

58. A 商量　　　　B 发生　　　　C 判断　　　　D 组织

59. A 还多次获得了冠军
　　 B 并制定了一项规则
　　 C 对球迷进行了访问
　　 D 决定恢复5人制比赛

60. A 套　　　　　B 双　　　　　C 群　　　　　D 批

第 二 部 分

第61-70题：请选出与试题内容一致的一项。

61. 我对这次逃课出去玩儿感到十分后悔，一是没有学到应该学的知识，二是让父母老师着急，停下手头的工作，四处找我。我以后再也不会这样了，而且从现在开始我要努力学习，争取早日把成绩赶上去，请爸爸妈妈和老师们放心。

    A　爸妈报了警来找我

    B　三个人在听我讲话

    C　爸妈找我找了四天

    D　我现在成绩不是很好

62. 网络文学困扰着传统作家。但传统作家的危机感，恰恰是网络写手的曙光。网络作家在自己土生土长的这个网络"小草窝"待得很舒服，并不看重登上所谓的大雅之堂。不管承认不承认，这种关于未来的碰撞已经悄然展开。

    A　网络作家并不安于现状

    B　传统作家很喜欢网络作家

    C　网络文学对传统文学没影响

    D　网络文学与传统文学有冲突

63. 南方的传统房屋是瓦房。夏天，因为瓦与瓦之间有空隙，房子里多余的热量通过这些空隙散出去。冬天，又因为瓦由陶土烧成，陶土的导热性差，能起到保温作用。所以瓦房以前很受南方人的欢迎。

    A　瓦房现在还很流行

    B　瓦房在天冷时可保温

    C　瓦房住起来冬热夏冷

    D　陶土烧的东西散热性好

64. 为了防止脱发，每个健康成年人每日粮食的摄入量应在400克左右，最少不能低于300克，即使在减肥期间也不能不吃主食。适当摄入一些能够益肾、养血、生发的食物，如芝麻、核桃仁、桂圆肉、大枣等，对防治脱发也会大有好处。

A 吃主食不利于减肥

B 多吃主食有益于身体

C 芝麻对防治脱发没有好处

D 适量的主食可以防止脱发

65. 水污染不仅影响人类健康，也影响与水相关的娱乐、工业及美感。人们越来越关注通过水污染传播的病毒性疾病，也越来越关注水中的化学制品。

A 人们对水污染越来越关注

B 水污染只对人类健康有影响

C 病毒性疾病都是通过水传播

D 水中的化学制品对水没影响

66. 如果你整天盯着电脑看而不休息，那么眼部就会肿痛、干涩，聚焦困难，还会导致头痛或是脖颈疼痛等现象。75%的电脑使用者都有类似的症状。使用电脑时，屏幕应距自己至少60厘米远。另外，一定要每20~30分钟向远处望一望，让自己的眼睛放松一下。

A 使用电脑时应距离屏幕0.6米远

B 使用电脑应该每60分钟放松一下

C 长期使用电脑不休息会导致失眠

D 少数人长时间使用电脑会有不良反应

67. "月光族"指将每月赚的钱都用光、花光的人，一般都是年轻一代，他们喜欢追逐新潮，想买就买，根本不在乎钱财。同时也用来形容每月收入仅可以维持每月基本开销的职场新人。"月光族"的口号是：挣多少花多少。这个词是一个中性词，没有绝对的褒贬义。

A "月光族"都是收入不多的人

B "月光族"都是花钱大方的人

C "月光族"喜欢把钱存在银行

D "月光族"基本上都是年轻人

68. 蓝鲸是海洋中的大型动物之一。别看它个头大，性格可温顺呢。它属于须鲸，靠滤食法捕食，它捕食的时候，先猛吸一口，吸进很多海水，再把海水吐出来，通过滤板把小鱼小虾挡在嘴里。那些小东西们只得乖乖当了蓝鲸的食物。

A 蓝鲸的体积很庞大

B 蓝鲸的速度非常快

C 蓝鲸捕食方式粗暴

D 蓝鲸捕食喝很多水

69. 从前有一个人有健忘症。有一天他买了一本《记忆的诀窍》，看后觉得十分有用，于是就去跟朋友炫耀："我昨天买了一本《记忆的诀窍》，真是太好了，我昨晚一口气就把它读完了。"朋友很惊喜："能否借给我读一读？"他说："当然可以。咦？我把它搁在哪儿了？"

A 健忘症患者的朋友也很健忘

B 健忘症患者的病在看书后好转了

C 健忘症患者在看过书后仍然健忘

D 《记忆的诀窍》有助于提高记忆力

70. 中国是最早利用蚕丝的国家。蚕丝和大麻、苎麻，以及后来的棉花，是古代中国人主要的衣着原料。几千年来，中国养蚕技术长期处于世界领先地位，并对世界蚕业有巨大贡献。公元前11世纪，养蚕技术传入朝鲜，随后又传到了日本。秦汉以后，中国的养蚕技术通过丝绸之路传到欧亚其他地区。

A　古代中国的养蚕技术非常先进
B　古代中国人最早利用棉花做衣服
C　养蚕技术通过丝绸之路传到日本
D　中国人只穿蚕丝和棉花做的衣服

第 三 部 分

第71-90题：请选出正确答案。

71-73.

在妈妈肚子里的时候，我就经常跟她一起去打篮球。当时只是个小胎儿的我跟着妈妈一块儿跑，一块儿跳，一起享受运动的快乐。所以我天性好动，爱玩儿，喜欢无拘无束。

在上海上小学时，爸爸经常带着我看足球赛，这慢慢培养了我对足球的兴趣。凑巧的是我们那一群女孩子也个个儿都喜欢踢球。那时候，足球是用纸团起来的，球场就是教室与教室中间的过道。我们总是焦急地盼望下课铃声快点儿响，下课铃一响我们就立即冲出教室练起来，一直到上课。现在想想，那时老师真好，能容得下我们这些女孩子在那里疯玩儿。我们甚至自己组队参加小学生运动会，结果拿了个倒数第二名。这次失败对我们的打击特别大，队伍也因此就解散了。

后来我考上了一所很好的中学，可我是铁了心地想去踢足球，因为我觉得那是人生中最快乐的事，谁又能阻挡呢？从此我就走上了足球之路。

71. 是谁培养了作者对足球的兴趣？

    A 爸爸　　　　　　　　　　　　B 妈妈

    C 老师　　　　　　　　　　　　D 同学

72. 以下哪个不是作者对小学老师的感情？

    A 感激　　　　　　　　　　　　B 讨厌

    C 喜欢　　　　　　　　　　　　D 夸奖

73. 关于作者，以下哪个说法是正确的？

    A 她的学习成绩很差　　　　　　B 她踢球一直很顺利

    C 她父母也热爱运动　　　　　　D 她从小就爱打篮球

好雨知时节，当春乃发生。今晨5时许，京城开始落下细雨。气象台预测，这场春雨将持续至少24小时以上，仅在今天傍晚到前半夜，就会有5至10毫米的降水量，超过去年整个冬天的降水量。

此次降雨覆盖全市平原山区，降水是去年入冬以来北京最大的一次。

上午10时，北京气象台分布在全市的降水自动观测站数据表明，昌平、延庆等西北部地区降水量最大，已达2毫米，北部山区将重现白茫茫的冬季景象，开车外出的朋友要关注路况信息，谨慎出行。

明天，经过降水洗礼的京城将迎来一个清新凉爽的元宵节，过境的冷空气带来五六级偏北风，预计阵风将达到6级，气温也有明显下降，明天夜间最低气温仅有零下4℃，比今天最低气温降低5℃，创近来新低。

74. 根据第一段，我们可以知道：
   A 这场雨的持续时间并不长　　　　B 这场雨在今天傍晚将会停止
   C 今天早晨四点半北京在下雨　　　D 这次的降雨量比去年同一时期大

75. 此次降雨量最大的地区是：
   A 北京西北部　　　　　　　　　　B 北京东南部
   C 北京的山区　　　　　　　　　　D 北京的平原地区

76. 北部山区将会出现什么天气？
   A 降雨　　　　　　　　　　　　　B 降雪
   C 大风　　　　　　　　　　　　　D 晴天

77. 今天夜间最低气温是：
   A 5℃　　　　　　　　　　　　　B 1℃
   C －1℃　　　　　　　　　　　　D －4℃

78-82.

李连杰初到好莱坞时，几乎没有人看好他，好不容易有一家电影公司愿意请他出演，但片酬很低，只有100万美元，而且是演一个反派角色。李连杰犹豫不决，说自己要经过慎重考虑之后，才能答复。但是，等他答应出演时，对方却改口了，片酬降为75万美元。

钱不是最要紧的，只是在20世纪90年代的东南亚电影市场，"李连杰"三个字早已是金字招牌，从"功夫皇帝"沦落到现在的境地，李连杰感到难以接受。但他考虑再三，还是决定出演，可是，没想到对方却又落井下石："50万美元，不演拉倒。"50万美元，还包括律师、经纪人、宣传公司等各项费用，再扣完税，所剩无几。但李连杰答应得很痛快："我演。"

就这样，李连杰拍了他的第一部好莱坞影片《致命武器4》，虽然片中巨星云集，但在影片首映当晚，李连杰就获得7.5分，成为演员排行榜中的亚军。

第二天，电影公司的老板就亲自上门，毕恭毕敬地说："下一部片子请您演主角，如何？"当实力证明一切的时候，才能轮到李连杰说话，他的第四部好莱坞影片片酬就开到了1700万美元。

李连杰以退为进，成功地敲开了好莱坞的大门。他谈起往事，感触颇多，念了一首哲理诗："手把青秧插满田，低头便见水中天；六根清净方为道，退步原来是向前。"大丈夫与其怨天尤人，不如尊重现实，迂回前进。

78. 李连杰在好莱坞的第一部影片片酬是：

A 75万美元   B 50万美元

C 100万美元   D 1700万美元

79. 后来，电影公司的老板态度十分恭敬的原因是：

A 李连杰片酬要求不高

B 李连杰的演出很成功

C 李连杰特别尊重现实

D 李连杰曾是"功夫皇帝"

80. 文中画线的"反派"一词应如何理解?

    A 反义的   B 反面的

    C 相反的   D 反对的

81. 李连杰在第一部影片中获得了多少分?

    A 6.5分   B 7.5分

    C 8.5分   D 9.5分

82. 最适合这篇文章的标题是:

    A 影坛诗人李连杰

    B 李连杰不在乎片酬

    C 李连杰好莱坞奋斗史

    D 李连杰第一次演电影

83－86.

　　一位集团公司的人力资源部经理告诉我,他招聘员工的时间是5分钟,加上让应聘者走入他的办公室、入座、非正式对话的时间5分钟,总共不会超过10分钟。

　　也就是说,公司是否录用一个人,只有区区10分钟。所有的成功、失败都浓缩在这短暂的10分钟里。

　　我说,这不公平,也不负责任。他说,10分钟最公平,最负责任。

　　他说70%以上的应聘者走入他的办公室不会首先打招呼说你好;50%以上的应聘者衣冠不整洁;30%的应聘者神态紧张;20%的应聘者目光游移。还有什么好说的?让他们走吧!每人只有10分钟,但很多人在前5分钟就已经输了。

　　我心悦诚服,应聘者的确已经输了。

　　想起一位公共关系学教授,他曾经在课上问我们:你们看过孔雀开屏吗?同学们说看过,很美。教授说,每个人都要学那孔雀,10分钟让整个世界记住自己的美丽。

那是《公共关系学》第一课时，教授的开场白。

每个人像孔雀那样用10分钟展示自己的美，好像不符合中国人的传统，我们喜欢相信日久见人心和细水长流。但在现代工业以分秒计算的工作时间里，你没有更多的时间表现自己。

你很优秀，可是你要知道，你只有很少的时间，10分钟，甚至更少。

83. 应聘者应聘失败的原因很多，本文没有提到的是：

    A　进办公室不打招呼　　　　　　　B　经理给的时间不够

    C　应聘者神态太紧张　　　　　　　D　应聘者精神不集中

84. 文章第五段表明作者：

    A　态度转变　　　　　　　　　　　B　很不服气

    C　非常高兴　　　　　　　　　　　D　相信自己

85. 本文中的两个故事都说明：

    A　抓紧时间表现自己　　　　　　　B　始终相信日久见人心

    C　孔雀用10分钟展现美丽　　　　　D　应聘时要给人留下好印象

86. 本文的最佳标题是：

    A　面试决定成功　　　　　　　　　B　一节难忘的课

    C　你只有10分钟　　　　　　　　　D　孔雀也很美丽

87- 90.

　　一个人学会说话时必须同时学会听话，这两个结合起来才叫会说话。

　　说话主要是为了交流，不是一个人的事情，别人表达思想时我们要有耐心，不要觉得对方幼稚或无知。别人用简单方式问，我用简单方式答；别人用复杂方式问，我用复杂方式答。

　　说话是为了表达我们内心的思想，而不是要找出别人的缺点，所以说话不要带出别人的缺点，这就好像去捅别人的眼睛，不会有什么好的效果。

　　有时候你并不需要讲很多道理，只要耐心地去听，就是一个理解、接受、赞同别人的态度。

　　说话太多会导致我们的话没有分量。在不必要的场合和不关键的地方随便说出，常常使说话变成了一种炫耀，这就使你的话没有力量。

　　说谎会使我们的话大打折扣，刚开始只是因为不说谎不行，慢慢地养成了习惯，时不时说谎。人家看到你的这种方式，就会认为你的话甚至你这个人不可信。

　　有些时候我们给别人提一些好的建议，但要看说话的时机，要注意用对方接受得了的方式。

87.　什么是"会说话"？

　　A　知道何时说话

　　B　会说话和听话

　　C　知道如何表达思想

　　D　会用不同方式说话

88.　下列哪项是本文的观点？

　　A　要懂得讲道理

　　B　要耐心地去倾听

　　C　要给别人提建议

　　D　要指出对方的缺点

89. 有些人为什么经常会说谎？

    A 必须要说谎

    B 别人不相信

    C 喜欢去骗人

    D 养成了习惯

90. 说话的最主要的目的是什么？

    A 与人交流

    B 讲明道理

    C 提出建议

    D 理解别人

三、书写

第 一 部 分

第 91–98 题：完成句子。

> 例如：发表　　　这篇论文　　　什么时候　　　是　　　的
>
> 　　　　<u>这篇论文是什么时候发表的?</u>

91.　表现得　　　十分　　　同学们　　　我们班的　　　坚强

92.　自己的错误　　　才认识到　　　是多么严重　　　他直到现在

93.　增进了　　　奥运会　　　的　　　世界各国人民　　　相互了解

94.　也没想出　　　半天　　　个好办法　　　爸爸想了

95.　红歌星　　　采访　　　电视台　　　计划　　　这三位　　　派人

96.　每　　　进行　　　两个星期　　　一次小测验

97. 促进作用　　改革　　对经济的发展　　起了很大的

98. 一个石狮　　左右两侧　　有　　公园大门　　各

第 二 部 分

第 99-100 题：写短文。

99. 请结合下列词语（要全部使用），写一篇80字左右的短文。

　　　介绍、互相、练习、提高、认真

100. 请结合这张图片写一篇80字左右的短文。

모의고사

북경어언대

新 HSK 합격 모의고사 5급

新汉语水平考试
HSK(五级)
模拟试题 2

注　意

一、HSK(五级)分三部分：

    1．听力(45题，约30分钟)

    2．阅读(45题，45分钟)

    3．书写(10题，40分钟)

二、听力结束后，有5分钟填写答题卡。

三、全部考试约125分钟(含考生填写个人信息时间5分钟)。

中国　北京　　　　　　　　　×××× / ××××××　编制

一、听 力

第 一 部 分

第 1-20 题：请选出正确答案。

1. A 门上
   B 楼上
   C 包里
   D 办公室

2. A 天气预报很难准确
   B 女的不太相信男的
   C 女的一直相信天气预报
   D 天气预报说今天会下雨

3. A 他没有注意到
   B 他难得在食堂吃饭
   C 食堂的饭菜很难吃
   D 食堂以前的菜很少

4. A 最近也非常忙
   B 不希望男的走
   C 觉得男的很奇怪
   D 最近很少见到男的

5. A 气愤
   B 原谅
   C 讨厌
   D 不在乎

6. A 年龄
   B 身高
   C 成绩
   D 爱好

7. A 他曾专门学过唱歌
   B 他在音乐学院学习
   C 他唱歌唱得有水平
   D 他的学习成绩不好

8. A 春天
   B 夏天
   C 秋天
   D 冬天

9. A 只有这个女的喜欢刺激
   B 大多数人喜欢昨天的舞会
   C 男的对女的的看法很支持
   D 所有人都认为舞会很刺激

10. A 工作认真
    B 待人热情
    C 非常细心
    D 十分漂亮

11. A 她埋怨男的
    B 她喜欢联欢
    C 她爱开玩笑
    D 她唱歌不好

12. A 朋友
    B 父女
    C 恋人
    D 夫妻

13. A 租的车不好
    B 对未来有信心
    C 公司资金很多
    D 公司急着用车

14. A 280元
    B 320元
    C 400元
    D 480元

15. A 商店
    B 厨房
    C 市场
    D 餐厅

16. A 男女恋人
    B 儿子和母亲
    C 病人和护士
    D 老板和员工

17. A 学习
    B 做菜
    C 养鸡
    D 读小说

18. A 12:30
    B 12:45
    C 13:15
    D 12:15

19. A 他们俩是邻居
    B 男的刚学会开车
    C 女的要回家拿东西
    D 女的害怕男的拒绝

20. A 不想麻烦女的
    B 觉得女的太忙
    C 觉得女的不热情
    D 想和女的一起出去

第 二 部 分

第21-45题：请选出正确答案。

21. A 女的在卖手机
    B 男的手机没钱了
    C 男的给朋友修手机
    D 男的给朋友手机充值

22. A 女的坐地铁上学
    B 女的学习很努力
    C 女的家离学校很近
    D 女的骑自行车上学

23. A 明天下大雨
    B 今天是晴天
    C 春天天气变化很快
    D 明天比今天冷多了

24. A 电脑
    B 围棋
    C 外语
    D 游泳

25. A 房子
    B 家具
    C 结婚
    D 工作

26. A 参加摄影展
    B 去参观学校
    C 修理照相机
    D 去野外郊游

27. A 卖矿泉水的
    B 运货的司机
    C 汽车站售票员
    D 收费站工作人员

28. A 其实李阳人挺好
    B 李阳确实了不起
    C 李阳不该让你生气
    D 我对李阳也不了解

29. A 问女的想要多少张
    B 有很多这样的邮票
    C 问女的邮票多少钱
    D 他没有这样的邮票

30. A 女的很欣赏男的
    B 刘翔曾经失败过
    C 女的没看这场比赛
    D 刘翔首次拿到冠军

31. A 总经理
    B 服务员
    C 列车员
    D 清洁工

32. A 安静
    B 明亮
    C 平安
    D 干净

33. A 丈夫和妻子
    B 老板和记者
    C 儿子和妈妈
    D 老师和学生

34. A 从来不犯错误
    B 积累丰富的经验
    C 做出正确的决定
    D 从错误中吸取教训

35. A 赶紧逃跑
    B 寻找和尚
    C 捂住双耳
    D 躲到旁边

36. A 和尚们都很聪明
    B 和尚讨厌这个贼
    C 和尚听到了钟声
    D 贼没有听到钟声

37. A 苏州
    B 南京
    C 杭州
    D 上海

38. A 禁止吸烟
    B 苏州站不停
    C 学习怎么灭火
    D 配合检查车票

39. A 展示才华
    B 学习吹竽
    C 靠近国君
    D 待遇优厚

40. A 他很有才华
    B 他很受欢迎
    C 国君很喜欢他
    D 很多人一起演奏

41. A 爱听合奏
    B 爱听独奏
    C 喜欢吹竽
    D 喜欢听竽

42. A 国君死了
    B 国君不好
    C 不会吹竽
    D 不想吹了

43. A 触摸小河
    B 飘落的花瓣
    C 把根扎得很深
    D 小女孩儿浇水

44. A 它得不到水
    B 它看不见小河
    C 它离小河很近
    D 小女孩儿出事了

45. A 开出新的花朵
    B 向泥土下扎根
    C 小河给它浇水
    D 小女孩儿回来了

二、阅 读

第 一 部 分

第46-60题：请选出正确答案。

46-48.

　　有个老人在黎明时漫步沙滩，看见前面有个年轻人拾起一些星鱼抛回海里。他赶了上去，问年轻人为什么要这样做。年轻人说，搁浅的星鱼__46__留在岸上，太阳一出来就会死掉。"可是海滩一望无际，星鱼有好几百万条呢，"老人反驳他，"你的努力能有什么__47__呢?"年轻人瞧了瞧__48__在手里的星鱼，然后把它抛到海里。"对这一条却有很大的影响。"他说。

46. A 虽然　　　　B 如果　　　　C 不但　　　　D 即使

47. A 影响　　　　B 方法　　　　C 改正　　　　D 过程

48. A 扶　　　　　B 握　　　　　C 挥　　　　　D 扔

49-52.

据说有一次有人问苏格拉底道："苏格拉底先生，你可曾听说——"

"且慢，朋友，"这位哲人立即打断了他的话，"你是否确知你要告诉我的话__49__都是真的？"

"那倒不，我只是听人说的。"

"原来如此，那你就不必讲给我听了，__50__那是件好事。请问你讲的那件事是不是好事呢？"

"恰恰相反！"

"噢，那么也许我有知道的__51__，这样也好防止贻害他人。"

"嗯，那倒也不是——"

"那么，好啦！"苏格拉底最后说道："__52__！人生中有那么多有价值的事情，我们没时间去理会这既不真又不好而且没有必要知道的事情了。"

49.　A　凡是　　　　　B　一共　　　　　C　全部　　　　　D　一样

50.　A　一旦　　　　　B　除非　　　　　C　万一　　　　　D　难怪

51.　A　必要　　　　　B　必须　　　　　C　必然　　　　　D　必需

52.　A　你说的话特别重要
　　　B　请告诉我你要说什么
　　　C　让我们把这件事忘了吧
　　　D　我来告诉你另一个故事吧

53-56.

> 　　很早以前的一天下午，小毛在家看书，忽然听到了敲门声，他把门打开一看，门外是一只蜗牛。蜗牛对小毛说：你能给我一点儿吃的吗？小毛生气地一脚把蜗牛踢了出去。十年后的一天，小毛已经__53__了大毛，他又听见敲门声，开门一看，还是那只蜗牛。蜗牛__54__地问大毛：你干吗要踢我？
>
> 　　看了这个笑话，我却不觉得蜗牛可笑。大毛随便踢一脚，__55__。蜗牛是__56__速度慢而出名，人们常用蜗牛速度来比喻那些很拖拉的人，这个笑话就是取笑蜗牛爬得慢的，可是这只蜗牛却让我想了很多很多。

53.　A 改变　　　　　B 长成　　　　　C 成长　　　　　D 变化

54.　A 愤怒　　　　　B 遗憾　　　　　C 幽默　　　　　D 害羞

55.　A 让蜗牛爬了十年
　　　B 踢得蜗牛全身是伤
　　　C 失去了朋友的友谊
　　　D 改变了自己的心情

56.　A 以　　　　　　B 把　　　　　　C 被　　　　　　D 从

57-60.

> 　　过年吃年糕的习俗，据传从周代开始，已有3000多年的历史。由于禾谷成熟一次称为一年，所以后世过年吃年糕，就含有__57__五谷丰登的意思了。
>
> 　　现在春节的时候，中国很多地区都讲究吃年糕。因为年糕又叫做"年年糕"，__58__，所以"年糕"是一种吉利话，常用来__59__希望人们的生活水平一年比一年高，职位一年比一年高。年糕的种类很多，__60__代表性的是北方的白糕、塞北农家的黄米糕、江南水乡的水磨年糕、台湾的红龟糕等。

57. A 补充　　　　B 祝贺　　　　C 承认　　　　D 欢迎

58. A 换句话说就是"年年高"
　　 B 和"年年高"的意思相同
　　 C 比"年年高"这句话还吉利
　　 D 和"年年高"的发音差不多

59. A 表演　　　　B 表达　　　　C 表面　　　　D 表示

60. A 合适　　　　B 具有　　　　C 发展　　　　D 担任

第 二 部 分

第61-70题：请选出与试题内容一致的一项。

61. 各位来宾，中午好！首先要感谢各位在百忙之中抽出时间来参加今天的盛宴，给我们即将到来的婚礼带来祝福。到今天为止，我和徐时小姐已经相识一年多了。请相信我，我会永远深爱我未来的妻子——徐时小姐。并通过我们勤劳智慧的双手，创造美满幸福的家庭。

    A 庆祝盛宴是在晚上举办的

    B 我在为别人的婚礼致祝词

    C 我们会努力创造幸福的未来

    D 我和徐时小姐已结婚一周年

62. 太空育种是将农作物种子或试管种苗送到太空，利用太空特殊的、地面无法模拟的高真空、强辐射、失重等环境的诱变作用，使种子产生变异，再将其带回地面选育新种子、新材料，培育新品种的作物育种新技术。

    A 太空育种技术十分简单

    B 太空的环境与地面差不多

    C 太空育种只需把种子送到太空

    D 太空育种是为培育优良的新品种

63. 每日的营养素应平均分配于三餐，营养丰富的健康早餐，应该能提供全天三分之一的热量。所以早餐的营养必须均衡，搭配五谷类、蔬菜、水果及适量的肉类，这些食品不但营养丰富，还能中和胃酸，是早餐的健康选择。

    A 早餐不要吃肉类

    B 早餐应该吃面包或馒头

    C 早餐应提供三分之二的热量

    D 蔬菜在早餐中的地位不重要

64. 有一个姑娘将要嫁给一个秀才，恶毒的后母却在背地里剪了一双很小的鞋样给男方。姑娘出嫁那天，男方按鞋样做的小鞋她怎么也穿不上，害得她上不了轿，一气之下便上吊自尽了。后来，人们便将这种背地里打击报复的行为或是利用权势让人难堪的做法，叫做"穿小鞋"。

A 结婚需要穿小鞋

B 穿小鞋的人很受欢迎

C 给人穿小鞋是不好的行为

D 给人穿小鞋是对人的关心

65. 地震的直接灾害发生后，往往还会引发出次生灾害。有时，次生灾害所造成的伤亡和损失，甚至比直接灾害还大。1932年日本关东大地震，直接因地震倒塌的房屋仅1万幢，而地震时失火却烧毁了70万幢，造成巨大损失。

A 地震能烧死人   B 次生灾害在地震前

C 次生灾害总大于地震   D 次生灾害有时包括火灾

66. 自驾游兴起于20世纪中期的美国，后流行于西方发达国家。汽车工业的大发展，推动了旅游业的发展，为自驾游的推广和普及奠定了基础，也使得自驾游从自助游中脱颖而出。自驾游符合年轻一代不愿意被束缚、追求独立的心理。

A 自驾游就是自助游   B 自驾游只流行于西方

C 自驾游受到年轻人欢迎   D 自驾游推动汽车工业发展

67. 大部分酒是以粮食为原料经发酵酿造而成的。中国是最早酿酒的国家，早在2000年前就发明了酿酒技术，并不断改进和完善，现在已发展到能生产各种浓度、各种香型、各种含酒的饮料，并为工业、医疗卫生和科学试验制取出浓度为95％以上的医用酒精和99.99％的无水乙醇。

A 所有的酒原料都是粮食

B 第一个开始酿酒的国家是法国

C 现在利用酿酒技术可制造酒精

D 古代酿酒技术比现在还要先进

68. 川剧的角色与京剧一样，分生、旦、净、末、丑等。它的服装与京剧也差不多。服装以明代服装为基础，参照唐、宋、元、清的服装制成，在演出中也没有朝代、地域和季节的分别。

A 川剧与京剧实际是一种剧

B 京剧的服装有季节的分别

C 川剧的服装受明代的影响最大

D 京剧的角色就是生、旦、净、末

69. 据报道，蝙蝠也是冬眠的。它在山洞里用后足的尖爪攀住石缝，头朝下悬在空中，一"吊"就是半年。而刺猬冬眠时，蜷缩成一团，远看好像一个大绒球。它在巢穴中冬眠时，体温下降到9度。冬眠中的刺猬会偶尔醒来，但不吃东西，很快又入睡了。冬眠的刺猬如果过早醒来会被饿死的。

A 刺猬冬眠时也要吃东西

B 蝙蝠是挂在树上冬眠的

C 刺猬冬眠时体温不会下降

D 蝙蝠冬眠的时间长达6个月

70. "蚁族"，并不是一种昆虫族群，它代表的是大学毕业生低收入聚居群体，指的是毕业后无法找到工作或工作收入很低而聚居在城乡结合部的大学生。"蚁族"，是对"大学毕业生低收入聚居群体"的典型概括。他们是有如蚂蚁般的"弱小的强者"，他们是鲜为人知的庞大群体。

A "蚁族"现象已经受到大家的关注

B "蚁族"是收入非常低的庞大的群体

C "蚁族"是聚居在城市中心的大学毕业生

D "蚁族"不仅指昆虫族群还指大学毕业生

第 三 部 分

第71-90题：请选出正确答案。

71-73.

从前有个老木匠准备退休，于是他去告诉老板，说要离开建筑行业，回家与妻子儿女享受天伦之乐。

老板舍不得他的好工人走，问他能不能帮忙再建造一座房子，老木匠回答说可以。

但是大家渐渐地都看出来，老木匠的心已不在工作上了，他用的是不好的材料，做的活儿很粗糙。房子建好的时候，老板把一把大门的钥匙递给他。"这是你的房子，"老板说，"你为我工作了这么久，这幢房子就作为我送给你的礼物吧。"

老木匠震惊得目瞪口呆，羞愧得无地自容。他是多么后悔啊！如果他早知道是在给自己建房子，他怎么会这样呢？现在他只得住在一幢粗制滥造的房子里！

71．关于老板，下列说法正确的是：

    A 舍不得木匠离开　　　　　　B 很喜欢建造房子

    C 对员工非常小气　　　　　　D 知道木匠干活儿粗

72．根据本文，下面哪种说法错误？

    A 老板是个大方的人　　　　　B 老木匠不想再工作

    C 老木匠工作很久了　　　　　D 老木匠干活儿很细心

73．最终老木匠的心情是怎么样的？

    A 开心　　　　　　　　　　　B 生气

    C 惊讶　　　　　　　　　　　D 后悔

74-77.

　　一对兄弟住在一起，每天一起出门上班。因为哥哥下班时间早，总是先到家，所以弟弟从来不担心开门的事，也从不带钥匙。

　　有一天，因为突发状况，弟弟提早回了家。

　　他坐在门槛上，焦急地等待着哥哥早点儿出现，等呀等，好不容易几个小时过去了，哥哥终于出现在眼前。

　　哥哥见到弟弟在门口苦等，问："你为什么坐在这里？"

　　弟弟说："我没有钥匙啊！"

　　哥哥笑而不语，然后用手轻轻一推，门就开了！

　　原来，门从来没有上锁。

　　弟弟苦等在门口，只因为他连试着用自己的手去推推门的想法都没有。

　　这个故事说明了人生之所以有些问题"不能"解决，有时候只是因为我们自己"不想"解决，不愿意尝试，不肯开口，也不肯动手。

74. 关于哥哥和弟弟上班的时间，哪个是正确的？

A 弟弟比哥哥走得早　　　　　　　B 哥哥比弟弟走得早

C 两个人同一时间出门　　　　　　D 谁出门早是不固定的

75. 弟弟为什么从来不带钥匙？

A 因为弟弟记性不太好　　　　　　B 因为弟弟不喜欢操心

C 因为弟弟下班的时间早　　　　　D 因为哥哥在弟弟之前回家

76. 弟弟某一天提早回家的原因是：

A 他突然想休息　　　　　　　　　B 他想要拿钥匙

C 他要等哥哥回家　　　　　　　　D 他突然有特别的事

77. 这个故事告诉我们：

A 回家一定要带钥匙　　　　　　　B 要提高自己的记忆力

C 遇到困难要多开口多动手　　　　D 门关着的时候可以用手推

78-82.

　　英国最新研究结果显示，婴儿开始学习欺骗的时间比原先以为的要早，最早六个月大时就会开始骗人。

　　行为专家发现，简单的骗术有助于婴儿在稍大时学习如何编造更复杂的谎言。六个月大至三岁间婴幼儿采用的欺骗方法可分七种。婴儿很快就会发现，假哭与装笑能够引起注意。八个月大的婴儿会运用难度更高的欺骗技巧，例如掩饰父母禁止的活动，或设法分散父母的注意力。两岁的幼儿可能使用更高明的技巧，例如父母准备惩罚时，便大哭。

　　心理学家此前认为，四岁前的发育中大脑不可能编造谎言。假哭是最早出现的欺骗方法之一。即使一切正常，婴儿也会以这种方法引起注意。他们会暂停，看看母亲有无反应，再决定是否继续假哭。这种现象显示，他们能够分辨什么行为可以奏效。

78.　最新研究结果显示，婴儿多大学会骗人？

A　三岁　　　　　　　　　　　B　四岁

C　六个月　　　　　　　　　　D　八个月

79.　以前专家认为婴儿最早什么时候学会骗人？

A　三岁　　　　　　　　　　　B　四岁

C　六个月　　　　　　　　　　D　八个月

80.　七个月大的婴儿会怎么欺骗别人？

A　分散父母的注意力

B　大脑还不会编造谎言

C　掩饰父母禁止的活动

D　用假哭吸引父母注意

81. 根据本文，以下哪一种说法是正确的？

A 两岁的婴儿比三岁的婴儿会骗人

B 如果一切正常婴儿就不会假哭了

C 婴儿一直哭就是想引起别人注意

D 婴儿能够分辨什么行为可以奏效

82. 最适合本文的标题是：

A 婴儿的欺骗

B 婴儿的假哭

C 婴儿的装笑

D 婴儿的聪明

83-86.

　　"减肥"是时下使用率最高的词之一，减肥的人往往关注饮食，但空调的使用也是肥胖不可忽视的诱因之一。空调让我们总是待在恒温的环境里，所以我们不用调节自己体内的热量。科学家们建议，人们离开空调区就可以减轻体重。因为如果气温很低，我们的身体就会自动消耗脂肪，以保持温暖。如果天气很热，我们的食欲就会降低，摄入的热量自然也少，而大量出汗又进一步消耗热量。研究表明，和以前相比，现在人用空调把家里的温度调节得冬天更加暖和，夏天更加凉爽，抵消了调节我们体重的天然因素。

83. "减肥"这个词的使用率高说明什么？

  A　人们关注肥胖问题

  B　人们关注饮食问题

  C　"减肥"这个词含义丰富

  D　"减肥"这个词含义深刻

84. 空调的作用是什么？

  A　调节湿度   B　调节室温

  C　净化空气   D　制造氧气

85. 人体内的脂肪的作用是什么？

  A　生成血液   B　制造氧气

  C　帮助获取热量   D　保证人体温度

86. 为什么天热人的体重会下降？

  A　人体大量出汗

  B　使用空调时间太长

  C　消耗大但补充得少

  D　天热时食物的营养少

87-90.

奇奇怀孕九个月了，出门越来越不方便，丈夫就不让她出门，需要买的东西，丈夫都替她想好也买好了。今天是奇奇妈妈的生日，丈夫上班去了，奇奇只好一个人去妈妈家。

走到车站，公共汽车还没有来，奇奇就站在旁边等。突然后面有人轻轻拍她的肩膀。奇奇转过身，一个姑娘指着候车的长椅说："大姐，你坐吧。""你丈夫真好。"姑娘笑着说。

"哎。"奇奇应了声，可心里感到很奇怪，这姑娘怎么突然说这话？

车来了，围住车门的人却都不上车，自动给奇奇让出一条路。奇奇脸红了，连声说"谢谢"。奇奇一上车一个小伙子就站了起来，让出了座位。奇奇坐了下来，心里涌起了热流：今天真温暖！

"你丈夫真好！"小伙子下车时说。

"谢谢。"奇奇赶忙道谢，但心里却更不明白了：怎么人们都知道自己的丈夫好呢？

到了站，奇奇站了起来，拥挤的车厢里又让出了一条路。周围的人们都面带微笑，用一种羡慕的眼神目送她下车。

"你丈夫真好！"一位大姐说。

"谢谢！"奇奇心里乐开了花，车上的人都向她招手致意。

奇奇到了家。这时小妹忽然在奇奇的后面哇地大叫一声，大家都被惊动了。小妹小心地从奇奇背后揭下一张用透明胶带粘着的纸片，纸片上写着：请给我的妻子让个座，谢谢！

奇奇捧着纸片，落下了感动的泪水。

87. 奇奇为什么觉得"今天真温暖"？

A 今天艳阳高照

B 她的衣服很保暖

C 大家都很照顾她

D 她坐的位置很暖和

88.　文中画线的"乐开了花"是什么意思?

　　A　非常激动

　　B　非常高兴

　　C　非常热情

　　D　非常感动

89.　以下哪一项不是丈夫人好的表现?

　　A　陪奇奇坐公共汽车

　　B　准备奇奇需要的东西

　　C　不让怀孕的奇奇出门

　　D　贴纸片请路人照顾奇奇

90.　本文的最佳标题应该是:

　　A　幸福的奇奇

　　B　怀孕的奇奇

　　C　神奇的小纸片

　　D　孕妇坐公共汽车

三、书 写

第 一 部 分

第91-98题：完成句子。

> 例如： 发表　　　这篇论文　　　什么时候　　　是　　　的
>
> 　　　　这篇论文是什么时候发表的?

91. 那里的产品　　去了解　　销售情况　　派他　　一下　　公司

92. 作业　　帮我　　我不需要　　别人　　做

93. 进行热烈的　　这个问题　　正在对　　同学们　　讨论

94. 掉　　把　　电脑　　一定要　　下班的时候　　关

95. 根本　　休息　　他们　　充分的　　得不到

96. 的　　他们是　　介绍　　通过中间人　　认识

97. 一幅　　　就　　　美丽的西湖　　　好像是　　　山水画

98. 受　　　这档节目　　　喜爱　　　很　　　观众的

第 二 部 分

第 99-100 题：写短文。

99. 请结合下列词语（要全部使用），写一篇80字左右的短文。

　　参观、座位、准时、照相、急忙

100. 请结合这张图片写一篇80字左右的短文。

MEMO

모의고사

북경어언대
新HSK 합격 모의고사 5급

新汉语水平考试
HSK(五级)
模拟试题 3

注　意

一、　HSK(五级)分三部分：

    1．听力(45题，约30分钟)

    2．阅读(45题，45分钟)

    3．书写(10题，40分钟)

二、　听力结束后，有5分钟填写答题卡。

三、　全部考试约125分钟(含考生填写个人信息时间5分钟)。

中国　北京　　　　　　　　　　　　　　×××× / ×××××× 　　编制

一、听　力

第1-20题：请选出正确答案。

1. A 住院
   B 休息
   C 工作
   D 上课

2. A 如何使用电脑
   B 如何使用空调
   C 如何使用照相机
   D 如何使用洗衣机

3. A 实习
   B 上课
   C 看病
   D 上班

4. A 产地
   B 作用
   C 颜色
   D 价格

5. A 父亲平时很少生病
   B 男的想给父亲买东西
   C 他们要带父亲去看病
   D 天太冷对老人身体不好

6. A 选房子
   B 逛花园
   C 看电影
   D 玩儿游戏

7. A 面料比较差
   B 样子不流行
   C 价格不够低
   D 不想买裙子

8. A 星期一
   B 星期二
   C 星期三
   D 星期四

9. A 顾客
   B 大夫
   C 营业员
   D 运动员

10. A 女的被开除了
    B 男的要买电动车
    C 女的今天迟到了
    D 男的觉得无所谓

11. A 超市
    B 饭店
    C 邮局
    D 市场

12. A 吃饭
    B 打字
    C 开会
    D 辞职

13. A 600元
    B 1000元
    C 1200元
    D 2000元

14. A 学校里面
    B 水利局宿舍
    C 紫金花园小区
    D 苏果超市对面

15. A 张明是说话人的同学
    B 张明已去法国念书了
    C 张明这些天都比较忙
    D 张明不是去法国工作

16. A 裤子
    B 泳衣
    C 衬衫
    D 凉鞋

17. A 3点
    B 5点
    C 8点
    D 11点

18. A 没有找到座位
    B 没给老人让座
    C 没有及时下车
    D 没在中山北路下车

19. A 发表论文
    B 打工赚钱
    C 辞掉这份工作
    D 重新找份工作

20. A 他们是一对恋人
    B 女的不喜欢兰花
    C 明天是姐姐的生日
    D 男的认识女的的姐姐

第 二 部 分

第21-45题：请选出正确答案。

21.　A　他们在汽车站
　　　B　女的不用付钱
　　　C　男的戴着红帽子
　　　D　志愿者只搬行李

22.　A　9:10
　　　B　9:20
　　　C　9:30
　　　D　9:40

23.　A　坐船
　　　B　坐飞机
　　　C　坐汽车
　　　D　坐火车

24.　A　给朋友送点儿钱
　　　B　知道朋友喜欢什么
　　　C　不必给朋友买礼物
　　　D　给朋友送贵重的礼物

25.　A　联欢会
　　　B　辩论会
　　　C　运动会
　　　D　武术比赛

26.　A　游泳
　　　B　舞蹈
　　　C　乒乓球
　　　D　太极拳

27.　A　兴奋
　　　B　怀疑
　　　C　责备
　　　D　高兴

28.　A　要男的给她送文件
　　　B　要送份文件给男的
　　　C　告诉男的正在等他
　　　D　提醒男的别忘锁门

29.　A　广告
　　　B　小说
　　　C　电影
　　　D　电视剧

30.　A　送餐费8元减半
　　　B　香辣鸡腿买一赠一
　　　C　九珍果汁买一赠一
　　　D　汉堡套餐买一赠一

31. A 发烧
    B 咳嗽
    C 流感
    D 嗓子疼

32. A 吃药
    B 多工作
    C 多喝水
    D 好好休息

33. A 800元
    B 1600元
    C 1000元
    D 2000元

34. A 售票员
    B 服务员
    C 公务员
    D 采购员

35. A 他心情不好
    B 找借口请假
    C 不相信医生
    D 想改变自己

36. A 医生水平很低
    B 男子没生什么病
    C 男子病得很严重
    D 医生给男子开了药

37. A 南京
    B 香港
    C 澳门
    D 北京

38. A 飞机将在午餐后起飞
    B 领取午餐需要凭机票
    C 目的地现在的天气不好
    D 起飞地现在的天气不好

39. A 石头上
    B 小河边
    C 高山上
    D 书屋里

40. A 不喜欢读书
    B 老师在书屋
    C 学校放假了
    D 老婆婆叫他

41. A 有耐心
    B 很粗心
    C 很自私
    D 很可爱

42. A 努力读书
    B 去磨铁棒
    C 讨厌读书
    D 成为作家

43. A 十分喜欢学习
    B 别人比自己好
    C 对自己没信心
    D 没有事情可做

44. A 走回去
    B 坐马车
    C 爬回去
    D 坐轮船

45. A 好学
    B 活泼
    C 稳重
    D 自卑

二、阅 读

第 一 部 分

第46-60题：请选出正确答案。

46-48.

> 　　有两个人在同一条街上走，其中一个捡到了一把斧子，于是叫了起来："瞧！我发现了一样东西！""不要说'我'，"另一个人说，"该说'我们'发现的。"
>
> 　　过了一会儿，那个__46__了斧子的人回来了，__47__拿斧子的人偷他的斧子。
>
> 　　"哎呀！"捡斧子的人对他的__48__说，"这回我们完了！"另一个回答他说："不要说'我们'，该说'我'完了。"一个人不能与朋友分享所得，就不该指望别人与你分担风险。

46. A 派　　　　　B 取　　　　　C 偷　　　　　D 丢

47. A 指导　　　　B 责备　　　　C 代表　　　　D 多亏

48. A 大家　　　　B 对方　　　　C 伙伴　　　　D 互相

　　一天，狮子建议9只野狗同它合作猎食。它们打了__49__的猎，一共逮了10只羚羊。

　　狮子说："我们得去找个英明的人来给我们分配这顿美餐。"

　　一只野狗说："一对一就很__50__。"狮子很生气，立即把它打昏在地。

　　其他野狗都吓坏了，其中一只野狗鼓足勇气对狮子说："不！不！__51__，如果我们给您9只羚羊，那您和羚羊加起来就是10只，而我们加上一只羚羊也是10只，这样我们就都是10只了。"

　　狮子__52__了，说道："你是怎么想出这个分配妙法的？"野狗答道："当您冲向我的兄弟，把它打昏时，我就立刻增长了这点儿智慧。"

49. A 一方面　　　B 一辈子　　　C 一整天　　　D 一下子

50. A 肯定　　　B 接受　　　C 规定　　　D 公平

51. A 他说的对是对
　　B 也许他也没介绍
　　C 我的兄弟说错了
　　D 他恐怕没什么借口

52. A 勇敢　　　B 满意　　　C 虚心　　　D 兴趣

53-56.

> 　　一个年轻人背着一个大包裹从很远的地方跑来找无际大师。他说："大师，我是那样的孤独，痛苦和寂寞……为什么我还不能找到我心中的__53__？"于是，无际大师带着青年来到河边，他们坐船过了河。上岸以后，大师说："你扛着船赶路吧！"青年__54__极了！大师微微一笑，轻声说道："过河时，船是有用的。但过了河，我们就要放下船赶路。__55__，它会变成我们的包袱，放下它吧！"青年谢过大师，放下包袱，继续赶路，__56__！

53.　A　风雨　　　　B　树木　　　　C　大地　　　　D　阳光

54.　A　理解　　　　B　惊讶　　　　C　冷静　　　　D　麻烦

55.　A　否则　　　　B　否定　　　　C　另外　　　　D　此外

56.　A　再次回到了船上
　　　B　再次感到十分无奈
　　　C　不过现在他轻松多了
　　　D　但是没听见大师的喊声

57-60.

> 　　19世纪末的英国伦敦，一天有两个网球迷在一家饭店吃饭。饭后两人 __57__ 无聊，其中一个随手拣起一个酒瓶塞子，用桌上的雪茄烟盒当球拍，模仿打网球的样子打起来。 __58__ ，也拿起雪茄烟盒加入，两人就在桌子上对打起来。他们玩儿得挺高兴，都感到这比打网球方便得多，就热心地把它介绍给别人。很快，英国 __59__ 起这种"桌子上的网球"。那时候，人们用动物皮蒙在缩小了的网球拍子上当球拍，原始的乒乓球的打法 __60__ 就和网球差不多。

57. 　A　发现　　　　B　知道　　　　C　明白　　　　D　觉得

58. 　A　双方打得很激烈
　　　B　另一人觉得挺有趣
　　　C　他们都认为很好玩儿
　　　D　旁边的人发现这样打不对

59. 　A　流传　　　　B　流行　　　　C　流动　　　　D　流利

60. 　A　功能　　　　B　积极　　　　C　简直　　　　D　分别

第 二 部 分

第61-70题：请选出与试题内容一致的一项。

61. 今天，台下坐的是1451名高一新同学，你们带着对新生活的渴望、带着对理想
　　和知识的渴求、带着父母亲人的厚望，来到蓬勃发展的华侨中学。高一的105
　　位老师今天也来参加了开学典礼，让我们对他们表示由衷的敬意！

　　A　发言者最有可能是学校领导

　　B　这是给高一新生开的毕业典礼

　　C　一共有1451个人参加了开学典礼

　　D　开学典礼上有老师、同学和父母

62. 水是世界上最丰富、分布最广、使用最多的物质。水对于人类及其他生物是繁
　　衍生存的基本条件，是人们生活不可替代的重要资源，没有水，就没有生命。
　　水是生态环境中最活跃、影响最广泛的因素，具有许多其他资源所没有的、独
　　特的性能和多重的使用功能，是工农业生产的重要资源。

　　A　水资源对我们无关紧要

　　B　水不是世界上使用最多的资源

　　C　水对人类及动物具有重要意义

　　D　现在已经找到水资源的代替品

63. 喝牛奶前后1小时左右，不宜吃橘子。牛奶中所含的蛋白质与橘子中的果酸相
　　遇后，会产生化学反应，发生凝固，影响人体对牛奶的消化与吸收。同样，在
　　服用牛奶前后1小时的这个时间段里也不适合食用其他酸性水果。

　　A　橘子是酸性水果

　　B　牛奶中含有果酸

　　C　柠檬宜和牛奶一起吃

　　D　蛋白质与果酸相遇后没有变化

64. 树懒生活在南美热带雨林里。它长年生活在树上，靠吃树叶为生。树懒平时不下地，只是一周下地排泄一次。雌性树懒在分娩时也要下地，它离开长年生活的那棵树，再爬到另一棵树上生宝宝。

A 雄树懒分娩时下地
B 树懒生活在北美洲
C 树懒在地上生宝宝
D 树懒七天排泄一次

65. 一名美国男子用350多万根牙签搭建成了世界上最大的牙签城——"牙签城2号——庙宇和高楼大厦"。此城"复制"了40多座世界著名宗教建筑和高楼大厦，包括世界最高楼哈利法塔和上海东方明珠等。

A 牙签是一种传统建筑材料
B 哈利法塔是著名宗教建筑
C 牙签城包括40多座建筑物
D 这座牙签城比东方明珠大

66. 皮影戏，是一种用灯光照射兽皮或纸板做成的人物剪影以表演故事的中国民间戏剧。表演时，艺人们在白色幕布后面，一边操纵戏曲人物，一边用当地流行的曲调唱述故事，同时配以打击乐器和弦乐，有浓厚的乡土气息。

A 皮影戏有浓厚的民间韵味
B 皮影戏属于中国官方戏剧
C 中国艺人都会表演皮影戏
D 表演皮影戏时不能有灯光

67. 今年，中国广东省青少年手机拥有率达83％，手机主要用于打电话、发短信、听音乐和上网，有41％的青少年使用手机上网，27％的青少年使用手机玩儿游戏。手机在青少年中的拥有率越来越高。

A 用手机玩儿游戏不好

B 中国83％的青少年拥有手机

C 越来越多的青少年拥有手机

D 大部分青少年都用手机上网

68. 在中国北方，冬季常刮西北风。所以冬季常在外活动的人都知道，在肚子里没有食物的时候，往往一张嘴就灌进一肚皮的冷风，人也跟着浑身一颤。这种又冷又饿的滋味十分不好受。后来逐渐用"喝西北风"来形容生活困难，又冷又饿。

A 西北风的味道不好

B 在外活动的人会喝西北风

C 人们只会在冬天喝西北风

D "喝西北风"这个词源于中国北方

69. 刚出生的儿子对婴儿用品过敏，因此，每次洗完澡后，我都给他抹橄榄油。有一天，4岁的女儿看着我为他抹橄榄油，显得很不安，她不放心地问道："妈妈，你想把他煎着吃吗?"我哭笑不得。

A 女儿比儿子大3岁

B 我要把儿子煎着吃

C 橄榄油是婴儿用品

D 抹橄榄油能保护皮肤

70. 淡水鸟类中，在水下游得最好的当属潜水鸟。小鸟的脚的位置非常靠后，从水里出来后，在地上几乎无法行走。但是到了水里，它们便非常灵活。小鱼遇见它们，很少有能逃脱的。小鸟的父母有分工，一个把它们驮在背上，一个给它们觅食。它们还会非常耐心地一点点喂小鸟吃鱼。

A　潜水鸟无法在陆地行走
B　雄潜水鸟从不喂养孩子
C　潜水鸟主要靠吃鱼生活
D　潜水鸟是在淡水中生活

<h1 style="text-align:center">第 三 部 分</h1>

第 71-90 题：请选出正确答案。

71-74.

陶行知先生担任育才学校的校长的时候，一天，他看到一名男生在打一名同学，就将他制止，并命令他到校长室等候。

陶先生回到办公室，见男生已在等候。陶先生掏出一块糖递给他："这是奖励你的，因为你按时到了。"接着又掏出一块糖给他："这也是奖励给你的，我不让你打同学，你立即住手了，说明你很尊重我。"男生疑惑地接过糖果。陶先生又说："据了解，你打同学是因为他欺负女生，说明你有正义感。"陶先生又掏出第三块糖给他。这时男生哭了："校长，我错了，同学再不对，我也不能采取这种方式。"陶先生又拿出第四块糖说："你已经认错，再奖你一块，我们的谈话也该结束了。"

71. 陶先生为什么让那名男生去校长室？

    A 他被同学打了

    B 他和同学吵架

    C 他在打一名同学

    D 他不听老师的话

72. 关于这名男生，下列说法正确的是：

    A 他常欺负女生

    B 他比校长晚到

    C 他很尊敬校长

    D 他是个爱哭的人

73. 最后男生为什么哭了?

A 被校长批评了

B 校长对他很凶

C 只拿到四块糖

D 知道自己错了

74. 最适合本文的题目是:

A 校长的批评

B 奖励四块糖

C 巧妙的教育

D 男生的认错

75-78.

　　养花人在花园里种了几百棵月季花，他认为只有这样才能每个月都看见花。开花的时候，那些同一形状的不同颜色的花，使他的院子呈现出一种单调的热闹。一天晚上，他忽然做了一个梦：许多花走进了院子，它们都愁眉不展地看着他。

　　牡丹花抬着高傲的头说："难道我们长得不美吗？"

　　仙人掌说："我们具有最坚强的灵魂。"

　　桃花说："我和春天一起到来。"

　　这时候，月季也说话了："我们也很寂寞，要是能和姐妹们在一起，我们会更快乐。"

　　他醒来的时候，心里很闷，他想："花都应该有展示自己美丽的机会。而我的偏爱是不对的。从今天起，就让我的花园变得更加丰富多彩吧！"

75. 根据本文，养花人最喜欢什么花？

　　A 桃花　　　　　　　　　　B 月季

　　C 牡丹　　　　　　　　　　D 仙人掌

76. 关于桃花，以下说法正确的是：

　　A 春天开花　　　　　　　　B 每月开花

　　C 十分高傲　　　　　　　　D 十分坚强

77. 文中月季所说的"姐妹们"是指：

　　A 月季　　　　　　　　　　B 花园

　　C 养花人　　　　　　　　　D 其他花

78. 养花人梦醒后最有可能做什么？

　　A 只种牡丹花　　　　　　　B 再也不种花

　　C 种更多的月季　　　　　　D 养各种各样的花

　　一个小伙子到北京打工，凭着一身力气，当上了一名送奶工。很快，他靠自己的努力，成立了送奶公司。由于他诚实守信，服务优质，经过几年的打拼，他的公司发展到有20万个家庭订户的规模。

　　他与一位做广告的朋友谈话时突然想到，公司现有20万个家庭订户，这不就是一个庞大的网络吗？这张网只用于送奶实在是太浪费，为什么不以此为载体，在送奶的同时兼做广告投递呢？于是，他又成立广告传播公司。公司广告传播人员由送奶工兼任。

　　初战告捷后，他决定以送奶网络为载体，兼营更多的业务。随后，他与一些商场合作，进行电子商务配送，还创办广告杂志，新业务都依托于公司这张网铺开，其利润远远高于送奶的利润。

　　订奶客户很快发展到30万户，员工从最初的3个人，发展到目前的2800人，资产由最初的2000元猛增到现在的1.5亿元。这位已成为亿万富翁的年轻人叫吴作仁，他的公司获得"第三届全国文明社区贡献"大奖，他本人也获得"北京市十佳外来青年"称号。

　　机会对于任何人都是公平的，它在我们身边的时候，不是打扮得花枝招展，而是普普通通的，根本就不起眼。看起来耀眼的机会不是机会，是陷阱；真正的机会最初都是朴素的，只有经过主动与勤奋，它才变得格外绚烂。

79. 小伙子的广告传播公司主要是利用了：

　　A　朋友的帮助

　　B　朋友的资金

　　C　送奶工的关系

　　D　庞大的送奶网

80. 小伙子现在的公司：

    A 有3个员工

    B 有3个分公司

    C 有2000元资产

    D 有30万订奶客户

81. 下列哪项不是小伙子成功的原因？

    A 主动进取

    B 勤奋努力

    C 懂得抓住机会

    D 机会比别人多

82. 本文作者主要想告诉我们什么？

    A 要抓住机遇

    B 送奶很赚钱

    C 要去北京打工

    D 广告利润很高

83-86.

　　我的一个熟人，一年前结了婚。结婚后的四五个月里，他和妻子片刻不离。但结婚的<u>甜蜜期</u>一过，他就觉得婚姻让他失去了自由，放松娱乐的时间少了，于是他决定恢复婚前的生活状态。某一天，跟往常一样，六点钟就下班了。但他不急着赶回家，而是和同事们去吃饭和唱歌。十点左右回到家时，他的妻子正坐在沙发上等他。她没有盘问或责备他，而是爽快地问他要不要洗澡。虽然觉得妻子很奇怪，但由于很累，他就洗了澡上床睡觉去了。

　　第二天凌晨三点半，闹钟响了起来。他匆匆起床，打开电灯。看过钟点后，他对妻子大叫起来，要她作出解释。

　　"嗯，"她心平气和地回答，"要是你下班后要花四个小时返回家中，我想你上班也需要同样的时间。我不希望你迟到!"

83. 结婚的甜蜜期是指：
    A 结婚当天　　　　　　　　　　　B 婚后的半年
    C 婚后的一年　　　　　　　　　　D 结婚的那个月

84. 丈夫婚前的生活状态是：
    A 经常加班　　　　　　　　　　　B 经常约会
    C 爱睡懒觉　　　　　　　　　　　D 爱好玩乐

85. 丈夫大概几点钟上班？
    A 下午六点　　　　　　　　　　　B 晚上十点
    C 凌晨三点半　　　　　　　　　　D 早上七点半

86. 妻子为什么要在凌晨三点半叫醒丈夫？
    A 她怕丈夫迟到　　　　　　　　　B 她调错了闹钟
    C 她想盘问丈夫　　　　　　　　　D 她故意惩罚丈夫

87-90.

劳丽每天要花费四个小时与狼玩耍。

晚上，劳丽去寻找公路上被车轧死的野生动物，喂她的朋友。

现在只有劳丽和这群狼共同生活。"细心观察，你会发现狼有许多地方就像你和我。"劳丽说，"它们绝对不是非常凶残地在树林里乱窜。它们的生活很有规律，照顾狼崽，分享食物。很久以前，人类就是过着这样的生活，像狼一样相互协作。"

人狼同居，这是国际豺狼中心实施的实验项目之一，目的是：使狼变得像人类一样友善。"狼始终对我有一种吸引力。我欣赏它们有组织的行动方式。"她说，"起初我有些害怕，但现在我非常敬重它们。"

一天，劳丽走得离它们埋食物的地点太近，狼惩罚了劳丽，咬伤了她的腿。"是我破坏了它们的规矩。"

杰克和巴扎都是一百磅重的公狼，巴莎是只七十五磅重的母狼，它们既可能凶暴残忍，也可能调皮玩耍。和劳丽在一起，它们的行为像人类最好的朋友——狗。

然而，劳丽不得不与寄生虫以及野兽的气味打交道。尽管它们有很多缺陷，但当实验结束后，劳丽会恋恋不舍的。

87. 根据劳丽的话，下面哪一项不是狼的特点？

    A 懂得分享   B 相互协作

    C 凶残地乱跑   D 生活有规律

88. 狼为什么咬伤劳丽？

    A 狼是凶残的动物

    B 狼很久没吃东西了

    C 她拿走了狼的食物

    D 她破坏了狼的规矩

89.　下面关于狼的说法哪一个是正确的？

A　狼是人最好的朋友

B　狼非常具有组织性

C　狼的缺点比优点多

D　狼身上的味道很臭

90.　劳丽对狼是什么态度？

A　讨厌

B　害怕

C　尊敬

D　崇拜

三、书　写

第　一　部　分

第91-98题：完成句子。

例如：发表　　　这篇论文　　　什么时候　　　是　　　的

这篇论文是什么时候发表的？

91. 流传　　　民间　　　这个爱情　　　牛郎织女　　　故事　　　着

92. 最好的教育　　　接受　　　父母　　　让孩子　　　应该努力

93. 都知道　　　老师傅　　　不听话　　　这个小王　　　很　　　们

94. 怎么样　　　汉语　　　不　　　她的　　　实在　　　水平

95. 被　　　乒乓球教练　　　认为是　　　之一　　　中国最优秀的　　　李教练

96. 介绍了　　　主人　　　一下　　　本地的风俗习惯　　　向客人

97. 离家太远　　　走得　　　老年人　　　不能　　　散步

98. 是　　　最可怕　　　承认错误　　　的　　　他从来不

第 二 部 分

第 99－100 题：写短文。

99. 请结合下列词语(要全部使用)，写一篇80字左右的短文。

报名、广告、开车、蛋糕、生气

100. 请结合这张图片写一篇80字左右的短文。

MEMO

모의고사

북경어언대
新HSK 합격 모의고사 5급

新汉语水平考试
HSK(五级)
模拟试题 4

注　意

一、 HSK(五级)分三部分：

    1．听力(45题，约30分钟)

    2．阅读(45题，45分钟)

    3．书写(10题，40分钟)

二、 听力结束后，有5分钟填写答题卡。

三、 全部考试约125分钟(含考生填写个人信息时间5分钟)。

中国　北京　　　　　　　　　　　　　　ＸＸＸＸ/ＸＸＸＸＸＸＸ　　编制

一、听　力

第 一 部 分

第1-20题：请选出正确答案。

1. A 已经结婚了
   B 家具都是旧的
   C 新房快装修好了
   D 所有家具都很便宜

2. A 用餐
   B 购物
   C 看电影
   D 买电影票

3. A 让女的自己搬
   B 找朋友帮忙搬
   C 他帮女的看包
   D 他来帮女的搬

4. A 下午三点
   B 下午四点
   C 下午三点半
   D 晚上八点半

5. A 学校
   B 医院
   C 图书馆
   D 汽车站

6. A 打扮得像学生
   B 还不能去应聘
   C 已经是个白领了
   D 这身衣服很合适

7. A 今天上法语课了
   B 今天去逛商店了
   C 今天去图书馆了
   D 今天买了一本书

8. A 饭店厨师
   B 宾馆服务员
   C 面包房老板
   D 服装店经理

9. A 同意
   B 骄傲
   C 讽刺
   D 无所谓

10. A 记性不好
    B 没有带钥匙
    C 要备用钥匙
    D 让女的提醒她

11. A 大学生
    B 服务员
    C 运动员
    D 公司职员

12. A 王佳很喜欢吃甜的
    B 男的很喜欢吃甜的
    C 女的相信王佳的话
    D 男的不相信王佳的话

13. A 医院
    B 邮局
    C 布店
    D 超市

14. A 堵车是没办法的
    B 迟到是不可避免的
    C 是谁叫你这时出门的
    D 你应该早点儿离开家

15. A 成都
    B 重庆
    C 苏州
    D 云南

16. A 小红喜欢排球
    B 小红要参加排球赛
    C 小红考试会得高分
    D 小红要参加期末考试

17. A 不想去吃
    B 十分惊讶
    C 没这个计划
    D 不要乱花钱

18. A 可能会来
    B 可能不来
    C 不可能来
    D 一定会来

19. A 觉得价钱高
    B 交通不方便
    C 房子不太好
    D 现在钱不够

20. A 儿子态度不好
    B 双方缺少交流
    C 儿子工作很忙
    D 父亲压力太大

第21-45题：请选出正确答案。

21. A 他们想结婚
    B 女的在上班
    C 男的要买房子
    D 女的要卖房子

22. A 反对
    B 支持
    C 赞成
    D 怀疑

23. A 商场
    B 公园
    C 饭馆
    D 健身房

24. A 搞好关系
    B 坚持下去
    C 要有耐心
    D 打好基础

25. A 支持
    B 尊重
    C 怨恨
    D 反对

26. A 问路
    B 搬家
    C 送礼
    D 致谢

27. A 户型设计
    B 价格便宜
    C 交通方便
    D 商业配套

28. A 女的想买电影票
    B 男的看错了时间
    C 男的知道自己来晚了
    D 女的只看了几分钟电影

29. A 本周六
    B 下周一
    C 下周二
    D 下周三

30. A 女的喜欢逛街
    B 男的不想穿大衣
    C 女的在商店工作
    D 男的不讲究穿着

31. A 去上学
    B 练钢琴
    C 练太极
    D 练小提琴

32. A 短裤
    B 长裤
    C 蓝色裙子
    D 红色裙子

33. A 请假
    B 买房
    C 花园
    D 日程

34. A 男的更想买二楼
    B 女的看中的是花园
    C 女的坚持要买一楼
    D 男的并不想买房子

35. A 来此办事
    B 没停车位
    C 写了纸条
    D 喜欢违章

36. A 交通警察
    B 偷车的人
    C 汽车司机
    D 公司职员

37. A 五个
    B 六个
    C 七个
    D 八个

38. A 列车由南京开往南通
    B 食品在十号车厢出售
    C 列车为旅客保管物品
    D 列车就要到达终点站

39. A 他很幽默
    B 他很快乐
    C 他很高兴
    D 他很难过

40. A 旅游
    B 寻找亲戚
    C 参加面试
    D 参加考试

41. A 第一名
    B 第三名
    C 最后一名
    D 倒数第二名

42. A 孙山不想告诉他
    B 他不敢再问孙山
    C 他不想知道结果
    D 他知道儿子落榜了

43. A 面汤
    B 红酒
    C 辣椒
    D 中药

44. A 她不喝酒
    B 她忘记了
    C 她开玩笑
    D 她在骗人

45. A 喜爱喝酒
    B 注意保养
    C 喜爱吃辣
    D 喝了中药

二、阅 读

第 一 部 分

第46-60题：请选出正确答案。

46-48.

> 　　射击队的教练在街墙上__46__了一排气枪弹洞，个个都命中一个很小的粉笔圈。他心想这准是个神枪手，__47__怎么样也应该把他找到。经过查访，他发现射手竟是个七岁的孩童。"小朋友，"教练十分敬佩地问，"你的射击术是从哪儿学来的呀？""没什么，"小孩子笑着回答说，"很__48__的，我先对着墙开枪，然后在弹洞周围用粉笔画个圆圈。"

46.　A 发生　　　　B 发现　　　　C 发挥　　　　D 发明

47.　A 不管　　　　B 不免　　　　C 不如　　　　D 不然

48.　A 秘密　　　　B 讨厌　　　　C 简单　　　　D 复杂

　　庄子和著名的哲学家惠施一起散步来到一座桥上。他看见鱼儿在水中悠然自得地游戏，便对身边的惠施说："这是鱼儿的乐趣啊！"

　　惠施不以为然地__49__庄子："你不是鱼，怎么知道鱼儿是快乐的呢？"

　　"那么，你不是我，__50__？"庄子问。

　　惠施回答："我不是你，当然不知道你的感觉。你__51__就不是鱼，你肯定也不会知道鱼的感觉。"

　　庄子最后__52__道："那是因为我在桥上的心情很高兴，所以我就认为鱼儿在水中也是很快乐的。"

49.　A　反问　　　　　B　疑问　　　　　C　谈话　　　　　D　讨论

50.　A　怎么知道我了解鱼的乐趣呢
　　　B　怎么不知道我了解鱼的乐趣呢
　　　C　怎么知道我不了解鱼的乐趣呢
　　　D　怎么不知道我不了解鱼的乐趣呢

51.　A　难怪　　　　　B　难道　　　　　C　本来　　　　　D　以来

52.　A　考虑　　　　　B　解释　　　　　C　答应　　　　　D　描写

53-56.

　　宋国有一个农夫，他__53__自己田里的禾苗长不高，就天天到田边去看。可是，一天、两天、三天，禾苗好像一点儿也没有往上长。他在田边焦急地转来转去，自言自语地说："我得想办法__54__它们生长。"一天，他终于想出了办法，急忙奔到田里，把所有的禾苗都一棵棵地往上拔，从早上一直忙到太阳落山，累得精疲力尽。他回到家里，十分__55__，气喘吁吁地说："今天可把我累坏了，__56__，我帮所有的禾苗都长高了一大截。"他的儿子听了，急忙跑到田里一看，禾苗全都枯死了。

53.　A　烦恼　　　　B　担心　　　　C　检查　　　　D　利用

54.　A　帮忙　　　　B　准备　　　　C　帮助　　　　D　追求

55.　A　疲劳　　　　B　劳动　　　　C　感动　　　　D　活动

56.　A　天一转眼就亮了
　　　B　可是力气没白费
　　　C　明天要提醒我再去
　　　D　今天的效果肯定不好

一家公司的总经理把公关主任叫来对她说："你听着，有人试图收购我们的公司，我要你想办法__57__我们的股票的价格抬高。让他们__58__。我不管你用什么办法，只要__59__目的就行了！"

第二天，该公司股票的价格上涨了5个点。第三天又上涨了5个点。总经理非常满意，问公关主任："__60__？"公关主任回答说："我放了一个假消息。"

总经理很吃惊："什么假消息？"

"我说你快要辞职了。"公关主任回答道。

57. A 朝　　　　　B 将　　　　　C 由　　　　　D 离

58. A 买不下　　　B 买不着　　　C 买不起　　　D 买不到

59. A 达到　　　　B 到达　　　　C 提高　　　　D 增多

60. A 你究竟想干什么
　　 B 你是怎么做到的
　　 C 你到底想得到什么
　　 D 你为什么要涨这么多

第 二 部 分

第61-70题：请选出与试题内容一致的一项。

61. 今天我们队十分荣幸能拿到这个奖项，这个二等奖是我们队共同努力的结果，也是我们队实力的证明，为此我们已经辛苦了大半年了。就我个人来讲，明年我一定还会参加这个比赛的，拿到一等奖将是我明年的奋斗目标。

 A 我是我们队的队长

 B 我想明年拿到一等奖

 C 明年我们队一定还会参赛

 D 只拿到二等奖我很不满意

62. 在网络购物中，绝大多数的网站要求消费者在提供姓名、电话、地址等个人信息后方可以注册为会员。之后，部分网站经营者并没有像事先承诺的那样，对消费者提供的个人信息采取保密措施，甚至会将这些信息卖给其他网站谋取经济利益。

 A 网络购物非常安全

 B 网络购物很受大家的欢迎

 C 少数网站不重视个人信息保密

 D 网站注册会员不用提供个人信息

63. 古时候，两个戏班为了互相竞争，争取观众或者让对方得不到利益，会打听对方演什么戏，并且自己的戏班也会同时演出同样的戏。这样一来对方的观众就会减少，人们把这种做法叫做唱对台戏。

 A 演对台戏可以争取观众

 B 对台戏可以不同时演出

 C 戏班一般只演出对台戏

 D 对台戏是一种戏剧形式

64. 改革是"摸着石头过河"，这句话有两个方面的意思：一方面，要过河，对河那边是一个什么样的景象，心里大致有数，而且非常向往，目标是很明确的。另一方面，河里面结构复杂，而且可能暗礁丛生，不易过去，所以要慎重，走一步，摸一步，踏实了，确定了再走。

A 过河非常危险   B 过河时要摸着石头
C 改革时要目标明确   D 改革的过程并不复杂

65. 窑洞，是中国北方黄土高原上特有的民居形式。人们利用黄土难渗水，土层厚等特点，结合当地气候干燥少雨、冬季寒冷、木材较少等自然状况，在土里挖洞建筑出来的住所就是窑洞。窑洞具有冬暖夏凉的特点。

A 窑洞不怕大雨淋   B 建窑洞用的木材少
C 窑洞在中国很多地方都有   D 黄土高原雨少但是雪很多

66. 移动公司最近开发了一种全新的软件——飞信。这种新型的软件可以让您免费收发短信，它不仅可以安装在电脑上，还可以安装在手机上，因此更加快捷、方便。利用这个软件可以节省更多的流量和时间，目前越来越多的人开始使用这种软件，其受欢迎度已经超过短信。

A 飞信没有短信受欢迎
B 飞信比短信有更大的优势
C 现在发短信的人越来越少了
D 人们只在电脑上才使用飞信

67. 旧时中国，封建社会人们之间交流少，相互不了解，也不清楚各自家里的情况，有时自己家里的儿女已长大成人，却不知哪家需要嫁女儿哪家要娶媳妇。所以产生了"媒人"，即以说合婚姻为职业的妇女，替人提亲，促成婚事。

A 谁都可以当媒人
B 媒人可以促成婚姻
C 旧时妇女大多是媒人
D 旧时人们之间很熟悉

68. 和其他熊科动物一样，北极熊平常也过着单身生活，只有在每年3月至6月的这
段恋爱季节才会和异性小聚片刻。北极熊是比较好斗的家伙。随着恋爱季节的
到来，斗殴事件往往频繁发生。

A 北极熊的性格十分温和

B 北极熊一直都保持单身

C 熊科动物常过着单身生活

D 每年冬季北极熊经常斗殴

69. 今年春运期间，铁路部门将在广州和成都试行火车票实名制。旅客凭有效身份
证件，才能购买实名制车票。旅客在其他地方买去广州、成都的异地、联程等
车票，也需要凭有效身份证件。实名制车票上增加了旅客身份信息，旅客进站
要拿身份证和车票。车站核对无误后，才能进站上车。

A 旅客买车票都得用身份证

B 普通车票上没有旅客身份信息

C 旅客没有身份证件不能坐火车

D 去广州、成都买票的旅客特别多

70. 一位随队记者和一位队员同住一室。第二天队员去看病。回来之后对记者说：
"我去过队医那里了，他让我好好休息，要绝对安静，这是他给开的安眠药。"
记者说："好的，我会照顾你按时服药的。""不，不，不，"队员打断记者的
话："这药是给你开的。大夫亲口说的。"

A 记者病得很厉害

B 队员需要安眠药

C 记者应该安静些

D 队医很不负责任

第71-90题：请选出正确答案。

71-74.

夏季正是桃子上市的季节，而民间也素有"桃养人"的说法，于是，不少人便觉得桃子可以撒开欢儿来吃，以便让身体好好儿地得到滋养。但需要特别提醒大家的是，桃子虽然养人，也不宜多吃，每天一个就够。那些脾胃虚弱和爱上火的人，更应该少吃一些。

中医认为，桃子具有生津、润肠的作用；现代营养学研究表明，桃子的果实中含有大量的果胶，有促进肠蠕动、改善便秘的作用。因此，脾胃虚弱以腹泻为主要表现者不宜多食，否则容易加重胃肠负担。此外，桃子味甘性温，容易上火的人同样不应过多食用，否则容易"火上浇油"，诱发腹胀、腹痛等。

71. 本文最有可能摘自报纸的哪一个版面？
    A 每日新闻
    B 健康快车
    C 文化漫谈
    D 房产直通车

72. 下面哪一项不是桃子对人的好处？
    A 味甘性温
    B 改善便秘
    C 滋养身体
    D 补充维生素

73. 文中画线的"火上浇油"可能是什么含义？

    A　加重身体的不适

    B　补充更多的营养

    C　使便秘更加严重

    D　让身体得到滋养

74. 作者对于吃桃子有什么建议？

    A　随个人习惯

    B　吃得越多越好

    C　谁都不宜多吃

    D　不同人不同要求

从前有个国王非常喜爱自己的小女儿。他想：女儿长大以后一定会非常美丽。可是，小女儿长得实在太慢了，要等到什么时候才能看到女儿长大的样子呢？

于是他把医生叫了过来，命令他说："快给小公主吃些药，让她立刻就长大。你是全国最好的医生，如果办不到的话，我就杀你的头！"

医生是个聪明的人，他思考了一会儿，就开口说道："您放心好了，我知道有一种药吃了可以立刻长大。但是，这种药10年才开一次花，要弄到它谈何容易！请您给我一些时间，我保证带药回来见您。不过，在我去找药期间，您不能见小公主，不然药就不灵了。"

国王同意了。于是医生就出发了，不过他并没有去找药，而是找了个地方住了下来。

一直过了12年，医生才回到京城，他跟国王说："我终于找到药了。"国王十分高兴，让他赶快把药给小公主服下。医生很快带着公主过来了，国王一看，公主真的长大了，高兴极了。

75. 要弄到医生说的那种药：

    A 很容易   B 不可能

    C 很困难   D 没有用

76. 国王为什么让医生去找那种可以立刻长大的药？

    A 他很愚蠢

    B 他很急切

    C 他知道药很有效

    D 医生医术很高明

77. 关于那种药，以下哪个说法是正确的？

    A 很有效   B 不存在

    C 根本没效果   D 医生没找到

78. 本文结尾时，公主为什么长大了？

A 她美丽善良

B 医生很高明

C 12年过去了

D 她吃了那种药

79. 最适合本文的标题是：

A 美丽的公主

B 不存在的药

C 聪明的医生

D 愚蠢的国王

80-83.

　　一个出版商有一批书很长时间都卖不掉，于是他想出了非常妙的主意：给总统送去一本书，并几次去征求意见。忙于政务的总统不愿和他纠缠，便回了一句："这本书不错。"于是出版商就做广告：现有总统喜爱的书出售。这些书很快就卖光了。不久，这个出版商又有书卖不出去，又送了一本给总统。总统上了一回当，就说："这本书糟糕透了。"出版商脑子一转，又做广告：现有总统讨厌的书出售。又有很多人出于好奇购买，书又卖完了。第三次，出版商将书送给总统，总统吸取了前两次教训，不作任何回答。出版商又大做广告：现有令总统难以下结论的书，欲购从速。书居然又被一抢而空。总统哭笑不得，商人大发其财。

80. 出版商是个怎样的人？

  A　很有头脑   B　很讨人厌

  C　很懂政治   D　很有耐心

81. 关于总统，下列哪种说法正确？

  A　很喜欢看书   B　工作很勤奋

  C　三次被利用   D　能吸取教训

82. 下面说法正确的是：

  A　出版商是勤奋的人   B　总统喜欢第一本书

  C　三次广告都是真的   D　出版商挣了很多钱

83. 最适合本文的标题是：

  A　怎样做广告   B　聪明的出版商

  C　如何巧妙回答   D　被欺骗的总统

84-86.

有一棵大树很自大，它对大地说："谁也没有我本领大。我的手臂能挡住强烈的阳光，给路人提供凉快的休息地，我的树枝能为人们搭秋千，让他们荡秋千。"它嘲笑房子太矮，大地太低，自认为很伟大。

人们经常给它浇水，在树荫下点蜡烛，它把这看做是对它的崇拜。下雨了，人们成群结队地挤在树下躲雨，它却傲慢地不停摇晃，显示自己多么了不起。夜里月光透过它的枝叶照到大地，它说："你看，月亮都是先由我来享受，然后才轮到你。"大地不理它。一天傍晚，刮起了特大风暴。人们四处乱跑，可是没有一个人在树下躲避。大树在风雨中抖动着，不知所措，但怕被人嘲笑，故作镇静。不一会儿，它开始感到力不从心，脚跟松动了。它惭愧地对大地说："没想到，世上还有比我更有力量的。"

84. 根据本文，大树的优点是：

　　A 为人们提供休息地　　　　　B 比房子和大地都高
　　C 让人们非常崇拜它　　　　　D 在风暴中保持镇静

85. 让大树觉得惭愧的是：

　　A 大地的嘲笑　　　　　　　　B 人们的讨厌
　　C 月亮的批评　　　　　　　　D 风暴的强大

86. 这篇短文的最佳标题是：

　　A 风和树
　　B 自大的大树
　　C 爱享受的树
　　D 伟大的大树

红海位于亚洲与非洲之间，海水不仅清澈透明，而且水温较高，很适合游泳、洗浴。所以，红海历来是世界上最著名的海滨休闲胜地，每年吸引大量游客在这里旅游度假。不过，红海最吸引人的地方，却是它常呈现为红色的海水。

红海地区的气候炎热干燥，海水蒸发强烈，这使红海的海水含盐量大，水温高。这些条件，正适合蓝绿藻类在这里大量繁殖生长。其实，蓝绿藻类的颜色并非蓝绿色，而是红色。在海水中出现大量的红颜色藻类，海水自然就被映照成红色了。

其次，来自非洲撒哈拉大沙漠的红色沙尘暴经常侵袭红海上空。当狂风卷起一阵阵红色沙尘，散布在红海上空时，天空便被染成一片红色。加上红海中被大风掀起的红色海浪，天空、海水，还有海岸边的红色岩壁，所有的一切都映现出红色，从而形成了美丽奇特的红海景色。

87. 下面哪一项不是红海吸引游客的原因？

    A 海水水温较高　　　　　　B 海水是红色的

    C 海水清澈透明　　　　　　D 临近撒哈拉沙漠

88. 下面哪一项不是红海地区的自然特征？

    A 气候炎热　　　　　　　　B 经常有降雨

    C 海水水温高　　　　　　　D 海水含盐量大

89. 造成红色海水的原因有几个？

    A 1个　　　　　　　　　　B 2个

    C 3个　　　　　　　　　　D 4个

90. 最适合本文的题目是：

    A 为什么红海的海水是红色的　　B 红海和撒哈拉大沙漠的关系

    C 为什么红海是最适合游泳的海　　D 红海：最著名的海滨休闲胜地

三、书 写

第 一 部 分

第91–98题：完成句子。

例如：发表　　　这篇论文　　　什么时候　　　是　　　的

这篇论文是什么时候发表的?

91.　表演的　　　很　　　同学们　　　汉语节目　　　精彩

92.　一个游泳池　　　食堂之间　　　有　　　图书馆　　　和

93.　把握　　　什么　　　我对　　　没有　　　这次考试

94.　学习情况　　　接下来　　　汇报一下孩子们　　　向各位家长　　　的

95.　必须　　　丰富　　　老百姓的文化生活　　　想办法　　　政府

96.　中国球迷　　　广泛关注　　　引起了　　　的　　　这篇报道

97. 解决问题　　　这样做　　　不能从　　　还　　　根本上

98. 当成　　　这种人　　　别人的东西　　　经常把　　　自己的

第 二 部 分

第 99-100 题：写短文。

99. 请结合下列词语(要全部使用)，写一篇80字左右的短文。

　　　秋天、爬山、优美、遗憾、门票

100. 请结合这张图片写一篇80字左右的短文。

MEMO

녹음 스크립트

〈제1회〉 녹음 스크립트

CD-01 （音乐，30秒，渐弱）

大家好！欢迎参加 HSK(五级)考试。
大家好！欢迎参加 HSK(五级)考试。
大家好！欢迎参加 HSK(五级)考试。

HSK(五级)听力考试分两部分，共45题。
请大家注意，听力考试现在开始。

第 一 部 分

第**1**到**20**题：请选出正确答案。现在开始第**1**题：

1.　女：听说你下个月要请十几天假，怎么了？身体不舒服还是家里有事？
　　男：都不是。等着下个月吃我喜糖吧。
　　问：男的下个月要做什么？

2.　女：明天除了我和你还有谁去春游啊？
　　男：我想想啊，张建宁，王涛，还有李朦朦的哥哥。对了，王涛还要带着他的小狗丽丽。
　　问：明天一共有多少人去春游？

3.　女：我老公也真是的，买这么贵的礼物，我都心疼死了。
　　男：算了吧，你就嘴上说说。我看你心里肯定乐开了花。
　　问：男的觉得女的怎么样？

4.　男：二十七中太厉害了，我觉得明天那场球我们根本没戏。

　　女：咱们三十五中这次一直表现很好，只要努力了，输赢是次要的。明天比赛
完了我请你们去喝奶茶！

　　问：他们在谈论什么？

5.　男：等会儿方总来了，我给你引见一下。我和他多年同学了，这点儿情面还是
要讲的。

　　女：这次要不是表哥你帮忙，我根本见不着他，每次打电话过去秘书都说没时
间。

　　问：男的是女的的什么人？

6.　女：这是这个月的计划表，您看看有什么要改的。

　　男：我不用看了，对你我是放一百二十个心！

　　问：男的对女的是什么态度？

7.　男：你要找个什么样的？

　　女：这还用问？当然是要工作比我强的，而且体贴人的。

　　问：他们在谈论什么？

8.　男：服务员，请你把这套白色的给我看一下。

　　女：你真有眼光！这种款式是全羊毛的，今年很流行啊！

　　问：男的在买什么？

9.　男：我九点十分就到了那里，怎么没看到你？

　　女：是吗？我差一刻十点到那儿的，还等了一会儿，我猜那时候你大概已经走
了。

　　问：为什么这两个人没有见到对方？

10.　男：你说小李给儿子办满月酒，我包两百块钱红包合适吗？

　　女：有什么不合适的，你和他关系没好到那个份儿上，意思意思就行了。

　　问：女的是什么意思？

11. 女：昨天的事儿都是我的不是，我不该对您发那么大的火儿。

男：哪儿的话！一切都是我的错，我不该因为时间紧就着急，在您生气的时候
我更不该和您吵架。

问：根据对话，我们可以知道什么？

12. 女：小弟，你什么时候来北京的？出差还是旅游？怎么不告诉我？

男：来了好几天了，一直忙着开会，这不，刚结束我就来看您了。

问：男的为什么来北京？

13. 女：你别以为妈什么都不知道，你们到底为什么分手？孩子怎么办？

男：你知道就别问了，我现在什么都不想说。

问：男的怎么了？

14. 女：我最近头晕得厉害，没有胃口。

男：这样吧，你先去三楼做个血样检查，再拿报告单来给我看看。

问：对话人可能是什么关系？

15. 男：星期五晚上你有时间吗？

女：后天晚上啊，恐怕不行。我后天晚上要去做家教。

问：今天是星期几？

16. 男：我不知道要不要去参加那个培训。

女：如果你不想去的话就不要去了，我去的时候帮你请个假。

问：下面哪种说法正确？

17. 男：这六月的天啊，真是娃娃的脸，刚才还是大晴天，怎么一会儿就下起雨来了。

女：是啊，这个季节的天气摸不准！

问：根据对话，我们可以知道什么？

18. 女：怎么排这么长的队啊？要到什么时候才能挂到号啊？

男：最近天气变化太大，所以感冒发烧的人特别多。

问：在哪儿会听到这样的对话？

19. 女：你带学生证了吗？学生票可以打对折呢。

男：哎呀，得多花30块了。

问：下面哪种说法正确？

20. 男：今天中午吃完饭以后我们去看枫叶，你想跟我们一起去吗？

女：我想去，可我妈住院了，我爸出差还没回来，我得去照顾我妈。

问：女的打算下午做什么？

第 二 部 分

第21到45题：请选出正确答案。现在开始第21题：

21. 女：您好！欢迎光临张生记。请问您几位？

男：就我和我的女朋友。

女：请问有没有预订？

男：没有。

女：对不起，现在客满，请在门外椅子上稍等片刻。谢谢。

问：下列哪项正确？

22. 男：这个假期，我想先去农村老家看看外公外婆，然后去桂林旅行。

女：你不是打算假期和我们一起去学游泳吗？

男：去农村老家之前先去学几次，旅行回来再接着学。

女：嗯，你的安排还挺不错的。

问：下面说法正确的是哪一个？

23. 男：小李，欢迎你来到我们公司工作。

　　女：谢谢王经理，我刚进入公司，如果有做得不好的地方，还希望您多多指点。

　　男：你要多向小张请教，她在公司账务核算方面很有经验。

　　女：好的，我一定虚心向她学习。

　　问：女的最可能是什么人？

24. 男：这几天的天气变得暖和了，不如我们去郊游吧？

　　女：可是儿子最近要期末考试。

　　男：我们应该让他在考试前放松一下心情。我们到苏州去踏青吧。

　　女：这真是一个好主意。我去告诉儿子，他一定会很高兴的！

　　问：对话人可能是什么关系？

25. 男：真的搞不懂李林还想要什么？为什么一定要冒这个险呢？

　　女：男人嘛，哪能都像你这样，整天待在家里吃饭、上网、看电视。

　　男：你想想，他有那么大一个茶社，又有一个幸福的家庭，应该满足了。

　　女：各人有各人的活法，我看你要多向他学习！

　　问：男的对李林这个人有什么看法？

26. 男：你都29了，该谈对象了。

　　女：我不急，您别烦。

　　男：年龄不饶人，错过了最佳时机，你会后悔的。

　　女：谁说我一定要嫁人？难道我这么多年的辛苦打拼就是为了嫁人？

　　问：女的是什么意思？

27. 女：老李，你这七天假期都干了些什么呀？和你们家那口子去哪儿旅行了？

男：头两天在家拖地、打扫卫生，洗被子、洗衣服。难得有几天空闲，又有几位老同学来聚会，整个儿累得不行。怎么会有空儿去旅行？

女：不会吧，怎么会有这样的老同学？假期也不让人休息休息？

男：你不知道，我的几位大学同学很喜欢搞同学会，别人是十年同学会，我们是年年同学会。

问：从对话中，我们可以知道什么？

28. 女：一张票20块？大人、小孩儿都一样吗？

男：65岁以上的老人免费，10岁以下儿童也免门票。

女：我的孩子有学生证，可以优惠一点儿吗？

男：学生证可以打五折。

问：一位70岁的老人和一个20岁的大学生买票应该花多少钱？

29. 女：最近小张在打你小报告，我听他说了好几回了。

男：他都说我些什么？

女：也就是老板不在就上开心网偷菜什么的。

男：真气人！这个人怎么这样！

问：男的对小张是什么态度？

30. 女：那套大房子就在玄武湖边，在阳台上能看见优美的湖景。

男：而且闹中取静，离地铁站也不远。

女：面积是180平米，总价400多万。

男：只可惜我们只有80万，首付都付不起啊。

问：他们没有谈到房子的哪方面？

第31到32题是根据下面一段对话：

女：你昨天晚上去看电影了吗？

男：本打算去的。可我的一个朋友突然说要来看我，所以没去成。你去了吗？

女：别提了。

男：怎么？不好看？

女：我为买票等了一个小时，可轮到我的时候，票刚好卖完了。

男：运气真差！

31.　男的昨晚做了什么？

32.　女的为什么没看电影？

第33到34题是根据下面一段对话：

男：早上好，这里是出租汽车公司。

女：早上好，周日早上我们想要一辆车，去机场。

男：从哪里出发？

女：我在中华路的如家宾馆。大概多少钱？

男：车费大约80元，加上过桥过路费一共100元左右。您准备几点出发？

女：我们是早上9点的飞机，7点出发可以吧。

男：当然可以！我们会提前10分钟到您的宾馆前等您。

女：非常感谢，再见。

33.　两人在谈论什么？

34.　对话中提到的过桥过路费大概是多少？

第35到36题是根据下面一段话：

　　小张很喜欢吃鱼，经常去超市买。活鲈鱼是20块钱一条，要是死了放在冰上的就10块两条，一样新鲜。这天下班，他就赶紧跑去买，但还是被人买走了。于是他就站在鱼缸前等，可是鱼半天都不死一条。他不得不用网进去捞，敲鱼的头。工作人员实在看不下去了，过来跟他说："先生，昏过去的不算……"

35.　小张为什么敲鱼的头？

36.　买两条死的鲈鱼比买一条活鲈鱼便宜多少钱？

第 37 到 38 题是根据下面一段话：

　　女士们，先生们，飞机已经降落在首都国际机场，外面温度 26 摄氏度，飞机正在滑行，为了您和他人的安全，请先不要站起或打开行李架。等飞机完全停稳后，请您再解开安全带，整理好手提物品准备下飞机。从行李架里取物品时，请注意安全。您交运的行李请到行李提取处领取。需要在本站转乘飞机到其他地方的旅客请到候机室中转柜办理。感谢您选择上海航空公司班机！下次旅途再会！

37.　飞机降落在哪个城市？

38.　这段话特别强调的是以下哪一点？

第 39 到 42 题是根据下面一段话：

　　宋国有一个农民，每天在田地里劳动。有一天，这个农夫正在地里干活儿，突然一只野兔从草丛中窜出来。野兔见到有人就拼命逃跑，不料撞到地头的一截树桩子上，脖子折断死了。农夫放下手中的活儿，走过去捡起死兔子。晚上回到家，农夫把死兔子交给妻子，妻子做了香喷喷的野兔肉，两口子有说有笑美美地吃了一顿。

　　第二天，农夫照旧到地里干活儿，可是他再不像以往那么专心了，总希望再有一只兔子窜出来撞在树桩上，但是直到天黑也没见到有兔子出来，他很不甘心地回家了。

　　第三天，农夫来到地边，把农具放在一边，自己则坐在树桩旁边的田埂上，专心等待野兔子窜出来。可是又白白地等了一天。

　　后来，农夫每天就这样守在树桩边，希望再捡到兔子，然而他始终没有再捡到。而地里的野草却越长越高，把他的庄稼都淹没了。农夫因此成了宋国人议论的笑柄。

39.　兔子是怎么死的？

40.　兔子脖子折断之后，农民做了什么？

41.　第三天，农夫做了什么？

42.　农夫是个怎样的人？

第 43 到 45 题是根据下面一段话：

　　邻居家刚上一年级的小宁到我家玩儿。我切苹果招待他。我刚想竖着把苹果切开，小宁拦住了我。他神秘地跟我说："姐姐，苹果里面有星星哦！"

　　"哦？怎么可能呢？"我好奇地问。切了这么多年苹果，苹果里面不就只有个核吗，哪里有什么星星啊。

　　小宁接过刀，把苹果横着一切，然后举起来给我看："姐姐你看，星星藏在这里！"原来，横着切的果核果然是星星的形状。他很骄傲地说："这是我自己发现的，大人都不知道哦！"

　　孩子的创造力和想象力真是无穷的啊。我们大人不会横着切苹果，自然发现不了苹果里面的星星。孩子有时候还能成为我们的老师呢！

43.　小宁说苹果里有星星，我是什么态度？

44.　小宁是怎么发现苹果里的星星的？

45.　我们可以从孩子身上学到什么？

听力考试现在结束。

〈제2회〉 녹음 스크립트

CD-03　（音乐，30 秒，渐弱）

大家好！欢迎参加 HSK(五级)考试。
大家好！欢迎参加 HSK(五级)考试。
大家好！欢迎参加 HSK(五级)考试。

HSK(五级)听力考试分两部分，共45题。
请大家注意，听力考试现在开始。

第 一 部 分

> **第1到20题：请选出正确答案。现在开始第1题：**

1.　男：你看到我的钥匙了吗？我早上在办公室还看到的。

　　女：你呀，整天丢三落四的。在我包里呢，你去拿吧。你把它忘在门上了，幸亏给我发现了。

　　问：钥匙现在在哪儿？

2.　男：我现在真不敢相信天气预报，每次说不下雨总会害我淋成个落汤鸡。

　　女：看来今天你是不准备带伞了！

　　问：女的是什么意思？

3.　女：你注意到了吗？今天食堂的菜居然有这么多种类。

　　男：真是难得啊！

　　问：男的是什么意思？

4.　男：我下个月就要去纽约了，又要办签证又要买机票的。

　　　女：怪不得你最近总是忙得见不着人影呢！

　　　问：女的是什么意思？

5.　女：大伯，我对不起您。这些年来，我一直觉得没脸见你。

　　　男：过去的就让它过去吧。

　　　问：男的是什么态度？

6.　女：这是我儿子李明，今年已经15岁了。

　　　男：这是李明啊，这么久不见，你个子都赶上我啦！

　　　问：男的在说李明的什么方面？

7.　女：刘俊，我发现你唱歌唱得很好啊，你以前专门学过吗？

　　　男：谢谢你的表扬。我本来想考音乐学院好好儿学一学的，但没考上。

　　　问：关于男的，我们可以知道什么？

8.　男：今天下午有什么计划？

　　　女：天这么热，我才懒得出门呢！还是在家吹吹空调、吃吃西瓜比较舒服。

　　　问：现在最有可能是什么季节？

9.　女：昨天的舞会真的是太没劲了，你觉得呢？

　　　男：为什么只有你有这种想法呢？大家很喜欢那种刺激的感觉！

　　　问：从对话中可以得出什么结论？

10.　男：小魏这个人真不错，交给她的工作都完成得很好，而且很细心。

　　　女：我有同感，这姑娘对人也很热心，确实难得。

　　　问：下面哪一项不是小魏的优点？

11. 男：昨天的联欢会上你为什么一直坐在一边呢，我还以为你会在最后唱支歌呢！
    女：你知道我不太喜欢热闹的。就我这嗓子哪儿能唱歌啊，别开玩笑了啊。
    问：女的是什么意思？

12. 男：时间过得真快！去年的今天咱们把终生大事给办了，一晃一年就这么过去
    了。
    女：是啊！一晃一年多了。
    问：对话人现在可能是什么关系？

13. 女：咱们公司刚开业，资金不多，干吗急着买车？
    男：我买车有两个原因，一是租车不合算，二是我对咱们公司的发展很有把
    握。
    问：下面哪项是男的要买车的原因？

14. 男：请问这件衣服多少钱？
    女：原价400块，现在打八折。
    问：买这件衣服要花多少钱？

15. 男：快点儿把青菜拿给我，油都热了。
    女：等一下，我还没洗好呢，你别开那么大的火。
    问：男的可能在哪里？

16. 男：我住院的这段日子多亏了你照顾，我该怎么报答你呢！
    女：什么报答不报答的，照顾患者是我的工作呀！
    问：对话人可能是什么关系？

17. 男：你尝尝我做的这个文昌鸡，味道怎么样？
    女：真不赖！没想到小闵你还有这么一手，跟谁学的？
    问：男的在做什么？

18. 女：杰克，你得快点儿了，火车12点45分就要开了。

    男：别着急。还有半小时呢。

    问：现在可能是几点？

19. 女：我有急事要回去一下，能带我一段吗？

    男：没问题，我送你，正好也顺路。不过，我是新手，你别害怕！

    问：从对话中我们可以知道什么？

20. 男：你忙你的吧，我等会儿自己出去看看，不然我太不好意思了。

    女：你这个人什么都好，就是太客气了。想去哪儿就直说嘛。

    问：男的是什么意思？

第 二 部 分

第 21 到 45 题：请选出正确答案。现在开始第 21 题：

---

21. 女：中国电信鼓楼店27号为您服务，请问能为您做点儿什么？

    男：我要给朋友的手机充值。

    女：请告诉我电话号码，还有充多少？

    男：13500004321，充200。

    女：充值已完成，这是发票，请收好。再见。

    问：根据对话，下列哪项正确？

22. 男：听说你家离学校很远？

    女：是呀，我家住在城那头呢！

    男：那你每天怎么来啊？

    女：爸爸每天用自行车带我到地铁站，要坐三站地铁，然后再走五六分钟就到
        学校了。

    问：从对话中我们可以知道什么？

23. 男：南京春天的天气变化真快。明天的天气怎么样?

　　女：天气预报说明天会下大雨，不会像这几天天气这么好。

　　男：那温度会不会下降很多呢?

　　女：明天的最高温度是20度，最低温度12度，和今天差不多吧。

　　问：关于南京的天气，下面哪种说法是错误的?

24. 男：你家孩子也来上电脑画画儿课啊。周末有没有学别的什么课啊?

　　女：除了这个电脑课以外，什么钢琴呀、外语呀、围棋呀我都没让他学。
　　　　你们家呢?

　　男：别提了，孩子他妈给他报了外语班、象棋班，还有游泳班。我呢，
　　　　周末就忙着接送孩子了。

　　女：看来你们家大人孩子都比我们家辛苦多了。

　　问：男的的孩子没有上什么课?

25. 男：你什么时候请我吃喜糖?

　　女：早着呢! 李刚最近去德国出差了，可能半年后才能回来。

　　男：我听说你们的新房都装修好了，是吧?

　　女：大件家具都还没买。等李刚下半年回来再说吧。

　　问：他们在谈什么问题?

26. 女：小伟，我想再借你的相机用一天! 可以吗?

　　男：你又要去郊游啊!

　　女：不是，我想拍几张好照片参加我们学校组织的留学生摄影作品展。

　　男：你用的时候一定要小心，别弄坏了我的相机。我对你啊，还真是不放心。

　　问：女的打算做什么?

27. 女：师傅，您好！这车到大兴吗？

男：是啊，有什么事？

女：我也要到大兴去。师傅方便的话，搭我一起去吧，我给你车钱。

男：小姑娘，你要去就跟我一起去，钱不钱的就算了，给我买瓶矿泉水就可以了。

问：男的可能是干什么的？

28. 女：李阳这个人怎么回事啊？

男：怎么啦？是不是他惹你生气了？

女：我倒是没生气，不过他对人总是冷冷的，好像自己有多了不起。

男：你还不了解他，熟悉了就知道，他很善良，也很幽默。

问：男的是什么意思？

29. 女：看，我在邮票市场买到了一张珍贵的邮票。

男：给我看看，是2000年发行的生肖邮票啊。

女：这种邮票现在很贵，我花了400多块呢。

男：被人忽悠了吧！这种邮票我们这儿要多少有多少。

问：男的是什么意思？

30. 男：你昨天晚上有没有在家看现场直播的110米栏决赛？

女：怎么可能没看！刘翔又拿冠军了，他实在是太伟大了！

男：谁说不是啊。

女：一个男人在哪里失败就在哪里站起来，这才是真正的男人。

问：根据对话，我们可以知道什么？

第31到32题是根据下面一段对话：

女：您好，这里是平安宾馆，很高兴为您服务。请问您几位？

男：我们两个人，要一个标准间，本周五到周日住。

女：好的，先生，请问您还有什么要求？

男：房间里要可以上网，不要太吵。

女：好的，先生。谢谢您选择平安宾馆。

31. 女的是做什么的？

32. 男的对房间有什么要求？

第33到34题是根据下面一段对话：

女：行长先生，您成功的秘诀是什么？

男：做出正确的决定。

女：如何做出正确的决定呢？

男：丰富的经验。

女：那么，您是如何得到经验的呢？

男：从错误的决定中吸取经验。

33. 对话中的两个人可能是什么身份？

34. 下列哪项男的没有提到？

第35到36题是根据下面一段话：

很久以前有个贼，想偷寺庙里的钟。一天夜里，他偷偷来到寺庙里，准备偷钟。但是这个钟太重，贼搬不动，而且不小心敲响了钟。这个贼赶紧把两只耳朵捂起来，于是他就听不到钟响了。他很得意地想："我听不到钟声，别人也肯定听不到钟声。"可是这个贼还没来得及把钟搬走，寺庙里的和尚就跑过来把他抓住了。

35. 贼敲响了钟以后是怎么做的？

36. 为什么和尚们能把贼捉住？

第**37**到**38**题是根据下面一段话：

女士们，先生们，欢迎乘坐"和谐号"。我们是由南京出发开往上海的D1045次列车，行驶距离约为320公里，预计行驶时间为两小时，路途中经过苏州。将于下午四点一刻到达上海火车站。本车有良好的灭火设施及通风设施，但全车是无烟车厢，请您不要吸烟。谢谢您的配合，祝您旅途愉快，谢谢！

37.　这趟火车的目的地是哪里？

38.　列车上的旅客要注意以下哪种情况？

第**39**到**42**题是根据下面一段话：

战国时，齐国有一位国君。他派人到处寻找能吹竽的乐工，组成了一支规模很大的乐队。

有个南郭先生，知道齐宣王乐队的待遇很优厚，就一心想混进这个演奏班子。可是他根本不会吹竽，不过他知道齐宣王喜欢所有的乐工一起演奏，自己若是混在里头，装装样子，充充数，谁也看不出来！所以每当乐队演奏时，他就学着别人东摇西晃，有模有样的。

这位国君去世后，他的儿子也喜欢听吹竽。但是他却不喜欢合奏，而爱听独奏。他要求乐工们一个个轮流吹奏给他听。这下子，南郭先生可紧张了，欺君犯上的罪名，他可担当不起啊！眼看就要露出马脚了，只好赶紧收拾行李，慌慌张张地溜走了。

39.　南郭先生为什么想进演奏班子？

40.　开始南郭先生为什么能混进演奏班子？

41.　国君的儿子和国君有什么不同？

42.　南郭先生最后为什么走了？

第**43**到**45**题是根据下面一段话：

有一株雏菊生长在一条小河边。每天，住在木屋里的小女孩儿都来给雏菊浇水。对雏菊来说，这种生活既甜蜜，又简单。然而有一天，小女孩儿没有来。雏菊开始担心起来。它将从哪里获得维持生命的水？一片花瓣从它身上掉落下来，风把花瓣吹落到小河里。"小河！"它兴奋地喊道。从出生到现在，它看见小河一直在那里欢快地流淌着。它开始把身体往小河的方向生长，但这太艰难了。可怜的雏菊可以看见小河，但就是无法触摸到小河。它只好恢复到原来的样子。雏菊经过沉思，突然脑中闪出一个念头。它把根扎向泥土深处，越扎越深，终于从深深的泥土下品尝到清凉而甘甜的水。日子一天天过去，雏菊长得越来越粗壮，开出了新的花朵。

43. 从前，雏菊依靠什么维持生命？

44. 雏菊为什么事担心？

45. 最后，雏菊是怎么获得水的？

听力考试现在结束。

〈제3회〉 녹음 스크립트

CD-05 （音乐，30秒，渐弱）

大家好！欢迎参加 HSK(五级)考试。
大家好！欢迎参加 HSK(五级)考试。
大家好！欢迎参加 HSK(五级)考试。

HSK(五级)听力考试分两部分，共45题。
请大家注意，听力考试现在开始。

第 一 部 分

> **第1到20题：请选出正确答案。现在开始第1题：**

1.　女：校长不是在住院吗？那办公室里坐着的是谁啊？
　　男：可不就是他？医生也建议他再休息几天，可是他非要来学校不可。
　　问：校长正在干什么？

2.　女：哥哥，你能不能教我一下这个怎么用？
　　男：这是全自动的，很容易用。你只要把镜头对准你要拍的对象，然后按
　　　　一下这个白色的键就好了。
　　问：两个人在谈论什么？

3.　男：最近学习怎么样？快要毕业实习了吧？
　　女：忙，不过尽忙着看医生了，我怎么这么不走运啊！
　　问：女的最近忙着做什么？

4. 女：这种从巴西进口的玫瑰花卖得可好了，特别是小伙子买来送女朋友再
    合适不过了。

   男：是吗？可是只有这一种颜色，全是蓝色的啊。

   问：关于玫瑰花，对话中没有提到哪一项？

5. 女：咱爸这两天总是感冒咳嗽，医生说是年纪大了抵抗力不好。

   男：最近这天气也忽冷忽热的。我想去给他买一件保暖内衣，你有空做锅
    鸡汤给爸补补身子。

   问：下列哪种说法是正确的？

6. 女：住这儿多好啊，前后都有小花园，小孩子还有地方做游戏什么的，像电
    影里一样，你觉得呢？

   男：我觉得还是再考虑考虑吧，漂亮和实用毕竟是不同的概念。

   问：说话人在干什么？

7. 男：刚才那条裙子面料不错，款式挺时髦，你穿着也好看，怎么不买呢？

   女：今天只能打八折，等他们五一节搞活动的时候再来吧。

   问：女的为什么没买那条裙子？

8. 男：我来确认一下，咱们班明天考英语，后天考数学，对不对？

   女：本来是的，但是英语老师明天后天都要开会，所以英语换到大后天星期
    四考了，后天考数学时间不变。

   问：今天是星期几？

9. 男：咱们店新来的这批短裙挺不错的，你试试这件吧。

   女：对不起，天气变冷了，我想试试那条牛仔裤。

   问：男的最有可能是什么人？

10. 男：你是不是以为只要路上堵车就可以八点上班九点到？

   女：我也没想到今天会这么堵，早知道我就改骑电动车了。

   问：根据对话，我们可以知道什么？

11. 男：一共365元，收您400，找您35。

女：好的。请帮我把剩下的那个菜打个包。

问：对话可能发生在哪儿？

12. 男：小王，怎么搞的？会议马上就要开始了，我要的文件你还没有打好，这碗饭你还要不要吃了？

女：我受够了，你另请高明吧！

问：小王接下来很有可能做什么？

13. 男：你好！从南京飞往长沙的全价机票是1000元一张。学生、教师购票六折优惠。

女：这是我们的学生证，买两张票。

问：女的需要花多少钱？

14. 女：今天晚上我要去王慧家拿资料。她家是不是还住在苏果超市对面的那个水利局的宿舍里？

男：不，她因为工作调动，现在搬家了。现在住在我们学校斜对面那个中国银行后面的紫金花园小区。

问：王慧的家在哪里？

15. 男：听说我们班的张明下周要去法国念书了。

女：难怪前天我看见他在忙着办护照。

问：下面哪个选项不正确？

16. 男：最近大洋百货在打折，我去买了一件衬衫和一副眼镜。

女：我昨天也去逛了，买了泳衣和裤子，对了，还有凉鞋。

问：下面哪一样东西是男的买的？

17. 男：你的英国朋友今天中午 11 点过来吗?

女：不是，他的飞机估计是明天早上 8 点到上海。我要去机场接他，应该提前 3 小时出发。

问：女的大概什么时候去接她的英国朋友?

18. 女：上车的旅客请往后走，请主动给老人和孩子让座，谢谢。下一站：中山北路。

男：糟糕，我坐过头了!

问：男的出了什么问题?

19. 男：过了这个暑假你还来这里上班吗?

女：就要毕业了，我得全心全意准备毕业论文。

问：女的新学期有什么打算?

20. 男：小云，明天是你的生日，我送你一盆兰花怎么样?

女：你怎么知道我喜欢兰花? 一定是我姐告诉你的吧?

问：从对话中我们可以知道什么?

第 二 部 分

第 **21** 到 **45** 题：请选出正确答案。现在开始第 **21** 题：

21. 男：您好! 我是火车站小红帽志愿者，请问您需要什么帮助?

女：我的这个行李太重了，能不能替我搬到出租车停靠处?

男：当然可以。

女：谢谢你! 请问应该付多少钱?

男：您客气啦! 我们志愿者是免费为广大市民服务的。

问：根据对话，下列哪项正确?

22. 女：你怎么现在才来啊？我都等你20分钟了。

男：我没有迟到啊，我们不是说好9：20的嘛。

女：现在已经9：30了。

男：啊！我的表慢了10分钟。真对不起！

问：女的是什么时间到的？

23. 男：暑假这么长时间，你们的旅行是怎么安排的？

女：我们打算先坐火车到青岛玩儿几天，然后坐船去大连。

男：你们都在海边玩儿吗？不去爬长城了？

女：爸爸说了，在大连玩儿一个星期，然后坐飞机去北京看故宫、爬长城，
最后坐火车回银川。

问：从青岛到大连，女的打算怎么走？

24. 女：我最好的朋友要过生日了，你说我是送礼物好还是送钱好呢？

男：我觉得与其直接送朋友钱，不如挑件她喜欢的礼物！

女：可是买礼物很伤脑筋的，我也不知道她究竟喜欢什么。

男：你不是她最好的朋友吗？

问：男的认为女的应该怎样？

25. 男：明天的运动会你有项目吗？

女：有啊，我参加了800米和跳高。你呢？

男：我参加的是4乘100米接力。这次我们的接力队一定能再拿个冠军回来！

女：不过听说二班的陈林是短跑高手，你们可不能轻敌啊！

问：这两个人在讨论什么问题？

26. 女：听说你报了太极拳班？你对太极拳很有兴趣吗？

男：我很久以前就想学太极了。你呢？我想你一定参加了舞蹈俱乐部吧！

女：没错儿，还是你了解我。听说这个学校的舞蹈俱乐部很棒。

男：我还听说他们的乒乓球队和游泳队的实力都很强啊！

问：女的打算学什么？

27. 男：老秦他们家的儿子，小亮，你还记得吧？

　　女：他小时候常到我们院里来玩儿，有什么事儿吗？

　　男：这小子出息了，全省高中生英语比赛拿了一个冠军。

　　女：是吗？可我听说小亮这孩子外语一直不是很好，你搞错了吧？

　　问：女的是什么语气？

28. 女：你现在还在办公室吗？我有一份文件落在我的桌子上了。

　　男：我刚准备锁门你电话就来了。是哪份文件？

　　女：今天下午王经理发给你我各一份的那份，我在大门口等你。

　　男：知道了，我马上来。

　　问：女的打电话的目的是什么？

29. 女：昨天你看了吗？

　　男：昨天加班，回到家已经播完最后三集了，男女主人公最后怎么样了？

　　女：还不是老一套，大团圆呗。

　　男：你有点儿失望了吧！

　　问：他们在谈论什么？

30. 男：你好！这里是肯德基宅急送。

　　女：你好，我想点一份香辣鸡腿汉堡套餐，现在有什么优惠活动吗？

　　男：有。现在买一份九珍果汁可以得两份，三公里内送餐费8元减半。

　　女：优惠不大嘛！算了，我还是问问麦当劳吧。

　　问：肯德基现在的优惠活动是什么？

男：早上好，王小姐。你今天感觉身体怎么样？

女：感觉还不是很好。我得了重感冒。

男：你量过体温了吗？

女：是的，我发烧了，39度。

男：那你咳嗽吗？

女：是的，尤其是在晚上，而且还特别严重，甚至我都不能睡觉。

男：嗯，我知道了，你是得了流感。我建议你不要去单位上班了，还有这种药每隔四小时吃一次。

女：那么我还应该做些什么呢？

男：多喝点儿水，并且好好休息一下。

女：好的，谢谢。再见！

男：再见。

31.　女的得了什么病？

32.　下列哪项不是男的的建议？

第 **33** 到 **34** 题是根据下面一段对话：

女：您好，欢迎光临东方航空中心路服务站。

男：我想订一张15号去北京的机票。

女：请稍等一下。

男：好的。

女：先生，请问您要订早上10点10分的班次吗？

男：好的，我需要订两张。机票的价格是多少？

女：好的，原价1000元，现在有八折优惠，先生您确认预订了吗？

男：是的，谢谢。

33.　买两张去北京的机票需要多少钱？

34.　女的最可能是什么职业？

第35到36题是根据下面一段话：

　　一名男子告诉医生，说他如今什么都不想做，跟过去完全不一样。检查完毕之后，他说："医生，请你不要说什么医学名词，简单明了地说我生了什么病就行。"医生说："好吧，简单明了地说，你生了懒病。""那么，"那名男子说，"现在请你把那个医学名词告诉我，我好向老板交代。"

35.　男的为什么要知道医学名词？

36.　下列说法正确的是哪一项？

第37到38题是根据下面一段话：

　　女士们，先生们，我们很抱歉地通知您，您乘坐的由南京飞往香港的HC523航班由于前方天气原因，不得不延迟起飞。起飞时间无法确定，请您耐心等候我们的通知。我们将在一楼大厅的咨询台为您提供午餐，请凭您的登机牌领取。感谢您的配合。

37.　飞机要去哪个城市？

38.　根据这段话，我们可以知道什么？

第39到42题是根据下面一段话：

　　唐朝大诗人李白，小时候不喜欢读书。一天，趁老师不在，他悄悄跑了出去。他来到山下小河边，见一位老婆婆，在石头上磨一根铁棒。李白感到奇怪，上前问："老婆婆，您磨铁棒做什么？"老婆婆说："我在磨针。"李白吃惊地问："哎呀！铁棒这么粗大，怎么能磨成针呢？"老婆婆笑呵呵地说："只要天天磨，铁棒总能越磨越细，还怕磨不成针吗？"聪明的李白听后，想到自己，心中感到不好意思，转身跑回了书屋。从此，他记住了"只要努力，就能成功"的道理，开始用功读书。

39.　大诗人李白是在哪里遇到老婆婆的？

40.　李白为什么跑出书屋？

41.　老婆婆是一个什么样的人？

42.　李白听了老婆婆的话以后怎么样了？

第 43 到 45 题是根据下面一段话：

　　相传两千多年前，燕国有一个少年，他对自己很没有信心，总是觉得别人的东西比自己的好。他见什么学什么，学一样丢一样，始终做不好一件事。

　　有一天，他竟然觉得自己不该这么走路，他听说邯郸那个地方的人走路姿势好看，于是他跑到邯郸学习别人走路。

　　他到了邯郸，看到孩子走路姿势活泼，就跟着学。看到老人走路姿势稳重，也跟着学。看到妇女走路姿势优雅，也跟着学。结果半个月，他一样都没有学会，反而忘记应该怎么走路了，身上的钱花光了，买不起马车，最后只好爬回去了。

43.　少年为什么见什么学什么？

44.　少年最后怎么回去的？

45.　少年是个什么样的人？

听力考试现在结束。

〈제4회〉 녹음 스크립트

CD-07　（音乐，30秒，渐弱）

大家好! 欢迎参加 HSK(五级)考试。
大家好! 欢迎参加 HSK(五级)考试。
大家好! 欢迎参加 HSK(五级)考试。

HSK(五级)听力考试分两部分，共45题。
请大家注意，听力考试现在开始。

第 一 部 分

第**1**到**20**题：请选出正确答案。现在开始第**1**题：

1.　男：你的新房装修好了吗? 听说结婚之前就要搬进去，是吗?
　　女：可不是，装得差不多了。昨天去西单买了几件旧家具，特便宜呢。
　　问：关于女的，我们可以知道什么?

2.　男：我们去东方影城怎么样? 我朋友送给我两张电影票!
　　女：好呀，不过我们得先把这两份炒面吃完。
　　问：说话人现在在干什么?

3.　女：这下糟了，这么重的包裹我怎么搬得上楼啊?
　　男：朋友一场，包在我身上。
　　问：男的是什么意思?

4.　女：我刚刚收到通知航班取消了，我们只有乘晚上六点的飞机去北京了。

　　男：怎么会这样？那我们岂不是要足足等上两个半小时？

　　问：现在是什么时间？

5.　女：哎，老李，你也在这儿等呢？

　　男：是啊，这70路今天不知道怎么了，我这报纸都快看完了，它还没来呢。我孩子还在学校大门口等我，真是急死人了！

　　问：对话人最可能在什么地方？

6.　男：你看我这身打扮怎么样？可以去应聘吧？

　　女：瞧你穿西装打领带的，还真像那么回事，这不，一下子从大学生变成白领啦！

　　问：女的认为男的怎么样？

7.　女：我今天逛商店的时候碰见小王了，他现在还是每天去上法语课。

　　男：这么巧，我今天在图书馆借书的时候也碰到他了。

　　问：关于小王，我们不知道什么？

8.　女：现在别的店新款都上市了，你这儿的怎么还是去年的款式啊？

　　男：我们明天就进新货了，您明天来一定有新款！

　　问：男的最有可能是什么人？

9.　女：你们小孩子懂什么？别插嘴！

　　男：是呀，就你们大人懂，我们小孩子都是笨蛋。

　　问：男的是什么语气？

10.　女：小丽又打电话给我了，她记性总这么不好。

　　男：你以后多提醒她嘛，或者让她配一把备用钥匙。

　　问：小丽为什么给女的打电话？

11. 女：我觉得颜色挺好，样子也新颖，你看呢？

男：我觉得这种颜色不适合你，太时尚了，穿起来不像白领。

问：女的最有可能是什么人？

12. 女：王佳说这家饭店的菜很好吃。

男：她说的你也相信？她是南方人，喜欢吃甜的，和我们北方人不一样。

问：下列哪种说法不正确？

13. 男：请问寄封平信多少钱？

女：本埠八毛，外埠一块二。挂号另加两块。

问：对话可能发生在什么地方？

14. 男：这条倒霉的路天天堵车，昨天就因为迟到被老板批评了。

女：没办法，谁让你不早点儿出门呢？

问：女的是什么意思？

15. 女：你的这些照片真漂亮！是在哪儿拍的？

男：这些是我去年去成都、重庆、云南旅游时拍的，今年我还想去苏州等地方再拍点儿照片。

问：以下哪一个地方是男的没有去过的？

16. 男：我对小红有点儿担心。最近她老是谈些与学校排球赛有关的事，还三天两头出去练习打排球。

女：是呀，马上就要期末考试了，她的成绩肯定会下降的，我们要找个时间和她谈谈。

问：对话没有提到以下哪项？

17. 男：小丽，今天我做东，请你们宿舍全体美女去玄武旋转餐厅美餐一顿，怎么样？

女：哇！太阳从西边出来了！不吃白不吃！

问：女的是什么意思？

18. 女：都这么晚了，我以为你今天不会来了。

    男：怎么会呢？

    问：男的是什么意思？

19. 男：你昨天去看房子了吗？买了吗？

    女：没买。其实价格挺合理的，房子装修得不错，交通很便利，周围的环境
    也很好。只是我目前手头有点儿紧。

    问：女的为什么不买房？

20. 女：听说你儿子跟你的关系不是很好？

    男：说实话我不是一个好父亲，因为忙，没时间管他，我们之间几乎没有
    沟通。因为我，他也有很大的压力。

    问：男的和儿子的关系为什么不好？

第 二 部 分

第 21 到 45 题：请选出正确答案。现在开始第 21 题：

21. 女：您好！欢迎光临我爱我家。请问您要……

    男：你们这儿有没有单间出租？

    女：多的是啊，您要什么区域？什么价位？

    男：在学院路附近，1500块左右。

    女：您请坐吧，咱们慢慢儿看。

    问：根据对话，下列哪项正确？

22. 女：听说你们头儿换了？

    男：是啊。王主任上个月退休了，副主任老黄推荐小张当一把手。

    女：小张行不？

    男：怎么说呢，都说新官上任三把火，可小张这三把火好像还没烧起来呢。

    问：男的对小张当领导是什么态度？

23. 男：今天可说好了，我买单。

女：行啊，给你一次机会，我不想让你有太大压力。

男：点什么菜？这个由你来负责吧。

女：还是你来点吧，我是第一次来这儿，情况不熟悉。

问：对话可能发生在哪儿？

24. 女：每天都重复同样的事情，我真的不想干下去了。

男：前两个月只是打基础，你要踏踏实实做下去，以后就好了。

女：我可没这个耐心，谁爱干谁干。

男：我的大小姐，找这份工作也不容易啊！你可得给我坚持下去！

问：男的没有对女的提出什么要求？

25. 女：我们家小妍说什么也不愿考研究生，我跟他爸怎么劝都不行。

男：我说你们也真是的，孩子不愿意就算了，再说她已经找到工作了。

女：一个月千把块钱的工作，能让我们满意吗？

男：鞋子合不合脚要问穿鞋的人，这件事你还是要尊重孩子的意见吧。

问：男的对女的的做法是什么态度？

26. 女：咱们是这么多年的老朋友了，你还客气什么？

男：没什么，你搬家，我怎么能不表示一点儿心意呢？

女：实在不好意思，又让你破费了。

男：哪里！哪里！以后我们还要互相照应啊！

问：男的做了什么事情？

27. 男：昨天你去看过房子了吗？怎么样？

女：看过了。户型设计得挺一般，小区周边目前没有什么商业配套。不过，就在新开工的地铁五号线附近，这一点最让我心动。

男：咱们就那么点儿死工资，最关键的还是看价格。

女：别提价格了，一提我就觉得我们的收入简直太少了！

问：女的看中了房子的哪个方面？

28. 女：电影都快放完了，你就是进去也看不了几分钟。

 男：票上不是写着8点才开始吗？还有5分钟才开演呢。

 女：8点？开什么国际玩笑？你再仔细看看！

 男：哎呀，是6点。

 问：从对话我们可以知道什么？

29. 女：刘总，您好！我们张经理想和您约一个时间见面。您下星期什么时间
 方便？

 男：我下周二一大早要去上海开会，按计划是周六下午回来。

 女：是这样，张经理现在在北京出差，这个周日回来。

 男：好的。张经理一回来你就给我电话吧。

 问：刘总和张经理最有可能什么时候见面？

30. 女：我回来了，你看我买了什么？

 男：是男式大衣啊，给我买的？

 女：可不是！就为了买这件大衣，我跑了十几家商店才买到。

 男：谁让你那么讲究？我随便穿什么都行。

 问：从对话我们知道什么？

第31到32题是根据下面一段对话：

 妈妈：醒醒，起床时间到了。

 女儿：妈妈，我好困啊，想多睡一会儿，反正今天不上学。

 妈妈：你忘了今天还要出去练钢琴吗？

 女儿：对呀，我差点儿忘了。这就起来。我穿哪条裙子好呢？红色的还是蓝色
 的？

 妈妈：蓝色的裙子更合适。不过今天降温，别穿裙子了，穿长裤吧。

 女儿：好吧。

31. 女儿今天要出去干什么？

32. 女儿最终穿了什么衣服？

第33 到34 题是根据下面一段对话：

> 女：你今天上午抽空儿去售楼中心了吗？
>
> 男：去了。害得我请了两个小时的假，连会都没有开。
>
> 女：协议签好了没有？最后订的是哪一套？
>
> 男：一楼的房子早就被订完了，我只能订二楼的，我觉得一楼二楼都很好。
>
> 女：什么？这可怎么办呢，要知道咱爸可就看中一楼的花园了。
>
> 男：这没办法，要不我们就只有等别人退订，你看行吗？
>
> 女：只能这样了。

33.　对话人在讨论什么事情？

34.　下面关于两人买房的意见哪个是正确的？

第35 到36 题是根据下面一段话：

　　有一个人出门办事，到了目的地之后发现没有停车位，只好把车停在马路上。他在雨刷下留了一张纸条儿，上面写着："我来此办事。"回来的时候，雨刷下多了一张违章停车罚单，而且纸条上多了一行字："我也是。"

35.　这个人为什么把车停在马路上？

36.　在纸条上写"我也是"的是什么人？

第37 到38 题是根据下面一段话：

　　各位旅客，您好！欢迎乘坐K2217次列车。本次列车从南通出发，途经海安、姜堰、泰州、扬州、仪征、六合，终点站为南京。列车行程为378公里，全程需要四个小时。请您保管好随身携带的物品，谨防物品丢失。同时，本列车为您提供热水以及新鲜食品，欢迎到十号车厢品尝。全体乘务员将为您提供优质务，祝您旅途愉快！

37.　列车途经几个城市？

38.　根据这段话，我们可以知道什么？

第39到42题是根据下面一段话：

　　在宋朝的时候，有一个名叫孙山的才子，他为人幽默，很善于说笑话，所以周围的人就给他取了一个"滑稽才子"的绰号。有一次，他和一个同乡的儿子一同到京城去参加科举考试。放榜的时候，孙山的名字虽然被列在榜文的倒数第一名，但仍然是榜上有名，而那位和他一起去的同乡的儿子，却没有考上。

　　不久，孙山回到家里，同乡便来问他儿子有没有考取。孙山既不好意思直说，又不便隐瞒，他只好说："举人榜上的最后一名是我孙山，而令郎的名字却还在我孙山的后面。"于是，同乡便明白了其中的意思，不再追问下去。从此，人们便根据这个故事，把参加选拔或考试没有被录取，叫做"名落孙山"。

39.　为什么孙山有"滑稽才子"的绰号？

40.　孙山到京城去干什么？

41.　孙山考取了第几名？

42.　同乡为什么没有再追问下去？

第43到45题是根据下面一段话：

　　豫剧大师马金凤在80年的演艺生涯中，每次演唱完后，为了保护嗓子，都要喝上一碗面汤，这是当年她唱戏把嗓子唱哑后，一位老中医告诉她的保养方法。这习惯马金凤一天都没有中断过。为了保护嗓子，她不吃辛辣的食物，80年没有喝过一滴酒，以至于有一次在她的寿宴上，她笑着说："我很想知道葡萄酒是什么味道，可是我还是不能喝。"在她以85岁高龄参加中央电视台春节晚会演唱《穆桂英挂帅》时，依然声音清亮。如果不是亲眼所见，谁也不会想到，那竟是一位80多岁老人唱的。

43.　马金凤演唱后为了保护嗓子，会喝什么？

44.　马金凤为什么不知道葡萄酒是什么味道？

45.　马金凤为什么到85岁声音依然很清亮？

听力考试现在结束。

정답

북경어언대
新 HSK 합격 모의고사 5급

〈제1회〉정답

一、听力 | 二、阅读

一、听力

第一部分

1. D   2. B   3. D   4. A   5. C
6. C   7. B   8. B   9. C   10. D
11. C   12. D   13. B   14. B   15. A
16. B   17. D   18. B   19. B   20. C

第二部分

21. C   22. A   23. A   24. B   25. B
26. C   27. B   28. B   29. B   30. C
31. D   32. B   33. A   34. B   35. C
36. D   37. A   38. B   39. B   40. B
41. B   42. D   43. A   44. C   45. D

二、阅读

第一部分

46. D   47. C   48. B   49. B   50. D
51. D   52. B   53. D   54. B   55. C
56. A   57. B   58. D   59. B   60. A

第二部分

61. D   62. D   63. B   64. D   65. A
66. A   67. D   68. A   69. C   70. A

第三部分

71. A   72. B   73. C   74. D   75. A
76. B   77. B   78. B   79. B   80. B
81. B   82. C   83. B   84. A   85. A
86. C   87. B   88. B   89. D   90. A

三、书写

第一部分

91. 我们班的同学们表现得十分坚强。

92. 他直到现在才认识到自己的错误是多么严重。

93. 奥运会增进了世界各国人民的相互了解。

94. 爸爸想了半天也没想出个好办法。

95. 电视台计划派人采访这三位红歌星。

96. 每两个星期进行一次小测验。

97. 改革对经济的发展起了很大的促进作用。

98. 公园大门左右两侧各有一个石狮。

第二部分 모범답안

99.

		上	周	我	在	学	校	遇	到	李	华	，	我	们	互
相	介	绍	之	后	，	开	始	了	交	流	。	他	认	真	地
听	我	讲	话	，	还	告	诉	我	有	什	么	发	音	问	题、
语	法	问	题	。	跟	他	练	习	口	语	很	有	意	思	。
有	了	他	的	帮	助	，	我	一	定	能	提	高	汉	语	水
平	。														

100.

		奥	运	会	是	一	个	全	世	界	人	民	的	节	日，
给	人	们	带	来	很	多	的	快	乐	。	奥	运	会	举	办
的	时	候	，	主	办	国	热	情	地	迎	接	来	自	世	界
各	地	的	客	人	。	各	国	的	观	众	会	在	比	赛	现
场	和	电	视	机	前	为	运	动	员	精	彩	的	比	赛	加
油	！														

〈제2회〉 정답

一、 听力

第一部分

1. C	2. D	3. D	4. D	5. B
6. B	7. C	8. B	9. B	10. D
11. D	12. D	13. B	14. B	15. B
16. C	17. B	18. D	19. B	20. A

第二部分

21. D	22. A	23. D	24. B	25. C
26. A	27. B	28. A	29. B	30. B
31. B	32. A	33. B	34. A	35. C
36. C	37. D	38. A	39. D	40. D
41. B	42. C	43. D	44. A	45. B

二、 阅读

第一部分

46. B	47. A	48. B	49. C	50. B
51. A	52. C	53. B	54. A	55. A
56. A	57. B	58. D	59. D	60. B

第二部分

61. C	62. D	63. B	64. C	65. D
66. C	67. C	68. C	69. D	70. B

第三部分

71. A	72. D	73. D	74. C	75. D
76. D	77. C	78. C	79. B	80. D
81. D	82. A	83. A	84. B	85. D
86. C	87. C	88. B	89. A	90. A

三、书写

91. 公司派他去了解一下那里的产品销售情况。

92. 我不需要别人帮我做作业。

93. 同学们正在对这个问题进行热烈的讨论。

94. 下班的时候一定要把电脑关掉。

95. 他们根本得不到充分的休息。

96. 他们是通过中间人介绍认识的。

97. 美丽的西湖就好像是一幅山水画。

98. 这档节目很受观众的喜爱。

第二部分 모범답안

99.

		上	个	周	末	我	们	班	去	参	观	历	史	博	物
馆	。	八	点	半	，	我	准	时	来	到	学	校	大	门	口，
上	了	汽	车	，	找	个	座	位	坐	了	下	来	。	我	看
见	王	老	师	手	里	拿	着	照	相	机	急	忙	地	跑	了
过	来	。	这	时	候	，	我	才	想	到	我	也	应	该	带
个	照	相	机	照	几	张	相	。							

100.

		春	天	来	了	，	小	燕	子	像	春	姑	娘	一	样
飞	到	各	处	告	诉	人	们	春	的	消	息	。			
		春	姑	娘	来	到	花	园	中	，		花	儿	们	纷 纷
开	放	；	春	姑	娘	来	到	草	地	里	，	小	草	抬	起
头	，	向	着	阳	光	生	长	；	春	姑	娘	来	到	小	河
边	，	小	河	向	人	们	微	笑	歌	唱	。				

〈제3회〉 정답

一、听力   二、阅读

一、听力

第一部分

1. C	2. C	3. C	4. D	5. B
6. A	7. C	8. A	9. C	10. C
11. B	12. D	13. C	14. C	15. B
16. C	17. B	18. C	19. C	20. D

第二部分

21. B	22. A	23. A	24. B	25. C
26. B	27. B	28. A	29. D	30. C
31. C	32. B	33. B	34. A	35. B
36. B	37. B	38. C	39. B	40. A
41. A	42. A	43. C	44. C	45. D

二、阅读

第一部分

46. D	47. B	48. C	49. C	50. D
51. C	52. B	53. D	54. B	55. A
56. C	57. D	58. B	59. B	60. C

第二部分

61. A	62. C	63. A	64. D	65. C
66. A	67. C	68. D	69. D	70. D

第三部分

71. C	72. C	73. D	74. C	75. B
76. A	77. D	78. D	79. D	80. D
81. D	82. A	83. B	84. D	85. D
86. D	87. C	88. D	89. B	90. C

三、书写

第一部分

91. 民间流传着牛郎织女这个爱情故事。

92. 父母应该努力让孩子接受最好的教育。

93. 老师傅们都知道这个小王很不听话。

94. 她的汉语水平实在不怎么样。

95. 李教练被认为是中国最优秀的乒乓球教练之一。

96. 主人向客人介绍了一下本地的风俗习惯。

97. 老年人散步不能走得离家太远。

98. 最可怕的是他从来不承认错误。

第二部分 모범답안

99.

		王	先	生	看	到	一	条	广	告	，	说	低	价	学
开	车	，	报	名	还	送	蛋	糕	。	他	正	想	学	开	车，
星	期	四	又	是	太	太	的	生	日	。	于	是	星	期	四
下	班	后	王	先	生	去	报	了	名	。	结	果	蛋	糕	是
学	习	完	了	才	送	的	。	王	先	生	很	生	气	，	再
去	订	蛋	糕	已	经	来	不	及	了	。					

100.

		我	是	一	个	足	球	迷	，	最	喜	欢	看	的	比
赛	是	世	界	杯	赛	。	周	末	我	也	常	和	朋	友	们
一	起	去	踢	足	球	，	有	时	候	我	们	会	踢	一	个
下	午	，	但	是	我	一	点	儿	也	不	觉	得	累	。	我
觉	得	踢	足	球	是	一	项	非	常	有	意	思	的	运	动。

〈제4회〉 정답

一、听力

第一部分

1. C	2. A	3. D	4. C	5. D
6. D	7. D	8. D	9. C	10. B
11. D	12. B	13. B	14. D	15. C
16. C	17. B	18. D	19. D	20. B

第二部分

21. B	22. D	23. C	24. A	25. D
26. C	27. C	28. B	29. B	30. D
31. B	32. B	33. B	34. C	35. B
36. A	37. B	38. B	39. A	40. D
41. C	42. D	43. A	44. A	45. B

二、阅读

第一部分

46. B	47. A	48. C	49. A	50. C
51. C	52. B	53. B	54. C	55. A
56. B	57. B	58. C	59. A	60. B

第二部分

61. B	62. C	63. A	64. C	65. B
66. B	67. B	68. C	69. B	70. C

第三部分

71. B	72. A	73. A	74. C	75. B
76. B	77. B	78. C	79. C	80. A
81. C	82. D	83. B	84. A	85. D
86. B	87. D	88. B	89. C	90. A

三、 书写

第一部分

91. 同学们表演的汉语节目很精彩。

92. 图书馆和食堂之间有一个游泳池。

93. 我对这次考试没有什么把握。

94. 接下来向各位家长汇报一下孩子们的学习情况。

95. 政府必须想办法丰富老百姓的文化生活。

96. 这篇报道引起了中国球迷的广泛关注。

97. 这样做还不能从根本上解决问题。

98. 这种人经常把别人的东西当成自己的。

第二部分 모범답안

99.

		我	很	喜	欢	运	动	，	喜	欢	锻	炼	身	体	。
特	别	是	到	了	秋	天	的	时	候	，	我	常	常	和	朋
友	一	起	去	风	景	名	胜	买	门	票	爬	山	。	每	次
到	了	山	顶	，	看	着	山	下	优	美	的	风	景	，	我
都	会	觉	得	所	有	的	烦	恼	、	所	有	的	遗	憾	全
部	消	失	了	。											

100.

		吸	烟	对	身	体	健	康	有	害	，	是	一	种	不
好	的	习	惯	。	吸	烟	不	但	会	让	人	生	病	，	还
要	花	很	多	钱	。	吸	烟	不	仅	对	自	己	的	健	康
有	害	，	还	会	影	响	别	人	的	健	康	。	为	了	让
我	们	的	身	体	更	健	康	，	生	活	更	美	好	，	请
不	要	吸	烟	！											

宝剑锋从磨砺出，梅花香自苦寒来。

Bǎojiàn fēng cóng mólì chū, méihuā xiāng zì kǔhán lái.

보검의 날카로움은 연마에서 나오고, 매화의 향기로움은 혹한에서 비롯된다.

훌륭하고 아름다운 것은 인내와 고난을 거쳐 완성됨을 비유하는 말입니다. 지금은 원하는 급수나 점수가 나오지 않더라도 끝까지 포기하지 않고 차근차근 문제를 풀며 연습하면 반드시 원하는 결과를 얻게 될 것입니다. **大家加油!** 모두들 힘내세요!

祝你考试成功!

시험 잘 보세요!

※답안지는 절취선을 따라 잘라서 사용하세요!

新 汉 语 水 平 考 试
HSK （五级）答题卡

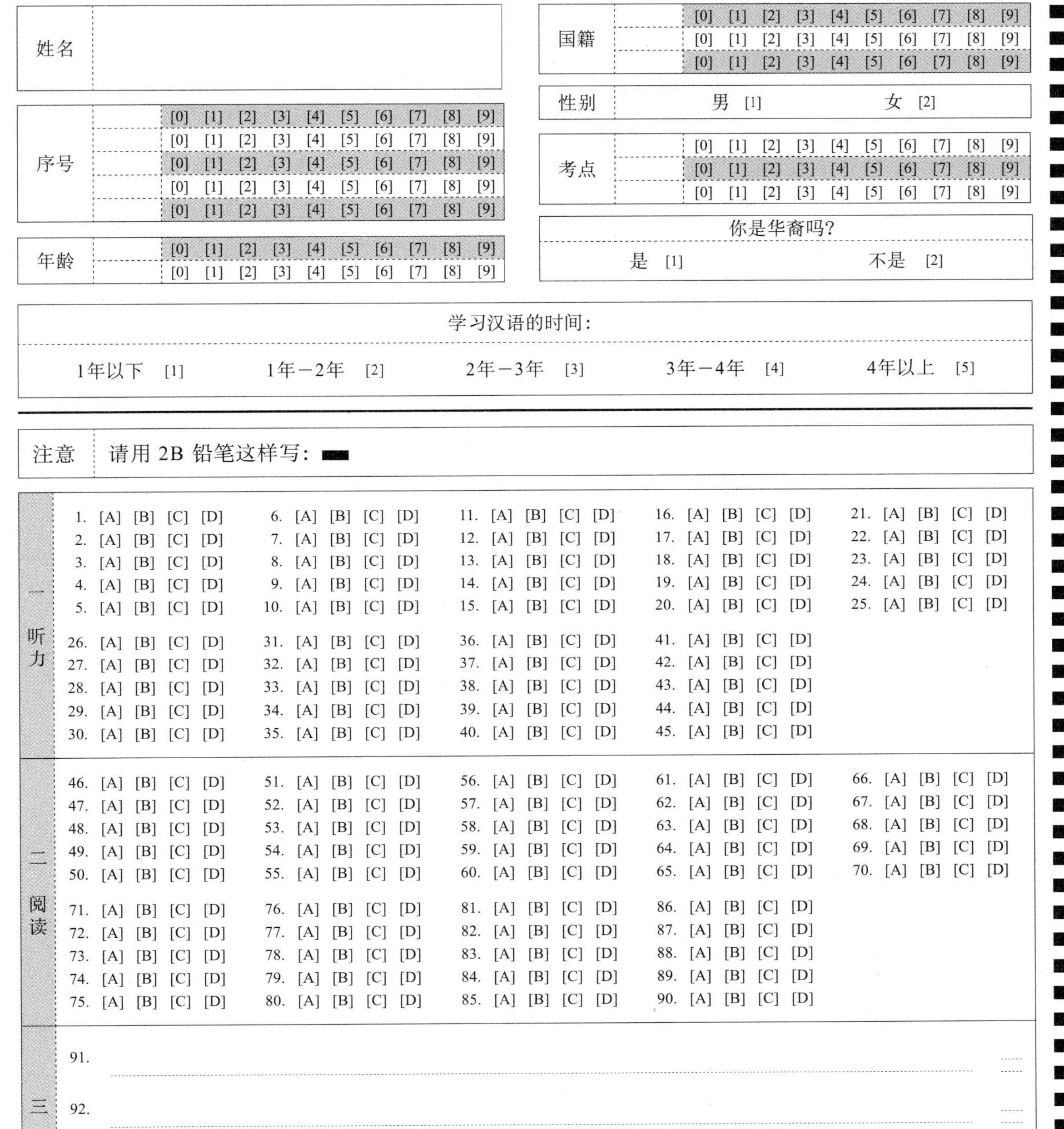

95.

96.

97.

98.

99.

100.

新 汉 语 水 平 考 试
HSK（五级）答题卡

姓名

国籍 [0] [1] [2] [3] [4] [5] [6] [7] [8] [9]
[0] [1] [2] [3] [4] [5] [6] [7] [8] [9]
[0] [1] [2] [3] [4] [5] [6] [7] [8] [9]

序号
[0] [1] [2] [3] [4] [5] [6] [7] [8] [9]
[0] [1] [2] [3] [4] [5] [6] [7] [8] [9]
[0] [1] [2] [3] [4] [5] [6] [7] [8] [9]
[0] [1] [2] [3] [4] [5] [6] [7] [8] [9]
[0] [1] [2] [3] [4] [5] [6] [7] [8] [9]

性别　　男 [1]　　女 [2]

考点
[0] [1] [2] [3] [4] [5] [6] [7] [8] [9]
[0] [1] [2] [3] [4] [5] [6] [7] [8] [9]
[0] [1] [2] [3] [4] [5] [6] [7] [8] [9]

年龄
[0] [1] [2] [3] [4] [5] [6] [7] [8] [9]
[0] [1] [2] [3] [4] [5] [6] [7] [8] [9]

你是华裔吗?　　是 [1]　　不是 [2]

学习汉语的时间:

1年以下 [1]　　1年－2年 [2]　　2年－3年 [3]　　3年－4年 [4]　　4年以上 [5]

注意　请用 2B 铅笔这样写: ▬

一 听力

1. [A] [B] [C] [D]
2. [A] [B] [C] [D]
3. [A] [B] [C] [D]
4. [A] [B] [C] [D]
5. [A] [B] [C] [D]
6. [A] [B] [C] [D]
7. [A] [B] [C] [D]
8. [A] [B] [C] [D]
9. [A] [B] [C] [D]
10. [A] [B] [C] [D]
11. [A] [B] [C] [D]
12. [A] [B] [C] [D]
13. [A] [B] [C] [D]
14. [A] [B] [C] [D]
15. [A] [B] [C] [D]
16. [A] [B] [C] [D]
17. [A] [B] [C] [D]
18. [A] [B] [C] [D]
19. [A] [B] [C] [D]
20. [A] [B] [C] [D]
21. [A] [B] [C] [D]
22. [A] [B] [C] [D]
23. [A] [B] [C] [D]
24. [A] [B] [C] [D]
25. [A] [B] [C] [D]
26. [A] [B] [C] [D]
27. [A] [B] [C] [D]
28. [A] [B] [C] [D]
29. [A] [B] [C] [D]
30. [A] [B] [C] [D]
31. [A] [B] [C] [D]
32. [A] [B] [C] [D]
33. [A] [B] [C] [D]
34. [A] [B] [C] [D]
35. [A] [B] [C] [D]
36. [A] [B] [C] [D]
37. [A] [B] [C] [D]
38. [A] [B] [C] [D]
39. [A] [B] [C] [D]
40. [A] [B] [C] [D]
41. [A] [B] [C] [D]
42. [A] [B] [C] [D]
43. [A] [B] [C] [D]
44. [A] [B] [C] [D]
45. [A] [B] [C] [D]

二 阅读

46. [A] [B] [C] [D]
47. [A] [B] [C] [D]
48. [A] [B] [C] [D]
49. [A] [B] [C] [D]
50. [A] [B] [C] [D]
51. [A] [B] [C] [D]
52. [A] [B] [C] [D]
53. [A] [B] [C] [D]
54. [A] [B] [C] [D]
55. [A] [B] [C] [D]
56. [A] [B] [C] [D]
57. [A] [B] [C] [D]
58. [A] [B] [C] [D]
59. [A] [B] [C] [D]
60. [A] [B] [C] [D]
61. [A] [B] [C] [D]
62. [A] [B] [C] [D]
63. [A] [B] [C] [D]
64. [A] [B] [C] [D]
65. [A] [B] [C] [D]
66. [A] [B] [C] [D]
67. [A] [B] [C] [D]
68. [A] [B] [C] [D]
69. [A] [B] [C] [D]
70. [A] [B] [C] [D]
71. [A] [B] [C] [D]
72. [A] [B] [C] [D]
73. [A] [B] [C] [D]
74. [A] [B] [C] [D]
75. [A] [B] [C] [D]
76. [A] [B] [C] [D]
77. [A] [B] [C] [D]
78. [A] [B] [C] [D]
79. [A] [B] [C] [D]
80. [A] [B] [C] [D]
81. [A] [B] [C] [D]
82. [A] [B] [C] [D]
83. [A] [B] [C] [D]
84. [A] [B] [C] [D]
85. [A] [B] [C] [D]
86. [A] [B] [C] [D]
87. [A] [B] [C] [D]
88. [A] [B] [C] [D]
89. [A] [B] [C] [D]
90. [A] [B] [C] [D]

三 书写

91.

92.

93.

94.

95.

96.

97.

98.

99.

100.

新 汉 语 水 平 考 试
HSK（五级）答题卡

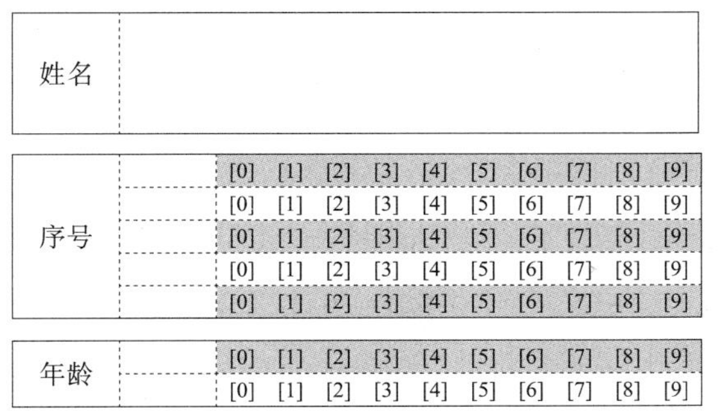

姓名	

序号	[0] [1] [2] [3] [4] [5] [6] [7] [8] [9] [0] [1] [2] [3] [4] [5] [6] [7] [8] [9] [0] [1] [2] [3] [4] [5] [6] [7] [8] [9] [0] [1] [2] [3] [4] [5] [6] [7] [8] [9] [0] [1] [2] [3] [4] [5] [6] [7] [8] [9]

年龄	[0] [1] [2] [3] [4] [5] [6] [7] [8] [9] [0] [1] [2] [3] [4] [5] [6] [7] [8] [9]

国籍	[0] [1] [2] [3] [4] [5] [6] [7] [8] [9] [0] [1] [2] [3] [4] [5] [6] [7] [8] [9] [0] [1] [2] [3] [4] [5] [6] [7] [8] [9]

性别	男 [1]　　　　女 [2]

考点	[0] [1] [2] [3] [4] [5] [6] [7] [8] [9] [0] [1] [2] [3] [4] [5] [6] [7] [8] [9] [0] [1] [2] [3] [4] [5] [6] [7] [8] [9]

你是华裔吗?
是 [1]　　　　不是 [2]

学习汉语的时间:

1年以下 [1]　　　1年－2年 [2]　　　2年－3年 [3]　　　3年－4年 [4]　　　4年以上 [5]

注意　　请用 2B 铅笔这样写：▬

一 听力

1. [A] [B] [C] [D]　　6. [A] [B] [C] [D]　　11. [A] [B] [C] [D]　　16. [A] [B] [C] [D]　　21. [A] [B] [C] [D]
2. [A] [B] [C] [D]　　7. [A] [B] [C] [D]　　12. [A] [B] [C] [D]　　17. [A] [B] [C] [D]　　22. [A] [B] [C] [D]
3. [A] [B] [C] [D]　　8. [A] [B] [C] [D]　　13. [A] [B] [C] [D]　　18. [A] [B] [C] [D]　　23. [A] [B] [C] [D]
4. [A] [B] [C] [D]　　9. [A] [B] [C] [D]　　14. [A] [B] [C] [D]　　19. [A] [B] [C] [D]　　24. [A] [B] [C] [D]
5. [A] [B] [C] [D]　　10. [A] [B] [C] [D]　　15. [A] [B] [C] [D]　　20. [A] [B] [C] [D]　　25. [A] [B] [C] [D]

26. [A] [B] [C] [D]　　31. [A] [B] [C] [D]　　36. [A] [B] [C] [D]　　41. [A] [B] [C] [D]
27. [A] [B] [C] [D]　　32. [A] [B] [C] [D]　　37. [A] [B] [C] [D]　　42. [A] [B] [C] [D]
28. [A] [B] [C] [D]　　33. [A] [B] [C] [D]　　38. [A] [B] [C] [D]　　43. [A] [B] [C] [D]
29. [A] [B] [C] [D]　　34. [A] [B] [C] [D]　　39. [A] [B] [C] [D]　　44. [A] [B] [C] [D]
30. [A] [B] [C] [D]　　35. [A] [B] [C] [D]　　40. [A] [B] [C] [D]　　45. [A] [B] [C] [D]

二 阅读

46. [A] [B] [C] [D]　　51. [A] [B] [C] [D]　　56. [A] [B] [C] [D]　　61. [A] [B] [C] [D]　　66. [A] [B] [C] [D]
47. [A] [B] [C] [D]　　52. [A] [B] [C] [D]　　57. [A] [B] [C] [D]　　62. [A] [B] [C] [D]　　67. [A] [B] [C] [D]
48. [A] [B] [C] [D]　　53. [A] [B] [C] [D]　　58. [A] [B] [C] [D]　　63. [A] [B] [C] [D]　　68. [A] [B] [C] [D]
49. [A] [B] [C] [D]　　54. [A] [B] [C] [D]　　59. [A] [B] [C] [D]　　64. [A] [B] [C] [D]　　69. [A] [B] [C] [D]
50. [A] [B] [C] [D]　　55. [A] [B] [C] [D]　　60. [A] [B] [C] [D]　　65. [A] [B] [C] [D]　　70. [A] [B] [C] [D]

71. [A] [B] [C] [D]　　76. [A] [B] [C] [D]　　81. [A] [B] [C] [D]　　86. [A] [B] [C] [D]
72. [A] [B] [C] [D]　　77. [A] [B] [C] [D]　　82. [A] [B] [C] [D]　　87. [A] [B] [C] [D]
73. [A] [B] [C] [D]　　78. [A] [B] [C] [D]　　83. [A] [B] [C] [D]　　88. [A] [B] [C] [D]
74. [A] [B] [C] [D]　　79. [A] [B] [C] [D]　　84. [A] [B] [C] [D]　　89. [A] [B] [C] [D]
75. [A] [B] [C] [D]　　80. [A] [B] [C] [D]　　85. [A] [B] [C] [D]　　90. [A] [B] [C] [D]

三 书写

91.

92.

93.

94.

95.

96.

97.

98.

99.

100.

新 汉 语 水 平 考 试
HSK （五级） 答题卡

姓名

序号 [0] [1] [2] [3] [4] [5] [6] [7] [8] [9]

年龄 [0] [1] [2] [3] [4] [5] [6] [7] [8] [9]

国籍 [0] [1] [2] [3] [4] [5] [6] [7] [8] [9]

性别　　男 [1]　　　　女 [2]

考点 [0] [1] [2] [3] [4] [5] [6] [7] [8] [9]

你是华裔吗?　　是 [1]　　　　不是 [2]

学习汉语的时间:

1年以下 [1]　　　1年－2年 [2]　　　2年－3年 [3]　　　3年－4年 [4]　　　4年以上 [5]

注意　请用 2B 铅笔这样写: ▬

一 听力

1. [A] [B] [C] [D]　　6. [A] [B] [C] [D]　　11. [A] [B] [C] [D]　　16. [A] [B] [C] [D]　　21. [A] [B] [C] [D]
2. [A] [B] [C] [D]　　7. [A] [B] [C] [D]　　12. [A] [B] [C] [D]　　17. [A] [B] [C] [D]　　22. [A] [B] [C] [D]
3. [A] [B] [C] [D]　　8. [A] [B] [C] [D]　　13. [A] [B] [C] [D]　　18. [A] [B] [C] [D]　　23. [A] [B] [C] [D]
4. [A] [B] [C] [D]　　9. [A] [B] [C] [D]　　14. [A] [B] [C] [D]　　19. [A] [B] [C] [D]　　24. [A] [B] [C] [D]
5. [A] [B] [C] [D]　　10. [A] [B] [C] [D]　　15. [A] [B] [C] [D]　　20. [A] [B] [C] [D]　　25. [A] [B] [C] [D]
26. [A] [B] [C] [D]　　31. [A] [B] [C] [D]　　36. [A] [B] [C] [D]　　41. [A] [B] [C] [D]
27. [A] [B] [C] [D]　　32. [A] [B] [C] [D]　　37. [A] [B] [C] [D]　　42. [A] [B] [C] [D]
28. [A] [B] [C] [D]　　33. [A] [B] [C] [D]　　38. [A] [B] [C] [D]　　43. [A] [B] [C] [D]
29. [A] [B] [C] [D]　　34. [A] [B] [C] [D]　　39. [A] [B] [C] [D]　　44. [A] [B] [C] [D]
30. [A] [B] [C] [D]　　35. [A] [B] [C] [D]　　40. [A] [B] [C] [D]　　45. [A] [B] [C] [D]

二 阅读

46. [A] [B] [C] [D]　　51. [A] [B] [C] [D]　　56. [A] [B] [C] [D]　　61. [A] [B] [C] [D]　　66. [A] [B] [C] [D]
47. [A] [B] [C] [D]　　52. [A] [B] [C] [D]　　57. [A] [B] [C] [D]　　62. [A] [B] [C] [D]　　67. [A] [B] [C] [D]
48. [A] [B] [C] [D]　　53. [A] [B] [C] [D]　　58. [A] [B] [C] [D]　　63. [A] [B] [C] [D]　　68. [A] [B] [C] [D]
49. [A] [B] [C] [D]　　54. [A] [B] [C] [D]　　59. [A] [B] [C] [D]　　64. [A] [B] [C] [D]　　69. [A] [B] [C] [D]
50. [A] [B] [C] [D]　　55. [A] [B] [C] [D]　　60. [A] [B] [C] [D]　　65. [A] [B] [C] [D]　　70. [A] [B] [C] [D]
71. [A] [B] [C] [D]　　76. [A] [B] [C] [D]　　81. [A] [B] [C] [D]　　86. [A] [B] [C] [D]
72. [A] [B] [C] [D]　　77. [A] [B] [C] [D]　　82. [A] [B] [C] [D]　　87. [A] [B] [C] [D]
73. [A] [B] [C] [D]　　78. [A] [B] [C] [D]　　83. [A] [B] [C] [D]　　88. [A] [B] [C] [D]
74. [A] [B] [C] [D]　　79. [A] [B] [C] [D]　　84. [A] [B] [C] [D]　　89. [A] [B] [C] [D]
75. [A] [B] [C] [D]　　80. [A] [B] [C] [D]　　85. [A] [B] [C] [D]　　90. [A] [B] [C] [D]

三 书写

91.

92.

93.

94.

95.

96.

97.

98.

99.

100.

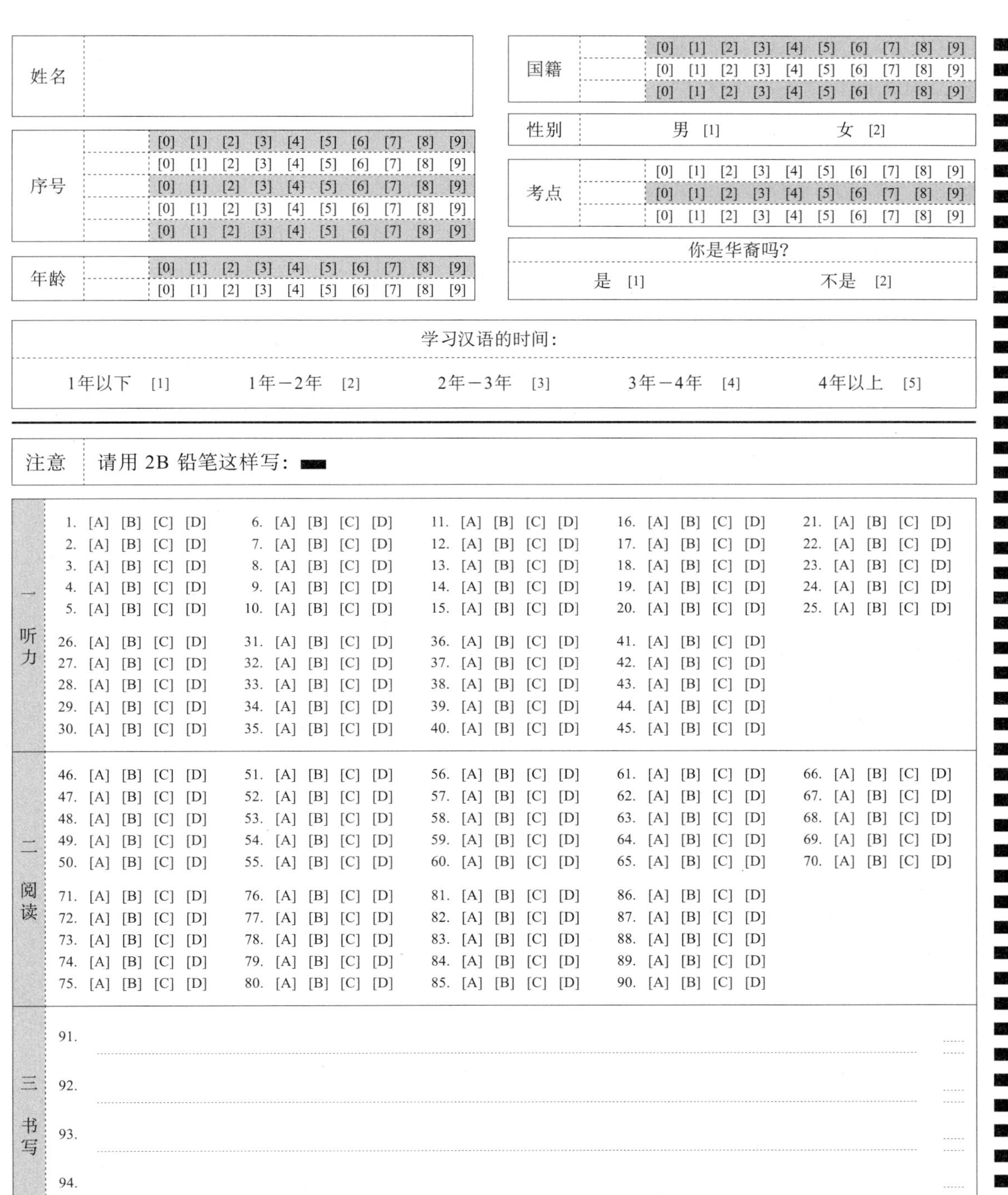

新 汉 语 水 平 考 试
HSK （五级）答题卡

姓名

国籍
[0] [1] [2] [3] [4] [5] [6] [7] [8] [9]
[0] [1] [2] [3] [4] [5] [6] [7] [8] [9]
[0] [1] [2] [3] [4] [5] [6] [7] [8] [9]

性别　　男 [1]　　　　女 [2]

序号
[0] [1] [2] [3] [4] [5] [6] [7] [8] [9]
[0] [1] [2] [3] [4] [5] [6] [7] [8] [9]
[0] [1] [2] [3] [4] [5] [6] [7] [8] [9]
[0] [1] [2] [3] [4] [5] [6] [7] [8] [9]
[0] [1] [2] [3] [4] [5] [6] [7] [8] [9]

考点
[0] [1] [2] [3] [4] [5] [6] [7] [8] [9]
[0] [1] [2] [3] [4] [5] [6] [7] [8] [9]
[0] [1] [2] [3] [4] [5] [6] [7] [8] [9]

年龄
[0] [1] [2] [3] [4] [5] [6] [7] [8] [9]
[0] [1] [2] [3] [4] [5] [6] [7] [8] [9]

你是华裔吗？
是 [1]　　　　不是 [2]

学习汉语的时间：
1年以下 [1]　　1年－2年 [2]　　2年－3年 [3]　　3年－4年 [4]　　4年以上 [5]

注意　请用 2B 铅笔这样写：■

一 听力
1. [A] [B] [C] [D]　6. [A] [B] [C] [D]　11. [A] [B] [C] [D]　16. [A] [B] [C] [D]　21. [A] [B] [C] [D]
2. [A] [B] [C] [D]　7. [A] [B] [C] [D]　12. [A] [B] [C] [D]　17. [A] [B] [C] [D]　22. [A] [B] [C] [D]
3. [A] [B] [C] [D]　8. [A] [B] [C] [D]　13. [A] [B] [C] [D]　18. [A] [B] [C] [D]　23. [A] [B] [C] [D]
4. [A] [B] [C] [D]　9. [A] [B] [C] [D]　14. [A] [B] [C] [D]　19. [A] [B] [C] [D]　24. [A] [B] [C] [D]
5. [A] [B] [C] [D]　10. [A] [B] [C] [D]　15. [A] [B] [C] [D]　20. [A] [B] [C] [D]　25. [A] [B] [C] [D]
26. [A] [B] [C] [D]　31. [A] [B] [C] [D]　36. [A] [B] [C] [D]　41. [A] [B] [C] [D]
27. [A] [B] [C] [D]　32. [A] [B] [C] [D]　37. [A] [B] [C] [D]　42. [A] [B] [C] [D]
28. [A] [B] [C] [D]　33. [A] [B] [C] [D]　38. [A] [B] [C] [D]　43. [A] [B] [C] [D]
29. [A] [B] [C] [D]　34. [A] [B] [C] [D]　39. [A] [B] [C] [D]　44. [A] [B] [C] [D]
30. [A] [B] [C] [D]　35. [A] [B] [C] [D]　40. [A] [B] [C] [D]　45. [A] [B] [C] [D]

二 阅读
46. [A] [B] [C] [D]　51. [A] [B] [C] [D]　56. [A] [B] [C] [D]　61. [A] [B] [C] [D]　66. [A] [B] [C] [D]
47. [A] [B] [C] [D]　52. [A] [B] [C] [D]　57. [A] [B] [C] [D]　62. [A] [B] [C] [D]　67. [A] [B] [C] [D]
48. [A] [B] [C] [D]　53. [A] [B] [C] [D]　58. [A] [B] [C] [D]　63. [A] [B] [C] [D]　68. [A] [B] [C] [D]
49. [A] [B] [C] [D]　54. [A] [B] [C] [D]　59. [A] [B] [C] [D]　64. [A] [B] [C] [D]　69. [A] [B] [C] [D]
50. [A] [B] [C] [D]　55. [A] [B] [C] [D]　60. [A] [B] [C] [D]　65. [A] [B] [C] [D]　70. [A] [B] [C] [D]
71. [A] [B] [C] [D]　76. [A] [B] [C] [D]　81. [A] [B] [C] [D]　86. [A] [B] [C] [D]
72. [A] [B] [C] [D]　77. [A] [B] [C] [D]　82. [A] [B] [C] [D]　87. [A] [B] [C] [D]
73. [A] [B] [C] [D]　78. [A] [B] [C] [D]　83. [A] [B] [C] [D]　88. [A] [B] [C] [D]
74. [A] [B] [C] [D]　79. [A] [B] [C] [D]　84. [A] [B] [C] [D]　89. [A] [B] [C] [D]
75. [A] [B] [C] [D]　80. [A] [B] [C] [D]　85. [A] [B] [C] [D]　90. [A] [B] [C] [D]

三 书写
91.
92.
93.
94.

95.

96.

97.

98.

99.

100.

북경대 新HSK 실전 모의고사

2급·3급·4급·5급·6급

최신 개정판

★ 汉办 개정단어 반영 최신 개정판
★ 출간 즉시 新HSK 시험 매회 적중!
★ 〈新HSK 이거하나면 끝! 실전 모의고사〉 완벽 해설판!
★ 汉办 공식 개정단어장 무료 제공!

북경대출판사 펴냄, 刘云 외 지음 | 4×6배판

2급	276쪽	16,500원
3급	248쪽	16,500원
4급	308쪽	17,500원
5급	400쪽	18,500원
6급	488쪽	19,500원

중국어뱅크

新HSK 이거 하나면 끝!

실전 모의고사

2급·3급·4급·5급·6급

新HSK 시험문제 최다 적중!
新HSK 모의고사 베스트 1위!

★ 실전모의고사 5회분 수록
★ 실제 시험에 가까운 문제유형·난이도·길이·어휘 선정

북경대출판사 펴냄, 刘云 외 지음 | 4×6배판

3급	248쪽	11,500원
4급	168쪽	12,500원
5급	200쪽	13,500원
6급	200쪽	19,500원

외국어 출판 40년의 신뢰
외국어 전문 출판 그룹
동양북스가 만드는 책은 다릅니다.

40년의 쉼 없는 노력과 도전으로 책 만들기에 최선을 다해온 동양북스는
오늘도 미래의 가치에 투자하고 있습니다.
대한민국의 내일을 생각하는 도전 정신과 믿음으로 최선을 다하겠습니다.

동양북스

동양북스 추천 교재

회화 코스북

일본어뱅크 다이스키
STEP 1·2·3·4·5·6·7·8

일본어뱅크
New 스타일 일본어 회화
1·2·3

일본어뱅크 도모다찌
STEP 1·2·3

분야서

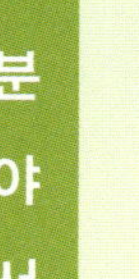     

일본어뱅크
NEW 스타일 일본어 문법

일본어뱅크
일본어 작문 초급

일본어뱅크
사진과 함께하는
일본 문화

일본어뱅크
항공 서비스 일본어

가장 쉬운 독학
일본어 현지회화

수험서

일취월장 JPT
독해·청해

일취월장 JPT
실전 모의고사 500·700

新일본어능력시험
실전적중 문제집 문자·어휘 N1·N2
실전적중 문제집 문법 N1·N2

新일본어능력시험
실전적중 문제집 독해 N1·N2
실전적중 문제집 청해 N1·N2

단어·한자

   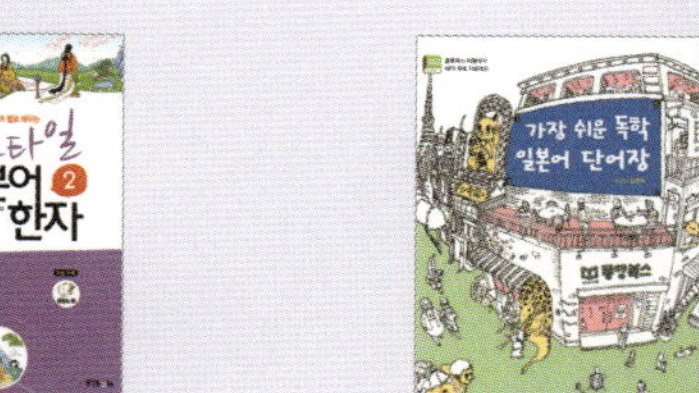

특허받은
일본어 한자 암기박사

일본어 상용한자 2136
이거 하나면 끝!

일본어뱅크
New 스타일 일본어 한자 1·2

가장 쉬운 독학
일본어 단어장

가장 쉬운
독학 일본어 첫걸음
14,000원

가장 쉬운
독학 중국어 첫걸음
14,000원

가장 쉬운
독학 베트남어 첫걸음
15,000원

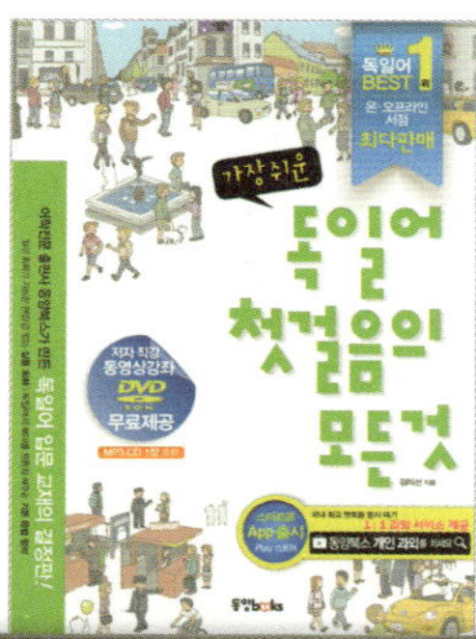

가장 쉬운
독학 스페인어 첫걸음
15,000원

가장 쉬운
프랑스어 첫걸음의 모든 것
17,000원

가장 쉬운
독일어 첫걸음의 모든 것
18,000원

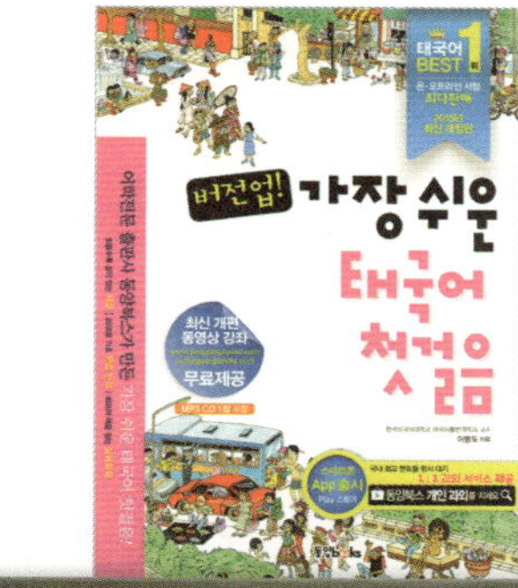

가장 쉬운
스페인어 첫걸음의 모든 것
14,500원

버전업! 가장 쉬운
베트남어 첫걸음
16,000원

버전업! 가장 쉬운
태국어 첫걸음
16,800원

첫걸음 베스트 1위!

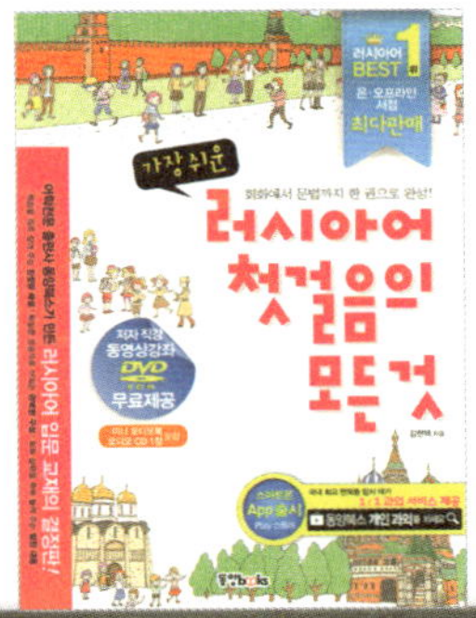

가장 쉬운
러시아어 첫걸음의 모든 것
16,000원

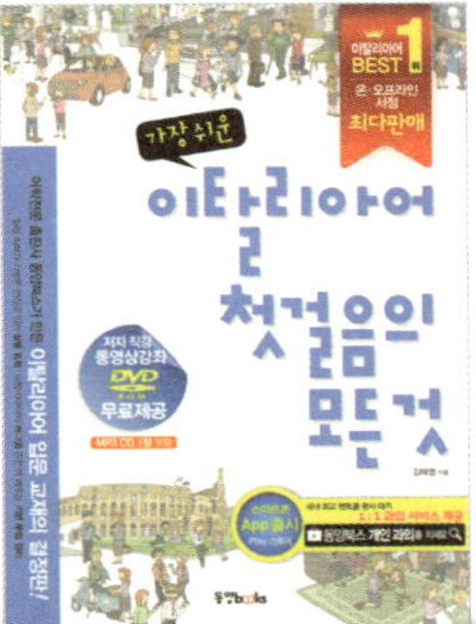

가장 쉬운
이탈리아어 첫걸음의 모든 것
17,500원

가장 쉬운
포르투갈어 첫걸음의 모든 것
18,000원

가장 쉬운
터키어 첫걸음의 모든 것
16,500원

버전업! 가장 쉬운
아랍어 첫걸음
18,500원

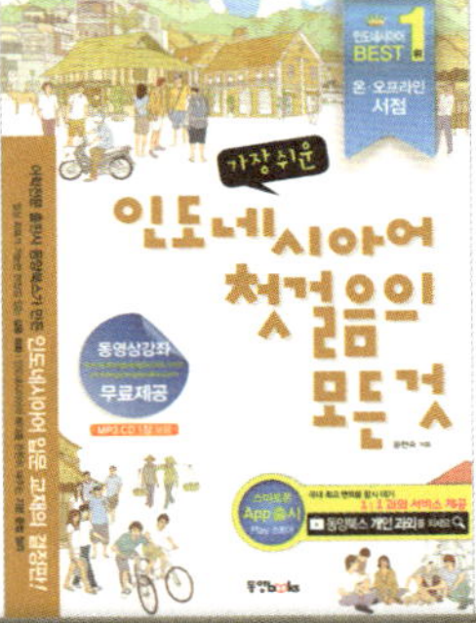

가장 쉬운
인도네시아어 첫걸음의 모든 것
18,500원

가장 쉬운
영어 첫걸음의 모든 것
16,500원

버전업! 굿모닝
독학 일본어 첫걸음
14,500원

가장 쉬운
중국어 첫걸음의 모든 것
14,500원

오늘부터는 팟캐스트로 공부하자!

팟캐스트 무료 음성 강의

▸1 iOS 사용자

Podcast 앱에서
'동양북스' 검색

▸2 안드로이드 사용자

플레이스토어에서 '팟빵' 등
팟캐스트 앱 다운로드,
다운받은 앱에서
'동양북스' 검색

▸3 PC에서

팟빵(www.podbbang.com)에서
'동양북스' 검색
애플 iTunes 프로그램에서
'동양북스' 검색

◎ **현재 서비스 중인 강의 목록** (팟캐스트 강의는 수시로 업데이트 됩니다.)

- 가장 쉬운 독학 일본어 첫걸음
- 페이의 적재적소 중국어
- 가장 쉬운 독학 중국어 첫걸음
- 중국어 한글로 시작해
- 가장 쉬운 독학 베트남어 첫걸음

매일 매일 업데이트 되는 동양북스 SNS! 동양북스의 새로운 소식과 다양한 정보를 만나보세요.

 blog.naver.com/dymg98　　instagram.com/dybooks　　facebook.com/dybooks　　twitter.com/dy_books

초판 5쇄 | 2018년 2월 10일

지은이 | 徐昌火
해 설 | 문정아
발행인 | 김태웅
편집장 | 강석기
편 집 | 권민서, 정지선, 김효수, 김다정
디자인 | 방혜자, 이미영, 김효정, 서진희
마케팅 | 서재욱, 김귀찬, 이종민, 오승수, 조경현
온라인 마케팅 | 김철영, 양윤모
제 작 | 현대순
총 무 | 전민정, 안서현, 최여진, 강아담
관 리 | 김훈희, 이국희, 김승훈, 이규재

발행처 | 동양북스
등 록 | 제 10-806호(1993년 4월 3일)
주 소 | 서울시 마포구 동교로22길 12 (04030)
전 화 | (02)337-1737
팩 스 | (02)334-6624

http://www.dongyangbooks.com

ISBN 978-89-8300-853-4 14720
    978-89-8300-846-6 (세트)

차례

一、听力 듣기

제1부분

총 20문제가 출제된다. 두 사람의 짧은 대화를 듣고, 이어서 들려주는 질문에 알맞은 답을 시험지에 제시된 4개의 보기 중에서 고른다. 모든 문제는 한 번씩 들려준다.

예제

1. 女：听说你下个月要请十几天假，怎么了？身体不舒服还是家里有事？
男：都不是。等着下个月吃我喜糖吧。
问：男的下个月要做什么？

A 看病
B 出差
C 回家
D 结婚 ✓

합격 비법

비법 1　보기를 통해 문제를 유추하라.

듣기 문제는 첫 문장에 답이 나오는 경우가 많으므로 녹음을 듣기 전에 보기를 미리 읽어보고 어떤 내용에 주의해서 들어야 하는지 유추해본다. 첫 번째 사람의 첫 마디와 두 번째 사람의 대답을 특히 집중해서 들도록 하자.

비법 2　판단 · 견해 · 말투 · 태도 파악 문제 대처법!

보기 중 긍정적인 내용에는 '+'를, 부정적인 내용에는 '−'를 표시해둔다.

비법 3　날짜 · 시간 · 숫자 계산 문제 대처법!

혼동하기 쉬운 유형이므로 정확하게 메모하며 들어야 한다. 들려준 그대로를 묻는 경우도 있고, 들은 내용을 토대로 간단하게 계산해야 하는 문제도 나올 수 있다. 평소에 날짜와 시간에 관련된 어휘들을 익혀두자.

비법 4　장소 파악 문제 대처법!

장소나 위치에 관한 단어들이 보기에 나온다면 장소 파악 문제임을 알아채고 녹음을 들으면서 힌트가 되는 명사나 동사를 놓치지 않도록 집중한다. 위치를 나타낼 때 자주 사용되는 전치사와 방위사도 빼놓지 말자.

비법 5　반어문 · 관용어 관련 문제 대처법!

반어문이란 긍정문이지만 부정적인 뜻을 나타내고, 부정문이지만 긍정적인 의미를 나타내기 때문에 잘못 이해하기 쉽다. 관용어 또한 습관처럼 쓰이는 고정표현이어서, 평소에 많이 접해보지 않으면 뜻을 이해하기가 어렵다. 문제를 풀 때마다 한 번 나온 관용어는 꼭 외워두도록 하자.

제2부분

　총 25문제가 출제된다. 4~5문장의 대화를 듣고 이어서 들려주는 하나의 질문에 알맞은 답을 고르는 문제 10문제와 단문(긴 대화문)을 듣고 이어지는 몇 개의 질문에 알맞은 답을 고르는 문제 15문제로 구성된다. 모든 문제는 한 번씩 들려준다.

예제 1

21. 女：您好！欢迎光临张生记。请问您几位？

　　　男：就我和我的女朋友。

　　　女：请问有没有预订？

　　　男：没有。

　　　女：对不起，现在客满，请在门外椅子上稍等片刻。谢谢。

　　　问：下列哪项正确？

　　　　A 他们在家里
　　　　B 现在是晚上
　　　　C 现在没座位　✓
　　　　D 男的要买椅子

예제 2

31-32.

　　　女：你昨天晚上去看电影了吗？

　　　男：本打算去的。可我的一个朋友突然说要来看我，所以没去成。你去了吗？

　　　女：别提了。

　　　男：怎么？不好看？

　　　女：我为买票等了一个小时，可轮到我的时候，票刚好卖完了。

　　　男：运气真差！

31. 男的昨晚做了什么？

　　　　A 去影院看电影
　　　　B 去买电影票了
　　　　C 去朋友家拜访
　　　　D 待在家里待客　✓

32. 女的为什么没看电影？

　　　　A 男的没来
　　　　B 没买到票　✓
　　　　C 看朋友了
　　　　D 有其他事

비법 1   문제를 지문 단위로 묶어라.

제2부분에는 한 지문을 듣고 여러 개의 문제를 연달아 풀어야 하는 경우가 있다. 따라서 몇 번부터 몇 번 문제가 한 지문에 해당되는지 주의 깊게 듣고 표시해두었다가, 정확히 메모하며 녹음을 듣는다.

비법 2   남녀 대화문 대처법!

대화문에서는 핵심 어휘를 듣는 것도 중요하지만, 남자와 여자가 한 말을 잘 구분해서 듣는 것이 매우 중요하다. 문제에서 남자에 대해 질문할 수도 있고, 여자에 대해 질문할 수도 있으므로, 혼동하지 않도록 반드시 성별을 구분해 메모해두자.

비법 3   화제 파악 문제 대처법!

화자가 무엇에 관해 이야기하는지 묻는 문제는 힌트가 되는 명사와 동사에 집중해서 들어야 한다.

비법 4   인물 관계 파악 문제 대처법!

신분 · 직업 등 인물 간의 관계에 대해 묻는 문제는 호칭에 주의해서 듣도록 하자.

비법 5   세부 내용 관련 문제 대처법!

구체적인 내용에 관해 묻는 문제는 보기에 제시된 문장들을 미리 분석해두었다가 녹음을 들을 때 보기에 O, X를 표시하며 들으면 문제 푸는 시간을 줄일 수 있다.

 듣기 영역 학습법

❶ 같거나 유사한 의미의 단어가 대화 내용과 보기에 그대로 등장하는 경우가 많으므로 5급에서 요구하는 필수단어 2,500개를 반드시 외워두자.

❷ 듣기에서는 화자가 "나는 이렇게 생각한다"라고 직접적으로 말하는 경우가 드물다. 그러므로 녹음을 듣거나 복습할 때 화자의 입장에서 생각해보는 연습을 한다면 좀 더 쉽게 문제를 풀 수 있다.

二、阅读 독해

제1부분

총 15문제가 출제된다. 지문에 3~4개의 빈칸이 주어지고, 각각의 빈칸에 알맞은 단어나 문장을 보기에서 고르는 문제다.

예제 **46-48.**

　　一位教授平时总是丢三落四，不是丢了眼镜盒，就是丢了手杖。__46__是雨伞，几乎每个月他夫人都得替他买一把。教授为此暗暗地下定决心，__47__要更加小心。一天，教授上午出去，下午回来，得意扬扬地对夫人说："哎，陶乐赛，今天我可没丢东西，我把伞给带回来啦！"说着，他亮出一把伞。"哎呀，瞧你这__48__人，你今天没有带伞出去呀！"他的夫人说。

46.　A 经常　　　　B 特殊　　　　C 非常　　　　D 特别 ✓
47.　A 然后　　　　B 后来　　　　C 以后 ✓　　　D 先后
48.　A 细心　　　　B 粗心 ✓　　　C 小心　　　　D 用心

합격 비법

비법 1　문맥을 파악하라.

앞뒤의 문맥을 이해하고, 의미관계와 어법관계에 근거하여 빈칸에 들어갈 단어나 문장을 유추해내야 한다.

비법 2　어법 지식을 숙지하라.

제1부분은 무엇보다도 접속사, 부사, 전치사, 동태조사에 대한 학습이 제대로 이루어져야 쉽게 문제를 풀 수 있다. 평소에 어법 학습에 게을리하지 말자.

제2부분

총 10문제가 출제된다. 200~300자 가량의 지문을 읽고 지문의 내용과 일치하는 것을 보기에서 고른다.

예제 **61.** 我对这次逃课出去玩儿感到十分后悔，一是没有学到应该学的知识，二是让父母老师着急，停下手头的工作，四处找我。我以后再也不会这样了，而且从现在开始我要努力学习，争取早日把成绩赶上去，请爸爸妈妈和老师们放心。

A 爸妈报了警来找我　　　　　　　　B 三个人在听我讲话
C 爸妈找我找了四天　　　　　　　　D 我现在成绩不是很好 ✓

총 20문제가 출제된다. 긴 지문을 읽고 제시된 질문에 알맞은 답을 보기에서 고른다. 한 지문당 3~4문제가
나온다.

예제 **71-73.**

　　在妈妈肚子里的时候，我就经常跟她一起去打篮球。当时只是个小胎儿的我跟着妈妈一块
儿跑，一块儿跳，一起享受运动的快乐。所以我天性好动，爱玩儿，喜欢无拘无束。

　　在上海上小学时，爸爸经常带着我看足球赛，这慢慢培养了我对足球的兴趣。凑巧的是我
们那一群女孩子也个个儿都喜欢踢球。那时候，足球是用纸团起来的，球场就是教室与教室中
间的过道。我们总是焦急地盼望下课铃声快点儿响，下课铃一响我们就立即冲出教室练起来，
一直到上课。现在想想，那时老师真好，能容得下我们这些女孩子在那里疯玩儿。我们甚至自
己组队参加小学生运动会，结果拿了个倒数第二名。这次失败对我们的打击特别大，队伍也因
此就解散了。

　　后来我考上了一所很好的中学，可我是铁了心地想去踢足球，因为我觉得那是人生中最快
乐的事，谁又能阻挡呢？从此我就走上了足球之路。

71.　是谁培养了作者对足球的兴趣？

　　A 爸爸 ✓　　　　B 妈妈

　　C 老师　　　　　D 同学

72.　以下哪个不是作者对小学老师的感情？

　　A 感激　　　　　B 讨厌 ✓

　　C 喜欢　　　　　D 夸奖

73.　关于作者，以下哪个说法是正确的？

　　A 她的学习成绩很差

　　B 她踢球一直很顺利

　　C 她父母也热爱运动 ✓

　　D 她从小就爱打篮球

합격 비법 (제2·3부분)

비법 1　보기를 먼저 분석하라.

짧은 시간 내에 독해 문제를 모두 풀기 위해서는 문제와 보기를 먼저 읽고, 지문에서 관련된 내용을 찾아 밑줄을 그으며 답을 찾는 것이 좋다.

비법 2　모르는 단어에 집착하지 마라.

지문을 읽다가 모르는 단어가 나오더라도 당황하지 말고, 문맥에 따라 뜻을 유추해가며 읽거나 정답과 무관한 부분은 생략하면서 읽어도 무방하다.

 **독해 영역 학습법**

❶ 제1부분 공략을 위해서는 평소에 단어를 외울 때 의미적으로 관계된 품사끼리 짝을 지어 외우는 것이 좋다.
　예 전치사 + 동사: 跟…见面
　　동사 + 목적어: 遇到 + 困难
　　형용사 + 명사: 深刻(的) + 印象

❷ 제2·3부분은 평소에 시간을 제한해두고 푸는 습관을 기른다. 특히 제3부분은 지문을 속독해야 하기 때문에 반드시 꾸준한 연습이 필요하다. 매일 100~600자 정도 길이의 지문을 빠르게 직독직해할 수 있도록 속독 훈련을 한다.

三、书写 쓰기

제1부분

총 8문제가 출제된다. 주어진 몇 개의 어휘를 올바른 순서로 나열하여 하나의 완전한 문장을 만든다.

예제 **91.** 表现得　　　十分　　　同学们　　　我们班的　　　坚强

답 我们班的同学们表现得十分坚强。

📖 합격 비법

비법 1 주요 문장성분을 찾아라.

주어진 단어 묶음 속에서 주어, 술어, 목적어를 찾아낸다.

비법 2 수식 성분을 찾아라.

주요 문장성분을 찾았다면 주어와 목적어를 수식하는 관형어가 있는지 살펴보고, 술어 앞에 놓이는 부사어나 뒤에 오는 보어의 유무와 위치를 고려하여 전체 어순을 정리한다.

✱ **전체 어순**　(부사어) + (관형어) + 주어 + (부사어) + 술어 + (보어) + (관형어) + 목적어

제2부분

총 2문제가 출제되며, 주어진 몇 개의 단어를 모두 활용하여 80자 정도의 글을 작문하는 문제와 주어진 그림이나 사진을 보고 80자 정도의 글을 작문하는 문제로 구성된다. 답안지는 원고지 형식으로 주어진다.

예제 1 **99.** 请结合下列词语(要全部使用)，写一篇 80 字左右的短文。

介绍、　互相、　练习、　提高、　认真

답 생략

예제 2 **100.** 请结合这张图片写一篇 80 字左右的短文。

답 생략

합격 비법

비법 1 단어 활용하여 작문하기 요령!

① 제시어를 이용하여 몇 가지 문장을 생각해보고, 서로 연결할 수 있는 문장이 있다면 미리 연결해둔다.

② 만들어낸 문장을 가지고 스토리를 구성한다.

③ 꼭 어려운 단어를 쓸 필요는 없다. 쉬운 글자라도 틀리지 않게 쓰는 것이 중요하다.

비법 2 그림/사진 보고 작문하기 요령!

① 그림을 보고 먼저 상황을 설정한 다음, 상황에 맞는 단어와 구문으로 문장을 만든다.

② 80자의 글은 생각보다 길지 않으므로, 너무 많은 내용을 담으려고 욕심내지 말고, 요점과 핵심만 간단히 써야 한다.

③ 사진을 보고 있는 그대로 묘사하려고 하면 좋은 점수를 얻을 수 없다. 자신의 상상력을 발휘하여 이야기를 만들어보자.

 ## 쓰기 영역 학습법

❶ 제2부분의 단어를 활용하여 작문하는 문제는 제시어 중 한 단어만 몰라도 글을 완성하기가 어려우므로, 신 HSK 5급 필수단어 2,500개는 반드시 외워두어야 한다.

❷ 쓰기에서 좋은 성적을 거두려면 평소에 어법 학습을 꾸준히 해야 한다. 문장을 읽으면서 주어, 술어, 목적어, 관형어, 부사어, 보어의 어순을 항상 체크하자.

❸ 쓰기 모범답안을 외울 수 있을 때까지 큰 소리로 반복해서 읽어본다. 이는 단순한 암기가 아니라 중국어의 언어 습관을 익히고 응용력을 기르는 데 도움이 된다.

여기에 당신의 목표 점수를 적어보세요.

新HSK 5급 　　　점

지금부터 4회분의 모의고사를 공부하는 동안
날마다 잊지 말고 이 점수를 되뇌어보세요.
당신은 할 수 있습니다.

加油!!

해설

제1회

북경어언대
新 HSK 합격 모의고사 5급

听力

第 一 部 分

1-20

★☆☆ |유형| 행위 파악

01

女: 听说你下个月要请十几天假，怎么了？身体不舒服还是家里有事？
男: 都不是。<u>等着下个月吃我喜糖吧。</u>

问: 男的下个月要做什么？

A 看病
B 出差
C 回家
D 结婚

여: 듣자하니 너 다음 달에 10여 일 정도 휴가를 낸다고 하던데, 무슨 일 있어? 몸이 안 좋은 거니, 아니면 집에 무슨 일이 있는 거니?
남: 모두 아니야. 다음 달에 나 결혼해.

질문: 남자는 다음 달에 무엇을 하려고 하는가?

A 진료받는다
B 출장 간다
C 집에 간다
D 결혼한다

단어 请假 qǐngjià 통 휴가를 신청하다 | 舒服 shūfu 형 (몸이) 편안하다 | 吃喜糖 chī xǐtáng 결혼하다 | 出差 chūchāi 통 출장 가다

해설 吃喜糖은 결혼식 때 신랑과 신부가 하객들에게 결혼 사탕을 선물하는 것을 가리킨다. 즉 吃喜糖은 결혼한다는 의미이므로 답은 D다.

Tip⁺ • 결혼 관련 어휘
订婚 dìnghūn 통 약혼하다 | 红包 hóngbāo 명 (축의금·세뱃돈 등을 넣는) 붉은 종이 봉투 | 婚礼 hūnlǐ 명 결혼식, 혼례 | 婚纱 hūnshā 명 웨딩드레스 | 结婚戒指 jiéhūn jièzhi 명 결혼반지 | 蜜月旅行 mìyuè lǚxíng 명 신혼여행, 밀월여행 | 请柬 qǐngjiǎn 명 청첩장, 초대장 | 喜糖 xǐtáng 명 약혼(결혼) 축하 사탕 [결혼식 때 축복해달라는 의미로 신랑, 신부가 하객들에게 나누어주는 사탕] | 新郎 xīnláng 명 신랑 | 新娘 xīnniáng 명 신부 | 主婚人 zhǔhūnrén 명 주례 | 祝歌 zhùgē 명 축가

★★☆ |유형| 수량 파악

02

女: 明天除了我和你还有谁去春游啊？
男: 我想想啊，<u>张建宁，王涛，还有李朦朦的哥哥</u>。对了，王涛还要带着他的小狗丽丽。

问: 明天一共有多少人去春游？

A 四个
B 五个
C 六个
D 七个

여: 내일 나와 너 외에 누가 또 봄나들이를 가지?
남: 생각 좀 해볼게. 장젠닝, 왕타오, 그리고 리멍멍의 형이야. 맞다, 왕타오는 그의 강아지 리리도 데리고 올 거야.

질문: 내일 모두 몇 명이 봄나들이 가는가?

A 4명
B 5명
C 6명
D 7명

단어 春游 chūnyóu 명 봄나들이, 봄 소풍 | 小狗 xiǎogǒu 명 강아지

해설 여자가 除了我和你(나와 너 외에)라고 했고 남자의 말에 나오는 사람들을 더하면 모두 5명이 된다. 따라서 답은 B다. 전치사 除了는 '~ 외에 또, ~ 외에 ~도'라고 해석하며, 뒤에 还, 也, 只 등과 호응하여 사용한다.
예 他除了薪水外，还有一些额外收入。그는 급여 외에, 또 일부 부수입이 있다.

★★☆ | **유형** | 심정 파악

03

女：我老公也真是的，买这么贵的礼物，我都心疼死了。

男：算了吧，你就嘴上说说。<u>我看你心里肯定乐开了花。</u>

问：男的觉得女的怎么样？

A 心疼
B 小气
C 生气
D 满意

여: 내 남편도 참, 이렇게 비싼 선물을 사다니 아까워 죽겠어.

남: 됐어. 당신은 항상 말만 그렇게 하지. 내가 보기엔 당신 마음속에는 틀림없이 웃음꽃이 활짝 피었어.

질문: 남자는 여자가 어떻다고 생각하는가?

A 아까워한다
B 소심하다
C 화낸다
D 만족한다

단어 老公 lǎogōng 囘 남편, 신랑 | 心疼 xīnténg 圄 아까워하다, 매우 사랑하다 | 开花 kāihuā 圄 (마음에) 기쁨이 일다 [넘치다], (얼굴에) 웃음꽃이 피어나다

해설 남자는 여자가 말로는 비싼 선물을 사왔다고 불평하지만, 속으로는 기뻐하고 있을 것이라고 말했다. 남자가 한 마지막 말인 我看你心里肯定乐开了花에서 乐는 快乐의 뜻이다. 따라서 답은 D다.

Tip⁺ 真是的(zhēnshi de)는 '참 ~이다, 정말 ~이다, 정말로 참'이라는 뜻으로, 기분이 나쁘거나 어떤 사람 및 상황에 대해 불만을 나타낼 때 사용한다. 이와 같은 뜻으로는 真是(zhēnshi)가 있다.

예 你也真是的，怎么会没想到这个！ 너도 정말, 어떻게 이것을 생각하지 못했니!

★☆☆ | **유형** | 화제 파악

04

男：二十七中太厉害了，我觉得<u>明天那场球我们根本没戏。</u>

女：咱们三十五中这次一直表现很好，只要努力了，输赢是次要的。<u>明天比赛完了我请你们去喝奶茶！</u>

问：他们在谈论什么？

A 比赛
B 学校
C 奶茶
D 戏剧

남: 27중학교 정말 대단해. 나는 내일 그 축구경기에서 우리가 도무지 가망이 없다고 생각해.

여: 우리 35중학교는 이번에 줄곧 활약이 매우 좋았어. 열심히만 한다면 승패는 부차적인 거야. 내일 경기가 끝나면 내가 너희에게 밀크티를 살게!

질문: 그들은 무엇에 대해 이야기하고 있는가?

A 경기
B 학교
C 밀크티
D 연극

단어 厉害 lìhai 혱 대단하다 | 根本 gēnběn 囝 도무지, 전혀 | 没戏 méixì 圄 희망이 없다, 가망이 없다 | 表现 biǎoxiàn 囘 圄 활약(하다) | 输赢 shūyíng 囘 승패, 승리와 패배 | 次要 cìyào 혱 부차적인, 이차적인 | 奶茶 nǎichá 囘 밀크티 | 戏剧 xìjù 囘 연극

해설 남자가 我觉得明天那场球我们根本没戏(나는 내일 그 축구경기에서 우리가 도무지 가망이 없다고 생각해)라고 말했고, 여자가 明天比赛完了(내일 경기가 끝나면)이라고 말한 것으로 보아 두 사람이 내일 있을 경기에 대해 이야기하고 있음을 알 수 있다. 따라서 답은 A다.

Tip⁺ 조건관계 접속사 只要(zhǐyào)는 '~하기만 하면'이라는 뜻으로, 뒤에 就, 便 등과 호응한다.

예 只要吃这个药，就能立即见效。 이 약을 먹기만 하면, 즉시 효과를 볼 수 있다.

05

男: 等会儿方总来了，我给你引见一下。我和他多年同学了，这点儿情面还是要讲的。
女: 这次要不是表哥你帮忙，我根本见不着他，每次打电话过去秘书都说没时间。

问: 男的是女的的什么人？

A 老板
B 同学
C 亲戚
D 秘书

남: 좀 있다가 팡 사장이 오면, 너에게 소개시켜줄게. 나와 그는 여러 해 동안 친구지만, 아직도 이 정도의 체면을 신경 써야 해.
여: 이번에 만약 사촌오빠가 도와주지 않았다면, 나는 아예 그를 볼 수 없었을 거예요. 매번 전화를 할 때마다 비서가 시간이 없다고 말했거든요.

질문: 남자는 여자의 어떤 사람인가?

A 사장
B 학우
C 친척
D 비서

 引见 yǐnjiàn ⑧ 인사시키다. 소개하다 | 这点儿 zhè diǎnr ⑲ 이 정도 | 情面 qíngmiàn ⑲ (개인적인) 인정과 안면. 체면 | 表哥 biǎogē ⑲ 사촌오빠(형) | 根本 gēnběn ⑨ 아예. 전혀 | 秘书 mìshū ⑲ 비서

해설 여자가 **这次要不是表哥你帮忙**(이번에 만약 사촌오빠가 도와주지 않았다면)이라고 말했다. 여기에서 **表哥**와 **你**는 같은 사람을 가리킨다. 따라서 답은 C다. 한편 이 문제는 이야기의 화제, 말하는 사람의 어투, 호칭 등을 통해 인물 간의 관계를 파악하는 유형이다. 이런 유형의 문제는 출제빈도가 높은 편이니, 미리 보기를 분석하여 인물 간의 관계를 묻는 문제임을 파악하고 호칭에 주의해서 듣도록 해야 한다.

✎Tip+ • 가족, 친지 관계 관련 어휘
儿媳妇 érxífu ⑲ 며느리 | 夫妻 fūqī ⑲ 부부, 남편과 아내 | 父女 fùnǚ ⑲ 부녀 | 父子 fùzǐ ⑲ 부자 | 孩子他爸 háizi tā bà ⑲ 아기 아빠, 애 아빠 | 孩子他妈 háizi tā mā ⑲ 아기 엄마, 애 엄마 | 舅舅 jiùjiu ⑲ 외삼촌 | 老两口 lǎoliǎngkǒu ⑲ 노부부 | 两口子 liǎngkǒuzi ⑲ 부부 두 사람 | 母女 mǔnǚ ⑲ 모녀 | 母子 mǔzǐ ⑲ 어머니와 아들 | 亲戚 qīnqi ⑲ 친척 | 嫂子 sǎozi ⑲ 형수 | 小两口 xiǎoliǎngkǒu ⑲ 젊은 부부

06

女: 这是这个月的计划表，您看看有什么要改的。
男: 我不用看了，对你我是放一百二十个心!

问: 男的对女的是什么态度？

A 担心
B 伤心
C 信任
D 安慰

여: 이것은 이번 달 스케줄이에요. 바꿔야 할 게 있는지 한번 봐주세요.
남: 볼 필요 없어, 나는 당신을 매우 신임하거든!

질문: 남자는 여자에 대해 어떤 태도인가?

A 걱정한다
B 상심한다
C 신임한다
D 위로한다

 计划表 jìhuàbiǎo ⑲ 스케줄 | 放一百二十个心 fàng yìbǎi èrshí ge xīn 믿다. 신임하다 | 信任 xìnrèn ⑧ 신임하다 | 安慰 ānwèi ⑧ 위로하다

해설 **放一百二十个心**은 관용어로 매우 신임한다는 뜻이다. 따라서 답은 C다.

✎Tip+ • 자주 쓰이는 관용어
八字还没一撇 bā zì háiméi yì piē 八라는 글자에서 획이 하나 모자란다는 뜻이다. 즉 '아직 어떤 일의 윤곽이 잡히지 않았음'을 나타낸다. | 半瓶子醋 bànpíngzi cù 식초가 병에 반밖에 들어 있지 않다. 즉 '학식이 조금밖에 안 되는 사람'을 뜻한다. | 炒鱿鱼 chǎoyóuyú 표면적으로는 '오징어를 볶다'라는 뜻이지만, 관용어로 '해고하다'라는 뜻이 있다. 이와 같은 뜻으로는 解雇, 开除가 있다. | 打成一片 dǎchéng yípiàn 관계가 좋음을 나타내며, 주로 '생각·감정이 하나가 되다, 혼연일체가 되다'라는 뜻이다. | 耳边风 ěrbiānfēng 귓전에 스치는 바람이라는 뜻으로, 바람이 귓가를 스쳐 지나가듯 '다른 사람이 하는 말을 주의 깊게 듣지 않고 그냥 흘려버린다'는 의미를 내포하고 있다. | 二百五 èrbǎiwǔ 어떤 말을 하면 모두 진짜로 받아들인다는 말로, 어리숙하다는 의미를 나타낸다. 즉, 놀리는 말로 '멍텅구리, 천치, 바보'라는 뜻이다. | 开夜车 kāiyèchē '밤을 새워 공부하다, 일하다'라는 뜻이다. 이와 같은 뜻으로는 熬夜, 通宵가 있다. | 门外汉 ménwàihàn 门은 어떤 분야를 나타내고, 外는 어떤 분야의 바깥에 있음을 나타내며, 汉은 남자, 즉 사람을 가리키므로, '그 분야에 대해 잘 알지 못하는 비전문가'를 뜻한다

07

男: 你要找个什么样的?	남: 너는 어떤 사람을 찾니?
女: 这还用问? 当然是要工作比我强的，而且体贴人的。	여: 더 물어볼 필요 있어? 당연히 나보다 직업이 좋고, 자상한 사람이어야지.
问: 他们在谈论什么?	질문: 그들은 무엇에 대해 이야기하고 있는가?
A 找工作	A 일을 찾다
B 找对象	B 결혼상대를 찾다
C 买房子	C 집을 사다
D 买汽车	D 차를 사다

단어 强 qiáng 혱 (~보다) 뛰어나다. 좋다 | 体贴 tǐtiē 동 자상하게 돌보다 | 找对象 zhǎo duìxiàng 결혼상대를 찾다. 배우자를 찾다

해설 남자의 말 什么样的 뒤에는 人이 생략되어 있다. 따라서 여자가 한 말 要工作比我强的，而且体贴人的가 묘사하는 것은 사람이다. 여자가 결혼상대에 대한 자신의 희망 사항을 이야기하고 있으므로, 답은 B다.

08

男: 服务员，请你把这套白色的给我看一下。	남: 여기요, 이 흰 것을 저에게 좀 보여주세요.
女: 你真有眼光! 这种款式是全羊毛的，今年很流行啊!	여: 손님 정말 안목이 있으시군요! 이 디자인은 모두 양털로 되어 있고, 올해 매우 유행하는 것이에요!
问: 男的在买什么?	질문: 남자는 무엇을 사고 있는가?
A 皮鞋	A 가죽구두
B 衣服	B 옷
C 眼镜	C 안경
D 羊肉	D 양고기

단어 眼光 yǎnguāng 명 안목. 눈썰미 | 款式 kuǎnshì 명 스타일. 디자인 | 羊毛 yángmáo 명 양털 | 流行 liúxíng 동 유행하다 | 皮鞋 píxié 명 가죽구두

해설 请你把这套白色的给我看一下(이 흰 것을 저에게 좀 보여주세요)라고 남자가 말하자, 여자가 这种款式是全羊毛的(이 디자인은 모두 양털로 되어 있어요)라고 말한 것으로 보아, 현재 남자가 옷을 고르고 있음을 알 수 있다. 따라서 답은 B다.

✎ **Tip⁺** · 쇼핑 관련 어휘

百货商店 bǎihuò shāngdiàn 명 백화점 | 包装 bāozhuāng 동 포장하다 | 打折 dǎzhé 동 세일하다, 할인하다 | 订货 dìnghuò 동 예약 구매하다, 주문하다 | 发票 fāpiào 명 영수증 | 分期付款 fēnqī fùkuǎn 명 할부구매 | 购物 gòuwù 동 구매하다 | 购物中心 gòuwù zhōngxīn 명 쇼핑몰, 쇼핑센터 | 逛商店 guàng shāngdiàn 쇼핑하다 | 过时 guòshí 동 유행이 지나다 | 夹克 jiākè 명 재킷 | 家庭购物 jiātíng gòuwù 명 홈쇼핑 | 讲价 jiǎngjià 동 가격을 흥정하다 | 交换 jiāohuàn 동 교환하다 | 结账 jiézhàng 동 계산하다 | 砍价 kǎnjià 동 (물건의) 가격을 깎다 | 牌子 páizi 명 브랜드, 상표 | 商品券 shāngpǐnquàn 명 상품권 | 上市 shàngshì 동 출시되다, 물건이 시장에 나오다 | 时髦 shímáo 혱 유행이다, 유행하다 | 试衣间 shìyījiān 명 탈의실 | 饰品 shìpǐn 명 (귀고리·반지·목걸이 등) 액세서리 | 收银台 shōuyíntái 명 계산대 | 水洗 shuǐxǐ 동 물빨래하다 | T恤 T xù 명 T셔츠 | 挑 tiāo 동 (물건 등을) 고르다 | 退货 tuìhuò 동 반품하다 | 退款 tuìkuǎn 동 환불하다 | 网上购物 wǎngshàng gòuwù 명 인터넷쇼핑 | 西装 xīzhuāng 명 양복 | 新货 xīnhuò 명 신상품 | 新款 xīnkuǎn 명 새로운 디자인 | 信用卡 xìnyòngkǎ 명 신용카드 | 样品 yàngpǐn 명 샘플 | 营业时间 yíngyè shíjiān 명 영업시간 | 优惠券 yōuhuìquàn 명 할인권, 쿠폰 | 真品 zhēnpǐn 명 진품

09

男: 我九点十分就到了那里，怎么没看到你?
女: 是吗? 我差一刻十点到那儿的，还等了一会儿，我猜那时候你大概已经走了。

问: 为什么这两个人没有见到对方?

A 男的十点一刻才来
B 女的九点十分走了
C 男的走得比女的来得早
D 女的在男的走之前来的

남: 내가 9시 10분에 그곳에 도착했는데, 어째서 너를 보지 못했지?
여: 그래? 나는 9시 45분에 그곳에 도착해서 조금 기다렸는데, 그때 아마 너는 이미 갔던 것 같아.

질문: 왜 이 두 사람은 서로를 보지 못했는가?

A 남자는 10시 15분이 되어서야 왔다
B 여자는 9시 10분에 갔다
C 남자는 여자가 오기 전에 갔다
D 여자는 남자가 가기 전에 왔다

단어 差 chà 图 부족하다, 모자라다 | 一刻 yíkè 몡 15분 | 猜 cāi 图 추측하다 | 大概 dàgài 冑 아마

해설 대화 내용에 근거해보면 남자는 9시 10분에 도착했고, 여자는 9시 45분에 도착했다. 여자가 도착하였을 때 남자는 이미 가버려서 두 사람은 서로 보지 못한 것이므로 답은 C다.

10

男: 你说小李给儿子办满月酒，我包两百块钱红包合适吗?
女: 有什么不合适的，你和他关系没好到那个份儿上，意思意思就行了。

问: 女的是什么意思?

A 男的没必要去参加
B 两百块钱红包太少了
C 她不同意去小李家喝酒
D 男的和小李关系很一般

남: 샤오리가 아들의 출생 만 한 달 축하잔치를 한다는데, 축의금을 2백 위엔 준비하는 게 적당한 거 같아?
여: 적당하지 않을 게 뭐 있겠어. 너와 그의 관계가 그렇게 친한 것도 아닌데, 성의만 표시하면 되지.

질문: 여자의 말은 무슨 뜻인가?

A 남자는 참가할 필요가 없다
B 축의금 2백 위엔은 너무 적다
C 그녀는 샤오리네 집에 가서 술을 마시는 것에 동의하지 않는다
D 남자와 샤오리의 관계는 그냥 그렇다

단어 满月酒 mǎnyuèjiǔ 몡 만월주 [아기의 출생 만 한 달을 축하하기 위해 마시는 술] | 红包 hóngbāo 몡 돈 봉투, 상여금 [돈이 들어 있는 빨간 봉투로 격려하거나 선물할 때 주로 사용함] | 合适 héshì 혱 알맞다, 적당하다 | 份儿 fènr 몡 정도, 지경 | 意思 yìsi 图 (약간의) 성의를 표시하다 | 必要 bìyào 혱 필요하다

해설 이 문제는 듣기 영역에서 가장 많이 출제되고 있는 의미 파악 유형 문제로, 핵심어 위주로 골라 듣는 센스가 필요하다. 지문에서 여자는 **你和他关系没好到那个份儿上**이라고 말했다. 이는 남자와 샤오리의 관계가 특별히 좋은 것도 아니고 나쁜 것도 아닌, 그냥 그렇다는 의미다. 따라서 답은 D다.

Tip⁺ 满月酒는 '만월주'라는 뜻으로, 중국의 보편적인 풍속 중의 하나다. 아기가 출생한 지 만 한 달이 되었을 때 연회를 베풀어 가족과 친척, 친구들이 함께 술을 마시면서 즐기는 것을 가리킨다. 술자리에 초대된 사람들은 일반적으로 선물이나 돈을 넣은 복주머니를 선물한다.

★☆☆ |유형| 전체 내용 파악

11

女: 昨天的事儿都是我的不是，我不该对您发那么大的火儿。
男: 哪儿的话! 一切都是我的错，我不该因为时间紧就着急，在您生气的时候我更不该和您吵架。

问: 根据对话，我们可以知道什么?

A 男的现在很着急
B 女的要和男的吵架
C 女的承认是自己不对
D 男的觉得女的没礼貌

여: 어제 일은 모두 제 잘못이에요. 제가 당신에게 그렇게 크게 화를 내지 말았어야 했어요.
남: 별소리를 다하시네요! 모두 다 제 잘못이에요. 제가 시간이 촉박하다고 조급해해서는 안 됐고, 당신이 화를 낼 때 당신과 말다툼하면 더욱 안 되는 거였어요.

질문: 대화에서 우리가 알 수 있는 것은 무엇인가?

A 남자는 현재 매우 조급하다
B 여자는 남자와 말다툼하려고 한다
C 여자는 자신이 틀렸음을 인정한다
D 남자는 여자가 예의 없다고 생각한다

단어 不是 búshi 명 잘못, 과실 | 该 gāi 조동 ~해야 한다 | 发火 fāhuǒ 동 화를 내다 | 哪儿的话 nǎr de huà 천만에요, 별말씀을요 | 一切 yíqiè 대 전부, 일체 | 紧 jǐn 형 긴박하다, 촉박하다 | 着急 zháojí 형 초조하다, 조급하다 | 吵架 chǎojià 동 말다툼하다 | 承认 chéngrèn 동 인정하다, 시인하다 | 礼貌 lǐmào 명 예의

해설 듣기 문제는 첫 문장에 답이 나오는 경우가 많다. 그러므로 녹음을 듣기 전 보기를 훑어보고 첫 마디부터 놓치지 말고 들어야 한다. 녹음에서 여자가 昨天的事儿都是我的不是(어제 일은 모두 제 잘못이에요)라고 하였으므로, 자신의 잘못을 인정한다는 C가 답이 된다. 어제 이미 발생한 일이므로, A와 B는 답에서 제외된다.

★★☆ |유형| 인과관계 파악

12

女: 小弟，你什么时候来北京的? 出差还是旅游? 怎么不告诉我?
男: 来了好几天了，一直忙着开会，这不，刚结束我就来看您了。

问: 男的为什么来北京?

A 出差办事
B 看望弟弟
C 参观旅游
D 参加会议

여: 동생아, 너 언제 베이징에 온 거야? 출장이야 아니면 여행이야? 어째서 나한테 알리지 않았어?
남: 온 지 며칠 됐지만, 계속 회의를 하느라 바빴어요. 그래도 끝나자마자 누나를 보러 왔잖아요.

질문: 남자는 왜 베이징에 왔는가?

A 일하러 출장을 왔다
B 남동생을 보러 왔다
C 견학하고 여행하러 왔다
D 회의에 참가하러 왔다

단어 出差 chūchāi 동 출장 가다 | 旅游 lǚyóu 동 여행하다 | 结束 jiéshù 동 끝나다 | 办事 bànshì 동 일을 처리하다, 일하다 | 看望 kànwàng 동 방문하다, 문안하다 | 参观 cānguān 동 참관하다, 견학하다

해설 남자가 베이징에 온 후 계속 회의하느라 바빴다고 말했으므로 답은 D다.

★☆☆ |유형| 세부 내용 파악

13

女: 你别以为妈什么都不知道，你们到底为什么分手? 孩子怎么办?
男: 你知道就别问了，我现在什么都不想说。

问: 男的怎么了?

A 不想要孩子
B 已经离婚了
C 跟妈妈关系不好
D 现在心情很愉快

여: 너 엄마가 아무것도 모른다고 생각하지 마. 너희 도대체 왜 헤어진 거야? 아이는 어쩌려고?
남: 아시면 묻지 마세요. 저는 지금 어떤 것도 말하고 싶지 않아요.

질문: 남자는 어떻게 되었는가?

A 아이를 원하지 않는다
B 이미 이혼했다
C 엄마와 관계가 좋지 않다
D 현재 심정이 매우 즐겁다

단어 | 到底 dàodǐ 🔒 도대체 | 分手 fēnshǒu 🔒 헤어지다, 갈라서다 | 离婚 líhūn 🔒 이혼하다 | 心情 xīnqíng 🔒 심정, 기분
| 愉快 yúkuài 🔒 즐겁다, 기쁘다

해설 分手는 '연인이나 부부관계가 깨졌다'는 뜻이다. 여자가 **你们到底为什么分手？孩子怎么办？**(너희 도대체 왜 헤어
진 거야? 아이는 어쩌려고?)이라고 한 것으로 보아, 남자가 이미 이혼했다는 사실을 알 수 있다. 따라서 답은 B다.

★★☆ | **유형** | 인물관계 파악

14

女：我最近头晕得厉害，没有胃口。
男：这样吧，你先去三楼做个血样检查，再拿
报告单来给我看看。

问：对话人可能是什么关系?

A 医生与护士
B 医生与病人
C 病人与病人
D 护士与病人

여: 저는 요즘 머리가 많이 어지럽고, 식욕이 없어요.
남: 이렇게 합시다. 우선 3층에 가서 혈액검사를 하고,
다시 차트를 가지고 와서 저에게 보여주세요.

질문: 대화하는 사람들은 무슨 관계겠는가?

A 의사와 간호사
B 의사와 환자
C 환자와 환자
D 간호사와 환자

단어 | 头晕 tóuyūn 🔒 머리가 어지럽다 | 厉害 lìhai 🔒 심하다 | 胃口 wèikǒu 🔒 식욕 | 血样 xuèyàng 🔒 혈액 샘플, 혈액
검사를 위하여 뽑은 소량의 피 | 检查 jiǎnchá 🔒 점검하다, 검사하다 | 护士 hùshi 🔒 간호사

해설 여자가 요즘 머리가 어지럽고 식욕이 없다며 증상을 말하자, 남자가 혈액검사를 한 후 차트를 가져오라고 말했다. 대
화 내용으로 보아 두 사람의 관계가 의사와 환자임을 알 수 있다. 따라서 답은 B다.

Tip⁺ • 질병 관련 어휘
癌症 áizhèng 🔒 암 | 艾滋病 àizībìng 🔒 에이즈 | 便秘 biànmì 🔒 변비 | 肠炎 chángyán 🔒 장염 | 肚子疼
dùziténg 🔒 복통 | 发烧 fāshāo 🔒 열이 나다 | 发痒 fāyǎng 🔒 가렵다, 근질근질하다 | 非典 fēidiǎn 🔒 사스 |
肝炎 gānyán 🔒 간염 | 过敏 guòmǐn 🔒 알레르기 반응을 보이다 | 咳嗽 késou 🔒 기침하다 | 拉肚子 lā dùzi 설
사하다 | 糖尿病 tángniàobìng 🔒 당뇨병 | 痛经 tòngjīng 🔒 생리통 | 头疼 tóuténg 🔒 두통 | 头晕 tóuyūn
🔒 머리가 어지럽다 | 胃炎 wèiyán 🔒 위염, 위장염 | 消化不良 xiāohuà bùliáng 🔒 소화불량 | 牙疼 yáténg
치통 | 痔疮 zhìchuāng 🔒 치질 | 肿瘤 zhǒngliú 🔒 종양

★☆☆ | **유형** | 시간 파악

15

男：星期五晚上你有时间吗?
女：后天晚上啊，恐怕不行。我后天晚上要去
做家教。

问：今天是星期几?

A 星期三
B 星期四
C 星期六
D 星期天

남: 금요일 저녁에 너 시간 있어?
여: 모레 저녁은 아마도 안 될 것 같아. 나 모레 저녁
에 과외수업을 하러 가야 하거든.

질문: 오늘은 무슨 요일인가?

A 수요일
B 목요일
C 토요일
D 일요일

단어 | 恐怕 kǒngpà 🔒 아마 ~일 것이다 | 家教 jiājiào 🔒 가정교사, 가정교육

해설 남자가 **星期五晚上你有时间吗？**(금요일 저녁에 너 시간 있어?)라고 물었는데 여자가 **后天晚上**(모레 저녁)이라고 말
했으므로, 오늘이 수요일임을 알 수 있다. 따라서 답은 A다. 이처럼 듣기 영역에서는 날짜와 관련된 요일, 월, 연도,
계절 등에 대해 묻는 문제가 자주 출제된다. 보기에 나온 그대로 묻는 경우도 있고 시간이나 날짜를 간단하게 계산해
야 하는 문제도 있으므로, 평소에 시간과 날짜와 관련된 어휘들을 익혀두어야 한다.

★★☆ | **유형** | 전체 내용 파악

16

男: 我不知道要不要去参加那个培训。
女: 如果你不想去的话就不要去了，我去的时候帮你请个假。

问: 下面哪种说法正确?
A 男的想参加培训
B 女的会参加培训
C 男的不想参加培训
D 女的让男的参加培训

남: 나는 그 교육에 참가하러 가야 할지 말아야 할지 모르겠어.
여: 만약 네가 가고 싶지 않다면 가지 마. 내가 갈 때 너 대신 결석계를 신청해줄게.

질문: 다음 중 옳은 것은 무엇인가?
A 남자는 교육에 참가하고 싶어한다
B 여자는 교육에 참가할 것이다
C 남자는 교육에 참가하기 싫어한다
D 여자는 남자에게 교육에 참가하라고 했다

단어 培训 péixùn 몡 교육, 훈련 | 请假 qǐngjià 동 (휴가·조퇴·외출·결근·결석 등의 허락을) 신청하다

해설 녹음에서 여자가 我去的时候帮你请个假(내가 갈 때 너 대신 결석계를 신청해줄게)라고 했으므로, 여자는 교육에 참가한다는 사실을 알 수 있다. 따라서 답은 B다. 남자는 我不知道要不要去参加那个培训(나는 그 교육에 참가하러 가야 할지 말아야 할지 모르겠다)이라고 했지, 교육받기 싫다는 것은 아니므로 C는 답이 아니다.

★★☆ | **유형** | 내용 추측

17

男: 这六月的天啊，真是娃娃的脸，刚才还是大晴天，怎么一会儿就下起雨来了。
女: 是啊，这个季节的天气摸不准!

问: 根据对话，我们可以知道什么?
A 最近晴天比较多
B 天气预报不准确
C 最近下雨天比较多
D 现在天气变化很快

남: 이 6월의 날씨는 정말 갓난아기의 얼굴 같아. 방금까지도 매우 맑았는데, 어떻게 갑자기 비가 내릴 수 있지.
여: 맞아. 이 계절의 날씨는 감을 잡을 수가 없다니깐!

질문: 대화에서 우리가 알 수 있는 것은 무엇인가?
A 최근 맑은 날이 비교적 많다
B 일기예보는 정확하지 않다
C 최근 비 내리는 날이 비교적 많다
D 현재 날씨 변화가 매우 빠르다

단어 娃娃 wáwa 몡 갓난아기, 어린애 | 大晴天 dàqíngtiān 몡 매우 맑은 날 | 摸 mō 동 파악하다, 짐작하다, 알 수 있다 | 预报 yùbào 몡 예보 | 准确 zhǔnquè 혱 정확하다, 틀림없다

해설 방금까지도 날씨가 매우 맑았는데 갑자기 비가 내리기 시작했다는 말과 이 계절의 날씨는 짐작할 수 없다는 남녀의 대화를 통해 현재 날씨 변화가 매우 빠르다는 사실을 알 수 있다. 따라서 답은 D다.

Tip⁺ • 날씨 관련 어휘
暴雪 bàoxuě 몡 폭설 | 打雷 dǎléi 동 천둥 치다 | 刮风 guāfēng 동 바람이 불다 | 降温 jiàngwēn 동 온도가 내려가다 | 酷寒 kùhán 혱 혹한이다, 몹시 춥다 | 酷暑 kùshǔ 몡 폭염, 혹서 | 暖和 nuǎnhuo 혱 따뜻하다 | 晴天 qíngtiān 몡 맑은 날 | 升温 shēngwēn 동 온도가 오르다 | 天气预报 tiānqì yùbào 몡 일기예보 | 下雨 xiàyǔ 동 비가 내리다 | 阴天 yīntiān 몡 흐린 날씨

18

女： 怎么排这么长的队啊？要到什么时候才能挂到号啊？

男： 最近天气变化太大，所以感冒发烧的人特别多。

问： 在哪儿会听到这样的对话？

A 车站
B 医院
C 超市
D 饭店

여： 왜 이렇게 줄을 길게 서 있는 거지? 언제쯤이야 접수할 수 있는 거야?

남： 요즘 날씨 변화가 너무 커서, 감기에 걸리고 열이 나는 사람이 특히 많아.

질문: 어디에서 이러한 대화를 들을 수 있는가?

A 터미널
B 병원
C 슈퍼마켓
D 호텔

단어 排队 páiduì 동 줄을 서다 ｜ 挂号 guàhào 동 접수하다. 등록하다. 수속하다 ｜ 发烧 fāshāo 동 열나다

해설 이 문제는 남녀 두 사람의 말을 모두 주의 깊게 들어야 쉽게 풀 수 있다. 여자가 **要到什么时候才能挂到号啊?**(언제쯤이야 접수할 수 있는 거야?)라고 묻자, 남자가 **最近天气变化太大，所以感冒发烧的人特别多**(요즘 날씨 변화가 너무 커서, 감기에 걸리고 열이 나는 사람이 특히 많아)라고 답한 것으로 보아, 병원에서 접수하기 위해 줄을 서 있는 상황임을 알 수 있다. 따라서 답은 B다.

19

女： 你带学生证了吗？学生票可以打对折呢。

男： 哎呀，得多花30块了。

问： 下面哪种说法正确？

A 票价是30块钱
B 男的没带学生证
C 女的带了学生证
D 男的想回去拿学生证

여： 너 학생증 가져왔어? 학생표는 반값 할인을 받을 수 있어.

남： 아이고, 30위엔을 더 내야 하는구나.

질문: 다음 중 올바른 것은 무엇인가?

A 표 값은 30위엔이다
B 남자는 학생증을 가져오지 않았다
C 여자는 학생증을 가져왔다
D 남자는 학생증을 가지러 가고 싶어한다

단어 学生证 xuéshēngzhèng 명 학생증 ｜ 对折 duìzhé 명 반값 세일 ｜ 票价 piàojià 명 표 값. 티켓 가격

해설 여자가 **学生票可以打对折呢**(학생표는 반값 할인을 받을 수 있어)라고 하자 남자가 **得多花30块了**(30위엔을 더 내야 하는구나)라고 말한 것으로 보아, 학생증을 가져오지 않아서 30위엔을 더 지불해야 한다는 사실을 알 수 있다. 따라서 답은 B다. 30위엔이 표 값의 절반 가격인 것으로 볼때 원래 표의 가격은 60위엔이므로, A는 답에서 제외된다. 또한 대화에서 여자가 학생증을 가져왔는지 안 가져왔는지에 대해서는 전혀 언급하지 않았으므로 C도 답이 아니다.

20

男： 今天中午吃完饭以后我们去看枫叶，你想跟我们一起去吗？

女： 我想去，可我妈住院了，我爸出差还没回来，我得去照顾我妈。

问： 女的打算下午做什么？

A 出差
B 做饭
C 去医院
D 看枫叶

남： 오늘 점심 때 우린 밥 먹고 단풍 구경 가는데, 너도 우리와 함께 가고 싶니?

여： 나도 가고 싶지만, 우리 어머니께서 입원하셨어. 아버지께서 출장 갔다가 아직 돌아오지 않으셔서, 내가 어머니를 돌봐드리러 가야 해.

질문: 여자는 오후에 무엇을 하려고 하는가?

A 출장 간다
B 밥을 한다
C 병원에 간다
D 단풍 구경을 한다

단어 枫叶 fēngyè 명 단풍잎 ｜ 住院 zhùyuàn 동 입원하다 ｜ 出差 chūchāi 동 출장 가다

해설 여자가 **我妈住院了…我得去照顾我妈**(우리 어머니께서 입원하셨어…내가 어머니를 돌봐드리러 가야 해)라고 말했으므로, 답은 C다.

第 二 部 分

21-30

★☆☆ |**유형**| 전체 내용 파악

21

女：您好！欢迎光临张生记。请问您几位？
男：就我和我的女朋友。
女：请问有没有预订？
男：没有。
女：对不起，现在客满，请在门外椅子上稍等片刻。谢谢。

问：下列哪项正确？

A 他们在家里
B 现在是晚上
C 现在没座位
D 男的要买椅子

여: 안녕하세요! 장성지에 오신 것을 환영합니다. 몇 분이십니까?
남: 저와 제 여자친구뿐입니다.
여: 실례지만 예약하셨나요?
남: 아니요.
여: 죄송합니다. 현재 손님이 꽉 차서요. 문밖의 의자에서 잠시만 기다려주세요. 감사합니다.

질문: 다음 중 올바른 것은 무엇인가?

A 그들은 집에 있다
B 지금은 저녁이다
C 현재 자리가 없다
D 남자는 의자를 사려고 한다

단어 光临 guānglín 통 광림하다, 왕림하다 | 张生记 Zhāngshēngjì 명 장성지[중국의 유명 음식점 브랜드] | 预订 yùdìng 통 예약하다 | 客满 kèmǎn 형 손님이 만원이다 | 片刻 piànkè 명 잠깐, 잠시 | 座位 zuòwèi 명 (주로 공공장소의) 좌석, 자리

해설 欢迎光临张生记(장성지에 오신 것을 환영합니다), 请问有没有预订(실례지만 예약하셨나요) 등의 말을 통해 대화가 음식점에서 일어나고 있음을 알 수 있다. 또한 여자가 现在客满(현재 손님이 꽉 찼다)이라고 말한 것으로 보아 답은 C다.

★★☆ |**유형**| 전체 내용 파악

22

男：这个假期，我想先去农村老家看看外公外婆，然后去桂林旅行。
女：你不是打算假期和我们一起去学游泳吗？
男：去农村老家之前先去学几次，旅行回来再接着学。
女：嗯，你的安排还挺不错的。

问：下面说法正确的是哪一个？

A 女的也打算学游泳
B 对话人是师生关系
C 男的旅行前不学游泳
D 男的爷爷奶奶在农村

남: 이번 방학 때 나는 우선 시골 고향 집에 가서 외할아버지와 외할머니를 뵙고, 그 후에 구이린으로 여행 가려고.
여: 너 방학 때 우리와 함께 수영 배우기로 하지 않았어?
남: 시골 고향 집에 가기 전에 먼저 몇 번 가서 배우고, 여행에서 돌아온 후 다시 이어서 배울게.
여: 응. 너의 계획은 정말 괜찮은 것 같아.

질문: 다음 표현 중 올바른 것은 무엇인가?

A 여자도 수영을 배울 계획이다
B 대화하는 사람은 교사와 학생 관계다
C 남자는 여행 전에 수영을 배우지 않는다
D 남자의 친할아버지와 친할머니는 시골에 있다

단어 假期 jiàqī 명 휴가 기간, 방학 기간 | 农村 nóngcūn 명 농촌 | 老家 lǎojiā 명 고향, 고향 집 | 外公 wàigōng 명 외할아버지, 외조부 | 外婆 wàipó 명 외할머니, 외조모 | 桂林 Guìlín 명 구이린[푸젠성에 위치함] | 安排 ānpái 통 배치하다, 안배하다 | 师生 shīshēng 명 교사와 학생

해설 여자가 你不是打算假期和我们一起去学游泳吗？(너 방학 때 우리와 함께 수영 배우기로 하지 않았어?)라고 한 말을 통해 여자도 수영을 배우기로 했다는 사실을 알 수 있으므로 답은 A다. 한편, 대화 내용으로 보아 서로가 사제지간이 아닌 친구 관계라는 사실을 판단할 수 있으므로 B는 오답이다. 또한 남자가 去农村老家之前先去学几次(시골 고향 집에 가기 전에 먼저 몇 번 가서 배우고)라고 말했으므로 C도 답이 아니다.

23

男: 小李，欢迎你来到我们公司工作。
女: 谢谢王经理，我刚进入公司，如果有做得不好的地方，还希望您多多指点。
男: 你要多向小张请教，她在公司账务核算方面很有经验。
女: 好的，我一定虚心向她学习。

问: 女的最可能是什么人?

A 会计
B 售票员
C 服务员
D 研究生

남: 샤오리, 우리 회사에 와서 일하게 된 것을 환영합니다.
여: 왕 사장님 감사합니다. 제가 막 회사에 입사해서 만약 잘 못하는 점이 있으면, 많이 지도해주시기 바랍니다.
남: 당신은 샤오장에게 많은 지도를 부탁해야 할 거예요. 그녀는 회사 회계업무 방면에 경험이 아주 많아요.
여: 네. 반드시 겸손하게 그녀에게 배우겠습니다.

질문: 여자는 어떤 사람이겠는가?

A 회계사
B 매표원
C 종업원
D 연구생

 经理 jīnglǐ 명 책임자, 사장 | 进入 jìnrù 통 들어가다 | 指点 zhǐdiǎn 통 지적해주다, 지도하다 | 请教 qǐngjiào 통 지도를 부탁하다, 가르침을 청하다 | 账务 zhàngwù 명 회계업무 | 核算 hésuàn 통 검증하여 계산하다, 회계하다 | 经验 jīngyàn 명 경험 | 虚心 xūxīn 형 겸손하다 | 会计 kuàijì 명 회계사 | 售票员 shòupiàoyuán 명 매표원 | 研究生 yánjiūshēng 명 연구생, 대학원생

해설 보기를 통해 화자의 직업이나 신분을 묻는 문제임을 알 수 있다. 장소나 상황, 호칭, 행동과 관련된 단어들을 통해 비교적 쉽게 답을 고를 수 있다. 남자가 여자에게 샤오장이 회계업무 방면에 경험이 많으니 그녀에게 많은 지도를 부탁해야 한다고 말했다. 따라서 여자도 회계업무를 담당하는 회계사임을 알 수 있다. 그러므로 답은 A다.

 **Tip⁺** · 직업 및 신분 관련 어휘

保姆 bǎomǔ 명 보모 | 编辑 biānjí 명 에디터, 편집자 | 播音员 bōyīnyuán 명 아나운서 | 裁缝 cáifeng 명 재봉사 | 厨师 chúshī 명 요리사 | 大夫 dàifu 명 의사 | 导演 dǎoyǎn 명 영화감독 | 导游 dǎoyóu 명 관광가이드 | 工程师 gōngchéngshī 명 엔지니어 | 护士 hùshi 명 간호사 | 记者 jìzhě 명 기자 | 教练 jiàoliàn 명 (스포츠 팀의) 코치, 감독 | 空中小姐 kōngzhōng xiǎojiě 명 스튜어디스, 승무원 | 会计师 kuàijìshī 명 회계사 | 律师 lǜshī 명 변호사 | 门卫 ménwèi 명 경비원, 수위 | 秘书 mìshū 명 비서 | 模特 mótè 명 모델 | 牧师 mùshī 명 목사 | 清洁工 qīngjiégōng 명 환경미화원 | 演员 yǎnyuán 명 배우, 연기자 | 作家 zuòjiā 명 작가

24

男: 这几天的天气变得暖和了，不如我们去郊游吧?
女: 可是儿子最近要期末考试。
男: 我们应该让他在考试前放松一下心情。我们到苏州去踏青吧。
女: 这真是一个好主意。我去告诉儿子，他一定会很高兴的!

问: 对话人可能是什么关系?

A 老师和学生
B 丈夫和妻子
C 医生和病人
D 旅客和导游

남: 요 며칠 날씨가 따뜻해졌어. 우리 교외로 놀러 갈까?
여: 하지만 아들이 조만간 기말고사를 봐야 해요.
남: 우리는 그 애가 시험 전에 마음이 좀 편할 수 있도록 해줘야 해. 우리 쑤저우에 나들이 갑시다.
여: 이건 정말 좋은 생각이네요. 제가 가서 아들에게 알려줄게요. 애가 틀림없이 매우 기뻐할 거예요!

질문: 대화하는 사람들은 어떤 관계겠는가?

A 선생님과 학생
B 남편과 아내
C 의사와 환자
D 여행객과 가이드

단어 暖和 nuǎnhuo 형 따뜻하다 | 不如 bùrú 부 ~하는 것도 괜찮다 | 郊游 jiāoyóu 통 교외로 소풍 가다, 교외로 나들이 가다 | 期末考试 qīmò kǎoshì 학기말 시험, 기말고사 | 放松 fàngsōng 통 느슨하게 하다, 이완하다 | 心情 xīnqíng 명 심정, 기분 | 苏州 Sūzhōu 명 쑤저우 | 踏青 tàqīng 통 (청명절 전후에) 교외로 나들이하다 | 主意 zhǔyi 명 생각, 아이디어 | 旅客 lǚkè 명 여행객 | 导游 dǎoyóu 명 관광 안내원, 가이드

★★☆ |유형| 전체 내용 파악

25

男：真的搞不懂李林还想要什么？为什么一定要冒这个险呢？

女：男人嘛，哪能都像你这样，整天待在家里吃饭、上网、看电视。

男：你想想，他有那么大一个茶社，又有一个幸福的家庭，应该满足了。

女：各人有各人的活法，我看你要多向他学习！

问：男的对李林这个人有什么看法？

A 容易满足
B 不该冒险
C 喜欢思考
D 应该退休

남: 리린이 또 무엇을 하려고 하는 건지 정말 모르겠어. 왜 꼭 이런 위험을 무릅쓰려고 하는 거지?

여: 남자잖아요. 어디 당신처럼 이렇게, 하루 종일 집에서 밥 먹고, 인터넷 하고, 텔레비전만 볼 수 있겠어요.

남: 당신 생각해봐. 그는 그렇게 큰 찻집이 있고 또 행복한 가정이 있는데 당연히 만족해야지.

여: 각자 개인의 생활방식이 있는 거예요. 제가 보기에 당신은 그에게 많이 배워야 할 거 같아요!

질문: 남자는 리린에 대해 어떠한 생각을 가지고 있는가?

A 쉽게 만족한다
B 위험을 무릅쓰지 말아야 한다
C 사색하는 것을 좋아한다
D 퇴직해야 한다

단어 想要 xiǎngyào 동 ~하고 싶다, ~하려고 하다 | 冒险 màoxiǎn 동 모험하다, 위험을 무릅쓰다 | 整天 zhěngtiān 명 하루 종일, 온종일 | 待 dāi 동 머물다 | 上网 shàngwǎng 동 인터넷에 접속하다 | 茶社 cháshè 명 찻집, 다방 | 满足 mǎnzú 동 만족하다, 흡족하다 | 活法 huófǎ 명 삶의 방식, 생활방식 | 思考 sīkǎo 동 사고하다, 사색하다 | 退休 tuìxiū 동 퇴직하다

해설 대화에서 남자는 为什么一定要冒这个险呢?(왜 꼭 이런 위험을 무릅쓰려고 하는 거지?), 应该满足了(당연히 만족해야지)라고 말했다. 따라서 남자가 리린이 위험을 무릅쓰지 말아야 한다고 생각한다는 것을 알 수 있다. 그러므로 답은 B다.

Tip⁺ • 방향을 나타내는 전치사 向과 朝

向	朝
向 + 사람 + (추상 / 동작 관련 구체)동사 예 我军向敌人进攻。 　　우리 군은 적을 향해 진격했다. 　　我向她解释了。　나는 그녀에게 해명했다.	朝 + 사람 + (동작 관련 구체)동사 예 孩子朝妈妈走过去。 　　아이는 엄마를 향해 걸어간다. 　　我朝他解释。(×)
보어로 사용 가능 飞 / 走 / 转 / 奔 / 流 / 通 + 向	보어로 사용 불가

26

男：你都29了，该谈对象了。
女：我不急，您别烦。
男：年龄不饶人，错过了最佳时机，你会后悔的。
女：谁说我一定要嫁人？难道我这么多年的辛苦打拼就是为了嫁人？

问：女的是什么意思？

A 我现在年龄还小
B 谈恋爱要看缘分
C 结婚没有事业重要
D 结婚后的生活太辛苦

남: 너는 벌써 29살이야, 당연히 결혼상대에 대해 이야기해야 해.
여: 난 급하지 않으니 귀찮게 하지 마.
남: 나이는 속일 수 없어, 최적의 시기를 놓치면 너는 후회할 거야.
여: 내가 꼭 시집을 가야 한다고 누가 그래? 설마 내가 이렇게 오랫동안 고생하고 최선을 다한 것이 시집을 가기 위해서란 말이야?

질문: 여자는 무슨 뜻인가?

A 나는 지금 나이가 아직 어리다
B 연애를 할 때는 인연인가를 보아야 한다
C 결혼은 일보다 중요하지 않다
D 결혼 후의 생활은 너무 고생스럽다

단어　对象 duìxiàng 몡 (연애·결혼의) 상대, 대상 ｜ 烦 fán 통 짜증 나게 하다, 귀찮게 하다 ｜ 年龄不饶人 niánlíng bù ráo rén 나이는 못 속인다 ｜ 最佳 zuìjiā 톙 최적이다, 가장 적당하다 ｜ 时机 shíjī 몡 시기, 때 ｜ 后悔 hòuhuǐ 통 후회하다 ｜ 嫁人 jiàrén 통 시집가다, 출가하다 ｜ 打拼 dǎpīn 통 최선을 다하다, 열심히 하다 ｜ 谈恋爱 tánliàn'ài 통 사랑을 속삭이다, 연애하다 ｜ 缘分 yuánfèn 몡 연분, 인연 ｜ 事业 shìyè 몡 사업, 일

해설　谁说我一定要嫁人？难道我这么多年的辛苦打拼就是为了嫁人？(내가 꼭 시집을 가야 한다고 누가 그래? 설마 내가 이렇게 오랫동안 고생하고 최선을 다한 것이 시집을 가기 위해서란 말이야?)이라는 여자의 말을 통해 여자에게 있어서 일은 결혼보다 더 중요하며 그녀는 일을 위해 결혼도 포기할 수 있다는 것을 알 수 있다. 따라서 답은 C다.

**Tip⁺**　难道(nándào)는 반어문에 쓰이는 표현으로, '설마 ~란 말인가? 설마 ~는 아니겠지요?'라는 뜻이다. 주로 뒤에 吗(ma), 不成(bùchéng) 등과 함께 쓰여 반어의 어기를 강조한다.
예 难道还有人知道这件事吗? 설마 이 일을 아는 사람이 또 있단 말인가?
＝没有人知道这件事。이 일을 아는 사람은 없다.

27

女：老李，你这七天假期都干了些什么呀？和你们家那口子去哪儿旅行了？
男：头两天在家拖地、打扫卫生，洗被子、洗衣服。难得有几天空闲，又有几位老同学来聚会，整个儿累得不行。怎么会有空儿去旅行？
女：不会吧，怎么会有这样的老同学？假期也不让人休息休息？
男：你不知道，我的几位大学同学很喜欢搞同学会，别人是十年同学会，我们是年年同学会。

问：从对话中，我们可以知道什么？

A 女的喜欢同学会
B 男的假期没去旅行
C 女的不常打扫卫生
D 男的假期都在家休息

여: 라오리, 당신은 7일의 휴가 기간에 무엇을 했나요? 아내와 함께 어디로 여행을 갔나요?
남: 처음 이틀은 집에서 바닥을 닦고, 청소하고, 이불과 옷을 빨았어요. 모처럼 며칠간의 자유시간이었는데, 또 몇 명의 동창이 와서 모임을 하느라 전반적으로 매우 피곤했어요. 어떻게 여행 갈 틈이 있었겠어요?
여: 그럴 리가. 어떻게 이런 동창이 있을 수 있어요? 휴가 기간에도 사람을 쉬지 못하게 해요?
남: 당신은 몰라요. 저의 대학 동창 몇 명은 동창회를 여는 것을 매우 좋아해요. 다른 사람은 10년마다 동창회를 하지만 저희는 해마다 동창회를 해요.

질문: 대화에서 우리는 무엇을 알 수 있는가?

A 여자는 동창회를 좋아한다
B 남자는 휴가 기간에 여행을 가지 않았다
C 여자는 청소를 자주 하지 않는다
D 남자는 휴가 기간에 집에서 쉬었다

 假期 jiàqī 圏 휴가 기간, 방학 기간 | 你们那口子 nǐmen nà kǒuzi 배우자 [남편 혹은 아내] | 头 tóu 圏 (순서가) 처음인, 앞인 | 拖 tuō 圄 닦다, 걸레질하다 | 打扫 dǎsǎo 圄 청소하다 | 卫生 wèishēng 圏 위생적이다, 깨끗하다 | 被子 bèizi 圏 이불 | 难得 nándé 圏 얻기 어렵다, ~하기 어렵다 | 空闲 kòngxián 圏 여가, 짬, 자유시간 | 聚会 jùhuì 圏 모임 | 整个儿 zhěnggèr 圏 전부의, 모든 | 空儿 kòngr 圏 틈, 짬 | 同学会 tóngxuéhuì 圏 학우회, 동창회

해설 남자는 **怎么会有空儿去旅行?** (어떻게 여행 갈 틈이 있었겠어요?)라고 하였다. 이는 여행 갈 시간이 없어서 못 갔다는 뜻이므로 답은 B다.

★☆☆ |유형| 수량 파악

28

女: 一张票20块? 大人、小孩儿都一样吗?
男: <u>65岁以上的老人免费，10岁以下儿童也免门票。</u>
女: 我的孩子有学生证，可以优惠一点儿吗?
男: <u>学生证可以打五折。</u>

问: 一位70岁的老人和一个20岁的大学生买票应该花多少钱?

A 免费
B 10元
C 30元
D 40元

여: 표 한 장에 20위엔인가요? 어른, 어린아이 모두 같나요?
남: <u>65세 이상의 노인은 무료고요, 10살 이하의 아동 역시 입장권이 무료입니다.</u>
여: 제 아이는 학생증이 있는데, 좀 싸게 되나요?
남: <u>학생증은 50% 할인이 가능합니다.</u>

질문: 70세의 노인과 20세의 대학생이 표를 살 때 얼마를 써야 하는가?

A 무료
B 10위엔
C 30위엔
D 40위엔

 免费 miǎnfèi 圄 무상으로 하다, 무료로 하다 | 儿童 értóng 圏 아동, 어린이 | 免 miǎn 圄 면하다, 없애다 | 门票 ménpiào 圏 입장권 | 学生证 xuéshēngzhèng 圏 학생증 | 优惠 yōuhuì 圏 특혜의, 우대의 | 打折 dǎzhé 圄 할인하다

해설 65세 이상의 노인은 입장권이 무료이고, 학생증이 있으면 50%를 할인받을 수 있다고 언급했다. 따라서 70세 노인은 무료이고 20세 대학생은 20위엔의 50%인 10위엔을 내야 하므로, 답은 B다.

Tip⁺ • 매표소 관련 어휘
订票 dìngpiào 圄 표를 예매하다 | 检票 jiǎnpiào 圄 표를 검사하다 | 买票 mǎipiào 圄 표를 구매하다 | 售票处 shòupiàochù 圏 매표소 | 售票员 shòupiàoyuán 圏 매표원 | 退票 tuìpiào 圄 환불하다, 표를 물리다

★☆☆ |유형| 태도 파악

29

女: 最近小张在打你小报告，我听他说了好几回了。
男: 他都说我些什么?
女: 也就是老板不在就上开心网偷菜什么的。
男: <u>真气人! 这个人怎么这样!</u>

问: 男的对小张是什么态度?

A 信任
B 愤怒
C 赞同
D 吃惊

여: 요즘 샤오장이 너에 대해 험담하고 있어. 나는 그가 여러 번 말하는 것을 들었어.
남: 그가 나에 대해 뭐라고 말하는데?
여: 사장님이 안 계시면 카이신 사이트에 접속해서 토우차이를 한다는 등등 말이야.
남: <u>정말 화가 나는군! 사람이 어떻게 그 모양이야!</u>

질문: 샤오장에 대한 남자의 태도는 어떠한가?

A 신임한다
B 분노한다
C 동의한다
D 놀랐다

 打小报告 dǎ xiǎobàogào 고자질하다, 험담하다 | 老板 lǎobǎn 圏 사장 | 开心网 kāixīnwǎng 인터넷 사이트명 | 偷菜 tōucài 인터넷 게임명 | 气人 qìrén 圏 기분 나쁘다, 불쾌하다 | 信任 xìnrèn 圄 신임하다 | 愤怒 fènnù 圄 분노하다, 성내다 | 赞同 zàntóng 圄 동의하다, 찬성하다 | 吃惊 chījīng 圄 놀라다

Tip⁺　打小报告는 '고자질하다, 뒷말하다, 험담하다'라는 의미로, 같은 뜻으로 说闲话(shuō xiánhuà), 说坏话(shuō huàihuà) 등이 있다.
　예　她肯定要去打小报告的。그녀는 분명히 고자질하러 갈 것이다.

★☆☆　| 유형 | 전체 내용 파악

30

女：ᴰ那套大房子就在玄武湖边，在阳台上能看见优美的湖景。
男：而且闹中取静，离地铁站也不远。
女：ᴬ面积是180平米，ᴮ总价400多万。
男：只可惜我们只有80万，首付都付不起啊。

问：他们没有谈到房子的哪方面？

A　面积
B　价格
C　楼层
D　环境

여：ᴰ그 큰 집은 바로 쉬엔우 호 옆에 있어서, 베란다에서 아름다운 호수의 풍경을 볼 수 있어요.
남：게다가 번화하지만 조용해요. 지하철역과도 멀지 않고요.
여：ᴬ면적은 180제곱미터이고, ᴮ총 가격은 400여만 위엔이에요.
남：그저 우리한테 80만 위엔밖에 없다는 게 안타까울 뿐이에요. 첫 번째 대금도 지불할 수 없을 거예요.

질문: 그들은 집의 어느 방면을 이야기하지 않는가?

A　면적
B　가격
C　층수
D　환경

단어　房子 fángzi 몡 집, 건물 | 玄武湖 Xuánwǔ Hú 몡 쉬엔우 호 [장쑤성에 위치한 호수] | 阳台 yángtái 몡 발코니, 베란다 | 优美 yōuměi 휑 뛰어나게 아름답다 | 面积 miànjī 몡 면적 | 平米 píngmǐ 양 제곱미터, 평방미터 | 总价 zǒngjià 몡 총 가격, 전체 가격 | 可惜 kěxī 휑 아깝다, 아쉽다 | 首付 shǒufù 몡 첫 번째 대금 지불 [首期付款의 줄임말] | 楼层 lóucéng 몡 층수, 층

해설　여자가 **面积是180平米**(면적은 180제곱미터), **总价400多万**(총 가격은 400여만 위엔)이라고 말했으며, 대화의 도입부에서 집의 주변환경에 대해 묘사했다. 따라서 언급하지 않은 것은 바로 C다.

31-32

女：你昨天晚上去看电影了吗？
男：本打算去的。³¹⁽ᴰ⁾可我的一个朋友突然说要来看我，所以没去成。你去了吗？
女：别提了。
男：怎么？不好看？
女：我为买票等了一个小时，³²⁽ᴮ⁾可轮到我的时候，票刚好卖完了。
男：运气真差！

여：너 어제저녁에 영화 보러 갔어?
남：원래는 가려고 했어. ³¹⁽ᴰ⁾그런데 내 친구가 갑자기 나를 만나러 온다고 해서 가지 못했어. 너는 갔어?
여：말도 마.
남：어째서? 재미없었어?
여：나는 표를 사기 위해 한 시간을 기다렸는데, ³²⁽ᴮ⁾내 차례가 되었을 때 표가 딱 매진되었어.
남：운이 정말 나빴네!

단어　本 běn 뷘 원래, 본래 | 别提 biétí 됭 제기하지(도) 마라, 말하지(도) 마라 | 轮 lún 됭 차례가 되다 | 运气 yùnqi 몡 운수, 운 | 差 chà 휑 나쁘다, 좋지 않다

31 男的昨晚做了什么?   남자는 어제저녁에 무엇을 했는가?

A 去影院看电影   A 영화관에 가서 영화를 보았다
B 去买电影票了   B 영화표를 사러 갔다
C 去朋友家拜访   C 친구네 집을 방문했다
D 待在家里待客   D 집에서 손님을 대접했다

단어　拜访 bàifǎng 통 방문하다, 문안하다 | 待客 dàikè 통 손님을 대접하다, 손님을 접대하다

해설　남자는 원래 어젯밤 영화를 보러 가려고 했으나, 갑자기 친구가 자신을 만나러 온다고 해서 가지 못했다고 말했다. 따라서 답은 D다.

32 女的为什么没看电影?   여자는 왜 영화를 보지 못했는가?

A 男的没来   A 남자가 오지 않아서
B 没买到票   B 표를 사지 못해서
C 看朋友了   C 친구를 만나서
D 有其他事   D 다른 일이 있어서

해설　여자는 표를 사기 위해 한 시간을 기다렸으나 그녀 차례가 되었을 때 표가 딱 매진되었다고 했다. 그녀가 표를 사지 못해서 영화를 못 봤음을 알 수 있으므로 답은 B다.

 Tip⁺ • 영화 관련 어휘

爱情片 àiqíngpiàn 명 로맨스 영화, 멜로물 | 插曲 chāqǔ 명 (영화·드라마의) 삽입곡, OST | 动作片 dòngzuòpiàn 명 액션영화, 액션물 | 剧院 jùyuàn 명 극장, 영화관 [= 电影院] | 开演 kāiyǎn 통 (영화가) 시작하다 | 恐怖片 kǒngbùpiàn 명 공포영화, 스릴러물 | 配角 pèijué 명 조연 | 票房 piàofáng 명 박스오피스 | 上映 shàngyìng 통 상영하다 | 售票处 shòupiàochù 명 매표소 | 主角 zhǔjué 명 주연

33-34

男: 早上好, ³³⁽ᴬ⁾这里是出租汽车公司。
女: 早上好, ³³⁽ᴬ⁾周日早上我们想要一辆车, 去机场。
男: 从哪里出发?
女: 我在中华路的如家宾馆。大概多少钱?
男: ³⁴⁽ᴮ⁾车费大约80元, 加上过桥过路费一共100元左右。您准备几点出发?
女: 我们是早上9点的飞机, 7点出发可以吧。
男: 当然可以! 我们会提前10分钟到您的宾馆前等您。
女: 非常感谢, 再见。

남: 안녕하세요, ³³⁽ᴬ⁾여기는 택시회사입니다.
여: 안녕하세요, ³³⁽ᴬ⁾일요일 아침 공항으로 가는 차 한 대가 필요해요.
남: 어디에서 출발하나요?
여: 중화로의 루쟈 호텔에 있어요. 대략 얼마인가요?
남: ³⁴⁽ᴮ⁾차비는 약 80위엔이고, 다리 통행료까지 더해서 모두 100위엔 정도입니다. 당신은 몇 시에 출발할 계획인가요?
여: 아침 9시 비행기니, 7시에 출발해도 되겠죠?
남: 당연히 되죠! 저희는 10분 전에 호텔 앞에 도착해 당신을 기다리겠습니다.
여: 정말 고마워요. 안녕히 계세요.

단어　大约 dàyuē 부 대략, 대충 | 桥 qiáo 명 다리 | 过路 guòlù 통 길을 지나가다, 통행하다 | 准备 zhǔnbèi 통 준비하다 | 提前 tíqián 통 앞당기다 | 感谢 gǎnxiè 통 감사하다

33 两人在谈论什么?

A 汽车出租
B 航班时刻
C 讨价还价
D 预定宾馆

두 사람은 무엇에 대해 이야기하고 있는가?

A 택시 대절
B 항공편 시간
C 가격 흥정
D 호텔 예약

단어 航班 hángbān 몡 (여객기나 여객선의) 운항편 | 时刻 shíkè 몡 시간 | 讨价还价 tǎojià huánjià 셩어 가격(값)을 흥정하다 | 预定 yùdìng 통 예정하다

해설 처음에 남자가 **这里是出租汽车公司**(여기는 택시회사입니다)라고 말했고, 여자가 **周日早上我们想要一辆车，去机场**(일요일 아침 공항으로 가는 차 한 대가 필요해요)이라고 했으므로, 두 사람이 택시에 대해 이야기하고 있음을 알 수 있다. 따라서 답은 A다. 듣기 제2부분에서 두 사람간의 대화로 이루어진 대화문은 주로 일상생활과 관련된 것들을 묻는 문제다. 일상적인 대화라 어휘의 난이도는 비교적 낮지만 문제가 많으므로 보기에 체크하면서 듣도록 해야 한다.

34 对话中提到的过桥过路费大概是多少?

A 10元
B 20元
C 80元
D 100元

대화에서 언급한 다리 통행료는 대략 얼마인가?

A 10위엔
B 20위엔
C 80위엔
D 100위엔

해설 남자가 **车费大约80元，加上过桥过路费一共100元左右**(차비는 약 80위엔이고, 다리 통행료까지 더해서 모두 100위엔 정도입니다)라고 말했으므로, 다리 통행료만은 20위엔이라는 것을 알 수 있다. 따라서 답은 B다.

35-36

小张很喜欢吃鱼，经常去超市买。³⁵⁽ᴬ⁾/³⁶⁽ᴰ⁾活鲈鱼是20块钱一条，要是死了放在冰上的就10块两条，一样新鲜。这天下班，他就赶紧跑去买，但还是被人买走了。于是他就站在鱼缸前等，可是鱼半天都不死一条。他不得不用网进去捞，敲鱼的头。工作人员实在看不下去了，过来跟他说："先生，昏过去的不算……"

샤오장은 생선을 먹는 것을 매우 좋아해서 자주 슈퍼마켓에 가서 (생선을) 산다. ³⁵⁽ᴬ⁾/³⁶⁽ᴰ⁾살아 있는 농어는 한 마리에 20위엔이고, 죽어서 얼음 위에 놓인 것은 두 마리에 10위엔인데 마찬가지로 신선하다. 이날 퇴근하고 나서 그는 서둘러 사러 뛰어갔지만, 다른 사람들이 다 사가고 말았다. 그래서 그는 어항 앞에 서서 기다렸지만 반나절이 되어도 생선은 한 마리도 죽지 않았다. 그는 어쩔 수 없이 그물을 집어넣어 건지며 생선의 머리를 쳤다. 직원이 보다 못해 다가와서 그에게 말했다. "선생님, 기절한 것은 치지 않습니다……"

단어 鲈鱼 lúyú 몡 농어 | 新鲜 xīnxiān 혱 신선하다, 싱싱하다 | 赶紧 gǎnjǐn 뷔 서둘러, 급히 | 鱼缸 yúgāng 몡 어항 | 捞 lāo 통 (물이나 기타 액체 속에서 물건을) 건지다 | 敲 qiāo 통 치다, 때리다 | 实在 shízài 뷔 확실히, 정말, 참으로 | 看不下去 kàn bu xiàqù 보다 못해, 계속해서 볼 수 없다 | 昏过去 hūnguòqù 의식을 잃다, 기절하다 | 算 suàn 통 넣다, 포함시키다, (~로) 치다

 **| 유형 |** 인과관계 파악

35

小张为什么敲鱼的头?

A 想让鱼昏过去
B 想把鱼捞上来
C 想买到便宜的鱼
D 工作人员态度差

샤오장은 왜 생선의 머리를 쳤는가?

A 물고기를 기절시키고 싶어서
B 물고기를 건져 올리고 싶어서
C 싼 물고기를 사고 싶어서
D 직원의 태도가 좋지 않아서

해설 죽은 생선이 살아 있는 생선보다 값이 싸기 때문에, 샤오장은 머리를 쳐서 물고기를 죽이고 싶었을 것이다. 따라서 답은 C다.

 **| 유형 |** 수량 파악

36

买两条死的鲈鱼比买一条活鲈鱼便宜多少钱?

A 40块钱
B 30块钱
C 20块钱
D 10块钱

죽은 농어 두 마리를 사는 것은 살아 있는 농어 한 마리를 사는 것에 비해 얼마나 싼가?

A 40위엔
B 30위엔
C 20위엔
D 10위엔

해설 녹음에서 살아 있는 농어는 한 마리에 20위엔이고, 죽은 농어는 두 마리에 10위엔이라고 했다. 따라서 두 마리의 죽은 농어를 사는 것은 한 마리의 살아 있는 농어를 사는 것보다 10위엔이 더 싸다는 것을 알 수 있다. 그러므로 답은 D다.

Tip⁺ 不得不(bùdébù)는 부사로, '어쩔 수 없이, 부득이하게'라는 뜻을 지니고 있다. 동의어로는 只好, 只得, 只能 등이 있다. 동의어는 출제빈도가 높으니 꼭 암기하도록 하자!
예 最后不得不中止了谈话。 결국에는 어쩔 수 없이 대담을 중지했다.

37-38

女士们，先生们，37(A)飞机已经降落在首都国际机场，外面温度26摄氏度，飞机正在滑行，38(B)为了您和他人的安全，请先不要站起或打开行李架。等飞机完全停稳后，请您再解开安全带，整理好手提物品准备下飞机。38(B)从行李架里取物品时，请注意安全。您交运的行李请到行李提取处领取。需要在本站转乘飞机到其他地方的旅客请到候机室中转柜办理。感谢您选择上海航空公司班机! 下次旅途再会!

신사 숙녀 여러분, 37(A)비행기가 이미 수도 국제공항에 착륙했습니다. 바깥 온도는 26도이며, 비행기가 현재 활주하고 있사오니, 38(B)여러분과 타인의 안전을 위해 먼저 일어서거나 기내 선반을 열지 마십시오. 비행기가 완전히 멈춘 후에 안전벨트를 풀고, 휴대 물품을 정리하셔서 비행기에서 내릴 준비를 하십시오. 38(B)기내 선반에서 물품을 찾을 때 안전에 주의하십시오. 부치신 짐은 수하물 수취소에 가서 받으십시오. 이곳에서 비행기를 환승하여 다른 곳으로 가야 하는 손님께서는 공항 대합실 환승 카운터에 가셔서 수속을 하십시오. 상하이 항공사를 이용해주셔서 감사합니다! 다음 여정에서 다시 뵙겠습니다!

단어 女士 nǚshì 몡 여사 | 降落 jiàngluò 동 착륙하다 | 首都 shǒudū 몡 수도 | 摄氏度 shèshìdù 양 섭씨, 섭씨온도 | 滑行 huáxíng 동 활주하다 | 打开 dǎkāi 동 열다 | 行李架 xínglijià 몡 기내 선반 | 停稳 tíngwěn 동 완전히 멈추다, 멈추어 움직이지 않다 | 解开 jiěkāi 동 풀다 | 安全带 ānquándài 몡 안전띠, 안전벨트 | 手提 shǒutí 혱 몸에 지닌, 휴대하는 | 注意 zhùyì 동 주의하다, 조심하다 | 交运 jiāoyùn 동 탁송하다 | 提取 tíqǔ 동 (맡긴 돈 혹은 물건을) 찾다 | 领取 lǐngqǔ 동 받다, 수령하다 | 转乘 zhuǎnchéng 동 환승하다, 갈아타다 | 候机室 hòujīshì 몡 공항 대합실 | 中转 zhōngzhuǎn 동 도중에 갈아타다, 환승하다 | 柜 guì 몡 카운터, 계산대 | 办理 bànlǐ 동 처리하다, 수행하다 | 旅途 lǚtú 몡 여행 도중, 여정 | 再会 zàihuì 다시 만나다

37 飞机降落在哪个城市?　　　　　　　비행기는 어느 도시에 착륙하였는가?

A 北京　　　　　　　　　　　　　　　A　베이징
B 上海　　　　　　　　　　　　　　　B　상하이
C 南京　　　　　　　　　　　　　　　C　난징
D 广州　　　　　　　　　　　　　　　D　광저우

단어　南京 Nánjīng 명 난징 ｜ 广州 Guǎngzhōu 명 광저우 [광둥성의 성도]

해설　녹음에서 처음에 비행기가 이미 수도 국제공항에 착륙했다고 했다. 중국의 수도는 베이징이므로 답은 A다.

Tip⁺　• 중국 공항 이름
중국 각 도시의 국제공항들은 각각 이름을 가지고 있다. 중국의 대표 공항 이름은 상식으로 알아두도록 하자.

北京 베이징	北京首都国际机场 Běijīng Shǒudū Guójì Jīchǎng 베이징 수도 국제공항
上海 상하이	上海浦东国际机场 Shànghǎi Pǔdōng Guójì Jīchǎng 상하이 푸동 국제공항 上海虹桥国际机场 Shànghǎi Hóngqiáo Guójì Jīchǎng 상하이 홍챠오 국제공항
南京 난징	南京禄口国际机场 Nánīng Lùkǒu Guójì Jīchǎng 난징 루커우 국제공항
广州 광저우	广州白云国际机场 Guǎngzhōu Báiyún Guójì Jīchǎng 광저우 바이윈 국제공항

38 这段话特别强调的是以下哪一点?　　　이 이야기에서 특히 강조하는 것은 다음 중 어느 것인가?

A 天气不热　　　　　　　　　　　　A　날씨가 덥지 않다
B 注意安全　　　　　　　　　　　　B　안전에 주의한다
C 拿好物品　　　　　　　　　　　　C　물품을 잘 챙긴다
D 感谢乘坐　　　　　　　　　　　　D　탑승에 감사한다

단어　乘坐 chéngzuò 동 (차·배·비행기 등을) 타다

해설　녹음에서는 비행기에 타고 있는 승객들에게 자신과 타인의 안전을 위해 주의해야 할 점을 알려주고 있고, **安全**(안전)
이라는 단어도 여러 번 들린다. 따라서 답은 B다.

Tip⁺　• 공항 관련 어휘
单程 dānchéng 명 편도 ｜ 登机牌 dēngjīpái 명 탑승권 ｜ 登记 dēngjì 동 수속하다 ｜ 机票 jīpiào 명 항공권, 비행
기표 ｜ 降落 jiàngluò 동 착륙하다 ｜ 接机 jiējī 동 공항에 마중 가다 ｜ 经济舱 jīngjìcāng 명 일반석, 이코노미석 ｜
护照 hùzhào 명 여권 ｜ 起飞 qǐfēi 동 (비행기가) 이륙하다 ｜ 签证 qiānzhèng 명 비자 ｜ 托运 tuōyùn 동 (짐·화
물 등을) 부치다 ｜ 晚点 wǎndiǎn 동 연착하다, 늦게 도착하다 ｜ 往返 wǎngfǎn 명 왕복 ｜ 行李车 xínglichē 명 카
트 ｜ 延误 yánwù 동 지연되다, 지체되다 ｜ 一等舱 yīděngcāng 명 (여객기의) 일등석, 퍼스트클래스

　　宋国有一个农民，每天在田地里劳动。有一天，这个农夫正在地里干活儿，突然一只野兔从草丛中窜出来。野兔见到有人就拼命逃跑，^{39(B)}不料撞到地头的一截树桩子上，脖子折断死了。农夫放下手中的活儿，^{40(B)}走过去捡起死兔子。晚上回到家，农夫把死兔子交给妻子，妻子做了香喷喷的野兔肉，两口子有说有笑美美地吃了一顿。

　　第二天，农夫照旧到地里干活儿，可是他再不像以往那么专心了，总希望再有一只兔子窜出来撞在树桩上，但是直到天黑也没见到有兔子出来，他很不甘心地回家了。

　　第三天，农夫来到地边，把农具放在一边，自己则坐在树桩旁边的田埂上，^{41(B)}专心等待野兔子窜出来。可是又白白地等了一天。

　　后来，农夫每天就这样守在树桩边，希望再捡到兔子，然而他始终没有再捡到。而地里的野草却越长越高，把他的庄稼都淹没了。^{42(D)}农夫因此成了宋国人议论的笑柄。

송나라 때 어떤 농부가 있었는데 매일 논밭에서 일을 했다. 어느 날 이 농부가 밭에서 일을 하고 있는데 갑자기 산토끼 한 마리가 숲에서 뛰어나왔다. 산토끼는 사람이 있는 것을 보자마자 필사적으로 도망치다가, ^{39(B)}뜻밖에도 논두렁의 나무 그루터기에 부딪혀 목이 부러져서 죽었다. 농부는 하던 일을 멈추고 ^{40(B)}걸어가 죽은 토끼를 주웠다. 저녁에 집에 돌아와 농부는 죽은 토끼를 아내에게 건네주었다. 아내는 구수한 산토끼 고기를 만들었고, 부부 두 사람은 이야기로 웃음꽃을 피우며 유쾌하게 한 끼를 먹었다.

이튿날 농부는 예전처럼 밭에서 일을 했지만 그는 더 이상 이전과 같이 그렇게 열중하지 않았다. 다시 한 마리의 토끼가 뛰어나와 나무 그루터기에 부딪히기만을 늘 바랐다. 그러나 해가 질 때까지도 토끼가 나오는 것을 보지 못했다. 그는 만족해하지 않은 채 집으로 돌아갔다.

셋째 날 농부는 논의 가장자리에 가서 농기구는 한쪽에 놓고 자신은 나무 그루터기 옆의 두렁에 앉아 ^{41(B)}토끼가 뛰어나오기를 기다리는 데 몰두했다. 그러나 또 헛되이 하루를 기다렸다.

이후에 농부는 매일 이렇게 나무 그루터기를 지키며 다시 토끼를 줍기를 바랐지만, 그는 시종일관 다시 줍지 못했다. 밭의 들풀은 오히려 점점 높게 자라 그의 농작물을 다 덮어버렸다. ^{42(D)}농부는 이 때문에 송나라 사람들이 놀리는 웃음거리가 되었다.

단어　农民 nóngmín 몡 농민, 농부 | 田地 tiándì 몡 논밭, 경작지 | 劳动 láodòng 동 육체노동을 하다 | 农夫 nóngfū 몡 농사꾼, 농부 | 干活儿 gànhuór 동 일하다 | 野兔 yětù 몡 산토끼 | 草丛 cǎocóng 몡 수풀 | 窜 cuàn 동 달아나다, 도망가다 | 拼命 pīnmìng 동 필사적으로 하다, 죽을 힘을 다하다 | 逃跑 táopǎo 동 도망가다, 달아나다 | 不料 búliào 젭 뜻밖에, 예상밖에 | 撞 zhuàng 동 부딪히다, 충돌하다 | 地头 dìtóu 몡 논두렁 | 截 jié 얭 덩어리, 토막 | 树桩子 shùzhuāngzi 몡 줄기가 굵고 짤막하면서 가지가 적은 나무, 나무의 그루터기 | 脖子 bózi 몡 목 | 折断 zhéduàn 동 절단하다, 끊다 | 捡 jiǎn 동 줍다 | 交给 jiāogěi 동 건네주다 | 香喷喷 xiāngpēnpēn 혱 향긋하다, 구수하다 | 两口子 liǎngkǒuzi 몡 부부 두 사람 | 有说有笑 yǒushuōyǒuxiào 셍 이야기로 웃음꽃을 피우다 | 美美 měiměi 뮈 마음껏, 유쾌하게 | 照旧 zhàojiù 뮈 예전대로, 종전대로 | 以往 yǐwǎng 몡 이전, 종전 | 专心 zhuānxīn 혱 열중하다, 몰두하다, 전심전력하다 | 天黑 tiānhēi 해가 지다, 날이 어두워지다 | 兔子 tùzi 몡 토끼 | 甘心 gānxīn 동 바라다, 만족해하다 | 地边 dìbiān 논밭의 가장자리, 논가 | 农具 nóngjù 몡 농기구 | 田埂 tiángěng 몡 두둑, 두렁 | 等待 děngdài 동 기다리다 | 白白 báibái 뮈 헛되이 | 守 shǒu 동 지키다 | 始终 shǐzhōng 뮈 시종일관, 한결같이 | 野草 yěcǎo 몡 야초, 들풀 | 庄稼 zhuāngjia 몡 농작물 | 淹没 yānmò 동 파묻(히)다 | 议论 yìlùn 동 의론하다, 비평하다 | 笑柄 xiàobǐng 몡 웃음거리

Tip⁺　이 내용은 성어 守株待兔 shǒuzhūdàitù(그루터기를 지키며 토끼를 기다리다, 요행만을 바라다)에 관한 이야기다. 만약 이 성어의 내용을 미리 알고 있었다면, 보기만 보고도 쉽게 답을 유추할 수 있을 것이다. 이렇게 유명한 내용의 성어를 미리 찾아보며 공부해두는 것도 문제를 빨리 푸는 방법 중 하나다.

39 兔子是怎么死的? · 토끼는 왜 죽었는가?

A 逃跑累死的 · A 도망가다 지쳐 죽었다
B 撞到了树桩上 · B 나무 그루터기에 부딪혔다
C 被农民打死的 · C 농부에게 맞아 죽었다
D 没东西吃饿死的 · D 먹을 것이 없어서 굶어 죽었다

단어 累死 lèisǐ 툉 지쳐서 죽다, 과로로 죽다 | 打死 dǎsǐ 툉 때려 죽이다

해설 토끼는 사람이 있는 것을 보자마자 필사적으로 도망치다가, 논두렁의 나무 그루터기에 부딪혀 목이 부러져 죽었으므로 답은 B다.

40 兔子脖子折断之后，农民做了什么? · 토끼가 목이 부러진 후, 농부는 무엇을 했는가?

A 不理睬野兔 · A 산토끼를 거들떠보지 않았다
B 把它捡起来 · B 산토끼를 주웠다
C 给野兔治伤 · C 산토끼의 상처를 치료해주었다
D 继续干农活儿 · D 계속해서 농사일을 했다

단어 理睬 lǐcǎi 툉 거들떠보다, 상대하다 | 治 zhì 툉 치료하다 | 农活儿 nónghuór 명 농사일

해설 농부는 하던 일을 멈추고 걸어가 죽은 토끼를 주웠으므로 답은 B다.

41 第三天，农夫做了什么? · 셋째 날 농부는 무엇을 했는가?

A 吃兔肉 · A 토끼 고기를 먹었다
B 等兔子 · B 토끼를 기다렸다
C 睡懒觉 · C 늦잠을 잤다
D 干农活儿 · D 농사일을 했다

단어 睡懒觉 shuì lǎnjiào 늦잠을 자다

해설 셋째 날 농부는 토끼가 뛰어나오기를 기다리는 데 몰두했으므로 답은 B다.

42 农夫是个怎样的人? · 농부는 어떤 사람인가?

A 聪明的人 · A 영리한 사람
B 乐观的人 · B 낙관적인 사람
C 好奇的人 · C 호기심이 많은 사람
D 很傻的人 · D 매우 어리석은 사람

단어 聪明 cōngming 혱 똑똑하다, 영리하다 | 乐观 lèguān 혱 낙관적이다 | 好奇 hàoqí 혱 호기심이 많다, 궁금하다 | 傻 shǎ 혱 어리석다, 미련하다

해설 농부는 농사일을 하지 않고 매일 토끼가 뛰어나오기를 기다렸고, 결국 그의 농작물은 모두 들풀에 파묻히고 말았다. 이 때문에 농부는 송나라 사람들의 놀림거리가 되었다고 했으므로 답은 D다.

邻居家刚上一年级的小宁到我家玩儿。我切苹果招待他。我刚想竖着把苹果切开，小宁拦住了我。他神秘地跟我说："姐姐，苹果里面有星星哦！"

43(A)"哦？怎么可能呢？"我好奇地问。切了这么多年苹果，苹果里面不就只有个核吗，哪里有什么星星啊。

小宁接过刀，把苹果横着一切，然后举起来给我看："姐姐你看，星星藏在这里！"原来，横着切的果核果然是星星的形状。他很骄傲地说：44(C)"这是我自己发现的，大人都不知道哦！"

45(D)孩子的创造力和想象力真是无穷的啊。我们大人不会横着切苹果，自然发现不了苹果里面的星星。孩子有时候还能成为我们的老师呢！

이웃집의 갓 1학년이 된 샤오닝이 우리 집에 놀러왔다. 나는 사과를 잘라 그를 대접했다. 내가 막 사과를 똑바로 세워서 자르려고 하는데 샤오닝이 나를 가로막았다. 그는 신비로운 듯 나에게 말했다. "누나, 사과 안에 별이 있어요!"

43(A)"어? 어떻게 그럴 리가 있어?" 나는 궁금해서 물었다. 이렇게 오랫동안 사과를 잘랐지만 사과 안에 씨만 있지 않나? 어디 무슨 별이 있다는 건가.

샤오닝은 칼을 건네받아 사과를 가로로 잘랐다. 그런 후 들어서 나에게 보여주었다. "누나 보세요, 별이 이곳에 숨어 있잖아요!" 알고 보니 가로로 자른 과일의 씨가 과연 별의 모양이었다. 그는 매우 자랑스럽게 44(C)"이것은 제가 스스로 발견한 거예요, 어른들은 모두 몰라요!"라고 말했다.

45(D)아이의 창조력과 상상력은 정말 끝이 없구나. 우리 어른들은 가로로 사과를 자르지 않으니, 당연히 사과 안의 별을 발견할 수 없다. 아이가 어떤 때는 우리의 선생님이 될 수도 있다!

단어 邻居 línjū 몡 이웃, 이웃집 | 切 qiē 동 (칼로) 자르다 | 招待 zhāodài 동 대접하다 | 竖 shù 동 똑바로 세우다 | 切开 qiēkāi 동 절개하다, 베어내다 | 拦住 lánzhù 가로막다, 저지하다 | 神秘 shénmì 혱 불가사의하다, 신비하다 | 好奇 hàoqí 혱 호기심이 많다, 궁금하다 | 核 hú 몡 과일의 씨, 핵 | 横 héng 동 가로로 하다, 가로놓다 | 果核 guǒhú 몡 과일의 씨 | 果然 guǒrán 분 과연 | 形状 xíngzhuàng 몡 겉모양, 외관 | 骄傲 jiāo'ào 혱 거만하다, 자랑스럽다 | 大人 dàren 몡 성인, 어른 | 创造力 chuàngzàolì 몡 창조력 | 想象力 xiǎngxiànglì 몡 상상력 | 无穷 wúqióng 혱 무궁하다, 끝이 없다 | 自然 zìrán 분 자연히, 당연히

★★☆ | **유형** | 태도 파악

43 小宁说苹果里有星星，我是什么态度？

A 惊讶
B 骄傲
C 嘲笑
D 神秘

샤오닝이 사과 안에 별이 있다고 말했을 때, 나의 태도는 어떠한가?

A 놀랍고 의아했다
B 거만했다
C 비웃었다
D 불가사의했다

단어 惊讶 jīngyà 혱 놀랍고 의아하다 | 嘲笑 cháoxiào 동 조소하다, 비웃다

해설 화자는 샤오닝이 사과 안에 별이 있다고 말했을 때, 哦？怎么可能呢？(어? 어떻게 그럴 리가 있어?)라고 물으며 의아해했다. 따라서 답은 A다.

★☆☆ | **유형** | 세부 내용 파악

44 小宁是怎么发现苹果里的星星的？

A 听我说过的
B 大人们教的
C 自己发现的
D 同学教他的

샤오닝은 어떻게 사과 안의 별을 발견했는가?

A 내가 말한 것을 들은 적이 있다
B 어른들이 가르쳐줬다
C 스스로 발견했다
D 학우가 그에게 가르쳐줬다

해설 샤오닝이 这是我自己发现的(이것은 제가 스스로 발견한 거예요)라고 말했으므로 답은 C다.

45 我们可以从孩子身上学到什么?

A 要保持好奇心
B 苹果要横着切
C 苹果里面有星星
D 创造力和想象力

우리는 아이에게서 무엇을 배울 수 있는가?

A 호기심을 유지해야 한다
B 사과를 가로로 잘라야 한다
C 사과 안에 별이 있다
D 창조력과 상상력

단어 保持 bǎochí 동 유지하다 | 好奇心 hàoqíxīn 명 호기심

해설 녹음 마지막 부분에서 **孩子的创造力和想象力真是无穷的啊**(아이의 창조력과 상상력은 정말 끝이 없구나)…**孩子有时候还能成为我们的老师呢**(아이가 어떤 때는 우리의 선생님이 될 수도 있다)라고 했으므로 답은 D다. 듣기 제2부분에서 긴 지문 문제는 메모가 특히 중요하다. 앞에서 출제된 유형들이 주로 나오기 때문에 문제는 어렵지 않지만 문장이 비교적 길어서 헷갈릴 수 있으므로, 녹음을 들으면서 꼭 메모하는 습관을 길러야 한다.

阅读

第一部分

46-48

　　一位教授平时总是丢三落四，不是丢了眼镜盒，就是丢了手杖。__46__ 是雨伞，几乎每个月他夫人都得替他买一把。教授为此暗暗地下定决心，__47__ 要更加小心。一天，教授上午出去，下午回来，得意扬扬地对夫人说："呶，陶乐赛，今天我可没丢东西，我把伞给带回来啦！"说着，他亮出一把伞。"哎呀，瞧你这 __48__ 人，你今天没有带伞出去呀！"他的夫人说。

　　어떤 교수가 평소 늘 물건을 잘 잃어버려서, 안경집을 잃어버리지 않으면 지팡이를 잃어버리곤 했다. ⁴⁶특히 우산은 거의 매달 그의 부인이 그를 위해 한 개를 사야 했다. 교수는 이 때문에 ⁴⁷이후에는 더욱 주의해야겠다고 몰래 결심을 했다. 하루는 교수가 오전에 나갔다가 오후에 들어와서 의기양양해하며 부인에게 말했다. "이봐, 도로시, 오늘 나는 물건을 잃어버리지 않고, 우산을 가지고 돌아왔어!" 말하면서 그가 우산을 내보였다. "아이고, 이렇게 ⁴⁸꼼꼼하지 못한 사람을 봤나. 당신은 오늘 우산을 안 가지고 나갔어요!"라고 그의 부인이 말했다.

단어　教授 jiàoshòu 몡 교수 ｜ 平时 píngshí 몡 평상시, 평소 ｜ 丢三落四 diūsānlàsì 성어 (물건을) 잘 잃어버리다, 건망증이 심하다 ｜ 眼镜盒 yǎnjìnghé 몡 안경집, 안경 케이스 ｜ 手杖 shǒuzhàng 몡 지팡이 ｜ 几乎 jīhū 뷔 거의 ｜ 夫人 fūren 몡 부인 ｜ 替 tì 됭 대신하다, 대신해주다 ｜ 把 bǎ 양 자루, 꾸러미 [자루가 있거나 손으로 잡을 수 있는 기구를 세는 단위] ｜ 暗暗 àn'àn 뷔 몰래, 암암리에 ｜ 下定 xiàdìng 됭 (결정을) 내리다. (마음을) 정하다 ｜ 决心 juéxīn 몡 결심, 결의 ｜ 更加 gèngjiā 뷔 더욱, 한층 ｜ 得意扬扬 déyìyángyáng 성어 득의양양하다 ｜ 呶 náo 에이 [=哎(ái), 嗨(hāi)] ｜ 陶乐赛 Táolèsài 고유 도로시 [Dorothy, 외국 여자 이름] ｜ 亮出 liàngchu 됭 나타내다, 드러내다 ｜ 瞧 qiáo 됭 보다

★☆☆　｜**유형**｜ 부사어 파악

46　A 经常　　　　B 特殊　　　　　A 자주　　　　　B 특수하다
　　　　C 非常　　　　D 特别　　　　　C 매우　　　　　D 특히

단어　特殊 tèshū 톙 특수하다, 특별하다

해설　빈칸 앞은 교수가 자주 안경집과 지팡이를 잃어버린다는 내용이고 빈칸 뒤에서는 우산을 더 자주 잃어버린다는 것을 강조하고 있기 때문에, D의 **特别**(특히)가 답이 된다. 한편 **经常**(자주)은 동작의 횟수와 빈도를 나타내며, **特殊**(특수하다)는 형용사로 동사 是를 꾸밀 수 없다. **非常**은 정도부사로 심리동사와 정태동사를 꾸며주지만, **非常是**라고 말할 수 없다. 따라서 A, B, C는 답에서 제외된다.

★☆☆　｜**유형**｜ 시간명사 파악

47　A 然后　　　　B 后来　　　　　A 그런 후에　　　B 나중에
　　　　C 以后　　　　D 先后　　　　　C 이후에　　　　D 잇따라

해설　**后来**와 **以后**는 유의어지만 일반적으로 '이후에 무엇을 할 것이다, 무엇을 할 계획이다'라는 뜻으로 쓰일 경우에는 **以后**를 쓴다. 이 문장 안에서의 '더욱 주의해야겠다'는 머지않아 올 시간에 대한 일종의 계획, 예정을 나타낸다. 따라서 C의 **以后**가 답이 된다. 한편 **然后**는 일반적으로 '先…, 然后…'의 구조로 많이 사용된다. 또한 **后来**는 일반적으로 '처음에는 어땠고 나중에는 어땠다'라는 뜻으로 과거에 발생한 일들을 묘사할 때 많이 쓰인다. 이밖에 **先后**는 부사로 '시간의 순서에 따라 무엇을 하다'라는 뜻을 나타낸다. 따라서 A, B, D는 모두 답에서 제외된다.

・然后, 后来, 以后, 先后

然后 ránhòu	접 그런 후에, 그렇게 하고 난 후에
	예 先简单看一遍，然后再仔细地看。 먼저 간단히 한번 보고 난 후에 다시 자세히 보아라.
后来 hòulái	명 그 후, 나중
	예 后来他们俩分手了。 그 후 그 둘은 헤어졌다.
以后 yǐhòu	명 이후, 차후
	예 以后我去看你，我现在有几件事情要做。
	이후에 내가 너를 보러 갈게, 내가 지금 몇 가지 일을 해야 하거든.
先后 xiānhòu	부 연이어, 잇따라
	예 邓小平先后出访过十多个国家。 덩샤오핑은 10여개 국을 잇따라 순방했다.

★☆☆ │유형│ 술어 파악

48

| A 细心 | B 粗心 | A 세심하다 | B 꼼꼼하지 못하다 |
| C 小心 | D 用心 | C 주의하다 | D 열심이다 |

단어 细心 xìxīn 형 세심하다, 꼼꼼하다 │ 粗心 cūxīn 형 꼼꼼하지 못하다, 세심하지 못하다 │ 用心 yòngxīn 형 열심이다, 정신을 집중하다

해설 마지막 문장에서 아내가 교수에게 **你今天没有带伞出去呀!** (당신은 오늘 우산을 안 가지고 나갔어요!)라는 말을 통해 남편이 꼼꼼하지 못한 사람이라는 것을 알 수 있다. 따라서 답은 B다. 또한 小心, 用心이 명사 人의 관형어로 쓰일 때는 중간에 반드시 조사 的가 와야 한다. 따라서 C, D는 답에서 제외된다.

'不是(búshì)…就是(jiùshì)…'는 선택관계를 나타내는 말로, '~가 아니면 ~이다'라는 뜻이다. 두 개 이상의 단어 또는 단문으로 각각 몇 가지 사실을 나열하여 그중에서 한 가지를 선택한다.
예 放假期间他不是玩，就是睡觉。 방학 동안 그는 놀지 않으면 잠을 잤다.

49-52

一天，曾子外出工作，他的妻子带着儿子待在家里。

妻子要出去买菜，可儿子不让，说："妈妈，你去买菜可以，但是，我要吃肉！"妻子 __49__ 早点儿上街买菜，便对儿子说："乖孩子，让妈妈去买菜，妈妈买肉给你吃，好吗？"儿子高兴地跳了起来。可是，妻子回来时并没有给儿子买肉。

曾子回到家以后， __50__ 了这件事，他对妻子说："你怎么能不守信用呢？孩子现在还小，还没有辨别是非的能力， __51__ ，你现在不守信用，长大后他也会和你一样去欺骗别人！"曾子说完，便把自己家 __52__ 养了三个多月的小猪给杀了，割下肉煮给儿子吃，儿子边吃肉边说："大人真守信用，说到做到！"曾子听了欣慰地笑了。

하루는 증자가 일하러 외출을 하였고, 그의 아내는 아들을 데리고 집에 남아 있었다.

아내가 채소를 사러 가려고 하자 아들이 나가지 못하게 하며 "엄마, 엄마가 채소를 사러 가는 것은 괜찮지만, 저는 고기가 먹고 싶어요!"라고 말했다. 아내는 좀 더 빨리 채소를 사러 가기 49위해 아들에게 말했다. "아들아 착하지, 엄마 채소 사러 가게 해주면, 엄마가 고기를 사와서 먹게 해줄게. 괜찮지?" 아들은 기뻐서 껑충껑충 뛰기 시작했다. 그러나 아내는 돌아올 때 아들에게 줄 고기를 사오지 않았다.

증자가 집에 돌아온 후, 이 일을 50알고는 아내에게 말했다. "당신은 어떻게 신용을 지키지 않을 수 있소? 아들이 지금은 아직 어려서 옳고 그름을 판별할 능력이 없기 때문에 51무슨 일이든지 모두 우리를 본보기로 삼는단 말이오. 당신이 지금 신용을 지키지 않으면, 아들도 자라서 당신처럼 남을 속일 거요!" 증자는 말을 마치고 바로 자신의 집에서 52막 기른 지 3개월 남짓 된 새끼돼지를 죽였다. 자른 고기를 삶아 아들에게 먹였고 아들은 고기를 먹으며 말했다. "어른은 정말 신용을 지켜요, 말한 것은 반드시 실행해요!" 증자는 듣고 나서 안심하며 웃었다.

단어 曾子 Zēngzǐ 고유 증자, 중국 춘추시대의 유학자 | 外出 wàichū 통 외출하다, 출타하다 | 待 dāi 통 머무르다 | 上街 shàngjiē 통 물건을 사러 가다, 쇼핑하러 가다 | 守 shǒu 통 지키다 | 信用 xìnyòng 명 신용 | 辨别 biànbié 통 판별하다, 구별하다 | 是非 shìfēi 명 시비, 옳고 그름 | 长大 zhǎngdà 통 자라다, 성장하다 | 欺骗 qīpiàn 통 속이다, 기만하다 | 杀 shā 통 죽이다, 해치다 | 割 gē 통 (칼로) 베다, 자르다 | 说到做到 shuōdàozuòdào 성어 말한 것은 반드시 실행하다, 약속은 꼭 지킨다 | 欣慰 xīnwèi 형 기쁘고 편안하다, 즐겁고 안심되다

★☆☆ | **유형** | 접속사 파악

49

| A 因为 | B 为了 | A ~ 때문에 | B ~을 위해서 |
| C 由于 | D 于是 | C ~ 때문에 | D 그래서 |

해설 엄마는 좀 더 일찍 채소를 사러 가기 위해 아들에게 "아들아 착하지, 엄마 채소 사러 가게 해주면, 엄마가 고기를 사와서 먹게 해줄게, 괜찮지?"라고 말했다. 따라서 빈칸에는 목적을 나타내는 为了를 써야 한다. 그러므로 답은 B다. 한편, 因为, 由于 뒤에는 반드시 원인이 와야 하며, 于是 뒤에는 일반적으로 결과가 와야 한다. 따라서 A, C, D는 답이 아니다.

Tip⁺ ·因为, 为了, 由于, 于是

因为 yīnwèi	접 ~해서 ~하다, ~ 때문에 ~하다 [인과관계를 나타내며, 뒤에 所以와 호응하여 사용함] 예 因为她怀孕了，所以她的丈夫很高兴。 그녀가 임신을 해서, 그녀의 남편은 매우 기쁘다.
为了 wèile	전 ~하기 위하여, ~을 위해서 [어떤 행위나 동작의 목적을 나타냄] 예 为了儿子，妈妈辛辛苦苦地赚钱。 아들을 위해서, 어머니는 고생스럽게 돈을 번다.
由于 yóuyú	접 ~로 인해서 ~하다, ~ 때문에 ~하다 [인과관계를 나타내며, 첫 번째 구절에만 쓸 수 있고 일반적으로 所以, 因此, 因而 등과 호응하여 사용함] 예 由于我从小一直住在上海，因此我对上海的地理非常熟悉。 나는 어려서부터 상하이에서 계속 살았기 때문에, 상하이의 지리에 매우 익숙하다.
于是 yúshì	접 그래서, 그리하여, 이 때문에 [뒤쪽 단문에 쓰여 앞뒤를 이어주는 관계를 나타냄] 예 今天早上我起晚了，于是我打车去上班。 오늘 아침 나는 늦게 일어나서 택시를 타고 출근했다.

★★☆ | **유형** | 술어 파악

50

| A 认识 | B 懂得 | A 인식하다 | B 이해하다 |
| C 认为 | D 知道 | C 간주하다 | D 알다 |

단어 懂得 dǒngde 통 (의미·방법 등을) 이해하다, 알다

해설 이 문제는 유의어를 제대로 파악하고 있는지를 묻고 있다. 보기는 모두 뒤에 목적어를 수반할 수 있는 동사다. 지문에서 这件事(이 일)는 동사의 목적어다. 일반적으로 知道 뒤에는 사람, 사건 외에도 짧은 구가 목적어로 올 수 있으므로 답은 D다. 认识 뒤의 목적어는 일반적으로 사람, 글자, 길 등이고 사물은 올 수 없다.

★☆☆ | **유형** | 문맥에 적합한 문장 파악

51

A 和你一样不想吃肉	A 당신과 똑같이 고기가 먹고 싶지 않다
B 知道了信用的重要性	B 신용의 중요성을 알았다
C 觉得什么事情都是对的	C 어떤 일도 모두 맞다고 생각한다
D 什么事情都以我们做榜样	D 무슨 일이든지 모두 우리를 본보기로 삼는다

단어 榜样 bǎngyàng 명 본보기, 귀감, 모범

해설 세 번째 단락 중반부에 증자가 '아들이 지금은 아직 어려서 옳고 그름을 판별할 능력이 없다', '당신이 지금 신용을 지키지 않으면 아들도 자라서 당신처럼 남을 속일 거요'라고 말한 것으로 보아 내용상 어울리는 문장은 D다.

52

| A 刚才 | B 刚刚 | A 방금 | B 막 |
| C 曾经 | D 经常 | C 이전에 | D 자주 |

단어 曾经 céngjīng 뷔 일찍이, 이전에

해설 이 문제는 **刚刚**과 **刚才**의 차이를 파악하고 있는지를 묻고 있다. **刚才**는 시간명사로, 비교적 가까운 과거를 나타낸다. 하지만 일반적으로 시간사의 역할만 할 뿐 뒤에 나오는 동사를 수식하지 않는다. 반면 **刚刚**은 시간이 짧고 정도가 약하며 수량이 적음을 나타내는 부사로 술어 앞에 쓰일 수 있다. 따라서 답은 B다. 한편 시간부사 **曾经**은 **我去年曾在法国待过三个多月**(나는 지난해 이미 3개월 남짓 프랑스에 머무른 적이 있다)에서와 같이 이전에 존재한 어떤 상태 또는 이전에 한 적 있는 어떤 동작을 나타낸다. 또한 부사 **经常**은 **哥哥经常说我不好**(오빠는 자주 나에게 나쁘다고 말한다)에서와 같이 뒤에 반드시 반복할 수 있는 동사가 따라와야 한다. 따라서 A, C, D는 답에서 제외된다.

53-56

在一个月光皎洁的夜晚，一只小猴到井里喝水，他 __53__ 发现，井里有一个月亮，他叫道："不好了，月亮掉进井里啦！" 　　猴子们听了，都慌忙赶过来，说："我们得把月亮捞上来，要不然，以后晚上就看不见了。"一只老猴望着旁边的大树，__54__ 。它说："你们其中的一只把尾巴 __55__ 在树上，然后一个拉着一个的尾巴，最后一只小猴拿着碗把月亮捞上来。"于是猴子们就 __56__ 它说的办法去做。"月亮"终于捞上来了，他们特别高兴。可是一只小猴一不小心把碗打破了，月亮不见了，猴子们都哭了。	달빛이 환한 밤에 새끼 원숭이 한 마리가 우물에 가서 물을 마셨다. 그는 [53]갑자기 우물 안에 달이 있는 것을 발견하고, "큰일이야, 달이 우물 안에 빠졌어!"라고 외쳤다. 　　원숭이들이 듣고 나서 모두 황급히 몰려와 말하기를, "우리는 달을 건져 올려야 해, 그렇지 않으면 앞으로 저녁에 볼 수 없을 거야." 늙은 원숭이 한 마리가 옆의 큰 나무를 바라보며 [54]한 가지 좋은 생각을 해냈다. 그는 "너희 중의 한 마리가 꼬리를 나무에 [55]걸어놓은 후, 한 마리가 다른 한 마리의 꼬리를 붙잡고, 마지막에 새끼 원숭이 한 마리가 사발을 들고 달을 건져올리는 거야."라고 말했다. 그리하여 원숭이들은 바로 그가 말한 방법대로[56] 했다. '달'을 마침내 건져 올렸고 그들은 매우 기뻐했다. 그러나 한 마리의 새끼 원숭이가 실수로 사발을 깨뜨려서 달은 사라져버렸고 원숭이들은 모두 울었다.

단어 月光 yuèguāng 몡 달빛, 월광 | 皎洁 jiǎojié 톙 (달빛 등이) 밝고 새하얗다, 환하고 희다 | 猴 hóu 몡 원숭이 | 慌忙 huāngmáng 톙 황급하다, 급박하다 | 捞上来 lāoshanglai 동 (물 속에서) 건져 올리다, 건져내다 | 要不然 yàoburán 젭 그렇지 않으면, 안 그러면 | 尾巴 wěiba 몡 (동물의) 꼬리 | 打破 dǎpò 동 깨다, 깨뜨리다

Tip⁺ 접속사 要不然(yàoburán)은 '만약 그렇지 않으면, 안 그러면'이라는 뜻으로, 동의어로는 不然, 要不, 否则, 如果不是这样 등이 있다.
예 天冷得多穿些衣服，要不然感冒。 날씨가 추우니 옷을 많이 껴입어야 해, 그렇지 않으면 감기 걸려.

53

| A 既然 | B 当然 | A 기왕 그렇게 된 이상 | B 당연히 |
| C 果然 | D 突然 | C 과연 | D 갑자기 |

해설 문맥상으로 동사 **发现**(발견하다) 앞에는 '생각지 못하다, 뜻밖이다, 갑작스럽다'라는 뜻을 지닌 부사가 와야 하므로, D의 **突然**(갑자기)이 답이다.

✎Tip⁺ · 既然, 当然, 果然, 突然

既然 jìrán	집 이왕 이렇게 된 바에야, 기왕 그렇게 된 이상 [앞 문장에서 이미 실현되었거나 실현될 전제조건을 제시한 후, 뒤 문장에서 추론이나 결론을 내림. 종종 就, 也, 还, 那么 등과 호응하여 쓰임] 예 既然已经开始了，就坚持吧。기왕 이미 시작했으니, 견디세요.
当然 dāngrán	부 당연히, 물론 예 你这样说，她当然会生气。네가 이렇게 말하면, 그녀가 당연히 화를 내지.
果然 guǒrán	부 과연 [현재 발생한 일과 예상한 일이 일치함을 나타냄] 예 天气预报说今天要下雪，外面果然飘起了雪花。 일기예보에서 오늘 눈이 내린다고 하더니, 밖에 과연 눈송이가 흩날리네.
突然 tūrán	부 갑자기, 돌연 예 她突然改变了发型。그녀는 갑자기 헤어스타일을 바꿨다.

★☆☆ | **유형** | 문맥에 적합한 문장 파악

54

A 很想爬到树上去	A 나무 위에 오르고 싶었다
B 想到了一个好主意	B 한 가지 좋은 생각을 해냈다
C 以为月亮还躲在树上	C 달은 여전히 나무에 숨어 있다고 여겼다
D 伤心得不知道该怎么办	D 슬퍼서 어떻게 해야 할지 몰랐었다

단어 伤心 shāngxīn 동 상심하다, 슬퍼하다

해설 빈칸 뒤의 절을 보면 늙은 원숭이가 달을 건져 올릴 방법을 말하고, 원숭이들은 그 의견대로 실천하는 내용이 나온다. 따라서 B의 想到了一个好主意(한 가지 좋은 생각을 해냈다)가 답이다.

★★☆ | **유형** | 술어 파악

55

A 摆	B 摸	A 배열하다	B 만지다
C 挂	D 拦	C 걸다	D 막다

단어 摆 bǎi 동 놓다, 배열하다 | 摸 mō 동 (손으로) 만지다, 어루만지다 | 挂 guà 동 걸다 | 拦 lán 동 (통과하지 못하게) 막다, 가로막다

해설 이 문제는 동사의 뜻과 앞뒤 문장에 근거해 답을 선택해야 한다. 원숭이의 꼬리를 나무에 걸어야만 우물에 빠지지 않고 달을 건질 수 있으므로 답은 C다.

★☆☆ | **유형** | 전치사 파악

56

A 按着	B 随着	A ~대로	B ~에 따라
C 接着	D 拿着	C 이어서	D 가지고 있다

단어 按着 ànzhe 전 ~에 따라, ~대로 | 随着 suízhe 전 ~ 따라서, ~에 따라 | 接着 jiēzhe 부 이어서, 연이어 | 拿着 názhe 동 가지고 있다, 들고 있다

해설 이 문제는 전치사의 용법을 제대로 파악하고 있는지 묻고 있다. 이 문장에서 전치사에 호응하는 명사는 办法(방법)로, 按照, 按着와만 호응할 수 있으므로 답은 A다. 한편 随着는 '~ 따라서, ~에 따라'라는 뜻으로, 随着生活水平的提高, 出国旅游的中老年人越来越多(생활수준이 향상됨에 따라, 해외여행을 하는 중노년층이 점점 많아지고 있다)에서처럼 쓰인다. 接着는 뒤이어 발생하는 일을 나타내며, 然后와 비슷한 뜻이다. 일반적으로 '先…接着…然后…最后…'와 같은 구조로 사용된다. 또한 拿着는 拿着雨伞(우산을 들고 있다), 拿着手机(휴대전화를 들고 있다) 등에서처럼 반드시 구체적인 사물과 호응한다.

足球已经成为当代世界第一大运动。不过，__57__ 足球比赛11人制的演变过程还是颇有历史的。公认的现代足球运动始于英格兰。最初的时候，比赛就在长方形场地内进行，时间和参赛人数都由双方临时商定。在19世纪早期的英国伦敦，牛津和剑桥之间经常进行比赛，他们 __58__ 起来，__59__ 。当时每队有11个人进行比赛。因为当时在学校里每 __60__ 宿舍住有10个学生和1位教师，因此他们就双方各11人进行宿舍与宿舍之间的比赛，现在的11人足球比赛就是从那时开始的。

축구는 이미 금세기 세계 최고의 운동이 되었다. 그러나 축구경기 11인제에 관한[57] 변천 과정은 제법 역사가 있다. 모두가 인정하는 현대 축구는 잉글랜드에서 비롯됐다. 처음에 경기는 직사각형 운동장 안에서 진행했으며, 시간과 경기 참가자 수는 모두 양측이 임시로 협의하여 결정했다. 19세기 초기의 영국 런던에서는 옥스퍼드대학과 케임브리지대학 간에 자주 경기를 진행했는데, 그들이 [58]조직하고 [59]게다가 규칙을 제정했다. 당시 모든 팀은 11명이 경기를 했다. 당시 학교 안에 각 [60]기숙사 방마다 10명의 학생과 1명의 교사가 거주했기 때문에, 그들은 양 팀 각각 11명으로 숙소와 숙소 간의 경기를 한 것이다. 지금의 11명 축구경기는 바로 그때부터 시작한 것이다.

단어 当代 dāngdài 명 당대, 그 시대 | 演变 yǎnbiàn 동 (시간이 비교적 오래 걸려) 변화하고 발전하다, 변천하다 | 颇 pō 부 제법, 상당히 | 公认 gōngrèn 동 공인하다, 모두가 인정하다 | 英格兰 Yīnggélán 명 잉글랜드 | 长方形 chángfāngxíng 명 직사각형 | 场地 chǎngdì 명 공터, 운동장 | 参赛 cānsài 동 시합에 참가하다 | 双方 shuāngfāng 명 쌍방, 양 측 | 临时 línshí 부 임시로, 때가 되어서 | 商定 shāngdìng 동 상의하여 결정하다, 논의하여 결정하다 | 早期 zǎoqī 명 초기 | 英国 Yīngguó 명 영국 | 伦敦 Lúndūn 명 런던 | 牛津 Niújīn 명 옥스퍼드 (대학교) | 剑桥 Jiànqiáo 명 케임브리지 (대학교)

★☆☆ ㅣ**유형**ㅣ 전치사 파악

57

A 在于	B 关于	A ~에 있다	B ~에 관해
C 至于	D 对于	C ~에 관하여	D ~에 대해

해설 이 문제는 유의어 **关于**와 **对于**의 용법을 제대로 파악하고 있는지를 묻고 있다. **关于**는 화제를 이끌어낼 때 많이 사용하는데, 여기서 말하고자 하는 화제는 **足球比赛11人制的演变过程**(축구경기 11인제의 변천 과정)이므로 **关于**를 사용해야 한다. 따라서 답은 B다.

Tip⁺ ·对于, 关于, 至于

	对于	关于	至于
용법	대상을 이끌어 낼 때 사용함	관련된 화제나 서명, 글의 제목을 이끌 때 사용함. 한 개의 화제만 이끌 수 있음	서명이나 글의 제목을 이끌 수 없음. 두 개의 화제를 이끌 수 있음
형식	对于 + 사람 / 사물 / 행위 (주관적 성격)	关于 + 범위 / 내용(객관적 성격)	至于 + 범위 / 내용
예	对于考生来说，时间是生命。 수험생에게 있어서 시간은 생명이다.	关于电脑，他很在行。 컴퓨터에 관해서 그는 매우 능숙하다. 关于语法，我可以自己学习。 문법에 관해서는 나 스스로 공부해도 된다.	至于能否成功，我也不能确定。 성공할 수 있을지 없을지는 나도 확신할 수 없다. 我已经告诉他了，至于他来不来，我就不知道了。 나는 이미 그에게 말했다. 그가 오는지 안 오는지는 나는 모른다.

★☆☆ │**유형**│ 술어 파악

58

| A 商量 | B 发生 | A 상의하다 | B 발생하다 |
| C 判断 | D 组织 | C 판단하다 | D 조직하다 |

해설 빈칸 뒤의 **起来**는 동사 **组织, 商量, 判断** 등과 모두 호응할 수 있다. 그러나 58번 문제 앞에 목적어 **比赛**가 나와 있고, 이와 호응할 수 있는 단어는 **组织**밖에 없으므로 답은 D가 된다. 의미상 관련 있는 품사끼리 짝을 지어 단어를 외우는 것이 문제 풀이에 도움이 된다. **发生**은 종종 **发生交通事故**(교통사고가 발생하다), **发生战争**(전쟁이 일어나다) 등처럼 쓰이고, **判断**은 종종 **判断对错**(맞고 틀린 것을 판단하다), **他的判断能力**(그의 판단 능력) 등에서처럼 사용된다.

★☆☆ │**유형**│ 문맥에 적합한 문장 파악

59

A 还多次获得了冠军	A 또한 여러 차례 우승을 획득했다
B 并制定了一项规则	B 게다가 규칙을 제정했다
C 对球迷进行了访问	C 축구 팬들을 방문했다
D 决定恢复5人制比赛	D 5인제 경기를 회복시키기로 결정한다

단어 冠军 guànjūn 몡 (운동경기 등에서의) 1등, 우승, 우승자 | 制定 zhìdìng 됭 (법률·규정·정책 등을) 제정하다, 만들다 | 规则 guīzé 몡 규칙 | 球迷 qiúmí 몡 (야구·농구·축구 등 구기종목에 대한) 팬, 열렬한 애호가 | 访问 fǎngwèn 됭 방문하다 | 恢复 huīfù 됭 회복하다, 회복되다

해설 빈칸 바로 앞에서 **组织起来**(팀을 조직했다)라고 했다. 갓 조직된 팀이 가장 먼저 할 일은 바로 규칙을 제정하는 것이며, 빈칸 다음 문장에서 축구시합의 규칙에 대해 이야기하고 있으므로 답은 B다. '팀을 조직하다'와 '규칙을 제정하다'의 두 문장을 연결해주는 병렬관계 접속사 **并**은 '그리고, 또, 아울러, 게다가'라는 뜻으로 문장의 앞뒤 내용을 연결해주는 역할을 한다.

★☆☆ │**유형**│ 양사 파악

60

| A 套 | B 双 | A 세트 | B 쌍 |
| C 群 | D 批 | C 무리 | D 무더기 |

단어 套 tào 양 벌, 세트 | 双 shuāng 양 쌍이나 짝을 이룬 물건을 세는 단위 | 群 qún 양 무리를 이룬 사람, 동물, 물건 등을 세는 단위 | 批 pī 양 대량의 물건이나 다수의 사람을 세는 데 쓰는 단위

해설 이 문제는 명사와 양사의 적절한 호응관계를 묻고 있다. **宿舍**는 **一间宿舍** 혹은 **一套宿舍**라고도 말할 수 있다. 따라서 답은 A다.

✎**Tip⁺** ·套, 双, 群, 批

套 tào	양 벌, 조, 세트 예 一套西服 양복 한 벌 / 一套家具 가구 한 세트
双 shuāng	양 쌍이나 짝을 이룬 물건을 세는 단위 예 一双鞋子 신발 / 一双手套 장갑 / 一双眼睛 눈
群 qún	양 무리를 이룬 사람, 동물, 물건 등을 세는 단위 예 一群马 말 한 무리 / 一群人 사람들 한 무리
批 pī	양 대량의 물건이나 다수의 사람을 세는 데 쓰는 단위 예 一批毕业生 졸업생 한 무리 / 一批货物 화물 한 무더기

61-70

★★☆ | **유형** | 전체 내용 파악

61

我对这次逃课出去玩儿感到十分后悔，一是没有学到应该学的知识，二是让父母老师着急，停下手头的工作，四处找我。我以后再也不会这样了，而且从现在开始我要努力学习，<u>争取早日把成绩赶上去</u>，请爸爸妈妈和老师们放心。

A 爸妈报了警来找我
B 三个人在听我讲话
C 爸妈找我找了四天
D 我现在成绩不是很好

저는 이번에 수업을 빼먹고 밖에 나가 논 것에 대해 매우 후회합니다. 첫째는 반드시 배워야 하는 지식을 배우지 못했고, 둘째는 부모님과 선생님을 애태우게 하여, 하던 일을 멈추고 사방으로 저를 찾아다니게 만들었습니다. 저는 이후 다시는 이러지 않을 것이고, 게다가 지금부터 열심히 공부를 해서, <u>하루빨리 성적을 따라잡겠습니다</u>. 아버지, 어머니 그리고 선생님들 안심하세요.

A 아버지와 어머니는 경찰에 신고하고 나를 찾아다녔다
B 세 사람이 내가 하는 이야기를 듣고 있다
C 아버지와 어머니는 나흘간 나를 찾아다녔다
D 나는 지금 성적이 그다지 좋지 않다

단어 逃课 táokè 통 수업을 빼먹다, 땡땡이치다 | 后悔 hòuhuǐ 통 후회하다 | 手头 shǒutóu 명 수중, 가까이, 곁 | 四处 sìchù 명 사방, 여러 곳, 도처 | 争取 zhēngqǔ 통 실현하기 위해 노력하다, ~하려고 힘쓰다 | 早日 zǎorì 부 조속히, 하루빨리 | 报警 bàojǐng 통 경찰에 신고하다

해설 독해 제2부분은 본문과 가장 부합되는 문장을 고르는 문제이기 때문에, 보기를 먼저 읽고 본문에서 해당되는 부분을 찾아 밑줄을 그으며 푸는 것이 문제를 빨리 푸는 가장 좋은 방법이다. 본문 후반부의 '하루빨리 성적을 따라잡겠습니다'라는 대목을 통해, 화자의 현재 성적이 그다지 좋지 않음을 유추할 수 있다. 따라서 답은 D다. 한편 본문에서 '부모님은 하던 일을 멈추고 사방으로 나를 찾아다녔다'고만 했지, 경찰에 신고하거나 찾은 날짜는 말하지 않았으므로 A와 C는 답에서 제외된다. 또한 마지막 문장에서 '아버지와 어머니, 선생님들'이라고 말했으므로, 그의 말을 듣는 사람이 적어도 4명은 된다는 것을 알 수 있다. 따라서 B도 답에서 제외된다.

★★☆ | **유형** | 전체 내용 파악

62

<u>网络文学困扰着传统作家。但传统作家的危机感，恰恰是网络写手的曙光。</u>网络作家在自己土生土长的这个网络"小草窝"待得很舒服，并不看重登上所谓的大雅之堂。不管承认不承认，这种关于未来的碰撞已经悄然展开。

A 网络作家并不安于现状
B 传统作家很喜欢网络作家
C 网络文学对传统文学没影响
D 网络文学与传统文学有冲突

인터넷 문학은 전통 작가들을 곤혹스럽게 하고 있다. <u>하지만, 전통 작가들의 위기감은 바로 인터넷 글을 쓰는 사람의 희망이다.</u> 인터넷 작가들은 자신이 자라난 이 인터넷이라는 '작은 둥지'에 머무르는 것을 매우 편안해하며, 게다가 소위 고상한 자리에 오르는 것을 중요하게 여기지 않는다. 인정하든 인정하지 않든 간에, 이러한 미래에 관한 충돌은 이미 조용히 전개되었다.

A 인터넷 작가는 결코 현재 상태에 만족하지 않는다
B 전통 작가는 인터넷 작가를 매우 좋아한다
C 인터넷 문학은 전통문학에 영향을 주지 않는다
D 인터넷 문학과 전통문학 간에 충돌이 있다

단어 网络文学 wǎngluò wénxué 몡 인터넷 문학 | 困扰 kùnrǎo 통 곤혹스럽게 하다. 난처하게 하다 | 传统 chuántǒng 몡 전통 | 危机感 wēijīgǎn 몡 위기감 | 恰恰 qiàqià 뷔 바로, 마침, 꼭 | 曙光 shǔguāng 몡 서광, 기대하는 일에 대하여 나타난 희망 | 土生土长 tǔshēngtǔzhǎng 성어 그 지역에서 성장하다, 토박이다 | 草窝 cǎowō 몡 (짐승의) 둥지, 집 | 看重 kànzhòng 통 중요하게 여기다, 중시하다 | 所谓 suǒwèi 혱 소위, 이른바 | 大雅之堂 dàyǎzhītáng 성어 (문예에서의) 고상한 장소, 고상한 자리 | 承认 chéngrèn 통 동의하다, 인정하다 | 碰撞 pèngzhuàng 통 충돌하다, 부딪치다 | 悄然 qiǎorán 혱 고요하다, 조용하다 | 展开 zhǎnkāi 통 펼치다, 전개하다 | 安于 ānyú ~에 만족하다 | 现状 xiànzhuàng 몡 현재의 상태, 현재의 상황 | 冲突 chōngtū 몡 모순, 충돌

해설 첫 번째 문장과 두 번째 문장을 통해 전통문학과 인터넷 문학 간에 경쟁과 충돌이 있음을 알 수 있다. 따라서 D가 답이다. 한편 세 번째 문장의 '인터넷 작가들은 작은 둥지에 머무는 것을 매우 편안해하며, 소위 고상한 자리에 오르는 것을 중요하게 여기지 않는다'라는 말을 통해 A는 답이 아님을 알 수 있다. 또한 본문에 나오는 핵심단어 **困扰**(곤혹스럽게 하다), **碰撞**(충돌하다) 등을 통해 B와 C도 답에서 제외된다.

✏Tip⁺ • 인터넷 관련 어휘
安装 ānzhuāng 통 설치하다 | 笔记本电脑 bǐjìběn diànnǎo 몡 노트북 컴퓨터, 노트북 | 病毒 bìngdú 몡 바이러스 | 浏览网站 liúlǎn wǎngzhàn 인터넷 서핑하다 | 软件 ruǎnjiàn 몡 소프트웨어 | 上载 shàngzài 통 업로드하다 | 网本 wǎngběn 몡 넷북 | 下载 xiàzài 통 다운로드하다 | 硬件 yìngjiàn 몡 하드웨어 | 中央处理器 zhōngyāng chǔlǐqì 몡 중앙처리기, CPU

★★☆ |**유형**| 세부 내용 파악

63

　　南方的传统房屋是瓦房。夏天，因为瓦与瓦之间有空隙，房子里多余的热量通过这些空隙散出去。冬天，又因为瓦由陶土烧成，陶土的导热性差，能起到保温作用。所以瓦房以前很受南方人的欢迎。

A 瓦房现在还很流行
B 瓦房在天冷时可保温
C 瓦房住起来冬热夏冷
D 陶土烧的东西散热性好

　　남방의 전통집은 기와집이다. 여름에는 기와와 기와 사이에 틈이 있기 때문에, 집 안의 남아 있는 열이 이런 틈을 통해 빠져나온다. 겨울에는 또한 기와가 고령토를 구워 만들어진데다 고령토의 열전도율이 낮기 때문에 보온작용을 할 수 있다. 그래서 기와집은 예전에 남방 사람에게 매우 환영받았다.

A 기와집은 현재 여전히 유행하고 있다
B 기와집은 날이 추울 때 보온할 수 있다
C 기와집은 살기에 겨울에 덥고 여름에 춥다
D 고령토를 태운 물건은 산열성이 좋다

단어 房屋 fángwū 몡 집의 총칭 | 瓦房 wǎfáng 몡 기와집 | 空隙 kòngxì 몡 틈, 간격 | 多余 duōyú 혱 나머지의, 여분의, 남는 | 散 sǎn 통 흩어지다 | 陶土 táotǔ 몡 도토, 도석, 고령토 | 烧 shāo 통 태우다 | 导热性 dǎorèxìng 몡 열전도율 | 保温 bǎowēn 통 보온하다 | 受欢迎 shòu huānyíng 환영을 받다, 인기가 있다 | 流行 liúxíng 통 유행하다, 성행하다 | 散热 sànrè 몡통 산열(하다)

해설 본문에서 기와는 고령토를 구워 만들어진데다 고령토의 열전도율이 낮기 때문에, 겨울에 보온작용을 할 수 있다고 했으므로 답은 B다. 한편 마지막 문장에서 '기와집은 예전에 남방 사람에게 많은 환영을 받았다'라고만 했지 현재도 유행하고 있다는 내용은 없으므로 A는 답에서 제외된다. 또한 기와집은 여름에 집 안의 남아 있는 열을 빠져나가게 하고, 겨울에는 보온작용을 하여 살기 좋다는 뜻이므로 C도 답이 아니다. 이 밖에 고령토의 열전도율이 낮다고 했지 고령토를 태웠기 때문에 산열성이 좋은 것은 아니므로 D도 답이 될 수 없다.

64

为了防止脱发，每个健康成年人每日粮食的摄入量应在400克左右，最少不能低于300克，即使在减肥期间也不能不吃主食。适当摄入一些能够益肾、养血、生发的食物，如芝麻、核桃仁、桂圆肉、大枣等，对防治脱发也会大有好处。

A 吃主食不利于减肥
B 多吃主食有益于身体
C 芝麻对防治脱发没有好处
D 适量的主食可以防止脱发

탈모 방지를 위해 모든 건강한 성인의 일일 곡물 섭취량은 400그램 정도여야 하고, 최소한 300그램보다 적어서는 안 된다. 설령 다이어트 기간이라 할지라도 주식을 먹지 않아서는 안 된다. 예를 들어 참깨, 호두 알맹이, 용안 열매의 과육, 대추 등 신장에 좋고 혈액을 만들며 머리카락이 잘 자랄 수 있도록 하는 음식물을 적당히 섭취하면, 탈모 방지에도 매우 이롭다.

A 주식을 먹으면 다이어트에 좋지 않다
B 주식을 많이 먹으면 신체에 이롭다
C 참깨는 탈모 방지에 이롭지 않다
D 적당한 주식은 탈모를 방지할 수 있다

단어 防止 fángzhǐ 동 (나쁜 일을) 방지하다 | 脱发 tuōfà 동 머리카락이 빠지다, 탈모하다 | 粮食 liángshi 명 곡물, 곡식 | 摄入量 shèrùliàng 명 섭취량 | 克 kè 양 그램 | 最少 zuìshǎo 부 적어도, 최소한 | 低 dī 형 (일반적인 표준이나 정도보다) 낮다 | 即使 jíshǐ 접 설령 ~하더라도, 설사 ~할지라도 | 主食 zhǔshí 명 주식 | 适当 shìdàng 형 적당하다, 알맞다 | 肾 shèn 명 신장, 콩팥 | 食物 shíwù 명 음식물 | 芝麻 zhīma 명 참깨 | 核桃仁 hétáorén 명 호두의 알맹이, 호두의 과육 | 桂圆 guìyuán 명 용안의 열매 | 大枣 dàzǎo 명 대추 | 利于 lìyú 동 이롭다, 유리하다 | 适量 shìliàng 형 양이 적당하다, 적당량이다

해설 모든 건강한 성인의 일일 곡물 섭취량은 400그램 정도여야 하고, 최소한 300그램보다 적어서는 안 된다고 언급했으므로, 반드시 적당량의 주식을 먹어야 함을 알 수 있다. 따라서 D가 답이다. 한편 다이어트 기간에도 주식을 먹지 않아서는 안 된다고 했으므로 A는 답에서 제외된다. 또한 본문에서 多吃(많이 먹다)라는 말은 없었으므로 B도 답에서 제외된다. 이 밖에도 참깨 등은 탈모 방지에 큰 이점을 가지고 있다고 했으므로 C도 답이 될 수 없다.

Tip⁺ 가정관계 접속사 即使(jíshǐ)는 '설령 ~하더라도, 설사 ~할지라도'라는 뜻으로, 일반적으로 뒤에 也를 붙여 쓴다. 같은 뜻으로는 哪怕(nǎpà), 就是(jiùshì)가 있다.
예 即使困难更大，我也坚持下去。 고난이 더 크다 할지라도 나는 견뎌나갈 것이다.

65

水污染不仅影响人类健康，也影响与水相关的娱乐、工业及美感。人们越来越关注通过水污染传播的病毒性疾病，也越来越关注水中的化学制品。

A 人们对水污染越来越关注
B 水污染只对人类健康有影响
C 病毒性疾病都是通过水传播
D 水中的化学制品对水没影响

수질오염은 인류의 건강에 영향을 줄 뿐 아니라, 물과 관련된 오락과 공업 및 미감에도 영향을 준다. 사람들은 점점 수질오염을 통해 전파되는 바이러스성 질병에 관심을 가지게 되었고, 점점 물속의 화학제품에도 관심을 가지게 됐다.

A 사람들은 수질오염에 대해 점점 관심을 가진다
B 수질오염은 인류 건강에만 영향이 있다
C 바이러스성 질병은 모두 물을 통해 전파된다
D 물속의 화학제품은 물에 영향이 없다

단어 水污染 shuǐwūrǎn 명 수질오염 | 人类 rénlèi 명 인류 | 娱乐 yúlè 명 오락, 즐거움, 레크리에이션 | 工业 gōngyè 명 공업 | 美感 měigǎn 명 미감, 아름다운 느낌 | 关注 guānzhù 동 관심을 가지다 | 传播 chuánbō 동 전파하다, 널리 퍼지게 하다 | 病毒性 bìngdúxìng 명 바이러스성, 전염성 | 疾病 jíbìng 명 병, 질병 | 化学制品 huàxué zhìpǐn 명 화학제품

해설 본문에서 '사람들은 점점 수질오염을 통해 전파되는 바이러스성 질병에 관심을 가지게 되었다'라고 언급했으므로 A가 답임을 알 수 있다. 한편 첫 번째 문장에 '不仅…也…'라는 점층관계 접속사가 나오므로 수질오염이 인류의 건강에만 영향을 준다는 B는 답에서 제외된다. 또한 C에 나오는 都는 全部, 所有的의 뜻으로, 都是通过水传播(모두 물을 통해 전파된다)는 可以通过水传播(물을 통해 전파될 수 있다)로 고쳐야 올바른 문장이 된다. 따라서 C도 답에서 제외된다.

• 不仅(bùjǐn)…也(yě)… : '~뿐만 아니라 ~도 역시 ~하다'라는 의미의 점층관계 접속사로, 같은 뜻으로는 '不但 (búdàn)…而且(érqiě)'가 있다.
  예 通过HSK6级的不仅是我一个人，也有很多。HSK 6급을 받은 사람은 나 하나뿐만 아니라 매우 많다.
• 越来越(yuèláiyuè) : '점점 ~해지다, 갈수록 ~하다'라는 뜻으로, 시간이 지남에 따라 정도가 증가되는 것을 나타낸다. 동의어로는 越发(yuèfā)와 日益(rìyì) 등이 있다.
  예 人们的生活水平将越来越高。사람들의 생활수준이 날로 높아질 것이다.

★☆☆ |유형| 전체 내용 파악

66

　　如果你整天盯着电脑看而不休息，那么眼部就会肿痛、干涩，聚焦困难，还会导致头痛或是脖颈疼痛等现象。75%的电脑使用者都有类似的症状。使用电脑时，<u>屏幕应距自己至少60厘米远</u>。另外，一定要每20~30分钟向远处望一望，让自己的眼睛放松一下。

A　使用电脑时应距离屏幕0.6米远
B　使用电脑应该每60分钟放松一下
C　长期使用电脑不休息会导致失眠
D　少数人长时间使用电脑会有不良反应

　　만약 당신이 하루 종일 컴퓨터를 뚫어져라 쳐다보고 쉬지 않는다면, 눈 주위가 붓고 아프며, 뻑뻑하고 집중하기 어려워질 수 있다. 또한 두통 또는 목덜미 통증 등의 현상을 초래할 수 있다. 75%의 컴퓨터 사용자가 모두 유사한 증상을 가지고 있다. 컴퓨터를 사용할 때, <u>모니터는 반드시 자신으로부터 적어도 60센티미터 멀리 떨어져 있어야 한다</u>. 이 밖에도 반드시 20~30분마다 먼 곳을 바라보고 자신의 눈을 편안하게 해줘야 한다.

A　컴퓨터를 사용할 때 반드시 모니터로부터 0.6미터 멀리 떨어져야 한다
B　컴퓨터를 사용할 때 반드시 60분마다 좀 쉬어야 한다
C　장기간 컴퓨터를 사용하고 쉬지 않으면 불면증을 초래할 수 있다
D　소수의 사람들은 장시간 컴퓨터를 사용하면 부작용이 있을 수 있다

단어 整天 zhěngtiān 명 하루 종일, 온종일 | 盯 dīng 통 주시하다, 뚫어져라 쳐다보다 | 肿痛 zhǒngtòng 통 부어오르고 아프다 | 干涩 gānsè 형 뻑뻑하다, 깔깔하다 | 聚焦 jùjiāo 통 (시선이나 집중력 등을) 집중하다, 한 곳에 모으다 | 导致 dǎozhì 통 야기하다, 초래하다 | 头痛 tóutòng 명 두통 | 脖颈 bójǐng 명 목덜미 | 疼痛 téngtòng 명 동통, 아픔 | 现象 xiànxiàng 명 현상 | 类似 lèisì 형 유사하다, 비슷하다 | 症状 zhèngzhuàng 명 증상, 증세 | 屏幕 píngmù 명 모니터, 화면 | 距 jù 통 떨어지다, 사이를 두다 | 厘米 límǐ 양 센티미터 | 远处 yuǎnchù 명 먼 곳, 먼 데 | 放松 fàngsōng 통 늦추다, 느슨하게 하다, 정신적 긴장을 풀다 | 长期 chángqī 명 장기, 장기간 | 失眠 shīmián 통 불면이 되다 | 不良 bùliáng 형 불량하다, 좋지 않다 | 反应 fǎnyìng 명 반응

해설 본문에서 '모니터는 반드시 자신으로부터 적어도 60센티미터 멀리 떨어져 있어야 한다'고 언급했다. 60센티미터는 0.6미터이므로 A가 답이다. 본문에서 20~30분마다 쉬어야 한다고 했으므로 B는 답에서 제외되고, 75%의 컴퓨터 사용자가 모두 유사한 증상을 가지고 있다고 언급했으므로 소수 사람들이라고 말한 D도 답에서 제외된다. 또한 失眠(불면증)과 관련해서는 전혀 언급하지 않았으므로 C도 답이 될 수 없다.

 가정관계 접속사 如果는 '如果A 那么B'의 형식으로 자주 쓰이며, '만약 A하면, B이다'로 해석한다. 如果와 같은 뜻으로 要是를 쓸 수 있으며, 那么와 같은 뜻으로 就, 便 등이 올 수 있으나, 뒤의 접속사는 생략할 수 있다.
예 如果你不愿意，我也不想勉强你。네가 원하지 않는다면 나도 너에게 강요하고 싶지 않다.

67

"月光族"指将每月赚的钱都用光、花光的人，一般都是年轻一代，他们喜欢追逐新潮，想买就买，根本不在乎钱财。同时也用来形容每月收入仅可以维持每月基本开销的职场新人。"月光族"的口号是：挣多少花多少。这个词是一个中性词，没有绝对的褒贬义。

A "月光族"都是收入不多的人
B "月光族"都是花钱大方的人
C "月光族"喜欢把钱存在银行
D "月光族"基本上都是年轻人

'월광족'은 매달 번 돈을 모두 다 써버리는 사람을 가리킨다. 일반적으로 모두 젊은 세대로, 그들은 유행을 쫓기를 좋아하며, 사고 싶으면 바로 사고, 돈을 전혀 신경 쓰지 않는다. 동시에 월광족은 매달의 수입으로 간신히 매달 기본 지출을 유지하는 직장 신입사원을 형용하기도 한다. '월광족'의 슬로건은 버는 대로 쓰는 것이다. 이 단어는 하나의 중립적인 단어이며, 절대적인 좋고 나쁨의 의미는 없다.

A '월광족'은 모두 수입이 많지 않은 사람이다
B '월광족'은 모두 돈의 씀씀이가 대범한 사람이다
C '월광족'은 돈을 은행에 저축하는 것을 좋아한다
D '월광족'은 대체로 모두 젊은 사람이다

단어 月光族 yuèguāngzú 몡 월광족, 한 달 월급을 버는대로 모두 소비해버리는 중국의 새로운 소비계층 | 用光 yòngguāng 됭 전부 써 없애다, 깡그리 써버리다 | 花光 huāguāng 됭 모두 다 써버리다 | 追逐 zhuīzhú 됭 쫓다, 뒤쫓다 | 新潮 xīncháo 혱 (최신) 유행의, 새로 유행하는 | 根本 gēnběn 뷔 전혀, 아예 | 不在乎 búzàihu 됭 마음에 두지 않다, 염두에 두지 않다 | 钱财 qiáncái 몡 돈, 금전 | 用来 yònglái 됭 (~에) 쓰이다, 사용하다 | 形容 xíngróng 됭 묘사하다, 형용하다 | 维持 wéichí 됭 (어떤 상태를) 그대로 지탱하다, 유지하다 | 开销 kāixiāo 몡 비용, 지출 | 职场 zhíchǎng 몡 직장, 일터 | 新人 xīnrén 몡 신입사원, 신인 | 口号 kǒuhào 몡 구호, 슬로건 | 中性词 zhōngxìngcí 몡 중립적 단어 | 绝对 juéduì 혱 절대적이다 | 褒贬义 bāobiǎnyì 칭찬의 의미와 부정적인 의미 [褒义와 贬义를 합친 말] | 大方 dàfang 혱 대범하다, 호탕하다 [재물이나 돈에 대해 지나치게 따지지 않다는 뜻임] | 存 cún 됭 (돈을) 저축하다, (절약하여) 모으다

해설 본문 초반부에 '월광족'은 일반적으로 모두 젊은 세대라고 했으므로 답은 D다. '월광족'에는 두 종류가 있는데, 그중 하나는 매 달 번 돈을 모두 다 써버리는 젊은 세대를 가리키고, 다른 하나는 수입이 적은 신입사원을 일컫는다고 했다. 따라서 월광족이라고 해서 모두 수입이 적은 것은 아니며 또한 돈의 씀씀이가 대범한 사람을 가리키지도 않으므로 A와 B는 답에서 제외된다. 또한 돈을 은행에 저축한다는 말은 나오지 않았으므로 C도 답에서 제외된다.

68

蓝鲸是海洋中的大型动物之一。别看它个头大，性格可温顺呢。它属于须鲸，靠滤食法捕食，它捕食的时候，先猛吸一口，吸进很多海水，再把海水吐出来，通过滤板把小鱼小虾挡在嘴里。那些小东西们只得乖乖当了蓝鲸的食物。

A 蓝鲸的体积很庞大
B 蓝鲸的速度非常快
C 蓝鲸捕食方式粗暴
D 蓝鲸捕食喝很多水

흰긴수염고래는 바다에 사는 대형동물 중 하나이다. 그것의 몸집은 크지만 성격은 매우 온순하다. 그것은 수염고래에 속해 음식을 걸러내 먹는 방법으로 먹이를 잡아먹는다. 그것은 먹이를 잡아먹을 때, 우선 한입 가득 많은 바닷물을 들이마시고 다시 바닷물을 토해내며, 여과판을 통해 작은 물고기와 작은 새우를 입 안에 남겨둔다. 그런 작은 것들은 어쩔 수 없이 고분고분 흰긴수염고래의 먹잇감이 된다.

A 흰긴수염고래의 크기는 매우 거대하다
B 흰긴수염고래의 속도는 매우 빠르다
C 흰긴수염고래가 먹이를 잡아먹는 방식은 거칠다
D 흰긴수염고래는 먹이를 잡아먹을 때 많은 물을 마신다

단어 蓝鲸 lánjīng 몡 흰긴수염고래 [최대 몸 길이가 33미터에 달하며 현재 지구상에서 가장 큰 동물임] | 大型 dàxíng 혱 대형의 | 别看 biékàn 졉 (말하는 것 혹은 생각하는 것처럼) 그렇지 않다, ~라고 생각하지 마라 | 个头 gètóu 몡 체격, 몸집 | 温顺 wēnshùn 혱 온순하다 | 属于 shǔyú 됭 ~(의 범위)에 속하다, ~에 소속되다 | 须鲸 xūjīng 몡 수염고래 | 滤 lǜ 됭 거르다, 여과하다 | 捕食 bǔshí 됭 (동물이 먹이를) 잡아먹다 | 猛 měng 뷔 마음껏 내키는대로 | 海水 hǎishuǐ 몡 바닷물, 해수 | 挡 dǎng 됭 막다, 가로막다, 저지하다 | 只得 zhǐdé 뷔 부득이, 어쩔 수 없이 ~할 수밖에 없다 | 乖乖 guāiguāi 혱 순하다, 고분고분하다 | 食物 shíwù 몡 음식물 | 体积 tǐjī 몡 부피, 체적 | 庞大 pángdà 혱 엄청나게 많고도 크다, 거대하다 | 粗暴 cūbào 혱 거칠다, 사납다

★☆☆ | **유형** | 전체 내용 파악

69

　　从前有一个人有健忘症。有一天他买了一本《记忆的诀窍》，看后觉得十分有用，于是就去跟朋友炫耀："我昨天买了一本《记忆的诀窍》，真是太好了，我昨晚一口气就把它读完了。"朋友很惊喜："能否借给我读一读？"他说："当然可以。咦？我把它搁在哪儿了？"

　　옛날 건망증이 있는 사람이 있었다. 어느 날 그는『기억의 비결』이라는 책 한 권을 샀다. 읽은 후 매우 쓸모가 있다고 생각해서 친구에게 가서 자랑을 했다. "내가 어제『기억의 비결』이라는 책 한 권을 샀는데 정말 좋더라. 어제저녁 단숨에 그것을 다 읽었다니까." 친구가 매우 놀라고도 기뻐하며 "내가 한번 읽어보게 빌려줄 수 있어?"라고 했다. 그는 "당연히 되지, 잉? 내가 책을 어디다 두었더라?"라고 말했다.

A 健忘症患者的朋友也很健忘
B 健忘症患者的病在看书后好转了
C 健忘症患者在看过书后仍然健忘
D 《记忆的诀窍》有助于提高记忆力

A 건망증 환자의 친구도 건망증이 매우 심하다
B 건망증 환자의 병은 책을 본 후 호전되었다
C 건망증 환자는 책을 본 후에도 여전히 잘 잊어버린다
D 『기억의 비결』은 기억력 향상에 도움이 된다

단어 从前 cóngqián 몝 예전, 과거, 지난 날 | 健忘症 jiànwàngzhèng 몝 건망증 | 诀窍 juéqiào 몝 비결 | 有用 yǒuyòng 쥉 유용하다, 쓸모 있다 | 炫耀 xuànyào 됭 (능력·공로·지위 등을) 자랑하다, 과시하다 | 一口气 yìkǒuqì 끋 단숨에, 곧장 | 惊喜 jīngxǐ 쥉 놀랍고 기쁘다 | 搁 gē 됭 (물건을 일정한 위치에) 두다, 놓다 | 患者 huànzhě 몝 환자 | 健忘 jiànwàng 쥉 (기억력이 나빠) 잘 잊어버리다 | 好转 hǎozhuǎn 됭 호전되다 | 有助于 yǒuzhùyú 됭 ~에 도움이 되다, ~에 유용하다 | 记忆力 jìyìlì 몝 기억력

★☆☆ | **유형** | 전체 내용 파악

70

　　中国是最早利用蚕丝的国家。蚕丝和大麻、苎麻，以及后来的棉花，是古代中国人主要的衣着原料。几千年来，中国养蚕技术长期处于世界领先地位，并对世界蚕业有巨大贡献。公元前11世纪，养蚕技术传入朝鲜，随后又传到了日本。秦汉以后，中国的养蚕技术通过丝绸之路传到欧亚其他地区。

　　중국은 가장 일찍부터 명주실을 이용한 국가다. 명주실과 대마, 모시, 그리고 이후의 목화는 고대 중국인의 주요 의복 원료다. 수천 년 이래 중국의 누에치기 기술은 오랫동안 세계에서 선두적 위치에 있으며, 또한 세계 양잠업에 엄청난 공헌을 했다. 기원전 11세기, 누에치기 기술은 한반도에 전해졌으며 이어서 다시 일본에 전해졌다. 진나라와 한나라 시대 이후, 중국의 누에치기 기술은 실크로드를 통해 유럽과 아시아 기타 지역에 전해졌다.

A 古代中国的养蚕技术非常先进
B 古代中国人最早利用棉花做衣服
C 养蚕技术通过丝绸之路传到日本
D 中国人只穿蚕丝和棉花做的衣服

A 고대 중국의 누에치기 기술은 매우 앞섰다
B 고대 중국인은 가장 일찍 목화로 옷을 만들었다
C 누에치기 기술은 실크로드를 통해 일본에 전해졌다
D 중국인은 명주실과 목화로 만든 옷만 입었다

단어 蚕丝 cánsī 몝 잠사, 견사, 명주실 | 大麻 dàmá 몝 대마, 삼 | 苎麻 zhùmá 몝 모시, 모시풀 | 棉花 miánhua 몝 목화의 통칭, 면, 솜 | 衣着 yīzhuó 몝 옷차림, 복장 | 原料 yuánliào 몝 원료 | 养蚕 yǎngcán 됭 누에를 치다, 양잠하다 | 处于 chǔyú 됭 (어떤 지위나 상태에) 처하다, ~에 있다 | 领先 lǐngxiān 됭 선두에 서다, 앞서다, 리드하다 | 蚕业 cányè 몝 양잠업 | 巨大 jùdà 쥉 (규모나 수량 등이) 거대하다, 엄청나게 크다 | 贡献 gòngxiàn 됭 공헌하다, 이바지하다 | 公元前 gōngyuánqián 서력 기원전 | 传 chuán 됭 (지식·기술 등을) 전하다 | 朝鲜 Cháoxiǎn 몝 한반도, 조선(시대) | 随后 suíhòu 끋 뒤이어, 그 다음에 | 丝绸之路 sīchóuzhīlù 몝 비단길, 실크로드 | 欧亚 Ōu Yà 몝 유럽과 아시아 | 先进 xiānjìn 쥉 선진의, 남보다 앞선

第 三 部 分

71-73

73(C)在妈妈肚子里的时候，我就经常跟她一起去打篮球。当时只是个小胎儿的我跟着妈妈一块儿跑，一块儿跳，一起享受运动的快乐。所以我天性好动，爱玩儿，喜欢无拘无束。

71(A)/73(C)在上海上小学时，爸爸经常带着我看足球赛，这慢慢培养了我对足球的兴趣。凑巧的是我们那一群女孩子也个个儿都喜欢踢球。那时候，足球是用纸团起来的，球场就是教室与教室中间的过道。我们总是焦急地盼望下课铃声快点儿响，下课铃一响我们就立即冲出教室练起来，一直到上课。72(B)现在想想，那时老师真好，能容得下我们这些女孩子在那里疯玩儿。我们甚至自己组队参加小学生运动会，结果拿了个倒数第二名。这次失败对我们的打击特别大，队伍也因此就解散了。

后来我考上了一所很好的中学，可我是铁了心地想去踢足球，因为我觉得那是人生中最快乐的事，谁又能阻挡呢？从此我就走上了足球之路。

73(C)어머니의 뱃속에 있었을 때 나는 자주 그녀와 함께 농구를 하러 갔다. 당시 그저 작은 태아였던 나는 어머니를 따라 같이 달리고 같이 뛰며, 같이 운동하는 즐거움을 누렸다. 그래서 나는 천성적으로 움직이기를 좋아하고 놀기를 좋아하며 아무런 구애 없이 자유로운 것을 좋아한다.

71(A)/73(C)상하이에서 초등학교를 다닐 때, 아버지는 자주 나를 데리고 축구경기를 보러 갔다. 이것은 차츰차츰 내가 축구에 대한 흥미를 키우게 했다. 우연히 우리 그 무리의 여자아이들도 모두 축구 하는 것을 좋아했다. 그때 축구공은 종이를 뭉친 것이었고 경기장은 바로 교실과 교실 사이의 복도였다. 우리는 늘 애태우며 수업이 끝나는 종소리가 조금 더 일찍 울리길 간절히 바랐다. 수업이 끝나는 종소리가 울리자마자 우리는 바로 교실을 뛰쳐나와, 수업을 할 때까지 (연습을) 했다. 72(B)지금 생각해보면 그때 선생님께서는 정말 좋은 분으로 우리처럼 그런 여자아이들이 그곳에서 정신없이 노는 것을 이해해주셨다. 우리는 심지어 스스로 팀을 짜서 초등학생 운동회에 참가했다. 결과는 뒤에서 2등을 했다. 이 실패는 우리에게 큰 충격을 주었고, 팀도 이 때문에 바로 해산했다.

이후 나는 매우 좋은 중학교에 합격했지만 축구를 해야겠다고 굳게 결심했다. 내가 그것을 인생에서 가장 즐거운 일이라고 생각했기 때문에, 누가 또 막을 수 있겠는가? 이때부터 나는 축구의 길을 걸었다.

단어 胎儿 tāi'ér 몡 태아 | 享受 xiǎngshòu 통 누리다, 즐기다 | 天性 tiānxìng 몡 천성, 타고난 성격 | 无拘无束 wújūwúshù 성에 조금의 제한이나 속박도 없다, 아무런 구애 없이 자유롭다 | 培养 péiyǎng 통 양성하다, 키우다, 기르다 | 凑巧 còuqiǎo 혱 공교롭다, 우연하다 | 踢球 tīqiú 통 축구 하다, 공을 차다 | 团 tuán 통 뭉치다, 둥글게 빚다 | 球场 qiúchǎng 몡 경기장, 구장 | 过道 guòdào 몡 복도, 통로 | 焦急 jiāojí 혱 초조해하다, 애태우다 | 盼望 pànwàng 통 간절히 바라다, 희망하다 | 铃声 língshēng 몡 벨소리 | 立即 lìjí 뷘 즉시, 바로 | 容得下 róngdexià 통 수용할 수 있다, 용서할 수 있다, 받아들일 수 있다 | 疯玩儿 fēngwánr 통 정신없이 놀다, 신나게 놀다 | 组队 zǔduì 통 팀을 짜다, 팀을 구성하다 | 倒数 dàoshǔ 통 거꾸로 세다, 뒤에서부터 세다 | 打击 dǎjī 통 타격을 주다, 의욕이나 기를 꺾다 | 队伍 duìwu 몡 집단, 단체 | 解散 jiěsàn 통 흩어지다, 해산하다 | 铁了心 tiělexīn 굳게 결심하다, 마음을 굳히다 | 阻挡 zǔdǎng 통 가로막다, 저지하다

★☆☆ | **유형** | 세부 내용 파악

71 是谁培养了作者对足球的兴趣?

축구에 대한 작가의 흥미를 누가 길러주었는가?

A 爸爸
B 妈妈
C 老师
D 同学

A 아버지
B 어머니
C 선생님
D 학우

해설 본문에서 상하이에서 초등학교를 다닐 때 아버지는 자주 나를 데리고 축구경기를 보러 갔고, 이것이 차츰 축구에 대한 흥미를 키우게 해주었다고 했으므로 A가 답이 된다.

72 以下哪个不是作者对小学老师的感情?

다음 중 초등학교 선생님에 대한 작가의 감정이 아닌 것은 무엇인가?

A 感激
B 讨厌
C 喜欢
D 夸奖

A 고마워한다
B 싫어한다
C 좋아한다
D 칭찬한다

단어 感激 gǎnjī 图 감격하다, 고마움을 느끼다 | 讨厌 tǎoyàn 图 싫다, 혐오스럽다 | 夸奖 kuājiǎng 图 칭찬하다, 찬양하다

해설 본문에서 **现在想想, 那时老师真好**(지금 생각해보면 그때 선생님께서는 정말 좋은 분이셨다)라고 했으므로 작가가 초등학교 선생님에 대해 좋은 감정을 가지고 있음을 알 수 있다. 따라서 답은 B다.

73 关于作者, 以下哪个说法是正确的?

작가에 대해 다음 중 올바른 표현은 무엇인가?

A 她的学习成绩很差
B 她踢球一直很顺利
C 她父母也热爱运动
D 她从小就爱打篮球

A 그녀의 학업 성적은 매우 나쁘다
B 그녀가 축구 하는 것은 줄곧 매우 순조로웠다
C 그녀의 부모도 운동을 매우 좋아한다
D 그녀는 어려서부터 농구하는 것을 좋아했다

단어 热爱 rè'ài 图 (국가 · 국민 · 사업 등을) 열렬히 사랑하다, 열애하다

해설 본문의 첫 번째 단락에서는 어머니가 자주 그녀와 함께 농구를 하러 갔다고 했고, 두 번째 단락에서는 아버지께서 자주 그녀를 데리고 축구경기를 보러 갔다고 했으므로 부모님 모두 운동을 좋아했음을 알 수 있다. 따라서 답은 C다., 한편 마지막 단락에서 그녀가 매우 좋은 중학교에 입학했다는 내용을 미루어볼 때 작가의 성적이 좋았을 것이라고 유추할 수 있으므로 A는 답에서 제외된다. 또한 그녀는 초등학생 운동회에 참가해서 뒤에서 2등을 했다고 했으므로, 그녀의 축구가 결코 줄곧 매우 순조롭다고는 볼 수 없으므로 B도 답에서 제외된다. 이 밖에도 그녀는 어려서 축구를 좋아했다고 했지 농구 하는 것을 좋아한다고는 하지 않았으므로 D도 답이 될 수 없다.

好雨知时节，当春乃发生。今晨5时许，京城开始落下细雨。气象台预测，这场春雨将持续至少24小时以上，仅在今天傍晚到前半夜，就会有5至10毫米的降水量，^{74(D)}超过去年整个冬天的降水量。

此次降雨覆盖全市平原山区，降水是去年入冬以来北京最大的一次。

上午10时，北京气象台分布在全市的降水自动观测站数据表明，^{75(A)}昌平、延庆等西北部地区降水量最大，已达2毫米，^{76(B)}北部山区将重现白茫茫的冬季景象，开车外出的朋友要关注路况信息，谨慎出行。

明天，经过降水洗礼的京城将迎来一个清新凉爽的元宵节，过境的冷空气带来五六级偏北风，预计阵风将达到6级，气温也有明显下降，^{77(B)}明天夜间最低气温仅有零下4℃，比今天最低气温降低5℃，创近来新低。

좋은 비는 그 때를 알고, 봄이 되면 비로소 만물이 소생한다고 했습니다. 오늘 새벽 5시쯤 베이징 시내에 보슬비가 내리기 시작했습니다. 기상청은 이번 봄비가 적어도 24시간 이상 지속될 것이며, 오늘 저녁 무렵부터 한밤중까지의 강수량은 5~10밀리미터이고, ^{74(D)}지난해 겨울 전체 강수량을 넘어설 것으로 예측했습니다.

이번 강우는 시 전체 평원지역과 산간지역을 뒤덮었고, 강수는 지난해 입동 이래 베이징 최대입니다.

오전 10시 베이징 기상청은 시 전체에 설치한 자동 기상관측소 데이터에 근거하여 ^{75(A)}창핑과 옌칭 등 서북부 지역의 강수량이 가장 많아 이미 2밀리미터에 이르고, ^{76(B)}북부 산간지역은 눈에 뒤덮이는 겨울철 현상이 다시 나타날 것이므로, 차를 몰고 외출하실 분께서는 도로 상황 소식에 관심을 갖고, 외출에 신중을 기하라고 밝혔습니다.

내일, 내리는 비에 깨끗해진 베이징 시내는 시원하고 상쾌한 정월대보름을 맞이할 것이며, 국경을 넘는 차가운 공기는 5~6급의 편북풍을 일으키고, 순간최대풍속은 6급에 이를 것이며, 기온도 현저히 떨어져 ^{77(B)}내일 밤사이 최저기온은 영하 4℃로 오늘 최저기온보다 5℃ 떨어져 근래 최저치를 보일 것으로 전망했습니다.

단어　细雨 xìyǔ 명 이슬비, 가랑비, 보슬비 | 气象台 qìxiàngtái 명 기상대 | 预测 yùcè 통 예측하다 | 春雨 chūnyǔ 명 봄비 | 持续 chíxù 통 지속하다, 이어지다 | 傍晚 bàngwǎn 명 저녁 무렵 | 前半夜 qiánbànyè 명 이른 저녁부터 밤이 깊은 때까지의 시간 | 毫米 háomǐ 양 밀리미터 | 降水量 jiàngshuǐliàng 명 강수량 | 降雨 jiàngyǔ 통 비가 내리다 | 覆盖 fùgài 통 덮다 | 平原 píngyuán 명 평원 | 山区 shānqū 명 산악지대, 산간지역, 산지 | 入冬 rùdōng 통 겨울철에 들어서다, 겨울이 되다 | 分布 fēnbù 통 (어떤 지역 내에) 분포하다 | 观测站 guāncèzhàn 명 관측소 | 数据 shùjù 명 데이터, 수치 | 表明 biǎomíng 통 표명하다, 분명하게 나타내다 | 昌平 Chāngpíng 명 창핑 | 延庆 Yánqìng 명 옌칭 | 重现 chóngxiàn 통 다시 나타나다, 다시 출현하다 | 白茫茫 báimángmáng 형 온통 끝없이 새하얀 모양 | 景象 jǐngxiàng 명 현상, 상황 | 关注 guānzhù 통 관심을 가지다 | 路况 lùkuàng 명 도로 상황, 도로 사정 | 谨慎 jǐnshèn 형 신중하다, 조심스럽다 | 出行 chūxíng 통 외출하다, 외지로 가다 | 洗礼 xǐlǐ 명 세례 | 清新 qīngxīn 형 맑고 상쾌하다, 신선하다 | 凉爽 liángshuǎng 형 시원하고 상쾌하다 | 元宵节 Yuánxiāojié 명 정월 대보름 | 过境 guòjìng 통 국경을 넘다, 지역의 경계를 넘다 | 预计 yùjì 통 예상하다, 전망하다 | 阵风 zhènfēng 명 진풍, 순간적으로 부는 거센 바람 | 明显 míngxiǎn 형 뚜렷하다, 확실하다 | 夜间 yèjiān 명 밤사이, 밤 동안 | 零下 língxià 명 영하, 영도 이하 | 新低 xīndī 명 최저 신기록, 최저치

✎**Tip⁺**　• 하루의 시간 흐름을 나타내는 어휘
傍晚 bàngwǎn 명 저녁 무렵, 해질 무렵 | 黄昏 huánghūn 명 황혼, 해질녘 | 黎明 límíng 명 여명, 날이 밝을 무렵 | 凌晨 língchén 명 새벽 | 上午 shàngwǔ 명 오전 | 深夜 shēnyè 명 심야, 한밤중 | 晚上 wǎnshang 명 저녁, 밤 | 下午 xiàwǔ 명 오후 | 早晨 zǎochén 명 이른 아침, 새벽 | 早上 zǎoshang 명 아침 | 中午 zhōngwǔ 명 정오, 한낮

74

根据第一段，我们可以知道：

A 这场雨的持续时间并不长
B 这场雨在今天傍晚将会停止
C 今天早晨四点半北京在下雨
D 这次的降雨量比去年同一时期大

첫 번째 단락에 근거해 우리가 알 수 있는 것은 :

A 이번 비의 지속 시간은 그다지 길지 않다
B 이번 비는 오늘 저녁 무렵에 멈출 것이다
C 오늘 새벽 4시 반에 베이징에 비가 내리고 있다
D 이번 강우량은 지난해 같은 시기보다 많다

해설 본문에서 기상청이 지난해 겨울 전체 강수량을 넘어설 것으로 예측한다고 했으므로 답은 D다. 오늘 저녁 무렵부터 한 밤중까지 강수량이 5~10밀리미터라고 했으므로 B는 답에서 제외된다. 또한 오늘 새벽 5시쯤 베이징 시내에 보슬비가 내리기 시작했다고 했으므로 C도 적절하지 않다.

★☆☆ | **유형** | 장소 파악

75

此次降雨量最大的地区是：

A 北京西北部
B 北京东南部
C 北京的山区
D 北京的平原地区

이번에 강우량이 가장 많은 곳은 :

A 베이징 서북부
B 베이징 동남부
C 베이징의 산간지역
D 베이징의 평원지역

해설 세 번째 단락에서 창핑과 옌칭 등 서북부 지역의 강우량이 가장 많다고 언급했으므로 답은 A다.

★★☆ | **유형** | 세부 내용 파악

76

北部山区将会出现什么天气?

A 降雨
B 降雪
C 大风
D 晴天

북부 산간지역은 어떤 날씨가 나타날 것인가?

A 비가 내린다
B 눈이 내린다
C 강한 바람
D 맑은 날

단어 晴天 qíngtiān 阌 맑은 날. 쾌청한 날

해설 세 번째 단락에서 북부 산간지역은 눈에 뒤덮이는 겨울철 현상이 다시 나타날 것이라고 했으므로 답은 B다.

★★☆ | **유형** | 수량 파악

77

今天夜间最低气温是：

A 5℃
B 1℃
C -1℃
D -4℃

오늘 밤사이 최저기온은 :

A 5℃
B 1℃
C -1℃
D -4℃

해설 본문 마지막 단락에서 내일 밤사이 최저기온은 영하 4℃로 오늘 최저기온보다 5℃ 떨어진다고 언급했으므로 답은 B다.

李连杰初到好莱坞时，几乎没有人看好他，好不容易有一家电影公司愿意请他出演，但片酬很低，只有100万美元，而且是演一个 (80)B反派角色。李连杰犹豫不决，说自己要经过慎重考虑之后，才能答复。但是，等他答应出演时，对方却改口了，片酬降为75万美元。

钱不是最要紧的，只是在20世纪90年代的东南亚电影市场，"李连杰"三个字早已是金字招牌，从"功夫皇帝"沦落到现在的境地，李连杰感到难以接受。但他考虑再三，还是决定出演，可是，没想到对方却又落井下石：(78)B"50万美元，不演拉倒。"50万美元，还包括律师、经纪人、宣传公司等各项费用，再扣完税，所剩无几。但李连杰答应得很痛快："我演。"

就这样，李连杰拍了他的第一部好莱坞影片《致命武器4》，虽然片中巨星云集，(79)B/(81)B但在影片首映当晚，李连杰就获得7.5分，成为演员排行榜中的亚军。

第二天，电影公司的老板就亲自上门，毕恭毕敬地说："下一部片子请您演主角，如何？"当实力证明一切的时候，才能轮到李连杰说话，他的第四部好莱坞影片片酬就开到了1700万美元。

李连杰以退为进，成功地敲开了好莱坞的大门。他谈起往事，感触颇多，念了一首哲理诗："手把青秧插满田，低头便见水中天；六根清净方为道，退步原来是向前。"大丈夫与其怨天尤人，不如尊重现实，迂回前进。

리롄졔(이연걸)가 처음 할리우드에 왔을 때 그를 높이 평가한 사람은 거의 없었다. 겨우 한 영화회사가 그의 출연을 원했다. 하지만 출연료가 매우 낮은 100만 달러에 불과했고, 게다가 (80)B악역이었다. 리롄졔는 결단을 내리지 못하고 망설였으며 신중히 생각해보고 대답할 수 있겠다고 말했다. 그러나 그가 출연에 응했을 때 상대방은 오히려 말을 바꿔서 출연료를 75만 달러로 내렸다.

돈은 가장 중요한 것이 아니었다. 다만 20세기 90년대 동남아 영화시장에서 '리롄졔' 세 글자는 일찍이 이미 명성이 자자했기 때문에 '쿵푸황제'에서 지금의 상황으로 전락하자, 리롄졔가 받아들이기 어렵다고 생각했을 뿐이었다. 하지만 그는 거듭 심사숙고하여 출연하기로 결정했고, 그러나 뜻밖에도 상대방이 오히려 또 남의 어려움을 틈타 해를 가하며 (78)B"50만 달러에 출연하지 않으려면 그만두시오."라고 했다. 50만 달러에 변호사, 매니저, 홍보회사 등 각 항목의 비용이 포함됐으며 다시 세금을 제하니 남는 것이 얼마 없었다. 그러나 리롄졔는 매우 시원스럽게 "출연하겠습니다."라고 대답했다.

바로 이렇게 리롄졔는 그의 첫 번째 할리우드 영화『러셀웨폰 4』를 찍었다. 비록 영화에 거물급 스타들이 총출동했지만 (79)B/(81)B영화 개봉 당일 저녁, 리롄졔는 7.5점을 얻어 배우 순위 2위가 되었다.

이튿날 영화회사의 사장이 직접 그를 방문해 매우 공손한 태도를 취하며 "다음 영화에 당신이 주인공을 맡아주는 것은 어떠세요?"라고 말했다. 실력이 모든 것을 증명할 때가 되어서야 리롄졔가 말할 차례가 올 수 있었다. 그는 4번째 할리우드 영화의 출연료로 1,700만 달러를 받았다.

리롄졔는 겸양으로 덕행을 얻어 성공적으로 할리우드의 큰 문을 두드렸다. 그는 지난 일을 말하면서 매우 감회가 깊어 한 수의 철학적인 시를 읊었다. "손으로 푸른 모를 심어 밭을 가득하게 하고, 고개를 숙이면 물속의 하늘이 보인다; 마음이 맑고 깨끗해야 도와 뜻이 맞고, 퇴보는 원래 앞으로 나가려는 것이다." 대장부는 하늘을 원망하고 남을 탓하기보다는, 현실을 존중하고 우회해서 전진하는 것이 더 낫다.

단어 李连杰 Lǐ Liánjié [고유] 리롄제(이연걸) | 好莱坞 Hǎoláiwù [명] 할리우드 | 看好 kànhǎo [동] (사람·경기 등을) 좋게 보다, 높이 평가하다 | 好不容易 hǎoburóngyì [부] 겨우, 어렵사리 | 出演 chūyǎn [동] 출연하다 | 片酬 piànchóu [명] 출연료, 개런티 | 反派 fǎnpài [명] (연극·영화·드라마·소설에서의) 부정적 인물, 악역 | 角色 juésè [명] 배역 | 犹豫不决 yóuyùbùjué [성어] 결단을 내리지 못하고 망설이다, 머뭇거리다 | 慎重 shènzhòng [형] 조심하다, 신중하다 | 答复 dáfù [동] 대답하다, 회답하다 | 答应 dāying [동] 동의하다, 승낙하다 | 改口 gǎikǒu [동] (원래 했던) 말을 바꾸다, 내용을 바꾸다 | 要紧 yàojǐn [형] 중요하다 | 东南亚 Dōngnányà [명] 동남아, 동남아시아 | 金字招牌 jīnzì zhāopái [명] 신용과 명예, 명성 | 功夫 gōngfu [명] 무술, 쿵푸 | 沦落 lúnluò [동] (좋지 않은 상황으로) 빠지다, 전락하다 | 境地 jìngdì [명] 상황, 입장 | 难以 nányǐ [형] ~하기 어렵다, ~하기 힘들다 | 再三 zàisān [부] 거듭, 여러 번 | 落井下石 luòjǐngxiàshí [성어] 우물에 빠진 사람에게 돌을 던지다, 남의 어려움을 틈타 해를 가하다 | 拉倒 lādǎo [동] 그만두다, 중지하다, 손을 떼다, 개의치 않다 | 经纪人 jīngjìrén [명] 중개인, 매니저 | 宣传 xuānchuán [동] 선전하다, 홍보하다 | 费用 fèiyòng [명] 비용 | 扣 kòu [동] (원래의 액수에서) 떼다, 공제하다 | 税 shuì [명] 세금 | 所剩无几 suǒshèngwújǐ [성어] 남은 것이 얼마 없다 | 痛快 tòngkuai [형] 통쾌하다, 즐겁다 | 巨星 jùxīng [명] (어떤 방면에) 뛰어난 인물, 거성 | 云集 yúnjí [동] 많이 모이다, 운집하다 | 首映 shǒuyìng [동] 개봉하다, (영화를) 처음으로 상영하다 | 排行榜 páihángbǎng [명] 순위, 랭킹 | 亚军 yàjūn [명] (운동경기에서의) 준우승(자), 제2위 | 亲自 qīnzì [부] 몸소, 직접, 친히 | 上门 shàngmén [동] 방문하다 | 毕恭毕敬 bìgōngbìjìng [성어] 매우 공손한 태도를 취하다 | 主角 zhǔjué [명] 주인공, 주연배우 | 当…的时候 dāng … de shíhou ~할 때, ~일 때 | 实力 shílì [명] 실력, 힘 | 以退为进 yǐtuìwéijìn [성어] 겸양으로 덕행을 얻다 | 往事 wǎngshì [명] 과거의 일, 지난 일 | 感触 gǎnchù [명] 감촉, 감동, 감명 | 颇 pō [부] 꽤, 퍽, 상당히, 제법 | 哲理 zhélǐ [명] 철학적 원리 | 六根 liùgēn [명] 육근 [불교에서 눈·귀·코·혀·몸·뜻을 가리킴] | 清净 qīngjìng [형] 청정하다, 깨끗하고 맑다 | 退步 tuìbù [동] 퇴보하다, 후퇴하다 | 大丈夫 dàzhàngfu [명] 대장부 | 与其 yǔqí [접] (~하기보다는) 차라리, (~이기보다는) 오히려 | 怨天尤人 yuàntiānyóurén [성어] 하늘을 원망하고 남을 탓하다 | 现实 xiànshí [명] 현실 | 迂回 yūhuí [동] 에돌다, 우회하다 | 前进 qiánjìn [동] (앞을 향해) 나아가다, 전진하다

Tip⁺ '当…的时候(dāng … de shíhou)'는 '~할 때, ~일 때'라는 뜻으로, 동의어로는 '当…时(dāng … shí)'와 '在…的时候(zài … de shíhou)'가 있다. 문장의 첫머리에 쓰이며 当 앞에 每를 붙여 쓸 수도 있다.

예 当他二十岁的时候，他长了胡子。 그가 20살이 되었을 때 그는 수염이 자라기 시작했다.

★★☆ | **유형** | 수량 파악

78

李连杰在好莱坞的第一部影片片酬是：

A 75万美元
B 50万美元
C 100万美元
D 1700万美元

리롄제가 할리우드에서 찍은 첫 번째 영화의 출연료는：

A 75만 달러
B 50만 달러
C 100만 달러
D 1,700만 달러

해설 리롄제가 첫 번째로 출연한 할리우드 영화의 출연료는 처음에 100만 달러에서 75만 달러로, 마지막에는 50만 달러로 떨어졌다고 했으므로 답은 B다.

★★☆ | **유형** | 인과관계 파악

79

后来，电影公司的老板态度十分恭敬的原因是：

A 李连杰片酬要求不高
B 李连杰的演出很成功
C 李连杰特别尊重现实
D 李连杰曾是"功夫皇帝"

나중에 영화회사 사장의 태도가 매우 공손해진 원인은：

A 리롄제는 출연료 요구가 높지 않다
B 리롄제의 연기가 매우 성공했다
C 리롄제는 현실을 매우 존중했다
D 리롄제는 예전에 '쿵푸황제'였다

해설 영화 개봉 당일 저녁 리롄제가 배우 순위에서 2위를 차지했다고 언급한 내용으로 보아, 그의 연기는 매우 성공적이었다고 말할 수 있다. 따라서 답은 B다.

★★☆ | **유형** | 특정 어휘 파악

80

文中画线的 "反派" 一词应如何理解？

A 反义的
B 反面的
C 相反的
D 反对的

본문에서 밑줄 그은 '反派'라는 말은 어떻게 이해해야 하는가?

A 반대의
B 부정적인
C 상반된
D 반대하는

해설 첫 번째 단락에서 리롄제는 악역을 연기해야 했기 때문에 결단을 내리지 못하고 망설였다고 했다. *反派*는 영화나 드라마 등에서의 부정적인 인물, 즉 악역을 말한다. 따라서 답은 B다.

★☆☆ | **유형** | 수량 파악

81

李连杰在第一部影片中获得了多少分？

A 6.5分
B 7.5分
C 8.5分
D 9.5分

리롄제는 첫 번째 영화에서 몇 점을 얻었는가？

A 6.5점
B 7.5점
C 8.5점
D 9.5점

해설 세 번째 단락에서 리롄제는 평점 7.5점을 얻었다고 했다. 따라서 답은 B다.

★★☆ | **유형** | 주제 파악

82

最适合这篇文章的标题是：

A 影坛诗人李连杰
B 李连杰不在乎片酬
C 李连杰好莱坞奋斗史
D 李连杰第一次演电影

이 글에 가장 적합한 제목은：

A 영화계의 시인 리롄제
B 리롄제는 출연료에 개의치 않는다
C 리롄제의 할리우드 분투사
D 리롄제의 첫 번째 영화 출연

단어 标题 biāotí 명 제목, 주제 | 影坛 yǐngtán 명 영화계 | 不在乎 búzàihu 통 마음에 두지 않다, 염두에 두지 않다 | 奋斗 fèndòu 통 (어떤 목적에 도달하기 위해) 분투하다, 노력하다

해설 본문에서는 전반적으로 리롄제가 할리우드에 진출한 후 성공하기 위해 어떻게 분투하고 노력했는지를 담고 있으므로 이 글의 제목으로는 C가 가장 적합하다. 마지막 부분에서 리롄제가 시 한 소절을 읊긴 했으나 그를 시인이라고 볼 수 없으므로 A는 답에서 제외된다. 또한 리롄제가 출연료가 불과 100만 달러에 불과하다는 말에 결정을 내리지 못하고 망설였다고 했으므로 출연료에 개의치 않는다는 B는 답에서 제외된다. 이 밖에도 1990년대의 동남아 영화시장에서 리롄제가 유명했다고 했으므로 그가 할리우드에 가기 전 이미 영화에 출연한 바 있음을 알 수 있다. 따라서 D도 답이 될 수 없다.

**Tip⁺** 好不容易(hǎoburóngyì)는 '겨우, 간신히, 어렵사리'라는 뜻으로, 뒤에 才가 자주 어울려 쓰인다. 또한 好不容易는 好容易와 바꾸어 쓸 수 있다. 好容易와 好不容易는 비록 긍정형식과 부정형식이지만 그 뜻은 모두 '매우 어렵게, 가까스로, 겨우'라는 점에 주의하자.
예 好不容易找到的 = 好容易找到的 매우 어렵게 찾았다

一位集团公司的人力资源部经理告诉我，他招聘员工的时间是5分钟，加上让应聘者走入他的办公室、入座、非正式对话的时间5分钟，总共不会超过10分钟。

也就是说，公司是否录用一个人，只有区区10分钟。85(A)/86(C)所有的成功、失败都浓缩在这短暂的10分钟里。

我说，这不公平，也不负责任。他说，10分钟最公平，最负责任。

他说70%以上的83(A)应聘者走入他的办公室不会首先打招呼说你好；50%以上的应聘者衣冠不整洁；30%的应聘者83(C)神态紧张；20%的应聘者83(D)目光游移。还有什么好说的？让他们走吧！每人只有10分钟，但很多人在前5分钟就已经输了。

84(A)我心悦诚服，应聘者的确已经输了。

想起一位公共关系学教授，他曾经在课上问我们：你们看过孔雀开屏吗？同学们说看过，很美。教授说，85(A)/86(C)每个人都要学那孔雀，10分钟让整个世界记住自己的美丽。

那是《公共关系学》第一课时，教授的开场白。

每个人像孔雀那样用10分钟展示自己的美，好像不符合中国人的传统，我们喜欢相信日久见人心和细水长流。但在现代工业以分秒计算的工作时间里，你没有更多的时间表现自己。

86(C)你很优秀，可是你要知道，你只有很少的时间，10分钟，甚至更少。

어떤 그룹의 인사부 책임자는 나에게 그가 직원을 채용하는 시간이 5분이고, 게다가 지원자가 그의 사무실로 들어와 자리에 앉고 비공식적인 대화를 하는 시간 5분을 더하면, 모두 합쳐서 10분을 넘지 않는다고 말했다.

바꾸어 말하면 회사가 한 사람을 채용할지 안 할지는 불과 10분이면 된다. 85(A)/86(C)모든 성공과 실패는 모두 이 짧은 10분 안에 집약된다.

나는 이것은 불공평하고 무책임하다고 말했다. 그는 10분이 가장 공평하고, 가장 책임적이라고 말했다.

그는 70% 이상의 83(A)지원자들이 그의 사무실에 들어서서 그에게 먼저 안녕하시냐고 인사하지 않으며, 50% 이상의 지원자들은 옷차림이 단정하지 않고, 30%의 지원자들은 83(C)표정과 태도가 긴장해 있으며, 20%의 지원자들은 83(D)시선이 왔다갔다한다고 말했다. 그런데 무슨 할 말이 더 있겠는가? 그들에게 나가라고 하자! 모든 사람들이 10분밖에 없지만 매우 많은 사람들이 전반 5분 동안 이미 패하게 된다.

84(A)나는 진심으로 탄복했다. 응시자들은 확실히 이미 패했다.

한 공공관계학 교수가 생각났는데 그는 예전에 수업 중에 우리에게 공작이 부채 모양으로 꼬리를 펴는 것을 본 적이 있느냐고 물었다. 학생들은 본 적이 있으며 매우 아름답다고 말했다. 교수는 85(A)/86(C)모두가 10분 만에 온 세상으로 하여금 자신의 아름다움을 기억하게 하는 그 공작을 배워야 한다고 했다.

그것은 「공공관계학」 첫 수업 때 교수의 개막사였다.

모든 사람들이 공작처럼 10분을 이용해 자신의 미를 펼쳐 보이는 것은, 중국인의 전통과 맞지 않는 것 같다. 우리는 시간이 흘러야 사람을 알 수 있다는 말과 작은 힘이라도 끈기만 있으면 결과를 얻을 수 있다는 말을 믿기를 좋아한다. 그러나 분초로 계산하는 현대 공업의 업무 시간에서 당신에게는 자신을 표현할 더 많은 시간이 없다.

86(C)당신은 매우 우수하지만, 당신은 알아야 한다. 당신은 매우 적은 시간인 10분, 심지어 더 적은 시간밖에 없다.

단어　招聘 zhāopìn 동 모집하다, 채용하다 | 入座 rùzuò 동 자리에 앉다, 착석하다 | 总共 zǒnggòng 부 모두, 전부, 합쳐서 | 录用 lùyòng 동 (인원을) 뽑다, 채용하다 | 区区 qūqū 형 (수량이) 적다 | 浓缩 nóngsuō 동 집약하다 | 短暂 duǎnzàn 형 (시간이) 짧다 | 公平 gōngpíng 형 공평하다 | 应聘 yìngpìn 동 초빙에 응하다, 지원하다 | 打招呼 dǎ zhāohu (말이나 동작으로) 인사하다 | 衣冠 yīguān 명 옷차림, 복장 | 整洁 zhěngjié 형 단정하고 깨끗하다, 말끔하다 | 神态 shéntài 명 표정과 태도, 안색과 거동 | 目光 mùguāng 명 시선, 눈길 | 游移 yóuyí 동 왔다갔다 움직이다, 이리저리 이동하다 | 心悦诚服 xīnyuèchéngfú 성어 진심으로 탄복하다, 진심으로 따르다 | 的确 díquè 부 확실히, 정말 | 曾经 céngjīng 부 이전에, 예전에 | 孔雀 kǒngquè 명 공작 | 开屏 kāipíng 동 부채 모양으로 꼬리를 펴다 | 开场白 kāichǎngbái 명 개막사, 프롤로그 | 展示 zhǎnshì 동 전시하다, 펼쳐 보이다 | 日久见人心 rìjiǔjiànrénxīn 성어 세월이 지나가야 사람 마음을 알 수 있다 | 细水长流 xìshuǐchángliú 성어 작은 힘이라도 일을 끈기 있게 해나가면 효과가 있다 | 分秒 fēnmiǎo 명 분초 [시간의 단위인 분과 초] | 计算 jìsuàn 동 계산하다 | 优秀 yōuxiù 형 뛰어나다, 우수하다

★☆☆ │ **유형** │ 세부 내용 파악

83

应聘者应聘失败的原因很多，本文没有提到的是：

A 进办公室不打招呼
B 经理给的时间不够
C 应聘者神态太紧张
D 应聘者精神不集中

응시자들이 채용에 실패하는 원인은 매우 많은데, 본문에서 언급하지 않은 것은 :

A 사무실에 들어와서 인사를 하지 않는다
B 책임자가 준 시간이 충분하지 않다
C 응시자의 표정과 태도가 매우 긴장해 있다
D 응시자가 정신을 집중하지 않는다

해설 네 번째 단락에서 지원자들의 몇 가지 실패 원인을 설명했는데, 먼저 인사를 하지 않는 것과 표정과 태도가 긴장해 있는 것, 시선을 고정시키지 못하고 왔다갔다 하는 것을 언급했다. 따라서 본문에서 나오지 않은 것은 B다.

★★★ │ **유형** │ 태도 파악

84

文章第五段表明作者：

A 态度转变
B 很不服气
C 非常高兴
D 相信自己

글의 다섯 번째 단락에서 작가는 분명히 :

A 태도가 변했다
B 매우 불복했다
C 매우 기뻤다
D 자신을 믿었다

단어 转变 zhuǎnbiàn 图 (어떤 상황에서 다른 상황으로) 바꾸다. 바뀌다 │ 服气 fúqì 图 따르다. 복종하다

해설 세 번째 단락까지만 하더라도 작가는 이것은 불공평하며 무책임하다고 했지만 다섯 번째 단락에서는 我心悦诚服(나는 진심으로 탄복했다)라고 말을 바꿨다. 心悦诚服의 뜻은 '나는 완전히 그의 생각에 동의한다'는 말로, 작가의 태도가 변했음을 알 수 있다. 따라서 답은 A다.

★☆☆ │ **유형** │ 화제 파악

85

本文中的两个故事都说明：

A 抓紧时间表现自己
B 始终相信日久见人心
C 孔雀用10分钟展现美丽
D 应聘时要给人留下好印象

본문에 나온 두 가지 이야기가 설명하는 것은 :

A 주어진 시간에 자신을 나타내라
B 시종일관 시간이 지나야 사람의 진면목을 알 수 있다는 말을 믿어라
C 공작은 10분으로 아름다움을 펼쳐 보인다
D 면접 때 다른 사람에게 좋은 인상을 남겨야 한다

단어 抓紧 zhuǎjǐn 图 꽉 잡다. 움켜잡다. 놓치지 않다 │ 始终 shǐzhōng 閉 시종. 처음과 끝

해설 이 두 가지 이야기는 모두 비교적 짧은 시간 내에 충분히 자신의 우수한 점을 펼쳐 보이라는 것을 강조하고 있다. 따라서 답은 A다.

★★★ │ **유형** │ 주제 파악

86

本文的最佳标题是：

A 面试决定成功
B 一节难忘的课
C 你只有10分钟
D 孔雀也很美丽

본문에 가장 적절한 제목은 :

A 면접시험은 성공을 결정한다
B 잊을 수 없는 수업
C 당신에게는 오직 10분뿐이다
D 공작도 매우 아름답다

단어 面试 miànshì 图 면접시험을 치다 │ 难忘 nánwàng 图 잊기 어렵다. 잊을 수 없다

해설 A는 오직 첫 번째 이야기에만 해당하고 B와 D는 두 번째 이야기에만 해당하기 때문에 모두 부분적이다. 따라서 첫 번째 이야기와 두 번째 이야기의 내용을 모두 담고 있는 C가 본문의 제목으로 가장 적합하다.

87(B)一个人学会说话时必须同时学会听话，这两个结合起来才叫会说话。

90(A)说话主要是为了交流，不是一个人的事情，别人表达思想时我们要有耐心，不要觉得对方幼稚或无知。别人用简单方式问，我用简单方式答；别人用复杂方式问，我用复杂方式答。

说话是为了表达我们内心的思想，而不是要找出别人的缺点，所以说话不要带出别人的缺点，这就好像去捅别人的眼睛，不会有什么好的效果。

有时候你并不需要讲很多道理，88(B)只要耐心地去听，就是一个理解、接受、赞同别人的态度。

说话太多会导致我们的话没有分量。在不必要的场合和不关键的地方随便说出，常常使说话变成了一种炫耀，这就使你的话没有力量。

说谎会使我们的话大打折扣，89(D)刚开始只是因为不说谎不行，慢慢地养成了习惯，时不时说谎。人家看到你的这种方式，就会认为你的话甚至你这个人不可信。

有些时候我们给别人提一些好的建议，但要看说话的时机，要注意用对方接受得了的方式。

87(B)한 사람이 말을 배울 때는 반드시 동시에 듣는 것을 배워야 한다. 이 두 가지를 결합시켜야만 말을 잘할 수 있다.

90(A)말은 주로 교류를 위한 것이지 한 사람의 용무를 위한 것이 아니다. 다른 사람이 생각을 표현할 때 우리는 인내심이 있어야 하며 상대방이 유치하거나 무지하다고 생각해서는 안 된다. 다른 사람이 간단한 방식으로 물으면 나도 간단한 방식으로 대답하고, 다른 사람이 복잡한 방식으로 물으면 나도 복잡한 방식으로 대답한다.

말은 자신의 마음속의 생각을 표현하기 위한 것이지, 다른 사람의 결점을 찾아내려는 것이 아니다. 따라서 말에 다른 사람의 결점을 드러내서는 안 된다. 이것은 바로 마치 다른 사람의 눈을 찌르는 것과 같아서 어떤 좋은 효과도 있을 수 없다.

어떤 때 당신은 결코 많은 이치를 따질 필요가 없다. 88(B)끈기 있게 듣기만 하는 것도 바로 다른 사람을 이해하고 받아들이며 찬성하는 태도다.

말이 지나치게 많으면 우리의 말은 무게가 없어진다. 불필요한 장소와 중요하지 않은 곳에서 함부로 말을 내뱉으면 말은 종종 일종의 자랑으로 변하고, 이것은 당신의 말에 힘이 없어지게 한다.

거짓말은 우리의 말을 크게 깎아내려 89(D)처음에는 단지 거짓말을 하지 않으면 안 됐기 때문이었지만, 차츰 습관이 되어 항상 거짓말을 하게 된다. 다른 사람은 당신의 이런 방식을 보고 당신의 말, 심지어 당신이라는 사람은 믿을 수 없다고 여길 수 있다.

어떤 때 우리는 다른 사람에게 여러 좋은 제안을 하지만, 말할 시기를 봐야 하며 상대방이 받아들일 수 있는 방식인지 주의해야 한다.

단어 听话 tīnghuà 통 말을 듣다 | 思想 sīxiǎng 명 생각, 견해 | 耐心 nàixīn 형 인내심 있다, 끈기 있다 | 幼稚 yòuzhì 형 유치하다 | 无知 wúzhī 형 무지하다, 무식하다 | 内心 nèixīn 명 속마음, 속내 | 缺点 quēdiǎn 명 결점, 단점 | 捅 tǒng 통 (손·막대기 등의 끝으로) 찌르다 | 赞同 zàntóng 통 동의하다, 찬성하다 | 分量 fènliàng 명 중량, 무게 | 场合 chǎnghé 명 장소, 상황, 경우 | 炫耀 xuànyào 통 자랑하다, 과시하다 | 力量 lìliang 명 힘, 역량 | 说谎 shuōhuǎng 통 거짓말하다 | 打折扣 dǎ zhékòu 에누리하다 | 慢慢 mànmàn 부 차츰, 천천히 | 时不时 shíbùshí 부 늘, 항상 | 可信 kěxìn 형 미덥다, 믿을 만하다 | 时机 shíjī 명 시기, 때

★☆☆ |**유형**| 의미 파악

87 什么是"会说话"？

A 知道何时说话
B 会说话和听话
C 知道如何表达思想
D 会用不同方式说话

무엇을 '会说话'라고 하는가?

A 언제 말하는지 안다
B 말하고 들을 수 있다
C 어떻게 생각을 표현하는지 안다
D 다른 방식으로 말할 줄 안다

단어 何时 héshí 부 언제

해설　본문의 도입부에서 **一个人学会说话时必须同时学会听话, 这两个结合起来才叫会说话**(한 사람이 말을 배울 때는 반드시 동시에 듣는 것을 배워야 한다. 이 두 가지를 결합시켜야만 말을 잘할 수 있다)라고 했으므로 B가 답이다.

★★☆　| 유형 | 주제 파악

88

下列哪项是本文的观点?　　　　다음 중 어떤 것이 본문의 견해인가?

A　要懂得讲道理　　　　　　　A　이치를 따질 줄 알아야 한다
B　要耐心地去倾听　　　　　　B　끈기 있게 경청해야 한다
C　要给别人提建议　　　　　　C　다른 사람에게 제안해야 한다
D　要指出对方的缺点　　　　　D　상대방의 단점을 지적해야 한다

단어　懂得 dǒngde 통 (의미 · 방법 등을) 이해하다, 알다 | 倾听 qīngtīng 통 주의해서 듣다, 경청하다 | 建议 jiànyì 명 제안, 제의 | 指出 zhǐchū 통 지적하다

해설　네 번째 단락에서 **只要耐心地去听, 就是一个理解、接受、赞同别人的态度**(끈기 있게 듣기만 하는 것도 바로 다른 사람을 이해하고 받아들이며 찬성하는 태도다)라고 말했으므로 답은 B다.

★☆☆　| 유형 | 인과관계 파악

89

有些人为什么经常会说谎?　　　어떤 사람들은 왜 항상 거짓말을 하는가?

A　必须要说谎　　　　　　　　A　반드시 거짓말을 해야 하기 때문에
B　别人不相信　　　　　　　　B　다른 사람이 믿지 못하기 때문에
C　喜欢去骗人　　　　　　　　C　다른 사람을 속이는 것을 좋아하기 때문에
D　养成了习惯　　　　　　　　D　습관이 길러졌기 때문에

단어　骗人 piànrén 통 다른 사람을 속이다

해설　여섯 번째 단락에서 **刚开始只是因为不说谎不行, 慢慢地养成了习惯**(처음에는 단지 거짓말하지 않으면 안 됐기 때문이었지만, 차츰 습관이 되어 항상 거짓말을 하게 된다)이라고 했으므로 답은 D다.

★☆☆　| 유형 | 세부 내용 파악

90

说话的最主要的目的是什么?　　말의 가장 주요한 목적은 무엇인가?

A　与人交流　　　　　　　　　A　다른 사람과 교류하는 것
B　讲明道理　　　　　　　　　B　도리를 분명하게 말하는 것
C　提出建议　　　　　　　　　C　의견을 제시하는 것
D　理解别人　　　　　　　　　D　다른 사람을 이해하는 것

단어　讲明 jiǎngmíng 통 분명하게 이야기하다, 확실하게 말하다 | 提出 tíchū 통 제의하다, 제기하다

해설　두 번째 단락에서 **说话主要是与人交流**(말은 주로 교류를 위한 것이다)라고 언급했다. 따라서 답은 A다.

书写

第一部分

91-98

★☆☆ │**유형**│ 문장성분 파악

91

| 表现得 | 十分 | 同学们 | 我们班的 | 坚强 |

답 我们班的同学们表现得十分坚强。 | 우리 반 학생들은 매우 꿋꿋히 활약했다.

단어 表现 biǎoxiàn 图 표현하다, 나타내다, 활약하다 │ 坚强 jiānqiáng 웹 (의지나 성격 등이) 굳세다, 꿋꿋하다

해설 쓰기 제1부분을 풀 때는 문장의 전체 어순 '(관형어) + 주어 + (부사어) + 술어 + (보어) + (관형어) + 목적어'를 기억하고 있어야 한다. 이 문장에서는 我们班的가 관형어로서 同学们을 수식하고, 我们班的同学们이 문장의 주어 역할을 한다. 한편, 정도부사 十分은 일반동사 表现을 꾸며줄 수 없고 형용사 坚强 앞에만 올 수 있으므로, 十分坚强은 得 뒤에 정도보어로 쓴다.

我们班的同学们 + 表现 + 得 + 十分坚强
주어　　　　　술어　구조조사　정도보어

★★☆ │**유형**│ 겸어문 파악

92

| 自己的错误 | 才认识到 | 是多么严重 | 他直到现在 |

답 他直到现在才认识到自己的错误是多么严重。 | 그는 이제서야 자신의 잘못이 얼마나 심각한지 알게 되었다.

단어 直到 zhídào 图 쭉 ~에 이르다 │ 错误 cuòwù 阅 잘못, 실수 │ 严重 yánzhòng 웹 심각하다, 검증하다

해설 이 문장에 나오는 '直到…才…'는 자주 쓰이는 구문이다. 또한 여기서 대사 自己가 가리키는 것은 주어 他로, 自己는 반드시 他 뒤에 놓아야 한다. 한편 自己的错误是多么严重은 동사구 认识到의 목적어로 쓰였다. 이 문장은 겸어문으로 앞 동사의 목적어가 뒤 동사의 주어를 겸하는 문장이다. 따라서 错误는 이 문장의 목적어이자 주어 역할을 겸하고 있다.

他 + 直到现在才 + 认识 + 到 + 自己的错误是多么严重
주어　　부사어　　　술어　보어　　　목적어

★☆☆ │**유형**│ 문장성분 파악

93

| 增进了 | 奥运会 | 的 | 世界各国人民 | 相互了解 |

답 奥运会增进了世界各国人民的相互了解。 | 올림픽은 세계 각국 사람들의 상호간의 이해를 증진시켰다.

단어 奥运会 Àoyùnhuì 冏 올림픽 [정식 명칭은 奥林匹克运动会임] │ 增进 zēngjìn 图 증진하다, 증진시키다 │ 相互 xiānghù 믠 서로, 상호

해설 이 문장의 주어가 世界各国人民(세계 각국 사람)이 아닌 奥运会(올림픽)라는 사실에 주의해야 한다. 이 문장에서 서로 호응하는 것은 '增进…了解'로, 世界各国人民的相互了解가 동사 增进의 목적어로 쓰였다.

奥运会 + 增进了 + 世界各国人民的 + 相互了解
주어　　술어　　　관형어　　　　목적어

★★☆ | **유형** | 문장성분 파악

94　　也没想出　　半天　　个好办法　　爸爸想了

답　爸爸想了半天也没想出个好办法。

아버지는 한참 동안 생각했지만, 좋은 방법을 생각해 내지 못했다.

단어　半天 bàntiān 몡 한참

해설　**爸爸**는 문장의 주어로 제일 앞에 놓는다. 또한 **没想出个好办法**는 **想了半天**의 결과이므로 문미에 온다.

★★☆ | **유형** | 겸어문 파악

95　　红歌星　　采访　　电视台　　计划　　这三位　　派人

답　电视台计划派人采访这三位红歌星。

방송국은 사람을 보내 이 3명의 인기가수를 취재할 계획이다.

단어　派人 pàirén 통 사람을 파견하다. 심부름꾼을 보내다 | 采访 cǎifǎng 통 (어떤 사건의 진상을 알아보거나 자료를 얻기 위하여) 취재하다. 탐방하다. 방문하여 조사하다 | 歌星 gēxīng 몡 유명가수, 스타 가수

해설　이 문장은 동사와 명사의 상호관계에 주의해야 한다. 동사 **采访**의 대상은 **这三位红歌星**이며, **计划**의 주체자는 **电视台**이다. 문장 전체의 목적어가 겸어문이 되므로 **派人采访这三位红歌星**이 **电视台计划** 뒤에 온다.

★☆☆ | **유형** | 수량보어 파악

96　　每　　进行　　两个星期　　一次小测验

답　每两个星期进行一次小测验。

2주마다 한 차례 작은 테스트를 진행한다.

단어　测验 cèyàn 통 (기구나 다른 방법을 써서) 조사하다. 검사하다. 테스트하다

해설　시간명사 **每两个星期**는 이 문장에서 주어로 쓰였고 **进行**은 술어, **测验**은 목적어로 사용됐다.

每两个星期 ＋ 进行 ＋ 一次 ＋ 小测验
　주어　　　　술어　수량보어　목적어

★☆☆ | **유형** | 고정격식 파악

97　　促进作用　　改革　　对经济的发展　　起了很大的

답　改革对经济的发展起了很大的促进作用。

개혁은 경제의 발전에 매우 큰 촉진작용을 했다.

단어　改革 gǎigé 몡 개혁 | 促进 cùjìn 통 촉진하다. 촉진시키다. 발전시키다

해설　'A对B起了…作用'은 'A는 B에 대해 ~한 작용을 했다'라는 의미로, 자주 사용하는 구문이다. 개혁이 경제 발전을 촉진시켰으므로 여기서 주어는 **改革**(개혁)가 된다.

98　一个石狮　　　左右两侧　　　有　　　公园大门　　　各

답 公园大门左右两侧各有一个石狮。	공원 정문의 좌우 양쪽에 돌사자가 하나씩 있다.

단어 石狮 shíshī 图 돌사자

해설 이 문장에서 **公园大门左右两侧**는 장소이고, **一个石狮**는 사물이다. 또한 이 문장은 有를 술어로 하는 '존현문'이다. 존현문이란 어떤 사람이나 사물이 어딘가에 존재하거나 출현, 또는 사라짐을 나타내는 문장을 말한다. 일반적으로 목적어 앞에는 주로 수량이나 묘사를 나타내는 관형어가 온다.

公园大门左右两侧 ＋ 各 ＋ 有 ＋ 一个 ＋ 石狮
장소 주어　　　　　부사어　술어　관형어　목적어

第二部分

99-100

★☆☆ ｜**유형**｜ 화제 파악

99　介绍　　互相　　练习　　提高　　认真

모범답안

上周我在学校遇到李华，我们互相介绍之后，开始了交流。他认真地听我讲话，还告诉我有什么发音问题、语法问题。跟他练习口语很有意思。有了他的帮助，我一定能提高汉语水平。

지난주 나는 학교에서 리화를 만났다. 우리는 서로 소개를 한 후 이야기를 시작했다. 그는 진지하게 내가 하는 말을 들었고, 또한 나에게 어떤 발음 문제나 어법 문제가 있는지 알려주었다. 그와 중국어 회화 연습을 하는 것은 매우 재미있다. 그의 도움으로 나는 틀림없이 중국어 실력을 향상시킬 수 있을 것이다.

단어　李华 Lǐ Huá 고유 리화 ｜ 发音 fāyīn 명 발음

해설　우선 제시된 단어를 보고 먼저 단어들과 관련된 스토리를 떠올려보자. 제시된 다섯 개의 단어들을 보면, 난이도가 비교적 낮은 단어임을 알 수 있다. 따라서 스토리만 잘 구성한다면 고득점을 노려볼 만하다. **练习, 提高, 认真**이라는 단어들이 있는 것으로 보아, **学习**와 연관지을 수 있으며, **互相, 介绍**라는 단어가 있는 것으로 보아 서로 소개를 받고 학습에 임한다는 상황을 유추해볼 수 있다. 특히 우리가 현재 접하는 언어가 중국어이기 때문에 중국어와 접목시켜 글을 써내려간다면 보다 풍부한 글을 완성할 수 있다.

★☆☆ ｜**유형**｜ 화제 파악

100

모범답안

奥运会是一个全世界人民的节日，给人们带来很多的快乐。奥运会举办的时候，主办国热情地迎接来自世界各地的客人。各国的观众会在比赛现场和电视机前为运动员精彩的比赛加油！

올림픽은 전 세계 사람들의 명절이며, 사람들에게 매우 많은 즐거움을 가져다준다. 올림픽을 개최할 때, 주최국은 열정적으로 세계 각지의 방문객을 맞이한다. 각국의 관중은 시합 현장과 텔레비전 앞에서 운동선수들의 멋진 시합을 위해 응원한다.

단어　奥运会 Àoyùnhuì 명 올림픽 ｜ 举办 jǔbàn 동 (행사나 활동을) 열다. 개최하다. 거행하다 ｜ 主办国 zhǔbànguó 명 주최국 ｜ 迎接 yíngjiē 동 영접하다. 맞이하다 ｜ 现场 xiànchǎng 명 현장 ｜ 精彩 jīngcǎi 형 (공연·전시회·언론·문장 등이) 훌륭하다. 뛰어나다

해설　문제에 올림픽 로고인 오륜 마크가 보인다. 오륜 마크가 보인다고 해서 단순히 그림을 묘사하는 글을 써나가기 보다는 그림을 보고 그림이 주는 의미를 파악한 후, 그것에 관한 자신의 견해를 써내려가야 한다. 예를 들어 모범답안과 같이 '올림픽이 전 세계 사람들에게 어떤 존재인지, 어떠한 영향을 주는지, 올림픽을 개최했을 때 주최국과 관중이 어떤 반응을 보이는지' 등등 다각도로 생각해볼 수 있다. 평소 한 가지 그림을 놓고 80자 정도 분량의 글을 쓰는 연습을 해보면 도움이 될 것이다.

MEMO

해설

북경어언대
新 HSK 합격 모의고사 5급

听力

第 一 部 分

1-20

★☆☆ | 유형 | 장소 파악

01

男：你看到我的钥匙了吗？我早上在办公室还看到的。

女：你呀，整天丢三落四的。在我包里呢，你去拿吧。你把它忘在门上了，幸亏给我发现了。

问：钥匙现在在哪儿？

A 门上
B 楼上
C 包里
D 办公室

남: 너 내 열쇠 봤니? 내가 아침에 사무실에서 봤는데.

여: 너도 참, 늘 이것저것 잘 잊어버리네. 내 가방에 있으니 네가 가서 가져가. 네가 열쇠를 깜박 잊고 문에 꽂아놨더라고, 다행히 내가 발견했어.

질문: 열쇠는 지금 어디에 있는가?

A 문
B 위층
C 가방 안
D 사무실

단어 丢三落四 diūsānlàsì 성어 대충대충 하여 잘 잊어버리다, 기억력이 나빠서 잘 잊어버리다 | 幸亏 xìngkuī 부 다행히, 운 좋게

해설 남자가 열쇠를 깜박 잊고 문에 꽂아둔 것을 여자가 발견하고 열쇠를 자신의 가방 안에 보관해두었다고 했다. 따라서 답은 C다.

Tip⁺ • 자주 출제되는 성어

半途而废 bàntú'érfèi (어떤 일을) 완성하지 않고 중도에 그만두다 | 不约而同 bùyuē'értóng 약속이나 한 듯이 행동이나 의견이 서로 일치하다 | 出人意料 chūrényìliào 예상 밖이다 | 画蛇添足 huàshétiānzú 뱀을 그리는 데 발을 더하다, 쓸데없는 짓을 하다 | 鸡毛蒜皮 jīmáosuànpí 사소한 일, 중요하지 않은 일, 하찮은 일 | 井底之蛙 jǐngdǐzhīwā 우물 안 개구리, 세상 물정에 어둡고 견문이 매우 좁은 사람 | 水中捞月 shuǐzhōnglāoyuè 물속의 달을 건지다, 쓸데없는 일을 하다, 헛된 일을 하다 | 亡羊补牢 wángyángbǔláo 소 잃고 외양간 고치다, 일이 발생하고 난 후에 대책을 마련하다 | 一尘不染 yìchénbùrǎn 티 없이 깨끗하다, 청결하다 | 一塌糊涂 yìtāhútú 엉망진창이 되다, 뒤죽박죽이 되다

★★★ | 유형 | 의미 파악

02

男：我现在真不敢相信天气预报，每次说不下雨总会害我淋成个落汤鸡。

女：看来今天你是不准备带伞了！

问：女的是什么意思？

A 天气预报很难准确
B 女的不太相信男的
C 女的一直相信天气预报
D 天气预报说今天会下雨

남: 나는 이제 정말 일기예보를 믿을 수가 없어, 매번 비가 내리지 않을 것이라고 말하고는 늘 나를 물에 빠진 생쥐 꼴이 되게 해.

여: 보아하니 오늘 너 우산을 가져가지 않을 작정이구나!

질문: 여자의 말은 무슨 뜻인가?

A 일기예보는 정확하기가 매우 어렵다
B 여자는 남자를 그다지 믿지 않는다
C 여자는 줄곧 일기예보를 믿는다
D 일기예보는 오늘 비가 내릴 것이라고 말했다

단어 不敢 bùgǎn 동 감히 ~하지 못하다 | 天气预报 tiānqì yùbào 명 일기예보 | 落汤鸡 luòtāngjī 명 물에 빠진 병아리, 물에 빠진 생쥐(꼴) | 看来 kànlái 동 보기에 ~하다, 보아하니 ~하다 | 准确 zhǔnquè 형 정확하다, 틀림없다

★☆☆ | **유형** | 의미 파악

03

女：你注意到了吗？今天食堂的菜居然有这么多种类。
男：真是难得啊！

问：男的是什么意思？

A 他没有注意到
B 他难得在食堂吃饭
C 食堂的饭菜很难吃
D 食堂以前的菜很少

여: 너 눈치챘니? 오늘 뜻밖에도 식당에 이렇게 많은 종류의 요리가 있을 줄이야.
남: 정말 모처럼만이야!

질문: 남자의 말은 무슨 뜻인가?

A 그는 알아차리지 못했다
B 그는 식당에서 밥 먹는 일이 드물다
C 식당 음식은 매우 맛이 없다
D 이전에 식당 요리는 매우 적었다

단어 居然 jūrán 뿐 뜻밖에, 의외로 | 饭菜 fàncài 몡 밥과 반찬 | 难吃 nánchī 혱 먹기 어렵다, 맛이 없다

해설 남자는 식당의 음식 종류가 매우 많은 것은 정말 모처럼만이라고 말했다. 이 말을 통해 평소 식당의 음식 종류가 매우 적었음을 알 수 있다. 따라서 답은 D다.

**Tip⁺** 难得는 형용사로 '(출현이나 발생이) 드물다, 모처럼만이다'라는 뜻이다. 이와 같은 뜻으로는 不常发生, 很少 등이 있다.
예 这是一生难得的机会。이것은 일생에서 얻기 어려운 기회다.

★☆☆ | **유형** | 의미 파악

04

男：我下个月就要去纽约了，又要办签证又要买机票的。
女：怪不得你最近总是忙得见不着人影呢！

问：女的是什么意思？

A 最近也非常忙
B 不希望男的走
C 觉得男的很奇怪
D 最近很少见到男的

남: 나 다음 달에 뉴욕에 가야 해서 비자도 발급받고 비행기표도 사야 해.
여: 어쩐지 너 요즘 늘 바빠서 코빼기도 보이지 않더라!

질문: 여자의 말은 무슨 뜻인가?

A 최근에도 매우 바쁘다
B 남자가 가는 것을 바라지 않는다
C 남자가 매우 이상하다고 생각한다
D 최근 남자를 아주 가끔 보았다

단어 纽约 Niǔyuē 몡 뉴욕 | 签证 qiānzhèng 몡 비자 | 机票 jīpiào 몡 비행기표, 비행기 탑승권 | 人影 rényǐng 몡 사람의 그림자, 사람의 모습이나 자취

해설 怪不得는 '어쩐지, 과연'이라는 뜻으로 마침내 어떤 일의 원인을 알게 되었음을 나타낸다. 또한 문장에 나오는 忙得见不着人影은 '매우 바빠서 코빼기도 볼 수 없다'라는 뜻이다. 따라서 답은 D다.

**Tip⁺** 怪不得는 '어쩐지, 과연'이라는 뜻의 부사로, 같은 뜻으로는 难怪, 原来是这样 등이 있다. 怪不得는 원인, 이유를 알고 난 후, 어떤 상황을 더는 이상하게 여기지 않음을 나타낸다. 동의어들도 출제빈도가 높으므로 평소에 따로 정리해 익혀둔다.
예 怪不得你来晚了。어쩐지 너 늦게 오더라.

05

女：大伯，我对不起您。这些年来，我一直觉
　　得没脸见你。
男：过去的就让它过去吧。

问：男的是什么态度？

A　气愤
B　原谅
C　讨厌
D　不在乎

여: 큰아버지, 죄송해요. 최근 몇 년간 저는 줄곧 큰아
　　버지를 뵐 면목이 없다고 생각했어요.
남: 지나간 일은 잊어버리거라.

질문: 남자는 어떤 태도인가?

A　몹시 화가 난다
B　용서한다
C　싫어한다
D　개의치 않는다

단어 大伯 dàbó 몡 큰아버지, 백부 | 没脸 méiliǎn 혱 면목이(염치가) 없다, 부끄럽다 | 气愤 qìfèn 혱 몹시 화를 내다, 분개하다 | 原谅 yuánliàng 통 용서하다, 양해하다 | 讨厌 tǎoyàn 혱 싫다, 밉살스럽다 | 不在乎 búzàihu 통 마음에 두지 않다, 개의치 않다

해설 여자가 남자에게 사죄의 말을 전하자 남자는 **过去的就让它过去吧**(지나간 일은 잊어버리거라)라고 했다. 이 말은 여자의 잘못을 용서하고 더 이상 책망하지 않겠다는 뜻이다. 따라서 답은 B다.

Tip⁺ 不在乎는 '마음에 두지 않다, 거리끼지 않다'라는 의미로, 이와 같은 뜻으로는 满不在乎, 不介意 등이 있다. 또한 유의어로는 无所谓, 没关系, 不计较, 不放在心上, 不往心里去 등이 있다.
예 我根本不在乎你怎么想。나는 네가 어떻게 생각하든 전혀 마음에 두지 않는다.

06

女：这是我儿子李明，今年已经15岁了。
男：这是李明啊，这么久不见，你个子都赶上
　　我啦！

问：男的在说李明的什么方面？

A　年龄
B　身高
C　成绩
D　爱好

여: 얘가 내 아들 리밍이야, 올해 이미 15살이 됐어.
남: 얘가 리밍이구나, 안 본 사이에 네 키가 이미 나를
　　따라잡았구나!

질문: 남자는 리밍의 어떤 면에 대해 이야기하고 있는가?

A　나이
B　키
C　성적
D　취미

단어 个子 gèzi 몡 (사람의) 체격, 키 | 赶上 gǎnshàng 통 따라잡다 | 身高 shēngāo 몡 키, 신장

해설 녹음에서 나온 **个子**가 보기에서 동의어 **身高**로 대체되었으므로 답은 B다.

Tip⁺ · 신체 명칭 관련 어휘
背 bèi 몡 등 | 额头 étou 몡 이마 | 胳膊 gēbo 몡 팔 | 肩膀 jiānbǎng 몡 어깨 | 脚脖子 jiǎobózi 몡 발목 | 睫毛 jiémáo 몡 속눈썹 | 酒窝 jiǔwō 몡 보조개 | 眉毛 méimao 몡 눈썹 | 眉头 méitóu 몡 미간 | 脑袋 nǎodai 몡 머리 | 脑子 nǎozi 몡 뇌 | 屁股 pìgu 몡 엉덩이 | 腮帮子 sāibāngzi 몡 뺨, 볼 | 双眼皮 shuāngyǎnpí 몡 쌍꺼풀 | 膝盖 xīgài 몡 무릎 | 胸脯 xiōngpú 몡 흉부, 가슴 | 眼皮 yǎnpí 몡 눈꺼풀 | 腰 yāo 몡 허리

★☆☆ | 유형 | 세부 내용 파악

07

女：刘俊，我发现你唱歌唱得很好啊，你以前专门学过吗？

男：谢谢你的表扬。我本来想考音乐学院好好儿学一学的，但没考上。

问：关于男的，我们可以知道什么？

A 他曾专门学过唱歌
B 他在音乐学院学习
C 他唱歌唱得有水平
D 他的学习成绩不好

여：리우쥔, 나는 네가 노래를 매우 잘 부른다는 것을 알게 됐어. 너 전에 전문적으로 배운 적 있니?

남：너의 칭찬 고마워. 나는 원래 음악대학에 응시해서 잘 배워보려고 했지만, 합격하지 못했어.

질문: 남자에 관해 우리가 알 수 있는 것은 무엇인가?

A 그는 예전에 전문적으로 노래를 배운 적이 있다
B 그는 음악대학에서 공부하고 있다
C 그는 노래를 수준 있게 부른다
D 그의 학업 성적은 좋지 않다

단어 专门 zhuānmén 형 전문적이다 | 表扬 biǎoyáng 동 칭찬하다, 격찬하다

해설 녹음에서 남자가 노래 실력은 매우 뛰어나지만 음악대학에는 합격하지 못했다는 말이 나오므로, 전문적으로 음악을 배운 적이 없음을 알 수 있다. 따라서 답은 C다.

★☆☆ | 유형 | 시간 파악

08

男：今天下午有什么计划？

女：天这么热，我才懒得出门呢！还是在家吹吹空调、吃吃西瓜比较舒服。

问：现在最有可能是什么季节？

A 春天
B 夏天
C 秋天
D 冬天

남：오늘 오후에 무슨 계획 있니？

여：날씨가 이렇게 더운데, 나는 나가기 귀찮아! 차라리 집에서 에어컨을 쐬고 수박이나 먹는 것이 비교적 편하겠어.

질문: 현재는 아마도 어느 계절이겠는가?

A 봄
B 여름
C 가을
D 겨울

단어 懒得 lǎnde 동 (어떤 일을) 하기 싫어하다, 귀찮아하다

해설 여자는 날씨가 너무 더워 나가기 귀찮다고 말했고, 수박은 일반적으로 여름철에 많이 먹는 과일이므로 답은 B다.

★☆☆ | 유형 | 내용 추측

09

女：昨天的舞会真的是太没劲了，你觉得呢？

男：为什么只有你有这种想法呢？大家很喜欢那种刺激的感觉！

问：从对话中可以得出什么结论？

A 只有这个女的喜欢刺激
B 大多数人喜欢昨天的舞会
C 男的对女的的看法很支持
D 所有人都认为舞会很刺激

여：어제 파티 정말 너무 재미없었어. 너는 어땠어？

남：왜 너만 이런 생각을 갖고 있니? 다들 그런 자극적인 느낌을 매우 좋아하던데!

질문: 대화에서 어떤 결론을 얻을 수 있는가?

A 이 여자만 자극을 좋아한다
B 대다수 사람은 어제 파티가 즐거웠다
C 남자는 여자의 생각을 매우 지지한다
D 모든 사람은 파티가 매우 자극적이었다고 생각한다

단어 舞会 wǔhuì 명 댄스파티, 파티 | 没劲 méijìn 형 흥미가 없다, 재미가 없다 | 刺激 cìjī 동 자극하다, 자극시키다

해설 여자가 어제 파티가 너무 재미없었다고 말하자 남자는 为什么只有你有这种想法呢？大家很喜欢那种刺激的感觉！(왜 너만 이런 생각을 갖고 있니? 다들 그런 자극적인 느낌을 매우 좋아하던데!)라고 말했으므로 여자를 제외한 대다수 사람은 어제 파티를 즐거워했음을 알 수 있다. 따라서 답은 B다.

10

男: 小魏这个人真不错，ᴬ交给她的工作都完成得很好，而且ᶜ很细心。
女: 我有同感，ᴮ这姑娘对人也很热心，确实难得。

问: 下面哪一项不是小魏的优点?

A 工作认真
B 待人热情
C 非常细心
D 十分漂亮

남: 샤오웨이는 정말 괜찮은 사람이야, ᴬ그녀에게 준 일을 모두 잘 끝낼 뿐 아니라 ᶜ매우 꼼꼼해.
여: 나도 동감이야, ᴮ이 아가씨는 다른 사람을 대할 때도 매우 친절해, 정말로 드물어.

질문: 다음 중 샤오웨이의 장점이 아닌 것은 어떤 것인가?

A 일을 성실히 한다
B 사람을 따뜻하게 대한다
C 매우 꼼꼼하다
D 매우 아름답다

단어 细心 xìxīn 혱 세심하다, 꼼꼼하다 | 同感 tónggǎn 몡 동감 | 热心 rèxīn 혱 친절하다, (마음씨가) 따뜻하다 | 确实 quèshí 囝 확실히, 정말로 | 难得 nándé 혱 드물다, 얻기 어렵다 | 待人 dàirén 동 사람을 대접하다, 사람을 대우하다

해설 A, B, C는 모두 녹음에서 언급했지만 샤오웨이의 외모에 대해서는 전혀 언급하지 않았으므로 D가 답이다. 이처럼 열거 문제는 녹음에 언급하지 않은 것, 혹은 틀린 내용 하나를 골라내는 것이 대부분이다. 보기가 모두 명사나 형용사로 되어 있거나 비슷한 범주 안에 있을 경우 열거 문제임을 예상하고, 녹음 내용을 들을 때 보기 옆에 메모해두는 것이 무엇보다 중요하다.

11

男: 昨天的联欢会上你为什么一直坐在一边呢，我还以为你会在最后唱支歌呢!
女: 你知道我不太喜欢热闹的。就我这嗓子哪儿能唱歌啊，别开玩笑了啊。

问: 女的是什么意思?

A 她埋怨男的
B 她喜欢联欢
C 她爱开玩笑
D 她唱歌不好

남: 어제 친목회에서 너는 왜 계속 한쪽에 앉아 있었어? 나는 또 네가 마지막에 노래를 부를 줄 알았어!
여: 너 내가 시끌벅적한 거 별로 안 좋아하는 거 알지. 내 이런 목소리로 어떻게 노래를 부를 수 있겠어, 놀리지 마.

질문: 여자의 말은 무슨 뜻인가?

A 그녀는 남자를 원망한다
B 그녀는 친목을 좋아한다
C 그녀는 농담을 좋아한다
D 그녀는 노래를 잘 못한다

단어 联欢会 liánhuānhuì 몡 친목회 | 嗓子 sǎngzi 몡 목소리, 목청 | 埋怨 mányuàn 동 불평하다, 원망하다 | 联欢 liánhuān 동 함께 모이다, 친목을 맺다

해설 여자가 마지막에 就我这嗓子哪儿能唱歌啊(내 이런 목소리로 어떻게 노래를 부를 수 있겠어)라고 말했으므로 여자가 노래를 잘 못 부른다는 것을 알 수 있다. 따라서 답은 D다.

12

男: 时间过得真快! 去年的今天咱们把终生大事给办了，一晃一年就这么过去了。
女: 是啊! 一晃一年多了。

问: 对话人现在可能是什么关系?

A 朋友
B 父女
C 恋人
D 夫妻

남: 시간 정말 빠르구나! 작년 오늘 우리가 결혼했는데, 눈 깜짝할 사이에 1년이 이렇게 지나갔어.
여: 맞아! 눈 깜짝할 사이에 1년이 넘었어.

질문: 대화하는 사람들은 아마도 무슨 관계겠는가?

A 친구
B 부녀
C 연인
D 부부

단어 　终生大事 zhōngshēng dàshì 몡 혼인대사, 결혼 ｜ 一晃 yíhuàng 튄 어느덧, 순식간에 ｜ 父女 fùnǚ 몡 부녀 ｜ 恋人 liànrén 몡 연인

해설 　终生大事는 결혼을 뜻하는 말이므로 대화하는 두 사람의 관계가 부부임을 알 수 있다. 따라서 답은 D다. 보기를 분석하여 인물간의 관계를 묻는 문제임을 파악하고 호칭에 주의해서 녹음을 들어야 한다. 평소에 가족간의 관계, 직업, 친구관계 등과 관련된 단어들을 외워두도록 하자!

★★☆ ｜유형｜ 인과관계 파악

13

女: 咱们公司刚开业, 资金不多, 干吗急着买车?
男: 我买车有两个原因, 一是租车不合算, 二是我对咱们公司的发展很有把握。

问: 下面哪项是男的要买车的原因?

A 租的车不好
B 对未来有信心
C 公司资金很多
D 公司急着用车

여: 우리 회사는 막 개업해서 자금이 많지 않은데, 왜 급하게 차를 사려고 하지?
남: 내가 차를 사는 데는 두 가지 이유가 있어, 첫째, 차를 대여하는 것이 수지가 맞지 않고, 둘째는 우리 회사의 발전에 대해 나는 정말 확신이 있거든.

질문: 다음 중 남자가 차를 사려는 이유는 무엇인가?

A 대여하는 차가 좋지 않기 때문에
B 미래에 대한 확신이 있기 때문에
C 회사 자금이 매우 많기 때문에
D 회사에 급하게 차가 필요하기 때문에

단어 　开业 kāiyè 동 개업하다 ｜ 资金 zījīn 몡 자금 ｜ 干吗 gànmá 대 왜, 무엇 때문에 ｜ 合算 hésuàn 형 수지가 맞다 ｜ 把握 bǎwò 몡 성공의 가능성, 확신

해설 　녹음에서 남자가 차를 사려는 원인에 대해 두 가지를 언급했는데, 그중 하나가 그가 회사의 발전에 대해 매우 확신을 가지고 있기 때문이라고 했다. 따라서 답은 B다.

★★☆ ｜유형｜ 수량 파악

14

男: 请问这件衣服多少钱?
女: 原价400块, 现在打八折。

问: 买这件衣服要花多少钱?

A 280元
B 320元
C 400元
D 480元

남: 저기요 이 옷이 얼마인가요?
여: 원가는 400위엔인데, 현재 20% 할인하고 있어요.

질문: 이 옷을 사는 데 얼마가 드는가?

A 280위엔
B 320위엔
C 400위엔
D 480위엔

단어 　原价 yuánjià 몡 원가 ｜ 打折 dǎzhé 동 할인하다, 디스카운트하다

해설 　옷의 원가는 400위엔이지만, 20%를 할인한다고 했으므로 답은 B다.

★☆☆ ｜유형｜ 장소 파악

15

男: 快点儿把青菜拿给我, 油都热了。
女: 等一下, 我还没洗好呢, 你别开那么大的火。

问: 男的可能在哪里?

A 商店
B 厨房
C 市场
D 餐厅

남: 어서 채소를 나에게 집어줘, 기름이 이미 데워졌어.
여: 기다려봐, 나 아직 다 씻지도 못했어, 너 그렇게 센 불에 끓이지 마.

질문: 남자는 아마도 어디에 있겠는가?

A 상점
B 주방
C 시장
D 음식점

단어 青菜 qīngcài 몡 야채, 채소 | 餐厅 cāntīng 몡 음식점

해설 **快点儿把青菜拿给我，油都热了**(어서 채소를 나에게 집어줘, 기름이 이미 데워졌어)라는 말을 통해 남자가 주방에서 요리를 하고 있음을 유추할 수 있다. 따라서 답은 B다. 이처럼 장소를 묻는 문제는 주로 대화가 일어나는 장소, 또는 화자가 어디에 있는지를 물어보는데, 이럴 때는 장소의 힌트가 되는 명사나 동사를 집중해서 듣도록 해야 한다.

★☆☆ | **유형** | 인물관계 파악

16

男: <u>我住院的这段日子</u>多亏了你照顾，我该怎么报答你呢！

女: 什么报答不报答的，<u>照顾患者是我的工作</u>呀！

问: 对话人可能是什么关系?

A 男女恋人
B 儿子和母亲
C 病人和护士
D 老板和员工

남: 제가 입원해 있는 동안 당신의 보살핌을 많이 받았어요. 제가 당신에게 어떻게 보답해야 할지요.

여: 보답하고 말고가 어디 있나요, <u>환자를 돌보는 것은 저의 일이에요!</u>

질문: 대화하는 이들은 어떤 관계인가?

A 남녀 연인
B 아들과 어머니
C 환자와 간호사
D 사장과 직원

단어 住院 zhùyuàn 동 (환자가) 입원하다 | 多亏 duōkuī 동 덕분이다, 덕택이다, 은혜를 입다 | 报答 bàodá 동 보답하다 | 患者 huànzhě 몡 환자 | 病人 bìngrén 몡 환자 | 员工 yuángōng 몡 종업원, 직원

해설 대화 첫 부분에서 남자가 **我住院的这段日子**(제가 입원해 있는 동안)라고 말한 것으로 보아 남자가 환자라는 사실을 쉽게 알 수 있다. 또한 여자가 **照顾患者是我的工作**(환자를 돌보는 것은 저의 일이에요)라고 말했으므로 여자는 간호사 또는 의사라는 사실을 알 수 있다. 따라서 답은 C다.

Tip⁺ • 병원 관련 어휘

出院 chūyuàn 동 퇴원하다 | 打针 dǎzhēn 동 주사 맞다(놓다) | 大夫 dàifu 몡 의사 | 妇科 fùkē 몡 산부인과 | 挂号 guàhào 동 등록하다, 접수하다 | 护士 hùshi 몡 간호사 | 急救车 jíjiùchē 몡 구급차 | 急诊室 jízhěnshì 몡 응급실 | 看病 kànbìng 동 진찰하다, 진료를 받다 | 量体温 liàng tǐwēn 체온을 재다 | 门诊 ménzhěn 몡 외래 진찰 | 内科 nèikē 몡 내과 | 手术 shǒushù 몡 수술 | 输液 shūyè 동 링거를 맞다 | 外科 wàikē 몡 외과 | 牙科 yákē 몡 치과 | 药方 yàofāng 몡 처방 | 药房 yàofáng 몡 약국 | 诊断书 zhěnduànshū 몡 진단서 | 住院 zhùyuàn 동 입원하다

★★☆ | **유형** | 행위 파악

17

男: 你尝尝我做的这个文昌鸡，味道怎么样?

女: 真不赖! 没想到小闵你还有这么一手，跟谁学的?

问: 男的在做什么?

A 学习
B 做菜
C 养鸡
D 读小说

남: 너 내가 만든 이 원창 닭고기 맛 좀 봐라. 맛이 어때?

여: 정말 훌륭한데! 샤오민 너에게 이런 솜씨가 있었다니 생각지도 못했어. 누구에게 배운 거야?

질문: 남자는 무엇을 하고 있는가?

A 공부한다
B 요리한다
C 닭을 기른다
D 소설을 읽는다

단어 文昌 Wénchāng 몡 원창 [쓰촨성에 위치함] | 真不赖 zhēn bú lài 정말 훌륭하다, 정말 광장한데 | 一手 yìshǒu 몡 (한 가지) 솜씨, 재능

해설 남자가 사용한 **尝尝, 味道**라는 말을 통해 현재 남자가 요리를 하고 있음을 알 수 있다. 따라서 답은 B다. 듣기 문제는 첫 문장에 답이 나오는 경우가 많으므로, 문제 시작 전 보기를 훑어보고 첫 마디부터 놓치지 않고 들을 수 있도록 해야 한다. 또한 첫 문장을 듣고 이야기가 어떤 식으로 전개될 것인지를 빠르게 판단하는 것이 관건이다.

18

女: 杰克，你得快点儿了，火车12点45分就
要开了。
男: 别着急。还有半小时呢。

问: 现在可能是几点?

A　12:30
B　12:45
C　13:15
D　12:15

여: 잭, 너 좀 더 서둘러야 해, 기차가 12시 45분이면
출발해.
남: 조급해하지 마, 아직 30분이나 남았잖아.

질문: 현재 아마도 몇 시겠는가?

A　12시 30분
B　12시 45분
C　13시 15분
D　12시 15분

단어 杰克 Jiékè 고유 잭(Jack)

해설 여자가 12시 45분에 기차가 출발한다고 말하자 남자가 아직 30분이 남았다고 말했다. 따라서 답은 D다.

19

女: 我有急事要回去一下，能带我一段吗?
男: 没问题，我送你，正好也顺路。不过，我
是新手，你别害怕!

问: 从对话中我们可以知道什么?

A　他们俩是邻居
B　男的刚学会开车
C　女的要回家拿东西
D　女的害怕男的拒绝

여: 나 급한 일이 있어서 돌아가야 하는데, 조금만 데
려다 줄 수 있어?
남: 문제없어, 내가 너 바래다줄게, 마침 가는 길이야.
그렇지만 나 초보운전이야, 겁먹지 마!

질문: 대화를 통해 우리가 알 수 있는 것은 무엇인가?

A　그들 둘은 이웃이다
B　남자는 막 운전을 배웠다
C　여자는 물건을 가지러 집에 돌아가려고 한다
D　여자는 남자의 거절이 두렵다

단어 顺路 shùnlù 형 오는(가는) 길이다 | 新手 xīnshǒu 명 신참, 초보자

해설 녹음에서 남자가 자신이 초보운전자라고 말했으므로 막 운전을 배웠음을 알 수 있다. 따라서 답은 B다.

20

男: 你忙你的吧，我等会儿自己出去看看，不
然我太不好意思了。
女: 你这个人什么都好，就是太客气了。想去
哪儿就直说嘛。

问: 男的是什么意思?

A　不想麻烦女的
B　觉得女的太忙
C　觉得女的不热情
D　想和女的一起出去

남: 너는 네 볼일이나 봐, 나는 조금 있다가 혼자서 나
가볼게, 그렇지 않으면 내가 너무 미안하잖아.
여: 너는 다 좋은데, 너무 겸손해. 어디 가고 싶은 곳
있으면 솔직히 말해.

질문: 남자의 말은 무슨 뜻인가?

A　여자를 귀찮게 하고 싶지 않다
B　여자가 너무 바쁘다고 느낀다
C　여자가 친절하지 않다고 느낀다
D　여자와 함께 나가고 싶다

단어 不然 bùrán 접 그렇지 않으면 | 直说 zhíshuō 동 직설하다, 솔직히 말하다

해설 남자가 我等会儿自己出去看看，不然我太不好意思了(나는 조금 있다가 혼자서 나가볼게, 그렇지 않으면 내가 너
무 미안하잖아)라고 말한 것으로 보아, 남자는 여자에게 폐를 끼치고 싶지 않으며 여자가 하는 일을 방해하고 싶어하
지 않음을 알 수 있다. 따라서 답은 A다.

21-30

★☆☆ | 유형 | 전체 내용 파악

21

女：中国电信鼓楼店27号为您服务，请问能为您做点儿什么？
男：我要给朋友的手机充值。
女：请告诉我电话号码，还有充多少？
男：13500004321，充200。
女：充值已完成，这是发票，请收好。再见。

问： 根据对话，下列哪项正确？

A 女的在卖手机
B 男的手机没钱了
C 男的给朋友修手机
D 男的给朋友手机充值

여: 차이나텔레콤 구러우점 27호는 당신을 위해 서비스합니다. 무엇을 도와드릴까요?
남: 제 친구의 휴대전화를 충전하려고 하는데요.
여: 저에게 전화번호를 알려주세요. 그리고 얼마 충전하실 건가요?
남: 13500004321이고요, 200위엔 충전해주세요.
여: 충전이 이미 완료됐습니다. 이것은 영수증이니까 잘 보관하세요. 안녕히 가세요.

질문: 대화에 근거해 다음 중 옳은 것은?

A 여자는 휴대전화를 팔고 있다
B 남자의 휴대전화에 돈이 없다
C 남자는 친구의 휴대전화를 수리해주었다
D 남자는 친구의 휴대전화를 충전해주었다

 단어 中国电信 Zhōngguó Diànxìn 몡 차이나텔레콤(CHINA Telecom) | 充值 chōngzhí 툉 (전화카드·신용카드 등을) 충전하다, 돈을 채우다 | 发票 fāpiào 몡 (상점이나 돈을 받는 곳에서 떼어주는) 영수증

해설 남자가 여자에게 '친구의 휴대전화를 충전하려고 한다'고 말했으므로 답은 D다.

✎Tip+ • 중국 3대 이동통신사
中国电信 Zhōngguó Diànxìn 몡 차이나텔레콤 | 中国联通 Zhōngguó Liántōng 몡 차이나유니콤 | 中国移动通信 Zhōngguó Yídòng Tōngxìn 몡 차이나모바일

★★☆ | 유형 | 전체 내용 파악

22

男：听说你家离学校很远？
女：是呀，我家住在城那头呢！
男：那你每天怎么来啊？
女：爸爸每天用自行车带我到地铁站，要坐三站地铁，然后再走五六分钟就到学校了。

问： 从对话中我们可以知道什么？

A 女的坐地铁上学
B 女的学习很努力
C 女的家离学校很近
D 女的骑自行车上学

남: 듣자하니 너희 집이 학교에서 매우 멀다고 하던데?
여: 맞아, 우리 집은 시 저쪽 편이야!
남: 그럼 너 매일 어떻게 와?
여: 아빠가 매일 자전거로 나를 지하철역까지 바래다주셔, 지하철 세 정거장을 탄 후, 다시 5~6분 걸으면 학교에 도착해.

질문: 대화에서 우리가 알 수 있는 것은 무엇인가?

A 여자는 지하철을 타고 등교한다
B 여자는 매우 열심히 공부한다
C 여자의 집은 학교에서 매우 가깝다
D 여자는 자전거를 타고 등교한다

 단어 那头 nàtou 때 그곳, 저곳

해설 여자는 아빠가 매일 자전거로 지하철역까지 바래다주셔서 지하철을 타고 등교한다고 했다. 따라서 답은 A다.

✎Tip+ • 교통편 관련 어휘
服务台 fúwùtái 몡 안내 데스크, 안내소 | 附加费 fùjiāfèi 몡 추가요금 | 换乘 huànchéng 툉 갈아타다, 환승하다 | 交通卡 jiāotōngkǎ 몡 교통카드 | 路线 lùxiàn 몡 노선 | 路线图 lùxiàntú 몡 노선표, 로드맵 | 起价费 qǐjiàfèi 몡 기본요금 | 终点站 zhōngdiǎnzhàn 몡 종점, 종착역 | 自动售票机 zìdòng shòupiàojī 몡 자동 매표기

23

男：南京春天的天气变化真快。明天的天气怎么样？
女：天气预报说明天会下大雨，不会像这几天天气这么好。
男：那温度会不会下降很多呢？
女：明天的最高温度是20度，最低温度12度，<u>和今天差不多吧</u>。

问：关于南京的天气，下面哪种说法是错误的？

A　明天下大雨
B　今天是晴天
C　春天天气变化很快
D　明天比今天冷多了

남：난징의 봄은 날씨 변화가 매우 심한데, 내일 날씨는 어떻습니까?
여：일기예보에서는 내일 많은 비가 내릴 것이고 요 며칠 날씨처럼 그렇게 좋지는 않을 것이라고 했어요.
남：그러면 온도가 많이 떨어지나요?
여：내일 최고온도는 20도에 최저온도는 12도로, <u>오늘과 비슷할 거예요.</u>

질문: 난징의 날씨에 관해 다음 중 틀린 것은 무엇인가?

A　내일 큰비가 내릴 것이다
B　오늘은 맑은 날씨다
C　봄은 날씨 변화가 매우 빠르다
D　내일은 오늘보다 많이 추울 것이다

단어　晴天 qíngtiān 圐 맑은 날, 쾌청한 날

해설　여자는 마지막에 온도에 대해 **和今天差不多吧**(오늘과 비슷할 거예요)라고 했다. 따라서 틀린 문장은 D다.

24

男：<u>你家孩子也来上电脑画画儿课啊</u>。周末有没有学别的什么课啊？
女：除了这个电脑课以外，什么钢琴呀、外语呀、围棋呀我都没让他学。你们家呢？
男：别提了，<u>孩子他妈给他报了外语班、象棋班，还有游泳班</u>。我呢，周末就忙着接送孩子了。
女：看来你们家大人孩子都比我们家辛苦多了。

问：男的的孩子没有上什么课？

A　电脑
B　围棋
C　外语
D　游泳

남：<u>댁의 아이도 컴퓨터 미술 수업 들으러 오는군요.</u> 주말에 배우는 다른 수업 있어요?
여：저는 이 컴퓨터 수업 외에 피아노, 외국어, 바둑, 어떤 것도 아이에게 배우라고 하지 않아요. 당신네는요?
남：말도 마세요. <u>아이 엄마가 아이를 외국어반, 장기반, 그리고 수영반에 등록시켰어요.</u> 저는 주말에 아이를 데려다 주고 데려오느라 바빠요.
여：보아하니 당신네 집은 어른이나 아이 모두 저희 집보다 많이 힘든 것 같네요.

질문: 남자의 아이는 무슨 수업을 듣지 않는가?

A　컴퓨터
B　바둑
C　외국어
D　수영

단어　围棋 wéiqí 圐 바둑 ｜ 象棋 xiàngqí 圐 중국식 장기 ｜ 忙着 mángzhe 圐 서둘러, 바쁘게 ｜ 接送 jiēsòng 圐 맞이하고 보내다

해설　남자가 여자에게 **你家孩子也来上电脑画画儿课啊**(댁의 아이도 컴퓨터 미술 수업 들으러 오는군요)라고 한 말을 통해 현재 남자의 아이는 컴퓨터 수업을 듣고 있음을 알 수 있다. 또한 남자가 **孩子他妈给他报了外语班、象棋班，还有游泳班**(아이 엄마가 아이를 외국어반, 장기반, 그리고 수영반에 등록시켰어요)이라고 말한 것으로 보아 답이 B임을 알 수 있다.

25

男: 你什么时候请我吃喜糖?
女: 早着呢! 李刚最近去德国出差了, 可能半年后才能回来。
男: 我听说你们的新房都装修好了, 是吧?
女: 大件家具都还没买。等李刚下半年回来再说吧。

问: 他们在谈什么问题?

A 房子
B 家具
C 结婚
D 工作

남: 너 언제 나에게 결혼 사탕 먹여줄 거야?
여: 아직 멀었어! 최근 리강이 독일로 출장 갔어, 아마 반년 후에야 돌아올 거야.
남: 듣자하니 너희들의 신혼집은 이미 인테리어를 다 끝냈다고 하던데, 맞지?
여: 큰 가구는 아직 사지 않았어. 리강이 하반기에 돌아오면 다시 이야기하자.

질문: 그들은 무슨 문제에 대해 이야기하고 있는가?

A 집
B 가구
C 결혼
D 일

단어 喜糖 xǐtáng 몡 결혼 축하 사탕 [결혼식 때 하객들에게 나누어주는 사탕] | 出差 chūchāi 통 출장 가다 | 新房 xīnfáng 몡 새집, 신혼집 | 装修 zhuāngxiū 통 (가옥을) 장식하고 꾸미다, 내장하다 | 再说 zàishuō 통 ~한 후에 말하다, 다시 이야기하다

해설 남자가 대화 첫 부분에 말한 **你什么时候请我吃喜糖?**(너 언제 나에게 결혼 사탕 먹여줄 거야?)은 언제 결혼할 것이냐는 말이다. 따라서 두 사람은 결혼 문제에 대해 이야기 나누고 있음을 알 수 있다. 답은 C다.

Tip⁺ 吃喜糖은 '결혼하다'라는 의미인데 비슷한 말로는 喝喜酒, 办喜事, 结婚 등이 있다. 모두 기억해두도록 하자!
예 什么时候吃你们的喜糖啊? 너희 언제 결혼하니?

26

女: 小伟, 我想再借你的相机用一天! 可以吗?
男: 你又要去郊游啊!
女: 不是, 我想拍几张好照片参加我们学校组织的留学生摄影作品展。
男: 你用的时候一定要小心, 别弄坏了我的相机。我对你啊, 还真是不放心。

问: 女的打算做什么?

A 参加摄影展
B 去参观学校
C 修理照相机
D 去野外郊游

여: 샤오웨이, 네 카메라를 다시 하루 빌려 쓰고 싶은데, 괜찮아?
남: 너 또 교외로 놀러 가려는구나!
여: 아니야, 좋은 사진을 몇 장 찍어서 우리 학교에서 주최하는 유학생 사진촬영 작품전에 참가하려고.
남: 너 사용할 때 반드시 조심해야 해, 내 카메라 망가뜨리면 안 돼. 난 네가 정말 안심이 되지 않아.

질문: 여자는 무엇을 할 계획인가?

A 사진전에 참가한다
B 학교에 참관하러 간다
C 카메라를 수리한다
D 교외로 소풍 간다

단어 郊游 jiāoyóu 통 교외로 소풍 가다, 교외로 유람하다 | 组织 zǔzhī 통 조직하다, 구성하다 | 摄影 shèyǐng 통 (카메라로) 촬영하다 | 弄坏 nònghuài 통 망가뜨리다, 고장 내다 | 摄影展 shèyǐngzhǎn 몡 사진전 | 野外 yěwài 몡 야외

해설 **我想拍几张好照片参加我们学校组织的留学生摄影作品展**(나는 좋은 사진을 몇 장 찍어서 우리 학교에서 주최하는 유학생 사진촬영 작품전에 참가하려고)이라고 말했으므로 답은 A다.

27

女：师傅，您好！这车到大兴吗？
男：是啊，有什么事？
女：我也要到大兴去。师傅方便的话，搭我一起去吧，我给你车钱。
男：小姑娘，你要去就跟我一起去，钱不钱的就算了，给我买瓶矿泉水就可以了。

问：男的可能是干什么的？

A 卖矿泉水的
B 运货的司机
C 汽车站售票员
D 收费站工作人员

여: 아저씨, 안녕하세요! 이 차 다싱 가나요?
남: 그래, 무슨 일이니?
여: 저도 다싱까지 가야 하는데, 아저씨가 괜찮으시다면 저를 태워서 같이 가주세요, 차비는 드릴게요.
남: 꼬마 아가씨, 네가 가야 한다면 나와 함께 가자꾸나. 돈은 됐고, 나에게 생수나 한 병 사주면 된단다.

질문: 남자는 무엇을 하는 사람이겠는가?

A 생수를 파는 사람
B 트럭 운전사
C 정류장 매표원
D 톨게이트 직원

단어 师傅 shīfu 圐 아저씨 | 大兴 Dàxīng 圐 다싱 | 搭 dā 圐 (차·배·비행기 등을) 타다 | 车钱 chēqián 圐 차비 | 矿泉水 kuàngquánshuǐ 圐 광천수, 생수 | 运货 yùnhuò 圐 화물을 운반하다 | 售票员 shòupiàoyuán 圐 매표원 | 收费站 shōufèizhàn 圐 톨게이트, 통행세 징수소

해설 대화에서 여자가 남자에게 다싱에 가냐고 물어봤고, 남자가 간다고 하자 여자는 차비를 드릴 테니 태워달라고 부탁했다. 이러한 상황으로 보아 가장 적절한 답은 B임을 알 수 있다. 이 문제는 대화를 통해 화자의 직업이나 신분을 묻는 문제다. 장소나 상황, 호칭, 행동과 관련된 단어들을 통해 비교적 쉽게 답을 고를 수 있으니 평소 관련 단어를 잘 외워두자.

28

女：李阳这个人怎么回事啊？
男：怎么啦？是不是他惹你生气了？
女：我倒是没生气，不过他对人总是冷冷的，好像自己有多了不起。
男：你还不了解他，熟悉了就知道，他很善良，也很幽默。

问：男的是什么意思？

A 其实李阳人挺好
B 李阳确实了不起
C 李阳不该让你生气
D 我对李阳也不了解

여: 리양 이 사람 어떻게 된 거야?
남: 왜 그래? 그가 너를 화나게 했니?
여: 나는 화 안 났는데, 그는 사람들에게 늘 쌀쌀맞아, 마치 자기가 얼마나 대단한 것처럼 말이야.
남: 너 아직 그 사람을 잘 모르는구나. 익숙해지면 알게 될 거야. 그가 매우 착하고 매우 유머러스하다는 것을 말이야.

질문: 남자의 말은 무슨 뜻인가?

A 사실 리양은 매우 좋은 사람이다
B 리양은 확실히 대단하다
C 리양이 너를 화나게 해서는 안 된다
D 나도 리양에 대해서 알지 못한다

단어 惹 rě 圐 (좋지 않은 일이나 결과를) 초래하다, 자극하다 | 了不起 liǎobuqǐ 혱 굉장하다, 뛰어나다, 대단하다 | 善良 shànliáng 혱 선량하다, 착하다 | 幽默 yōumò 혱 유머러스하다, 재미있다

해설 여자가 리양이 마치 자기가 얼마나 대단한 것처럼 사람들에게 늘 쌀쌀맞다고 말하자, 남자는 여자에게 他很善良，也很幽默(그는 매우 착하고 매우 유머러스하다)라며 리양의 좋은 점을 말해주었다. 따라서 답이 A임을 알 수 있다.

女：看，我在邮票市场买到了一张珍贵的邮票。 男：给我看看，是2000年发行的生肖邮票啊。 女：这种邮票现在很贵，我花了400多块呢。 男：被人忽悠了吧！这种邮票我们这儿要多少有多少。	여: 봐봐, 나는 우표 시장에서 진귀한 우표 한 장을 샀어. 남: 나 좀 보여줘, 2000년에 발행한 띠 우표구나. 여: 이런 우표는 지금 매우 비싸, 나 400여 위엔을 썼어. 남: 그 사람한테 속았구나! 이런 우표는 여기에 얼마든지 있어.
问：男的是什么意思？	질문: 남자의 말은 무슨 뜻인가?
A 问女的想要多少张 B 有很多这样的邮票 C 问女的邮票多少钱 D 他没有这样的邮票	A 여자에게 몇 장을 원하는지 묻는다 B 이런 우표는 매우 많이 있다 C 여자에게 우표가 얼마냐고 묻는다 D 그는 이런 우표가 없다

단어 珍贵 zhēnguì 혱 진귀하다. 귀중하다 | 发行 fāxíng 통 (화폐·채권·우표·출판물 등을) 발행하다. 발매하다 | 生肖 shēngxiào 몡 (사람의) 띠 | 忽悠 hūyou 통 (사람을) 속이다. 흔들거리다. 펄럭이다

해설 남자가 마지막에 말한 要多少有多少(얼마든지 있어)는 '매우 많이 있다'라는 뜻이다. 따라서 답은 B다.

男：你昨天晚上有没有在家看现场直播的110米栏决赛？ 女：怎么可能没看！刘翔又拿冠军了，他实在是太伟大了！ 男：谁说不是啊。 女：一个男人在哪里失败就在哪里站起来，这才是真正的男人。	남: 너 어제저녁 집에서 생중계한 110미터 허들 결승전 봤어? 여: 어떻게 안 볼 수가 있겠어! 리우샹이 또 우승했어. 그는 정말 위대해! 남: 누가 아니래. 여: 실패한 자리에서 다시 일어서는 남자야말로 진정한 남자야.
问：根据对话，我们可以知道什么？	질문: 대화에서 우리가 알 수 있는 것은 무엇인가?
A 女的很欣赏男的 B 刘翔曾经失败过 C 女的没看这场比赛 D 刘翔首次拿到冠军	A 여자는 남자를 매우 마음에 들어한다 B 리우샹은 예전에 실패한 적이 있다 C 여자는 이 경기를 보지 않았다 D 리우샹은 처음으로 우승했다

단어 现场直播 xiànchǎng zhíbō 몡 (스포츠 경기 등의) 생중계 | 栏 lán 몡 허들. 장애물 | 决赛 juésài 몡 (운동경기 등의) 결승전. 파이널 | 刘翔 Liú Xiáng 몡 리우샹 [중국 최초의 남자 110m 허들 올림픽 금메달리스트] | 冠军 guànjūn 몡 (운동경기 등에서의) 1등. 우승. 우승자 | 欣赏 xīnshǎng 통 좋다고 여기다. 마음에 들다

해설 여자가 마지막에 말한 在哪里失败就在哪里站起来의 뜻은 실패한 바로 그 자리에서 다시 일어나 계속 노력한다는 말이다. 따라서 리우샹이 예전에 실패한 적이 있음을 예측할 수 있다. 따라서 답은 B다.

Tip⁺ • 스포츠 관련 어휘
棒球 bàngqiú 몡 야구 | 壁球 bìqiú 몡 스쿼시 | 橄榄球 gǎnlǎnqiú 몡 럭비 | 高尔夫球 gāo'ěrfūqiú 몡 골프 |
篮球 lánqiú 몡 농구 | 乒乓球 pīngpāngqiú 몡 탁구 | 曲棍球 qūgùnqiú 몡 하키 | 手球 shǒuqiú 몡 핸드볼 |
网球 wǎngqiú 몡 테니스 | 羽毛球 yǔmáoqiú 몡 배드민턴 | 足球 zúqiú 몡 축구

女：您好，^{31(B)}这里是平安宾馆，很高兴为您服务。请问您几位？ 男：我们两个人，要一个标准间，本周五到周日住。 女：好的，先生，请问您还有什么要求？ 男：房间里要可以上网，^{32(A)}不要太吵。 女：好的，先生。谢谢您选择平安宾馆。	여：안녕하세요, ^{31(B)}여기는 평안 호텔입니다. 당신께 서비스하게 되어 매우 기쁩니다. 몇 분이신가요？ 남：저희는 두 명인데 일반실을 원하고, 이번 주 금요일에서 일요일까지 머물 예정입니다. 여：네 알겠습니다. 손님, 더 필요하신 게 있나요？ 남：방에서 인터넷을 할 수 있어야 하고, ^{32(A)}지나치게 시끄러우면 안 됩니다. 여：네, 손님. 평안 호텔을 선택해주셔서 감사합니다.

단어 标准间 biāozhǔnjiān 몡 (2인 1실의) 일반실, 일반룸

★☆☆ |유형| 직업 파악

31 女的是做什么的?

A 总经理
B 服务员
C 列车员
D 清洁工

여자가 하는 일은 무엇인가?

A 최고 경영자
B 종업원
C 열차 승무원
D 환경미화원

단어 总经理 zǒngjīnglǐ 몡 총지배인, 최고 경영자 | 列车员 lièchēyuán 몡 열차원, 열차 승무원 | 清洁工 qīngjiégōng 몡 환경미화원

해설 여자가 처음에 这里是平安宾馆，很高兴为您服务。请问您几位? (여기는 핑안 호텔입니다. 당신께 서비스하게 되어 매우 기쁩니다. 몇 분이신가요?)라고 말했다. 이를 통해 여자가 호텔 종업원임을 알 수 있다. 따라서 답은 B다.

★☆☆ |유형| 세부 내용 파악

32 男的对房间有什么要求?

A 安静
B 明亮
C 平安
D 干净

방에 대해 남자는 무슨 요구를 했는가?

A 조용하다
B 환하다
C 편안하다
D 깨끗하다

단어 明亮 míngliàng 혱 (빛이) 밝다, 환하다 | 平安 píng'ān 혱 평안하다, 편안하다

해설 더 필요한 것이 있느냐는 종업원의 질문에 남자는 房间里要可以上网，不要太吵(방에서 인터넷을 할 수 있어야 하고, 지나치게 시끄러우면 안 된다)라고 말했다. 따라서 답은 A다.

✏Tip⁺ • 호텔 관련 어휘
宾馆 bīnguǎn 몡 호텔 [= 酒店 jiǔdiàn = 饭店 fàndiàn] | 标准间 biāozhǔnjiān 몡 스탠다드룸, 일반실 | 单人间 dānrénjiān 몡 싱글룸, 1인실 | 登记 dēngjì 동 접수하다, 체크인하다 | 房费 fángfèi 몡 숙박비 | 服务费 fúwùfèi 몡 팁, 봉사료 | 叫醒服务 jiàoxǐng fúwù 몡 모닝콜 서비스 | 客房 kèfáng 몡 객실 | 前台 qiántái 몡 프런트 | 双人间 shuāngrénjiān 몡 트윈룸, 2인실 | 套间 tàojiān 몡 스위트룸 [= 套房 tàofáng] | 退房 tuìfáng 동 체크아웃하다 | 押金 yājīn 몡 보증금

女: 33(B)行长先生，您成功的秘诀是什么？ 男: 做出正确的决定。 女: 如何做出正确的决定呢？ 男: 丰富的经验。 女: 那么，您是如何得到经验的呢？ 男: 34(A)从错误的决定中吸取经验。	여: 33(B)은행장님, 당신의 성공 비결은 무엇입니까? 남: 정확한 결정을 내리는 것입니다. 여: 어떻게 정확한 결정을 내립니까? 남: 풍부한 경험입니다. 여: 그러면, 당신은 어떻게 경험을 얻었습니까? 남: 34(A)잘못된 결정에서 경험을 얻었습니다.

단어 行长 hángzhǎng 몡 은행장, 은행 총재 | 秘诀 mìjué 몡 비결 | 错误 cuòwù 혱 틀리다, 잘못되다 | 吸取 xīqǔ 동 (주로 추상적인 것을) 흡수하다, 받아들이다, 얻다

★☆☆ |유형| 신분 파악

33 对话中的两个人可能是什么身份？　　대화 중인 두 사람은 아마도 어떤 신분이겠는가?

A 丈夫和妻子　　　　　　　　　　A 남편과 아내
B 老板和记者　　　　　　　　　　B 사장과 기자
C 儿子和妈妈　　　　　　　　　　C 아들과 엄마
D 老师和学生　　　　　　　　　　D 선생님과 학생

해설 대화 첫 부분에 行长先生(은행장님)이라는 호칭이 나왔고 대화가 일문일답의 방식으로 진행되는 것으로 보아, 남자는 은행장, 여자는 기자임을 유추할 수 있다. 따라서 보기에서 가장 적절한 답은 B다.

★☆☆ |유형| 세부 내용 파악

34 下列哪项男的没有提到？　　　　다음 중 남자가 언급하지 않은 것은 무엇인가?

A 从来不犯错误　　　　　　　　　A 잘못을 범한 적이 없다
B 积累丰富的经验　　　　　　　　B 풍부한 경험을 쌓는다
C 做出正确的决定　　　　　　　　C 정확한 결정을 내린다
D 从错误中吸取教训　　　　　　　D 잘못에서 교훈을 얻는다

단어 犯错误 fàn cuòwù 실수하다, 잘못을 범하다 | 积累 jīlěi 동 쌓이다, 축적하다 | 教训 jiàoxùn 몡 교훈

해설 대화 마지막에 남자는 从错误的决定中吸取经验(잘못된 결정에서 경험을 얻었다)이라고 했다. 따라서 잘못을 범한 적이 없다고 말한 A는 틀린 문장이다. 듣기 제2부분의 대화문 문제는 두 사람간의 대화로 이루어져 있으며 주제는 주로 일상생활과 관련된 것들이다. 일상적인 대화라 어휘의 난이도는 비교적 낮지만 긴 대화문을 듣다 보면 기억력의 한계를 느끼는 경우가 많으므로 꼭 메모해두도록 하자.

很久以前有个贼，想偷寺庙里的钟。一天夜里，他偷偷来到寺庙里，准备偷钟。但是这个钟太重，贼搬不动，而且不小心 36(C)敲响了钟。35(C)这个贼赶紧把两只耳朵捂起来，于是他就听不到钟响了。他很得意地想："我听不到钟声，别人也肯定听不到钟声。"可是这个贼还没来得及把钟搬走，寺庙里的和尚就跑过来把他抓住了。

아주 오래 전 한 도둑이 있었는데, 절 안의 종을 훔치고 싶었다. 어느 날 밤, 그는 몰래 절 안에 가서 종을 훔칠 준비를 했다. 하지만 이 종은 너무 무거워서 도둑이 옮길 수가 없었고, 게다가 실수로 36(C)종을 쳐서 울리고 말았다. 35(C)이 도둑은 서둘러 두 귀를 손으로 막아 그는 종이 울리는 것을 듣지 못했다. 그는 매우 만족하며 "내가 종소리를 듣지 못했으니 다른 사람도 틀림없이 종소리를 듣지 못했을 거야."라고 생각했다. 그러나 이 도둑이 미처 종을 옮겨 가기도 전에 절 안의 스님이 바로 달려와 그를 붙잡았다.

단어　贼 zéi 몡 도둑, 도적 | 偷 tōu 동 훔치다 | 寺庙 sìmiào 몡 절, 사당, 사원 | 敲响 qiāoxiǎng 동 두드려 울리다 | 赶紧 gǎnjǐn 부 서둘러, 급히 | 捂 wǔ 동 막다, 가리다 | 得意 déyì 형 만족하다, 득의하다 | 钟声 zhōngshēng 몡 시계 소리, 종소리 | 来得及 láidejí 동 (시간에) 미칠 수 있다, 늦지 않다 | 和尚 héshang 몡 승려, 스님

Tip⁺　이 이야기는 성어 掩耳盗铃(yǎn'ěrdàolíng)의 전고로서, '명백히 다 아는 사실을 숨기려고 하다'라는 뜻이 있다. 비록 掩耳盗铃이 직접 녹음에 언급되지는 않았지만, 전고와 함께 성어도 기억해두자.

★☆☆　| **유형** | 행위 파악

35　贼敲响了钟以后是怎么做的?

도둑은 종이 울리자 어떻게 했는가?

A　赶紧逃跑
B　寻找和尚
C　捂住双耳
D　躲到旁边

A　서둘러 도망갔다
B　스님을 찾았다
C　두 귀를 막았다
D　옆으로 숨었다

단어　逃跑 táopǎo 동 도망가다, 달아나다 | 寻找 xúnzhǎo 동 찾다 | 躲 duǒ 동 피하다, 숨다

해설　도둑은 실수로 종이 울리자 서둘러 자신의 두 귀를 막았다. 따라서 답은 C다.

★☆☆　| **유형** | 세부 내용 파악

36　为什么和尚们能把贼捉住?

왜 스님들은 도둑을 잡을 수 있었는가?

A　和尚们都很聪明
B　和尚讨厌这个贼
C　和尚听到了钟声
D　贼没有听到钟声

A　스님들은 모두 매우 총명해서
B　스님이 이 도둑을 싫어해서
C　스님이 종소리를 들어서
D　도둑이 종소리를 듣지 못해서

단어　捉 zhuō 동 포획하다, 체포하다, 잡다

해설　도둑은 실수로 종을 울리고 이 종소리를 듣지 않기 위해 두 귀를 막았지만, 스님들은 이 종소리를 들을 수 있었으므로 달려와 도둑을 붙잡았다. 따라서 답은 C다.

女士们，先生们，欢迎乘坐"和谐号"。我们是 [37(D)]由南京出发开往上海的D1045次列车，行驶距离约为320公里，预计行驶时间为两小时，路途中经过苏州。将于下午四点一刻到达上海火车站。本车有良好的灭火设施及通风设施，[38(A)]但全车是无烟车厢，请您不要吸烟。谢谢您的配合，祝您旅途愉快，谢谢！

신사 숙녀 여러분, '허시에 호'에 탑승하신 것을 환영합니다. 저희는 [37(D)]난징에서 출발해 상하이로 향하는 D1045호 열차입니다. 운행 거리는 약 320킬로미터, 운행 시간은 2시간으로 예상되며, 여정 중 쑤저우를 지납니다. 오후 4시 15분에 상하이 기차역에 도착할 예정입니다. 이 열차는 좋은 소화 시설과 통풍 시설을 갖추고 있습니다. [38(A)]그러나 모든 열차는 금연 객차로, 담배를 피우지 말아 주십시오. 여러분의 협조에 감사드립니다. 즐거운 여행이 되시기를 바랍니다. 감사합니다!

단어 和谐号 Héxiéhào 몡 허시에 호 [중국산 고속철] | 开往 kāiwǎng 통 (차·배 따위가) ~를 향해 출발하다 | 行驶 xíngshǐ 통 운행하다 | 预计 yùjì 통 예상하다, 예측하다 | 路途 lùtú 몡 여정, 여행 도중 | 一刻 yíkè 몡 15분 | 到达 dàodá 통 도착하다, 이르다 | 良好 liánghǎo 휑 양호하다, 좋다 | 灭火 mièhuǒ 통 불을 끄다, 소화하다 | 设施 shèshī 몡 시설 | 通风 tōngfēng 통 통풍시키다, 환기시키다 | 无烟 wúyān 몡 무연 | 车厢 chēxiāng 몡 객차 | 吸烟 xīyān 통 담배를 피우다, 흡연하다 | 配合 pèihé 통 협력하다

★☆☆ | **유형** | 장소 파악

37 这趟火车的目的地是哪里？

A 苏州
B 南京
C 杭州
D 上海

이 열차의 목적지는 어디인가?

A 쑤저우
B 난징
C 항저우
D 상하이

해설 본문에서 이 열차는 난징에서 출발해 상하이로 향한다고 했으므로 답은 D다.

★☆☆ | **유형** | 세부 내용 파악

38 列车上的旅客要注意以下哪种情况？

A 禁止吸烟
B 苏州站不停
C 学习怎么灭火
D 配合检查车票

열차에 탄 여행객은 다음 중 어떤 상황에 주의해야 하는가?

A 흡연을 금지한다
B 쑤저우역에 서지 않는다
C 어떻게 불을 끄는지 배운다
D 차표 검사에 협조한다

해설 녹음 마지막 부분에서 모든 열차는 금연 객차이므로 담배를 피우지 말라고 요청했다. 따라서 답은 A다.

Tip⁺ • 기차 관련 어휘
单程票 dānchéngpiào 몡 편도표 | 候车室 hòuchēshì 몡 대합실 | 检票 jiǎnpiào 통 표를 검사하다 | 列车 lièchē 몡 기차 [= 火车] | 软卧 ruǎnwò 몡 부드러운 침대 자리, 우등침대 | 软座 ruǎnzuò 몡 (열차의) 푹신한 좌석, 우등좌석 | 售票处 shòupiàochù 몡 매표소 | 往返票 wǎngfǎnpiào 몡 왕복표 | 硬卧 yìngwò 몡 딱딱한 침대 자리, 일반침대 | 硬座 yìngzuò 몡 (기차의) 일반석, 일반좌석 | 站票 zhànpiào 몡 입석표

战国时，齐国有一位国君。他派人到处寻找能吹竽的乐工，组成了一支规模很大的乐队。

有个南郭先生，39(D)知道齐宣王乐队的待遇很优厚，就一心想混进这个演奏班子。可是他根本不会吹竽，不过40(D)他知道齐宣王喜欢所有的乐工一起演奏，自己若是混在里头，装装样子，充充数，谁也看不出来！所以每当乐队演奏时，他就学着别人东摇西晃，有模有样的。

这位国君去世后，他的儿子也喜欢听吹竽。但是他却不喜欢合奏，而41(B)爱听独奏。他要求乐工们一个个轮流吹奏给他听。这下子，南郭先生可紧张了，欺君犯上的罪名，他可担当不起啊！42(C)眼看就要露出马脚了，只好赶紧收拾行李，慌慌张张地溜走了。

전국시대 제나라에 한 왕이 있었다. 그는 사람을 보내 피리를 불 줄 아는 악공을 여기저기에서 찾아내어, 규모가 매우 큰 악단을 결성했다.

남곽이라는 사람이 있었는데, 39(D)제나라 선왕 악단의 대우가 매우 좋다는 것을 알고, 이 연주단에 들어가야겠다고 생각했다. 하지만 그는 전혀 피리를 불 줄 몰랐다. 그러나 40(D)그는 제나라 선왕이 모든 악공이 함께 연주하는 것을 좋아한다는 것을 알고, 만약 자신이 안에 섞여 하는 시늉만 하고 수를 채운다면, 누구도 알아차리지 못할 것이라 생각했다. 그래서 매번 악단이 연주할 때마다 그는 다른 사람을 따라 이리저리 흔들면서 그럴듯하게 했다.

이 국왕이 세상을 떠난 후, 그의 아들도 피리 부는 소리를 듣는 것을 좋아했다. 하지만 그는 합주를 좋아하지 않았고, 41(B)독주를 듣는 것을 좋아했다. 그는 악공들에게 한 사람씩 돌아가면서 피리 연주를 들려달라고 요구했다. 이때 남곽은 매우 긴장했다. 임금을 기만한 죄명을 그는 결코 감당할 수 없었다! 42(C)곧 들통이 나려고 할 때, 어쩔 수 없이 서둘러 짐을 싸서 허둥지둥 몰래 달아났다.

단어 战国 Zhànguó 몡 전국시대 | 国君 guójūn 몡 국왕, 국군 | 派人 pàirén 동 사람을 파견하다, 심부름꾼을 보내다 | 吹 chuī 동 (악기 등을) 불다, 불어서 연주하다 | 竽 yú 몡 피리 | 乐工 yuègōng 몡 악공, 음악가 | 组成 zǔchéng 동 구성하다, 조직하다, 결성하다 | 乐队 yuèduì 몡 악대, 악단, 밴드 | 齐宣王 Qíxuānwáng 고유 제나라 선왕, 제 선왕 | 待遇 dàiyù 동 (사람을) 대하다, 대우하다 | 优厚 yōuhòu 혱 (대우 등이) 좋다, 후하다 | 混进 hùnjìn 동 (어떤 조직이나 지역에) 끼어들다, 섞여 들다 | 演奏 yǎnzòu 동 (악기를) 연주하다 | 班子 bānzi 몡 극단 | 根本 gēnběn 뿐 아예, 도무지, 전혀 | 若是 ruòshì 접 만일, 만약 ～라면 | 里头 lǐtou 몡 안, 속, 가운데 | 装样子 zhuāng yàngzi 그럴듯하게 꾸며대다, 시늉하다 | 充数 chōngshù 동 (능력이 부족한 사람이나 불합격 물품으로) 수를 채우다 | 东摇西晃 dōngyáo xīhuàng (곡선의 형태로) 이리저리 흔들리다 | 有模有样 yǒumú yǒuyàng 그럴듯하다 | 去世 qùshì 동 (사람이) 세상을 떠나다, 별세하다 | 合奏 hézòu 동 합주하다 | 独奏 dúzòu 동 독주하다 | 轮流 lúnliú 동 교대로 하다, 돌아가면서 하다 | 欺 qī 동 속이다, 기만하다 | 罪名 zuìmíng 몡 죄명 | 担当 dāndāng 동 맡다, 담당하다, 책임지다 | 眼看 yǎnkàn 뿐 곧, 바로 | 露出马脚 lòuchu mǎjiǎo 정체가 드러나다, 들통이 나다 | 赶紧 gǎnjǐn 뿐 서둘러, 급히 | 慌慌张张 huānghuangzhāngzhāng 혱 당황하다, 허둥대다 | 溜走 liūzǒu 동 몰래 달아나다, 몰래 도망치다

Tip+
• 가정관계 접속사 若是(ruòshì) : '만일, 만약 ～라면'이라는 뜻의 서면어다. 같은 뜻으로는 如果, 要是, 假如, 假若, 倘若 등이 있고, 모두 일반적으로 뒤에 那么, 就, 则, 便 등이 따라온다.
  예 若是你不喜欢，就算了。 만약 당신이 싫으면, 그만두세요.
• 이 이야기는 滥竽充数(lànyú chōngshù)라는 성어의 전고로 '재능도 없으면서 끼어들어 머릿수만 채우다'라는 뜻이다. 비록 내용 중에 滥竽充数라는 말이 직접 나오지는 않지만, 이야기와 함께 관련 성어도 꼭 기억해둔다.

★☆☆ **|유형|** 인과관계 파악

39

南郭先生为什么想进演奏班子？

남곽은 왜 연주단에 들어가고 싶어했는가?

A 展示才华
B 学习吹竽
C 靠近国君
D 待遇优厚

A 재능을 펼쳐 보이려고
B 피리 부는 것을 배우려고
C 국왕에게 접근하려고
D 대우가 좋아서

단어 展示 zhǎnshì 동 전시하다, 펼쳐 보이다 | 才华 cáihuá 몡 재능 | 靠近 kàojìn 동 가까이 가다, 접근하다

해설 남곽은 제나라 선왕이 악단에게 대우를 잘 해준다는 것을 알고 연주단에 들어가야겠다고 생각했다. 따라서 답은 D다.

40 开始南郭先生为什么能混进演奏班子?

A 他很有才华
B 他很受欢迎
C 国君很喜欢他
D 很多人一起演奏

처음에 남곽은 왜 연주단에 들어갈 수 있었는가?

A 그는 매우 재능이 있어서
B 그는 매우 인기가 많아서
C 국왕은 그를 매우 좋아해서
D 많은 사람이 함께 연주를 해서

 단어 │ 受欢迎 shòu huānyíng 환영을 받다, 인기가 있다

해설 │ 남곽은 제나라 선왕이 모든 악공이 함께 연주하는 것을 좋아한다는 사실을 알고, 연주단에 들어가 수만 채우고 피리 부는 모습을 흉내 냈다. 따라서 답은 D다.

41 国君的儿子和国君有什么不同?

A 爱听合奏
B 爱听独奏
C 喜欢吹竽
D 喜欢听竽

왕의 아들은 왕과 어떤 다른 점이 있는가?

A 합주를 듣기 좋아한다
B 독주를 듣기 좋아한다
C 피리 부는 것을 좋아한다
D 피리 (소리를) 듣는 것을 좋아한다

해설 │ 왕과 왕의 아들은 모두 피리 부는 소리를 듣는 것을 좋아했다. 다만 왕의 아들은 왕과 달리 독주를 듣는 것을 좋아했으므로 답은 B다.

42 南郭先生最后为什么走了?

A 国君死了
B 国君不好
C 不会吹竽
D 不想吹了

남곽은 결국 왜 떠났는가?

A 왕이 죽어서
B 왕이 좋지 않아서
C 피리를 불 줄 몰라서
D (피리를) 불고 싶지 않아서

해설 │ 왕의 아들은 독주를 좋아했기 때문에 남곽은 이전처럼 악단에 끼어 흉내만 낼 수 없었고, 그는 정체가 탄로 날까 두려워 결국 악단을 떠났다고 했으므로 답은 C다.

제2회
听力

有一株雏菊生长在一条小河边。43(D)每天，住在木屋里的小女孩儿都来给雏菊浇水。对雏菊来说，这种生活既甜蜜，又简单。然而有一天，44(A)小女孩儿没有来。雏菊开始担心起来。它将从哪里获得维持生命的水？一片花瓣从它身上掉落下来，风把花瓣吹落到小河里。"小河！"它兴奋地喊道。从出生到现在，它看见小河一直在那里欢快地流淌着。它开始把身体往小河的方向生长，但这太艰难了。可怜的雏菊可以看见小河，但就是无法触摸到小河。它只好恢复到原来的样子。雏菊经过沉思，突然脑中闪出一个念头。45(B)它把根扎向泥土深处，越扎越深，终于从深深的泥土下品尝到清凉而甘甜的水。日子一天天过去，雏菊长得越来越粗壮，开出了新的花朵。

데이지 한 그루가 작은 강가에 자라고 있었다. 43(D)매일, 통나무집에 살고 있는 어린 여자아이가 와서 데이지에 물을 주었다. 데이지에게 이런 생활은 행복하면서도 단순했다. 그런데 어느 날 44(A)어린 여자아이가 오지 않았다. 데이지는 걱정하기 시작했다. 데이지는 어디에서 생명을 유지하는 물을 얻을 것인가? 꽃잎 하나가 그의 몸에서 떨어졌고, 바람은 꽃잎을 날려 시냇물에 떨어뜨렸다. 데이지는 흥분하여 '시냇물!' 하고 큰 소리로 외쳤다. 태어나서 지금까지 데이지는 시냇물이 줄곧 그곳에서 경쾌하게 흐르는 것을 보았다. 데이지는 몸을 시냇물 방향으로 해서 자라기 시작했다. 그러나 이것은 매우 어려웠다. 가엾은 데이지는 시냇물을 볼 수는 있었지만 시냇물에 닿을 수는 없었다. 데이지는 본래의 모습으로 돌아갈 수밖에 없었다. 데이지는 심사숙고하다가 갑자기 머릿속에서 한 가지 생각이 떠올랐다. 45(B)데이지는 뿌리를 진흙 깊은 곳으로 박았고, 점점 더 깊이 내려가 마침내 깊은 진흙 밑에서 시원하고 신선하면서도 단 물을 맛보게 되었다. 세월이 흘렀고 데이지는 점점 굵고 단단하게 자라 새로운 꽃을 피웠다.

단어 雏菊 chújú 몡 데이지(daisy) | 木屋 mùwū 몡 통나무집, 목조 가옥 | 浇水 jiāoshuǐ 됭 물을 끼얹다, 물을 뿌리다 | 甜蜜 tiánmì 혱 달콤하다, 행복하다 | 维持 wéichí 됭 (어떤 상태를) 그대로 지탱하다, 유지하다 | 花瓣 huābàn 몡 꽃잎, 화판 | 掉落 diàoluò 됭 떨어지다 | 欢快 huānkuài 혱 즐겁다, 흥겹다, 경쾌하다 | 流淌 liútǎng 됭 (액체가) 흐르다, 유동하다 | 艰难 jiānnán 혱 어렵다, 힘들다 | 可怜 kělián 혱 불쌍하다, 가엾다 | 无法 wúfǎ 됭 ~할 수 없다, ~할 방법이 없다 | 触摸 chùmō 됭 (손으로) 쓰다듬다, 문지르다, 닿다 | 沉思 chénsī 됭 깊이 생각하다, 심사숙고하다 | 闪出 shǎnchū 됭 갑자기 나타나다 | 念头 niàntóu 몡 생각 | 根 gēn 몡 (식물의) 뿌리 | 扎 zhā 됭 파고 들다, 쑤셔 넣다 | 泥土 nítǔ 몡 점토, 진흙 | 深处 shēnchù 몡 깊숙한 곳, 심층 | 品尝 pǐncháng 됭 (맛을) 보다, 시식하다 | 清凉 qīngliáng 혱 시원하고 선선하다, 서늘하다 | 甘甜 gāntián 혱 감미롭다, 달다 | 粗壮 cūzhuàng 혱 굵고 단단하다 | 花朵 huāduǒ 몡 꽃(잎)

★☆☆ |**유형**| 세부 내용 파악

43 从前，雏菊依靠什么维持生命？

A 触摸小河
B 飘落的花瓣
C 把根扎得很深
D 小女孩儿浇水

이전에 데이지는 무엇에 의존해 생명을 유지했는가?

A 시냇물에 닿아서
B 흩날리며 떨어지는 꽃잎
C 뿌리를 매우 깊이 박아서
D 어린 여자아이가 물을 줘서

단어 飘落 piāoluò 됭 (나뭇잎·비·눈 등이) 나부끼며 떨어지다, 흩날리며 떨어지다

해설 녹음 첫 부분에서 어린 여자아이가 매일 와서 데이지에 물을 주었고, 이로 인해 데이지가 생명을 유지할 수 있었다고 했다. 따라서 답은 D다.

44 雏菊为什么事担心?

A 它得不到水
B 它看不见小河
C 它离小河很近
D 小女孩儿出事了

데이지는 무엇 때문에 걱정했는가?

A 데이지는 물을 얻을 수 없어서
B 데이지는 시냇물을 볼 수 없어서
C 데이지는 시냇물로부터 매우 가까워서
D 어린 여자아이에게 사고가 나서

 出事 chūshì 동 사고가 나다. 일이 생기다

 어느 날 항상 데이지에게 물을 주던 어린 여자아이가 오지 않자 데이지는 걱정하기 시작했다. 이는 데이지가 더 이상 생명을 유지할 물을 얻을 방법이 없다고 생각했기 때문이다. 따라서 답은 A다.

45 最后，雏菊是怎么获得水的?

A 开出新的花朵
B 向泥土下扎根
C 小河给它浇水
D 小女孩儿回来了

결국 데이지는 어떻게 물을 얻을 수 있었는가?

A 새로운 꽃을 피웠다
B 진흙 밑으로 뿌리를 박았다
C 시냇물이 그에게 물을 뿌려줬다
D 어린 여자아이가 돌아왔다

해설 데이지는 뿌리를 진흙 깊은 곳으로 박았고 마침내 깊은 진흙 밑에서 시원하고 신선하면서도 단 물을 맛보게 되었다고 했으므로 답은 B다.

Tip⁺ • 꽃 관련 어휘

百合花 bǎihéhuā 명 백합 | 波斯菊 bōsījú 명 코스모스 | 荷花 héhuā 명 연꽃 | 金鱼草 jīnyúcǎo 명 금어초 | 菊花 júhuā 명 국화 | 康乃馨 kāngnǎixīn 명 카네이션 | 马兰 mǎlán 명 꽃창포 | 满天星 mǎntiānxīng 명 안개꽃 | 玫瑰 méigui 명 장미 | 牡丹 mǔdan 명 모란 | 蒲公英 púgōngyīng 명 민들레 | 牵牛花 qiānniúhuā 명 나팔꽃 | 三色堇 sānsèjǐn 명 팬지 | 仙人掌 xiānrénzhǎng 명 선인장 | 向日葵 xiàngrìkuí 명 해바라기 | 绣球花 xiùqiúhuā 명 수국 | 萱草 xuāncǎo 명 망우초 | 樱花 yīnghuā 명 벚꽃 | 郁金香 yùjīnxiāng 명 튤립 | 玉兰 yùlán 명 목련

阅读

第一部分

46-48

有个老人在黎明时漫步沙滩，看见前面有个年轻人拾起一些星鱼抛回海里。他赶了上去，问年轻人为什么要这样做。年轻人说，搁浅的星鱼 __46__ 留在岸上，太阳一出来就会死掉。"可是海滩一望无际，星鱼有好几百万条呢，"老人反驳他，"你的努力能有什么 __47__ 呢？"年轻人瞧了瞧 __48__ 在手里的星鱼，然后把它抛到海里。"对这一条却有很大的影响。"他说。

한 노인이 동틀 무렵 백사장을 한가롭게 거닐고 있는데, 앞에서 어떤 젊은이가 불가사리들을 주워서 다시 바다로 던져주고 있는 것을 보았다. 그는 쫓아가 젊은이에게 왜 이렇게 하는지 물었다. 젊은이는 곤경에 빠진 불가사리가 46만약 해안에 남겨진다면, 태양이 뜨자마자 죽게 될 것이라고 말했다. "하지만 백사장은 끝없이 넓어서 불가사리는 수백만 마리가 될 텐데." 노인은 그에게 반박했다. "당신의 노력이 어떤 47영향을 줄 수 있겠소?" 젊은이는 손에 48쥐고 있던 불가사리를 보고는 그것을 바다에 던졌다. "이 불가사리에게는 오히려 매우 큰 영향을 미쳐요."라고 그는 말했다.

단어 黎明 límíng 명 동틀 무렵, 날이 샐 무렵 | 漫步 mànbù 동 한가롭게 거닐다, 정처 없이 걷다 | 沙滩 shātān 명 모래톱, 백사장 | 星鱼 xīngyú 명 불가사리 | 抛 pāo 동 (물건을 손으로) 던지다 | 搁浅 gēqiǎn 동 곤경에 빠지다, (배가) 좌초하다 | 一望无际 yíwàngwújì 성어 아득히 멀고 넓어서 끝이 없다, 매우 광활하다 | 反驳 fǎnbó 동 반박하다

★☆☆ **| 유형 | 접속사 파악**

46

| A 虽然 | B 如果 | A 비록 ~일지라도 | B 만약 |
| C 不但 | D 即使 | C ~뿐 아니라 | D 설사 ~할지라도 |

해설 빈칸 뒤에 就가 있는 것으로 보아 就와 호응할 수 있는 접속사를 찾아야 함을 알 수 있다. 보기에서 就와 호응할 수 있는 접속사는 如果밖에 없다. 따라서 답은 B다. 일반적으로 '虽然…但是…', '不但…而且…', '即使…也…' 등이 서로 호응한다.

Tip⁺ ·虽然, 如果, 不但, 即使

虽然 suīrán	접 비록 ~일지라도 (하지만), 설령 ~일지라도 [일반적으로 뒤에 可是, 但是 등과 호응하여 쓰임] 예 虽然你是我的儿子，但是我不能原谅你。 　비록 너는 내 아들이지만, 나는 너를 용서할 수 없다.
如果 rúguǒ	접 만약, 만일 [가정관계 접속사로, 일반적으로 뒤에 就, 便 등과 호응하여 쓰임] 예 如果你不来，我就生气了。만약 네가 오지 않는다면, 나는 화가 날 것이다.
不但 búdàn	접 ~뿐 아니라 [일반적으로 而且, 并且, 也, 还 등과 호응하여 쓰임] 예 自行车不但方便，而且便宜。자전거는 편리할 뿐만 아니라 싸다.
即使 jíshǐ	접 설령 ~하더라도 [일반적으로 뒤에 也, 还 등의 부사와 호응하여 쓰임] 예 即使他来了，事情也不能解决。설령 그가 온다고 해도 일이 해결될 수 없다.

47

| A 影响 | B 方法 | A 영향 | B 방법 |
| A 改正 | D 过程 | C 바르게 고치다 | D 과정 |

단어 改正 gǎizhèng 통 개정하다, 바르게 고치다

해설 有什么 뒤에는 반드시 명사성 성분이 와야 하고, 본문 후반부에서 젊은이는 **对这一条却有很大的影响**(이 불가사리에게는 오히려 매우 큰 영향을 미쳐요)이라고 대답했다. 여기서 **却**(오히려)를 통해, 빈칸이 들어 있는 문장은 이 답변과 대응되는 내용의 질문이라는 사실을 알 수 있으므로, 목적어가 같을 확률이 높다. 따라서 답은 A다. 改正은 동사이므로 답이 될 수 없으며 종종 改正错误(잘못을 바로잡다)와 같이 쓰인다.

48

| A 扶 | B 握 | A 부축하다 | B 쥐다 |
| C 挥 | D 扔 | C 흔들다 | D 던지다 |

단어 扶 fú 통 받치다, 부축하다 | 握 wò 통 (손으로) 쥐다, 잡다 | 挥 huī 통 흔들다, 휘두르다 | 扔 rēng 통 (손에 쥐고 팔을 흔들어) 던지다

해설 이 문제는 동사의 뜻을 제대로 파악하고 있는지 묻고 있다. 문맥상 '쥐다, 잡다'라는 뜻을 가지고 있는 握가 가장 적합하다. 따라서 답은 B다. 일반적으로 扶는 扶着老人(노인을 부축하다), 挥는 向…挥手(~을 향해 손을 흔들다), 扔은 把…扔在…(~을 ~에 던지다), 把…扔给…(~을 ~에게 던지다) 등의 형태로 자주 쓰인다.

49-52

据说有一次有人问苏格拉底道："苏格拉底先生，你可曾听说——"

"且慢，朋友。"这位哲人立即打断了他的话，"你是否确知你要告诉我的话__49__都是真的？"

"那倒不，我只是听人说的。"

"原来如此，那你就不必讲给我听了，__50__那是件好事。请问你讲的那件事是不是好事呢？"

"恰恰相反！"

"噢，那么也许我有知道的__51__，这样也好防止贻害他人。"

"嗯，那倒也不是——"

"那么，好啦！"苏格拉底最后说道："__52__！人生中有那么多有价值的事情，我们没时间去理会这既不真又不好而且没有必要知道的事情了。"

전해지는 말에 의하면, 한번은 어떤 사람이 소크라테스에게 "소크라테스 선생, 자네 일찍이 이런 말 들어본 적 있는가?"라고 물었다.

"잠시만, 친구." 이 철학가는 바로 그의 말을 끊고는, "자네는 자네가 나에게 하려는 말이 ⁴⁹전부 다 사실인지 확실하게 알고 있는가?"

"그렇지는 않네. 난 그저 다른 사람이 말하는 것을 들었을 뿐이네."

"알고 보니 그런 거였군, 그럼 자네는 나에게 말할 필요가 없네. 그것이 좋은 일이면 몰라도⁵⁰ 자네가 말하려는 그 일이 좋은 일인지 물어봐도 되는가?"

"정반대라네！"

"아, 그러면 혹시 내가 알아야 할 ⁵¹필요가 있나보군, 그렇게 해서 타인에게 후환을 남기는 것을 막는 것도 좋네."

"음, 그것도 아닐세."

"그러면 좋네！" 소크라테스는 마지막으로 말했다. "⁵²우리 이 일을 잊어버리도록 하세! 인생 중 얼마나 많은 가치 있는 일이 있는데, 사실도 아니고 좋지도 않으면서 알 필요도 없는 일을 우리가 상관할 시간은 없네."

단어 据说 jùshuō 图 (다른 사람의) 말을 근거하다, 말을 따르다 ┃ 苏格拉底 Sūgélādǐ 고유 소크라테스 ┃ 且慢 qiěmàn (어떤 행동을 만류하면서) 잠시 기다려라, 서두르지 마라 ┃ 哲人 zhérén 명 철인, 어질고 사리에 밝은 사람 ┃ 打断 dǎduàn 图 끊다, 자르다 ┃ 确知 quèzhī 图 확실하게 알다 ┃ 原来如此 yuánláirúcǐ 성어 알고 보니 그렇다, 원래 이렇다 ┃ 恰恰 qiàqià 图 (어떤 경우나 시기에) 꼭 알맞게, 바로, 마침, 꼭 ┃ 防止 fángzhǐ 图 (나쁜 일을) 방지하다 ┃ 贻害 yíhài 图 화근을 남기다, 후환을 남기다 ┃ 理会 lǐhuì 图 알다, 이해하다, 아랑곳하다

★★☆ ┃ **유형** ┃ 수식어와 피수식어 구조 파악

49

| A 凡是 | B 一共 | A 무릇 | B 모두 |
| C 全部 | D 一样 | C 전부 | D 같다 |

해설 빈칸 뒤의 **都是**와 호응할 수 있는 것은 C의 **全部**뿐이다. **凡是**는 일반적으로 문장의 도입부에 사용되는데 '**凡是**…, **都**…'의 형태로 종종 쓰인다. 또한 **一共**은 뒤에 시간 또는 수량사가 자주 오며, **一样**은 형용사로, '…**和**…**一样**'의 형태로 자주 쓰인다.

 **凡是**(fánshì)는 부사로, '모든, 무릇'이라는 뜻이다. 凡是는 凡보다 좀 더 구어적인 단어로, 예외가 없는 모든 것을 가리킨다. 뒤에 就, 都, 一律, 没有不 등과 자주 어울려 쓰인다.
예 凡是规则，总有例外。 모든 규칙에는 늘 예외가 있다.

★★☆ ┃ **유형** ┃ 전치사 파악

50

| A 一旦 | B 除非 | A 일단 ~한다면 | B ~한다면 몰라도 |
| C 万一 | D 难怪 | C 만일 | D 어쩐지 |

해설 **除非**는 **只有**와 뜻이 비슷하다. 따라서 이 문장에서는 '그것이 좋은 일이면 몰라도'라고 해석할 수 있으므로 답은 B다. **一旦**, **万一**는 모두 아직 발생하지 않은 상황에 대한 가정을 나타내며, **难怪** 뒤에는 일반적으로 이미 발생한 상황이 온다.

 • 一旦, 除非, 万一, 难怪

一旦 yídàn	图 일단(만약) ~한다면 [아직 일어나지 않은 가정의 상황을 나타냄] 예 一旦开始，你就得继续。 일단 시작했으면, 지속해나가야 한다.
除非 chúfēi	전 ~ 밖에, ~를 제외하고, ~ 말고는 [除了(chúle)에 상응하는 말] 예 那条路，除非他没人认识。 그 길은 그 말고는 아무도 모른다.
万一 wànyī	접 만일, 만약, 만에 하나라도 예 万一下雨，我们的计划就泡汤了。 만약 비가 내린다면, 우리의 계획은 수포로 돌아가게 돼.
难怪 nánguài	图 어쩐지, 과연 예 难怪你来晚了！ 어쩐지 너 늦게 왔더라!

★☆☆ ┃ **유형** ┃ 수식어와 피수식어 구조 파악

51

| A 必要 | B 必须 | A 필요 | B 반드시 |
| C 必然 | D 必需 | C 필연적으로 | D 반드시 필요하다 |

단어 必要 bìyào 명 필요(성) ┃ 必须 bìxū 图 반드시 ~해야 한다 ┃ 必然 bìrán 图 반드시, 꼭, 필연적으로 ┃ 必需 bìxū 图 반드시 있어야 하다, 꼭 필요로 하다

해설 빈칸 앞의 **的** 뒤에는 주로 명사성 단어가 오는데 보기에서 명사는 A의 **必要**뿐이다. **必须**, **必然**은 부사로서 동사나 동사성 구 앞에 쓰여 '반드시 ~해야 한다'는 뜻을 나타낸다. 반면 **必需**는 '반드시 있어야 한다'라는 뜻의 동사로 문장에서 술어가 될 수 있고 목적어도 가질 수 있다.

52

A 你说的话特别重要
B 请告诉我你要说什么
C 让我们把这件事忘了吧
D 我来告诉你另一个故事吧

A 자네가 한 말은 매우 중요하네
B 자네가 하려는 말이 무엇인지 나에게 알려주게
C 우리 이 일을 잊어버리도록 하세
D 내가 다른 이야기를 자네에게 알려주지

해설 본문 마지막 부분에 소크라테스가 '인생 중 얼마나 많은 가치 있는 일이 있는데, 사실도 아니고 좋지도 않으면서 알 필요도 없는 일을 우리가 상관할 시간은 없네'라고 말했다. 따라서 빈칸에 들어갈 가장 적절한 답은 C다.

53-56

很早以前的一天下午，小毛在家看书，忽然听到了敲门声，他把门打开一看，门外是一只蜗牛。蜗牛对小毛说：你能给我一点儿吃的吗？小毛生气地一脚把蜗牛踢了出去。十年后的一天，小毛已经 _53_ 了大毛，他又听见敲门声，开门一看，还是那只蜗牛。蜗牛 _54_ 地问大毛：你干吗要踢我？

看了这个笑话，我却不觉得蜗牛可笑。大毛随便踢一脚， _55_ 。蜗牛是 _56_ 速度慢而出名，人们常用蜗牛速度来比喻那些很拖拉的人，这个笑话就是取笑蜗牛爬得慢的，可是这只蜗牛却让我想了很多很多。

아주 오래 전의 어느 날 오후, 샤오마오가 집에서 책을 보고 있는데 갑자기 문 두드리는 소리가 들렸다. 그가 문을 열어보니, 문밖에는 달팽이 한 마리가 있었다. 달팽이는 샤오마오에게, "너 나에게 먹을 것을 좀 줄 수 있니?"라고 말했다. 샤오마오는 화를 내며 발로 달팽이를 밖으로 걷어찼다. 10년 후의 어느 날, 샤오마오는 이미 따마오가 53되었고, 그는 또 문 두드리는 소리를 들었다. 문을 열어보니 또 그 달팽이였다. 달팽이는 54화가 나서 따마오에게, "네가 뭔데 나를 걷어차?"라고 물었다.

이 우스운 이야기를 보고, 나는 도리어 달팽이가 우습다고 생각하지 않았다. 따마오가 함부로 발로 걷어차서, 55달팽이로 하여금 10년을 기어오게 했다. 달팽이는 속도가 느린 것 56때문에 유명해졌고, 사람들은 달팽이의 속도를 그렇게 매우 느린 사람들을 비유할 때 자주 사용한다. 이 우스운 이야기는 바로 달팽이의 기는 속도가 느리다고 비웃지만, 이 달팽이는 오히려 나로 하여금 매우 많은 생각을 하게 했다.

단어 敲门 qiāomén 문을 두드리다, 노크하다 ｜ 蜗牛 wōniú 명 달팽이 ｜ 笑话 xiàohua 명 우스갯소리, 우스운 이야기 ｜ 可笑 kěxiào 형 (행동이나 말 등이) 우습다, 우스꽝스럽다 ｜ 出名 chūmíng 형 유명하다, 이름이 나다 ｜ 拖拉 tuōlā 형 (일처리가) 느리다, 더디다, 꾸물거리다 ｜ 取笑 qǔxiào 동 놀리다, 비웃다

53

A 改变　　　　B 长成
C 成长　　　　D 变化

A 바꾸다　　　　B ~가 되다
C 성장하다　　　D 변화하다

해설 长成了는 长大了의 뜻으로, 본문에서는 10년 전 小毛가 10년 후 大毛로 자란 것을 가리킨다. 여기에서 长은 成长의 뜻이고 成은 长의 결과보어로 쓰였으므로 답은 B다. 한편 改变은 타동사지만, 여기에서 小毛, 大毛는 같은 사람을 가리키기 때문에 답이 될 수 없으며, 成长, 变化는 모두 자동사이므로 목적어를 수반할 수 없다. 따라서 A, C, D는 답이 될 수 없다.

54

A 愤怒 B 遗憾
C 幽默 D 害羞

A 화가 나다 B 유감스럽다
C 유머러스하다 D 부끄러워하다

단어 愤怒 fènnù 통 분노하다, 성내다 | 遗憾 yíhàn 형 유감스럽다 | 幽默 yōumò 형 유머러스하다 | 害羞 hàixiū 형 부끄러워하다, 수줍어하다

해설 빈칸 바로 뒤의 **你干吗要踢我?**(네가 뭔데 나를 걷어차?)라는 문장을 통해 달팽이가 몹시 화가 난 상태라는 것을 알 수 있다. 따라서 답은 A다. **遗憾**은 可惜와 의미가 비슷하고, **幽默**는 说话很有趣, 很有意思와 비슷하며, **害羞**는 不好意思와 뜻이 같다.

55

A 让蜗牛爬了十年
B 踢得蜗牛全身是伤
C 失去了朋友的友谊
D 改变了自己的心情

A 달팽이로 하여금 10년을 기어오게 했다
B 달팽이를 걷어차서 온몸에 상처를 입혔다
C 친구의 우정을 잃어버렸다
D 자신의 기분을 바꿨다

단어 爬 pá 통 기어오르다, 기어가다 | 失去 shīqù 통 잃다, 잃어버리다

해설 샤오마오와 달팽이가 재회한 것은 10년 후이므로 달팽이가 10년간 기어왔음을 유추할 수 있다. 따라서 가장 적합한 답은 A다. 본문에서 달팽이의 온몸에 상처가 났다고는 하지 않았으므로 B는 답에서 제외되며, 샤오마오와 달팽이는 친구관계가 아니므로 우정을 잃어버렸다는 C도 답에서 제외된다.

56

A 以 B 把
C 被 D 从

A ~ 때문에 B ~을(를) 가지고
C ~에게 ~를 당하다 D ~부터

해설 이 문제는 전치사의 용법을 묻고 있다. '**以…而…**'은 고정격식으로, 여기에서 **以**는 어떤 행위나 동작의 원인을 나타내며, '~ 때문에, ~로 인하여, ~한 까닭으로'라고 해석할 수 있다. 또한 **而**은 이에 따른 결과를 나타낸다. 따라서 답은 A다.

Tip⁺ • 以, 把, 被, 从

以 yǐ	전 ~ 때문에, ~로 인하여, ~한 까닭으로 예 他以成功而骄傲。 그는 성공했다고 자만한다.
把 bǎ	전 ~을 [목적어를 술어 앞으로 전치시켜 행동을 가함을 강조함] 예 你把衣服洗干净。 너는 옷을 깨끗이 빨아라.
被 bèi	전 ~을 당하다 [피동을 나타냄] 예 我被他的话感动了。 나는 그의 말에 감동받았다.
从 cóng	전 ~부터, ~에서 예 从今以后，再也不犯同样的错误。 오늘부터 다시는 같은 실수를 하지 않을 것이다.

过年吃年糕的习俗，据传从周代开始，已有3000多年的历史。由于禾谷成熟一次称为一年，所以后世过年吃年糕，就含有　57　五谷丰登的意思了。

现在春节的时候，中国很多地区都讲究吃年糕。因为年糕又叫做"年年糕"，　58　，所以"年糕"是一种吉利话，常用来　59　希望人们的生活水平一年比一年高，职位一年比一年高。年糕的种类很多，　60　代表性的是北方的白糕、塞北农家的黄米糕、江南水乡的水磨年糕、台湾的红龟糕等。

설을 쇨 때 설떡을 먹는 풍습은 전하는 바에 의하면 주나라 때부터 시작해, 이미 3,000여 년의 역사가 있다고 한다. 곡물이 여무는 한 번을 1년이라고 부르기 때문에, 후세에 설을 쇨 때 설떡을 먹는 것은, 오곡이 풍성하게 무르익었음을 57축하하는 뜻을 가지고 있다.

지금 설날에 중국의 많은 지역에서는 설떡 먹는 것을 중시한다. 설떡은 또한 '녠녠가오(年年糕)'라고도 부르는데 58'해마다 좋아진다(年年高)'와 발음이 비슷해서, '녠가오(年糕)'는 일종의 상서로운 말로, 사람들의 생활수준이 해마다 좋아지고 직위가 해마다 높아지기를 희망함을 59나타낼 때 자주 쓰인다. 설떡의 종류는 매우 많은데 대표성을 60가지고 있는 것으로 북방의 바이가오와 만리장성 이북지역 농가의 황미가오, 물의 고장 쟝난의 수이모녠가오, 타이완의 홍구이가오 등이다.

단어 年糕 niángāo 圀 (중국식) 설떡 | 习俗 xísú 圀 습속, 습관과 풍속 | 据传 jùchuán 통 듣건대, 전하는 바에 의하면 | 禾谷 hégǔ 圀 화곡, 곡류 작물 | 称为 chēngwéi 통 ~(이)라고 부르다 | 后世 hòushì 圀 후대, 후세 | 含有 hányǒu 통 (어떤 물체를) 가지다, 함유하다 | 五谷丰登 wǔgǔfēngdēng 성어 오곡이 풍성하게 무르익다, 작황이 좋아 풍년이 들다 | 讲究 jiǎngjiu 통 중시하다, 주의하다 | 吉利 jílì 圀 길하다, 상서롭다 | 职位 zhíwèi 圀 직위 | 塞北 Sàiběi 圀 만리장성의 이북지역 | 江南 Jiāngnán 圀 쟝난, 강남 | 水乡 shuǐxiāng 圀 물의 고장 [강·호수 따위가 많은 지역] | 台湾 Táiwān 圀 타이완, 대만

★★☆ **|유형|** 술어 파악

57

A 补充	B 祝贺	A 보충하다	B 축하하다
C 承认	D 欢迎	C 인정하다	D 환영하다

단어 补充 bǔchōng 통 보충하다 | 承认 chéngrèn 통 인정하다, 시인하다

해설 문맥상 가장 적합한 동사를 선택하는 문제다. 빈칸 뒤에서 오곡이 풍성하게 무르익었다고 말한 것으로 보아 이를 축하한다는 의미의 祝贺가 와야 하므로 답은 B다. 补充은 종종 补充说明(보충 설명하다), 补充一个情况(상황을 보충하다) 등처럼 쓰이며, 承认은 承认错误(잘못을 시인하다), 承认失败(실패를 인정하다), 欢迎은 欢迎光临(환영합니다), 受到热烈欢迎(뜨거운 환영을 받다) 등처럼 자주 쓰인다.

★★☆ **|유형|** 문맥에 적합한 문장 파악

58

A 换句话说就是"年年高"	A 바꾸어 말하면 바로 '해마다 좋아진다'는 말이다
B 和"年年高"的意思相同	B '해마다 좋아진다'와 뜻이 같다
C 比"年年高"这句话还吉利	C '해마다 좋아진다'보다 이 말이 더 상서롭다
D 和"年年高"的发音差不多	D '해마다 좋아지다'와 발음이 비슷하다

단어 发音 fāyīn 圀 발음

해설 빈칸 앞에서 설떡은 年糕 외에 '녠녠가오(年年糕)'라고도 부른다고 했고, 빈칸 뒤에서는 **"年糕" 是一种吉利话**('녠가오'는 일종의 상서로운 말이다)라고 말했다. '해마다 좋아진다'라는 좋은 뜻을 지닌 '녠녠가오(年年高)'와 발음이 비슷하다는 것을 알 수 있으므로 답은 D다.

★☆☆ | 유형 | 술어 파악

59

| A 表演 | B 表达 | A 공연하다 | B 드러내다 |
| C 表面 | D 表示 | C 표면 | D 나타내다 |

해설 이 문제는 表达와 表示의 차이를 구별할 줄 아는지 묻고 있다. 表达 뒤에는 表达自己的心愿(자신의 소망을 드러내다), 表达你的爱意(당신의 사랑을 드러내다) 등과 같이 일반적으로 명사형 목적어가 쓰인다. 表示 뒤에는 表示欢迎(환영을 표하다), 表示拒绝(거절을 나타내다) 등과 같이 동사구가 목적어로 쓰인다. 따라서 답은 D다. 表演은 看表演(공연을 보다), 表演一个节目(레퍼토리 공연을 하다) 등과 같이 명사와 동사의 두 가지로 쓰이고, 表面은 명사로 表面现象(표면적인 현상), 表面上(표면상) 등의 형태로 자주 쓰인다.

★☆☆ | 유형 | 술어 파악

60

| A 合适 | B 具有 | A 알맞다 | B 가지다 |
| C 发展 | D 担任 | C 발전하다 | D 담당하다 |

단어 担任 dānrèn 통 맡다, 담당하다, 담임하다

해설 具有 뒤에는 일반적으로 代表性, 意义, 价值, 特色, 风格 등과 같은 추상명사가 목적어로 오므로 답은 B다. 한편 合适는 형용사로 종종 合适的机会(알맞은 시기), 合适的时间(적합한 시간) 등과 같이 쓰이며, 发展은 종종 发展经济(경제발전), 发展中国家(개발도상국), 发展很快(발전이 매우 빠르다) 등과 같이 사용된다. 이 밖에도 担任은 担任学生会主席(학생회 의장을 맡다), 担任公司总经理(회사 책임자를 맡다) 등의 형태로 쓰인다.

Tip⁺ • 중국인들이 설날에 福 자를 거꾸로 써서 붙이는 이유?

중국인들은 설날에 집안 구석이나 문 위에 福 자가 거꾸로 쓰인 종이를 붙이는 특이한 풍습을 가지고 있다. 보통 마름모 꼴의 붉은 종이에 금색 글자로 쓰여 있는데, 福 자를 거꾸로 써놓은 것을 중국어로 倒福(dàofú)라고 한다. 그런데 이 발음이 '복이 왔다'라는 뜻의 到福(dàofú)와 비슷해, 중국인들은 福 자를 거꾸로 붙여놓고 복이 많이 오기를 기원하는 것이다.

第 二 部 分

61-70

★★☆ |유형| 전체 내용 파악

61

各位来宾，中午好！首先要感谢各位在百忙之中抽出时间来参加今天的盛宴，<u>给我们即将到来的婚礼带来祝福</u>。到今天为止，我和徐时小姐已经相识一年多了。请相信我，<u>我会永远深爱我未来的妻子 —— 徐时小姐</u>。并通过我们勤劳智慧的双手，<u>创造美满幸福的家庭</u>。

내빈 여러분, 안녕하세요! 우선 여러분들이 바쁘신 가운데 시간을 내서 오늘의 성대한 연회에 참석해주시고, <u>저희에게 곧 있을 결혼식의 행복을 빌어주신 것</u>에 감사드립니다. 오늘로 저와 쉬스 양은 서로 안 지 이미 1년이 넘었습니다. 저를 믿어주세요. <u>저는 영원히 제 미래의 아내 쉬스 양을 깊이 사랑할 것입니다</u>. 또 저희는 부지런하고 지혜로운 두 손으로 <u>아름답고 행복한 가정을 만들겠습니다</u>.

A 庆祝盛宴是在晚上举办的
B 我在为别人的婚礼致祝词
C 我们会努力创造幸福的未来
D 我和徐时小姐已结婚一周年

A 축하 연회는 저녁에 열렸다
B 나는 다른 사람의 결혼식을 위해 축사를 보내고 있다
C 우리는 행복한 미래를 만들려고 노력할 것이다
D 나와 쉬스 양은 이미 결혼 1주년이다

단어 百忙 bǎimáng 형 매우 바쁘다. 눈코 뜰 새 없이 바쁘다 | 盛宴 shèngyàn 명 성대한 연회 | 即将 jíjiāng 부 머지않아, 곧 | 婚礼 hūnlǐ 명 결혼식, 혼례 | 祝福 zhùfú 동 축복하다. 행복을 빌다 | 相识 xiāngshí 동 서로 알다. 안면이 있다 | 深爱 shēn'ài 동 깊게 사랑하다 | 勤劳 qínláo 형 부지런하다, 근면하다 | 智慧 zhìhuì 명 지혜 | 创造 chuàngzào 동 창조하다. 새롭게 만들다 | 美满 měimǎn 형 아름답고 원만하다. 행복하다 | 庆祝 qìngzhù 동 (경사스러운 일을) 축하하다. 경축하다 | 举办 jǔbàn 동 (행사나 활동을) 열다, 개최하다, 거행하다 | 致 zhì 동 주다, 보내다

해설 본문의 후반부에서 작가는 미래의 아내를 영원히 깊이 사랑할 것이며 아름답고 행복한 가정을 만들겠다고 했으므로 답은 C다. 한편 도입부에서 **各位来宾，中午好!** 라고 말했으므로 A는 답에서 제외되고, **我会永远深爱我未来的妻子** (저는 영원히 제 미래의 아내를 깊이 사랑할 것)라고 말한 대목을 통해 다른 사람이 아닌 **我**가 결혼하는 것임을 알 수 있다. 따라서 B도 답에서 제외된다. 이 밖에도 남자가 **给我们即将到来的婚礼带来祝福**(저희에게 곧 있을 결혼식에 행복을 빌어주신 것)라고 말했으므로 D도 답이 될 수 없다. 독해 제2부분은 주어진 본문에 가장 부합되는 내용을 고르는 문제이기 때문에 보기를 먼저 읽고 지문의 해당 부분에 밑줄을 그으며 답을 찾는 것이 문제를 가장 빨리 풀 수 있는 방법이다.

★★★ | **유형** | 세부 내용 파악

62

太空育种是将农作物种子或试管种苗送到太空，利用太空特殊的、地面无法模拟的高真空、强辐射、失重等环境的诱变作用，使种子产生变异，再将其带回地面选育新种子、新材料，培育新品种的作物育种新技术。

A 太空育种技术十分简单
B 太空的环境与地面差不多
C 太空育种只需把种子送到太空
D 太空育种是为培育优良的新品种

우주 육종은 농작물 종자 또는 시험관 종묘를 우주로 보내 우주의 특수한, 지구의 땅 표면에서 모의실험할 수 없는 높은 진공, 강한 방사, 무중력 상태 등 환경의 염색체 돌연변이 유도작용을 이용해 종자에 변이가 나타나도록 하고, 다시 그것을 지표면으로 가져와 신종자, 신소재의 우량 품종을 선별하여 기르고, 신품종을 배양하는 농작물 육종 신기술이다.

A 우주 육종 기술은 매우 간단하다
B 우주의 환경과 지표면은 비슷하다
C 우주 육종은 종자를 우주에 보내기만 하면 된다
D 우주 육종은 우수한 신품종을 배양하기 위한 것이다

단어 太空 tàikōng 몡 우주, 높고 드넓은 하늘 | 育种 yùzhǒng 동 육종하다 | 农作物 nóngzuòwù 몡 농작물 | 种子 zhǒngzi 몡 종자, 씨, 씨앗 | 试管 shìguǎn 몡 시험관 | 种苗 zhǒngmiáo 몡 종묘 | 特殊 tèshū 톙 특수하다, 특별하다 | 地面 dìmiàn 몡 지면, 지표, 땅의 표면 | 无法 wúfǎ 동 ~할 수 없다, ~할 방법이 없다 | 模拟 mónǐ 몡 모의실험, 시뮬레이션 | 真空 zhēnkōng 몡 진공 | 辐射 fúshè 동 복사하다, 방사하다 | 失重 shīzhòng 동 무중력 상태가 되다 | 诱变 yòubiàn 동 (인공적인 방법으로) 생물의 유전자 (염색체) 돌연변이를 유도하다 | 变异 biànyì 동 변이하다 | 选育 xuǎnyù 동 (동물이나 식물의) 우량 품종을 선택하여 기르다 | 培育 péiyù 동 키우다, 배양하다 | 优良 yōuliáng 톙 (품종·품질·성적·풍조 등이) 우량하다, 우수하다

해설 우주 육종은 농작물을 키우는 일종의 신기술로써, 바로 우수한 신품종을 배양하기 위한 것이다. 따라서 답은 D다. 우주 육종은 종자를 우주에 보낸 후 종자에 변이가 나타나면 다시 지면으로 가져와 신품종을 배양하는 신기술이라고 했으므로, 우주 육종 기술이 그리 간단하지 않음을 알 수 있다. 따라서 A와 C는 답에서 제외된다.

★★☆ | **유형** | 세부 내용 파악

63

每日的营养素应平均分配于三餐，营养丰富的健康早餐，应该能提供全天三分之一的热量。所以早餐的营养必须均衡，搭配五谷类、蔬菜、水果及适量的肉类，这些食品不但营养丰富，还能中和胃酸，是早餐的健康选择。

A 早餐不要吃肉类
B 早餐应该吃面包或馒头
C 早餐应提供三分之二的热量
D 蔬菜在早餐中的地位不重要

매일의 영양소는 평균 세 끼로 나뉘어야 하는데, 영양이 풍부한 건강한 아침식사는 하루 1/3의 열량을 공급할 수 있어야 한다. 따라서 아침식사의 영양은 반드시 균형을 유지해야 하며, 오곡류, 채소, 과일과 적당한 육류를 조합해야 한다. 이러한 식품은 영양이 풍부할 뿐 아니라 위산을 중화시킬 수 있으며, 아침식사의 건강한 선택이다.

A 아침식사에는 육류를 먹어서는 안 된다
B 아침식사에는 빵이나 만두를 먹어야 한다
C 아침식사에 2/3의 열량을 공급해야 한다
D 채소는 아침식사에서 위치가 중요하지 않다

단어 营养素 yíngyǎngsù 몡 영양소 | 分配 fēnpèi 동 분배하다, 나누다 | 三餐 sāncān 몡 세 끼 | 早餐 zǎocān 몡 아침식사, 아침밥 | 热量 rèliàng 몡 열량 | 均衡 jūnhéng 톙 균형이 맞다, 평형하다 | 搭配 dāpèi 동 (일정한 기준이나 요구에 따라) 배합하다, 조절하다, 맞추다 | 五谷 wǔgǔ 몡 오곡 | 适量 shìliàng 톙 양이 적당하다, 적량이다 | 中和 zhōnghé 동 중화하다 | 胃酸 wèisuān 몡 위산

해설 아침에 오곡류와 채소, 과일과 적당한 육류를 섭취해야 한다고 했다. 빵과 만두는 밀로 만들었고 밀은 오곡류에 속하므로, 답은 B다. 또한 아침에 오곡류와 채소, 과일, 적당한 육류를 조합해야 한다고 했으므로 A와 D는 답에서 제외된다. 또한 아침식사로 하루 1/3의 열량을 섭취해야 한다고 했으므로 C도 답에서 제외된다.

64

有一个姑娘将要嫁给一个秀才，恶毒的后母却在背地里剪了一双很小的鞋样给男方。姑娘出嫁那天，男方按鞋样做的小鞋她怎么也穿不上，害得她上不了轿，一气之下便上吊自尽了。后来，人们便将这种背地里打击报复的行为或是利用权势让人难堪的做法，叫做"穿小鞋"。

어떤 처녀가 선비에게 시집가게 되었는데, 악독한 계모가 남몰래 매우 작은 신발 본을 잘라 남자 쪽에 주었다. 여자가 시집을 가는 그날, 남자 쪽에서 신발 본대로 만들어온 작은 신발을 그녀는 어떻게 해도 신을 수가 없어서 가마에 타지 못했고, 너무 화가 나서 바로 목을 매 자살했다. 이후 사람들은 이렇게 남몰래 공격하고 보복하는 행위 또는 권세를 이용해 다른 사람을 힘들게 하는 수법을 '穿小鞋(작은 신을 신는다)'라고 불렀다.

A 结婚需要穿小鞋
B 穿小鞋的人很受欢迎
C 给人穿小鞋是不好的行为
D 给人穿小鞋是对人的关心

A 결혼할 때 작은 신발을 신어야 한다
B 작은 신발을 신는 사람은 인기가 매우 많다
C 남을 몰래 괴롭히는 것은 좋지 않은 행위다
D 남을 몰래 괴롭히는 것은 다른 사람에 대한 관심이다

단어 秀才 xiùcai 명 선비, 학자, 공부하는 사람 | 恶毒 èdú 형 음험하고 악랄하다, 악독하다 | 后母 hòumǔ 명 계모, 의붓어머니 | 背地里 bèidìli 부 암암리에, 남몰래 | 鞋样 xiéyàng 명 (신발의) 견본, 샘플 | 出嫁 chūjià 동 (여자가) 시집가다, 출가하다 | 害得 hàide 결과가 좋지 않게 하다, 손해를 끼치게 하다 | 上轿 shàngjiào 동 가마에 타다 | 上吊 shàngdiào 동 (끈·줄로) 목을 매다 | 自尽 zìjìn 동 자진하다, 자살하다 | 打击 dǎjī 동 공격하다, 타격을 주다 | 报复 bàofù 동 보복하다, 원수를 갚다 | 行为 xíngwéi 명 행위 | 权势 quánshì 명 권세 | 难堪 nánkān 동 참기 힘들다, 견디기 힘들다 | 穿小鞋 chuān xiǎoxié 몰래 (고의로) 괴롭히다, 난처하게 하다

해설 악독한 계모가 고의로 작은 신발 본을 만들어 여자를 난처하게 만들어 여자는 자살했다. 이후 사람들은 이렇게 남몰래 다른 사람을 힘들게 하는 수법을 穿小鞋(작은 신을 신는다)라고 불렀다고 했으므로 답은 C다.

Tip⁺ 穿小鞋는 '고의로 괴롭히다, 난처하게 하다'라는 뜻으로, 'A给B穿小鞋'의 구조로 자주 사용한다. 이는 'A가 B를 난처하게 하다'라는 뜻으로, 동의어로는 'A跟B过不去', 'A给B出难题', 'A给B找麻烦', 'A为难B' 등이 있다.
예 上司给我穿小鞋。 상사는 나를 못살게 군다.

65

地震的直接灾害发生后，往往还会引发出次生灾害。有时，次生灾害所造成的伤亡和损失，甚至比直接灾害还大。1932年日本关东大地震，直接因地震倒塌的房屋仅1万幢，而地震时失火却烧毁了70万幢，造成巨大损失。

지진의 직접적인 재해 발생 후에, 종종 2차 재해도 발생할 수 있다. 어떤 때는 2차 재해가 초래한 사상과 손실이 심지어 직접적인 재해보다 더 크다. 1932년 일본 관동대지진 때 직접적인 지진으로 인해 붕괴한 건물은 1만 채에 불과했으나, 지진 때 발생한 화재로 오히려 70만 채를 태워버렸고, 막대한 손실을 초래했다.

A 地震能烧死人
B 次生灾害在地震前
C 次生灾害总大于地震
D 次生灾害有时包括火灾

A 지진은 사람을 태워 죽일 수 있다
B 2차 재해는 지진 전에 일어난다
C 2차 재해는 늘 지진보다 크다
D 2차 재해는 어떤 때 화재를 포함한다

단어 地震 dìzhèn 명 지진 | 灾害 zāihài 명 재해 | 引发 yǐnfā 동 (병·감정·현상·폭발 등을) 일으키다, 야기하다, 유발하다 | 次生 cìshēng 형 파생된, 2차로 생성된 | 造成 zàochéng 동 야기하다, 초래하다 | 伤亡 shāngwáng 동 사상하다, 죽거나 다치다 | 损失 sǔnshī 동 손실되다, 손해보다 | 倒塌 dǎotā 동 (건축물이) 무너지다, 붕괴하다 | 房屋 fángwū 명 주택, 건물 | 幢 zhuàng 양 채, 동 [주택을 셀 때 쓰임] | 失火 shīhuǒ 동 화재가 발생하다, 불이 나다 | 烧毁 shāohuǐ 동 불사르다, 타버리다 | 巨大 jùdà 형 (규모나 수량 등이) 거대하다, 엄청나게 크다 | 烧死 shāosǐ 동 태워 죽이다

해설 본문에서는 일본의 관동대지진 사례를 예로 들었다. 당시 지진으로 붕괴한 건물은 1만 채에 불과했으나, 2차 재해인 화재로 인해서 70만 채가 불에 탔다고 했으므로 답은 D다. 본문에서 지진 자체로 사람을 태워 죽일 수 있다고는 하지 않았고, 다만 지진 때 발생한 화재가 건물 70만 채를 태워버렸다고 했으므로 A와 B는 답에서 제외된다. 또한 어떤 때는 2차 재해가 초래한 손실이 직접적인 재해보다 더 크다고 했지, 항상 지진보다 크다고는 하지 않았으므로 C도 답에서 제외된다.

66

自驾游兴起于20世纪中期的美国，后流行于西方发达国家。汽车工业的大发展，推动了旅游业的发展，为自驾游的推广和普及奠定了基础，也使得自驾游从自助游中脱颖而出。<u>自驾游符合年轻一代不愿意被束缚、追求独立的心理。</u>

A 自驾游就是自助游
B 自驾游只流行于西方
C 自驾游受到年轻人欢迎
D 自驾游推动汽车工业发展

자가용 여행은 20세기 중반 미국에서 발전하기 시작하여, 이후 서방 선진국에서 유행했다. 자동차 공업의 큰 발전은 여행업의 발전을 촉진시켰고, 자가용 여행의 확산과 보급에 기초를 마련했으며, 또한 자가용 여행을 배낭여행에서도 두드러져 나오게 했다. <u>자가용 여행은 구속받는 것을 원치 않고, 독립을 추구하는 젊은 세대의 심리에 부합되었다.</u>

A 자가용 여행은 곧 배낭여행이다
B 자가용 여행은 서양에서만 유행했다
C 자가용 여행은 젊은이들의 환영을 받았다
D 자가용 여행은 자동차 공업 발전을 촉진시켰다

단어 兴起 xīngqǐ 통 세차게 일어나다, 발전하기 시작하다 ｜ 发达国家 fādá guójiā 명 선진국 ｜ 推动 tuīdòng 통 밀고 나아가다, 추진하다, 촉진하다 ｜ 旅游业 lǚyóuyè 명 여행업, 관광업 ｜ 推广 tuīguǎng 통 널리 보급하다, 확충하다, 확대하다 ｜ 普及 pǔjí 통 보급되다 ｜ 奠定 diàndìng 통 다지다, 닦다, 안정시키다 ｜ 自助游 zìzhùyóu 명 배낭여행 ｜ 脱颖而出 tuōyǐng'érchū 성어 재능을 보이다, 두각을 나타내다 ｜ 束缚 shùfù 통 속박하다, 구속하다, 제한하다 ｜ 追求 zhuīqiú 통 (적극적인 행동으로 어떤 목적에 도달하기 위해) 추구하다

해설 본문의 마지막 부분에 자가용 여행은 구속받는 것을 원하지 않고, 독립을 추구하는 젊은 세대의 심리에 부합되었다고 했으므로 답은 C다. 자가용 여행은 20세기 중반 미국에서 발전하기 시작하여, 이후 서방 선진국에서 유행했다고 했으므로 B는 답에서 제외된다. 또한 자동차 공업의 발전이 여행업의 발전을 촉진시킨 것이므로 D도 답에서 제외된다.

67

大部分酒是以粮食为原料经发酵酿造而成的。中国是最早酿酒的国家，早在2000年前就发明了酿酒技术，并不断改进和完善，<u>现在已发展到能生产各种浓度、各种香型、各种含酒的饮料，并为工业、医疗卫生和科学试验制取出浓度为95％以上的医用酒精和99.99％的无水乙醇。</u>

A 所有的酒原料都是粮食
B 第一个开始酿酒的国家是法国
C 现在利用酿酒技术可制造酒精
D 古代酿酒技术比现在还要先进

대부분의 술은 곡물을 원료로 발효를 거쳐 양조해 만든다. 중국은 가장 일찍이 술을 담근 국가로 일찍이 2000년 전에 술 담그는 기술을 발명했으며, 끊임없이 개선하고 완벽을 추구했다. <u>현재 이미 각종 농도와 각종 향 타입, 각종 알코올을 함유한 음료를 생산할 수 있고, 또한 공업, 의료위생, 과학 테스트를 위해 농도 95% 이상의 의학용 에틸알코올과 99.99%의 무수 에틸알코올을 추출할 정도로 발전했다.</u>

A 모든 술의 원료는 모두 곡물이다
B 처음 술을 담그기 시작한 국가는 프랑스다
C 지금 이용하는 주조기술은 에틸알코올을 만들 수 있다
D 고대 양조기술은 지금보다 더 앞섰다

단어 粮食 liángshi 명 곡물, 곡식 ｜ 发酵 fājiào 통 발효하다, 발효시키다 ｜ 酿造 niàngzào 통 (술·식초·간장 등을) 양조하다 ｜ 酿酒 niàngjiǔ 통 주조하다, 술을 빚다, 술을 담그다 ｜ 发明 fāmíng 통 (새로운 사물이나 방법을) 발명하다 ｜ 改进 gǎijìn 통 개선하다 ｜ 完善 wánshàn 형 완벽하다, 완전하다, 완전히 갖추어져 있다 ｜ 浓度 nóngdù 명 농도 ｜ 试验 shìyàn 명 시험, 테스트 ｜ 酒精 jiǔjīng 명 주정, 에틸알코올 ｜ 乙醇 yǐchún 명 에틸알코올, 에탄올, 주정 ｜ 先进 xiānjìn 형 (다른 것보다 수준이) 뛰어나다, 앞서다

해설 지금의 양조기술은 이미 의학용 에틸알코올과 무수 에틸알코올을 생산할 수 있는 데까지 발전했다고 언급했으므로 C가 답이다. 첫 부분에서 대부분의 술은 곡물을 원료로 한다고 했으므로 A는 답에서 제외된다. 술을 가장 일찍 담근 국가는 중국이라고 했으므로 B도 답에서 제외된다. 일찍이 2000년 전 주조기술을 발명했으며 끊임없이 개선하고 완벽하게 만들었다고 했으므로 지금보다 고대 양조기술이 더욱 앞섰다고는 볼 수 없다. 따라서 D도 답이 될 수 없다.

68

川剧的角色与京剧一样，分生、旦、净、末、丑等。它的服装与京剧也差不多。服装以明代服装为基础，参照唐、宋、元、清的服装制成，在演出中也没有朝代、地域和季节的分别。

A 川剧与京剧实际是一种剧
B 京剧的服装有季节的分别
C 川剧的服装受明代的影响最大
D 京剧的角色就是生、旦、净、末

천극의 배역은 경극과 같이 생, 단, 정, 말, 축 등으로 나뉜다. 천극의 의상도 경극과 비슷하다. 의상은 명대 의상을 기초로, 당, 송, 원, 청의 의상을 참고하여 만들었으며, 연기할 때는 시대와 지역, 계절의 구별도 없었다.

A 천극과 경극은 사실상 같은 극이다
B 경극의 의상은 계절의 구별이 있다
C 천극의 의상은 명대의 영향이 가장 크다
D 경극의 배역은 바로 생, 단, 정, 말이다

단어 川剧 chuānjù 몡 천극, 쓰촨 지방 전통극 | 角色 juésè 몡 (연극이나 영화·TV의) 배역, 역, 역할 | 京剧 jīngjù 몡 경극 | 服装 fúzhuāng 몡 의상, 옷차림 | 参照 cānzhào 통 (방법이나 경험 등을) 참고하다, 참조하다 | 朝代 cháodài 몡 (어떤) 시기, 시대, 때 | 地域 dìyù 몡 지역

해설 천극의 의상은 명대의 의상을 기초로 하였다고 했으므로 명대의 영향이 매우 크다는 것을 알 수 있다. 따라서 답은 C다. 천극의 배역이 경극과 같으나 의상은 비슷하다고 한 것으로 보아, 천극과 경극이 실제로 완전히 똑같은 극이라고 볼 수 없으므로 A는 답으로 적절하지 않다. 또한 연기할 때는 시대와 지역, 계절의 구별이 없었다고 했으므로 B도 올바르지 않다. 이 밖에도 배역은 생, 단, 정, 말, 축 등으로 구분된다고 했으므로 D도 답에서 제외된다.

Tip⁺ 중국의 희곡은 경극(京剧)·곤곡(昆曲)·월극(越剧)·예극(豫剧)·천극(川剧) 등 300여 종에 달하며 그 중 경극(京剧)은 전국적으로 가장 널리 유행하고 영향력이 큰 극종이다. 가무의 형식으로 극의 내용을 표현하는 것이 희곡의 주요 수단이다. 경극의 대사와 노래는 표준어에 근접하여 관중이 알아듣기 쉬워서, 다른 지방의 희곡보다 관중이 많고 공연 지역도 넓어 전국적으로 가장 큰 영향을 미치게 되었다.

★★☆ | **유형** | 세부 내용 파악

69

据报道，蝙蝠也是冬眠的。它在山洞里用后足的尖爪攀住石缝，头朝下悬在空中，一"吊"就是半年。而刺猬冬眠时，蜷缩成一团，远看好像一个大绒球。它在巢穴中冬眠时，体温下降到9度。冬眠中的刺猬会偶尔醒来，但不吃东西，很快又入睡了。冬眠的刺猬如果过早醒来会被饿死的。

A 刺猬冬眠时也要吃东西
B 蝙蝠是挂在树上冬眠的
C 刺猬冬眠时体温不会下降
D 蝙蝠冬眠的时间长达6个月

보도에 따르면 박쥐도 겨울잠을 잔다고 한다. 박쥐는 산굴 안에서 뒷발의 날카로운 발톱을 이용해 돌 틈을 꽉 잡는다. 머리를 아래로 향해 공중에 매달리며, 한번 '매달리면' 반년을 매달린다. 그리고 고슴도치는 겨울잠을 잘 때, 한 덩어리로 움츠려서 멀리서 보면 마치 하나의 큰 방울과 같다. 고슴도치가 굴에서 겨울잠을 잘 때는 체온이 9도까지 떨어진다. 겨울잠을 자고 있던 고슴도치는 간혹 깨어나지만, 먹을 것을 먹지 않고 곧 다시 잠이 든다. 겨울잠을 자는 고슴도치가 만약 너무 빨리 깨어난다면 굶어 죽을 수도 있다.

A 고슴도치는 겨울잠을 잘 때도 먹을 것을 먹어야 한다
B 박쥐는 나무에 매달려 겨울잠을 잔다
C 고슴도치는 겨울잠을 잘 때 체온이 떨어지지 않는다
D 박쥐가 겨울잠을 자는 시간은 길게는 6개월에 이른다

단어 蝙蝠 biānfú 몡 박쥐 | 冬眠 dōngmián 통 겨울잠을 자다, 동면하다 | 山洞 shāndòng 몡 산굴 | 爪 zhuǎ 몡 (동물의) 발톱 | 攀 pān 통 꽉 붙잡다, 달라붙다 | 缝 fèng 몡 틈, 틈새, 갈라진 곳 | 头朝下 tóu cháo xià 완전히 거꾸로 되다 | 悬 xuán 통 매달다, 걸다 | 吊 diào 통 걸다, 달다, 매달다 | 刺猬 cìwei 몡 고슴도치 | 蜷缩 quánsuō 통 오므리다, 움츠리다 | 绒球 róngqiú 몡 색실, 방울 | 巢穴 cháoxué 몡 (새나 짐승의) 집 | 体温 tǐwēn 몡 체온 | 醒来 xǐnglái 통 (잠에서) 깨다 | 入睡 rùshuì 통 잠들다 | 过早 guòzǎo 혱 매우 빠르다, 매우 이르다 | 饿死 èsǐ 통 굶겨 죽이다, 굶어 죽다

 본문에서 一"吊"就是半年(한번 '매달리면' 반년을 매달린다)이라는 말을 통해 박쥐가 6개월 동안 겨울잠을 잔다는 사실을 알 수 있다. 따라서 답은 D다. 고슴도치는 겨울잠에서 깨어나도 먹을 것을 먹지 않고 곧 다시 잠이 든다고 했으므로 A는 답에서 제외된다. 또한 박쥐는 뒷발의 날카로운 발톱을 이용해 돌 틈을 꽉 잡고 겨울잠을 잔다고 했으므로 B도 답에서 제외된다. 이 밖에도 고슴도치는 겨울잠을 잘 때 체온이 9도까지 떨어진다고 했으므로 C도 답이 될 수 없다.

★☆☆ │ **유형** │ 전체 내용 파악

70

"蚁族"，并不是一种昆虫族群，它代表的是<u>大学毕业生低收入聚居群体</u>，指的是毕业后无法找到工作或工作收入很低而聚居在城乡结合部的大学生。"蚁族"，是对"大学毕业生低收入聚居群体"的典型概括。他们是有如蚂蚁般的"弱小的强者"，他们是鲜为人知的庞大群体。

A "蚁族"现象已经受到大家的关注
B "蚁族"是收入非常低的庞大的群体
C "蚁族"是聚居在城市中心的大学毕业生
D "蚁族"不仅指昆虫族群还指大学毕业生

'개미족'이란 결코 일종의 곤충 집단이 아니다. 그것이 대표하는 것은 <u>대학 졸업생 저소득 거주 집단으로</u>, 졸업 후 직장을 찾을 수 없거나 임금이 매우 적어 도시 외곽에 모여 사는 대학생들을 말한다. '개미족'은 '대학 졸업생 저소득 거주 집단'에 대해 전형적으로 개괄한 것이다. 그들은 개미와 같이 '약소한 강자'이며, 그들은 사람들에게 거의 알려지지 않은 거대한 집단이다.

A '개미족' 현상은 이미 모두의 관심을 받는다
B '개미족'은 수입이 매우 낮은 거대한 집단이다
C '개미족'은 도시 중심에 모여 사는 대학 졸업생이다
D '개미족'은 곤충 집단뿐 아니라 대학 졸업생도 가리킨다

단어 蚁族 yǐzú 몡 개미족 [도시의 미개발 지역에 거주하는 대학 졸업생으로 직장을 구하지 못한 농민공의 자식들] │ 昆虫 kūnchóng 몡 곤충 │ 族群 zúqún 몡 부류, 집단 │ 聚居 jùjū 됭 (한곳에) 모여 살다, 집거하다 │ 群体 qúntǐ 몡 단체, 집단 │ 无法 wúfǎ 됭 ~할 수 없다, ~할 방법이 없다 │ 结合部 jiéhébù 몡 결합 부위, 결합 부분, 결합된 곳 │ 典型 diǎnxíng 몡 전형, 전형적인 인물, 전형적인 사건 │ 概括 gàikuò 됭 개괄하다, 요약하다, 총괄하다 │ 蚂蚁 mǎyǐ 몡 개미 │ 弱小 ruòxiǎo 혱 약소하다 │ 强者 qiángzhě 몡 강자 │ 鲜为人知 xiǎnwéirénzhī 성어 극소수의 사람들만이 알다, 알고 있는 사람들이 매우 적다 │ 庞大 pángdà 혱 방대하다, 거대하다

해설 본문에서 개미족은 대학 졸업생 저소득 거주 집단이라고 말했으므로 B가 답이다. 한편 마지막 부분에서 개미족은 사람들에게 거의 알려지지 않은 거대한 집단이라고 언급했으므로, 이미 모두의 관심을 받는다는 A는 답에서 제외된다. 개미족은 도시 외곽에 모여 산다고 했으므로 C도 답에서 제외된다. 도입부에서 개미족은 일종의 곤충 집단이 아니라, 대학 졸업생 저소득 거주 집단을 가리킨다고 했으므로 D도 답이 아니다.

71-73

从前有个老木匠准备退休，于是他去告诉老板，说要离开建筑行业，回家与妻子儿女享受天伦之乐。

71(A)老板舍不得他的好工人走，问他能不能帮忙再建造一座房子，老木匠回答说可以。

但是大家渐渐地都看出来，72(D)老木匠的心已不在工作上了，他用的是不好的材料，做的活儿很粗糙。房子建好的时候，老板把一把大门的钥匙递给他。"这是你的房子，"老板说，"你为我工作了这么久，这幢房子就作为我送给你的礼物吧。"

73(D)老木匠震惊得目瞪口呆，羞愧得无地自容。他是多么后悔啊！如果他早知道是在给自己建房子，他怎么会这样呢？现在他只得住在一幢粗制滥造的房子里！

옛날 어떤 늙은 목수가 퇴직을 계획하고, 사장에게 가서 건축업계를 떠나 집으로 돌아가서 아내와 자녀들과 함께 단란함을 누리며 살고 싶다고 말했다.

71(A)사장은 그의 좋은 직원이 떠나는 것이 아쉬워, 그에게 집을 한 채 더 만드는 것을 도와줄 수 없냐고 물었고, 목수는 알았다고 대답했다.

그러나 72(D)늙은 목수의 마음이 이미 일에서 떠났음을 다들 차츰 알아차렸다. 그는 좋지 않은 재료를 사용했고, 일도 매우 엉성하게 했다. 집이 다 세워졌을 때, 사장은 대문의 열쇠를 그에게 건네주었다. "이것은 자네 집일세." 사장이 말했다. "자네는 나를 위해 이렇게 오랫동안 일을 했으니, 이 집은 내가 자네에게 주는 선물로 여기도록 하게."

73(D)늙은 목수는 놀라서 아연실색했고, 부끄러워 얼굴을 들 수 없었다. 그는 얼마나 후회했을까! 만약 그가 일찍부터 자신에게 줄 집을 짓는다는 것을 알았다면, 그는 어떻게 이렇게 할 수 있었겠는가? 이제 그는 어쩔 수 없이 대강 만든 집에 살아야 했다.

 木匠 mùjiang 몡 목수, 목공 | 退休 tuìxiū 동 퇴직하다 | 行业 hángyè 몡 직업, 업계, 업무 분야 | 享受 xiǎngshòu 동 (물질이나 정신적으로) 누리다, 즐기다 | 天伦之乐 tiānlúnzhīlè 성어 가정의 단란함, 가족이 모여 누리는 즐거움 | 舍不得 shěbude 동 (헤어지기) 아쉬워하다, 섭섭해하다 | 建造 jiànzào 동 (건물·가옥 등의 건조물을) 짓다, 세우다, 건축하다 | 活儿 huór 몡 일 | 粗糙 cūcāo 톙 (일하는 데 있어) 서투르다, 엉성하다, 거칠다 | 幢 zhuàng 양 동, 채 [주택을 셀 때 쓰임] | 震惊 zhènjīng 동 놀라다, 놀라게 하다 | 目瞪口呆 mùdèngkǒudāi 성어 놀라서 멍하다, 아연실색하다, 눈이 휘둥그레지다 | 羞愧 xiūkuì 동 부끄러워하다, 수치를 느끼다 | 无地自容 wúdìzìróng 성어 부끄러워 얼굴을 들 수 없다, 부끄러워 어쩔 줄 모르다, 부끄러워 쥐구멍에라도 들어가고 싶은 지경이다 | 只得 zhǐdé 閉 어쩔 수 없이, 할 수 없이 | 粗制滥造 cūzhìlànzào 성어 품질을 생각하지 않고 조잡하게 만들다, 책임을 지지 않고 경솔하게 일하다, 대강 해치우다

★☆☆ ┃**유형**┃ 세부 내용 파악

71 关于老板，下列说法正确的是：

A 舍不得木匠离开
B 很喜欢建造房子
C 对员工非常小气
D 知道木匠干活儿粗

사장에 관해 다음 중 옳은 표현은：

A 목수가 떠나는 것을 섭섭해한다
B 집 짓는 것을 매우 좋아한다
C 직원에게 매우 인색하다
D 목수가 일을 엉성하게 한다는 것을 안다

 小气 xiǎoqi 톙 째째하다, 쩨쩨하다, 인색하다 | 干活儿 gànhuór 동 일하다 | 粗 cū 톙 (일처리가) 거칠다, 조잡하다, 엉성하다

해설 두 번째 단락에서 '사장은 그의 좋은 직원이 떠나는 것이 아쉬웠다'고 했으므로 답은 A다. 본문에서 보기 B, C, D에 대한 직접적인 언급은 없었으므로 답이 될 수 없다.

★☆☆ | 유형 | 세부 내용 파악

72

根据本文，下面哪种说法错误？

A 老板是个大方的人
B 老木匠不想再工作
C 老木匠工作很久了
D 老木匠干活儿很细心

본문에 근거해 다음 중 틀린 표현은 무엇인가?

A 사장은 호탕한 사람이다
B 늙은 목수는 다시 일하고 싶어하지 않는다
C 늙은 목수는 일한 지 매우 오래되었다
D 늙은 목수는 매우 꼼꼼하게 일한다

단어 大方 dàfang 혱 대범하다, 호탕하다 | 细心 xìxīn 혱 세심하다, 꼼꼼하다

해설 세 번째 단락에서 '늙은 목수의 마음이 이미 일에서 떠났음을 다들 차츰 알아차렸다. 그는 좋지 않은 재료를 사용했고 일도 매우 엉성하게 했다'고 했다. 따라서 매우 꼼꼼하게 일한다는 D가 본문의 내용과 일치하지 않음을 알 수 있다.

★★☆ | 유형 | 심정 파악

73

最终老木匠的心情是怎么样的？

A 开心
B 生气
C 惊讶
D 后悔

마지막에 늙은 목수의 심정은 어떠했는가？

A 즐겁다
B 화가 났다
C 놀랍고 의아했다
D 후회한다

단어 开心 kāixīn 혱 (기분이) 즐겁다, 유쾌하다 | 惊讶 jīngyà 혱 놀랍고 의아하다 | 后悔 hòuhuǐ 동 후회하다

해설 네 번째 단락에서 늙은 목수는 자신이 대강 만든 집을 사장이 선물로 주자, '놀라서 아연실색했고, 부끄러워 얼굴을 들 수 없었다'라고 했다. 따라서 목수의 마지막 심정이 D임을 알 수 있다.

74-77

74(C)一对兄弟住在一起，每天一起出门上班。75(D)因为哥哥下班时间早，总是先到家，所以弟弟从来不担心开门的事，也从不带钥匙。

有一天，76(D)因为突发状况，弟弟提早回了家。

他坐在门槛上，焦急地等待着哥哥早点儿出现，等呀等，好不容易几个小时过去了，哥哥终于出现在眼前。

哥哥见到弟弟在门口苦等，问："你为什么坐在这里？"

弟弟说："我没有钥匙啊！"

哥哥笑而不语，然后用手轻轻一推，门就开了！

原来，门从来没有上锁。

弟弟苦等在门口，只因为他连试着用自己的手去推推门的想法都没有。

这个故事说明了人生之所以有些问题"不能"解决，77(C)有时候只是因为我们自己"不想"解决，不愿意尝试，不肯开口，也不肯动手。

74(C)어떤 두 형제가 함께 살았는데, 매일 함께 집을 나서서 출근했다. 75(D)형은 퇴근 시간이 빨라서 늘 먼저 집에 도착했다. 그래서 남동생은 여태껏 문 여는 일을 걱정해본 적이 없었고, 열쇠를 가지고 다닌 적도 없었다.

어느 날 76(D)갑작스런 사정으로, 남동생이 예정보다 일찍 집에 돌아왔다.

그는 문턱에 앉아 초조하게 형이 일찍 나타나기를 기다렸다. 힘들게 기다리고 기다려 몇 시간이 지나갔고, 형이 마침내 눈앞에 나타났다.

형은 남동생이 입구에서 힘들게 기다리는 것을 보고는, "너 왜 여기에 앉아 있니?"라고 물었다.

동생은 말했다. "나는 열쇠가 없어!"

형은 말은 하지 않고 웃기만 했다. 그러고 나서 손으로 가볍게 밀자 문이 바로 열렸다.

알고 보니 여태껏 문을 잠근 적이 없었던 것이다.

남동생이 힘들게 현관에 앉아 기다린 것은, 단지 그가 자신의 손으로 문을 밀어볼 생각조차 하지 않았기 때문이었다.

이 이야기는 인생에서 어떤 문제를 해결'할 수 없는' 이유가 77(C)어떤 때는 단지 우리 자신이 해결'하려 하지 않고', 시도하기를 원치 않으며, 말을 하려고 하지 않고, 손을 쓰려고 하지도 않기 때문이라는 것을 말해준다.

단어   出门 chūmén ⑧ 외출하다, 집을 나서다 | 开门 kāimén ⑧ 문을 (활짝) 열다 | 突发 tūfā ⑧ (뜻밖의 일이) 갑자기 발생하다, 갑자기 일어나다, 돌발하다 | 状况 zhuàngkuàng ⑲ 상황, 사정, 형편 | 提早 tízǎo ⑧ (예정보다 시간을) 앞당기다 | 门槛 ménkǎn ⑲ 문턱, 문지방 | 焦急 jiāojí ⑱ 초조해하다, 애태우다 | 等待 děngdài ⑧ (행동을 취하지 않고 사람이나 사물·상황 등을) 기다리다 | 好不容易 hǎoburóngyì ⑨ 겨우, 간신히, 어렵사리 | 上锁 shàngsuǒ ⑧ 자물쇠를 채우다 | 尝试 chángshì ⑧ 시도해보다, 시험해보다 | 不肯 bùkěn ⑧ 원하지 않다, ~하려 하지 않다 | 开口 kāikǒu ⑧ 입을 열다, 말을 하다 | 动手 dòngshǒu ⑧ 착수하다, (~하기) 시작하다

★☆☆ | 유형 | 세부 내용 파악

74   关于哥哥和弟弟上班的时间，哪个是正确的?   형과 남동생의 출근 시간과 관련해 옳은 것은 무엇인가?

A 弟弟比哥哥走得早   A 남동생은 형보다 일찍 간다
B 哥哥比弟弟走得早   B 형은 동생보다 일찍 간다
C 两个人同一时间出门   C 두 사람은 같은 시간에 집을 나선다
D 谁出门早是不固定的   D 누가 집을 일찍 나서는지는 일정하지 않다

단어   固定 gùdìng ⑱ 고정적이다

해설   본문 첫 부분에서 '두 형제는 매일 함께 출근했다'고 했으므로 답은 C다.

★☆☆ | 유형 | 인과관계 파악

75   弟弟为什么从来不带钥匙?   남동생은 왜 여태껏 열쇠를 가지고 다니지 않았는가?

A 因为弟弟记性不太好   A 남동생의 기억력이 그다지 좋지 않아서
B 因为弟弟不喜欢操心   B 남동생은 신경 쓰는 것을 좋아하지 않아서
C 因为弟弟下班的时间早   C 남동생의 퇴근 시간이 빨라서
D 因为哥哥在弟弟之前回家   D 형이 동생보다 먼저 집에 돌아와서

단어   记性 jìxing ⑲ 기억력 | 操心 cāoxīn ⑧ 신경 쓰다, 마음을 쓰다

해설   첫 번째 단락에서 '형은 퇴근 시간이 빨라서 늘 먼저 집에 도착했다. 그래서 남동생은 여태껏 문 여는 일을 걱정해본 적이 없었고 열쇠를 가지고 다닌 적도 없었다'라고 했다. 따라서 답은 D다.

★★☆ | 유형 | 인과관계 파악

76   弟弟某一天提早回家的原因是: 남동생이 어느 날 예정보다 일찍 집에 돌아온 원인은:

A 他突然想休息   A 그는 갑자기 쉬고 싶어서
B 他想要拿钥匙   B 그는 열쇠를 가지고 가려고
C 他要等哥哥回家   C 그는 형이 돌아오기를 기다리려고
D 他突然有特别的事   D 그에게 갑자기 특별한 일이 생겨서

해설   두 번째 단락에서 '어느 날 갑작스런 사정으로 남동생이 예정보다 일찍 집에 돌아왔다'고 했으므로 답은 D다.

★★☆ | 유형 | 주제 파악

77   这个故事告诉我们: 이 이야기가 우리에게 알려주는 것은:

A 回家一定要带钥匙   A 집에 돌아갈 때는 반드시 열쇠를 챙겨야 한다
B 要提高自己的记忆力   B 자신의 기억력을 향상시켜야 한다
C 遇到困难要多开口多动手   C 어려움이 닥쳤을 때는 많이 말을 하고 많이 시도해
D 门关着的时候可以用手推   야 한다
                                     D 문이 닫혀 있을 때는 손으로 밀 수 있다

해설   본문의 마지막에서 '인생에서 어떤 문제를 해결할 수 없는 이유가 어떤 때는 단지 우리 자신이 해결하려 하지 않고, 시도하기를 원치 않으며, 말을 하려 하지 않고, 손을 쓰려 하지도 않기 때문'이라고 했다. 따라서 가장 적절한 답은 C다.

英国最新研究结果显示，婴儿开始学习欺骗的时间比原先以为的要早，78(C)最早六个月大时就会开始骗人。

行为专家发现，简单的骗术有助于婴儿在稍大时学习如何编造更复杂的谎言。80(D)六个月大至三岁间婴幼儿采用的欺骗方法可分七种。婴儿很快就会发现，假哭与装笑能够引起注意。八个月大的婴儿会运用难度更高的欺骗技巧，例如掩饰父母禁止的活动，或设法分散父母的注意力。两岁的幼儿可能使用更高明的技巧，例如父母准备惩罚时，便大哭。

79(B)心理学家此前认为，四岁前的发育中大脑不可能编造谎言。假哭是最早出现的欺骗方法之一。即使一切正常，婴儿也会以这种方法引起注意。他们会暂停，看看母亲有无反应，再决定是否继续假哭。这种现象显示，81(D)他们能够分辨什么行为可以奏效。

영국의 최신 연구 결과 영아가 속이는 것을 배우기 시작하는 시간은 과거에 생각했던 것보다 빠르며, 78(C)가장 빠르게는 6개월 때부터 다른 사람을 속이기 시작할 수 있는 것으로 나타났다.

행위 전문가는 단순한 속임수가 영아가 조금 자랐을 때 어떻게 더 복잡한 거짓말을 꾸며내는지 배우는 데에 도움을 준다는 것을 발견했다. 80(D)6개월에서 세 살 사이의 영유아가 사용하는 속이는 방법은 7가지로 나눌 수 있다. 영아는 거짓 울음과 억지 웃음을 짓는 것이 주의를 끌 수 있다는 것을 매우 빨리 발견한다. 8개월 된 영아는 난이도가 더 높은 속이는 테크닉을 사용하는데, 예를 들어 부모가 금지한 활동을 숨기거나 수를 써서 부모의 주의력을 분산시킨다. 두 살 된 유아는 아마 더 뛰어난 테크닉을 사용하는데, 예를 들면 부모가 체벌을 하려고 할 때 바로 크게 우는 것이다.

79(B)심리학자는 예전에 네 살 전의 발육 중인 대뇌는 거짓말을 할 수 없다고 생각했다. 거짓으로 우는 것은 가장 일찍 나타나는 속이는 방법 중 하나다. 설사 모든 것이 정상이라 할지라도 영아도 이런 방법으로 주의를 끌 수 있다. 그들은 잠시 멈춰서 엄마의 반응이 있는지 없는지를 살피고, 다시 계속해서 거짓으로 울지를 결정한다. 이런 현상은 81(D)그들이 어떤 행위가 효과가 있는지를 분별할 수 있다는 것을 나타낸다.

단어 　显示 xiǎnshì 통 나타내 보이다. 드러내 보이다 | 婴儿 yīng'ér 명 영아. 젖먹이. 유아 | 欺骗 qīpiàn 통 속이다. 기만하다 | 原先 yuánxiān 명 원래. 본래. 이전. 과거 | 骗人 piànrén 통 다른 사람을 속이다 | 骗术 piànshù 명 속임수. 사기술 | 如何 rúhé 대 어떻다. 어떠하다 | 编造 biānzào 통 (보고서 등을) 만들다. 편성하다. (이야기 등을) 꾸며내다 | 谎言 huǎngyán 명 거짓말 | 采用 cǎiyòng 통 채용하다. 채택하다 | 假哭 jiǎkū 통 우는 척하다. 거짓으로 울다 | 装笑 zhuāngxiào 통 억지 웃음을 짓다 | 引起 yǐnqǐ 통 (어떤 사건·현상·활동·주의 등을) 끌다. 일으키다. 야기하다 | 运用 yùnyòng 통 활용하다. 응용하다 | 难度 nándù 명 (일이나 기술 등 방면에서의) 난이도. 어려운 정도 | 技巧 jìqiǎo 명 기교. 테크닉. 수법 | 掩饰 yǎnshì 통 (결점·실수 따위를) 덮어 숨기다. 감추다 | 设法 shèfǎ 통 방법을 세우다. 대책을 찾다 | 分散 fēnsàn 통 분산시키다 | 高明 gāomíng 형 (견해·기능이) 훌륭하다. 뛰어나다 | 惩罚 chéngfá 통 처벌하다. 징벌하다 | 发育 fāyù 통 발육하다. 자라나다 | 大脑 dànǎo 명 대뇌 | 即使 jíshǐ 접 설령 ~하더라도. 설사 ~할지라도 | 暂停 zàntíng 통 잠시 멈추다 | 反应 fǎnyìng 통 반응하다 | 现象 xiànxiàng 명 현상 | 分辨 fēnbiàn 통 판별하다. 구별하다. 가리다 | 奏效 zòuxiào 통 효과가 나타나다. 효력이 생기다

★☆☆ ｜**유형**｜ 시간 파악

78　最新研究结果显示，婴儿多大学会骗人？

최근 연구 결과 영아가 몇 살 때 다른 사람을 속이는 것을 배우는 것으로 나타났는가?

A　三岁
B　四岁
C　六个月
D　八个月

A　3살
B　4살
C　6개월
D　8개월

해설　본문의 첫 번째 단락에서 최근 연구를 통해 빠르게는 6개월이 됐을 때 다른 사람을 속이기 시작하는 것으로 나타났다고 했으므로 답은 C다.

★★☆ | **유형** | 시간 파악

79 以前专家认为婴儿最早什么时候学会骗人?

A 三岁
B 四岁
C 六个月
D 八个月

예전 전문가들은 영아가 가장 빨리 언제 다른 사람을 속이는 것을 배울 수 있다고 생각했는가?

A 3살
B 4살
C 6개월
D 8개월

해설 본문의 세 번째 단락에서 '심리학자는 예전에 네 살 전의 발육 중인 대뇌는 거짓말을 할 수 없다고 생각했다'고 했으므로, 답은 B다.

★★★ | **유형** | 세부 내용 파악

80 七个月大的婴儿会怎么欺骗别人?

A 分散父母的注意力
B 大脑还不会编造谎言
C 掩饰父母禁止的活动
D 用假哭吸引父母注意

7개월 된 영아는 어떻게 다른 사람을 속이는가?

A 부모의 주의력을 분산시킨다
B 대뇌는 아직 거짓말을 꾸며낼 수 없다
C 부모가 금지한 활동을 숨긴다
D 거짓 울음으로 부모의 주의를 끈다

해설 본문의 두 번째 단락에서 '6개월에서 세 살 사이의 영유아가 사용하는 속이는 방법은 7가지로 나눌 수 있다. 영아는 거짓 울음과 억지 웃음을 짓는 것이 주의를 끌 수 있다는 것을 매우 빨리 발견한다'고 했으므로 답은 D다. 부모가 금지한 활동을 숨기거나 수를 써서 부모의 주의력을 분산시키는 방법을 찾는 것은 8개월 된 영아가 할 수 있는 행동이라고 했으므로 A와 C는 답에서 제외된다. 또한 영아가 빠르게는 6개월이 됐을 때 다른 사람을 속이기 시작한다고 했으므로 B도 답에서 제외된다.

★★☆ | **유형** | 전체 내용 파악

81 根据本文，以下哪一种说法是正确的?

A 两岁的婴儿比三岁的婴儿会骗人
B 如果一切正常婴儿就不会假哭了
C 婴儿一直哭就是想引起别人注意
D 婴儿能够分辨什么行为可以奏效

본문에 의하면 다음 중 옳은 것은 무엇인가?

A 두 살 된 영아가 세 살 된 영아보다 다른 사람을 잘 속인다
B 만약 모든 것이 정상이면 영아는 거짓으로 울지 않는다
C 영아가 줄곧 우는 것은 바로 다른 사람의 주의를 끌고 싶어서다
D 영아는 어떤 행위가 효과가 있는지 분별할 수 있다

해설 본문 맨 마지막에서 그들은 어떤 행위가 효과가 있는지를 분별할 수 있다고 언급했으므로 답은 D다.

★★☆ | **유형** | 주제 파악

82 最适合本文的标题是:

A 婴儿的欺骗
B 婴儿的假哭
C 婴儿的装笑
D 婴儿的聪明

본문에 가장 적합한 제목은:

A 영아의 거짓말
B 영아의 거짓 울음
C 영아의 억지 웃음
D 영아의 총명함

해설 전반적으로 영아의 거짓말과 관해 이야기를 하고 있다. B와 C의 거짓 울음과 억지 웃음은 모두 영아가 하는 거짓말의 일종으로 A에 해당된다. 따라서 가장 적절한 답은 A다.

83(A) "减肥"是时下使用率最高的词之一，减肥的人往往关注饮食，但空调的使用也是肥胖不可忽视的诱因之一。空调让我们总是待在恒温的环境里，所以我们不用调节自己体内的热量。科学家们建议，人们离开空调区就可以减轻体重。85(D)因为如果气温很低，我们的身体就会自动消耗脂肪，以保持温暖。86(C)如果天气很热，我们的食欲就会降低，摄入的热量自然也少，而大量出汗又进一步消耗热量。研究表明，和以前相比，84(B)现在人用空调把家里的温度调得得冬天更加暖和，夏天更加凉爽，抵消了调节我们体重的天然因素。

83(A) '다이어트'는 현재 사용률이 가장 높은 단어 중 하나로, 다이어트를 하는 사람은 종종 음식에 관심을 갖는다. 그러나 에어컨 사용도 비만에 있어 소홀히 해서는 안 되는 요인 중 하나다. 에어컨은 우리로 하여금 항상 일정한 온도의 환경에서 머무르게 해주기 때문에, 우리는 자신의 체내의 열량을 조절할 필요가 없다. 과학자들은 사람들이 에어컨이 있는 구역을 떠나면 체중을 줄일 수 있다고 제안한다. 85(D)왜냐하면 만약 기온이 매우 낮다면, 따뜻함을 유지하기 위해서 우리의 몸은 자동적으로 지방을 소모하고, 86(C)만약 날씨가 매우 덥다면, 우리의 식욕이 떨어져 섭취 열량도 자연히 줄어들고, 많은 양의 땀을 흘려 또 한층 더 열량을 소모할 수 있기 때문이다. 연구는 이전과 비교해 84(B)요즘 사람들은 에어컨을 사용해 집 안의 온도를 겨울에는 더 따뜻하게 여름에는 더 시원하게 조절하여, 우리의 체중을 조절하는 천연요소를 효력이 없게 한다고 밝혔다.

제2회 阅读

단어 减肥 jiǎnféi 圖 체중을 줄이다, 살을 빼다, 다이어트하다 | 时下 shíxià 圆 현재, 지금 | 关注 guānzhù 圄 관심을 가지다 | 饮食 yǐnshí 圆 음식 | 肥胖 féipàng 圄 뚱뚱하다, 비만하다 | 忽视 hūshì 圄 소홀히 하다, 경시하다 | 诱因 yòuyīn 圓 유인 | 恒温 héngwēn 圆 항온, 일정한 온도 | 调节 tiáojié 圄 (수량이나 정도 등을) 조절하다, 조정하다 | 热量 rèliàng 圆 열량 | 建议 jiànyì 圄 건의하다, 제안하다 | 减轻 jiǎnqīng 圄 경감하다, 덜다 | 体重 tǐzhòng 圆 체중 | 气温 qìwēn 圓 기온, 대기의 온도 | 消耗 xiāohào 圄 (정신·힘·물건·시간 등을) 소모하다, 소비하다 | 脂肪 zhīfáng 圆 지방 | 保持 bǎochí 圄 (원래의 상태를) 유지하다 | 温暖 wēnnuǎn 圄 (기후·시간·장소·사물 등이) 따뜻하다, 온난하다 | 食欲 shíyù 圆 식욕 | 摄 shè 圄 섭취하다, 흡수하다 | 出汗 chūhàn 圄 땀이 나다 | 表明 biǎomíng 圄 표명하다, 분명하게 나타내다 | 更加 gèngjiā 圄 더욱, 한층 | 凉爽 liángshuǎng 圄 시원하고 상쾌하다 | 抵消 dǐxiāo 圄 중화하다, 효력이(효과가) 없게 하다 | 因素 yīnsù 圆 (구성) 요소, 성분

★★★ |유형| 의미 파악

83

"减肥"这个词的使用率高说明什么?

A 人们关注肥胖问题
B 人们关注饮食问题
C "减肥"这个词含义丰富
D "减肥"这个词含义深刻

'다이어트'라는 단어의 사용률이 높은 것은 무엇을 설명하는가?

A 사람들은 비만 문제에 관심을 갖는다
B 사람들은 음식 문제에 관심을 갖는다
C '다이어트'라는 단어에 내포된 뜻이 풍부하다
D '다이어트'라는 단어에 내포된 뜻은 깊이가 있다

단어 含义 hányì 圆 (단어나 문장 등에서) 포함하는 의미, 내포된 뜻 | 深刻 shēnkè 圄 (문제나 사건의) 본질을 파악하다, 깊이가 있다

해설 '다이어트'라는 단어의 사용률이 높다는 것은 많은 사람이 비만 문제에 관심을 가진다는 의미다. 따라서 답은 A다.

84

空调的作用是什么?

A 调节湿度
B 调节室温
C 净化空气
D 制造氧气

에어컨의 역할은 무엇인가?

A 습도를 조절한다
B 실내 온도를 조절한다
C 공기를 정화한다
D 산소를 만든다

단어 湿度 shīdù 阌 습도 │ 室温 shìwēn 阌 실내 온도 │ 净化 jìnghuà 阌 정화하다 │ 制造 zhìzào 阌 제조하다. 만들다 │
氧气 yǎngqì 阌 산소

해설 본문의 마지막 부분에서 '요즘 사람들은 에어컨을 사용해 집 안의 온도를 겨울에는 더 따뜻하게 여름에는 더 시원하게
조절한다'고 했으므로, 답은 B다.

85

人体内的脂肪的作用是什么?

A 生成血液
B 制造氧气
C 帮助获取热量
D 保证人体温度

인체 내 지방의 역할은 무엇인가?

A 혈액을 생성한다
B 산소를 만든다
C 열량을 얻도록 도와준다
D 인체의 온도를 보장한다

단어 生成 shēngchéng 阌 (화학적 반응을 통해) 생성되다. 생기다 │ 血液 xuèyè 阌 혈액 │ 获取 huòqǔ 阌 얻다. 획득하다

해설 본문의 중반부에 '만약 기온이 매우 낮다면, 따뜻함을 유지하기 위해서 우리의 몸은 자동적으로 지방을 소모한다'고 언
급했으므로 답은 D다.

86

为什么天热人的体重会下降?

A 人体大量出汗
B 使用空调时间太长
C 消耗大但补充得少
D 天热时食物的营养少

왜 날씨가 더우면 사람의 체중이 낮아지는가?

A 인체에서 많은 땀이 나오기 때문에
B 에어컨을 사용하는 시간이 지나치게 길기 때문에
C (열량) 소모는 크지만 보충이 적기 때문에
D 날씨가 더울 때 음식물의 영양이 적기 때문에

단어 食物 shíwù 阌 음식물 │ 营养 yíngyǎng 阌 영양. 성분

해설 본문의 중후반에 '만약 날씨가 매우 덥다면, 우리의 식욕이 떨어져 섭취 열량도 자연히 줄어들고, 많은 양의 땀을 흘려
또 한층 더 열량을 소모할 수 있다'고 했다. 따라서 날이 더우면 열량 소모는 크지만 보충은 적기 때문에 체중이 줄어
든다는 것을 알 수 있으므로 답은 C다. 이러한 건강 관련 설명문은 일년에 평균 1~2 문제 정도 출제되는데 건강 관련
지식, 중국 풍속 및 명절 관련 통계가 많으니, 평소 관련 상식을 공부해두면 문제를 푸는 데 큰 도움이 될 것이다. 꼭
중국어가 아니라도 신문의 칼럼 등을 통해 한국어로 공부해도 무방하다.

奇奇怀孕九个月了，出门越来越不方便，^{89(C)}丈夫就不让她出门，^{89(B)}需要买的东西，丈夫都替她想好也买好了。今天是奇奇妈妈的生日，丈夫上班去了，奇奇只好一个人去妈妈家。

走到车站，公共汽车还没有来，奇奇就站在旁边等。突然后面有人轻轻拍她的肩膀。奇奇转过身，一个姑娘指着候车的长椅说："大姐，你坐吧。""你丈夫真好。"姑娘笑着说。

"哎。"奇奇应了声，可心里感到很奇怪，这姑娘怎么突然说这话？

车来了，围住车门的人却都不上车，自动^{87(C)}给奇奇让出一条路。奇奇脸红了，连声说"谢谢"。奇奇一上车一个小伙子就站了起来，^{87(C)}让出了座位。奇奇坐了下来，心里涌起了热流：今天真温暖！

"你丈夫真好！"小伙子下车时说。

"谢谢。"奇奇赶忙道谢，但心里却更不明白了：怎么人们都知道自己的丈夫好呢？

到了站，奇奇站了起来，拥挤的车厢里又让出了一条路。周围的人们都面带微笑，用一种羡慕的眼神目送她下车。

"你丈夫真好！"一位大姐说。

"谢谢！"奇奇心里^{88(B)}乐开了花，车上的人都向她招手致意。

奇奇到了家。这时小妹忽然在奇奇的后面哇地大叫一声，大家都被惊动了。小妹小心地从奇奇背后揭下一张用透明胶带粘着的纸片，^{89(D)/90(A)}纸片上写着：请给我的妻子让个座，谢谢！

奇奇捧着纸片，落下了感动的泪水。

치치는 임신 9개월이 되자 집을 나서기가 점점 불편해져서 ^{89(C)}남편은 그녀를 외출하지 못하도록 했고 ^{89(B)}사야 하는 물건은 남편이 그녀 대신 생각해서 사다 주기로 하였다. 오늘은 치치 어머니 생신인데 남편이 출근해서 치치는 어쩔 수 없이 혼자서 어머니 집에 갔다.

정류장에 도착했는데 버스가 아직 오지 않아서 치치는 옆에 서서 기다렸다. 갑자기 뒤에서 어떤 사람이 그녀의 어깨를 가볍게 두드렸다. 치치가 몸을 돌리자 한 아가씨가 차를 기다리는 긴 의자를 가리키며, "언니, 앉으세요.""언니 남편은 정말 좋아요."라고 웃으며 말했다.

"네."라고 치치는 대답했지만 마음속으로는 매우 이상하다고 여겼다. 이 여자가 왜 갑자기 이 말을 하는 걸까？

차가 왔는데 차 문을 에워쌌던 사람들이 오히려 모두 차를 타지 않고, 자발적으로 ^{87(C)}치치에게 길을 양보해주었다. 치치는 얼굴이 빨개져서, 연거푸 "고맙습니다."라고 말했다. 치치가 차에 타자 한 젊은 사람이 바로 일어나더니 ^{87(C)}자리를 양보해주었다. 치치는 앉았고, 마음속으로 뜨거운 것이 솟구쳤다. '오늘 정말 훈훈하구나！'

"당신의 남편은 정말 좋아요！"라고 젊은 사람이 차에서 내릴 때 말했다.

"고맙습니다." 치치는 서둘러 감사의 말을 했지만, 마음속으로는 오히려 더욱 이해가 안 갔다. 어떻게 사람들이 모두 자신의 남편이 좋은지 안단 말인가？

정류소에 도착해서 치치가 일어서자 붐비는 차 안에 또 길이 생겼다. 주위의 사람들은 모두 얼굴에 미소를 띠고, 일종의 부러운 눈빛으로 차에서 내리는 그녀를 바라보았다.

"당신의 남편은 정말 좋아요！" 한 여자가 말했다.

"고맙습니다！" 치치의 마음속에는 ^{88(B)}기쁨이 넘쳤으며, 차 안에 있는 사람들이 모두 그녀에게 손을 흔들어 인사를 했다.

치치가 집에 도착했다. 이때 여동생이 갑자기 치치의 뒤에서 '와' 하고 크게 소리쳤고, 모두를 놀라게 했다. 여동생은 조심조심 치치의 등 뒤에 셀로판 테이프로 붙어 있는 한 장의 종이를 떼어냈다. ^{89(D)/90(A)}종이에는 "저의 아내에게 자리를 양보해주세요. 감사합니다！"라고 적혀 있었다.

치치는 종이를 받쳐들고 감동의 눈물을 흘렸다.

단어

怀孕 huáiyùn 图 임신하다 ｜ 肩膀 jiānbǎng 图 (사람이나 동물의) 어깨 ｜ 转身 zhuǎnshēn 图 몸을 돌리다, 몸을 틀다 ｜ 候车 hòuchē 图 차를 기다리다 ｜ 应声 yīngshēng 图 (소리내어) 대답하다, 응답하다 ｜ 让路 rànglù 图 (상대방에게) 길을 양보하다 ｜ 连声 liánshēng 图 잇달아, 연달아, 계속해서 ｜ 小伙子 xiǎohuǒzi 图 총각, 젊은이 ｜ 涌 yǒng 图 피어오르다, 솟아나다 ｜ 热流 rèliú 图 (격정적인 흥분된) 감정, 느낌 ｜ 赶忙 gǎnmáng 图 서둘러, 급히 ｜ 道谢 dàoxiè 图 말로 사의를 표하다, 감사의 말을 하다 ｜ 拥挤 yōngjǐ 图 붐비다, 혼잡하다 ｜ 车厢 chēxiāng 图 객차 ｜ 微笑 wēixiào 图 미소를 짓다, 미소를 띠다 ｜ 眼神 yǎnshén 图 눈매, 눈빛 ｜ 目送 mùsòng 图 (떠나는 사람을) 눈으로 배웅하다 ｜ 开花 kāihuā 图 (마음에) 기쁨이 넘치다, (얼굴에) 웃음꽃이 피다 ｜ 招手 zhāoshǒu 图 손을 흔들다, 손짓하다 ｜ 致意 zhìyì 图 안부를 전하다 ｜ 惊动 jīngdòng 图 놀라게 하다, 시끄럽게 하다 ｜ 揭下 jiēxià 떼어내다, 벗기다 ｜ 透明胶带 tòumíng jiāodài 图 셀로판 테이프 ｜ 捧 pěng 图 (두 손으로) 받쳐들다, 움켜 뜨다 ｜ 泪水 lèishuǐ 图 눈물

87 奇奇为什么觉得 "今天真温暖"？ | 치치는 왜 '오늘 정말 훈훈하다'라고 느꼈는가?

A 今天艳阳高照
B 她的衣服很保暖
C 大家都很照顾她
D 她坐的位置很暖和

A 오늘 밝은 햇빛이 비춰서
B 그녀의 옷이 매우 보온이 잘 되어서
C 모두가 그녀를 매우 잘 배려해서
D 그녀가 앉은 자리가 매우 따뜻해서

단어 艳阳 yànyáng 몡 밝은 태양, 환하게 빛나는 태양 | 保暖 bǎonuǎn 용 온도를 유지하다, 보온하다

해설 치치가 어머니 집에 가는 길에 만난 모든 사람이 그녀에게 길을 내주고 자리를 양보해주는 등 그녀를 매우 잘 배려해주었으므로, 답은 C다.

88 文中画线的 "乐开了花" 是什么意思？ | 지문에서 밑줄 친 '乐开了花'의 뜻은 무엇인가?

A 非常激动
B 非常高兴
C 非常热情
D 非常感动

A 매우 흥분하다
B 매우 기쁘다
C 매우 열정적이다
D 매우 감동하다

단어 激动 jīdòng 혱 흥분하다, 감동하다

해설 乐开了花에서 乐는 快乐의 뜻이므로 답은 B다.

89 以下哪一项不是丈夫人好的表现？ | 다음 중 남편이 좋은 사람이라는 것을 보여주는 것이 아닌 것은?

A 陪奇奇坐公共汽车
B 准备奇奇需要的东西
C 不让怀孕的奇奇出门
D 贴纸片请路人照顾奇奇

A 치치를 데리고 버스를 탄다
B 치치가 필요한 물건을 준비한다
C 임신한 치치를 외출하지 못하도록 한다
D 종이를 붙여 행인이 치치를 보살펴주도록 한다

단어 路人 lùrén 몡 행인 | 贴 tiē 용 붙이다

해설 본문에서 남편이 치치를 데리고 버스를 탔다는 말은 없으므로 답은 A다. 첫 번째 단락에서 남편은 치치를 대신해서 물건을 사다 주고, 그녀를 외출하지 못하도록 했다고 했으므로 B와 C는 답에서 제외된다. 또한 본문 마지막 부분에 남편은 치치의 등 뒤에 종이를 붙여 행인들이 그녀에게 자리를 양보하게 했다고 언급했으므로 D도 답이 될 수 없다.

90 本文的最佳标题应该是： | 본문의 제목으로 가장 적절한 것은 :

A 幸福的奇奇
B 怀孕的奇奇
C 神奇的小纸片
D 孕妇坐公共汽车

A 행복한 치치
B 임신한 치치
C 신기한 작은 종잇조각
D 임신부가 버스에 타다

단어 神奇 shénqí 혱 신기하다 | 孕妇 yùnfù 몡 임부, 임신부

해설 남편이 임신한 치치의 등에 '저의 아내에게 자리를 양보해주세요'라는 문구의 종이를 붙여놓아, 치치가 어머니 집에 가는 길에 많은 사람의 보살핌을 받았다는 이야기다. 이는 남편의 아내에 대한 사랑을 나타내며, 이로 인해 아내가 매우 행복할 것임을 유추할 수 있다. 따라서 가장 적절한 답은 A다.

书写

第一部分

91-98

★★☆ │ **유형** │ 겸어문 파악

91 那里的产品   去了解   销售情况   派他   一下   公司

답 | 公司派他去了解一下那里的产品销售情况。 | 회사는 그를 파견해 그곳의 상품 판매 상황을 좀 알아보도록 한다.

단어 销售 xiāoshòu 图 (상품을) 팔다, 판매하다, 매출하다

해설 이 문장은 겸어문으로, 겸어문의 기본구조는 '주어＋술어1＋겸어＋술어2'다. 여기서 他는 앞 문장에서는 목적어가 되지만 뒤 문장에서는 주어가 되는 겸어다. 公司는 문장의 주어로, 派他의 동작자다. 一下는 동사 了解의 보어다. 또한 那里的产品销售情况은 동사 了解의 목적어다.

公司 ＋ 派 ＋ 他 ＋ 去了解 ＋ 一下 ＋ 那里的产品销售情况
주어　　술어　　겸어　　술어2　　보어　　　　목적어

★☆☆ │ **유형** │ 겸어문 파악

92 作业   帮我   我不需要   别人   做

답 | 我不需要别人帮我做作业。 | 나는 다른 사람이 내 숙제를 도와주는 것이 필요하지 않다.

해설 需要는 동사로, 동사나 동사구를 목적어로 취할 수 있으며, 앞에 不를 붙여 부정한다. 또한 문장에서 동사구 做作业는 전체 문장의 목적어인 동시에 그 자체로도 동사와 목적어 관계다.

我 ＋ 不需要 ＋ 别人 ＋ 帮我 ＋ 做作业
주어　　술어　　　겸어　　술어2　　목적어

★☆☆ │ **유형** │ 전치사(对) 파악

93 进行热烈的   这个问题   正在对   同学们   讨论

답 | 同学们正在对这个问题进行热烈的讨论。 | 학생들은 지금 이 문제에 대해 열렬한 토론을 진행하고 있다.

단어 热烈 rèliè 图 열렬하다, 뜨겁다

해설 同学们은 이 문장의 주어이며, '对…进行…讨论'은 자주 쓰이는 구문이다.

同学们 ＋ 正在 ＋ 对 ＋ 这个问题 ＋ 进行 ＋ 热烈的 ＋ 讨论
주어　　　부사　　전치사　　명사　　　술어　　관형어　　목적어

94 掉　把　　电脑　　一定要　　下班的时候　　关

답　下班的时候一定要把电脑关掉。　│　퇴근할 때는 반드시 컴퓨터를 꺼야 합니다.

해설　이 문장은 把자문으로, 把자문은 목적어를 동사 앞으로 끌어내 목적어를 어떤 방식으로 '처리하다'라는 의미를 나타낸다. 기본구조는 '주어 + 把 + 명사 + 동사 + 기타성분'이다. **下班的时候**는 시간부사로 일반적으로 문장 맨 앞에 위치한다. '부사 + 조동사'인 **一定要**는 반드시 전치사 把 앞에 두어야 한다. **掉**는 결과보어로 동사 关 뒤에 와야 한다.

下班的时候 + 一定要 + 把 + 电脑 + 关 + 掉
시간부사　부사어　전치사　명사　술어　결과보어

✎Tip⁺　• 자주 쓰는 결과보어의 의미

好 hǎo	동작이 완성되었거나 만족스러운 정도에 이르렀음을 나타낸다.	예 菜做好了，你尝尝吧。 요리가 다 되었어, 맛 좀 봐.
完 wán	완료, 완성되다	예 电视剧看完了。드라마를 다 봤다.
懂 dǒng	알다, 이해하다	예 老师的话我听懂了。 선생님의 말씀을 나는 알아들었다.
到 dào	~에 이르다, ~을 이루어내다	예 钱包终于找到了。지갑을 드디어 찾았다.
见 jiàn	감각기관과 관계된 동작동사(看, 听, 闻) 뒤에 붙어 동작의 결과를 나타낸다.	예 你听见了吗? 너 들었어?
住 zhù	동작을 통해 사람 혹은 사물의 위치를 고정한다.	예 请记住我的手机号码。 제 휴대전화 번호를 기억해주세요.
掉 diào	~해버리다	예 扔掉了 던져버렸다
光 guāng	조금도 남지 않다, 다 없어지다	예 这个月的工资花光了。이번 달 월급을 다 썼다.
干净 gānjìng	깨끗하다, 하나도 남지 않다	예 衣服都洗干净了。옷을 모두 깨끗하게 빨았다.
清楚 qīngchu	분명하다, 명확하다	예 讲清楚了 분명하게 말했다

95 根本　休息　他们　充分的　得不到

답　他们根本得不到充分的休息。　│　그들은 전혀 충분한 휴식을 취하지 못했다.

단어　根本 gēnběn 부 아예, 전혀 │ 充分 chōngfèn 형 충분하다

해설　**他们**은 주어로 문장의 제일 앞에 놓이며, **根本**은 부사로 **得不到** 앞에 와야 한다. 2음절 형용사 **充分** 뒤에 **的**가 있는 것으로 보아 관형어로 쓰였음을 알 수 있다. 的 뒤에는 주로 명사성 단어가 오기 때문에 목적어 **休息**가 的 뒤에 위치한다.

他们 + 根本 + 得 + 不到 + 充分的 + 休息
주어　부사어　술어　보어　관형어　목적어

★☆☆ | **유형** | '**是…的**' 강조구문 파악

96 的　　他们是　　介绍　　通过中间人　　认识

답　他们是通过中间人介绍认识的。　｜　그들은 중개인의 소개를 통해 알게 되었다.

단어　中间人 zhōngjiānrén 몡 중개인, 중재인

해설　이 문장은 '**是…的**' 강조구문으로 시간과 장소, 방식 등을 강조할 때 쓰이며 과거형에만 쓰인다. 또한 是와 的 사이에 강조하고자 하는 구체적인 내용을 넣는다. 이 문장에서 **通过**는 전치사적 용법으로 쓰여 '~을 통해, ~을 거쳐'라는 뜻이다.

他们 ＋ 是 ＋ 通过中间人 ＋ 介绍认识 ＋ 的
주어　　是…的강조구　　전치사구　　술어　　是…的강조구

★☆☆ | **유형** | 문장성분 파악

97 一幅　　就　　美丽的西湖　　好像是　　山水画

답　美丽的西湖就好像是一幅山水画。　｜　아름다운 서호는 마치 한 폭의 산수화 같다.

단어　西湖 Xī Hú 몡 서호 ｜ 山水画 shānshuǐhuà 몡 산수화, 산수도

해설　美丽的西湖는 문장의 주어고 부사 就는 주어 뒤, 동사 앞에 놓아야 한다. 수량사 一幅는 山水画를 꾸며주는 관형어 역할을 한다.

美丽的 ＋ 西湖 ＋ 就好像 ＋ 是 ＋ 一幅 ＋ 山水画
관형어　　주어　　부사어　　술어　　관형어　　목적어

★☆☆ | **유형** | 受자문 파악

98 受　　这档节目　　喜爱　　很　　观众的

답　这档节目很受观众的喜爱。　｜　이 프로그램은 관중의 큰 사랑을 받는다.

단어　喜爱 xǐ'ài 동 (사람이나 물건에 대해) 호감을 느끼다, 흥미를 갖다, 좋아하다, 애호하다, 사랑하다

해설　이 문장은 受자문으로, 受자문은 어떤 주체에 의해 동작을 받는 피동적 형태를 띤다. 정도부사 很은 '受…的 ＋ 동사' 구문 앞에 와야 한다.

第二部分

99-100

★★☆ | **유형** | 화제 파악

99　参观　　座位　　准时　　照相　　急忙

모범답안

上个周末我们班去参观历史博物馆。八点半，我准时来到学校大门口，上了汽车，找个座位坐了下来。我看见王老师手里拿着照相机急忙地跑了过来。这时候，我才想到我也应该带个照相机照几张相。

지난주 주말 우리 반은 역사박물관에 견학 갔다. 8시 반, 나는 제시간에 학교 정문에 도착해서, 차를 타고 자리를 찾아 앉았다. 나는 왕 선생님이 손에 카메라를 들고 다급하게 뛰어오시는 것을 보았다. 이때서야 나도 카메라를 가지고 와서 몇 장의 사진을 찍어야 하는데라고 생각했다.

단어　参观 cānguān 〔동〕 (업무 성과·사업·시설·명승지 등을) 참관하다, 시찰하다, 견학하다 | 博物馆 bówùguǎn 〔명〕 박물관 | 准时 zhǔnshí 〔부〕 정시에, 제때에 | 急忙 jímáng 〔형〕 급하다, 바쁘다

해설　제시된 단어들을 보면 다소 조합하기 어렵다고 생각할 수 있다. 그러므로 우선 주어진 단어를 가지고 1~2분 동안 대략적인 스토리를 구상해보자. 예를 들어 주어진 단어를 보고 '参观 + 장소', '准时 + 到 + 장소', '拿 + 照相机 / 带 + 照相机 / 照照相', '找 + 座位', '急忙地跑' 등을 연상해볼 수 있다. 이처럼 호응관계를 연상한 후 차근차근 문장을 만들어나가다 보면, 어느새 완벽한 한편의 글이 만들어질 것이다.

★★☆ | **유형** | 화제 파악

100

모범답안

春天来了，小燕子像春姑娘一样飞到各处告诉人们春的消息。
春姑娘来到花园中，花儿们纷纷开放；春姑娘来到草地里，小草抬起头，向着阳光生长；春姑娘来到小河边，小河向人们微笑歌唱。

봄이 오자, 제비는 봄처녀처럼 이곳저곳을 날아다니며 사람들에게 봄의 소식을 알린다.
봄처녀가 화원에 오니 꽃들이 잇달아 피고, 봄처녀가 잔디밭에 오니 작은 풀들이 고개를 들고 햇빛을 향해 자란다. 봄처녀가 작은 시냇가에 오니, 작은 시냇물이 사람들을 향해 미소 지으며 노래를 부른다.

단어　燕子 yànzi 〔명〕 제비 | 姑娘 gūniang 〔명〕 아가씨, 처녀 | 各处 gèchù 〔명〕 각처, 여러 곳 | 纷纷 fēnfēn 〔부〕 (많은 사람이나 사물이) 잇달아, 끊이지 않고, 쉴 새 없이, 계속하여 | 开放 kāifàng 〔동〕 (꽃이) 피다 | 抬头 táitóu 〔동〕 머리를 들다, 고개를 들다 | 微笑 wēixiào 〔동〕 소리를 내지 않고 빙긋이 웃다, 미소를 짓다, 미소를 띠다

해설　사진을 보면 제비와 꽃이 보인다. 먼저 제비와 꽃을 보면 연상되는 단어를 생각해본 후, 상상하여 문장을 만들어보도록 하자. 80자 정도의 글은 생각보다 길지 않으므로 너무 많은 내용을 담으려고 욕심을 내지 말고, 요점과 핵심만 간단히 쓰려고 노력해야 한다. 예를 들어 제비와 꽃은 어느 계절에 볼 수 있는지, 또는 봄이 왔을 때 꽃들은 어떤 모습일지 등을 상상하며 문장을 만들어보자. 이런 유형의 문제는 평소 많은 예문들을 접하고 외워야 단시간에 글을 쓸 수 있다. 평소 추상적인 이미지에 대한 묘사나 주관적인 관점에 관한 묘사를 연습해두는 것도 좋은 방법이다.

해설

북경어언대
新 HSK 합격 모의고사 5급

听力

第 一 部 分

1-20

★★☆ |유형| 행위 파악

01

女: 校长不是在住院吗? 那办公室里坐着的是谁啊?
男: 可不就是他? 医生也建议他再休息几天, <u>可是他非要来学校不可</u>。

问: 校长正在干什么?
A 住院
B 休息
C 工作
D 上课

여: 교장선생님 입원하신 거 아니셨어요? 저 사무실에 앉아 있는 사람은 누구죠?
남: 바로 교장선생님 아니겠어요? 의사도 교장선생님께 며칠 더 쉬시라고 했지만, 꼭 학교에 오시지 않으면 안 된다는 거예요.

질문: 교장선생님은 지금 무엇을 하고 있는가?
A 입원해있다
B 휴식한다
C 일한다
D 수업한다

단어 住院 zhùyuàn 통 입원하다 | 建议 jiànyì 통 건의하다

해설 可是他非要来学校不可라는 남자의 말을 통해, 교장선생님이 몸이 좋지 않아 쉬어야 함에도 불구하고 학교에 나와서 일을 하고 있음을 알 수 있다. 따라서 답은 C다.

 '非要…不可'는 '반드시 ~를 하지 않으면 안 된다'라고 해석되며, '非要…不行'이라고도 한다.
예 妈妈住院了, 我非要去不可。 엄마가 병원에 입원해서, 나는 꼭 가지 않으면 안 된다.

★★☆ |유형| 화제 파악

02

女: 哥哥, 你能不能教我一下这个怎么用?
男: <u>这是全自动的</u>, 很容易用。你只要把镜头对准你要拍的对象, 然后按一下这个白色的键就好了。

问: 两个人在谈论什么?
A 如何使用电脑
B 如何使用空调
C 如何使用照相机
D 如何使用洗衣机

여: 오빠, 이거 어떻게 사용하는 건지 내게 가르쳐줄 수 있어?
남: 이건 전자동이라 사용하기 매우 쉬워. 렌즈를 네가 찍으려는 대상에 정확하게 맞추고, 그 후에 이 흰색 버튼을 한 번 누르면 돼.

질문: 두 사람은 무엇에 대해 이야기를 나누고 있는가?
A 컴퓨터를 어떻게 사용하는지
B 에어컨을 어떻게 사용하는지
C 카메라를 어떻게 사용하는지
D 세탁기를 어떻게 사용하는지

단어 镜头 jìngtóu 명 렌즈 | 对准 duìzhǔn 통 조준하다, 정확하게 맞추다 | 按 àn 통 누르다 | 键 jiàn 명 누름단추, 버튼 | 如何 rúhé 대 어떻다, 어떠하다

해설 듣기 제1부분은 우선 보기를 먼저 읽고 어떤 내용에 주의해서 들어야 하는지 빨리 파악해야 한다. 대화 중 镜头, 拍 등의 카메라 관련 어휘들이 등장하고 있으며, 全自动的는 全自动的照相机(전자동 카메라)를 가리킨다. 따라서 답은 C다.

 • 사진 관련 어휘
合影 héyǐng 명 단체사진 | 胶卷 jiāojuǎn 명 필름 | 留念 liúniàn 통 기념으로 남기다 | 拍照 pāizhào 통 사진을 찍다 | 三脚架 sānjiǎojià 명 삼각대 | 闪光灯 shǎnguāngdēng 명 플래시 | 数码摄像机 shùmǎ shèxiàngjī 명 디지털 비디오 카메라 | 数码相机 shùmǎ xiàngjī 명 디지털 카메라 | 洗照片 xǐ zhàopiàn 사진을 현상하다 | 一次性相机 yícìxìng xiàngjī 명 일회용 카메라 | 照相机 zhàoxiàngjī 명 카메라 | 证件照 zhèngjiànzhào 명 증명사진

★★☆ | **유형** | 행위 파악

03

男：最近学习怎么样？快要毕业实习了吧？
女：忙，不过尽忙着看医生了，我怎么这么不
　　走运啊!

问：女的最近忙着做什么？

A 实习
B 上课
C 看病
D 上班

남: 요즘 공부하는 거 어때? 곧 졸업 실습이지?
여: 바빠. 하지만 줄곧 병원 다니느라 바빴어. 난 어쩜
　　이렇게 운이 나쁜 건지!

질문: 여자는 요즘 바쁘게 무엇을 하는가?

A 실습한다
B 수업한다
C 진료받는다
D 출근한다

단어 实习 shíxí 통 실습하다 | 尽 jǐn 분 내내, 줄곧 | 走运 zǒuyùn 형 운이 좋다, 좋은 운을 만나다

해설 여자가 한 말 중 尽忙着看医生了의 의미는 줄곧 병원에 갔다는 뜻으로, 여자가 최근에 병이 나서 진료를 받았다는 것
　　을 알 수 있다. 따라서 답은 C다.

★★☆ | **유형** | 전체 내용 파악

04

女：这种A从巴西进口的玫瑰花卖得可好了，
　　特别是B小伙子买来送女朋友再合适不过
　　了。
男：是吗？可是只有C这一种颜色，全是蓝色
　　的啊。

问：关于玫瑰花，对话中没有提到哪一项？

A 产地
B 作用
C 颜色
D 价格

여: A브라질에서 수입한 이런 종류의 장미꽃은 정말
　　잘 팔려요. 특히, B젊은 남자가 여자친구에게 사다
　　주면 더할 나위 없이 좋을 거예요.
남: 그래요? 그런데 C이 색깔만 있네요. 전부 파란색
　　이군요.

질문: 장미꽃에 대해 대화에서 언급하지 않은 것은?

A 생산지
B 용도
C 색깔
D 가격

단어 巴西 Bāxī 명 브라질 | 进口 jìnkǒu 통 수입하다 | 玫瑰 méigui 명 장미 | 小伙子 xiǎohuǒzi 명 총각, 젊은이 | 产
　　地 chǎndì 명 생산지

해설 이 문제는 남녀 두 사람의 말을 모두 주의 깊게 들어야 풀 수 있는 문제다. 대화를 통해 장미의 생산지는 브라질이고
　　여자친구에게 선물하는 것이 좋다는 장미의 용도와 그 색이 파란색 한 종류만 있다는 것을 알 수 있다. 그러나 가격에
　　대한 언급은 없었으므로 답은 D다.

★★★ | **유형** | 전체 내용 파악

05

女：咱爸这两天总是感冒咳嗽，医生说是年纪
　　大了抵抗力不好。
男：最近这天气也忽冷忽热的。我想去给他买
　　一件保暖内衣，你有空做锅鸡汤给爸补补
　　身子。

问：下列哪种说法是正确的？

A 父亲平时很少生病
B 男的想给父亲买东西
C 他们要带父亲去看病
D 天太冷对老人身体不好

여: 우리 아버지께서 요 며칠 계속 감기로 기침을 하
　　시는데, 의사 말이 연세가 많으셔서 저항력이 좋
　　지 않아서 그렇대요.
남: 요즘 날씨도 변덕이 심하잖아요. 내가 아버지께
　　보온 내의를 사드릴 테니, 당신은 시간 나면 삼계
　　탕을 만들어서 아버지 몸보신 좀 시켜드려요.

질문: 다음 중 옳은 것은?

A 부친은 평소에 잘 아프시지 않다
B 남자는 부친에게 물건을 사주려 한다
C 그들은 부친을 모시고 진찰받으러 가려고 한다
D 날씨가 추우면 노인 건강에 좋지 않다

 咳嗽 késou 图 기침하다 ｜ 抵抗力 dǐkànglì 명 저항력 ｜ 忽冷忽热 hūlěnghūrè 성어 변덕이 심하다, 추웠다 더웠다 하다 ｜ 保暖 bǎonuǎn 图 온도를 유지하다, 보온하다 ｜ 内衣 nèiyī 명 내의 ｜ 鸡汤 jītāng 명 삼계탕 ｜ 补 bǔ 图 보양하다 ｜ 身子 shēnzi 명 몸, 신체

 남자가 我想去给他买一件保暖内衣라고 말했으므로 답은 B다. 한편 여자의 말을 통해 아버지가 이미 의사에게 진찰을 받았음을 알 수 있다. 따라서 C는 답에서 제외된다.

★★☆ ｜유형｜ 행위 파악

06

女: <u>住这儿多好啊，前后都有小花园，小孩子还有地方做游戏什么的，像电影里一样，你觉得呢?</u>
男: 我觉得还是再考虑考虑吧，漂亮和实用毕竟是不同的概念。

问: 说话人在干什么?

A 选房子
B 逛花园
C 看电影
D 玩儿游戏

여: <u>여기서 살면 얼마나 좋을까요, 앞뒤로 모두 작은 화원이 있고 아이들이 게임 같은 것을 할 수 있는 곳도 있고, 마치 영화 속 같아요. 당신 생각은요?</u>
남: 나는 아직 더 생각해봐야 할 것 같아요. 예쁜 것과 실용적인 것은 어쨌든 다른 개념이니까요.

질문: 화자는 지금 무엇을 하고 있는가?

A 집을 고른다
B 화원을 거닌다
C 영화를 본다
D 게임을 한다

 游戏 yóuxì 명 오락, 게임 ｜ 实用 shíyòng 형 실용적이다 ｜ 毕竟 bìjìng 부 결국, 어쨌든 ｜ 概念 gàiniàn 명 개념

 듣기 문제는 첫 문장에 답이 나오는 경우가 많다. 그러므로 문제 시작 전 보기를 미리 훑어보고 첫 마디부터 놓치지 말고 들어야 한다. 住这儿多好啊(여기서 살면 얼마나 좋을까요)라고 한 여자의 첫 마디 말과 小花园(작은 화원)이라는 말 등을 통해서 여자가 현재 집을 고르고 있음을 알 수 있다. 따라서 답은 A다.

★★☆ ｜유형｜ 인과관계 파악

07

男: <u>刚才那条裙子面料不错，款式挺时髦，你穿着也好看，怎么不买呢?</u>
女: <u>今天只能打八折，等他们五一节搞活动的时候再来吧。</u>

问: 女的为什么没买那条裙子?

A 面料比较差
B 样子不流行
C 价格不够低
D 不想买裙子

남: <u>방금 전 그 치마 원단도 좋고 스타일도 매우 신식인데다 네가 입었을 때도 예뻤는데, 어째서 사지 않는 거야?</u>
여: <u>오늘은 겨우 20%밖에 할인을 안 하니까. 노동절 행사할 때 다시 와요.</u>

질문: 여자는 왜 그 치마를 사지 않는가?

A 원단이 좀 나쁘다
B 스타일이 신식이 아니다
C 가격이 그리 싸지 않다
D 치마를 사고 싶지 않다

 面料 miànliào 명 옷감, 원단 ｜ 款式 kuǎnshì 명 스타일, 디자인 ｜ 时髦 shímáo 형 유행이다, 현대적이다 ｜ 五一节 Wǔyījié 명 노동절, 근로자의 날

 五一节搞活动에서 여자가 5월 1일 노동절에 더 큰 혜택의 판촉행사가 열릴 것을 기대하고 있음을 알 수 있다. 따라서 답은 C다. 한편 남자가 面料不错라고 말했기 때문에 A는 답에서 제외되며, 款式挺时髦는 옷 스타일이 매우 신식이라는 의미이므로 B 역시 답에서 제외된다.

Tip⁺ • 중국 명절 관련 어휘

春节 Chūnjié 명 춘절, 음력설 ｜ 端午节 Duānwǔjié 명 단오절 ｜ 儿童节 Értóngjié 명 어린이 날 ｜ 父亲节 Fùqīnjié 명 아버지의 날 ｜ 教师节 Jiàoshījié 명 스승의 날 ｜ 国庆节 Guóqìngjié 명 국경절 ｜ 劳动节 Láodòngjié 명 노동절, 근로자의 날 ｜ 母亲节 Mǔqīnjié 명 어머니의 날 ｜ 圣诞节 Shèngdànjié 명 성탄절, 크리스마스 ｜ 元旦 Yuándàn 명 원단, 양력설 [양력 1월 1일] ｜ 中秋节 Zhōngqiūjié 명 중추절, 추석

★★☆ | **유형** | 날짜 파악

08

男：我来确认一下，咱们班明天考英语，后天考数学，对不对？

女：本来是的，但是英语老师明天后天都要开会，所以英语换到大后天星期四考了，后天考数学时间不变。

问：今天是星期几？

A 星期一
B 星期二
C 星期三
D 星期四

남: 나 확인 좀 해볼게. 우리 반 내일 영어시험 보고, 모레 수학시험 보는 거 맞지?

여: 원래는 그랬지. 그런데 영어선생님께서 내일과 모레 모두 회의가 있으셔서 영어시험은 글피인 목요일로 바뀌었고, 모레 수학시험 시간은 바뀌지 않았어.

질문: 오늘은 무슨 요일인가?

A 월요일
B 화요일
C 수요일
D 목요일

단어 确认 quèrèn 图 확실하게 알아보다, 확인하다 | 开会 kāihuì 图 열다, 개회하다 | 大后天 dàhòutiān 圏 글피

해설 여자가 **大后天星期四**(글피인 목요일)에 영어시험이 있다고 했으므로 오늘은 월요일이 된다. 따라서 답은 A다. 듣기 문제에는 시간과 관련된 문제와 날짜와 관련된 요일, 월, 년, 계절에 대한 문제가 종종 나온다. 대화에서 나온 그대로 묻는 경우도 있고 시간이나 날짜를 간단하게 계산해야 하는 문제도 있다. 따라서 평소에 시간과 날짜에 관련된 어휘들을 미리 익혀두어야 한다.

★☆☆ | **유형** | 직업 파악

09

男：咱们店新来的这批短裙挺不错的，你试试这件吧。

女：对不起，天气变冷了，我想试试那条牛仔裤。

问：男的最有可能是什么人？

A 顾客
B 大夫
C 营业员
D 运动员

남: 저희 매장에 새로 들어온 이 짧은 치마가 아주 괜찮아요, 이 옷 한번 입어보세요.

여: 죄송하지만, 날씨가 추워져서 저는 저 청바지를 입어보고 싶어요.

질문: 남자는 어떤 사람이겠는가?

A 고객
B 의사
C 판매원
D 운동선수

단어 牛仔裤 niúzǎikù 圏 청바지, 블루진 | 营业员 yíngyèyuán 圏 점원, 판매원

해설 남녀 간의 대화 문제는 첫 번째 사람의 첫 마디를 특히 집중해서 들어야 한다. **咱们店新来的这批短裙挺不错的**(저희 매장에 새로 들어온 이 짧은 치마가 아주 괜찮아요)라는 남자의 말로 미루어보아 남자는 상점에서 옷을 파는 판매원이라는 것을 알 수 있다. 따라서 답은 C다.

★☆☆ | **유형** | 전체 내용 파악

10

男：你是不是以为只要路上堵车就可以八点上班九点到？

女：我也没想到今天会这么堵，早知道我就改骑电动车了。

问：根据对话，我们可以知道什么？

A 女的被开除了
B 男的要买电动车
C 女的今天迟到了
D 男的觉得无所谓

남: 당신은 차가 막히기만 하면 8시가 출근인데 9시에 도착해도 된다고 생각하는 겁니까?

여: 저도 오늘 이렇게 막힐 줄은 생각지도 못했어요. 진작에 알았다면 전동차로 바꿔 타고 왔을 거예요.

질문: 대화에서 우리가 알 수 있는 것은 무엇인가?

A 여자가 해고당했다
B 남자는 전동차를 사려고 한다
C 여자는 오늘 지각을 했다
D 남자는 상관없다고 생각한다

단어 堵车 dǔchē 통 차가 막히다 ㅣ 电动车 diàndòngchē 명 전동차 ㅣ 无所谓 wúsuǒwèi 대수롭지 않게 여기다

해설 남자가 **八点上班九点到**(8시가 출근인데 9시에 도착했다)라고 한 말을 통해 여자가 지각을 했음을 알 수 있다. 따라서 답은 C다.

★★☆ ㅣ**유형**ㅣ 장소 파악

11

男: 一共365元，收您400，找您35。
女: 好的。请帮我把剩下的那个菜打个包。

问: 对话可能发生在哪儿?
A 超市
B 饭店
C 邮局
D 市场

남: 다 합해서 365위엔입니다, 400위엔을 받았으니 35위엔 거슬러 드리겠습니다.
여: 네. 저에게 남은 저 음식을 좀 포장해주세요.

질문: 대화는 아마도 어디에서 이루어졌겠는가?
A 슈퍼마켓
B 음식점
C 우체국
D 시장

단어 打包 dǎbāo 통 포장하다, 싸다

해설 보기에 제시된 단어가 장소나 위치를 나타낼 경우 장소를 묻는 문제임을 미리 염두에 두고, 녹음을 들으면서 보기 옆에 메모를 해둔다. 녹음에서 **把剩下的那个菜打个包**라는 말이 들렸으므로 대화가 이루어지는 곳은 음식점이라는 것을 알 수 있다. 따라서 답은 B다.

📝**Tip⁺** • 식당 관련 어휘
AA制 AA zhì 통 더치페이하다 ㅣ 菜单 càidān 명 메뉴, 차림표 ㅣ 餐厅 cāntīng 명 식당 ㅣ 炒 chǎo 통 볶다 ㅣ 点菜 diǎncài 통 요리를 주문하다 ㅣ 合口味 hé kǒuwèi 입맛에 맞다 ㅣ 禁烟区 jìnyānqū 명 금연구역 ㅣ 烤 kǎo 통 굽다 ㅣ 买单 mǎidān 통 계산하다 ㅣ 계산서 [= 结账] ㅣ 食堂 shítáng 명 구내식당 ㅣ 汤 tāng 명 탕, 국 ㅣ 推荐 tuījiàn 통 추천하다 ㅣ 外卖 wàimài 통 포장 판매하다 ㅣ 吸烟区 xīyānqū 명 흡연구역 ㅣ 小吃店 xiǎochīdiàn 명 간이식당, 매점, 분식점 ㅣ 烟灰缸 yānhuīgāng 명 재떨이 ㅣ 预约 yùyuē 통 예약하다 ㅣ 炸 zhá 통 (기름에) 튀기다 ㅣ 煮 zhǔ 통 끓이다, 삶다

★★☆ ㅣ**유형**ㅣ 내용 추측

12

男: 小王，怎么搞的? 会议马上就要开始了，我要的文件你还没有打好，这碗饭你还要不要吃了?
女: 我受够了，你另请高明吧!

问: 小王接下来很有可能做什么?
A 吃饭
B 打字
C 开会
D 辞职

남: 샤오왕, 어떻게 된 겁니까? 회의가 곧 시작되는데 내가 요청한 서류도 아직 다 타이핑하지 못하다니, 당신 직장 그만 다니고 싶은 거예요?
여: 저는 참을 만큼 참았어요, 저보다 뛰어난 사람을 따로 초빙하시지요!

질문: 샤오왕이 아마도 이어서 무엇을 했겠는가?
A 식사한다
B 타자친다
C 회의한다
D 사직한다

단어 文件 wénjiàn 명 문건, 서류 ㅣ 另请高明 lìngqǐnggāomíng 성어 따로 고명한 사람을 초빙하다 ㅣ 打字 dǎzì 통 타자치다, 타이핑하다 ㅣ 辞职 cízhí 통 사직하다, 그만두다

해설 **我受够了**(저는 참을 만큼 참았어요)라는 말을 통해 샤오왕이 매우 화가 났다는 것을 알 수 있으며, **另请高明**은 '뛰어난 다른 사람을 찾아 일을 맡기라'는 의미이므로, 답은 D다. 듣기에서 출제빈도가 비교적 높은 유형 중 하나가 바로 세부적인 내용들을 바탕으로 추측을 해야 하는 문제다. 추측, 추리가 필요한 문제를 풀기 위해서는 단서가 될 만한 핵심단어를 체크하며 녹음을 들어야 한다.

★★☆ │ **유형** │ 수량 파악

13

男: 你好！从南京飞往长沙的<u>全价机票是1000元一张。学生、教师购票六折优惠。</u>
女: 这是我们的学生证，买两张票。

问: **女的需要花多少钱?**

A 600元
B 1000元
C 1200元
D 2000元

남: 안녕하세요! 난징에서 창사로 가는 비행기표 정가는 한 장에 1000위엔입니다. 학생과 교사가 표를 살 때는 40%의 할인 혜택이 있습니다.
여: 이것은 저희들의 학생증입니다. 표 2장 사겠습니다.

질문: 여자는 얼마의 돈을 써야 하는가?

A 600위엔
B 1000위엔
C 1200위엔
D 2000위엔

단어 南京 Nánjīng 명 난징 │ 飞往 fēiwǎng 동 (비행기를 타고) ~로 가다 │ 长沙 Chángshā 명 창사 │ 全价 quánjià 명 정가 │ 购票 gòupiào 동 표를 사다 │ 优惠 yōuhuì 형 특혜의, 우대의

해설 수량 파악 문제는 순간 헷갈릴 수 있으므로 숫자를 정확하게 메모하며 들어야 한다. 한 장에 1000위엔인 표를 40% 할인받아서 600위엔씩 2장을 사려고 하므로, 모두 합쳐서 1200위엔을 내야 한다. 따라서 답은 C다.

★★☆ │ **유형** │ 위치 파악

14

女: 今天晚上我要去王慧家拿资料。她家是不是还住在苏果超市对面的那个水利局的宿舍里？
男: 不，她因为工作调动，现在搬家了。<u>现在住在我们学校斜对面那个中国银行后面的紫金花园小区。</u>

问: **王慧的家在哪里?**

A 学校里面
B 水利局宿舍
C 紫金花园小区
D 苏果超市对面

여: 오늘 밤 나는 왕후이 집에 가서 자료를 가져와야 해. 그녀는 여전히 쑤궈 슈퍼마켓 건너편에 있는 그 수리국 기숙사에 사니?
남: 아니, 그녀는 직장을 옮겨서 지금은 이사했어. 지금은 우리 학교 대각선 방향 맞은편의 중국은행 뒤에 있는 쯔진화원 주택단지에 살고 있어.

질문: 왕후이의 집은 어디인가?

A 교내
B 수리국 기숙사
C 쯔진화원 주택단지
D 쑤궈 슈퍼마켓 건너편

단어 调动 diàodòng 동 바꾸다, 옮기다 │ 搬家 bānjiā 동 이사하다 │ 斜对面 xiéduìmiàn 명 비스듬한 맞은편, 대각선 쪽 │ 小区 xiǎoqū 명 단지

해설 남자가 现在住在…紫金花园小区(지금 ~ 쯔진화원 주택단지에 살고 있어)라고 하였으므로, 답은 C다.

★☆☆ │ **유형** │ 전체 내용 파악

15

男: 听说我们班的张明下周要去法国念书了。
女: 难怪前天我看见他在忙着办护照。

问: **下面哪个选项不正确?**

A 张明是说话人的同学
B 张明已去法国念书了
C 张明这些天都比较忙
D 张明不是去法国工作

남: 듣자하니 우리 반 장밍이 다음 주에 프랑스에 공부하러 간다고 하더라.
여: 어쩐지 그저께 내가 그를 봤는데 여권 만드느라 바쁘더라고.

질문: 다음 중 옳지 않은 것은?

A 장밍은 화자의 급우다
B 장밍은 이미 프랑스에 공부하러 갔다
C 장밍은 요 며칠 비교적 바빴다
D 장밍은 프랑스에 일을 하러 가는 것이 아니다

단어 念书 niànshū 동 공부하다 │ 难怪 nánguài 부 어쩐지, 과연

 남자가 **我们班**(우리 반), **要去法国念书**(프랑스로 공부하러 간다)라는 말을 했고, 여자가 **前天我看见他在忙着办护照**(그저께 내가 그를 봤는데 여권 만드느라 바쁘더라)라고 한 점으로 보아 대화 내용과 다른 것은 B다.

★☆☆ | **유형** | 세부 내용 파악

16

男: 最近大洋百货在打折, 我去买了一件衬衫和一副眼镜。
女: 我昨天也去逛了, 买了泳衣和裤子, 对了, 还有凉鞋。

问: 下面哪一样东西是男的买的?

A 裤子
B 泳衣
C 衬衫
D 凉鞋

남: 요즘 다양 백화점에서 세일을 하고 있길래, 내가 가서 셔츠 한 벌과 안경 하나를 구입했어.
여: 나도 어제 구경하러 가서 수영복이랑 바지 샀어. 참! 샌들도 샀어.

질문: 다음 중 남자가 구입한 물건은 어느 것인가?

A 바지
B 수영복
C 셔츠
D 샌들

 百货 bǎihuò 몡 백화점 | 泳衣 yǒngyī 몡 수영복 | 凉鞋 liángxié 몡 샌들

 남자가 **我去买了一件衬衫和一副眼镜**(내가 가서 셔츠 한 벌과 안경 하나를 구입했어)이라고 말했기 때문에 답은 C다. 바지, 수영복, 샌들은 모두 여자가 구입한 물건들이다.

★★☆ | **유형** | 시간 파악

17

男: 你的英国朋友今天中午11点过来吗?
女: 不是, 他的飞机估计是明天早上8点到上海。我要去机场接他, 应该提前3小时出发。

问: 女的大概什么时候去接她的英国朋友?

A 3点
B 5点
C 8点
D 11点

남: 너의 영국 친구는 오늘 낮 11시에 오니?
여: 아니, 그가 탄 비행기는 아마 내일 아침 8시에 상하이에 도착할 거야. 나는 공항에 그를 마중 나가야 하는데, 3시간 전에는 출발해야 돼.

질문: 여자는 대략 언제쯤 영국 친구를 마중 나가는가?

A 3시
B 5시
C 8시
D 11시

 영국 친구가 8시에 도착하는데 여자가 **应该提前3小时出发**(3시간 전에는 출발해야 한다)라고 했으므로 답은 B다.

 **Tip⁺** • 비행기 관련 어휘

出境手续 chūjìng shǒuxù 몡 출국 수속 | 单程票 dānchéngpiào 몡 편도 티켓 | 飞行员 fēixíngyuán 몡 파일럿, 조종사 | 航班 hángbān 몡 (여객기나 여객선의) 정기편 | 经济舱 jīngjìcāng 몡 이코노미 클래스 | 降落 jiàngluò 동 착륙하다 | 空中小姐 kōngzhōng xiǎojiě 몡 스튜어디스 [= 空姐] | 跑道 pǎodào 몡 비행기 활주로 | 起飞 qǐfēi 동 이륙하다 | 入境手续 rùjìng shǒuxù 몡 입국 수속 | 停航 tíngháng 동 결항하다 | 头等舱 tóuděngcāng 몡 퍼스트클래스 [= 一等舱 yīděngcāng] | 晚点 wǎndiǎn 동 연착하다 | 往返票 wǎngfǎnpiào 몡 왕복 티켓 | 误机 wùjī 동 비행기를 놓치다

★★☆ | 유형 | 세부 내용 파악

18

女: 上车的旅客请往后走，请主动给老人和孩子让座，谢谢。下一站：中山北路。
男: 糟糕，<u>我坐过头了</u>！

问: 男的出了什么问题?

A 没有找到座位
B 没给老人让座
C 没有及时下车
D 没在中山北路下车

여: 승차하시는 손님 여러분께서는 뒤쪽으로 가주시고, 자발적으로 어르신과 아이에게 자리를 양보해 주시면 감사하겠습니다. 다음 정거장은 중산베이루입니다.
남: 아뿔사, 지나쳐버렸네!

질문: 남자에게 어떤 문제가 생겼는가?

A 자리를 찾지 못했다
B 어르신께 자리를 양보하지 않았다
C 제때 하차하지 않았다
D 중산베이루에서 하차하지 않았다

> **단어** 旅客 lǚkè 몡 여행객, 여객 | 让座 ràngzuò 동 자리를 양보하다 | 糟糕 zāogāo 혱 (일이나 상황 등이) 엉망이다, 야단나다 | 过头 guòtóu 혱 초과하다, 지나치다

> **해설** 坐过头了는 원래 자신이 내리려고 한 정거장을 지나쳐 더 타고 가버렸다는 말이다. 따라서 답은 C다.

★★☆ | 유형 | 세부 내용 파악

19

男: 过了这个暑假你还来这里上班吗?
女: <u>就要毕业了，我得全心全意准备毕业论文</u>。

问: 女的新学期有什么打算?

A 发表论文
B 打工赚钱
C 辞掉这份工作
D 重新找份工作

남: 이번 여름방학이 지나고 나서도 여기에 계속 출근할 것입니까?
여: 곧 졸업을 해야 해서, 저는 전심전력을 다하여 졸업 논문을 준비해야 합니다.

질문: 여자는 새 학기에 어떤 계획이 있는가?

A 논문을 발표한다
B 아르바이트로 돈을 번다
C 이 직장을 그만둔다
D 다시 새로운 직장을 구한다

> **단어** 暑假 shǔjià 몡 여름방학, 여름 휴가 | 全心全意 quánxīnquányì 성어 성심성의껏 하다 | 论文 lùnwén 몡 논문 | 发表 fābiǎo 동 발표하다 | 打工 dǎgōng 동 일하다, 아르바이트하다 | 赚钱 zhuànqián 동 돈을 벌다 | 辞掉 cídiào 동 그만두다, 사직하다

> **해설** 여자가 就要毕业了，我得全心全意准备论文(곧 졸업을 해야 해서, 저는 전심전력을 다하여 졸업 논문을 준비해야 합니다)이라고 말한 것으로 보아, 여자는 계속해서 일을 할 수 없어서 직장을 그만둘 것임을 추측할 수 있다. 따라서 답은 C다.

★☆☆ | 유형 | 전체 내용 파악

20

男: 小云，明天是你的生日，我送你一盆兰花怎么样?
女: 你怎么知道我喜欢兰花? <u>一定是我姐告诉你的吧</u>?

问: 从对话中我们可以知道什么?

A 他们是一对恋人
B 女的不喜欢兰花
C 明天是姐姐的生日
D 男的认识女的的姐姐

남: 샤오윈, 내일이 네 생일이지, 내가 너에게 난초를 선물할게, 어때?
여: 너 내가 난초 좋아하는 거 어떻게 알았어? <u>틀림없이 우리 언니가 너에게 가르쳐줬지</u>?

질문: 대화를 통해 우리가 알 수 있는 것은 무엇인가?

A 그들은 한 쌍의 커플이다
B 여자는 난초를 싫어한다
C 내일은 언니의 생일이다
D 남자는 여자의 언니를 안다

> **단어** 盆 pén 양 대야나 화분 등으로 담는 수량을 세는 데 쓰임 | 兰花 lánhuā 몡 난초

> **해설** 여자의 一定是我姐告诉你的吧(틀림없이 우리 언니가 너에게 가르쳐줬지)라는 말에서 남자와 여자의 언니가 서로 아는 사이라는 것을 추측할 수 있으므로 답은 D다. 여자가 난초를 좋아한다고 말했으므로 B는 답에서 제외된다.

★★☆ | **유형** | 전체 내용 파악

21

男： 您好！我是火车站小红帽志愿者，请问您需要什么帮助？
女： 我的这个行李太重了，能不能替我搬到出租车停靠处？
男： 当然可以。
女： 谢谢你！请问应该付多少钱？
男： 您客气啦！我们志愿者是免费为广大市民服务的。

问： 根据对话，下列哪项正确？

A 他们在汽车站
B 女的不用付钱
C 男的戴着红帽子
D 志愿者只搬行李

남: 안녕하세요! 저는 기차역의 빨간 모자 자원봉사자입니다. 실례지만 무슨 도움이 필요하세요?
여: 제 짐이 너무 무거워서요, 저를 대신해서 택시 정류장까지 옮겨다 줄 수 있나요?
남: 당연하죠.
여: 감사합니다! 얼마를 드려야 하나요?
남: 별말씀을요! 저희 자원봉사자들은 무료로 많은 시민을 위해 봉사합니다.

질문: 대화에 근거하여 다음 중 옳은 것은?

A 그들은 버스 정류장에 있다
B 여자는 돈을 지불할 필요가 없다
C 남자는 빨간 모자를 쓰고 있다
D 자원봉사자는 단지 짐만 옮긴다

단어 志愿者 zhìyuànzhě 몡 자원봉사자 | 行李 xíngli 몡 짐 | 停靠处 tíngkàochù 몡 정거장, 정류장 | 广大 guǎngdà 톙 (사람 수가) 많다, 광범위하다

해설 남자의 마지막 말을 통해 자원봉사자는 무료로 봉사한다는 것을 알 수 있으므로 답은 B다. 한편 남자가 我是火车站小红帽志愿者(저는 기차역의 빨간 모자 자원봉사자입니다)라고 했으므로 그들이 지금 기차역에 있다는 것을 알 수 있다. 따라서 A는 답에서 제외된다.

★★☆ | **유형** | 시간 파악

22

女： 你怎么现在才来啊？我都等你20分钟了。
男： 我没有迟到啊，我们不是说好9:20的嘛。
女： 现在已经9:30了。
男： 啊！我的表慢了10分钟。真对不起！

问： 女的是什么时间到的？
A 9:10
B 9:20
C 9:30
D 9:40

여: 너 어째서 지금에야 오는 거야? 난 벌써 20분이나 널 기다렸어.
남: 나 안 늦었는데, 우리 9시 20분에 만나기로 했잖아.
여: 지금 이미 9시 30분이야.
남: 앗! 내 시계가 10분 늦구나. 정말 미안해!

질문: 여자는 언제 도착했는가?
A 9시 10분
B 9시 20분
C 9시 30분
D 9시 40분

해설 남자는 9시 30분에 도착했고 여자는 남자보다 20분 빨리 도착했으므로, 여자가 도착한 시간은 9시 10분이라는 것을 알 수 있다. 그러므로 답은 A다.

23

男：暑假这么长时间，你们的旅行是怎么安排的？

女：我们打算先坐火车到青岛玩儿几天，然后坐船去大连。

男：你们都在海边玩儿吗？不去爬长城了？

女：爸爸说了，在大连玩儿一个星期，然后坐飞机去北京看故宫、爬长城，最后坐火车回银川。

问：从青岛到大连，女的打算怎么走？

A 坐船
B 坐飞机
C 坐汽车
D 坐火车

남: 여름방학이 이렇게나 긴데, 너희들은 어떻게 여행 계획을 세웠니?

여: 우리는 먼저 기차를 타고 칭다오로 가서 며칠 논 후에 배를 타고 다렌으로 갈 생각이야.

남: 너희들은 모두 해변에서 노는 거야? 만리장성은 오르지 않니?

여: 아버지께서 다렌에서 일주일 동안 놀고 난 후에 비행기를 타고 베이징으로 가서 고궁을 보고 만리장성에 오르고, 마지막으로 기차를 타고 인촨으로 돌아온다고 말씀하셨어.

질문: 여자는 칭다오에서 다렌까지 어떻게 갈 생각인가?

A 배를 탄다
B 비행기를 탄다
C 자동차를 탄다
D 기차를 탄다

 단어　暑假 shǔjià 명 여름방학, 여름 휴가 ｜ 青岛 Qīngdǎo 명 칭다오 ｜ 大连 Dàlián 명 다렌 ｜ 海边 hǎibiān 명 해안, 해변, 바닷가 ｜ 故宫 gùgōng 명 고궁, 자금성 ｜ 银川 Yínchuān 명 인촨

해설　坐船去大连이라는 여자의 말을 통해 배를 타고 다렌에 간다는 것을 알 수 있다. 그러므로 답은 A다.

24

女：我最好的朋友要过生日了，你说我是送礼物好还是送钱好呢？

男：我觉得与其直接送朋友钱，不如挑件她喜欢的礼物！

女：可是买礼物很伤脑筋的，我也不知道她究竟喜欢什么。

男：你不是她最好的朋友吗？

问：男的认为女的应该怎样？

A 给朋友送点儿钱
B 知道朋友喜欢什么
C 不必给朋友买礼物
D 给朋友送贵重的礼物

여: 나랑 가장 친한 친구가 곧 생일인데, 네 생각에는 내가 선물을 주는 게 좋을까, 아니면 돈을 주는 게 좋을까?

남: 내 생각에는 친구에게 직접 돈을 주는 것보다는 그녀가 좋아하는 선물을 고르는 게 더 나을 것 같아!

여: 그런데 선물을 사는 건 너무 골치 아파. 나도 그녀가 도대체 무엇을 좋아하는지 모르겠단 말이야.

남: 너 그녀의 가장 친한 친구 아니었니?

질문: 남자가 생각하기에 여자는 어떻게 해야 하는가?

A 친구에게 돈을 좀 선물한다
B 친구가 무엇을 좋아하는지 알아야 한다
C 친구에게 선물을 사줄 필요가 없다
D 친구에게 귀중한 선물을 한다

 단어　挑 tiāo 동 선택하다, 고르다 ｜ 伤脑筋 shāngnǎojīn 골머리를 앓다, 어쩔 줄을 모르다 ｜ 贵重 guìzhòng 형 귀중하다

해설　你不是她最好的朋友吗(너는 그녀의 가장 친한 친구 아니었니)라는 남자의 말을 통해 남자는 여자가 자신의 가장 친한 친구가 무엇을 좋아하는지 당연히 알아야 한다고 생각하고 있음을 알 수 있다. 그러므로 답은 B다.

- 선택관계 접속사 与其(yǔqí) : '(~하기보다는) 차라리, (~이기보다는) 오히려'라는 뜻으로 두 가지 사물을 비교해서 취사선택을 할 때 사용하며 주로 뒤에 不如, 宁可, 宁愿, 宁肯 등과 호응한다.
  예 与其看这种电影，不如在家睡觉。 이런 영화를 보느니 차라리 집에서 잠을 자겠다.

- 중국 사람들이 금기시하는 선물
  1. 괘종시계: 중국에서 피하는 선물 1호다. '시계를 준다'라는 의미의 送钟(sòngzhōng)의 발음이 '마지막 길을 보내다, 임종을 지키다'라는 의미의 送终(sòngzhōng)과 같다고 하여 절대 금기시한다.
  2. 우산: '우산'이라는 뜻을 지닌 伞(sǎn)의 발음이 '헤어지다, 흩어지다'라는 뜻을 지닌 散(sǎn)과 같아 금기시한다.
  3. 배: 연인이나 부부간에 절대 선물하지 않는 과일이다. '배'라는 뜻을 지닌 梨(lí)의 발음이 '헤어진다'라는 뜻을 지닌 离(lí)와 같아서 금기시한다.
  4. 신발: '신발'이라는 뜻을 지닌 鞋(xié)가 '나쁜 기운, 사악함'을 뜻하는 邪(xié)와 발음이 같아 금기시한다.

25

男: 明天的运动会你有项目吗?
女: 有啊，我参加了800米和跳高。你呢?
男: 我参加的是4乘100米接力。这次我们的接力队一定能再拿个冠军回来!
女: 不过听说二班的陈林是短跑高手，你们可不能轻敌啊!

问: 这两个人在讨论什么问题?

A 联欢会
B 辩论会
C 运动会
D 武术比赛

남: 내일 운동회에 네가 참가하는 종목이 있니?
여: 있지. 난 800미터 달리기와 높이뛰기에 참가할 거야. 너는?
남: 내가 참가하는 것은 400미터 계주야. 이번에 우리 계주팀이 틀림없이 다시 우승을 거머쥘 수 있을 거야!
여: 그런데 듣자하니 2반의 천린이 단거리 고수래. 너희 절대로 상대를 얕잡아봐서는 안 돼!

질문: 이 두 사람은 무엇에 대해 이야기를 나누고 있는가?

A 친목회
B 토론대회
C 운동회
D 무술대회

단어 项目 xiàngmù 몡 항목, 종목 | 跳高 tiàogāo 몡 높이뛰기 | 乘 chéng 통 곱하다, 곱셈하다 | 接力 jiēlì 통 교대로 진행하다, 릴레이하다 | 冠军 guànjūn 몡 우승, 챔피언, 우승자 | 短跑 duǎnpǎo 몡 단거리 경주, 단거리 달리기 | 高手 gāoshǒu 몡 고수 | 轻敌 qīngdí 통 상대(적)를 얕잡아보다 | 联欢会 liánhuānhuì 몡 친목회 | 辩论 biànlùn 통 변론하다, 논쟁하다 | 武术 wǔshù 몡 무술

해설 남자의 첫 번째 말 明天的运动会(내일 운동회)와 뒷부분에서 언급한 800米和跳高(800미터 달리기와 높이뛰기), 4乘100米接力(400미터 계주) 등의 단어를 통해 그들이 운동회에 대해 이야기하고 있음을 알 수 있다. 그러므로 답은 C다.

26

女: 听说你报了太极拳班? 你对太极拳很有兴趣吗?
男: 我很久以前就想学太极了。你呢? 我想你一定参加了舞蹈俱乐部吧!
女: 没错儿，还是你了解我。听说这个学校的舞蹈俱乐部很棒。
男: 我还听说他们的乒乓球队和游泳队的实力都很强啊!

问: 女的打算学什么?

A 游泳
B 舞蹈
C 乒乓球
D 太极拳

여: 듣자하니 너 태극권반 신청했다며? 너 태극권에 흥미가 있니?
남: 나는 오래 전부터 태극권을 배우고 싶었어. 너는? 내 생각에 넌 분명히 댄스클럽에 가입했을 거야!
여: 맞아. 역시 네가 날 좀 아는구나. 듣자하니 이 학교의 댄스클럽이 아주 대단하다고 하더라고.
남: 내가 또 듣기로는 그 학교 탁구팀이랑 수영팀의 실력도 모두 매우 막강하다고 하더라!

질문: 여자는 무엇을 배우려고 하는가?

A 수영
B 춤
C 탁구
D 태극권

단어 太极拳 tàijíquán 몡 태극권 | 舞蹈 wǔdǎo 몡 춤, 무용 | 俱乐部 jùlèbù 몡 클럽 | 实力 shílì 몡 실력, 힘

해설 여자가 댄스클럽에 가입했을 것이라는 남자의 추측에 여자가 没错儿(맞아)이라고 대답했다. 이를 통해 남자의 추측이 맞았음을 알 수 있으므로 답은 B다.

27

男: 老秦他们家的儿子，小亮，你还记得吧?

女: 他小时候常到我们院里来玩儿，有什么事儿吗?

男: 这小子出息了，全省高中生英语比赛拿了一个冠军。

女: 是吗? 可我听说小亮这孩子外语一直不是很好，你搞错了吧?

问: 女的是什么语气?

A 兴奋
B 怀疑
C 责备
D 高兴

남: 라오친네 아들 샤오량을 당신 아직 기억하죠?

여: 그 아이가 어렸을 때 자주 우리 집 마당에서 놀았잖아요. 무슨 일 있어요?

남: 그 녀석이 출세했어요. 성(省) 전체 고등학생 영어대회에서 1등을 했다네요.

여: 정말로요? 그런데 제가 듣기로는 샤오량의 외국어가 줄곧 매우 좋지 않다고 했는데, 당신이 착각한 것 같은데요?

질문: 여자의 말투는 어떠한가?

A 흥분했다
B 의심한다
C 꾸짖는다
D 기쁘다

단어 小子 xiǎozi 명 남자아이, 사내아이 | 出息 chūxi 동 (학문·수양·능력 등에서) 발전이 있다, 향상되다 | 冠军 guànjūn 명 우승, 챔피언, 우승자 | 搞错 gǎocuò 동 잘못하다, 실수하다 | 责备 zébèi 동 꾸짖다, 나무라다

해설 여자는 샤오량의 영어 성적이 계속 좋지 않았다고 들었기 때문에 성(省) 전체 고등학생 영어대회에서 우승했을 리가 없다고 생각한다. 마지막에 여자가 남자에게 你搞错了吧?(당신이 착각한 것 같은데요?)라고 말하는 부분을 통해서 여자가 의심하고 있음을 알 수 있으므로 답은 B다. 화자의 어투, 태도, 심정을 묻는 문제는 평소에 관련 단어들을 익혀두어 보기에 제시된 단어들을 빨리 답과 연결시킬 수 있도록 해야 한다.

Tip⁺ • 말투나 태도 관련 어휘

1	불만이다, 책망하다	责怪 zéguài 동 책망하다 ǀ 抱怨 bàoyuàn 동 원망하다 ǀ 埋怨 mányuàn 동 불평하다, 원망하다 ǀ 不满 bùmǎn 형 불만스럽다, 불만족하다
2	화내다, 분노하다	愤怒 fènnù 형 분노하다 ǀ 气愤 qìfèn 형 몹시 화내다, 분개하다 ǀ 生气 shēngqì 동 화내다, 성내다
3	놀라다, 의아하다	吃惊 chījīng 동 놀라다 ǀ 惊讶 jīngyà 형 의아하다, 놀랍다 ǀ 意外 yìwài 형 의외다, 뜻밖이다
4	칭찬하다, 찬양하다	赞扬 zànyáng 동 찬양하다, 칭찬하다 ǀ 称赞 chēngzàn 동 칭찬하다 ǀ 夸奖 kuājiǎng 동 칭찬하다 ǀ 赞叹 zàntàn 동 찬탄하다, 칭찬하다
5	경시하다, 얕보다	轻视 qīngshì 동 경시하다, 얕보다 ǀ 轻蔑 qīngmiè 동 깔보다, 경멸하다 ǀ 看不起 kànbuqǐ 동 얕보다, 업신여기다
6	슬퍼하다, 고통스럽다	伤心 shāngxīn 형 상심하다, 슬퍼하다 ǀ 痛苦 tòngkǔ 형 고통스럽다, 괴롭다 ǀ 难过 nánguò 형 괴롭다 ǀ 悲哀 bēi'āi 형 슬프다, 상심하다
7	상관없다, 개의치 않다	不在意 búzàiyì 동 개의치 않다, 마음에 두지 않다 ǀ 不在乎 búzàihu 동 마음에 두지 않다 ǀ 不介意 bújièyì 동 신경을 쓰지 않다, 개의치 않다
8	비웃다, 비꼬다	嘲笑 cháoxiào 동 비웃다 ǀ 嘲讽 cháofěng 동 비웃으며 풍자하다 ǀ 自嘲 zìcháo 동 스스로 자기를 비웃다
9	기쁘다, 흥분하다	激动 jīdòng 동 감격하다, 흥분하다 ǀ 喜悦 xǐyuè 형 기쁘다, 즐겁다, 유쾌하다 ǀ 兴奋 xīngfèn 형 격분하다, 흥분하다 ǀ 开心 kāixīn 형 기쁘다, 즐겁다
10	거만하다, 오만하다	骄傲 jiāo'ào 형 거만하다 ǀ 傲慢 àomàn 형 오만하다
11	자랑스러워하다	自豪 zìháo 형 자랑스럽다 ǀ 骄傲 jiāo'ào 형 자부하다
12	찬성하다, 동의하다	赞成 zànchéng 동 찬성하다, 동의하다 ǀ 赞同 zàntóng 동 동의하다 ǀ 同意 tóngyì 동 동의하다, 찬성하다 ǀ 答应 dāying 동 허락하다
13	안타깝다, 유감이다	惋惜 wǎnxī 동 애석하다, 안타깝다 ǀ 遗憾 yíhàn 형 유감이다, 섭섭하다 ǀ 可惜 kěxī 형 아쉽다, 애석하다
14	겁먹다, 두렵다	可怕 kěpà 형 무섭다 ǀ 恐惧 kǒngjù 동 겁먹다, 두려워하다
15	의심하다, 믿지 않다	怀疑 huáiyí 동 의심하다 ǀ 疑心 yíxīn 동 의심하다

28

女：你现在还在办公室吗？我有一份文件落在我的桌子上了。
男：我刚准备锁门你电话就来了。是哪份文件？
女：今天下午王经理发给你我各一份的那份，我在大门口等你。
男：知道了，我马上来。

问：女的打电话的目的是什么？
A 要男的给她送文件
B 要送份文件给男的
C 告诉男的正在等他
D 提醒男的别忘锁门

여：당신 아직 사무실에 계신가요? 제가 서류 하나를 제 책상 위에 놓고 와서요.
남：제가 방금 막 문을 잠그려고 하는데 당신한테 전화가 왔네요. 어떤 서류인가요?
여：오늘 오후에 왕 사장님께서 당신과 저에게 각각 한 부씩 주셨던 그 서류요. 제가 정문에서 기다리겠습니다.
남：알겠습니다. 제가 바로 갈게요.

질문: 여자가 전화한 목적은 무엇인가?
A 남자가 그녀에게 서류를 가져다주길 바란다
B 남자에게 서류를 갖다 주려 한다
C 남자에게 그를 기다리고 있다고 말해준다
D 남자가 문 잠그는 것을 잊지 않도록 일깨운다

단어 文件 wénjiàn 명 문건, 서류 | 落 là 동 빠뜨리다, 가져오는 것을 잊어버리다 | 锁 suǒ 동 (자물쇠를) 잠그다, 채우다

해설 여자가 서류를 깜박하고 사무실에 놓고 가서 남자에게 전화를 걸어 서류를 가져다달라고 요청하는 내용이므로 답은 A다.

29

女：昨天你看了吗？
男：昨天加班，回到家已经播完最后三集了，男女主人公最后怎么样了？
女：还不是老一套，大团圆呗。
男：你有点儿失望了吧！

问：他们在谈论什么？
A 广告
B 小说
C 电影
D 电视剧

여：너 어제 봤니?
남：어제 야근해서 집에 도착하니까 이미 마지막 3회가 다 끝났더라고. 남녀 주인공은 마지막에 어떻게 됐어?
여：역시 진부하게 행복한 결말이었어.
남：너 좀 실망했구나!

질문: 그들은 무엇에 관해 이야기를 나누고 있는가?
A 광고
B 소설
C 영화
D 드라마

단어 播 bō 동 방송하다 | 主人公 zhǔréngōng 명 주인공 | 老一套 lǎoyítào 명 상투적인 방법, 흔한 수법 | 大团圆 dàtuányuán 동 (소설·연극·영화 등이) 대단원의 막을 내리다, 행복한 결말을 맺다

해설 남자의 말에 最后三集(마지막 3회), 男女主人公(남녀 주인공) 등의 어휘가 등장하는 것으로 보아 그들이 드라마에 관한 이야기를 나누고 있다는 것을 추측할 수 있다. 그러므로 답은 D다.

30

男: 你好！这里是肯德基宅急送。

女: 你好，我想点一份香辣鸡腿汉堡套餐，现在有什么优惠活动吗？

男: 有。现在买一份九珍果汁可以得两份，三公里内送餐费8元减半。

女: 优惠不大嘛！算了，我还是问问麦当劳吧。

问: 肯德基现在的优惠活动是什么？

A 送餐费8元减半
B 香辣鸡腿买一赠一
C 九珍果汁买一赠一
D 汉堡套餐买一赠一

남: 안녕하세요! 여기는 KFC 신속배달입니다.

여: 안녕하세요. 저는 매운 닭다리 햄버거 세트를 주문하려고 하는데, 지금 할인행사 하는 게 있나요?

남: 있습니다. 지금 지우전 과일주스 한 잔을 주문하시면 두 잔을 드리고, 3km 내 거리면 배달비 8위엔을 반값으로 해드립니다.

여: 혜택이 별로 많지 않네요! 됐어요. 맥도날드에 물어보는 게 낫겠어요.

질문: KFC에서 현재 어떤 할인행사를 하고 있는가?

A 배달비 8위엔을 반값으로 해준다
B 매운 닭다리를 하나 사면 하나 더 준다
C 지우전 과일주스 한 잔을 사면 한 잔 더 준다
D 햄버거 세트를 하나 사면 하나 더 준다

단어 肯德基 Kěndéjī 몡 KFC | 套餐 tàocān 몡 세트 음식, 세트 메뉴 | 优惠 yōuhuì 혱 특혜의, 우대의 | 减半 jiǎnbàn 동 절반으로 줄다 | 麦当劳 Màidāngláo 몡 맥도날드

해설 买一份九珍果汁可以得两份(지우전 과일주스 한 잔을 주문하시면 두 잔을 드린다)이라고 한 남자의 말을 통해 C가 답임을 알 수 있다. 한편 3km 내 거리일 때 배달비를 반값으로 깎아준다고 했으므로 A는 정답에서 제외된다.

Tip⁺
- 패스트푸드점 관련 어휘
比萨 bǐsà 몡 피자 | 布丁 bùdīng 몡 푸딩 | 番茄酱 fānqiéjiàng 몡 케첩 | 汉堡包 hànbǎobāo 몡 햄버거 | 巨无霸汉堡包 jùwúbà hànbǎobāo 몡 빅맥 햄버거 | 快餐 kuàicān 몡 (햄버거·피자 등의) 즉석식, 패스트푸드 | 快餐店 kuàicāndiàn 몡 패스트푸트점 | 连锁店 liánsuǒdiàn 몡 체인점 | 米线 mǐxiàn 몡 쌀국수 | 奶酪 nǎilào 몡 치즈 | 奶昔 nǎixī 몡 쉐이크 | 牛排 niúpái 몡 (비프)스테이크 | 培根 péigēn 몡 베이컨 | 热狗 règǒu 몡 핫도그 | 三明治 sānmíngzhì 몡 샌드위치 | 沙拉 shālā 몡 샐러드 | 寿司 shòusī 몡 초밥 | 薯条 shǔtiáo 몡 포테이토, 감자 튀김 | 通心粉 tōngxīnfěn 몡 마카로니 | 续杯 xùbēi 동 리필하다 | 意大利面 yìdàlìmiàn 몡 스파게티 | 炸鸡块 zhájīkuài 몡 닭고기 튀김 | 炸猪排 zházhūpái 몡 돈가스

- 패스트푸드점 중국어 명칭
澳拜客 Àobàikè 몡 아웃백 | 巴黎贝甜 Bālíbèitián 몡 파리바게트 | 比萨先生 Bǐsà Xiānsheng 몡 미스터피자 | 比斯 Bǐsī 몡 빕스 | 必胜客 Bìshèngkè 몡 피자헛 | 达美乐 Dáměilè 몡 도미노 | 当肯甜甜圈 Dāngkěn Tiántiánquān 몡 던킨도너츠 | 多乐日子 Duōlèrìzǐ 몡 뚜레주르 | 哈根达斯 Hāgēndásī 몡 하겐다즈 | 汉堡王 Hànbǎowáng 몡 버거킹 | 乐天利 Lètiānlì 몡 롯데리아 | 派派思 Pàipàisī 몡 파파이스 | 赛百味 Sàibǎiwèi 몡 서브웨이 | 31种美国风味冰淇淋 Sānshíyī zhǒng Měiguó Fēngwèi Bīngqílín 몡 베스킨라빈스 31 | 星巴克 Xīngbākè 몡 스타벅스 | 星期五餐厅 Xīngqīwǔ Cāntīng 몡 TGI.Friday's

男：早上好，王小姐。你今天感觉身体怎么样？	남: 안녕하세요, 미스 왕. 오늘 몸 상태는 어떠세요?
女：感觉还不是很好。我得了重感冒。	여: 별로 좋지 않아요. 독감에 걸린 것 같아요.
男：你量过体温了吗？	남: 체온은 재보셨나요?
女：是的，我发烧了，39度。	여: 네, 열이 나서 39도였어요.
男：那你咳嗽吗？	남: 그럼 기침도 하나요?
女：是的，尤其是在晚上，而且还特别严重，甚至我都不能睡觉。	여: 네, 특히 밤에 유달리 심각해서 심지어는 잠도 잘 수가 없어요.
男：嗯，我知道了。31(C)你是得了流感。32(B)我建议你不要去单位上班了，还有这种药每隔四小时吃一次。	남: 아, 알겠습니다. 31(C)당신은 유행성 감기에 걸린 거예요. 32(B)저는 당신이 회사에 출근하지 말고, 또 이 약을 4시간마다 한 번씩 복용할 것을 권합니다.
女：那么我还应该做些什么呢？	여: 그럼 제가 또 어떤 것들을 해야 하나요?
男：多喝点儿水，并且好好休息一下。	남: 물을 많이 마시고, 좀 잘 쉬어야 해요.
女：好的，谢谢。再见！	여: 알겠습니다, 감사합니다. 안녕히 계세요!
男：再见。	남: 안녕히 가세요.

단어 量 liáng 통 재다. 측정하다 | 体温 tǐwēn 명 체온 | 流感 liúgǎn 명 유행성 감기 | 建议 jiànyì 통 건의하다 | 单位 dānwèi 명 회사. 부서 | 隔 gé 통 간격을 두다

★☆☆ | **유형** | 세부 내용 파악

31

女的得了什么病？	여자는 무슨 병에 걸렸는가?
A 发烧	A 열이 난다
B 咳嗽	B 기침한다
C 流感	C 유행성 감기
D 嗓子疼	D 목이 아프다

단어 嗓子 sǎngzi 명 목

해설 남자가 你是得了流感(당신은 유행성 감기에 걸린 거예요)이라고 말한 것을 통해, 여자가 유행성 감기에 걸렸다는 사실을 알 수 있다. 그러므로 답은 C다.

★☆☆ | **유형** | 전체 내용 파악

32

下列哪项不是男的的建议？	다음 중 남자가 제안한 것이 아닌 것은?
A 吃药	A 약을 먹는다
B 多工作	B 일을 많이 한다
C 多喝水	C 물을 많이 마신다
D 好好休息	D 잘 쉰다

단어 吃药 chīyào 통 약을 먹다

해설 남자의 말 我建议你不要去单位上班了(저는 당신이 회사에 출근하지 마시길 권해요), 这种药每隔四小时吃一次(이 약을 4시간마다 한 번씩 복용하세요), 多喝点儿水(물을 많이 마시고), 好好休息一下(잘 쉬세요) 등을 통해 B의 多工作가 틀린 내용이라는 것을 알 수 있다. 그러므로 답은 B다. 이처럼 비교적 긴 대화문 문제는 주로 일상생활과 관련된 것들이 대부분이다. 일상적인 대화라 어휘의 난이도는 비교적 낮지만 지문이 길고 문제 수가 많으므로 남, 녀를 구분하여 누가 한 말인지 주의 깊게 들으면서 메모해두는 것이 좋다.

女： 您好，欢迎光临东方航空中心路服务站。 男： 我想订一张15号去北京的机票。 女： 请稍等一下。 男： 好的。 女： 34(A)先生，请问您要订早上10点10分的班次吗? 男： 好的，我需要订两张。机票的价格是多少? 女： 好的，33(B)原价1000元，现在有八折优惠，先生您确认预订了吗? 男： 是的，谢谢。	여: 안녕하세요, 등팡항공 중신로 서비스센터에 오신 것을 환영합니다. 남: 저는 15일에 베이징으로 가는 비행기표 한 장을 예약하려고 합니다. 여: 잠시만 기다려주세요. 남: 알겠습니다. 여: 34(A)고객님, 아침 10시 10분 항공편 예약을 원하십니까? 남: 네, 저는 2장을 예약해야 하는데요, 비행기표의 가격은 얼마입니까? 여: 네, 33(B)원래는 1000위엔인데, 지금 20%의 할인혜택을 드립니다. 고객님, 예약 확정하시겠습니까? 남: 네, 감사합니다.

단어 光临 guānglín 툉 광림하다. 왕림하다 | 航空 hángkōng 툉 항공하다. (비행기가) 공중을 날다 | 服务站 fúwùzhàn 몡 서비스센터 | 稍 shāo 閈 약간, 조금, 얼마쯤 | 班次 bāncì 몡 (정기적으로 왕래하는 교통수단의) 운행 횟수, 편수 | 原价 yuánjià 몡 원가 | 优惠 yōuhuì 혱 특혜의, 우대의 | 确认 quèrèn 툉 확실히 인정하다. 확인하다 | 预订 yùdìng 툉 예약하다

★☆☆ |유형| 수량 파악

33 买两张去北京的机票需要多少钱?

A 800元
B 1600元
C 1000元
D 2000元

베이징으로 가는 비행기표 2장을 사려면 얼마가 필요한가?

A 800위엔
B 1600위엔
C 1000위엔
D 2000위엔

해설 원래는 한 장에 1000위엔인데, 20% 할인해서 800위엔이다. 2장을 사려면 1600위엔이 필요하므로 답은 B다. 이처럼 가격을 계산하는 문제는 순간적으로 헷갈릴 수 있으므로 녹음을 들으면서 정확하게 메모를 해야 한다.

★☆☆ |유형| 직업 파악

34 女的最可能是什么职业?

A 售票员
B 服务员
C 公务员
D 采购员

여자의 직업은 아마도 무엇이겠는가?

A 매표원
B 종업원
C 공무원
D 구매 담당자

단어 售票员 shòupiàoyuán 몡 매표원 | 公务员 gōngwùyuán 몡 공무원 | 采购员 cǎigòuyuán 몡 구매 담당 직원, 구매원

해설 남자는 베이징으로 가는 비행기표 2장을 예약하고 있고 여자는 남자의 요구에 응대하고 있다. 이를 통해 여자의 직업이 항공사의 매표원이라는 것을 알 수 있으므로 답은 A다.

一名男子告诉医生，说他如今什么都不想做，跟过去完全不一样。检查完毕之后，他说："医生，请你不要说什么医学名词，简单明了地说我生了什么病就行。"医生说："好吧，简单明了地说，36(B)你生了懒病。""那么，"那名男子说，"现在请你把那个医学名词告诉我，35(B)我好向老板交代。"

한 남자가 의사에게 현재 자신은 아무것도 하고 싶지 않고 과거와 완전히 다르다고 말했다. 검사를 마친 후에 그가 "의사 선생님, 무슨 의학용어 같은 건 말씀하지 마시고, 간단 명료하게 제가 무슨 병에 걸린 것인지만 말씀해주세요."라고 말했다. 의사가 "좋습니다. 간단 명료하게 말해서 36(B)당신은 게으름 병에 걸리셨어요."라고 말했다. "그렇다면," 그가 말했다. "지금 그 의학용어를 제게 말씀해주세요. 35(B)제가 사장님께 잘 설명해드리게요."

단어 如今 rújīn 명 현재, 지금 | 完毕 wánbì 동 완결하다, 완전하게 끝맺다 | 医学 yīxué 명 의학 | 名词 míngcí 명 명사, 용어 [전문용어나 전문용어에 가까운 말] | 明了 míngliǎo 형 분명하다, 명확하다 | 老板 lǎobǎn 명 사장 | 交代 jiāodài 동 설명하다

★★☆ | **유형** | 인과관계 파악

35 男的为什么要知道医学名词?

남자는 왜 의학용어를 알려고 하는가?

A 他心情不好
B 找借口请假
C 不相信医生
D 想改变自己

A 그는 기분이 좋지 않아서
B 휴가를 낼 핑곗거리를 찾으려고
C 의사를 믿지 않아서
D 자신을 바꾸고 싶어서

단어 借口 jièkǒu 명 구실, 핑계

해설 남자가 의사에게 의학용어를 가르쳐달라고 한 이유는 사장에게 이 사실을 잘 설명하여 그 핑계로 휴가를 내려고 하는 것임을 추측할 수 있다. 그러므로 답은 B다.

★☆☆ | **유형** | 전체 내용 파악

36 下列说法正确的是哪一项?

다음 중 바르게 설명한 것은 무엇인가?

A 医生水平很低
B 男子没生什么病
C 男子病得很严重
D 医生给男子开了药

A 의사의 수준이 매우 낮다
B 남자는 어떤 병도 걸리지 않았다
C 남자의 병은 상태가 매우 심각하다
D 의사는 남자에게 약을 처방했다

해설 남자는 단지 게으른 것일 뿐 어떠한 병에도 걸리지 않았다. 그러므로 답은 B다.

女士们，先生们，我们很抱歉地通知您，^{37(B)}您乘坐的由南京飞往香港的HC 523航班^{38(C)}由于前方天气原因，不得不延迟起飞。起飞时间无法确定，请您耐心等候我们的通知。我们将在一楼大厅的咨询台为您提供午餐，请凭您的登机牌领取。感谢您的配合。

신사 숙녀 여러분, 저희는 매우 죄송스럽게 생각하며 여러분께 알려드립니다. ^{37(B)}여러분이 탑승한 난징에서 홍콩으로 향하는 HC523 항공편은 ^{38(C)}목적지의 날씨 때문에 부득이하게 이륙이 연기되었습니다. 이륙시간을 확정할 수 없으니, 저희의 통지를 참고 기다려주시길 부탁드립니다. 저희는 1층 로비에 있는 안내 데스크에서 여러분을 위한 점심을 제공할 예정이오니, 탑승권을 보여주시고 받아가시기 바랍니다. 여러분의 협조에 감사드립니다.

단어 南京 Nánjīng 몡 난징 | 飞往 fēiwǎng 동 (비행기를 타고) ~로 가다 | 香港 Xiānggǎng 몡 홍콩 | 航班 hángbān 몡 (여객기나 여객선의) 정기편, 항공편 | 前方 qiánfāng 몡 전방, 앞쪽 | 延迟 yánchí 동 늦추다, 연기하다 | 无法 wúfǎ 동 ~할 수 없다 | 确定 quèdìng 혱 확실하다, 명확하다 | 耐心 nàixīn 혱 인내심 있다, 끈기 있다 | 等候 děnghòu 동 기다리다 | 大厅 dàtīng 몡 홀, 로비 | 咨询 zīxún 동 자문하다 | 午餐 wǔcān 몡 점심 | 凭 píng 젠 ~을 근거로 해서, ~에 따라 | 登机牌 dēngjīpái 몡 탑승권 | 领取 lǐngqǔ 동 받다, 수령하다 | 配合 pèihé 동 협력하다

★☆☆ | **유형** | 장소 파악

37 飞机要去哪个城市？

비행기는 어느 도시로 가는 것인가？

A 南京
B 香港
C 澳门
D 北京

A 난징
B 홍콩
C 마카오
D 베이징

단어 澳门 Àomén 몡 마카오

해설 您乘坐的由南京飞往香港的HC523航班(여러분이 탑승한 난징에서 홍콩으로 향하는 HC523 항공편)이라는 말을 통해 난징에서 출발하여 홍콩으로 향하는 비행기라는 것을 알 수 있다. 그러므로 답은 B다.

★★★ | **유형** | 전체 내용 파악

38 根据这段话，我们可以知道什么？

이 대화를 통해 우리가 알 수 있는 것은 무엇인가？

A 飞机将在午餐后起飞
B 领取午餐需要凭机票
C 目的地现在的天气不好
D 起飞地现在的天气不好

A 비행기는 점심을 먹은 후 이륙할 예정이다
B 점심을 받을 때는 비행기표가 있어야 한다
C 목적지의 현재 날씨는 좋지 않다
D 출발지의 현재 날씨는 좋지 않다

단어 目的地 mùdìdì 몡 목적지

해설 由于前方天气原因，不得不延迟起飞에서 前方은 비행기가 비행하는 목적지를 말한다. 그러므로 답은 C다. 한편 起飞时间无法确定(이륙시간을 확정할 수 없다)이라고 했으므로 A는 답에서 제외된다. 그리고 점심을 제공받기 위해 필요한 것은 비행기표가 아니라 탑승권이므로 B도 오답이다.

✎**Tip⁺** • 중국 3대 국유 항공사
1. 中国国际航空(公司) Zhōngguó Guójì Hángkōng (Gōngsī) 몡 중국국제항공(에어차이나)
2. 南方航空(公司) Nánfāng Hángkōng (Gōngsī) 몡 남방항공
3. 东方航空(公司) Dōngfāng Hángkōng (Gōngsī) 몡 동방항공

唐朝大诗人李白，小时候不喜欢读书。一天，40(A)趁老师不在，他悄悄跑了出去。39(B)他来到山下小河边，见一位老婆婆，在石头上磨一根铁棒。李白感到奇怪，上前问："老婆婆，您磨铁棒做什么？"老婆婆说："我在磨针。"李白吃惊地问："哎呀！铁棒这么粗大，怎么能磨成针呢？"老婆婆笑呵呵地说：41(A)"只要天天磨，铁棒总能越磨越细，还怕磨不成针吗？"聪明的李白听后，想到自己，心中感到不好意思，转身跑回了书屋。从此，他记住了"只要努力，就能成功"的道理，42(A)开始用功读书。

당나라 때의 대 시인 이백은 어렸을 때 공부하는 것을 좋아하지 않았다. 40(A)하루는 스승님이 안 계시는 틈을 타, 그는 몰래 뛰쳐나갔다. 39(B)그가 산 밑의 작은 강가로 갔는데, 할머니 한 분이 돌 위에 쇠몽둥이를 갈고 있는 것을 보았다. 이백은 이상하다고 여겨 다가가 "할머니, 쇠몽둥이를 갈아서 무엇을 만드시는 건가요?"라고 여쭤봤다. 할머니는 "나는 바늘을 갈고 있단다."라고 대답했다. 이백이 놀라 물었다. "아이고! 쇠몽둥이가 이렇게 두꺼운데, 어떻게 바늘로 갈 수 있다는 건가요?" 할머니가 웃으며 41(A)"매일 갈기만 한다면, 쇠몽둥이도 갈면 갈수록 가늘어질 수 있단다. 그래도 바늘로 갈지 못할까봐 걱정이 되니?"라고 말했다. 똑똑한 이백은 이 말을 들은 후 자기 자신을 생각하니 마음속으로 부끄러움을 느껴 몸을 돌려 글방으로 뛰어 돌아갔다. 이때부터, 그는 '노력하기만 하면 성공할 수 있다'라는 이치를 기억했고 42(A)열심히 공부하기 시작했다.

단어 唐朝 Tángcháo 몡 당나라, 당 왕조 | 诗人 shīrén 몡 시인 | 李白 Lǐ Bái 고유 이백 | 趁 chèn 젠 ~을[를] 틈타, ~을 이용해 | 悄悄 qiāoqiāo 뷘 몰래 | 小河 xiǎohé 몡 개울, 시냇물 | 老婆婆 lǎopópo 몡 할머니 | 石头 shítou 몡 돌 | 磨 mó 됭 갈다, 문지르다 | 根 gēn 떙 개, 가닥 .대 [가늘고 긴 것을 헤아리는 단위] | 铁棒 tiěbàng 몡 쇠몽둥이 | 针 zhēn 몡 바늘 | 粗大 cūdà 톙 굵다, 큼직하다 | 笑呵呵 xiàohēhē 톙 웃는 모양 | 转身 zhuǎnshēn 됭 몸을 돌리다 | 书屋 shūwū 몡 글방, 책방 | 从此 cóngcǐ 뷘 이때부터 | 记住 jìzhu 됭 확실히 기억해두다 | 道理 dàoli 몡 일리, 이치 | 用功 yònggōng 됭 열심히 공부하다

★☆☆ **|유형|** 장소 파악

39 大诗人李白是在哪里遇到老婆婆的？

A 石头上
B 小河边
C 高山上
D 书屋里

대 시인 이백은 어디에서 할머니를 만났는가?

A 돌 위
B 작은 강가
C 높은 산 위
D 글방 안

해설 他来到山下的小河边，见到一位老婆婆(그가 산 밑의 작은 강가로 갔는데, 할머니 한 분을 보았다)라고 하였으므로 이백이 작은 강가에서 할머니를 만났다는 것을 알 수 있다. 따라서 답은 B다.

★☆☆ **|유형|** 인과관계 파악

40 李白为什么跑出书屋？

A 不喜欢读书
B 老师在书屋
C 学校放假了
D 老婆婆叫他

이백은 왜 글방에서 뛰쳐나갔는가?

A 공부하는 것을 싫어해서
B 스승님이 글방에 계셔서
C 학교가 방학을 해서
D 할머니가 그를 불러서

해설 녹음에서 이백은 어렸을 때 공부하는 것을 좋아하지 않아 스승님이 안 계시는 틈을 타 몰래 뛰쳐나갔다고 했으므로 답은 A다.

41

老婆婆是一个什么样的人?	할머니는 어떤 분이신가?
A 有耐心	A 인내심 있다
B 很粗心	B 매우 세심하지 못하다
C 很自私	C 매우 이기적이다
D 很可爱	D 매우 귀엽다

단어 耐心 nàixīn 몡 인내심, 참을성 | 粗心 cūxīn 혱 꼼꼼하지 못하다, 세심하지 못하다 | 自私 zìsī 혱 이기적이다

해설 할머니가 쇠몽둥이를 갈아 바늘로 만들려고 하는 부분을 통해 매우 인내심이 있는 성격이라는 것을 알 수 있다. 그러므로 답은 A다.

42

李白听了老婆婆的话以后怎么样了?	이백은 할머니의 말씀을 듣고 난 후 어떻게 했는가?
A 努力读书	A 열심히 공부했다
B 去磨铁棒	B 쇠몽둥이를 갈러 갔다
C 讨厌读书	C 공부하는 것을 싫어했다
D 成为作家	D 작가가 되었다

해설 이백은 할머니의 말씀을 들은 후 只要努力，就能成功(노력하기만 하면 성공할 수 있다)이라는 이치를 기억하며 열심히 공부하기 시작했다는 내용이 마지막 부분에 나온다. 그러므로 답은 A다.

Tip⁺ • 중국 당대의 유명 시인 이백(李白 Lǐ Bái)과 두보(杜甫 Dù Fǔ)
중국 당나라 시대의 시인 이백은 두보와 함께 이두(李杜)로 병칭되는 중국 최대 시인이다. 두보는 중국 최고 시인이라는 뜻에서 诗圣(shīshèng)이라고 불리는 한편, 이백은 신선처럼 시를 썼다고 하여 诗仙(shīxiān)이라 불린다.

43-45

相传两千多年前，燕国有一个少年，43(C)/45(D)他对自己很没有信心，总是觉得别人的东西比自己的好。他见什么学什么，学一样丢一样，始终做不好一件事。

有一天，他竟然觉得自己不该这么走路，他听说邯郸那个地方的人走路姿势好看，于是他跑到邯郸学习别人走路。

他到了邯郸，看到孩子走路姿势活泼，就跟着学。看到老人走路姿势稳重，也跟着学。看到妇女走路姿势优雅，也跟着学。结果半个月，他一样都没有学会，反而忘记应该怎么走路了，身上的钱花光了，买不起马车，44(C)最后只好爬回去了。

2천여 년 전부터 전해져 내려오기를, 연나라에 한 소년이 있었는데, 43(C)/45(D)그는 스스로에게 매우 자신감이 없었고, 늘 다른 사람의 것이 자기 것보다 좋다고 생각했다. 그는 무언가를 보기만 하면 그것을 배웠는데, 하나를 배우면 하나를 잊어버렸고, 시종일관 한 가지 일도 잘하지 못했다.

어느 날 그는 갑자기 자기가 이렇게 걸으면 안 된다는 생각이 들었다. 그가 듣자하니 한단이라는 곳의 사람들의 걷는 자세가 보기 좋다고 하여, 그는 한단으로 가서 다른 사람들이 걷는 모습을 배웠다.

그가 한단에 도착한 후, 아이의 걷는 자세가 활기찬 것을 보고는 곧 따라 배웠다. 노인의 걷는 자세가 중후한 것을 보고 또 따라 배웠다. 부녀자들의 걷는 자세가 우아한 것을 보고서도 역시 따라 배웠다. 그 결과 보름이 지났지만 그는 한 가지도 터득할 수 없었고, 오히려 어떻게 걸어야 하는지 잊어버렸다. 수중의 돈을 다 써버려서 마차도 살 수도 없게 되어 44(C)결국 하는 수 없이 기어서 돌아갔다.

단어　相传 xiāngchuán 图 ~라고 전해지다, ~라고 전해오다 ｜ 燕国 Yānguó 图 연나라 ｜ 始终 shǐzhōng 뮈 언제나, 늘 ｜ 邯郸 Hándān 图 한단 [허베이 성에 있는 지명] ｜ 姿势 zīshì 图 자세, 포즈 ｜ 跟着 gēnzhe 图 따르다, 뒤따르다 ｜ 稳重 wěnzhòng 图 차분하다, 중 후하다 ｜ 妇女 fùnǚ 图 부녀자 ｜ 优雅 yōuyǎ 图 우아하다 ｜ 学会 xuéhuì 图 배워서 터득하다 ｜ 反而 fǎn'ér 뮈 오히려 ｜ 买 不起 mǎibuqǐ (돈이 없어) 살 수 없다 ｜ 马车 mǎchē 图 마차 ｜ 爬 pá 图 기다, 기어가다

Tip⁺　이 이야기는 성어 邯郸学步(hándānxuébù)의 전고로서, '맹목적으로 다른 사람을 모방하다가 자신의 본모습도 잃어버린다'는 뜻이 있다. 비록 邯郸学步라는 단어가 직접적으로 녹음에서 들리지는 않았지만, 전고와 함께 알아두자.

★☆☆　│유형│ 인과관계 파악

43　少年为什么见什么学什么?

A 十分喜欢学习
B 别人比自己好
C 对自己没信心
D 没有事情可做

소년은 왜 무언가를 보기만 하면 그것을 배웠는가?

A 배우는 것을 매우 좋아해서
B 다른 사람이 자기보다 나아서
C 자신에게 자신감이 없어서
D 할 일이 없어서

해설　녹음 첫 부분에서 소년은 스스로에게 매우 자신감이 없어서 항상 남들이 자신보다 낫다고 생각했으며, 그래서 무언가 를 보기만 하면 그것을 배운다고 하였다. 따라서 답은 C다.

★☆☆　│유형│ 세부 내용 파악

44　少年最后怎么回去的?

A 走回去
B 坐马车
C 爬回去
D 坐轮船

소년은 결국 어떻게 돌아갔는가?

A 걸어서
B 마차를 타고
C 기어서
D 배를 타고

단어　轮船 lúnchuán 图 기선, 배

해설　소년은 결국 어떻게 걸어야 하는지 잊어버렸고, 수중의 돈을 다 써버려 마차도 살 수 없게 되어, 결국 기어서 돌아갔 다고 하였으므로, 답은 C다.

★★☆　│유형│ 세부 내용 파악

45　少年是个什么样的人?

A 好学
B 活泼
C 稳重
D 自卑

소년은 어떤 사람인가?

A 배우기를 좋아한다
B 활기차다
C 차분하다
D 열등감을 가졌다

단어　自卑 zìbēi 图 열등감을 가지다, 비굴하다

해설　녹음 첫 부분에서 소년은 자신에게 매우 자신감이 없고 늘 다른 사람의 것이 자기 것보다 좋다고 생각하였다. 다시 말 해 남에게 열등감을 가지고 있다고 할 수 있으므로 답은 D다. 듣기 제2부분은 본문과 관련된 세부 정보를 묻는 문제가 자주 등장하므로 평소 관련 어휘를 많이 외워두어야 한다.

阅读

第一部分

46-48

有两个人在同一条街上走，其中一个捡到了一把斧子，于是叫了起来："瞧！我发现了一样东西！""不要说'我'，"另一个人说，"该说'我们'发现的。"

过了一会儿，那个 __46__ 了斧子的人回来了，__47__ 拿斧子的人偷他的斧子。

"哎呀！"捡斧子的人对他的 __48__ 说，"这回我们完了！"另一个回答他说："不要说'我们'，该说'我'完了。"一个人不能与朋友分享所得，就不该指望别人与你分担风险。

어떤 두 사람이 같은 길을 걷고 있었는데, 그중 한 사람이 도끼 한 자루를 주워서 이렇게 외쳤다. "봐! 내가 물건 하나를 발견했어!""'나'라고 말하지 마," 다른 한 사람이 말했다. "'우리'가 발견했다고 해야지."

얼마 후 그 도끼를 46잃어버린 사람이 돌아왔고, 도끼를 가지고 있는 사람에게 그의 도끼를 훔쳤다고 47꾸짖었다.

"아이고!"도끼를 주운 사람이 그의 48동료에게 말했다. "이제 우리는 끝났어!" 다른 한 사람이 그에게 대답하며 "'우리'라고 말하지 말고, '나'는 끝장났다고 해야지."라고 말했다. 한 사람이 친구와 이득을 함께 나눌 수 없다면, 다른 사람이 당신과 위험을 분담해줄 것이라고 기대해서는 안 된다.

단어 捡 jiǎn 통 줍다 | 斧子 fǔzi 명 도끼 | 瞧 qiáo 통 보다 | 分享 fēnxiǎng 통 함께 나누다 | 所得 suǒdé 명 소득 | 指望 zhǐwàng 통 기대하다, 바라다 | 分担 fēndān 통 나누어 맡다, 분담하다 | 风险 fēngxiǎn 명 위험

★☆☆ | **유형** | 술어 파악

46

| A 派 | B 取 | A 파견하다 | B 가지다 |
| C 偷 | D 丢 | C 훔치다 | D 잃어버리다 |

단어 派 pài 통 파견하다 | 偷 tōu 통 훔치다, 도둑질하다

해설 첫 단락에서 어떤 두 사람이 도끼 한 자루를 주웠다고 했고, 두 번째 단락에서 도끼를 가지고 있는 사람에게 도끼를 ~한 사람이 돌아와서 어떤 행동을 취했다고 했다. 문맥상 빈칸에 **丢了斧子的人**(도끼를 잃어버린 사람)이 오는 것이 가장 자연스러우므로 답은 D다. 한편 여기서 **取**는 拿(가지다)의 뜻이므로, B는 답에서 제외된다. 독해 제1부분은 보기의 의미와 품사를 먼저 파악하고 그 보기와 함께 쓰이는 중요한 표현이 본문에 있는지 찾아야 한다.

★☆☆ | **유형** | 술어 파악

47

| A 指导 | B 责备 | A 지도하다 | B 꾸짖다 |
| C 代表 | D 多亏 | C 대표하다 | D 덕분이다 |

단어 指导 zhǐdǎo 통 지도하다 | 责备 zébèi 통 꾸짖다, 나무라다 | 多亏 duōkuī 통 덕분이다

해설 **责备**는 '꾸짖다'라는 뜻으로, 도끼를 잃어버린 사람은 도끼를 주운 사람이 도끼를 훔쳤다고 생각하는 것이 당연하므로 문맥상 B가 가장 자연스럽다.

★☆☆ | **유형** | 수식어와 피수식 구조 파악

48

| A 大家 | B 对方 | A 모든 사람 | B 상대방 |
| C 伙伴 | D 互相 | C 동료 | D 서로 |

단어 伙伴 huǒbàn 명 동료, 동업자

 이 이야기는 두 사람이 함께 길을 가다 생긴 일이기 때문에 빈칸에는 **他的伙伴**(그의 동료)이라는 표현이 가장 적합하다. 따라서 답은 C다. 한편 **他的互相**이라는 표현은 쓸 수 없다는 것에 주의해야 한다. **互相**은 부사로 '서로·상호'의 뜻을 가지고 있으며, 일반적으로 **促进**, **帮助**, **合作**, **配合**, **责任**, **学习**, **支持**, **照顾** 등의 동사를 수식한다. 따라서 D는 답에서 제외된다.

49-52

一天，狮子建议9只野狗同它合作猎食。它们打了__49__的猎，一共逮了10只羚羊。

狮子说："我们得去找个英明的人来给我们分配这顿美餐。"

一只野狗说："一对一就很__50__。"狮子很生气，立即把它打昏在地。

其他野狗都吓坏了，其中一只野狗鼓足勇气对狮子说："不！不！__51__，如果我们给您9只羚羊，那您和羚羊加起来就是10只，而我们加上一只羚羊也是10只，这样我们就都是10只了。"

狮子__52__了，说道："你是怎么想出这个分配妙法的？"野狗答道："当您冲向我的兄弟，把它打昏时，我就立刻增长了这点儿智慧。"

어느 날 사자가 9마리의 들개에게 그와 협력해 먹이를 잡자고 제안했다. 그들은 49온종일 사냥을 해서, 모두 10마리의 영양을 잡았다.

사자가 말했다. "우리는 영명한 사람을 찾아가서 이 맛있는 음식을 분배해달라고 해야 해."

한 들개가 "각각 한 마리씩이 매우 50공평해."라고 말했다. 사자는 매우 화를 내며, 즉시 그 들개를 바닥에 때려눕혔다.

다른 들개들이 모두 깜짝 놀랐으며, 그중 한 들개가 용기를 내어 사자에게 말했다. "아니에요! 아니에요! 51제 형제가 잘못 말했어요. 만약에 저희가 사자님께 영양 9마리를 드리면, 그럼 사자님과 영양을 합하면 10마리가 되는 것이고, 또한 저희와 영양 한 마리를 합치면 10마리가 되니까, 이렇게 하면 우리 모두 10마리가 되는 것입니다."

사자는 52만족해하며 "너는 어떻게 이 기발한 분배 방법을 생각해낸 것이냐?"라고 말했다. 들개는 "사자님이 제 형제를 향해 돌진하여 그를 때려눕혔을 때, 저는 바로 이 지혜가 생겨났습니다."라고 대답했다.

 建议 jiànyì 图 건의하다 | 野狗 yěgǒu 몡 들개 | 合作 hézuò 图 협력하다 | 猎食 lièshí 图 잡아서 먹이로 삼다 | 逮 dǎi 图 잡다 | 羚羊 língyáng 몡 영양 | 英明 yīngmíng 톙 영명하다 | 分配 fēnpèi 图 분배하다 | 美餐 měicān 몡 맛있는 음식 | 立即 lìjí 囝 즉시, 바로 | 昏 hūn 图 의식을 잃다, 기절하다 | 吓坏 xiàhuài 图 깜짝 놀라다 | 鼓足勇气 gǔzú yǒngqì 용기를 북돋우다 | 妙法 miàofǎ 몡 절묘한 방법, 기묘한 방법 | 答道 dádào 图 대답하다 | 冲 chōng 图 돌진하다 | 智慧 zhìhuì 몡 지혜

★☆☆ |유형| 수식어와 피수식 구조 파악

49

| A 一方面 | B 一辈子 | A 한편으로는 | B 한평생 |
| C 一整天 | D 一下子 | C 온종일 | D 단번에 |

 一方面 yìfāngmiàn 젭 한편으로는 ~하면서 ~하다 | 一辈子 yíbèizi 몡 한평생 | 一整天 yìzhěngtiān 몡 온종일 | 一下子 yíxiàzi 囝 단숨에, 단번에

 본문 도입부에 수량사 **一天**(어느 날)을 썼기 때문에 빈칸에 **一整天**(온종일)이 들어가야 모순이 생기지 않는다. 그러므로 답은 C다. **一方面**은 주로 '**一方面**…**一方面**…'의 형태로 병렬관계를 나타내는 데 사용되므로 답에서 제외된다. 또한 **一天**(어느 날)이 있으므로 '한평생'을 뜻하는 **一辈子**는 쓸 수 없다. 따라서 B도 답에서 제외된다.

★☆☆ ｜**유형**｜ 술어 파악

50

| A 肯定 | B 接受 | A 긍정하다 | B 받아들이다 |
| C 规定 | D 公平 | C 규정하다 | D 공평하다 |

해설 들개와 사자가 어떻게 사냥감을 분배할 것인지에 대해 토론하고 있다. 각각 한 마리씩 나누는 것이 상식적으로 매우 공평한 방법이므로 답은 D다. 정도부사 **很** 뒤에는 일반적으로 형용사나 감정을 나타내는 동사가 오고, **接受**, **规定** 등의 행위를 나타내는 동사는 사용할 수 없다. 따라서 B와 C는 답에서 제외된다.

★★☆ ｜**유형**｜ 문맥에 적합한 문장 파악

51

A 他说的对是对	A 그가 말한 것이 맞기는 맞아요
B 也许他也没介绍	B 어쩌면 그도 소개하지 않았을 거예요
C 我的兄弟说错了	C 제 형제가 잘못 말했어요
D 他恐怕没什么借口	D 그는 아마 어떤 핑계도 없을 거예요

단어 借口 jièkǒu 명 구실, 핑계

해설 두 번째 들개의 생각은 처음에 말했던 들개와 완전히 상반되기 때문에, C가 답이 된다. 한편 **对是对** 뒤에는 일반적으로 **但是**, **不过**와 같은 역접의 의미를 지닌 접속사가 오므로 A는 답에서 제외된다.

★☆☆ ｜**유형**｜ 술어 파악

52

| A 勇敢 | B 满意 | A 용감하다 | B 만족하다 |
| C 虚心 | D 兴趣 | C 겸손하다 | D 흥미 |

단어 虚心 xūxīn 형 겸허하다, 겸손하다

해설 빈칸 바로 뒤에서 사자가 들개에게 **你是怎么想出这个分配妙法的？**(너는 어떻게 이 기발한 분배 방법을 생각해낸 것이냐?)라고 말한 것으로 보아, 사자가 두 번째 들개의 말에 매우 만족하였음을 알 수 있다. 따라서 답은 B다.

53-56

一个年轻人背着一个大包裹从很远的地方跑来找无际大师。他说："大师，我是那样的孤独，痛苦和寂寞……为什么我还不能找到我心中的 __53__ ？"于是，无际大师带着青年来到河边，他们坐船过了河。上岸以后，大师说："你扛着船赶路吧！"青年 __54__ 极了！大师微微一笑，轻声说道："过河时，船是有用的。但过了河，我们就要放下船赶路。 __55__ ，它会变成我们的包袱，放下它吧！"青年谢过大师，放下包袱，继续赶路， __56__ ！

한 젊은이가 큰 보따리 하나를 짊어지고 아주 먼 곳에서부터 뛰어와 우지대사를 찾았다. 그는 "대사님, 저는 그렇게 고독하고, 고통스럽고, 외롭고…… 왜 아직까지 저는 제 마음속의 53햇빛을 찾지 못하는 걸까요?"라고 말했다. 그리하여 우지대사는 청년을 데리고 강가로 왔고 그들은 배를 타고 강을 건넜다. 육지로 올라온 후, 대사가 "배를 메고 서둘러 길을 가보거라!"라고 말했다. 청년은 매우 54놀랍고 의아했다! 대사는 살짝 웃으며, 작은 소리로 말했다. "강을 건널 때는 배가 유용하단다. 그런데 강을 건너고 나면, 우리는 배를 내버려두고 서둘러 가야 하지. 55만약 그렇지 않으면, 그것은 우리의 짐이 되어버리니, 그것을 내려놓거라!"청년은 대사에게 감사를 표하고 부담을 내려놓고 여정을 계속했다. 56그러나 지금은 그는 많이 홀가분해졌다!

단어 背 bēi 동 짊어지다 ｜ 包裹 bāoguǒ 명 보따리 ｜ 孤独 gūdú 형 고독하다, 외롭다 ｜ 痛苦 tòngkǔ 형 고통스럽다, 괴롭다 ｜ 寂寞 jìmò 형 외롭다, 쓸쓸하다 ｜ 上岸 shàng'àn 동 (배로부터) 기슭에 오르다, 육지에 오르다 ｜ 扛 káng 동 메다, 짊어지다 ｜ 赶路 gǎnlù 동 길을 재촉하다, 서둘러 가다 ｜ 微微一笑 wēiwēi yí xiào 살짝 웃다, 생긋 웃다 ｜ 有用 yǒuyòng 형 유용하다, 쓸모 있다 ｜ 包袱 bāofu 명 보따리, 부담

53

| A 风雨 | B 树木 | A 비바람 | B 나무 |
| C 大地 | D 阳光 | C 대지 | D 햇빛 |

단어 树木 shùmù 몡 나무, 수목

해설 앞 문장의 孤独(고독하다), 痛苦(고통스럽다), 寂寞(외롭다) 등과 대비되는 것은 阳光(햇빛)이다. 여기에서 阳光은 비유적 용법으로 쓰였으며, 快乐(즐겁다), 开心(유쾌하다), 幸福(행복하다) 등의 감정을 나타낸다. 따라서 답은 D다.

54

| A 理解 | B 惊讶 | A 이해하다 | B 놀랍고 의아하다 |
| C 冷静 | D 麻烦 | C 침착하다 | D 귀찮다 |

해설 대사가 청년에게 배를 메고 가보라는 생각지도 못한 말을 했기 때문에 청년은 매우 놀랐을 것이다. 여기서 惊讶极了의 의미는 '매우 놀랍고 의아해했다'라는 뜻이다. 따라서 답은 B다.

55

| A 否则 | B 否定 | A 만약 그렇지 않으면 | B 부정적인 |
| C 另外 | D 此外 | C 그밖에 | D 이외에 |

단어 否定 fǒudìng 혱 부정적인 │ 此外 cǐwài 젭 이밖에, 이외에

해설 빈칸 앞 문장 我们就要放下船赶路(우리는 배를 내버려두고 서둘러 가야 한다)와 뒤 문장 它会变成我们的包袱(그것은 우리의 짐이 되어버린다)의 내용이 대조를 이루므로, 否则를 쓰는 것이 가장 적절하다. 否则는 내용상 앞 절과 뒤 절이 상반되며, 뒤 절이 앞의 추론을 반대로 했을 경우 일어나는 상황일 때 쓸 수 있는 접속사다. 따라서 답은 A다. 另外와 此外는 유의어로, 뒤에 나오는 내용이 앞 문장을 보충해주는 역할을 한다. 그러므로 C와 D는 답에서 제외된다.

56

A 再次回到了船上	A 다시 배 위로 돌아갔다
B 再次感到十分无奈	B 다시 매우 어찌할 바를 몰라했다
C 不过现在他轻松多了	C 그러나 지금은 그는 많이 홀가분해졌다
D 但是没听见大师的喊声	D 그러나 대사의 함성을 듣지 못했다

단어 无奈 wúnài 동 어쩔 수 없다, 방법이 없다 │ 喊 hǎn 동 큰 소리로 외치다

해설 앞 문장에서 청년이 放下包袱(부담을 내려놓았다)라고 했으므로, 현재 마음이 많이 홀가분해졌을 거라고 추측할 수 있다. 따라서 답은 C다.

19世纪末的英国伦敦，一天有两个网球迷在一家饭店吃饭。饭后两人　57　无聊，其中一个随手拣起一个酒瓶塞子，用桌上的雪茄烟盒当球拍，模仿打网球的样子打起来。　58　，也拿起雪茄烟盒加入，两人就在桌子上对打起来。他们玩儿得挺高兴，都感到这比打网球方便得多，就热心地把它介绍给别人。很快，英国　59　起这种"桌子上的网球"。那时候，人们用动物皮蒙在缩小了的网球拍子上当球拍，原始的乒乓球的打法　60　就和网球差不多。

19세기 말 영국 런던에서 어느 날 두 명의 테니스 팬들이 한 음식점에서 밥을 먹었다. 식사 후 두 사람은 심심하다고 [57]느꼈는데, 그중 한 사람이 술병 마개를 줍는 김에 테이블 위의 시가 담뱃갑을 라켓으로 사용하여, 테니스 치는 모습을 흉내 내며 치기 시작했다. [58]다른 한 사람이 매우 재미있다고 생각하고 역시 시가 담뱃갑을 들고 합류하여, 두 사람은 테이블 위에서 일대일 테니스를 치기 시작했다. 그들은 아주 재미있게 놀았는데, 둘 다 모두 이것이 테니스를 치는 것보다 훨씬 편하다고 생각해, 그것을 다른 사람들에게 열심히 추천했으며, 곧 영국에서는 이런 '테이블 테니스'가 [59] 유행하기 시작했다. 그때 사람들은 축소된 테니스 채에 동물 가죽을 덮어서 라켓으로 삼았는데, 최초의 탁구 타법은 [60]정말로 테니스와 비슷하다.

단어　伦敦 Lúndūn 명 런던 [영국의 수도] | 迷 mí 명 애호가, 팬 [어떤 것에 심취해 있는 사람을 가리킴] | 随手 suíshǒu 부 ~하는 김에 | 拣 jiǎn 동 줍다 | 塞子 sāizi 명 마개 | 雪茄 xuějiā 명 시가, 엽궐련 | 烟盒 yānhé 명 담뱃갑 | 球拍 qiúpāi 명 라켓 | 模仿 mófǎng 동 모방하다, 흉내 내다 | 加入 jiārù 동 가입하다, 참가하다 | 对打 duìdǎ 동 일대일로 서로 겨루다 | 热心 rèxīn 형 열렬한, 열심의 | 蒙 méng 동 덮다, 가리다 | 缩小 suōxiǎo 동 축소하다, 줄이다 | 拍子 pāizi 명 라켓, 채 | 原始 yuánshǐ 형 최초의

★☆☆ ｜**유형**｜ 술어 파악

57

A 发现　　　　B 知道　　　　A 발견하다　　　　B 알다
C 明白　　　　D 觉得　　　　C 이해하다　　　　D ~라고 느끼다

해설　无聊는 형용사로 '재미없다, 심심하다'라는 뜻이다. 동사 觉得 뒤에는 감정을 나타내는 형용사가 올 수 있으므로 D가 답이 된다. 동사 发现 뒤에는 我在门口发现一只小猫(나는 입구에서 고양이 한 마리를 발견했다)에서처럼 일반적으로 어떤 사람이나 사물이 나온다. 따라서 A는 답에서 제외된다.

★★☆ ｜**유형**｜ 문맥에 적합한 문장 파악

58

A 双方打得很激烈　　　　A 양측은 매우 격렬하게 쳤고
B 另一人觉得挺有趣　　　　B 다른 한 사람이 매우 재미있다고 생각했고
C 他们都认为很好玩儿　　　　C 그들은 모두 아주 재미있다고 생각했고
D 旁边的人发现这样打不对　　　　D 옆 사람은 이렇게 치는 게 틀렸다는 것을 발견했고

단어　激烈 jīliè 형 격렬하다, 치열하다

해설　처음에 두 명의 테니스 팬 가운데 한 사람이 시가 담뱃갑을 라켓으로 삼아 테니스 치는 모습을 흉내 내기 시작했다고 했다. 또한 빈칸 뒤에 也拿起(역시 들고)라는 말이 이어지고 있다. 另은 말하는 범위 외의 사람이나 사물을 가리키므로, 빈칸에는 另一人(다른 한 사람)에 대한 설명이 와야 적합하다. 따라서 답은 B다.

★☆☆ ｜**유형**｜ 술어 파악

59

A 流传　　　　B 流行　　　　A 전해오다　　　　B 유행하다
C 流动　　　　D 流利　　　　C 유동하다　　　　D 유창하다

해설　빈칸 앞에 '이것이 테니스를 치는 것보다 훨씬 편하다고 생각해, 그것을 다른 사람들에게 열심히 추천했으며, 곧 ~'이라는 말이 나온 것으로 보아, 가장 적합한 말은 B라는 것을 알 수 있다. 또한 동사 流行은 歌曲, 打法, 做法 등을 대상으로 가질 수 있다.

流传 liúchuán	통 유전하다, 퍼지다, 전해오다
	예 流传后世 후대에 대대로 전해 내려오다 / 一直流传 계속 전해오다
流行 liúxíng	통 유행하다, 성행하다
	예 流行歌曲 유행가 / 广泛流行 폭넓게 유행하다
流动 liúdòng	통 유동하다, 흐르다
	예 流动人口 유동인구 / 流动不畅 흐름이 원활하지 않다
流利 liúlì	통 유창하다, 막힘이 없다
	예 流利的英语 유창한 영어 / 非常流利 매우 유창하다

★☆☆ | **유형** | 부사어 파악

60

| A 功能 | B 积极 | A 기능 | B 적극적이다 |
| C 简直 | D 分别 | C 정말로 | D 각각 |

단어 功能 gōngnéng 명 기능, 효능 | 简直 jiǎnzhí 부 그야말로, 정말로 | 分别 fēnbié 부 각각, 각자

해설 **就和网球差不多**가 이 문장의 술어부인데, 앞에 부사 **简直**를 붙여 비슷한 정도를 더 강조할 수 있다. 따라서 답은 C 다. 한편 부사 **积极**, **分别** 뒤에는 일반적으로 동작을 나타내는 동사가 나온다. 따라서 B와 D는 오답이다.

✏ **Tip⁺** · 테니스 관련 어휘
出界 chūjiè 통 터치아웃되다 | 单打 dāndǎ 명 단식 | 发球 fāqiú 통 서브를 넣다 | 反手 fǎnshǒu 명 백핸드 |
接球 jiēqiú 통 공을 받다 | 界内球 jiènèiqiú 명 인사이드 볼 | 界外球 jièwàiqiú 명 아웃사이드 볼 | 救球 jiùqiú 통
공을 살리다 | 扣球 kòuqiú 통 스매시하다 | 落点 luòdiǎn 명 낙하점, 볼이 떨어지는 곳 | 球拍 qiúpāi 명 라켓 | 球
网 qiúwǎng 명 네트 | 双打 shuāngdǎ 명 복식 | 网球 wǎngqiú 명 테니스

61-70

★★☆ | **유형** | 전체 내용 파악

61

今天，台下坐的是1451名高一新同学，你们带着对新生活的渴望、带着对理想和知识的渴求、带着父母亲人的厚望，来到蓬勃发展的华侨中学。高一的105位老师今天也来参加了开学典礼，让我们对他们表示由衷的敬意！

오늘 강단 아래에 앉아 있는 1451명의 고등학교 1학년 신입생 여러분은 새로운 생활에 대한 갈망과, 이상과 지식에 대한 갈구, 부모님과 친척들의 큰 기대를 가지고 왕성하게 발전하는 화교 중학교에 왔습니다. 고등학교 1학년의 105분 선생님들도 오늘 개학식에 참석하러 오셨습니다. 우리 그분들께 진심에서 우러나오는 경의를 표합시다!

A 发言者最有可能是学校领导
B 这是给高一新生开的毕业典礼
C 一共有1451个人参加了开学典礼
D 开学典礼上有老师、同学和父母

A 발언자는 학교 지도자일 가능성이 가장 크다
B 이것은 고등학교 1학년 신입생을 위해 여는 졸업식이다
C 모두 1451명의 사람들이 개학식에 참여했다
D 개학식에는 교사, 동창생 그리고 부모가 참여했다

단어 渴望 kěwàng 동 갈망하다 | 渴求 kěqiú 동 갈구하다 | 亲人 qīnrén 명 직계 친족 | 厚望 hòuwàng 명 큰 기대 | 蓬勃 péngbó 형 왕성하다, 번창하다 | 华侨 huáqiáo 명 화교 | 典礼 diǎnlǐ 명 의식, 식 | 由衷 yóuzhōng 동 진심에서 우러나오다, 본심에서 우러나오다 | 敬意 jìngyì 명 경의 | 发言 fāyán 동 발언하다, 말하다 | 领导 lǐngdǎo 명 지도자, 리더 | 新生 xīnshēng 명 신입생

해설 독해 제2부분은 본문과 가장 부합되는 내용을 고르는 문제이기 때문에, 보기를 먼저 읽고 본문의 해당되는 부분을 찾아 밑줄을 그으며 답을 찾는 것이 문제를 가장 빨리 푸는 방법이다. 본문은 개학식에서 연설하는 내용을 담고 있으므로 답은 A다. 또한 신입생은 1451명이고 105분의 교사들도 개학식에 참석하러 왔다고 하였으므로, 1451명 이상의 사람들이 개학식에 참석했음을 알 수 있다. 따라서 C는 답에서 제외된다.

Tip⁺ • 학교 관련 어휘
班主任 bānzhǔrèn 명 담임교사 | 备课 bèikè 동 수업 준비하다 | 本科 běnkē 명 본과, 4년제 대학 | 必修课 bìxiūkè 명 필수과목 | 博士 bóshì 명 박사 | 补课 bǔkè 동 보강하다, 보충 수업하다 | 初中 chūzhōng 명 중학교 | 高中 gāozhōng 명 고등학교 | 寒假 hánjià 명 겨울방학 | 及格 jígé 동 합격하다 | 讲师 jiǎngshī 명 강사 | 教授 jiàoshòu 명 교수 | 课程 kèchéng 명 교과과정, 교육과정, 커리큘럼 | 留级 liújí 동 유급하다 | 录取通知书 lùqǔ tōngzhīshū 명 합격통지서 | 论文 lùnwén 명 논문 | 暑假 shǔjià 명 여름방학 | 硕士 shuòshì 명 석사 | 选修课 xuǎnxiūkè 명 선택과목 | 学费 xuéfèi 명 수업료, 학비 | 学分 xuéfēn 명 학점 | 学位 xuéwèi 명 학위 | 招生 zhāoshēng 동 (학교에서) 신입생을 모집하다, 학생을 모집하다 | 注册 zhùcè 동 (학기를) 등록하다 | 助教 zhùjiào 명 (대학의) 조교 | 专科 zhuānkē 명 전문대학 | 专业 zhuānyè 명 전공 | 作弊 zuòbì 동 커닝하다

62

水是世界上最丰富、分布最广、使用最多的物质。水对于人类及其他生物是繁衍生存的基本条件，是人们生活不可替代的重要资源，没有水，就没有生命。水是生态环境中最活跃、影响最广泛的因素，具有许多其他资源所没有的、独特的性能和多重的使用功能，是工农业生产的重要资源。

물은 세상에서 가장 풍부하고, 분포가 가장 광범위하고, 가장 많이 사용하는 물질이다. 물은 인류와 기타 생물이 번성하고 생존하는 기본조건이자 사람들의 생활에서 대체할 수 없는 중요한 자원으로, 물이 없으면 곧 생명도 없는 것이다. 물은 생태환경에서 가장 활발하고 영향력이 가장 광범위한 요소이며, 수많은 기타 자원에 없는 독특한 성능과, 다중의 사용기능을 가지고 있으며, 공농업 생산의 중요한 자원이다.

A 水资源对我们无关紧要
B 水不是世界上使用最多的资源
C 水对人类及动物具有重要意义
D 现在已经找到水资源的代替品

A 수자원은 우리에게 중요하지 않다
B 물은 세상에서 가장 많이 사용되는 자원이 아니다
C 물은 인류와 동물에게 있어 중요한 의의를 가지고 있다
D 현재 이미 수자원의 대체품을 찾았다

단어 分布 fēnbù 통 분포하다 | 物质 wùzhì 명 물질 | 对于 duìyú 전 ~에, ~에 대해 | 人类 rénlèi 명 인류 | 繁衍 fányǎn 통 번영하다 | 生存 shēngcún 통 생존하다 | 替代 tìdài 통 대신하다, 대체하다 | 资源 zīyuán 명 자원 | 生态环境 shēngtài huánjìng 명 생태환경 | 活跃 huóyuè 형 활발하다, 활기차다 | 广泛 guǎngfàn 형 광범하다 | 因素 yīnsù 명 요소 | 具有 jùyǒu 통 가지다, 구비하다 | 独特 dútè 형 독특하다 | 性能 xìngnéng 명 성능 | 多重 duōchóng 형 다중의, 다층의 | 功能 gōngnéng 명 기능, 효능 | 无关紧要 wúguānjǐnyào 성어 중요하지 않다 | 代替品 dàitìpǐn 명 대체품

해설 '물은 인류와 기타 생물이 번성하고 생존하는 기본조건이자 사람들의 생활에서 대체할 수 없는 중요한 자원으로, 물이 없으면 곧 생명도 없는 것이다'라는 말을 통해 C가 답임을 알 수 있다.

63

喝牛奶前后1小时左右，不宜吃橘子。牛奶中所含的蛋白质与橘子中的果酸相遇后，会产生化学反应，发生凝固，影响人体对牛奶的消化与吸收。同样，在服用牛奶前后1小时的这个时间段里也不适合食用其他酸性水果。

우유를 마시기 1시간 정도 전후에 귤을 먹는 것은 적절하지 않다. 우유에 함유된 단백질과 귤에 있는 주석산이 서로 만난 후에는 화학반응이 생기고, 응고가 발생하여, 인체가 우유를 소화하고 흡수하는 데 영향을 주기 때문이다. 마찬가지로, 우유를 마시기 1시간 전후의 시간 동안은 기타 산성 과일을 먹는 것은 부적절하다.

A 橘子是酸性水果
B 牛奶中含有果酸
C 柠檬宜和牛奶一起吃
D 蛋白质与果酸相遇后没有变化

A 귤은 산성 과일이다
B 우유에는 주석산이 함유되어 있다
C 레몬은 우유와 함께 먹기 적합하다
D 단백질과 주석산은 서로 만난 후 변화가 없다

단어 不宜 bùyí 통 ~하기에 적절하지 않다, ~하기에 적당하지 않다 | 蛋白质 dànbáizhì 명 단백질 | 果酸 guǒsuān 명 주석산 | 相遇 xiāngyù 통 서로 만나다 | 产生 chǎnshēng 통 생기다, 나타나다 | 化学反应 huàxué fǎnyìng 명 화학반응 | 凝固 nínggù 통 응고하다, 굳다 | 人体 réntǐ 명 인체 | 消化 xiāohuà 통 소화하다 | 吸收 xīshōu 통 흡수하다 | 服用 fúyòng 통 복용하다 | 食用 shíyòng 통 먹다 | 酸性 suānxìng 명 산성 | 柠檬 níngméng 명 레몬 | 宜 yí 형 알맞다, 적합하다

해설 본문의 마지막 부분에서 '마찬가지로, 우유를 마시기 1시간 전후의 시간 동안은 기타 산성 과일을 먹는 것은 부적절하다'고 하였으므로, 귤이 산성 과일 중 하나라는 것을 알 수 있고, 귤과 비슷한 레몬은 산성 과일이므로 A는 답이 되고 C는 답에서 제외된다. 귤에 주석산이 함유되어 있고 우유에 단백질이 함유되어 있으므로 B는 답에서 제외된다.

64

树懒生活在南美热带雨林里。它长年生活在树上，靠吃树叶为生。树懒平时不下地，只是一周下地排泄一次。雌性树懒在分娩时也要下地，它离开长年生活的那棵树，再爬到另一棵树上生宝宝。

A 雄树懒分娩时下地
B 树懒生活在北美洲
C 树懒在地上生宝宝
D 树懒七天排泄一次

나무늘보는 남미의 열대우림에서 생활한다. 나무늘보는 일 년 내내 나무 위에서 생활하는데, 나뭇잎을 먹으며 산다. 나무늘보는 평소 땅에 내려가지 않고, 일주일에 한 번만 땅에 내려가 배설을 한다. 암컷 나무늘보는 새끼를 낳을 때에도 땅에 내려가야 하는데, 암컷 나무늘보는 일 년 내내 생활한 그 나무를 떠나 다시 다른 나무 위로 올라가서 새끼를 낳는다.

A 수컷 나무늘보는 새끼를 낳을 때 땅으로 내려간다
B 나무늘보는 북아메리카에서 생활한다
C 나무늘보는 땅에서 새끼를 낳는다
D 나무늘보는 7일에 한 번 배설한다

단어 树懒 shùlǎn 명 나무늘보 | 南美 Nánměi 명 남미 | 热带雨林 rèdài yǔlín 명 열대우림 | 长年 chángnián 명 일 년 내내 | 树叶 shùyè 명 나뭇잎 | 为生 wéishēng 동 생계를 꾸리다, 생활하다 | 排泄 páixiè 동 배설하다, 배출하다 | 雌性 cíxìng 명 암컷 | 分娩 fēnmiǎn 동 새끼를 낳다 | 宝宝 bǎobǎo 명 귀염둥이 [아이에 대한 애칭] | 雄 xióng 형 수컷의 | 北美洲 Běiměizhōu 명 북아메리카

해설 나무늘보는 평소에는 땅에 내려가지 않고 일주일, 즉 7일에 한 번만 땅에 내려간다고 하였으므로 답은 D다. 한편 수컷 나무늘보가 아닌, 암컷 나무늘보가 새끼를 낳을 때 땅으로 내려간다고 했으므로 A는 답에서 제외된다. 그리고 암컷 나무늘보는 일 년 내내 생활했던 나무를 떠나, 다른 나무 위로 올라가서 새끼를 낳는다고 하였으므로 C도 답에서 제외된다.

65

一名美国男子用350多万根牙签搭建成了世界上最大的牙签城——"牙签城2号——庙宇和高楼大厦"。此城"复制"了40多座世界著名宗教建筑和高楼大厦，包括世界最高楼哈利法塔和上海东方明珠等。

A 牙签是一种传统建筑材料
B 哈利法塔是著名宗教建筑
C 牙签城包括40多座建筑物
D 这座牙签城比东方明珠大

어떤 미국 남자가 350여만 개의 이쑤시개를 이용해서 세상에서 가장 큰 이쑤시개 성인 '이쑤시개 성 2호—사원과 고층 건물'을 세웠다. 이 성은 세계에서 가장 높은 부르즈칼리파 탑과 상하이의 동방명주 등을 포함하여, 40여 개의 세계적으로 유명한 종교 건축물과 고층 건물을 '복제'했다.

A 이쑤시개는 일종의 전통 건축 재료다
B 부르즈칼리파 탑은 유명한 종교 건축물이다
C 이쑤시개 성은 40여 개의 건축물을 포함한다
D 이 이쑤시개 성은 동방명주보다 크다

단어 牙签 yáqiān 명 이쑤시개 | 搭建 dājiàn 동 짓다, 세우다 | 庙宇 miàoyǔ 명 사찰, 사원 | 高楼大厦 gāolóu dàshà 명 고층 건물 | 复制 fùzhì 동 복제하다 | 宗教 zōngjiào 명 종교 | 建筑 jiànzhù 명 건축물 | 哈利法塔 Hālìfǎ Tǎ 명 부르즈칼리파 탑 [아랍에미리트 두바이의 신도심 지역에 있는 초고층 건물] | 东方明珠 Dōngfāng Míngzhū 명 동방명주 | 传统 chuántǒng 명 전통

해설 '이 성은 ~ 40여 개의 세계적으로 유명한 종교 건축물과 고층 건물을 복제했다'라고 했으므로 답은 C다. 한편 이쑤시개를 이용하여 건축물들을 만들기는 했지만, 이것은 전통적인 건축 재료라고 볼 수는 없으며 이에 대해 전혀 언급도 하지 않았다. 따라서 A는 답에서 제외된다. 또한 부르즈칼리파 탑은 고층 건물이기는 하지만 종교 건축물은 아니므로 B도 답에서 제외된다.

66

皮影戏，是一种用灯光照射兽皮或纸板做成的人物剪影以表演故事的中国民间戏剧。表演时，艺人们在白色幕布后面，一边操纵戏曲人物，一边用当地流行的曲调唱述故事，同时配以打击乐器和弦乐，<u>有浓厚的乡土气息</u>。

A 皮影戏有浓厚的民间韵味
B 皮影戏属于中国官方戏剧
C 中国艺人都会表演皮影戏
D 表演皮影戏时不能有灯光

그림자극은 짐승의 가죽이나 판지로 만든 인물을 오려 내어 조명을 비추어 이야기를 공연하는 일종의 중국 민속 희극이다. 공연할 때, 배우들은 흰색 막 뒤에서 희곡의 인물을 조종하면서, 한편으로는 현지에서 유행하는 가락을 이용하여 노래로 이야기를 설명한다. 타악기와 현악을 동시에 배합하는데, <u>향토색이 진하다</u>.

A 그림자극은 민속적인 정취가 진하다
B 그림자극은 중국 정부 측 연극에 속한다
C 중국 배우들은 모두 그림자극을 공연할 수 있다
D 그림자극을 공연할 때 조명이 있어서는 안 된다

단어 皮影戏 píyǐngxì 圐 (가죽 인형의) 그림자극 | 灯光 dēngguāng 圐 조명 | 照射 zhàoshè 통 비치다, 비추다 | 兽 shòu 圐 짐승 | 纸板 zhǐbǎn 圐 판지 | 剪影 jiǎnyǐng 圐 (사람의 얼굴이나 몸이나 물체 등의 윤곽에 따라) 오린 것 | 民间 mínjiān 圐 민간, 민속 | 戏剧 xìjù 圐 연극, 극 | 艺人 yìrén 圐 연예인 | 幕布 mùbù 圐 막 | 操纵 cāozòng 통 조종하다 | 戏曲 xìqǔ 圐 희곡 | 人物 rénwù 圐 인물 | 曲调 qǔdiào 圐 가락 | 配 pèi 통 배합하다, 조합하다 | 打击乐器 dǎjī yuèqì 圐 타악기 | 弦乐 xiányuè 圐 현악 | 浓厚 nónghòu 圐 짙다, 농후하다 | 乡土 xiāngtǔ 圐 향토 | 气息 qìxī 圐 냄새, 향기 | 韵味 yùnwèi 圐 정취 | 属于 shǔyú 통 ~(의 범위)에 속하다 | 官方 guānfāng 圐 정부 측

해설 본문의 마지막 부분에서 그림자극은 '향토색이 진하다'라고 하였으므로 A가 답임을 알 수 있다. 본문의 첫 부분에서 그림자극은 조명을 비추어 이야기를 공연하는 중국 민속 희극이라고 하였으므로 B와 D는 답에서 제외된다.

67

今年，中国广东省青少年手机拥有率达83%，手机主要用于打电话、发短信、听音乐和上网，有41%的青少年使用手机上网，27%的青少年使用手机玩儿游戏。<u>手机在青少年中的拥有率越来越高</u>。

A 用手机玩儿游戏不好
B 中国83%的青少年拥有手机
C 越来越多的青少年拥有手机
D 大部分青少年都用手机上网

올해 중국 광둥성 청소년의 휴대전화 보유율은 83%에 달했는데, 휴대전화는 주로 전화를 걸고 문자메시지를 보내고 음악을 듣고 인터넷을 하는 데 사용되었다. 41%의 청소년들은 휴대전화를 인터넷을 하는 데 사용하고, 27%의 청소년들은 휴대전화를 게임을 하는 데 사용한다. <u>청소년들 사이에서 휴대전화의 보유율은 갈수록 높아지고 있다</u>.

A 휴대전화로 게임을 하는 것은 좋지 않다
B 중국 83%의 청소년이 휴대전화를 보유하고 있다
C 갈수록 많은 청소년이 휴대전화를 보유하고 있다
D 대부분의 청소년이 모두 인터넷 하는 데 휴대전화를 사용한다

단어 广东省 Guǎngdōng Shěng 圐 광둥성 | 拥有率 yōngyǒulǜ 圐 보유율 | 短信 duǎnxìn 圐 문자메시지

해설 본문의 마지막 부분에서 '청소년들 사이에서 휴대전화의 보유율은 갈수록 높아지고 있다'고 하였으므로, 점점 더 많은 청소년들이 휴대전화를 보유하고 있다는 것을 알 수 있다. 따라서 C가 답이다. 한편 '중국 광둥성 청소년의 휴대전화 보유율은 83%에 달한다'라고 언급했으나 이것이 중국 전체를 뜻하는 것은 아니므로 B는 답에서 제외된다.

✎Tip⁺ • 전화 관련 어휘
按 àn 통 다이얼을 누르다 [= 拨 bō] | BP机 BP jī 圐 삐삐, 무선 호출기 | 电话亭 diànhuàtíng 圐 전화 박스 | 公用电话 gōngyòng diànhuà 圐 공중전화 | 挂机 guàjī 통 전화를 끊다 | 国号 guóhào 圐 국가번호 | 话筒 huàtǒng 圐 수화기 | 留言 liúyán 통 메시지를 남기다 | 忙音 mángyīn 圐 통화 중 신호음 | 区号 qūhào 圐 지역 번호 | 投币 tóubì 통 동전을 넣다 | 幺幺四(查号台) yāoyāosì(cháhàotái) 圐 114 안내전화 | 占线 zhànxiàn 통 통화 중이다

68

在中国北方，冬季常刮西北风。所以冬季常在外活动的人都知道，在肚子里没有食物的时候，往往一张嘴就灌进一肚皮的冷风，人也跟着浑身一颤。这种又冷又饿的滋味十分不好受。后来逐渐用"喝西北风"来形容生活困难，又冷又饿。

중국 북방에는 겨울철에 자주 서북풍이 분다. 그래서 겨울철에 자주 밖에서 활동하는 사람들은 뱃속에 음식물이 없을 때, 종종 입만 벌리면 찬바람이 뱃속으로 한가득 불어 들어와 바로 온몸이 떨린다는 것을 모두 알고 있다. 이런 춥고 배고픈 느낌은 아주 불쾌하다. 후에 점차 '서북풍을 마시다'라는 말을 사용하여 생활이 어렵고, 춥고 배고픈 것을 형용했다.

A 西北风的味道不好
B 在外活动的人会喝西北风
C 人们只会在冬天喝西北风
D "喝西北风"这个词源于中国北方

A 서북풍의 맛은 좋지 않다
B 밖에서 활동하는 사람은 굶주릴 것이다
C 사람들은 겨울에만 굶주릴 것이다
D '喝西北风'이라는 단어는 중국 북방에서 유래한다

단어 冬季 dōngjì 명 겨울철, 동계 | 食物 shíwù 명 음식물 | 张 zhāng 동 벌리다 | 灌 guàn 동 채우다, 불어넣다 | 肚皮 dùpí 명 복부, 배 | 跟着 gēnzhe 부 바로, 이어서, 곧이어 | 浑身 húnshēn 명 전신, 온몸 | 颤 chàn 동 떨다 | 滋味 zīwèi 명 느낌, 기분 | 好受 hǎoshòu 형 즐겁다, 유쾌하다 | 喝西北风 hē xīběifēng 굶주리다, 먹을 것이 아무것도 없다 | 源于 yuányú 동 ~에서 발원하다, ~에서 근원하다

해설 첫 문장을 통해 **喝西北风**이라는 단어가 겨울철에 자주 서북풍이 부는 중국 북방에서 유래됐음을 알 수 있다. 따라서 답은 D다. 한편 바람은 음식물이 아니므로 맛을 느낄 수 없으므로 A는 답에서 제외된다. 그리고 오늘날 **喝西北风**이라는 말은 생활이 어렵고 춥고 배고픈 것을 형용한다. 밖에서 활동하는 사람들은 모두 굶주리거나 겨울에만 굶주리는 것은 아니므로 B와 C도 답에서 제외된다.

69

刚出生的儿子对婴儿用品过敏，因此，每次洗完澡后，我都给他抹橄榄油。有一天，4岁的女儿看着我为他抹橄榄油，显得很不安，她不放心地问道："妈妈，你想把他煎着吃吗？"我哭笑不得。

갓 태어난 아들이 유아용품에 알레르기 반응을 보여서, 매번 목욕을 하고 나면 나는 아들에게 올리브유를 발라준다. 어느 날 4살짜리 딸이 내가 아들에게 올리브유를 발라주는 것을 보고는 매우 불안해하는 것 같았다. 딸은 안심하지 못하는 듯 "엄마, 엄마는 오빠를 부쳐 먹고 싶으세요?"라고 물었다. 나는 울 수도 웃을 수도 없었다.

A 女儿比儿子大3岁
B 我要把儿子煎着吃
C 橄榄油是婴儿用品
D 抹橄榄油能保护皮肤

A 딸은 아들보다 3살 더 많다
B 나는 아들을 부쳐 먹으려고 한다
C 올리브유는 유아용품이다
D 올리브유를 바르면 피부를 보호할 수 있다

단어 婴儿 yīng'ér 명 영아, 젖먹이 | 用品 yòngpǐn 명 용품 | 过敏 guòmǐn 동 알레르기 반응을 보이다 | 抹 mǒ 동 바르다, 칠하다 | 橄榄油 gǎnlǎnyóu 명 올리브유 | 显得 xiǎnde 동 ~인 것 같다, ~하게 보이다 | 不安 bù'ān 형 불안하다 | 煎 jiān 동 지지다, 부치다 | 哭笑不得 kūxiàobùdé 성어 울 수도 없고 웃을 수도 없다, (어떻게 해야 할지 몰라) 입장이 난처하다

해설 갓 태어난 아들이 유아용품에 알레르기 반응을 보여서 엄마가 아들에게 올리브유를 발라주었다고 했으므로 이를 통해 올리브유가 피부를 보호할 수 있으며 알레르기에 효과가 있다는 사실을 알 수 있다. 따라서 답은 D다. 중국에서는 갓 태어난 아기를 1살이 아니라 0살로 보는데, 아들이 갓 태어났고 딸은 4살이라고 했으므로 딸이 아들보다 4살 더 많다. 따라서 A는 답에서 제외된다.

70

淡水鸟类中，在水下游得最好的当属潜水鸟。小鸟的脚的位置非常靠后，从水里出来后，在地上几乎无法行走。但是到了水里，它们便非常灵活。小鱼遇见它们，很少有能逃脱的。小鸟的父母有分工，一个把它们驮在背上，一个给它们觅食。它们还会非常耐心地一点点喂小鸟吃鱼。

A 潜水鸟无法在陆地行走
B 雄潜水鸟从不喂养孩子
C 潜水鸟主要靠吃鱼生活
D 潜水鸟是在淡水中生活

민물 조류 중 물 아래에서 헤엄을 가장 잘 치는 새는 바프토르니스다. 어린 새의 발 위치가 매우 뒤쪽에 있기 때문에, 물속에서 나온 후 땅 위에서는 거의 걸을 수가 없다. 하지만 물속에서 그들은 매우 민첩해진다. 새끼 물고기가 그들과 마주치면 대부분 도망칠 수 없다. 어린 새의 부모는 일을 분담하는데, 하나는 어린 새들을 등에 업고 하나는 어린 새들에게 먹이를 구해준다. 그들은 아주 인내심 있게 조금씩 어린 새들에게 물고기를 먹인다.

A 바프토르니스는 육지에서 걸을 수가 없다
B 수컷 바프토르니스는 여태껏 새끼를 기른 적이 없다
C 바프토르니스는 주로 물고기를 먹는 것에 의지하여 생활한다
D 바프토르니스는 민물에서 생활한다

단어 淡水 dànshuǐ 몡 담수, 민물 | 鸟类 niǎolèi 몡 조류 | 潜水鸟 qiánshuǐniǎo 몡 바프토르니스 [논병아리 형의 잠수조] | 位置 wèizhi 몡 위치 | 无法 wúfǎ 통 방법이 없다, 할 수 없다 | 行走 xíngzǒu 통 걷다, 거닐다 | 灵活 línghuó 혱 민첩하다, 재빠르다 | 遇见 yùjiàn 통 마주치다 | 逃脱 táotuō 통 달아나다, 도망치다 | 分工 fēngōng 통 일을 나누다, 일을 분담하다 | 驮 tuó 통 등에 업다, 지다 | 觅食 mìshí 먹이를 찾다, 먹이를 구하다 | 陆地 lùdì 몡 육지 | 雄 xióng 혱 수컷의 | 从不 cóngbù 지금까지 ~하지 않다, 여태까지 ~ 않다 | 喂养 wèiyǎng 통 기르다, 양육하다

해설 본문의 첫 부분에서 '민물 조류 중 물 아래에서 헤엄을 가장 잘 치는 새는 바프토르니스다'라고 하였으므로, 바프토르니스는 민물에서 생활한다는 것을 알 수 있다. 따라서 답은 D다. 바프토르니스는 육지에서 거의 걸을 수가 없다고 하였지만, 완전히 걷지 못하는 것은 아니므로 A는 답에서 제외된다. 그리고 '어린 새의 부모는 일을 분담한다'고 하였으므로 수컷 바프토르니스 역시 새끼를 기른다는 것을 알 수 있다. 따라서 B도 답에서 제외된다.

71-74

陶行知先生担任育才学校的校长的时候，一天，71(C)他看到一名男生在打一名同学，就将他制止，并命令他到校长室等候。

陶先生回到办公室，见男生已在等候。陶先生掏出一块糖递给他："这是奖励你的，因为你按时到了。"接着又掏出一块糖给他："这也是奖励给你的，72(C)我不让你打同学，你立即住手了，说明你很尊重我。"男生疑惑地接过糖果。陶先生又说："据了解，你打同学是因为他欺负女生，说明你有正义感。"73(D)/74(C)陶先生又掏出第三块糖给他。这时男生哭了："校长，我错了，同学再不对，我也不能采取这种方式。"陶先生又拿出第四块糖说："你已经认错，再奖你一块，我们的谈话也该结束了。"

야오싱즈 선생이 인재 양성 학교의 교장을 맡았을 때, 하루는 71(C)한 남학생이 다른 학우를 때리고 있는 것을 보고, 그를 제지하고는 그에게 교장실에 가서 기다리라고 했다.

야오 선생이 사무실로 돌아와서 남학생이 이미 기다리고 있는 것을 보았다. 야오 선생은 사탕을 하나 꺼내서 그에게 건네주며 "이것은 너를 격려하는 것이란다. 왜냐하면 네가 제때에 왔기 때문이야."라고 말하고, 이어서 또 사탕 하나를 꺼내서 그에게 주며, "이것도 너를 격려하는 것이란다. 72(C)내가 너에게 학우를 때리지 말라고 하자, 너는 즉시 손을 멈췄어. 이것은 네가 나를 매우 존중한다는 것을 말하지."라고 말했다. 남학생은 의심쩍은 듯 사탕을 받았다. 야오 선생은 또 말했다. "조사에 따르면, 네가 학우를 때린 것은 그가 여학생을 괴롭혔기 때문이라니. 네가 정의감이 있다는 것을 말하지." 73(D)/74(C)야오 선생은 또 세 번째 사탕을 꺼내어 그에게 주었다. 이때 남학생은 "교장 선생님, 제가 잘못했습니다. 친구가 설사 잘못을 했더라도 이런 방법을 택해서는 안 돼요."라며 울었다. 야오 선생은 또 네 번째 사탕을 꺼내며 말했다. "네가 이미 잘못을 인정했으니, 너에게 사탕 하나를 더 주겠다. 우리의 대화도 마쳐야겠구나."

단어 担任 dānrèn 图 맡다. 담당하다 | 育才 yùcái 图 인재를 양성하다. 기르다 | 制止 zhìzhǐ 图 제지하다 | 命令 mìnglìng 图 명령하다 | 等候 děnghòu 图 기다리다 | 掏出 tāochū 图 꺼내다 | 递 dì 图 건네다 | 奖励 jiǎnglì 图 장려하다, 격려하다 | 接着 jiēzhe 閠 이어서, 연이어 | 立即 lìjí 閠 즉시, 바로 | 住手 zhùshǒu 图 손[일]을 멈추다 | 疑惑 yíhuò 图 의심하다. 의심을 품다 | 糖果 tángguǒ 图 사탕 | 欺负 qīfu 图 업신여기다. 괴롭히다 | 正义感 zhèngyìgǎn 图 정의감 | 采取 cǎiqǔ 图 채택하다. 취하다 | 方式 fāngshì 图 방식 | 认错 rèncuò 图 잘못을 인정하다 | 谈话 tánhuà 图 대화. 이야기

★★☆ |**유형**| 인과관계 파악

71 陶先生为什么让那名男生去校长室？

A 他被同学打了
B 他和同学吵架
C 他在打一名同学
D 他不听老师的话

야오 선생은 왜 그 남학생에게 교장실에 가라고 했는가?

A 그가 학우에게 맞아서
B 그가 학우와 말다툼을 해서
C 그가 한 학우를 때리고 있어서
D 그가 선생님의 말씀을 듣지 않아서

 **단어** 吵架 chǎojià 图 말다툼하다

해설 본문의 첫 단락에서 야오 선생은 '한 남학생이 다른 학우를 때리고 있는 것을 보고, 그를 제지하고는 그에게 교장실에 가서 기다리라고 했다'라고 했으므로 답은 C다.

72 关于这名男生，下列说法正确的是：

A 他常欺负女生
B 他比校长晚到
C 他很尊敬校长
D 他是个爱哭的人

이 남학생에 관하여, 다음 중 옳은 것은：

A 그는 자주 여학생을 괴롭힌다
B 그는 교장보다 늦게 도착했다
C 그는 교장을 매우 존경한다
D 그는 걸핏하면 우는 사람이다

해설 세부 내용을 찾는 문제를 풀 때 가장 기본적인 것은 문제를 먼저 파악한 후 답을 찾아야 한다는 것이다. 72번 문제와 같이 답이 글에 그대로 들어 있는 경우에는 원하는 정보만을 재빨리 찾는 것이 중요하므로, 보기의 내용을 파악한 후 본문에서 해당하는 부분만 찾아내면 된다. 본문의 두 번째 단락에서 야오 선생이 그에게 '학우를 때리지 말라고 하자, 너는 즉시 손을 멈췄어. 이것은 네가 나를 매우 존중한다는 것을 말하지'라고 말했으므로 답은 C다.

73 最后男生为什么哭了？

A 被校长批评了
B 校长对他很凶
C 只拿到四块糖
D 知道自己错了

마지막에 남학생은 왜 울었는가？

A 교장에게 야단맞아서
B 교장이 그를 아주 매섭게 대해서
C 단지 4개의 사탕을 얻어서
D 자신이 잘못한 것을 알아서

단어 凶 xiōng ⑲ 사납다, 흉악하다

해설 야오 선생이 세 번째 사탕을 꺼내어 그 남학생에게 줄 때 남학생은 울면서 '교장 선생님, 제가 잘못했습니다'라고 말했다. 따라서 답은 D다.

74 最适合本文的题目是：

A 校长的批评
B 奖励四块糖
C 巧妙的教育
D 男生的认错

본문의 제목으로 가장 적합한 것은：

A 교장의 비평
B 사탕 4개로 격려하다
C 기발한 교육
D 남학생의 잘못 인정

단어 巧妙 qiǎomiào ⑲ (방법이나 기술이) 교묘하다, 기발하다

해설 본문에서는 주로 야오 선생이 어떻게 학생을 교육시키고 어떻게 학생이 스스로 자신의 잘못을 깨닫게 하는가에 대해서 이야기하고 있다. 그런데 그 방법이 아주 색다르고 기발하므로 C가 답으로 가장 적절하다. 이처럼 독해 제3부분에서 가장 빈번하게 출제되는 것은 다름 아닌 글의 주제를 파악하는 문제다. 주제를 묻는 문제를 풀 때는 먼저 보기를 통해 본문의 내용을 짐작해본 후, 문장 속의 여러 단서를 통해 중심 내용을 찾는 것이 비법이라 할 수 있다.

^{75(B)}养花人在花园里种了几百棵月季花，他认为只有这样才能每个月都看见花。开花的时候，那些同一形状的不同颜色的花，使他的院子呈现出一种单调的热闹。一天晚上，他忽然做了一个梦：许多花走进了院子，它们都愁眉不展地看着他。

牡丹花抬着高傲的头说："难道我们长得不美吗？"

仙人掌说："我们具有最坚强的灵魂。"

^{76(A)}桃花说："我和春天一起到来。"

这时候，月季也说话了："我们也很寂寞，^{77(D)}要是能和姐妹们在一起，我们会更快乐。"

他醒来的时候，心里很闷，他想："花都应该有展示自己美丽的机会。而我的偏爱是不对的。^{78(D)}从今天起，就让我的花园变得更加丰富多彩吧！"

^{75(B)}꽃을 가꾸는 사람이 화원에 몇백 그루의 월계화를 심었다. 그는 이렇게 해야만 매달 꽃을 볼 수 있을 것이라고 생각했다. 꽃이 피었을 때 같은 모양에 색깔만 다른 그 꽃들은 그의 정원을 단조로우면서도 활기차 보이게 했다. 어느 날 밤 그는 갑자기 꿈을 꾸었다. 많은 꽃이 정원에 들어와서 양 눈썹을 잔뜩 찡그리며 그를 보고 있었다.

모란꽃은 거만한 머리를 들어올리며 말했다. "설마 우리가 아름답지 않은 거야?"

선인장이 말했다. "우리는 가장 강인한 영혼을 가지고 있어."

^{76(A)}복숭아꽃이 말했다. "나는 봄과 함께 와."

이때 월계화도 말했다. "우리도 외로워. ^{77(D)}만약 자매들과 함께 있을 수 있다면 우리는 더 즐거울 거야."

그는 잠에서 깼을 때 마음속이 매우 답답했다. 그는 생각했다. "꽃들은 모두 자신의 아름다움을 펼쳐 보일 기회가 있어야 해. 나의 편애는 잘못된 거야. ^{78(D)}오늘부터 나의 화원을 더욱더 풍부하고 다채롭게 변화시켜야겠어!"

단어 养 yǎng 동 재배하다, 기르다, 가꾸다 | 种 zhòng 동 심다, 가꾸다, 재배하다 | 月季花 yuèjìhuā 명 월계화 | 形状 xíngzhuàng 명 겉모양, 외관 | 院子 yuànzi 명 정원, 뜰 | 呈现 chéngxiàn 동 드러나다, 보이다 | 单调 dāndiào 형 단조롭다 | 愁眉不展 chóuméibùzhǎn 성어 양 눈썹을 잔뜩 찡그리다, 근심 걱정에 잠기다 | 牡丹花 mǔdānhuā 명 모란꽃 | 高傲 gāoʼào 형 거만하다 | 仙人掌 xiānrénzhǎng 명 선인장 | 具有 jùyǒu 동 가지다, 갖추다 | 坚强 jiānqiáng 형 굳세다, 꿋꿋하다 | 灵魂 línghún 명 영혼 | 桃花 táohuā 명 복숭아꽃 | 到来 dàolái 동 도래하다, 오다 | 寂寞 jìmò 형 외롭다, 쓸쓸하다 | 醒来 xǐnglái 동 (잠에서) 깨다 | 闷 mèn 형 답답하다, 괴롭다 | 展示 zhǎnshì 동 펼쳐 보이다 | 偏爱 piānʼài 동 편애하다 | 更加 gèngjiā 부 더욱, 한층 | 丰富多彩 fēngfùduōcǎi 성어 풍부하고 다채롭다

★☆☆ | **유형** | 세부 내용 파악

75 根据本文，养花人最喜欢什么花？

본문에서 꽃을 가꾸는 사람은 무슨 꽃을 가장 좋아하는가?

A 桃花
B 月季
C 牡丹
D 仙人掌

A 복숭아꽃
B 월계화
C 모란꽃
D 선인장

해설 본문의 첫 부분에서 '꽃을 가꾸는 사람이 화원에 몇백 그루의 월계화를 심었다'라고 하였으므로, 그가 월계화를 가장 좋아한다는 것을 알 수 있다. 따라서 답은 B다.

★☆☆ | **유형** | 세부 내용 파악

76 关于桃花，以下说法正确的是：

복숭아꽃에 관해서 다음 중 옳은 것은：

A 春天开花
B 每月开花
C 十分高傲
D 十分坚强

A 봄에 꽃이 핀다
B 매월 꽃이 핀다
C 매우 거만하다
D 매우 강인하다

해설 복숭아꽃이 '나는 봄과 함께 와'라고 말한 것으로 보아 복숭아꽃은 봄에 핀다는 것을 알 수 있다. 따라서 답은 A다.

77 文中月季所说的"姐妹们"是指：

A 月季
B 花园
C 养花人
D 其他花

본문에서 월계화가 말한 '姐妹们'이 가리키는 것은 :

A 월계화
B 화원
C 꽃을 가꾸는 사람
D 다른 꽃

해설 월계화의 말을 통해 '자매들'이란 본문에 등장한 월계화를 제외한 나머지 모란꽃, 선인장, 복숭아꽃들이라는 것을 추측할 수 있다. 따라서 답은 D다.

★★☆ | **유형** | 내용 추측

78 养花人梦醒后最有可能做什么?

A 只种牡丹花
B 再也不种花
C 种更多的月季
D 养各种各样的花

꽃을 가꾸는 사람은 꿈에서 깬 후 무엇을 할 것인가?

A 모란꽃만 심는다
B 다시는 꽃을 심지 않는다
C 더 많은 월계화를 심는다
D 각양각색의 꽃을 키운다

단어 各种各样 gèzhǒng gèyàng 명 각양각색

해설 본문 마지막 부분에서 꽃을 가꾸는 사람은 '오늘부터 나의 화원을 더욱더 풍부하고 다채롭게 변화시켜야겠어!'라고 말했다. 따라서 화원에 각양각색의 꽃을 심을 것이라는 것을 유추할 수 있으므로 답은 D다.

　　一个小伙子到北京打工，凭着一身力气，当上了一名送奶工。很快，他靠自己的努力，成立了送奶公司。由于他诚实守信，服务优质，经过几年的打拼，他的公司发展到有20万个家庭订户的规模。

　　他与一位做广告的朋友谈话时突然想到，79(D)公司现有20万个家庭订户，这不就是一个庞大的网络吗？这张网只用于送奶实在是太浪费，为什么不以此为载体，在送奶的同时兼做广告投递呢？于是，他又成立广告传播公司。公司广告传播人员由送奶工兼任。

　　初战告捷后，他决定以送奶网络为载体，兼营更多的业务。随后，他与一些商场合作，进行电子商务配送，还创办广告杂志，新业务都依托于公司这张网铺开，其利润远远高于送奶的利润。

　　80(D)订奶客户很快发展到30万户，员工从最初的3个人，发展到目前的2800人，资产由最初的2000元猛增到现在的1.5亿元。这位已成为亿万富翁的年轻人叫吴作仁，他的公司获得"第三届全国文明社区贡献"大奖，他本人也获得"北京市十佳外来青年"称号。

　　81(D)机会对于任何人都是公平的，它在我们身边的时候，不是打扮得花枝招展，而是普普通通的，根本就不起眼。看起来耀眼的机会不是机会，是陷阱；真正的机会最初都是朴素的，82(A)只有经过主动与勤奋，它才变得格外绚烂。

한 젊은이가 베이징에 일하러 가서 몸의 기운 하나로 우유 배달원이 되었다. 아주 빠르게 그는 자신의 노력으로 우유 배달회사를 설립했다. 그는 성실하고 신용을 지키며, 서비스가 우수했기 때문에, 몇 년간의 노력을 거쳐 그의 회사는 20만 가구의 정기 구매자가 있는 규모로 발전했다.

그는 광고를 만드는 한 친구와 이야기를 하다가 갑자기 생각이 떠올랐다. 79(D)회사에 지금 20만 가구의 정기 구매자가 있는데, 이것이 바로 하나의 방대한 네트워크가 아닌가? 이 네트워크를 우유 배달에만 사용한다면 정말로 너무 낭비인걸, 왜 이것을 매개체로 삼아서, 우유를 배달하는 동시에 광고 배달을 겸하지 않았지? 그래서 그는 또 광고 전달 회사를 설립했다. 회사의 광고 전달 직원은 우유 배달원이 겸임했다.

첫 전투에서 승리한 후 그는 우유 배달 네트워크를 매개체로 더 많은 업무를 겸업하기로 결정한다. 뒤이어 그는 일부 상가와 협력하여 전자상거래 배송을 진행하고 광고 잡지사를 세웠다. 새로운 업무도 모두 회사의 이 네트워크에 의지했고, 그것의 이윤은 우유 배달 이익보다 훨씬 높았다.

80(D)우유를 정기적으로 주문하는 고객이 30만 가구까지 매우 빠르게 확대되고, 직원들은 처음 3명에서 현재의 2800명까지 늘어났다. 자산은 처음 2000위엔에서 현재의 1.5억 위엔으로 급증했다. 이미 억만 장자가 된 이 젊은이는 우쭤런이다. 그의 회사는 '제3회 전국 문명 지역사회 공헌' 대상을 받았으며, 그 사람 본인도 '베이징 시 외지에서 온 청년 베스트 텐'이라는 칭호를 얻었다.

81(D)기회는 어떠한 사람에게나 모두 공평한 것으로, 그것은 우리 주변에 있을 때 매우 화려하게 꾸며진 것이 아니라 매우 평범하여, 전혀 시선을 끌지 못한다. 보기에 눈부신 기회는 기회가 아니라 함정이다. 진정한 기회는 처음에는 소박해서, 82(A)오직 주동적이고 근면해야만, 그것은 비로소 아주 찬란해진다.

단어 小伙子 xiǎohuǒzi 몡 총각, 젊은이 ｜ 打工 dǎgōng 동 일하다, 아르바이트하다 ｜ 凭着 píngzhe 전 ~을 근거로 해서, ~에 따라 ｜ 一身 yìshēn 몡 온몸, 전신 ｜ 靠 kào 동 기대다, 의지하다 ｜ 成立 chénglì 동 (조직·기구를) 결성하다, 수립하다 ｜ 守信 shǒuxìn 동 신용을 지키다 ｜ 优质 yōuzhì 형 양질의, 우수한 품질의 ｜ 打拼 dǎpīn 동 최선을 다하다, 분투하다 ｜ 订户 dìnghù 몡 (잡지·신문·우유 등의) 정기 구매자 ｜ 规模 guīmó 몡 규모 ｜ 谈话 tánhuà 동 대화하다, 이야기하다 ｜ 庞大 pángdà 형 엄청나게 많고도 크다, 방대하다, 거대하다 ｜ 网络 wǎngluò 몡 체계, 계통, 네트워크 ｜ 以此 yǐcǐ 젭 그래서, 그러므로, 이 때문에 ｜ 载体 zàitǐ 몡 매개체, 운반체, 메신저, 사자 ｜ 兼 jiān 동 겸하다, 함께 지니다 ｜ 投递 tóudì 동 (공문·편지 등을) 배달하다, 보내다 ｜ 传播 chuánbō 동 전파하다, 퍼뜨리다, 널리 퍼지게 하다 ｜ 人员 rényuán 몡 인원 ｜ 兼任 jiānrèn 동 겸임하다 ｜ 初战 chūzhàn 몡 첫 전투, 서전 ｜ 告捷 gàojié 동 이기다, 승리하다 ｜ 兼营 jiānyíng 동 겸업하다, 주된 직업 외에 다른 일을 겸하여 하다 ｜ 业务 yèwù 몡 업무 ｜ 随后 suíhòu 부 뒤이어, 바로 뒤에 ｜ 商场 shāngchǎng 몡 상가 ｜ 合作 hézuò 동 협력하다, 합작하다 ｜ 电子商务 diànzǐ shāngwù 몡 전자상거래 ｜ 配送 pèisòng 동 (소비자의 요구에 따라) 배송하다, 배달하다 ｜ 创办 chuàngbàn 동 세우다, 설립하다 ｜ 依托 yītuō 동 기대다, 의지하다 ｜ 铺开 pūkāi 동 깔아 펼치다, 넓게 깔다 ｜ 利润 lìrùn 몡 이윤 ｜ 客户 kèhù 몡 고객, 손님 ｜ 资产 zīchǎn 몡 자산, 재산 ｜ 猛增 měngzēng 동 급증하다, 갑자기 늘어나다 ｜ 富翁 fùwēng 몡 부자, 재력가 ｜ 届 jiè 양 회, 기, 차 [정기적인 회의나 졸업 연차를 세는 데 쓰는 단위로 일반적인 동작의 횟수를 세는 데는 쓰지 않음] ｜ 社区 shèqū 몡 지역사회 ｜ 贡献 gòngxiàn 동 공헌하다, 이바지하다 ｜ 十佳 shíjiā 몡 베스트 텐 ｜ 称号 chēnghào 몡 칭호 ｜ 花枝招展 huāzhīzhāozhǎn 성어 매우 화려하게 꾸미다 ｜ 根本 gēnběn 부 아예, 전혀 ｜ 不起眼 bù qǐyǎn 시선을 끌지 못하다, 주목받지 못하다 ｜ 耀眼 yàoyǎn 형 눈부시다 ｜ 陷阱 xiànjǐng 몡 함정 ｜ 朴素 pǔsù 형 소박하다, 수수하다 ｜ 勤奋 qínfèn 형 근면하다, 매우 부지런하다 ｜ 格外 géwài 부 더욱, 아주 ｜ 绚烂 xuànlàn 형 찬란하다, 눈부시다

79

小伙子的广告传播公司主要是利用了：

A 朋友的帮助
B 朋友的资金
C 送奶工的关系
D 庞大的送奶网

젊은이의 광고 전달 회사가 주로 이용한 것은：

A 친구의 도움
B 친구의 자금
C 우유 배달원의 관계
D 방대한 우유 배달 시스템

단어 资金 zījīn 명 자금

해설 본문의 두 번째 단락에서 '회사에 지금 20만 가구의 정기 구매자가 있는데, 이것이 바로 방대한 네트워크가 아닌가? 이 네트워크를 우유 배달에만 사용한다면 정말로 너무 낭비'라는 생각이 들었다고 하였으므로 답이 D임을 알 수 있다.

★☆☆ | **유형** | 세부 내용 파악

80

小伙子现在的公司：

A 有3个员工
B 有3个分公司
C 有2000元资产
D 有30万订奶客户

젊은이의 현재 회사는 :

A 3명의 직원이 있다
B 3개의 분점이 있다
C 2000위엔의 자산이 있다
D 30만의 우유 정기 구매 고객이 있다

해설 본문의 네 번째 단락의 첫마디에서 '우유를 정기적으로 주문하는 고객이 30만 가구까지 매우 빠르게 확대되었다'라는 내용을 통해 답이 D임을 알 수 있다.

★★☆ | **유형** | 인과관계 파악

81

下列哪项不是小伙子成功的原因?

A 主动进取
B 勤奋努力
C 懂得抓住机会
D 机会比别人多

다음 중 젊은이가 성공한 원인이 아닌 것은?

A 주동적이고 진취적이다
B 근면하고 노력한다
C 기회를 잡을 줄 안다
D 기회가 다른 사람보다 많다

단어 进取 jìnqǔ 통 진취하다, 앞으로 나아가려고 노력하다 | 懂得 dǒngde 통 (의미·방법 등을) 이해하다, 알다 | 抓住 zhuāzhù 통 붙잡다, 움켜잡다

해설 본문의 마지막 단락에서 '기회는 어떠한 사람에게나 모두 공평한 것'이라고 하였으므로 D가 답임을 알 수 있다.

★★☆ | **유형** | 주제 파악

82

本文作者主要想告诉我们什么?

A 要抓住机遇
B 送奶很赚钱
C 要去北京打工
D 广告利润很高

글의 작가는 우리에게 무엇을 알려주고 싶어하는가?

A 기회를 잡아야 한다
B 우유 배달은 돈을 많이 번다
C 베이징에 가서 아르바이트해야 한다
D 광고 이윤은 아주 높다

단어 机遇 jīyù 명 시기, 기회 | 赚钱 zhuànqián 통 돈을 벌다

해설 B, C, D는 이 글에서 알 수 있는 부분적인 사실에 불과하고, A만이 이 글의 총체적인 주제로 적절하다. 특히 본문의 마지막 단락을 주의 깊게 읽었다면 쉽게 풀 수 있는 문제다.

제3회 阅读

我的一个熟人，一年前结了婚。[83(B)]结婚后的四五个月里，他和妻子片刻不离。但结婚的甜蜜期一过，他就觉得婚姻让他失去了自由，放松娱乐的时间少了，于是[84(D)]他决定恢复婚前的生活状态。某一天，跟往常一样，六点钟就下班了。但他不急着赶回家，而是和同事们去吃饭和唱歌。十点左右回到家时，他的妻子正坐在沙发上等他。她没有盘问或责备他，而是爽快地问他要不要洗澡。虽然觉得妻子很奇怪，但由于很累，他就洗了澡上床睡觉去了。

第二天凌晨三点半，闹钟响了起来。他匆匆起床，打开电灯。看过钟点后，他对妻子大叫起来，要她作出解释。

"嗯"，她心平气和地回答，[85(D)/86(D)]"要是你下班后要花四个小时返回家中，我想你上班也需要同样的时间。我不希望你迟到！"

내가 잘 아는 사람이 1년 전에 결혼을 했다. [83(B)]결혼 후 4, 5개월 동안 그는 아내와 잠시도 떨어지지 않았다. 하지만 결혼의 달콤한 기간이 지나자, 그는 결혼이 그로 하여금 자유를 잃게 하였고, 즐겁게 쉴 수 있는 시간을 줄어들었다고 생각했다. 그래서 [84(D)]그는 결혼 전의 생활 상태를 회복하기로 결정했다. 하루는 평소처럼 6시에 바로 퇴근했다. 하지만 그는 서둘러 집에 가지 않고, 동료들과 밥을 먹고 노래를 부르러 갔다. 10시 정도에 집에 돌아왔을 때, 그의 아내는 소파에 앉아서 그를 기다리고 있었다. 그녀는 캐묻거나 비난하지 않고 단순 명쾌하게 그에게 샤워를 할 것인지 안 할 것인지를 물었다. 비록 아내가 매우 이상하다고 생각했지만, 너무 피곤했기 때문에 그는 샤워를 하고 잠을 자러 침대에 누웠다.

이튿날 새벽 3시 반에 자명종이 울리기 시작했다. 그는 급히 일어나 전등을 켰다. 시간을 보고 나서 그는 아내에게 설명하라고 크게 소리 지르기 시작했다.

"응", 그녀는 태평하게 대답했다. [85(D)/86(D)]"만약 당신이 퇴근한 후 귀가하는 데 4시간이 필요하다면, 저는 당신이 출근할 때도 같은 시간이 필요하다고 생각해요. 저는 당신이 늦는 것을 원하지 않아요!"

단어 熟人 shúrén 圐 잘 아는 사람, 친숙한 사람 | 片刻 piànkè 圐 잠깐, 잠시 | 放松 fàngsōng 圄 정신적 긴장을 풀다 | 娱乐 yúlè 圄 오락하다, 즐겁게 하다 | 恢复 huīfù 圄 회복하다, 회복되다 | 状态 zhuàngtài 圐 상태 | 往常 wǎngcháng 圐 평소, 평상시 | 赶 gǎn 圄 서두르다, 재촉하다 | 盘问 pánwèn 圄 캐묻다, 따져 묻다 | 责备 zébèi 圄 비난하다, 나무라다 | 爽快 shuǎngkuai 圐 단순 명쾌하다, 시원시원하다, 솔직하다 | 凌晨 língchén 圐 새벽 | 闹钟 nàozhōng 圐 자명종, 알람 시계 | 匆匆 cōngcōng 圐 분주한 모습, 급하게 서두르는 모습 | 钟点 zhōngdiǎn 圐 시간 | 心平气和 xīnpíngqìhé 圐 마음이 평온하여 화를 내지 않다, 마음이 안정되어 조급하지 않다

★★☆ ｜**유형**｜ 특정 어휘의 의미 파악

83

结婚的甜蜜期是指：

A 结婚当天
B 婚后的半年
C 婚后的一年
D 结婚的那个月

결혼의 달콤한 기간이 가리키는 것은：

A 결혼한 당일
B 결혼 후 반년
C 결혼 후 일 년
D 결혼한 그 달

단어 当天 dàngtiān 圐 당일, 그날, 같은 날

해설 본문의 첫 번째 단락에서 '결혼 후 4, 5개월 동안 그는 아내와 잠시도 떨어지지 않았다. 하지만 결혼의 달콤한 기간이 지나자'라고 하였으므로, 결혼의 달콤한 기간이란 결혼 후 반년을 가리킨다는 것을 알 수 있다. 따라서 답은 B다.

84

丈夫婚前的生活状态是：

A 经常加班
B 经常约会
C 爱睡懒觉
D 爱好玩乐

남편의 결혼 전 생활 상태는 :

A 자주 야근을 했다
B 자주 데이트를 했다
C 자주 늦잠을 잤다
D 노는 것을 좋아했다

단어 玩乐 wánlè 동 즐겁게 놀다, 놀며 즐기다

해설 첫 번째 단락의 '그래서 그는 결혼 전의 생활 상태를 회복하기로 결정했다'라는 내용이 나온 뒤에 '동료들과 밥을 먹고 노래를 부르러 갔다'라고 했으므로, 남편은 결혼 전에 사람들과 어울려 노는 것을 즐겼음을 알 수 있다. 따라서 답은 D다.

85

丈夫大概几点钟上班？

A 下午六点
B 晚上十点
C 凌晨三点半
D 早上七点半

남편은 대략 몇 시에 출근하는가?

A 오후 6시
B 저녁 10시
C 새벽 3시 반
D 아침 7시 반

해설 결혼의 달콤한 기간이 지나자 남편은 퇴근하고 4시간이 지난 후에야 귀가를 했고, 아내는 화가 나서 남편이 출근할 때도 같은 시간이 필요할 것이라며 새벽 3시 반에 남편을 깨워 출근 준비를 하게 하였다. 따라서 3시 반에 4시간을 더하면 7시 반이므로 답은 D다.

86

妻子为什么要在凌晨三点半叫醒丈夫？

A 她怕丈夫迟到
B 她调错了闹钟
C 她想盘问丈夫
D 她故意惩罚丈夫

아내는 왜 새벽 3시 반에 남편을 깨웠는가?

A 그녀는 남편이 지각할까봐 걱정해서
B 그녀는 자명종을 잘못 맞추어서
C 그녀는 남편에게 캐묻고 싶어서
D 그녀는 일부러 남편을 벌주려고

단어 惩罚 chéngfá 동 처벌하다, 징벌하다

해설 남편이 늦게 귀가를 하였지만 아내는 캐묻지도 비난하지도 않았다. 다만 다음날 4시간 앞당겨서 남편을 깨웠다. 이런 아내의 행동을 통해 그녀는 화가 났으며, 늦게 귀가한 벌로 남편을 4시간 전에 미리 깨운 것임을 알 수 있다. 따라서 답은 D다.

Tip⁺ • 일상생활 관련 어휘
擦脸 cāliǎn 동 얼굴을 닦다 ｜ 穿衣 chuānyī 동 옷을 입다 ｜ 吹风 chuīfēng 동 (머리) 드라이를 하다 ｜ 戴眼镜 dài yǎnjìng 동 안경을 쓰다 ｜ 刮胡子 guā húzǐ 동 수염을 깎다 [= 刮脸 guā liǎn] ｜ 系皮带 jì pídài 동 벨트를 매다 ｜ 剪指甲 jiǎn zhǐjiǎ 동 손톱을 자르다 ｜ 解扣子 jiě kòuzǐ 동 단추를 풀다 ｜ 扣扣子 kòu kòuzǐ 동 단추를 잠그다 ｜ 上厕所 shàng cèsuǒ 동 화장실에 가다 [= 上洗手间 shàng xǐshǒujiān] ｜ 梳头发 shū tóufa 동 머리를 빗다 ｜ 漱口 shùkǒu 동 입을 헹구다 ｜ 刷牙 shuāyá 동 이를 닦다 ｜ 睡懒觉 shuì lǎn jiào 동 늦잠을 자다 ｜ 脱衣 tuōyī 동 옷을 벗다 ｜ 摘眼镜 zhāi yǎnjìng 동 안경을 벗다 ｜ 照镜子 zhào jìngzǐ 동 거울을 보다

劳丽每天要花费四个小时与狼玩耍。

晚上，劳丽去寻找公路上被车轧死的野生动物，喂她的朋友。

现在只有劳丽和这群狼共同生活。"细心观察，你会发现狼有许多地方就像你和我。"劳丽说，"87(C)它们绝对不是非常凶残地在树林里乱窜。87(D)它们的生活很有规律，照顾狼崽，87(A)分享食物。很久以前，人类就是过着这样的生活，像狼一样87(B)相互协作。"

人狼同居，这是国际豺狼中心实施的实验项目之一，目的是：使狼变得像人类一样友善。"狼始终对我有一种吸引力。89(B)我欣赏它们有组织的行动方式。"她说，90(C)"起初我有些害怕，但现在我非常敬重它们。"

一天，劳丽走得离它们埋食物的地点太近，狼惩罚了劳丽，咬伤了她的腿。88(D)"是我破坏了它们的规矩。"

杰克和巴扎都是一百磅重的公狼，巴莎是只七十五磅重的母狼，它们既可能凶暴残忍，也可能调皮玩耍。和劳丽在一起，它们的行为像人类最好的朋友——狗。

然而，劳丽不得不与寄生虫以及野兽的气味打交道。尽管它们有很多缺陷，但当实验结束后，劳丽会恋恋不舍的。

로리는 매일 4시간을 늑대와 노는 데 쓴다.

저녁이 되면 로리는 도로 위에서 차에 치여 죽은 야생동물을 찾아서 그녀의 친구에게 먹인다.

지금은 로리만이 이 늑대 무리들과 함께 생활한다. "세심하게 관찰해보면 당신은 늑대가 여러 방면에 있어 우리와 같다는 것을 발견할 수 있을 거예요." 로리는 말했다. "87(C)그들은 매우 흉악하게 숲속을 이리저리 날뛰는 것이 절대 아니에요. 87(D)그들의 생활에는 매우 규칙이 있고, 새끼를 돌봐주며 87(A)음식을 함께 먹어요. 아주 오래 전에 인류는 이렇게 생활했고 늑대처럼 87(B)서로 협력했어요."

사람과 늑대가 같이 사는 것, 이것은 국제늑대센터에서 실시한 실험 항목 중 하나로, 목적은 늑대를 인류처럼 다정하게 만드는 데 있다. "늑대는 저에게 항상 매력적이에요. 89(B)저는 그들의 조직적인 행동방식을 좋아해요." 그녀는 말했다. 90(C)"처음에는 좀 무서웠지만, 지금 저는 그들을 매우 존중해요."

하루는 로리가 그들이 음식물을 묻어놓은 곳으로 너무 가까이 가자 늑대가 그녀의 다리를 물어서 상처를 내, 로리에게 벌을 주었다. 88(D)"제가 그들의 규칙을 어겼어요."

잭과 베자는 모두 100파운드나 되는 수컷 늑대고, 빠샤는 75파운드밖에 안 되는 암컷 늑대다. 그들은 흉악하고 잔인할 뿐만 아니라 장난스럽기도 하다. 로리와 함께 있을 때 그들의 행위는 인류의 가장 좋은 친구인 개와 같다.

하지만 로리는 어쩔 수 없이 기생충 및 야생 짐승의 냄새를 상대해야만 했다. 비록 그들이 많은 결함을 가지고 있지만, 실험이 끝나면 로리는 이별을 아쉬워할 것이다.

단어 花费 huāfèi 통 쓰다, 소비하다 | 狼 láng 명 이리, 늑대 | 玩耍 wánshuǎ 통 놀다, 장난하다 | 寻找 xúnzhǎo 통 찾다 | 公路 gōnglù 명 도로 | 轧死 yàsǐ 통 (차에) 치여 죽다, 부딪혀 죽다 | 野生 yěshēng 형 야생의, 길들이지 않은 | 细心 xìxīn 형 세심하다, 꼼꼼하다 | 观察 guānchá 통 관찰하다 | 绝对 juéduì 부 절대로, 완전히 | 凶残 xiōngcán 형 흉악하다, 잔인하다 | 树林 shùlín 명 수풀, 숲 | 乱窜 luàncuàn 통 이리저리 도망치다 | 规律 guīlù 명 규율, 규칙 | 崽 zǎi 명 (동물의) 새끼 | 分享 fēnxiǎng 통 함께 나누다, 함께 누리다 | 食物 shíwù 명 음식물 | 人类 rénlèi 명 인류 | 协作 xiézuò 통 협력하다, 협업하다 | 豺狼 cháiláng 명 승냥이와 이리 | 中心 zhōngxīn 명 센터 | 实施 shíshī 통 실시하다 | 实验 shíyàn 명 실험 | 项目 xiàngmù 명 항목, 사항 | 友善 yǒushàn 형 (친구 간에) 사이가 좋다, 의좋다, 다정하다 | 始终 shǐzhōng 부 한결같이, 늘 | 吸引力 xīyǐnlì 명 흡인력, 매력 | 欣赏 xīnshǎng 통 좋다고 여기다, 좋아하다 | 方式 fāngshì 명 방식 | 起初 qǐchū 명 처음, 최초 | 敬重 jìngzhòng 통 존경하다, 존중하다 | 埋 mái 통 묻다, 덮다 | 惩罚 chéngfá 통 처벌하다, 징벌하다 | 咬伤 yǎoshāng 통 물어서 상처를 내다 | 破坏 pòhuài 통 위반하다, 깨(뜨리)다 | 规矩 guīju 명 법칙, 규칙 | 磅 bàng 양 파운드[중량 단위] | 公 gōng 형 수컷의 | 母 mǔ 형 암컷의 | 既 jì 접 ~할 뿐만 아니라 ~하기도, ~하고 또 ~하며 | 凶暴 xiōngbào 형 흉악하다, 포악하다 | 残忍 cánrěn 형 잔인하다 | 调皮 tiáopí 형 장난스럽다, 짓궂다 | 行为 xíngwéi 명 행위 | 寄生虫 jìshēngchóng 명 기생충 | 以及 yǐjí 접 및, 그리고, 아울러 | 野兽 yěshòu 명 야수, 야생 짐승 | 气味 qìwèi 명 냄새 | 打交道 dǎjiāodao 통 (사람이 사물과) 상대하다, 접촉하다 | 缺陷 quēxiàn 명 결함, 결점, 흠 | 恋恋不舍 liànliànbùshě 성어 떠나는 것을 아쉬워하다, 이별을 아쉬워하다

87

根据劳丽的话，下面哪一项不是狼的特点?

A 懂得分享
B 相互协作
C 凶残地乱跑
D 生活有规律

로리의 말에 의하면 다음 중 늑대의 특징이 아닌 것은?

A 함께 누리는 것을 안다
B 서로 협력한다
C 흉악하게 함부로 날뛴다
D 생활에 규칙이 있다

단어 懂得 dǒngde 통 (의미·방법 등을) 이해하다, 알다

해설 세 번째 단락의 '그들은 매우 흉악하게 숲속을 이리저리 날뛰는 것이 절대 아니에요'라는 로리의 말을 통해, C가 늑대의 특징이 아니라는 것을 알 수 있다. A, B, D의 내용은 모두 본문에 제시되어 있다.

88

狼为什么咬伤劳丽?

A 狼是凶残的动物
B 狼很久没吃东西了
C 她拿走了狼的食物
D 她破坏了狼的规矩

늑대는 왜 로리를 물어서 상처를 냈는가?

A 늑대는 잔인한 동물이라서
B 늑대는 오랫동안 음식을 먹지 않아서
C 그녀가 늑대의 음식을 가져가서
D 그녀가 늑대의 규칙을 어겨서

해설 다섯 번째 단락에서 로리가 '제가 그들의 규칙을 어겼어요'라며 그 이유를 설명했다. 따라서 D가 답이다.

89

下面关于狼的说法哪一个是正确的?

A 狼是人最好的朋友
B 狼非常具有组织性
C 狼的缺点比优点多
D 狼身上的味道很臭

다음 중 늑대에 관한 표현으로 옳은 것은?

A 늑대는 사람의 가장 좋은 친구다
B 늑대는 매우 조직성을 가지고 있다
C 늑대의 단점은 장점보다 많다
D 늑대의 몸에서 나는 냄새는 매우 고약하다

단어 具有 jùyǒu 통 가지다, 갖추다 │ 臭 chòu 형 (냄새가) 구리다, 고약하다

해설 네 번째 단락의 '저는 그들의 조직적인 행동방식을 좋아해요'라는 내용을 통해서 B가 답임을 알 수 있다.

90

劳丽对狼是什么态度?

A 讨厌
B 害怕
C 尊敬
D 崇拜

늑대에 대한 로리의 태도는 어떠한가?

A 싫어한다
B 무서워한다
C 존경한다
D 숭배한다

단어 尊敬 zūnjìng 통 존경하다 │ 崇拜 chóngbài 통 숭배하다

해설 네 번째 단락에서 '처음에는 좀 무서웠지만, 지금 저는 그들을 매우 존중해요'라고 했으므로 C가 답임을 알 수 있다.

书写

第一部分

91-98

★★☆ | 유형 | 존현문 파악

91 流传　　民间　　这个爱情　　牛郎织女　　故事　　着

| 답 | 民间流传着牛郎织女这个爱情故事。 | 민간에 견우와 직녀라는 이 사랑 이야기가 전해지고 있다. |

단어　民间 mínjiān 몡 민간 | 流传 liúchuán 동 (사적·작품 등이) 전하다, 퍼지다 | 牛郎织女 niúláng zhīnǚ 몡 견우와 직녀

해설　쓰기 제1부분을 풀 때는 우선 배열된 단어 속에서 주어, 술어, 목적어를 찾아내야 한다. 그 다음 남은 단어의 품사나 형태를 살핀 후에 특정 형태를 가진 단어를 먼저 배치한다. 이 문장은 존현문이므로 장소를 나타내는 부사어 **民间**이 문장의 가장 앞부분에 오고, 술어가 '**流传**(동사) + **着**'의 형식이 되며, 마지막에는 목적어 **爱情故事**가 나와야 한다.

民间 + 流传 + 着 + 牛郎织女这个爱情故事
부사어　술어　동태조사　　목적어

★★☆ | 유형 | 겸어문 파악

92 最好的教育　　接受　　父母　　让孩子　　应该努力

| 답 | 父母应该努力让孩子接受最好的教育。 | 부모는 아이가 가장 좋은 교육을 받을 수 있도록 노력해야 한다. |

해설　문장의 중요한 부분은 '부모는 아이가 ~하게 해야 한다'이다. **应该**는 조동사로 부사어 역할을 하므로, 주어 **父母**의 뒤에 놓아야 한다. 또한 '**接受…教育**'는 동목구조다.

父母 + 应该努力 + 让 + 孩子 + 接受 + 最好的教育
주어　　부사어　　술어　겸어　술어2　　목적어

★★☆ | 유형 | 문장성분 파악

93 都知道　　老师傅　　不听话　　这个小王　　很　　们

| 답 | 老师傅们都知道这个小王很不听话。 | 선생님들은 모두 샤오왕이 말을 잘 듣지 않는다는 것을 안다. |

단어　听话 tīnghuà 톙 순종하다, 복종하다

해설　주어인 **老师傅们**을 문장의 가장 앞부분에 놓아야 한다. 그 다음에 술어인 **知道**가 나오고 부사인 **都**가 주어 뒤, 술어 앞에 와야 한다. 마지막에 목적어 **这个小王很不听话**가 나와야 한다.

老师傅们 + 都 + 知道 + 这个小王很不听话
　주어　　부사어　술어　　목적어

94

怎么样　　汉语　　不　　她的　　实在　　水平

답　她的汉语水平实在不怎么样。　　｜　그녀의 중국어 실력은 정말 별로다 :

단어　不怎么样 bù zěnmeyàng 그저 그렇다, 그다지 좋지 않다

해설　이 문장에서 중요한 부분은 **不怎么样**(그저 그렇다)으로, 완곡하게 부정하는 태도를 나타내며 서술어나 보어로 자주 쓰인다. 부사 **实在**는 주어 **她的汉语水平**의 뒤에 놓아야 한다.

她的 ＋ 汉语水平 ＋ 实在 ＋ 不怎么样
관형어　　주어　　부사어　　술어

★★★ | **유형** | 被자문 파악

95

被　　乒乓球教练　　认为是　　之一　　中国最优秀的　　李教练

답　李教练被认为是中国最优秀的乒乓球教练之一。　　｜　리 감독은 중국에서 가장 우수한 탁구 감독 중 한 명이라고 여겨진다.

단어　教练 jiàoliàn 명 코치, 감독

해설　이 문장은 被자문으로, **被认为是**는 고정격식이다. 그리고 '**最…的…之一**'는 자주 사용하는 구조이므로 기억해두어야 한다. 이 밖에도 **最优秀的**는 관형어로, 목적어 **乒乓球教练之一**를 수식한다.

李教练 ＋ 被 ＋ 认为是 ＋ 中国最优秀的 ＋ 乒乓球教练之一
주어　　전치사　　술어　　관형어　　목적어

★★☆ | **유형** | 전치사(向) 파악

96

介绍了　　主人　　一下　　本地的风俗习惯　　向客人

답　主人向客人介绍了一下本地的风俗习惯。　　｜　주인은 손님에게 이곳의 풍속 관습을 좀 소개했다.

단어　风俗 fēngsú 명 풍속

해설　'**向…介绍…**'는 자주 사용하는 고정격식이며, 동량보어 **一下**는 동사 **介绍** 뒤에 놓아야 한다.

主人 ＋ 向客人 ＋ 介绍 ＋ 了 ＋ 一下 ＋ 本地的 ＋ 风俗习惯
주어　　부사어　　술어　　동태조사　　보어　　관형어　　목적어

★★☆ | **유형** | 전치사(离) 파악

97

离家太远　　走得　　老年人　　不能　　散步

답　老年人散步不能走得离家太远。　　｜　노인은 산책할 때 집에서 너무 멀리 가서는 안 된다.

해설　**老年人**은 **散步**, 走의 동작을 하는 주체이기 때문에, 문장의 가장 앞부분에 놓아야 한다. 그리고 여기서 **离家太远**은 **走得**의 보어이므로, **走得**가 **离家太远** 앞에 나와야 한다. 한편 **离**가 전치사의 뜻으로 쓰였을 때는 '~에서, ~로부터'라고 해석되며, '**离** ＋ 장소 ＋ 거리' 형태로 쓰인다.

98   是   最可怕   承认错误   的   他从来不

답   最可怕的是他从来不承认错误。

가장 두려운 것은 그가 여태껏 잘못을 인정한 적이 없다는 것이다.

단어 可怕 kěpà 휑 두렵다. 무섭다 │ 承认 chéngrèn 됭 긍정하다. 인정하다

해설 이 문장에서 중요한 부분은 '~은 ~이다'라는 뜻의 '…的是…'이다. 最可怕的는 문장의 주어이며, 부사어 从来不의 뒤에는 동사로 이루어진 구 承认错误가 와야 한다. 그리고 他从来不承认错误는 함께 연이어서 사용되어야 한다.

最可怕的 ＋ 是 ＋ 他 ＋ 从来不 ＋ 承认 ＋ 错误
　　　　　　　　　　주어　부사어　술어　목적어
주어　　　술어　　　　　　　목적어

第二部分

99-100

★★☆ | **유형** | 화제 파악

99 报名　　广告　　开车　　蛋糕　　生气

모범답안

　　王先生看到一条广告，说低价学开车，报名还送蛋糕。他正想学开车，星期四又是太太的生日。于是星期四下班后王先生去报了名。结果蛋糕是学习完了才送的。王先生很生气，再去订蛋糕已经来不及了。

　　왕 선생은 광고 하나를 보았는데, 저가로 운전을 배우는 데 신청을 하면 케이크도 준다는 것이었다. 그는 마침 운전을 배우고 싶었고, 목요일이 또 아내의 생일이기도 했다. 그래서 목요일에 퇴근 후 왕 선생은 가서 신청을 했는데, 결국 케이크는 다 배우고 나서야 증정하는 것이었다. 왕 선생은 매우 화가 났고, 다시 가서 케이크를 주문 하기에도 이미 늦었다.

해설 제시된 단어들이 연관성이 없어 보여 단시간에 글을 써내려가기가 어려운 듯하다. 따라서 평소 단어를 무턱대고 암기하기보다는 그와 호응하는 단어들을 함께 암기하는 습관을 기르는 것이 무엇보다 중요하다. 이러한 암기 습관을 기르다 보면, 연관성이 없는 단어들이 제시됐을 때 당황하지 않고 빨리 글을 작성할 수 있다. 위에 제시된 답은 참고답안에 불과하므로 각자의 다양한 상상력을 동원해 더욱 풍성하게 글을 써내려가보자. 처음부터 완벽한 문장을 만들겠다고 욕심부리기보다는 간단한 문장부터 차근차근 만들어나가야 한다.

★★☆ | **유형** | 화제 파악

100

모범답안

　　我是一个足球迷，最喜欢看的比赛是世界杯赛。周末我也常和朋友们一起去踢足球，有时候我们会踢一个下午，但是我一点儿也不觉得累。我觉得踢足球是一项非常有意思的运动。

　　나는 축구팬이다. 월드컵 경기를 보는 것을 가장 좋아한다. 주말에는 나도 자주 친구들과 함께 축구를 하러 간다. 가끔 우리는 오후 내내 축구를 하기도 하는데, 나는 조금도 피곤함을 느끼지 않는다. 축구는 매우 재미있는 운동이라고 생각한다.

단어 足球迷 zúqiúmí 〈명〉 축구팬 | 世界杯 Shìjièbēi 〈명〉 월드컵 축구 대회 | 项 xiàng 〈양〉 가지, 종목 [체육 활동을 세는 데 사용]

해설 우선 그림을 전체적으로 보고 난 후 자세하게 하나하나 살펴보면서 어떠한 내용이 담겨 있는지 파악하고 이 그림을 어느 관점에서 쓸 것인지 결정해야 한다. 그림의 '양 팀 선수들이 축구공을 가지고 시합하는 모습'은 비교적 광범위한 주제로, 여러 각도에서 글을 써내려갈 수 있다. 예를 들어 축구 선수로서 글을 쓸 수 있고, 또는 축구팬의 입장이 되어 글을 쓸 수도 있다. 주체에 따라 뒤의 내용은 달라지므로, 자신이 표현하고 써낼 수 있는 내용을 선정하는 것이 무엇보다도 중요하다.

해설

북경어언대
新 HSK 합격 모의고사 5급

听力

第 一 部 分

1-20

★☆☆ | **유형** | 세부 내용 파악

01

男: 你的新房装修好了吗? 听说结婚之前就要搬进去, 是吗?

女: 可不是, <u>装得差不多了</u>。昨天去西单买了几件旧家具, 特便宜呢。

问: 关于女的, 我们可以知道什么?

A 已经结婚了
B 家具都是旧的
C 新房快装修好了
D 所有家具都很便宜

남: 신혼집 인테리어는 다 끝났니? 듣자하니 결혼 전에 입주할 거라던데, 맞지?

여: 물론, <u>거의 다 끝났어</u>. 어제 시단에 가서 몇 개의 중고 가구를 샀는데 정말 싸더라고.

질문: 여자에 관해 우리가 알 수 있는 것은 무엇인가?

A 이미 결혼했다
B 가구가 모두 중고다
C 신혼집은 곧 인테리어가 끝날 것이다
D 모든 가구가 다 매우 싸다

단어 新房 xīnfáng 圆 신혼집 | 装修 zhuāngxiū 圄 (가옥을) 장식하고 꾸미다 | 可不是 kěbúshì 圄 물론이다, 그렇다

해설 **可不是, 装得差不多了**는 **是的, 新房快装修好了**라는 의미다. **可不是**는 상대방의 말에 맞장구를 치거나 동의할 때 쓰이는 말로 **可不**와 같은 뜻이다. 따라서 답은 C다. 여자가 말한 **买了几件旧家具, 特便宜**의 뜻은 아주 저렴한 중고 가구를 몇 개 샀다는 뜻이지, 모든 가구가 중고품이고 저렴했다는 뜻은 아니므로 B와 D는 답에서 제외된다.

Tip⁺ • 동의를 나타내는 표현
可不是嘛(吗), 可不, 可不是, 好, 说的是, 说的也是, 谁说不是呢, 就是(嘛), 那倒是

• 반대를 나타내는 표현
那怎么行, 谁说的

★★☆ | **유형** | 행위 파악

02

男: 我们去东方影城怎么样? 我朋友送给我两张电影票!

女: 好呀, 不过<u>我们得先把这两份炒面吃完</u>。

问: 说话人现在在干什么?

A 用餐
B 购物
C 看电影
D 买电影票

남: 우리 둥팡 영화관에 가는 거 어때? 내 친구가 영화표를 두 장 주었어!

여: 좋아, 그런데 <u>우리는 우선 이 볶음면 두 그릇을 다 먹어야 해</u>.

질문: 대화하는 사람들은 지금 무엇을 하고 있는가?

A 식사를 한다
B 쇼핑한다
C 영화를 본다
D 영화표를 산다

단어 影城 yǐngchéng 圆 대형 종합 극장, 멀티플렉스 영화관 | 炒面 chǎomiàn 圆 볶음면 | 用餐 yòngcān 圄 밥을 먹다, 식사를 하다 | 购物 gòuwù 圄 구매하다

해설 둥팡 영화관에 가서 영화를 보는 것은 계획하고 있는 일이지, 현재 하고 있는 일이 아니다. 여자가 **我们得先把这两份炒面吃完**(우리는 우선 이 볶음면 두 그릇을 다 먹어야 해)이라고 하였으므로, 그들은 현재 식사를 하고 있다는 것을 알 수 있다. 따라서 답은 A다.

03

女: 这下糟了，这么重的包裹我怎么搬得上楼啊?

男: 朋友一场，<u>包在我身上</u>。

问: 男的是什么意思?

A 让女的自己搬
B 找朋友帮忙搬
C 他帮女的看包
D 他来帮女的搬

여: 큰일 났네, 이렇게 무거운 보따리를 내가 어떻게 위층으로 옮기지?

남: 우린 친구잖아, <u>나한테 맡겨</u>.

질문: 남자의 말은 무슨 뜻인가?

A 여자 스스로 옮기게 한다
B 친구에게 옮기는 것을 도와달라고 한다
C 그는 여자를 도와 짐을 봐준다
D 그는 여자를 도와 옮겨준다

단어 糟 zāo 형 (일이나 상황 등이) 나쁘다, 안 좋다 | 包裹 bāoguǒ 명 소포, 보따리 | 上楼 shànglóu 통 계단을 오르다

해설 包在我身上은 관용어로, '내가 전부 책임질게, 나한테 맡겨'라는 뜻이다. 따라서 답은 D다. 관용어는 주로 의미 파악 문제에서 2~5문제 정도 꾸준히 출제되니, 상용하는 관용어를 평소 공부해두면 도움이 될 것이다.

04

女: 我刚刚收到通知航班取消了，我们只有乘晚上六点的飞机去北京了。

男: 怎么会这样? 那我们岂不是要足足等上两个半小时?

问: 现在是什么时间?

A 下午三点
B 下午四点
C 下午三点半
D 晚上八点半

여: 나는 방금 항공편이 취소되었다는 연락을 받았어요. 우리가 베이징에 가기 위해서는 저녁 6시 비행기를 타야만 해요.

남: 어떻게 이럴 수가 있죠? 그럼 우리는 꼬박 2시간 반을 기다려야 한단 말 아니에요?

질문: 지금은 몇 시인가?

A 오후 3시
B 오후 4시
C 오후 3시 반
D 저녁 8시 반

단어 收到 shōudào 통 받다, 얻다 | 航班 hángbān 명 (여객기나 여객선의) 정기편 | 取消 qǔxiāo 통 취소하다 | 乘 chéng 통 타다 | 岂不是 qǐbúshì 어찌 ~이 아니겠는가? | 足足 zúzú 부 족히, 꼬박

해설 대화를 통해 비행기는 6시에 이륙을 하는데 이륙까지 2시간 반을 기다려야 한다는 것을 알 수 있다. 따라서 답은 C다.

Tip⁺

• 조건관계 접속사 只有(zhǐyǒu) : '~해야만 ~하다'라고 해석되며, 필요조건을 나타낸다. 뒤에 흔히 才(cái), 方(fāng) 등이 따라온다.
예 只有不断努力，才能成功。쉬지 않고 노력해야만 성공할 수 있다.

• 岂不是(qǐbúshì) : '어찌 ~이 아니겠는가'라는 뜻으로 반문을 나타낸다. 여기서 岂는 서면어로 '어찌 ~하겠는가'라는 의미로, 哪, 可, 怎么 등의 뜻과 비슷하다.
예 这岂不是弄巧成拙? 이것이 어찌 재주를 피우려다 일을 망친 것이 아니겠는가?

05

女: 哎，老李，你也在这儿等呢?
男: <u>是啊，这70路今天不知道怎么了，我这报纸都快看完了，它还没来呢。我孩子还在学校大门口等我，真是急死人了!</u>

问: **对话人最可能在什么地方?**

A 学校
B 医院
C 图书馆
D 汽车站

여: 어, 라오리, 너도 여기에서 기다리는 거니?
남: <u>응, 70번 버스가 오늘 무슨 일인지 모르겠네. 이 신문도 곧 다 봐가는데 아직도 안 왔어. 우리 애가 학교 정문에서 기다리고 있는데, 정말 초조해 죽겠어!</u>

질문: 대화를 나누고 있는 사람들은 어디에 있겠는가?

A 학교
B 병원
C 도서관
D 버스 정류장

 急死 jísǐ 통 안타까워 죽을 지경이다, 몹시 초조하다

해설 장소를 묻는 문제는 주로 대화가 일어나는 장소가 어디인지 또는 화자가 어디에 있는지를 물어보는데, 이럴 때는 힌트가 되는 명사나 동사를 집중해서 들어야 한다. 대화를 통해 두 사람이 지금 70번 버스를 기다리고 있다는 것을 알 수 있다. 따라서 두 사람이 현재 버스 정류장에 있을 것이라는 것을 추측할 수 있으므로 답은 D다.

> **Tip⁺** • 버스 관련 어휘
> 车票 chēpiào 명 차표, 승차권 | 到站 dàozhàn 통 정류장에 도착하다 | 换车 huànchē 통 (차를) 갈아타다 [= 倒车 dǎochē] | 路线 lùxiàn 명 노선 | 末班车 mòbānchē 명 막차 | 前一站 qián yí zhàn 명 전 정류장 | 让座 ràngzuò 통 자리를 양보하다 | 首班车 shǒubānchē 명 첫차 | 售票员 shòupiàoyuán 명 매표원 | 下一站 xià yí zhàn 명 다음 정류장 | 月票 yuèpiào 명 월 정기권 | 站牌 zhànpái 명 노선 안내판, 정류장 표지판

06

男: 你看我这身打扮怎么样? 可以去应聘吧?
女: 瞧你穿西装打领带的，还<u>真像那么回事</u>，这不，一下子从大学生变成白领啦!

问: **女的认为男的怎么样?**

A 打扮得像学生
B 还不能去应聘
C 已经是个白领了
D 这身衣服很合适

남: 네가 보기에 나 오늘 이 차림 어때? 회사에 면접 보러 가도 되겠지?
여: 네가 양복을 입고 넥타이를 맨 모습을 보니, <u>정말 그럴듯해 보이는데.</u> 단번에 대학생에서 화이트칼라가 되었잖아!

질문: 여자는 남자가 어떻다고 생각하는가?

A 학생처럼 꾸몄다
B 아직 면접을 보러 갈 수 없다
C 이미 화이트칼라가 되었다
D 이 옷이 잘 어울린다

 打扮 dǎban 통 단장하다, 꾸미다 | 应聘 yìngpìn 통 초빙에 응하다, 초빙되다 | 瞧 qiáo 통 보다 | 西装 xīzhuāng 명 양복 | 领带 lǐngdài 명 넥타이 | 像那么回事 xiàng nàme huí shì 그럴듯하다, 괜찮다 | 白领 báilǐng 명 화이트칼라, 사무직 근로자

해설 真像那么回事는 '어떤 일을 아주 잘하거나, 그럴싸하게 잘해낸 것처럼 보인다'는 의미다. 여기에서는 양복을 입고 넥타이를 맨 모습이 아주 그럴듯하다, 그런대로 괜찮다는 의미이므로 답은 D다.

> **Tip⁺** 녹음에서 들린 白领(화이트칼라)의 반대말은 蓝领(블루칼라)으로, 생산 현장에서 일하는 근로자를 뜻한다. 金领(골드칼라)은 정보화 사회의 주역으로서 소프트웨어 개발자, 마케팅 기획자 등과 같은 고도 전문직 종사자로 고액의 연봉을 받는 계층을 가리킨다. 또한 灰领(그레이칼라)은 화이트칼라와 블루칼라의 중간에 있는 계층을 뜻하며, 주로 공업 분야에서 체력을 쓰는 노동을 한다. 红领(레드칼라)은 최근 중국에서 주목받고 있는 공무원 계층을 말한다. 紫领(퍼플칼라)은 파랑과 빨강을 혼합한 보라색처럼 일과 가정의 조화를 위해 근무 시간과 장소를 탄력적으로 조정해 일하는 근로자를 뜻하는 신조어다.

07

女：^B我今天逛商店的时候碰见小王了，^A他现在还是每天去上法语课。
男：这么巧，^C我今天在图书馆借书的时候也碰到他了。

问：关于小王，我们不知道什么？
A 今天上法语课了
B 今天去逛商店了
C 今天去图书馆了
D 今天买了一本书

여：^B오늘 쇼핑할 때 샤오왕을 우연히 만났는데, ^A그는 지금도 여전히 매일 불어 수업을 들으러 가더라.
남：이런 우연이, ^C내가 오늘 도서관에서 책을 빌릴 때도 그를 만났어.

질문: 샤오왕에 관하여 우리가 알 수 없는 것은 무엇인가?
A 오늘 불어 수업을 들었다
B 오늘 쇼핑을 하러 갔다
C 오늘 도서관에 갔다
D 오늘 책 한 권을 샀다

단어 碰见 pèngjiàn 통 우연히 만나다, 뜻밖에 만나다 │ 巧 qiǎo 형 (생각하지 않았던 우연한 사실 또는 기회와) 마주치다, 공교롭다

해설 이 문제는 남녀 두 사람의 말을 모두 주의 깊게 들어야 풀 수 있는 문제다. 남자가 도서관에서 그를 봤다고 했을 뿐이지, 샤오왕이 책을 사러 갔는지에 대해서는 전혀 언급하지 않았으므로 답은 D다.

08

女：现在别的店新款都上市了，你这儿的怎么还是去年的款式啊？
男：我们明天就进新货了，您明天来一定有新款！

问：男的最有可能是什么人？
A 饭店厨师
B 宾馆服务员
C 面包房老板
D 服装店经理

여：지금 다른 가게에는 모두 새로운 디자인이 출시되었는데, 여기는 어째서 아직도 작년 스타일이죠？
남：저희는 내일 신상품이 들어옵니다. 내일 오시면 틀림없이 새로운 디자인이 있을 거예요！

질문: 남자는 아마도 어떤 사람이겠는가?
A 식당 요리사
B 호텔 종업원
C 빵집 사장
D 옷가게 사장

단어 新款 xīnkuǎn 명 새로운 스타일, 새로운 디자인 │ 上市 shàngshì 통 (상품이) 시장에 나오다, 출시하다 │ 款式 kuǎnshì 명 양식, 스타일 │ 新货 xīnhuò 명 신상품 │ 面包房 miànbāofáng 명 빵집 │ 老板 lǎobǎn 명 주인, 사장 │ 服装店 fúzhuāngdiàn 명 옷가게

해설 이 문제는 대화를 통해 화자의 직업이나 신분을 묻는 문제로서, 장소나 상황, 호칭, 행동과 관련된 단어들을 통해 비교적 쉽게 답을 고를 수 있다. 남자의 **我们明天就进新货了**(저희는 내일 신상품이 들어옵니다)라는 말을 통해 남자가 옷가게 사장임을 유추할 수 있으며, 또한 일반적으로 款式는 의복, 가방, 시계 등에 많이 쓰인다. 따라서 답은 D다.

09

女：你们小孩子懂什么？别插嘴！
男：是呀，就你们大人懂，我们小孩子都是笨蛋。

问：男的是什么语气？
A 同意
B 骄傲
C 讽刺
D 无所谓

여：너희 어린애들이 뭘 아니? 끼어들지 마!
남：그래요. 어른들이나 알지, 저희 어린애들은 모두 바보죠.

질문: 남자는 어떤 말투인가?
A 동의한다
B 거만하다
C 풍자한다
D 개의치 않는다

단어 插嘴 chāzuǐ 통 말참견하다, (말 중간에) 끼어들다 │ 笨蛋 bèndàn 명 바보, 멍청이 │ 骄傲 jiāo'ào 형 거만하다 │ 讽刺 fěngcì 통 풍자하다 │ 无所谓 wúsuǒwèi 통 대수롭지 않게 여기다, 개의치 않다

★★★ | **유형** | 인과관계 파악

10

女: 小丽又打电话给我了，她记性总这么不好。

男: 你以后多提醒她嘛，或者让她配一把备用钥匙。

问: 小丽为什么给女的打电话?

A 记性不好
B 没有带钥匙
C 要备用钥匙
D 让女的提醒她

여: 샤오리가 또 나한테 전화를 했어, 그녀는 기억력이 늘 이렇게 좋지 않아.

남: 네가 앞으로 그녀에게 주의를 많이 주든가, 아니면 그녀에게 예비 열쇠를 하나 맞추라고 해.

질문: 샤오리는 왜 여자에게 전화를 했는가?

A 기억력이 좋지 않아서
B 열쇠를 가지고 오지 않아서
C 예비 열쇠를 원해서
D 여자에게 그녀를 일깨워주라고 하기 위해서

단어 记性 jìxing 몡 기억력 | 提醒 tíxǐng 동 일깨우다, 주의를 주다 | 配 pèi 동 맞추다 | 备用 bèiyòng 동 예비하다, 예비용으로 준비하다 | 钥匙 yàoshi 몡 열쇠

해설 여자는 샤오리가 기억력이 좋지 않다고 했는데, 이는 샤오리가 열쇠를 깜빡 잊고 가져오지 않았기 때문이다. 남자가 **多提醒她嘛, 或者让她配一把备用钥匙**(그녀에게 주의를 많이 주든가, 아니면 그녀에게 예비 열쇠를 하나 맞추라고 해)라고 말한 것을 통해, 샤오리가 열쇠를 가지고 오는 것을 깜빡해서 전화한 것임을 알 수 있다. 따라서 답은 B다.

★☆☆ | **유형** | 직업 파악

11

女: 我觉得颜色挺好，样子也新颖，你看呢?

男: 我觉得这种颜色不适合你，太时尚了，穿起来不像白领。

问: 女的最有可能是什么人?

A 大学生
B 服务员
C 运动员
D 公司职员

여: 내 생각에는 색깔도 매우 예쁘고 모양도 참신한데, 네가 보기에는 어때?

남: 내 생각에 이런 색깔은 너에게 어울리지 않고, 너무 유행을 타. 입으면 화이트칼라 같지 않아.

질문: 여자는 아마도 무엇을 하는 사람이겠는가?

A 대학생
B 종업원
C 운동선수
D 회사 직원

단어 新颖 xīnyǐng 혱 참신하다, 새롭고 독특하다 | 时尚 shíshàng 혱 유행에 맞다 | 白领 báilǐng 몡 화이트칼라, 사무직 근로자

해설 남자가 **不像白领**(화이트칼라 같지 않다)이라고 한 것으로 보아, 여자가 화이트칼라임을 알 수 있다. 따라서 답은 D다. 보기를 보면 직업이나 신분을 묻는 문제이므로 녹음을 들을 때 화제와 장소 그리고 그와 관련된 행위 및 호칭 등을 토대로 정확한 답을 찾아내도록 한다.

12

女：ᶜ王佳说这家饭店的菜很好吃。
男：ᴰ她说的你也相信? 她是南方人，ᴬ喜欢吃甜的，和我们北方人不一样。

问：下列哪种说法不正确?

A 王佳很喜欢吃甜的
B 男的很喜欢吃甜的
C 女的相信王佳的话
D 男的不相信王佳的话

여: ᶜ왕쟈가 이 식당의 음식이 아주 맛있다고 했어.
남: ᴰ그녀가 한 말을 너도 믿는 거니? 그녀는 남방 사람이라 ᴬ단것을 좋아해. 우리 북방 사람과는 달라.

질문: 다음 중 틀린 것은?

A 왕쟈는 단것을 매우 좋아한다
B 남자는 단것을 매우 좋아한다
C 여자는 왕쟈의 말을 믿는다
D 남자는 왕쟈의 말을 믿지 않는다

해설 이 문제는 남녀 두 사람의 말을 모두 주의 깊게 들어야 풀 수 있는 문제다. 남자의 말을 통해 그는 북방 사람이며 단것을 좋아하지 않는다는 것을 알 수 있다. 따라서 B가 답이다.

Tip⁺ • 맛 관련 어휘
稠 chóu 혱 걸쭉하다 │ 淡 dàn 혱 (맛이) 싱겁다 │ 苦 kǔ 혱 쓰다 │ 辣 là 혱 맵다 │ 浓 nóng 혱 (맛이) 진하다 │ 清淡 qīngdàn 혱 담백하다 │ 酸 suān 혱 시다 │ 甜 tián 혱 달다 │ 稀 xī 혱 묽다 │ 咸 xián 혱 짜다 │ 香 xiāng 혱 맛있다 │ 油腻 yóunì 혱 느끼하다

13

男：请问寄封平信多少钱?
女：本埠八毛，外埠一块二。挂号另加两块。

问：对话可能发生在什么地方?

A 医院
B 邮局
C 布店
D 超市

남: 보통우편을 부치는 데 얼마인가요?
여: 이 도시는 8마오이고, 다른 도시는 1.2위엔입니다. 등기우편은 별도로 2위엔을 더 내야 합니다.

질문: 대화는 아마도 어디에서 일어났겠는가?

A 병원
B 우체국
C 포목전
D 슈퍼마켓

단어 平信 píngxìn 몡 보통우편, 보통 편지 │ 本埠 běnbù 몡 이곳, 이 도시, 본 도시 │ 外埠 wàibù 몡 다른 도시 │ 挂号 guàhào 동 등기우편으로 부치다 │ 另 lìng 분 별도로, 따로 │ 布店 bùdiàn 몡 포목전

해설 듣기 문제는 첫 문장에 답이 나오는 경우가 많다. 그러므로 문제가 나오기 전 보기를 미리 훑어보고 첫마디부터 놓치지 말고 듣도록 해야 한다. 이 문제는 **寄封平信, 本埠, 外埠, 挂号** 등의 어휘를 통해서 남자와 여자가 현재 우체국에 있다는 것을 쉽게 알 수 있다. 따라서 답은 B다.

Tip⁺ • 우체국 관련 어휘
国际快递 guójì kuàidì 몡 국제 특급우편(EMS) │ 贺年卡 hèniánkǎ 몡 연하장 │ 寄件人 jìjiànrén 몡 발신인, 보내는 사람 [= 发信人 fāxìnrén] │ 明信片 míngxìnpiàn 몡 엽서 │ 平信 píngxìn 몡 보통우편 [= 普通邮件 pǔtōng yóujiàn] │ 收件人 shōujiànrén 몡 수신인, 받는 사람 [= 收信人 shōuxìnrén] │ 邮递员 yóudìyuán 몡 우체부 │ 邮件 yóujiàn 몡 우편물 │ 邮局 yóujú 몡 우체국 │ 邮票 yóupiào 몡 우표 │ 邮筒 yóutǒng 몡 우체통 │ 邮政编码 yóuzhèng biānmǎ 몡 우편번호

★★☆ | **유형** | 의미 파악

14

男：这条倒霉的路天天堵车，昨天就因为迟到
被老板批评了。
女：没办法，谁让你不早点儿出门呢？

问：女的是什么意思？

A 堵车是没办法的
B 迟到是不可避免的
C 是谁叫你这时出门的
D 你应该早点儿离开家

남: 이 재수 없는 길은 매일 막혀, 어제도 지각해서 사
장님한테 혼났어.
여: 어쩔 수 없지, 누가 너보고 늦게 나오라고 했니?

질문: 여자의 말은 무슨 뜻인가?

A 차가 막히는 것은 어쩔 수 없다
B 지각은 불가피하다
C 누가 너에게 이때 나가라고 했는가
D 너는 일찍 집을 나서야 한다

단어 倒霉 dǎoméi 혱 재수 없다, 불운하다 | 老板 lǎobǎn 몡 사장 | 出门 chūmén 통 집을 나서다 | 避免 bìmiǎn 통 피하다

해설 여자의 **谁让你不早点出门呢？**(누가 너보고 늦게 나오라고 했니?)라는 말을 통해, 지각을 안 하기 위해서는 남자가 집에서 일찍 나왔어야 함을 알 수 있다. 따라서 답은 D다.

★☆☆ | **유형** | 장소 파악

15

女：你的这些照片真漂亮！是在哪儿拍的？
男：这些是我去年去成都、重庆、云南旅游时
拍的，今年我还想去苏州等地方再拍点儿
照片。

问：以下哪一个地方是男的没有去过的？

A 成都
B 重庆
C 苏州
D 云南

여: 너의 이 사진들 정말 예쁘다! 어디에서 찍은 거
야?
남: 이것들은 내가 작년에 청두, 충칭, 윈난에 여행 갔
을 때 찍은 거야. 올해는 쑤저우 등의 지역에 가서
사진을 좀 더 찍고 싶어.

질문: 다음에서 남자가 가보지 못한 곳은 어디인가?

A 청두
B 충칭
C 쑤저우
D 윈난

단어 拍 pāi 통 촬영하다, 찍다 | 成都 Chéngdū 몡 청두 | 重庆 Chóngqìng 몡 충칭 | 云南 Yúnnán 몡 윈난(성) | 苏州
Sūzhōu 몡 쑤저우

해설 청두, 충칭, 윈난은 모두 남자가 작년에 간 곳이다. 그리고 쑤저우는 그가 올해 가보고 싶다고 한 곳이므로 답은 C다.

★☆☆ | **유형** | 전체 내용 파악

16

男：我对小红有点儿担心。B最近她老是谈些
与学校排球赛有关的事，A还三天两头出
去练习打排球。
女：是呀，D马上就要期末考试了，她的成绩
肯定会下降的，我们要找个时间和她谈
谈。

问：对话没有提到以下哪项？

A 小红喜欢排球
B 小红要参加排球赛
C 小红考试会得高分
D 小红要参加期末考试

남: 나는 샤오훙이 좀 걱정돼. B요즘 그 애는 항상 학
교 배구 시합과 관련된 이야기를 하고, A또 툭하
면 배구 연습을 하러 나가.
여: 그러게, D곧 기말고사인데 그 애의 성적이 틀림없
이 떨어질 거야. 우리가 시간을 내서 그 애와 이야
기를 좀 해야해.

질문: 대화에서 다음 중 언급하지 않은 것은?

A 샤오훙은 배구를 좋아한다
B 샤오훙은 배구 시합에 참가하려고 한다
C 샤오훙은 시험에서 높은 점수를 받을 것이다
D 샤오훙은 기말고사에 참가하려고 한다

단어 老是 lǎoshì 倡 늘, 항상 | 排球 páiqiú 몡 배구 | 三天两头 sāntiān liǎngtóu 사흘이 멀다 하고, 자주, 툭하면 | 期末
考试 qīmò kǎoshì 몡 학기말 시험 | 下降 xiàjiàng 통 낮아지다, 떨어지다

해설 马上就要期末考试了, 她的成绩肯定会下降的(곧 기말고사인데, 그 애의 성적이 틀림없이 떨어질 거야)라는 여자의 말을 통해 샤오훙이 기말고사 준비를 거의 못했음을 알 수 있으므로 답은 C다.

★★☆ | **유형** | 의미 파악

17

男: 小丽, 今天我做东, 请你们宿舍全体美女
　　去玄武旋转餐厅美餐一顿, 怎么样?
女: 哇! 太阳从西边出来了! 不吃白不吃!

问: 女的是什么意思?

A 不想去吃
B 十分惊讶
C 没这个计划
D 不要乱花钱

남: 샤오리, 오늘 내가 한턱낸다, 너희 기숙사 모든 미
　　녀들에게 쉬엔우 회전식 레스토랑에 가서 맛있는
　　음식을 한 끼 대접할게, 어때?
여: 와! 해가 서쪽에서 떴네! 안 먹으면 손해지!

질문: 여자의 말은 무슨 뜻인가?

A 먹으러 가고 싶지 않다
B 매우 놀랐다
C 이런 계획이 없다
D 돈을 함부로 쓰지 마라

단어 做东 zuòdōng 图 주인 노릇을 하다, 한턱내다 | 旋转餐厅 xuánzhuǎn cāntīng 圆 회전식 음식점 | 美餐 měicān 圆 입에 맞는 음식, 맛있는 음식 | 太阳从西边出来了 tàiyáng cóng xībian chūlai le 해가 서쪽에서 떴다 | 惊讶 jīngyà 圆 놀랍고 의아하다

해설 太阳从西边出来了(해가 서쪽에서 떴네)는 어떤 상황이 매우 보기 드물 때 쓰는 말이다. 남자가 한턱낸다고 하자 이전에는 남자가 이런 경우가 없었기 때문에 여자가 매우 놀랐음을 알 수 있다. 따라서 답은 B다. 한편 不吃白不吃는 '안 먹으면 손해지'라는 뜻으로 남자가 사는 것이니 반드시 가서 먹겠다는 의미다. 따라서 A는 답에서 제외된다.

★★☆ | **유형** | 의미 파악

18

女: 都这么晚了, 我以为你今天不会来了。
男: 怎么会呢?

问: 男的是什么意思?

A 可能会来
B 可能不来
C 不可能来
D 一定会来

여: 이미 이렇게 늦어서, 나는 네가 오늘 안 오는 줄
　　알았어.
남: 어떻게 그럴 수 있겠어?

질문: 남자의 말은 무슨 뜻인가?

A 아마 올 것이다
B 아마 오지 않을 것이다
C 올 수 없다
D 틀림없이 올 것이다

해설 怎么会呢(어떻게 그럴 수 있겠어)는 반어문으로, '반드시 올 것이다'라는 긍정의 뜻을 강조한다. 따라서 답은 D다. 이처럼 반어문은 듣기 문제에 단골로 출제되는 유형이니, 많이 익혀두도록 하자.

Tip⁺ • 반어문
반어문이란 실제로 답을 원하는 질문 형식이 아닌 반문의 형식으로, 명백한 도리, 사실에 대하여 어조를 강조하는 문장이다. 부정의 형식으로 긍정을 강조하고, 긍정의 형식으로 부정을 강조한다.

① 不是…吗?	④ 什么 / 有什么
예 这不是你的书吗? (= 这是你的书。)	**예** 这有什么麻烦的, 我来做吧。(= 这不麻烦。)
이것은 네 책이 아니니? (= 이것은 네 책이다.)	이게 뭐가 귀찮다고 그래, 내가 할게. (= 이것은 귀찮지 않다.)
② 哪儿 / 哪里	⑤ 难道… (吗 / 不成)?
예 我哪儿有时间呢? (= 我没有时间。)	**예** 难道他不会写字吗? (= 他会写字。)
내가 시간이 어디 있어? (= 나는 시간이 없다.)	설마 그가 글씨를 쓸 줄 모른단 말이니?
	(= 그는 글씨를 쓸 수 있다.)
③ 谁说(的)	⑥ 怎么
예 谁说我是中国人? (= 我不是中国人。)	**예** 孩子考上大学了, 我怎么能不高兴呢? (= 我很高兴。)
내가 중국인이라고 누가 그래?	아이가 대학에 합격했는데, 내가 어떻게 기쁘지 않을 수 있
(= 나는 중국 사람이 아니다.)	겠니? (= 나는 매우 기쁘다.)

19

男：你昨天去看房子了吗？买了吗？
女：没买。其实价格挺合理的，房子装修得不错，交通很便利，周围的环境也很好。只是我目前手头有点儿紧。

问：**女的为什么不买房？**

A 觉得价钱高
B 交通不方便
C 房子不太好
D 现在钱不够

남: 너 어제 집 보러 갔니? 샀어?
여: 안 샀어. 사실 가격도 매우 합리적이고 집 인테리어도 좋고, 교통도 매우 편리하고 주위 환경도 매우 좋았어. 다만 지금 수중에 돈이 조금 빠듯해.

질문: 여자는 어째서 집을 사지 않는가?

A 가격이 높다고 생각한다
B 교통이 불편하다
C 집이 그다지 좋지 않다
D 현재 돈이 부족하다

단어 合理 hélǐ 휑 합리적이다 | 装修 zhuāngxiū 통 인테리어 공사하다 | 便利 biànlì 휑 편리하다 | 手头 shǒutóu 명 (개인의) 주머니 사정 | 紧 jǐn 휑 (경제적으로) 쪼들리다, 빠듯하다

해설 手头有点儿紧은 관용어로 '수중에 돈이 조금 빠듯하다'라는 뜻으로, 여자가 집을 살 돈이 현재 부족하다는 것을 알 수 있으므로 답은 D다.

20

女：听说你儿子跟你的关系不是很好？
男：说实话我不是一个好父亲，因为忙，没时间管他，我们之间几乎没有沟通。因为我，他也有很大的压力。

问：**男的和儿子的关系为什么不好？**

A 儿子态度不好
B 双方缺少交流
C 儿子工作很忙
D 父亲压力太大

여: 듣자하니 네 아들과 너의 관계가 매우 안 좋다며?
남: 사실 나는 좋은 아버지가 아니야. 바빠서 그를 돌볼 시간이 없고, 우리 사이에 거의 교류가 없어. 나 때문에 그 애도 스트레스가 매우 커.

질문: 남자와 아들의 관계는 왜 좋지 않은가?

A 아들의 태도가 좋지 않다
B 서로 교류가 부족하다
C 아들의 일이 매우 바쁘다
D 아버지의 스트레스가 너무 크다

단어 管 guǎn 통 관리하다, 돌보다 | 沟通 gōutōng 통 교류하다, 소통하다 | 双方 shuāngfāng 명 쌍방

해설 남자의 我们之间几乎没有沟通(우리 사이에 거의 교류가 없어)이라는 말을 통해 답이 B임을 알 수 있다.

21-30

★★★ │ **유형** │ 전체 내용 파악

21

女: 您好! 欢迎光临我爱我家。请问您要……
男: 你们这儿有没有单间出租?
女: 多的是啊, 您要什么区域? 什么价位?
男: 在学院路附近, 1500块左右。
女: 您请坐吧, 咱们慢慢儿看。

问: **根据对话, 下列哪项正确?**

A 他们想结婚
B 女的在上班
C 男的要买房子
D 女的要卖房子

여: 안녕하세요! 워아이워쟈에 오신 것을 환영합니다. 무엇을 원하세요?
남: 여기 원룸 세놓은 거 있나요?
여: 많죠. 어느 지역, 어느 가격대를 원하세요?
남: 쉬에위엔로 근처에 1500위엔 정도요.
여: 앉으세요. 우리 천천히 살펴봅시다.

질문: 대화에서 다음 중 옳은 것은?

A 그들은 결혼하고 싶다
B 여자는 일하고 있다
C 남자는 집을 사려고 한다
D 여자는 집을 팔려고 한다

단어 光临 guānglín 통 광림하다, 왕림하다 │ 单间 dānjiān 명 원룸, 단칸방 │ 出租 chūzū 통 세주다, 세놓다 │ 区域 qūyù 명 구역, 지역 │ 价位 jiàwèi 명 가격대

해설 여자가 남자에게 **您要什么区域? 什么价位?**(어느 지역, 어느 가격대를 원하세요?)라고 물은 것으로 보아 여자는 현재 부동산과 관련된 일을 하고 있음을 알 수 있다. 따라서 답은 B다. 또 남자가 **有没有单间出租**(원룸 세놓은 거 있나요?)라고 물었으므로 남자는 지금 집을 사려는 것이 아니라 세놓은 집을 구하고 있다는 것을 알 수 있다. 따라서 C와 D는 답에서 제외된다.

Tip⁺ • 주택 관련 어휘
厨房 chúfáng 명 주방 │ 房东 fángdōng 명 집주인 │ 房费 fángfèi 명 집세, 방세 │ 房客 fángkè 명 세입자 │ 客厅 kètīng 명 거실 │ 楼房 lóufáng 명 (2층 이상의) 다층 건물 │ 猫眼 māoyǎn 명 도어 뷰어 [찾아온 사람을 미리 볼 수 있는 볼록 렌즈] │ 密码锁 mìmǎsuǒ 명 비밀번호형 자물쇠, 디지털 도어락 │ 平房 píngfáng 명 단층집 │ 纱窗 shāchuāng 명 방충망 │ 卧室 wòshì 명 침실 │ 阳台 yángtái 명 베란다

★★★ │ **유형** │ 태도 파악

22

女: 听说你们头儿换了?
男: 是啊。王主任上个月退休了, 副主任老黄推荐小张当一把手。
女: 小张行不?
男: 怎么说呢, 都说新官上任三把火, 可小张这三把火好像还没烧起来呢。

问: **男的对小张当领导是什么态度?**

A 反对
B 支持
C 赞成
D 怀疑

여: 듣자하니 너희 상사 바뀌었다며?
남: 응. 왕 주임이 지난달 퇴직해서, 부주임인 라오황이 샤오장을 최고 책임자로 추천했어.
여: 샤오장은 괜찮아?
남: 뭐랄까. 모두 새로 부임한 관리는 처음에는 의욕이 넘친다고 하잖아. 그런데 샤오장은 아직까진 별로 의욕이 없는 것 같아.

질문: 남자는 샤오장이 상사가 된 것에 대해 어떤 태도를 보이는가?

A 반대한다
B 지지한다
C 찬성한다
D 의심한다

제4회

听力

★☆☆ | 유형 | 장소 파악

23

男: 今天可说好了，我买单。	남: 오늘은 진짜 약속해, 내가 계산할게.
女: 行啊，给你一次机会，我不想让你有太大压力。	여: 그래, 너에게 기회를 한 번 줄게. 난 너에게 너무 큰 부담을 주고 싶지는 않아.
男: 点什么菜? 这个由你来负责吧。	남: 무슨 요리를 주문할까? 네가 맡아서 정해.
女: 还是你来点吧，我是第一次来这儿，情况不熟悉。	여: 그냥 네가 주문하는 게 낫겠어, 나는 여기에 처음 와서 상황이 익숙하지 않아.
问: 对话可能发生在哪儿?	질문: 대화는 아마도 어디에서 발생했겠는가?
A 商场	A 상가
B 公园	B 공원
C 饭馆	C 식당
D 健身房	D 헬스클럽

★☆☆ | 유형 | 전체 내용 파악

24

女: 每天都重复同样的事情，我真的不想干下去了。	여: 매일 같은 일을 되풀이하는 거, 저 정말 계속하고 싶지 않아요.
男: 前两个月只是ᴰ打基础，ᶜ你要踏踏实实做下去，以后就好了。	남: 이전 두 달 동안은 단지 ᴰ기초를 다지는 거였어. ᶜ네가 착실하게 계속해나간다면 나중에 곧 좋아질 거야.
女: 我可没这个耐心，谁爱干谁干。	여: 하지만 전 이 참을성이 없어요. 하기 좋아하는 사람이나 하라고 해요.
男: 我的大小姐，找这份工作也不容易啊! ᴮ你可得给我坚持下去!	남: 큰딸아, 이 일을 찾는 것도 쉽지 않단다! ᴮ너는 계속 꾸준히 해나가야 해!
问: 男的没有对女的提出什么要求?	질문: 남자가 여자에게 요구한 것이 아닌 것은?
A 搞好关系	A 관계를 좋게 해라
B 坚持下去	B 계속해나가라
C 要有耐心	C 참을성이 있어야 한다
D 打好基础	D 기초를 다져라

해설　남자가 녹음에서 **打基础**(기초를 다지다), **踏踏实实**(착실하다), **坚持下去**(계속해나가다)를 모두 언급하였으나, A의
搞好关系에 대해서는 언급하지 않았으므로 답은 A다.

★★☆　｜유형｜ 태도 파악

25

女：我们家小妍说什么也不愿考研究生，我跟
　　他爸怎么劝都不行。
男：我说你们也真是的，孩子不愿意就算了，
　　再说她已经找到工作了。
女：一个月千把块钱的工作，能让我们满意
　　吗？
男：鞋子合不合脚要问穿鞋的人，这件事你还
　　是要尊重孩子的意见吧。

问：男的对女的的做法是什么态度？

A 支持
B 尊重
C 怨恨
D 反对

여：우리 샤오옌이 무슨 말을 해도 대학원 시험을 보
　　고 싶지 않다고 해요. 저하고 애 아빠가 어떻게 설
　　득해도 안 되네요.
남：당신들도 참, 아이가 원하지 않으면 그만둬요. 게
　　다가 그 아인 이미 직업도 구했잖아요.
여：한 달에 천 위엔 가량밖에 안 되는 일인데, 우리가
　　만족할 수 있겠어요?
남：신발이 발에 맞는지 안 맞는지는 신발을 신는 사
　　람에게 물어봐야죠. 이 일은 아무래도 아이의 의
　　견을 존중하는 것이 나아요.

질문: 남자는 여자의 방법에 대해 어떤 태도인가?

A 지지한다
B 존중한다
C 원망한다
D 반대한다

단어　研究生 yánjiūshēng 몡 연구생, 대학원생 ｜ 劝 quàn 툉 권하다, 설득하다 ｜ 再说 zàishuō 젭 ～한 데다가, 게다가 ｜ 把
bǎ 주 정도, 가량, 쯤 ｜ 鞋子 xiézi 신발 ｜ 合脚 héjiǎo 혱 (신발·양말이) 발에 꼭 맞다 ｜ 怨恨 yuànhèn 툉 원망하다,
증오하다

해설　남자가 여자에게 **鞋子合不合脚要问穿鞋的人，这件事你还是要尊重孩子的意见吧**(신발이 발에 맞는지 안 맞는지
　　는 신발을 신는 사람에게 물어봐야죠. 이 일은 아무래도 아이의 의견을 존중하는 것이 나아요)라고 말한 것으로 보아,
　　남자는 여자의 방법에 반대한다는 것을 알 수 있다. 따라서 답은 D다.

★★★　｜유형｜ 행위 파악

26

女：咱们是这么多年的老朋友了，你还客气什
　　么？
男：没什么，你搬家，我怎么能不表示一点儿
　　心意呢？
女：实在不好意思，又让你破费了。
男：哪里！哪里！以后我们还要互相照应啊！

问：男的做了什么事情？

A 问路
B 搬家
C 送礼
D 致谢

여：우리는 이렇게 오랜 친구인데, 너는 무슨 예의를
　　차리고 그래？
남：아니야, 네가 이사를 하는데 내가 어떻게 조그마
　　한 성의도 안 보일 수 있니？
여：정말 미안해. 또 너한테 돈을 쓰게 했네.
남：별말씀을! 나중에도 우리 서로 보살펴주자고!

질문: 남자는 무슨 일을 하였는가?

A 길을 물었다
B 이사했다
C 선물을 보냈다
D 감사의 뜻을 표했다

단어　搬家 bānjiā 툉 이사하다 ｜ 心意 xīnyì 몡 호의, 성의 ｜ 破费 pòfèi 툉 (금전이나 시간 등을) 쓰다, 들이다 ｜ 照应
zhàoying 툉 보살피다, 돌보다 ｜ 送礼 sònglǐ 툉 선물을 보내다 ｜ 致谢 zhìxiè 툉 감사의 뜻을 표하다

해설　여자가 **不好意思，又让你破费了**(미안해, 또 너한테 돈을 쓰게 했네)라고 하였는데, 여기서 **破费**는 '돈을 쓰다'라는
　　뜻이다. 즉 남자가 선물을 사서 그녀에게 주었음을 알 수 있으므로 답은 C다.

✎Tip⁺　'哪里！哪里'는 겸양어로 '천만에, 별말씀을'이라는 뜻이며, 자신에 대한 칭찬을 겸손하게 부정할 때 쓰인다.

27

男：昨天你去看过房子了吗？怎么样？
女：看过了。户型设计得挺一般，小区周边目前没有什么商业配套。不过，<u>就在新开工的地铁五号线附近，这一点最让我心动</u>。
男：咱们就那么点儿死工资，最关键的还是看价格。
女：别提价格了，一提我就觉得我们的收入简直太少了！

问：女的看中了房子的哪个方面？
A 户型设计
B 价格便宜
C 交通方便
D 商业配套

남：어제 집 보러 갔니? 어땠어?
여：봤어. 주택 디자인은 매우 평범하고, 단지 주변에 지금은 어떤 부대시설도 없지만, <u>새로 착공한 지하철 5호선 근처야. 이 점이 가장 내 마음을 움직였어.</u>
남：우리는 기본급이 쥐꼬리만 하니, 가장 관건이 되는 것은 그래도 가격이지.
여：가격은 말도 꺼내지 마. 가격 얘기만 하면 우리 수입이 정말로 너무 적게 느껴지니까!

질문: 여자는 집의 어느 부분이 마음에 들었는가?
A 주택 스타일의 설계
B 가격이 저렴하다
C 교통이 편리하다
D 부대시설

단어 户型 hùxíng 명 주택 형태, 주택 스타일 | 设计 shèjì 동 설계하다, 디자인하다 | 小区 xiǎoqū 명 지구, 단지 | 目前 mùqián 명 지금, 현재 | 商业 shāngyè 명 상업, 비즈니스 | 配套 pèitào 동 세트를 만들다, 조립하다 | 开工 kāigōng 동 (공사를) 시작하다, 착공하다 | 心动 xīndòng 동 마음이 움직이다 | 那么点儿 nàmediǎnr 대 그 정도, 그까짓 | 死工资 sǐgōngzī 명 고정 임금, 기본급 | 简直 jiǎnzhí 부 그야말로, 정말로

해설 여자가 就在新开工的地铁五号线附近，这一点最让我心动(새로 착공한 지하철 5호선 근처야. 이 점이 가장 내 마음을 움직였어)이라고 하였으므로, 답은 C다.

28

女：电影都快放完了，你就是进去也看不了几分钟。
男：<u>票上不是写着8点才开始吗</u>？还有5分钟才开演呢。
女：8点？开什么国际玩笑？你再仔细看看！
男：哎呀，是6点。

问：从对话我们可以知道什么？
A 女的想买电影票
B 男的看错了时间
C 男的知道自己来晚了
D 女的只看了几分钟电影

여：영화가 다 끝나가, 네가 들어가도 몇 분 못 볼 거야.
남：표에 8시에야 시작한다고 쓰여 있지 않아? 5분 뒤에야 영화가 시작할 거야.
여：8시? 무슨 말도 안 되는 소리야? 다시 자세히 봐 봐!
남：아이고, 6시구나.

질문: 대화에서 우리가 알 수 있는 것은 무엇인가?
A 여자는 영화표를 사고 싶다
B 남자는 시간을 잘못 보았다
C 남자는 자신이 늦게 온 것을 안다
D 여자는 영화를 겨우 몇 분 보았다

단어 开演 kāiyǎn 동 (연극이나 영화 등을) 시작하다 | 开国际玩笑 kāi guójì wánxiào 국제급 코미디를 하다, 하이 코미디 하다, 정말 말도 안 된다

해설 남자는 영화가 8시에 시작하는 줄 알았는데, 여자가 알려주어서 표를 확인해보니 6시에 시작하는 것이었다. 이를 통해 남자가 시간을 잘못 보았음을 알 수 있다. 따라서 답은 B다.

29

女：刘总，您好！我们张经理想和您约一个时间见面。您下星期什么时间方便？
男：我下周二一大早要去上海开会，按计划是周六下午回来。
女：是这样，张经理现在在北京出差，这个周日回来。
男：好的。张经理一回来你就给我电话吧。

问： 刘总和张经理最有可能什么时候见面？

A 本周六
B 下周一
C 下周二
D 下周三

여: 리우 사장님, 안녕하세요! 저희 장 사장님께서 당신과 약속을 잡아 만나고 싶어하십니다. 다음 주 언제가 편하세요?
남: 저는 다음 주 화요일 아침 일찍 회의를 하러 상하이에 갑니다. 계획대로라면 토요일 오후에 돌아올 거예요.
여: 그렇군요. 장 사장님은 지금 베이징에서 출장 중이셔서 이번 주 일요일에 돌아오세요.
남: 좋습니다. 장 사장님께서 돌아오시면 바로 저에게 연락주세요.

질문: 리우 사장과 장 사장은 아마도 언제 만나겠는가?

A 이번 주 토요일
B 다음 주 월요일
C 다음 주 화요일
D 다음 주 수요일

단어 一大早 yídàzǎo 명 이른 새벽 | 开会 kāihuì 동 회의를 열다

해설 남자가 여자에게 장 사장이 일요일에 출장에서 돌아오면 바로 자신에게 연락을 달라고 했고, 자신은 다음 주 화요일에 출장을 간다고 했으므로 그들은 다음 주 월요일에 만날 것임을 추측할 수 있다. 따라서 답은 B다.

30

女：我回来了，你看我买了什么？
男：是男式大衣啊，给我买的？
女：可不是！就为了买这件大衣，我跑了十几家商店才买到。
男：谁让你那么讲究？我随便穿什么都行。

问： 从对话我们知道什么？

A 女的喜欢逛街
B 男的不想穿大衣
C 女的在商店工作
D 男的不讲究穿着

여: 저 왔어요. 당신 제가 무엇을 샀는지 보세요.
남: 남성 외투네. 나 사주는 거야?
여: 그럼요! 이 외투를 사려고 상점을 10여 곳이나 돌아다니고 나서야 겨우 샀어요.
남: 누가 당신보고 그렇게 신경 쓰라고 했어? 나는 아무거나 입어도 상관없어.

질문: 대화에서 우리가 알 수 있는 것은 무엇인가?

A 여자는 쇼핑을 좋아한다
B 남자는 외투를 입고 싶지 않다
C 여자는 상점에서 일한다
D 남자는 옷차림을 중시하지 않는다

단어 大衣 dàyī 명 외투, 오버코트 | 可不是 kěbúshì 부 물론, 그렇고 말고 | 讲究 jiǎngjiu 동 중시하다, 주의하다 | 穿着 chuānzhuó 명 복장, 옷차림

해설 我随便穿什么都行(나는 아무거나 입어도 상관없어)이라고 한 남자의 두 번째 말을 통해 남자가 옷차림을 중시하지 않는다는 것을 알 수 있다. 따라서 답은 D다.

<table>
<tr><td>

妈妈：醒醒，起床时间到了。

女儿：妈妈，我好困啊，想多睡一会儿，反正今天不上学。

妈妈：^{31(B)}你忘了今天还要出去练钢琴吗？

女儿：对呀，我差点儿忘了。这就起来。我穿哪条裙子好呢？红色的还是蓝色的？

妈妈：蓝色的裙子更合适。不过^{32(B)}今天降温，别穿裙子了，穿长裤吧。

女儿：好吧。

</td><td>

엄마: 일어나, 일어날 시간 됐어.

딸: 엄마, 저 너무 졸려요. 좀 더 자고 싶어요. 어차피 오늘 학교에 안 가잖아요.

엄마: ^{31(B)}너 오늘 피아노 연습하러 가야 하는 거 잊어버렸니?

딸: 맞다, 하마터면 잊을 뻔했어요. 일어날게요. 어떤 치마를 입는 게 좋을까요? 빨간색, 아니면 남색?

엄마: 남색 치마가 더 괜찮네. 하지만 ^{32(B)}오늘 기온이 내려가니까, 치마를 입지 말고 긴 바지를 입으렴.

딸: 네.

</td></tr>
</table>

단어 反正 fǎnzhèng 🔒 어쨌든, 아무튼, 어차피 | 钢琴 gāngqín 명 피아노 | 差点儿 chàdiǎnr 🔒 하마터면, 자칫하면 | 降温 jiàngwēn 동 기온이 내려가다 | 长裤 chángkù 명 긴 바지

★☆☆ | **유형** | 세부 내용 파악

31

<table>
<tr><td>

女儿今天要出去干什么？

A 去上学
B 练钢琴
C 练太极
D 练小提琴

</td><td>

딸은 오늘 무엇을 하러 나가는가?

A 학교에 간다
B 피아노를 연습한다
C 태극권을 연습한다
D 바이올린을 연습한다

</td></tr>
</table>

단어 太极 tàijí 명 태극권 | 小提琴 xiǎotíqín 명 바이올린

해설 你忘了今天还要出去练钢琴吗？(너 오늘 피아노 연습하러 가야 하는 거 잊어버렸니?)라는 엄마의 말을 통해 딸이 오늘 피아노를 연습하러 간다는 것을 알 수 있다. 따라서 답은 B다.

★☆☆ | **유형** | 세부 내용 파악

32

<table>
<tr><td>

女儿最终穿了什么衣服？

A 短裤
B 长裤
C 蓝色裙子
D 红色裙子

</td><td>

딸은 결국 어떤 옷을 입었는가?

A 반바지
B 긴 바지
C 남색 치마
D 빨간색 치마

</td></tr>
</table>

단어 短裤 duǎnkù 명 짧은 바지, 반바지

해설 엄마는 딸에게 오늘 기온이 내려가니 치마를 입지 말고 긴 바지를 입으라고 했고, 딸은 그러겠다고 대답했다. 따라서 답은 B다.

✎Tip⁺ ·差点儿의 여러 가지 부사적 용법

1. 하마터면, 자칫하면 : 희망하지 않은 일이 실현될 뻔하다. 다행히 실현되지 않음을 나타낸다. 이때 동사가 긍정적으로 쓰였든 부정적으로 쓰였든 그 의미는 같다.

   예 刚才我差点儿摔倒。 방금 나 하마터면 넘어질 뻔했어. [= 刚才我差点儿没摔倒。]

2. 가까스로, 간신히, 하마터면 : 화자가 실현되기를 희망했던 일이 다행스럽게도 실현된 것을 나타내며, 주로 부정형으로 쓰인다.

   예 我差点儿没考上大学。 나는 하마터면 대학에 떨어질 뻔했다. (대학에 합격했음)

3. 거의 : 화자가 실현되기를 희망했던 일이 유감스럽게도 실현되지 않았음을 나타내며, 就와 같이 쓰이는 경우가 많다.

   예 我差点儿就获得第一名。 나는 거의 1등을 할 뻔했다. (1등을 하지 못했음)

女：你今天上午抽空儿^{33(B)}去售楼中心了吗？ 男：去了。害得我请了两个小时的假，连会都没有开。 女：协议签好了没有？最后订的是哪一套？ 男：一楼的房子早就被订完了，我只能订二楼的，我觉得一楼二楼都很好。 女：什么？这可怎么办呢，要知道^{34(C)}咱爸可就看中一楼的花园了。 男：这没办法，要不我们就只有等别人退订，你看行吗？ 女：只能这样了。	여: 당신 오늘 오전에 시간 내서 ^{33(B)}아파트 분양소에 갔나요? 남: 갔어. 두 시간 외출 신청을 하는 바람에 회의도 하지 못했어. 여: 계약서에 서명했어요? 마지막에 정한 것은 어느 집이죠? 남: 1층 집은 일찍이 다 정해져서, 나는 2층 집으로 정할 수밖에 없었어. 내 생각에는 1층이나 2층이나 둘 다 매우 좋은 것 같아. 여: 뭐라고요? 이를 어쩌죠. ^{34(C)}아버지가 마음에 들어하신 것은 1층의 화원이라고요. 남: 어쩔 수 없지. 아니면 다른 사람이 취소하기를 기다리는 수밖에. 괜찮지? 여: 그렇게 할 수밖에 없겠네요.

단어 抽空儿 chōukòngr 통 힘들게 틈을 내다, 어렵게 시간을 내다 | 售楼中心 shòulóu zhōngxīn 아파트 분양소 | 协议 xiéyì 명 협의, 합의 | 签 qiān 통 서명하다, 사인하다 | 订 dìng 통 체결하다, 정하다 | 看中 kànzhòng 통 마음에 들어하다

★★☆ | **유형** | 화제 파악

33 对话人在讨论什么事情？　　대화를 나누는 사람들은 무슨 일에 대해 이야기하고 있는가?

A 请假　　　　　　　　　　A 휴가를 내는 것
B 买房　　　　　　　　　　B 집을 사는 것
C 花园　　　　　　　　　　C 화원
D 日程　　　　　　　　　　D 일정

단어 日程 rìchéng 명 일정

해설 여자가 남자에게 **去售楼中心了吗**(아파트 분양소에 갔나요), **最后订的是哪一套**(마지막에 정한 것은 어느 집이죠)라고 물어보았다. 이를 통해 답이 B임을 알 수 있다.

★★☆ | **유형** | 전체 내용 파악

34 下面关于两人买房的意见哪个是正确的？　　다음 중 두 사람이 집을 사는 것에 대한 의견으로 옳은 것은 무엇인가?

A 男的更想买二楼　　　　　A 남자는 2층을 더 사고 싶어한다
B 女的看中的是花园　　　　B 여자가 마음에 든 것은 화원이다
C 女的坚持要买一楼　　　　C 여자는 1층을 사기를 고수한다
D 男的并不想买房子　　　　D 남자는 그다지 집을 사고 싶어하지 않는다

해설 여자의 아버지가 1층의 화원을 마음에 들어하기 때문에 여자는 끝까지 1층을 사려고 하고 있다. 따라서 답은 C다. 장문의 대화는 먼저 보기를 보며 무슨 문제가 출제될지 예측을 하고 나서, 문제와 관련된 내용만 집중해서 들으면 된다. 기본적으로 등장인물들 간의 관계와 말투를 중심으로 듣는 습관을 길러야 한다.

有一个人出门办事，到了目的地之后[35(B)]发现没有停车位，只好把车停在马路上。他在雨刷下留了一张纸条儿，上面写着："我来此办事。"回来的时候，[36(A)]雨刷下多了一张违章停车罚单，而且纸条上多了一行字："我也是。"

어떤 사람이 일을 처리하려고 외출을 했는데, 목적지에 도착해보니 [35(B)]주차할 곳이 없는 것을 발견하고는 어쩔 수 없이 차를 큰길에 세워두었다. 그는 와이퍼 아래에 "저는 일을 처리하러 여기에 왔습니다."라고 적은 쪽지 하나를 남겨놓았다. 돌아왔을 때, [36(A)]와이퍼 아래에 주차위반 벌금 고지서가 한 장 더 있고, 쪽지에는 "나도."라고 한 줄이 더 적혀 있었다.

단어 出门 chūmén 통 외출하다 | 目的地 mùdìdì 명 목적지 | 马路 mǎlù 명 대로, 큰길 | 雨刷 yǔshuā 명 (자동차의) 와이퍼 | 纸条儿 zhǐtiáor 명 종이 쪽지, 메모 | 违章 wéizhāng 통 어기다, 위반하다 | 罚单 fádān 명 벌금 고지서

★☆☆ | **유형** | 인과관계 파악

35 这个人为什么把车停在马路上?

이 사람은 왜 차를 큰길에 세웠는가?

A 来此办事
B 没停车位
C 写了纸条
D 喜欢违章

A 여기에 와서 일을 처리하려고
B 주차할 곳이 없어서
C 메모를 남겨서
D 위반하는 것을 좋아해서

해설 녹음에서 发现没有停车位，只好把车停在马路上(주차할 곳이 없는 것을 발견하고는, 어쩔 수 없이 차를 큰길에 세워두었다)라고 했으므로 답은 B다.

★★☆ | **유형** | 신분 파악

36 在纸条上写"我也是"的是什么人?

쪽지에 '나도'라고 쓴 사람은 누구인가?

A 交通警察
B 偷车的人
C 汽车司机
D 公司职员

A 교통경찰
B 차를 훔친 사람
C 운전사
D 회사 직원

단어 交通警察 jiāotōng jǐngchá 명 교통경찰

해설 雨刷下多了一张违章停车罚单(와이퍼 아래에 주차위반 벌금 고지서가 한 장 더 있었다)이라고 한 것으로 보아 교통경찰이 쪽지에 글을 남겼음을 알 수 있다. 따라서 답은 A다.

各位旅客，您好！欢迎乘坐K2217次列车。本次列车从南通出发，37(B)途经海安、姜堰、泰州、扬州、仪征、六合，终点站为南京。列车行程为378公里，全程需要四个小时。请您保管好随身携带的物品，谨防物品丢失。同时，38(B)本列车为您提供热水以及新鲜食品，欢迎到十号车厢品尝。全体乘务员将为您提供优质服务，祝您旅途愉快！

여행객 여러분, 안녕하세요! K2217 열차에 탑승하신 것을 환영합니다. 이 열차는 난퉁에서 출발하여, 37(B)하이안, 장옌, 타이저우, 양저우, 이정, 리우허를 거치며, 종착역은 난징입니다. 열차의 운행거리는 378km이며, 총 4시간이 소요됩니다. 휴대 물품을 잘 보관해주시고, 물품을 잃어버리지 않도록 주의해주시기 바랍니다. 또한 38(B)이 열차는 여러분을 위해 뜨거운 물과 신선한 식품을 제공하오니 10호 객차로 오셔서 맛보시기 바랍니다. 모든 승무원이 여러분을 위해 우수한 서비스를 제공할 것입니다. 즐거운 여행 되시기를 바랍니다!

단어 旅客 lǚkè 명 여행객 | 列车 lièchē 명 열차, 기차 | 途经 tújīng 동 ~을 경유하다 | 终点站 zhōngdiǎnzhàn 명 종착역 | 行程 xíngchéng 명 노정, 여정 | 保管 bǎoguǎn 동 보관하다 | 随身 suíshēn 동 휴대하다, 몸에 지니다 | 携带 xiédài 동 휴대하다, 지니다 | 物品 wùpǐn 명 물품, 물건 | 谨防 jǐnfáng 동 주의하여 경계하다 | 丢失 diūshī 동 분실하다, 잃어버리다 | 车厢 chēxiāng 명 객차 | 品尝 pǐncháng 동 (맛을) 보다, 시식하다 | 乘务员 chéngwùyuán 명 승무원 | 优质 yōuzhì 형 양질의, 우수한 품질의 | 旅途 lǚtú 명 여행 도중, 여행길 | 愉快 yúkuài 형 유쾌하다, 즐겁다

★★☆ | **유형** | 수량 파악

37

列车途经几个城市?

A 五个
B 六个
C 七个
D 八个

열차는 몇 개 도시를 거치는가?

A 다섯 개
B 여섯 개
C 일곱 개
D 여덟 개

해설 녹음에서 途经海安、姜堰、泰州、扬州、仪征、六合(하이안, 장옌, 타이저우, 양저우, 이정, 리우허를 거친다)라고 했으므로, 답은 B다.

★★★ | **유형** | 전체 내용 파악

38

根据这段话，我们可以知道什么?

A 列车由南京开往南通
B 食品在十号车厢出售
C 列车为旅客保管物品
D 列车就要到达终点站

이 글에서 우리가 알 수 있는 것은 무엇인가?

A 열차는 난징에서 난퉁을 향해 출발한다
B 식품은 10호 객차에서 판매한다
C 열차는 여행객을 위해 물품을 보관해준다
D 열차는 종착역에 곧 도착한다

단어 开往 kāiwǎng 동 (차·배 따위가) ~를 향해서 출발하다 | 出售 chūshòu 동 팔다, 판매하다 | 到达 dàodá 동 도착하다

해설 녹음에서 本列车为您提供热水以及新鲜食品，欢迎到十号车厢品尝(이 열차는 여러분을 위해 뜨거운 물과 신선한 식품을 제공하오니, 10호 객차로 오셔서 맛보시기 바랍니다)이라고 하였으므로, B가 답임을 알 수 있다.

제4회

听力

在宋朝的时候，有一个名叫孙山的才子，[39(A)]他为人幽默，很善于说笑话，所以周围的人就给他取了一个"滑稽才子"的绰号。 有一次，[40(D)]他和一个同乡的儿子一同到京城去参加科举考试。放榜的时候，孙山的名字虽然被列在榜文的[41(C)]倒数第一名，但仍然是榜上有名，而那位和他一起去的同乡的儿子，却没有考上。

不久，孙山回到家里，同乡便来问他儿子有没有考取。孙山既不好意思直说，又不便隐瞒，他只好说：[42(D)]"举人榜上的最后一名是我孙山，而令郎的名字却还在我孙山的后面。"于是，同乡便明白了其中的意思，不再追问下去。从此，人们便根据这个故事，把参加选拔或考试没有被录取，叫做"名落孙山"。

송나라 때 손산이라고 불리는 재능이 뛰어난 사람이 있었다. [39(A)]그는 유머러스하고 농담을 잘해서 주위 사람들이 '익살맞은 수재'라는 별명을 지어주었다. 한 번은 [40(D)]그가 고향 친구의 아들과 함께 수도에 과거시험에 참가하러 갔다. 합격자 명단을 공포할 때 손산의 이름은 비록 방의 [41(C)]뒤에서 1등에 있기는 했지만 그래도 방에 이름이 있었다. 그런데 그와 함께 간 고향 친구의 아들은 도리어 합격하지 못했다.

얼마 지나지 않아 손산은 집에 돌아왔다. 고향 친구는 바로 와서 자신의 아들이 합격했는지 못했는지 물었다. 손산은 솔직히 말하기 미안하기도 하고 진실을 숨기기도 마땅치 않아, 그는 [42(D)]"합격자 명단의 마지막 한 명이 나였는데, 자네 아들의 이름은 오히려 내 이름 뒤에 있었네."라고 말할 수밖에 없었다. 고향 친구는 그 말 뜻을 이해하고, 더 이상 캐묻지 않았다. 이때부터 사람들은 이 이야기에 근거해, 선발에 참가하거나 시험을 보아 뽑히지 못하면 '이름이 손산보다 뒤에 있다(名落孙山)'라고 말한다.

단어　宋朝 Sòngcháo 몡 송나라 ｜ 才子 cáizǐ 몡 재능이 뛰어난 사람 ｜ 为人 wéirén 인간성, 사람 됨됨이, 인품 ｜ 幽默 yōumò 혱 익살맞다, 유머러스하다 ｜ 善于 shànyú 통 ~를 잘하다, ~에 능숙하다 ｜ 滑稽 huájī 혱 익살맞다, 익살스럽다 ｜ 绰号 chuòhào 몡 별명 ｜ 同乡 tóngxiāng 몡 동향, 한 고향 사람 ｜ 一同 yìtóng 閉 함께, 같이 ｜ 京城 jīngchéng 몡 수도 ｜ 科举 kējǔ 몡 과거 ｜ 放榜 fàngbǎng 통 합격자 명단을 공포하다 ｜ 榜文 bǎngwén 몡 방, 방문 ｜ 倒数 dàoshǔ 통 거꾸로 세다, 뒤에서부터 세다 ｜ 直说 zhíshuō 통 직설하다, 솔직히 말하다 ｜ 不便 búbiàn 통 (~하기에) 적당하지 않다, 마땅치 않다 ｜ 隐瞒 yǐnmán 통 (진상을) 숨기다, 감추다 ｜ 举人 jǔrén 몡 거인 [명청 시대 때 과거시험 중에서 향시에 급제한 사람] ｜ 令郎 lìngláng 몡 아드님 ｜ 追问 zhuīwèn 통 캐묻다, 추궁하다 ｜ 从此 cóngcǐ 閉 이때부터, 이로부터 ｜ 选拔 xuǎnbá 통 선발하다, 뽑다 ｜ 录取 lùqǔ 통 선정하다, 뽑다 ｜ 名落孙山 míngluòsūnshān 몡 시험에 낙방하다, 시험에 떨어지다

Tip⁺　병렬관계 접속사 '既(jì)…又(yòu)…'는 '～할 뿐만 아니라 ～하기도 하다, ～하고 또 ～하다'라는 뜻이며, '既…且…, 既…也…, 又…又…'라고도 한다.
圆 这件衣服既漂亮又便宜。 이 옷은 예쁘고 또 싸다.

★☆☆ ｜**유형**｜ 인과관계 파악

39　为什么孙山有"滑稽才子"的绰号?

손산은 왜 '익살맞은 수재'라는 별명이 있는가?

A 他很幽默
B 他很快乐
C 他很高兴
D 他很难过

A 그는 매우 유머러스해서
B 그는 매우 즐거워서
C 그는 매우 기뻐서
D 그는 매우 괴로워서

해설　첫 단락에서 **他为人幽默，很善于说笑话**(그는 유머러스하고, 농담을 잘했다)라고 했으므로, 답은 A다.

40 孙山到京城去干什么?　　　　손산은 수도에 무엇을 하러 갔는가?

A 旅游　　　　　　　　　　A 여행하러
B 寻找亲戚　　　　　　　　B 친척을 찾으러
C 参加面试　　　　　　　　C 면접시험에 참가하러
D 参加考试　　　　　　　　D 시험에 참가하러

단어 寻找 xúnzhǎo 동 찾다 | 亲戚 qīnqi 명 친척 | 面试 miànshì 명 면접시험

해설 첫 단락에서 他和一个同乡的儿子一同到京城去参加科举考试(그가 고향 친구의 아들과 함께 수도에 과거시험에 참가하러 갔다)라고 하였으므로 답은 D다.

★★☆ | **유형** | 수량 파악

41 孙山考取了第几名?　　　　손산은 몇 등으로 합격하였는가?

A 第一名　　　　　　　　　A 1등
B 第三名　　　　　　　　　B 3등
C 最后一名　　　　　　　　C 꼴등
D 倒数第二名　　　　　　　D 뒤에서 2등

단어 考取 kǎoqǔ 동 (시험에 응시하여) 합격하다, 채용되다

해설 손산은 倒数第一名(뒤에서 1등)이라고 했으므로 답은 C다.

★★☆ | **유형** | 인과관계 파악

42 同乡为什么没有再追问下去?　　고향 친구는 어째서 더 이상 캐묻지 않았는가?

A 孙山不想告诉他　　　　　A 손산이 그에게 알려주고 싶어하지 않아서
B 他不敢再问孙山　　　　　B 그는 감히 다시 손산에게 물어볼 수 없어서
C 他不想知道结果　　　　　C 그는 결과를 알고 싶지 않아서
D 他知道儿子落榜了　　　　D 그는 아들이 낙방한 것을 알아서

단어 不敢 bùgǎn 동 감히 ~하지 못하다 | 落榜 luòbǎng 동 시험에 떨어지다, 낙방하다

해설 손산은 합격자 중 자신이 꼴등이며 고향 친구의 아들은 자신보다 더 뒤에 있다고 하였다. 이 말은 고향 친구의 아들이 시험에 떨어졌다는 뜻이므로 답은 D다.

豫剧大师马金凤在80年的演艺生涯中，43(A)每次演唱完后，为了保护嗓子，都要喝上一碗面汤，这是当年她唱戏把嗓子唱哑后，45(B)一位老中医告诉她的保养方法。这习惯马金凤一天都没有中断过。44(A)为了保护嗓子，她不吃辛辣的食物，80年没有喝过一滴酒，以至于有一次在她的寿宴上，她笑着说："我很想知道葡萄酒是什么味道，可是我还是不能喝。"在她以85岁高龄参加中央电视台春节晚会演唱《穆桂英挂帅》时，依然声音清亮。如果不是亲眼所见，谁也不会想到，那竟是一位80多岁老人唱的。

예극의 대가 마진펑은 80년 동안의 연기 경력에서, 43(A)매번 공연을 끝내고 나면 목을 보호하기 위해 국수를 삶은 물을 한 그릇 마셨는데, 이것은 그 당시 그녀가 목이 쉴 정도로 공연을 하고 나서 45(B)어떤 한의사가 그녀에게 알려준 보양방법이었다. 이 습관을 마진펑은 하루도 중단한 적이 없었다. 44(A)목을 보호하기 위해 그녀는 매운 음식을 먹지 않고, 80년 동안 술을 한 방울도 마신 적이 없었다. 한 번은 그녀의 생일 축하파티에서까지 그녀는 웃으며 "저는 포도주가 무슨 맛인지 정말 알고 싶어요. 하지만 여전히 마실 수 없어요."라고 말했다. 그녀는 85세 고령이 되어서 CCTV 설 디너쇼에서 「穆桂英挂帅」를 부를 때에도 여전히 목소리가 맑았다. 만약에 직접 보지 않았다면 누구도 그것이 80여 세의 노인이 부른 것일 거라고는 생각하지 못했을 것이다.

단어 豫剧 yùjù 몡 예극 | 大师 dàshī 몡 대가 | 演艺 yǎnyì 몡 연기 | 生涯 shēngyá 몡 생애, 경력 | 演唱 yǎnchàng 동 공연하다 | 嗓子 sǎngzi 몡 목, 인후 | 面汤 miàntāng 몡 국수를 삶은 물 | 当年 dāngnián 몡 그 당시, 그해 | 唱戏 chàngxì 동 (중국의 전통적인 희곡을) 부르다, 공연하다 | 哑 yǎ 혱 목이 쉰 | 中医 zhōngyī 몡 한의사, 중의학 의사 | 保养 bǎoyǎng 동 보양하다 | 中断 zhōngduàn 동 중단하다 | 辛辣 xīnlà 혱 맵다 | 食物 shíwù 몡 음식물 | 滴 dī 양 방울 | 以至于 yǐzhìyú 접 ~에까지, ~에 이르기까지 | 寿宴 shòuyàn 몡 생일 축하잔치, 생신 축하연 | 葡萄酒 pútáojiǔ 몡 포도주 | 高龄 gāolíng 몡 고령 | 中央电视台 Zhōngyāng Diànshìtái 몡 중앙방송국(CCTV) | 春节 Chūnjié 몡 설 | 依然 yīrán 뷔 변함없이, 여전히 | 清亮 qīngliáng 혱 맑다, 투명하다 | 亲眼 qīnyǎn 뷔 제 눈으로, 직접 | 竟 jìng 뷔 뜻밖에, 의외로

★☆☆ ｜**유형**｜ 세부 내용 파악

43 马金凤演唱后为了保护嗓子，会喝什么？

마진펑은 공연을 끝낸 후 목을 보호하기 위해서 무엇을 마셨는가?

A 面汤
B 红酒
C 辣椒
D 中药

A 국수를 삶은 물
B 붉은 포도주
C 고추
D 한약

단어 红酒 hóngjiǔ 몡 붉은 포도주 | 辣椒 làjiāo 몡 고추 | 中药 zhōngyào 몡 한약

해설 녹음 첫 부분에서 마진펑은 매번 공연을 끝낸 후 목을 보호하기 위해서 국수를 삶은 물을 마신다고 하였으므로 답은 A다.

★☆☆ ｜**유형**｜ 인과관계 파악

44 马金凤为什么不知道葡萄酒是什么味道？

마진펑은 어째서 포도주가 무슨 맛인지 모르는가?

A 她不喝酒
B 她忘记了
C 她开玩笑
D 她在骗人

A 그녀는 술을 마시지 않는다
B 그녀는 잊어버렸다
C 그녀는 농담한다
D 그녀는 남을 속이고 있다

단어 骗人 piànrén 동 (남을) 속이다, 기만하다

해설 마진펑은 목을 보호하기 위해서 80년 동안 술을 한 방울도 마신 적이 없기 때문에 포도주가 무슨 맛인지 모르는 것이다. 따라서 답은 A다.

45

马金凤为什么到85岁声音依然很清亮?

A 喜爱喝酒
B 注意保养
C 喜爱吃辣
D 喝了中药

마진펑은 왜 85세가 되어서도 목소리가 여전히 맑았는가?

A 술 마시는 것을 좋아해서
B 보양하는 것에 신경 써서
C 매운 것을 먹기 좋아해서
D 한약을 먹어서

단어 喜爱 xǐ'ài 동 좋아하다. 애호하다

해설 마진펑은 목을 보호하는 데 매우 주의했기 때문에 85세가 되어서도 목소리가 여전히 맑을 수 있었다. 따라서 답은 B 다.

阅读

第一部分

46-48

射击队的教练在街墙上__46__了一排气枪弹洞，个个都命中一个很小的粉笔圈。他心想这准是个神枪手，__47__怎么样也应该把他找到。经过查访，他发现射手竟是个七岁的孩童。"小朋友，"教练十分敬佩地问，"你的射击术是从哪儿学来的呀？""没什么，"小孩子笑着回答说，"很__48__的，我先对着墙开枪，然后在弹洞周围用粉笔画个圆圈。"

사격팀 감독이 길거리의 벽에서 총탄 자국을 46발견했는데, 모두 아주 작은 분필로 그려진 원을 명중했다. 그는 마음속으로 이것은 틀림없이 명사수니, 어떻게 47해서든 관계없이 반드시 그를 찾아야 한다고 생각했다. 조사하여 알아본 결과, 그는 사수가 뜻밖에도 7살 아이라는 것을 발견했다. "꼬마야" 감독은 매우 감탄하며 "너의 사격술은 어디에서 배운 것이니?"라고 물었다. "별거 아니에요," 아이는 웃으며 대답했다. "아주 48간단해요. 우선 벽을 향해 총을 쏜 후, 총탄 주변에 분필로 원을 그리면 돼요."

단어 射击 shèjī 몡 사격 (경기) | 教练 jiàoliàn 몡 코치, 감독 | 排 pái 양 줄, 열 | 气枪 qìqiāng 몡 공기총 | 弹洞 dàndòng 몡 탄환 구멍 | 命中 mìngzhòng 동 명중하다, 맞히다 | 粉笔 fěnbǐ 몡 분필 | 圈 quān 몡 링, 원 | 准是 zhǔnshì 뮈 반드시, 틀림없이 | 神枪手 shénqiāngshǒu 몡 명사수 | 查访 cháfǎng 동 조사하며 알아보다 | 射手 shèshǒu 몡 사수 | 竟 jìng 뮈 뜻밖에, 의외로 | 孩童 háitóng 몡 아동, 어린이 | 敬佩 jìngpèi 동 경복하다, 존경하고 감탄하다 | 对着 duìzhe 동 ~(을) 향하다 | 开枪 kāiqiāng 동 총을 쏘다 | 圆圈 yuánquān 몡 동그라미, 원

★☆☆ |**유형**| 술어 파악

46

| A 发生 | B 发现 | A 발생하다 | B 발견하다 |
| C 发挥 | D 发明 | C 발휘하다 | D 발명하다 |

단어 发挥 fāhuī 동 발휘하다 | 发明 fāmíng 동 발명하다

해설 이 문제는 동사의 용법을 묻는 것이다. **发现** 뒤에는 일반적으로 어떤 사람이나 사물이 온다. 예를 들어 **发现一个小错误**(작은 실수를 발견하다), **发现一个敌人**(적을 발견하다) 등처럼 쓰인다. 따라서 답은 B다. 한편 **发生**은 **发生战争**(전쟁이 발생하다), **发生矛盾**(갈등이 발생하다)' 등처럼 호응하므로 A는 답에서 제외된다. 그리고 **发挥**는 **发挥自己的水平**(자신의 실력을 발휘하다), '**发挥…作用**(~ 효과를 발휘하다)' 등과 같이 자주 사용되므로 C도 답에서 제외된다. 독해 제1부분은 주어진 단어가 문장에서 어떤 품사로 쓰였는지 파악하고, 그 품사에 따른 의미를 찾아내는 문제들이 출제된다. 따라서 평소에 단어들이 각각 어떤 품사를 가지고 있고, 또 품사마다 어떤 다른 의미를 가지고 있는지 유의하며 공부해야 한다.

★☆☆ |**유형**| 접속사 파악

47

| A 不管 | B 不免 | A ~에 관계없이 | B 면할 수 없다 |
| C 不如 | D 不然 | C ~만 못하다 | D 그렇지 않으면 |

해설 이 문제는 접속사의 용법을 묻는 것이다. **不管** 뒤에는 일반적으로 정반의문문이나 선택의문문, 의문사가 오는데, 본문에서는 의문사 **怎么样**이 있으므로 답은 A다. 한편 **不免**은 **难免**과 같은 뜻으로, '**你这样做，他不免有些生气**(네가 이렇게 하면, 그가 좀 화를 낼 것이다)'와 같이 쓰인다. 따라서 B는 답에서 제외된다. 그리고 **不如**는 **我的汉语水平不如你**(나의 중국어 실력은 너보다 못하다)에서처럼 비교를 나타낼 수 있고, **不如先回家吧**(먼저 집에 돌아가는 게 낫겠어)에서처럼 건의를 나타낼 수도 있다. 그러므로 C도 답에서 제외된다.

Tip⁺ ·不管, 不免, 不如, 不然

不管 bùguǎn	접 ~에 관계없이, ~를 막론하고
	예 不管你信不信, 我都没做过那件事。 네가 믿든 믿지 않든, 나는 그 일을 한 적이 없어.
不免 bùmiǎn	부 면할 수 없다, 피하지 못하다
	예 我们不免留下了许多疑问。 우리는 많은 의문이 남는 것을 면할 수 없다.
不如 bùrú	동 ~만 못하다
	예 他总是觉得自己处处不如别人。
	그는 늘 자신이 각 분야에서 다른 사람만 못하다고 생각한다.
不然 bùrán	접 그렇지 않으면
	예 快点, 不然你就要迟到了。 서둘러, 그렇지 않으면 너는 곧 지각이야.

★☆☆ |유형| 술어 파악

48

| A 秘密 | B 讨厌 | A 비밀이다 | B 싫어하다 |
| C 简单 | D 复杂 | C 간단하다 | D 복잡하다 |

단어 秘密 mìmì 형 비밀의

해설 감독은 아이의 사격 실력이 굉장히 뛰어나다고 여겨 어딘가에서 사격술을 배웠을 것이라고 생각했지만, 아이가 말한 방법은 아주 간단한 것이었다. 따라서 답은 C다.

49-52

庄子和著名的哲学家惠施一起散步来到一座桥上。他看见鱼儿在水中悠然自得地游戏，便对身边的惠施说："这是鱼儿的乐趣啊!"

惠施不以为然地 _49_ 庄子："你不是鱼，怎么知道鱼儿是快乐的呢?"

"那么，你不是我， _50_ ?"庄子问。

惠施回答："我不是你，当然不知道你的感觉。你 _51_ 就不是鱼，你肯定也不会知道鱼的感觉。"

庄子最后 _52_ 道："那是因为我在桥上的心情很高兴，所以我就认为鱼儿在水中也是很快乐的。"

장자와 유명한 철학가 혜시가 함께 산책을 하다가 어떤 다리 위에 도착했다. 그는 물고기가 물속에서 조용하고 한가롭게 놀고 있는 것을 보고는 곁에 있는 혜시에게 말했다. "이것이 물고기의 즐거움이구나!"

혜시는 그렇게 여기지 않는다는 듯 장자에게 ⁴⁹반문했다. "당신은 물고기도 아닌데, 어떻게 물고기가 즐거운지 아시오?"

"그럼, 당신은 내가 아닌데 ⁵⁰내가 물고기의 즐거움을 이해하지 못할 것이라는 것을 어떻게 아시오?"장자가 물었다.

혜시는 대답했다. "나는 당신이 아니니 당연히 당신의 생각을 알 수 없고, 당신은 ⁵¹본래 물고기가 아니니, 당신도 틀림없이 물고기의 생각을 알 수 없겠지요."

장자는 마지막에 ⁵²설명했다. "그것은 내가 다리 위에서 매우 기뻐서, 나는 물고기도 물속에서 매우 기쁠 것이라고 생각했소."

단어 庄子 Zhuāngzǐ 고유 장자 | 哲学家 zhéxuéjiā 명 철학자 | 惠施 Huì Shī 고유 혜시 [중국 전국시대 송나라의 사상가] | 悠然自得 yōuránzìdé 성어 조용하고 한가롭다 | 乐趣 lèqù 명 즐거움, 재미 | 不以为然 bùyǐwéirán 성어 그렇게 여기지 않다

49

A 反问	B 疑问	A 반문하다	B 의문
C 谈话	D 讨论	C 대화하다	D 토론하다

단어 反问 fǎnwèn 통 되묻다, 반문하다 | 疑问 yíwèn 명 의문 | 谈话 tánhuà 통 대화하다, 이야기하다

해설 反问은 그 뒤에 목적어를 가질 수 있는데, 그 형태는 'A反问B'다. 빈칸 뒤에 목적어 庄子가 있는 것으로 보아 답은 A임을 알 수 있다. 한편 疑问은 명사로 'A对B有疑问'과 같은 구조로 자주 사용하므로 답에서 제외된다. 그리고 谈话는 이합동사로 'A跟B谈话'의 구조로 자주 사용되므로 C도 답에서 제외된다.

★★★ | **유형** | 문맥에 적합한 문장 파악

50

A 怎么知道我了解鱼的乐趣呢	A 내가 물고기의 즐거움을 이해하는지 어떻게 아시오
B 怎么不知道我了解鱼的乐趣呢	B 내가 물고기의 즐거움을 이해하는지 어떻게 모르시오
C 怎么知道我不了解鱼的乐趣呢	C 내가 물고기의 즐거움을 이해하지 못할 것이라는 것을 어떻게 아시오
D 怎么不知道我不了解鱼的乐趣呢	D 내가 물고기의 즐거움을 이해하지 못할 것이라는 것을 어떻게 모르시오

해설 혜시가 "당신은 물고기도 아닌데, 어떻게 물고기가 즐거운지 아시오?"라고 반문하자, 장자가 "그럼 당신은 내가 아닌데, ~?"라고 물었으므로, 빈칸에는 문맥상 '내가 물고기의 즐거움을 이해하지 못할 것이라는 것을 어떻게 아시오'라는 말이 가장 적절하다. 따라서 답은 C다.

★☆☆ | **유형** | 부사어 파악

51

A 难怪	B 难道	A 어쩐지	B 설마 ~하겠는가
C 本来	D 以来	C 본래	D 이래

해설 빈칸에는 기본적인 사실을 강조하는 부사 本来가 가장 적절하다. 따라서 답은 C다. 한편 难怪 뒤에는 일반적으로 이미 발생한 상황이 나오고, 그 뒤에 이 현상이 생긴 이유를 설명하는 짧은 문장이 따라온다. 그러므로 A는 답에서 제외된다. 또한 难道는 뒤에 주로 吗, 不成 등이 함께 쓰여 반어의 어기를 강조하므로 B도 답에서 제외된다. 이 밖에도 以来는 '~한 이래, ~한 동안'이라는 뜻의 명사로 과거의 어떤 시간부터 지금까지의 시기를 가리키므로 D도 답에서 제외된다.

Tip⁺ ・难怪, 难道, 本来, 以来

难怪 nánguài	뿐 어쩐지, 과연 예 难怪她几乎什么都没吃, 原来她病了。 어쩐지 그녀가 거의 아무것도 먹지 않는다 했더니, 알고 보니 아팠었구나.
难道 nándào	뿐 설마 ~하겠는가, 그래 ~란 말인가? 예 难道还有人知道这件事吗? 설마 이 일을 아는 사람이 또 있다는 거야?
本来 běnlái	뿐 본래, 원래 예 她本来很漂亮。 그녀는 원래 예뻤다.
以来 yǐlái	명 ~한 이래, ~ 동안 예 他自打在这个公司上班以来一直迟到。 그는 이 회사에 출근한 이래로 계속 지각을 했다.

52

| A 考虑 | B 解释 | A 고려하다 | B 설명하다 |
| C 答应 | D 描写 | C 동의하다 | D 묘사하다 |

단어 答应 dāying 图 허락하다. 동의하다 | 描写 miáoxiě 图 묘사하다

해설 빈칸 뒤에 이어서 한 말들은 모두 장자가 자신의 주장을 설명하는 내용이므로 답은 B다. D의 **描写**는 경치나 사건이 발생한 과정을 묘사할 때 사용하므로 답에서 제외된다.

53-56

宋国有一个农夫，他 __53__ 自己田里的禾苗长不高，就天天到田边去看。可是，一天、两天、三天，禾苗好像一点儿也没有往上长。他在田边焦急地转来转去，自言自语地说：“我得想办法 __54__ 它们生长。”一天，他终于想出了办法，急忙奔到田里，把所有的禾苗都一棵棵地往上拔，从早上一直忙到太阳落山，累得精疲力尽。他回到家里，十分 __55__ ，气喘吁吁地说：“今天可把我累坏了， __56__ ，我帮所有的禾苗都长高了一大截。”他的儿子听了，急忙跑到田里一看，禾苗全都枯死了。

송나라에 한 농부가 있었는데, 그는 자신의 밭에 모가 잘 자라지 않는 것을 53걱정하여, 매일 밭으로 보러 갔다. 하지만 하루, 이틀, 삼 일이 지나도 모는 조금도 위로 자라는 것 같지 않았다. 그는 밭에서 초조해하며 이리저리 왔다갔다 하다가 혼잣말을 했다. "나는 모가 자랄 수 있도록 54도와줄 방법을 생각해내야 해." 어느 날 그는 마침내 방법을 생각해냈고, 급히 밭으로 달려가 모든 모를 하나하나 위로 잡아 뽑았다. 아침부터 해가 질 때까지 바쁘게 일하고 보니, 정신적으로 매우 피곤하고 체력이 모두 고갈되었다. 그는 집으로 돌아와서 매우 55피곤하여 숨을 헐떡이며 말했다. "오늘 정말 피곤해 죽겠어. 56하지만 힘을 헛되이 쓰지 않았어. 내가 모든 모가 많이 자랄 수 있도록 도와주었으니까." 그의 아들이 듣고 급히 밭으로 가서 보니 모는 전부 말라 죽어버렸다.

단어 农夫 nóngfū 圀 농사꾼. 농부 | 田 tián 圀 밭. 경작지 | 禾苗 hémiáo 圀 모, 모종 | 焦急 jiāojí 圀 초조해하다, 애태우다 | 转来转去 zhuànlái zhuànqù 이리저리 왔다갔다하다 | 自言自语 zìyánzìyǔ 図 혼잣말하다. 혼자 중얼거리다 | 生长 shēngzhǎng 图 자라다. 성장하다 | 急忙 jímáng 圀 급하다. 바쁘다 | 奔 bēn 图 급히 달려가다 | 拔 bá 图 뽑다 | 太阳落山 tàiyáng luòshān 해질 녘이 되다 | 精疲力尽 jīngpílìjìn 図 정신적으로 매우 피곤하고 체력이 모두 고갈되다 | 气喘吁吁 qìchuǎnxūxū 숨이 가빠서 헐떡이는 모양 | 截 jié 図 토막. 마디 | 枯死 kūsǐ 图 (식물이) 말라 죽다. 시들어 죽다

Tip⁺ 이 이야기는 성어 拔苗助长(bámiáozhùzhǎng)의 전고로서, '객관적인 규칙을 어기고, 인위적으로 관여하여 그르치게 되다'의 뜻이다. 비록 拔苗助长이 직접적으로 나오지는 않았지만, 전고와 함께 알아두자.

★★☆ | **유형** | 술어 파악

53

| A 烦恼 | B 担心 | A 괴롭다 | B 걱정하다 |
| C 检查 | D 利用 | C 검사하다 | D 이용하다 |

해설 농부가 모가 빨리 자라지 않는 것을 걱정해서 결국 모든 모를 뽑았으므로 답은 B다. 한편 **烦恼**는 ‘为…(而感到)烦恼’의 구조로 자주 사용되므로, A는 답에서 제외된다.

★★★ | **유형** | 술어 파악

54

| A 帮忙 | B 准备 | A 일을 돕다 | B 준비하다 |
| C 帮助 | D 追求 | C 도와주다 | D 추구하다 |

단어 追求 zhuīqiú 图 추구하다

해설 帮助는 타동사로 뒤에 목적어를 가질 수 있으므로 답은 C다. A의 帮忙은 이합동사로 뒤에 목적어를 가질 수 없으며 종종 'A帮B的忙'과 같은 구조로 사용하므로 답에서 제외된다.

★☆☆ | **유형** | 술어 파악

55

| A 疲劳 | B 劳动 | A 피곤하다 | B 일하다 |
| C 感动 | D 活动 | C 감동하다 | D 활동하다 |

단어 疲劳 píláo 图 고단하다, 피로하다 | 劳动 láodòng 图 일하다, 노동하다

해설 빈칸 앞 문장에 나오는 累得精疲力尽은 '매우 피곤하다'는 뜻이므로, 빈칸에는 疲劳가 들어가는 것이 가장 적합하다. 따라서 답은 A다.

★★☆ | **유형** | 문맥에 적합한 문장 파악

56

A 天一转眼就亮了	A 날이 눈 깜짝할 사이에 밝아졌어
B 可是力气没白费	B 하지만 힘을 헛되이 쓰지 않았어
C 明天要提醒我再去	C 내일 다시 가라고 나를 일깨워주어야 해
D 今天的效果肯定不好	D 오늘의 효과는 틀림없이 나쁠 거야

단어 天亮 tiānliàng 图 날이 밝다 | 转眼 zhuǎnyǎn 图 눈 깜짝하다 | 白费 báifèi 图 헛되이 쓰다 | 提醒 tíxǐng 图 일깨우다, 주의를 주다

해설 농부는 하루 종일 힘들게 일했다. 하지만 빈칸 뒤에서 자신이 모를 많이 자랄 수 있도록 도와주었다고 생각했으므로 적당한 답은 B다.

57-60

一家公司的总经理把公关主任叫来对她说："你听着，有人试图收购我们的公司，我要你想办法　57　我们的股票的价格抬高。让他们　58　。我不管你用什么办法，只要　59　目的就行了！"

第二天，该公司股票的价格上涨了5个点。第三天又上涨了5个点。总经理非常满意，问公关主任："　60　？"公关主任回答说："我放了一个假消息。"

总经理很吃惊："什么假消息？"

"我说你快要辞职了。"公关主任回答道。

한 회사의 사장이 브랜드 매니저를 불러서 그녀에게 "당신 잘 들어요, 누군가 우리 회사를 사들이려고 시도하고 있어요. 저는 당신이 우리의 주식 가격을[57] 높일 방법을 생각해내길 원해요. 그들이 [58]살 수 없도록 말이에요. 저는 당신이 어떤 방법을 쓰든 상관없어요. 당신은 오직 목표를 [59]달성하기만 하면 돼요!"라고 말했다.

이튿날 이 회사 주식의 가격이 5포인트 올랐다. 셋째 날 또 5포인트가 올랐다. 사장은 매우 만족해하며 브랜드 매니저에게 물었다. [60]"당신은 어떻게 한 거죠?" 브랜드 매니저는 "제가 거짓 정보를 하나 흘렸거든요."라고 대답했다.

사장은 매우 놀랐다. "무슨 거짓 정보요?"

"저는 당신이 곧 그만둘 거라고 말했어요." 브랜드 매니저가 대답했다.

단어 总经理 zǒngjīnglǐ 몡 총지배인, 사장 | 公关 gōngguān 몡 홍보, 브랜드 | 主任 zhǔrèn 몡 매니저 | 试图 shìtú 동 시도하다 |
收购 shōugòu 동 사들이다, 수매하다 | 股票 gǔpiào 몡 주식 | 抬高 táigāo 동 높이다, 올리다 | 不管 bùguǎn 접 ~에 관계없이,
~를 막론하고 | 上涨 shàngzhǎng 동 (수위나 물가가) 오르다 | 辞职 cízhí 동 사직하다, 그만두다

★★☆ | 유형 | 전치사 파악

57

| A 朝 | B 将 | A ~를 향해서 | B ~을 |
| C 由 | D 离 | C ~에서 | D ~로부터 |

해설 '将…价格抬高'는 '把…价格抬高'와 같은 뜻으로, 여기에서 将은 전치사로 쓰였다. 将이나 把의 뒤에 나오는 价格는
抬高의 동작이 이루어지는 대상이다. 따라서 답은 B다. 한편 전치사는 명사나 대사 앞에 위치하여 전치사구를 구성하
며 동작이나 성질과 관련된 시간, 장소, 방식, 범위, 대상 등을 나타낸다.

Tip⁺ ・朝, 将, 由, 离

朝 cháo	젠 ~를 향해서, ~를 향하여 예 一直朝前走。 줄곧 앞을 향해 간다.
将 jiāng	젠 ~을, ~를 [= 把] 예 中国队奋力将比分扳平。 중국팀은 있는 힘을 다해 스코어를 동점으로 만들었다.
由 yóu	젠 ~에서부터 예 画报展览由明天开始。 화보 전시는 내일부터 시작된다.
离 lí	젠 ~로부터 예 离高考时间, 只有一个月。 대학 입학시험날로부터 한 달밖에 남지 않았다.

★★★ | 유형 | 보어 파악

58

A 买不下	A (적당한 가격이 아니어서) 살 수 없다
B 买不着	B 매진되다
C 买不起	C (고가이거나 돈이 없어) 살 수 없다
D 买不到	D 살 수 없다

단어 买不下 mǎibuxià (적당한 가격이 아니어서) 살 수 없다 | 买不着 mǎibuzháo 사려고 해도 (물건이 없어서) 살 수 없다, 매진
된다 | 买不起 mǎibuqǐ (고가이거나 돈이 없어) 살 수 없다 | 买不到 mǎibudào 살 수 없다, 손에 넣을 수 없다

해설 빈칸의 앞뒤 문맥상 주식 가격을 높여서 사람들이 주식을 살 수 없게 한다는 내용이 가장 적절하다. '동사 + 不起'는
어떤 물건이 너무 비싸서 '동사'할 수 없음을 나타낸다. 따라서 답은 C다.

Tip⁺ ・…不下, …不着, …不起, …不到

…不下 buxià	(외부적 원인이나 수량이 너무 많아서) ~할 수 없다 [동사 뒤에 쓰여 가능보어의 부정 형태를 취함] 예 车的人太多了, 根本就坐不下。 차에 사람이 너무 많아서 아예 앉을 수가 없다.
…不着 buzháo	~할 수 없다, ~하지 못하다 [동사 뒤에 붙어 목적을 이루지 못함을 나타내는 보어로 쓰임] 예 我整晚都睡不着。 나는 밤새 잠들지 못했다.
…不起 buqǐ	~할 수 없다 [경제적으로 어렵거나 경제적 능력이 되지 않아 그 동작을 할 수 없음을 나타냄] 예 德国车太贵了买不起。 독일 차는 너무 비싸서 살 수가 없다.
…不到 budào	미치지 못하다, 부족하다, 이르지 못하다 [조건, 자격, 능력, 정도 등이 미치지 못하여, 동작이 성취 또는 실현될 수 없음을 나타냄. 또한 이 앞에 동사가 오게 되면 동사를 할 수 없음] 예 意料不到的事情发生了。 예상치 못했던 일이 발생했다.

59

| A 达到 | B 到达 | A 달성하다 | B 도착하다 |
| C 提高 | D 增多 | C 향상시키다 | D 증가하다 |

단어 达到 dádào 图 도달하다. 달성하다 ｜ 到达 dàodá 图 (어떤 장소·단계에) 이르다. 도착하다 ｜ 增多 zēngduō 图 늘어나다. 증가하다

해설 达到는 '(어떠한 정도·수준에) 도달하다, 달성하다'라는 의미의 동사로, 뒤에 **目的, 理想, 标准, 水平, 程度** 등의 추상명사가 목적어로 쓰인다. 따라서 답은 A다. 한편 到达는 **到达机场, 到达火车站, 到达北京, 到达目的地** 등과 같이 장소나 목적지를 나타내는 명사가 목적어로 쓰인다. 따라서 B는 답에서 제외된다.

60

A 你究竟想干什么	A 당신은 도대체 무엇을 하고 싶은 거죠
B 你是怎么做到的	B 당신은 어떻게 한 거죠
C 你到底想得到什么	C 당신은 도대체 무엇을 얻고 싶은 거죠
D 你为什么要涨这么多	D 당신은 왜 이렇게 많이 올렸죠

해설 **你是怎么做到的**는 사장이 브랜드 매니저에게 도대체 어떤 방법을 써서 주식 가격을 높이는 목표를 달성했느냐고 묻는 것이다. 따라서 답은 B다.

61-70

★☆☆ ｜유형｜ 세부 내용 파악

61

今天我们队十分荣幸能拿到这个奖项，这个二等奖是我们队共同努力的结果，也是我们队实力的证明，为此我们已经辛苦了大半年了。就我个人来讲，明年我一定还会参加这个比赛的，拿到一等奖将是我明年的奋斗目标。

A 我是我们队的队长
B 我想明年拿到一等奖
C 明年我们队一定还会参赛
D 只拿到二等奖我很不满意

오늘 우리 팀이 이 상을 받을 수 있게 되어 매우 영광입니다. 이 2등 상은 우리 팀이 공동으로 노력한 결과이며, 또 우리 팀 실력의 증명이기도 합니다. 이것 때문에 우리는 이미 반년 이상 고생하였습니다. 저 개인으로 말할 것 같으면 내년에 반드시 이 시합에 또 참가할 것이며, 1등 상을 받는 것이 제 내년 노력 목표입니다.

A 나는 우리 팀의 주장이다
B 나는 내년에 1등 상을 받고 싶다
C 내년에 우리 팀은 반드시 또 시합에 참가할 것이다
D 2등 상밖에 받지 못해서 나는 매우 불만족스럽다

단어 荣幸 róngxìng 웹 영광스럽다 ｜ 奖项 jiǎngxiàng 멩 상, 상의 부문 ｜ 实力 shílì 멩 실력 ｜ 为此 wèicǐ 젭 이 때문에 ｜ 大半年 dàbànnián 멩 반년 이상, 반년 남짓 ｜ 奋斗 fèndòu 됭 분투하다, 노력하다 ｜ 目标 mùbiāo 멩 목표 ｜ 队长 duìzhǎng 멩 주장, 리더 ｜ 参赛 cānsài 됭 시합에 참가하다

해설 마지막 부분에서 1등 상을 받는 것은 작가의 내년 목표라고 했으므로 답은 B다. 작가가 개인적으로 내년 이 시합에 또 참가하겠다고 했지, 꼭 우리 팀이 모두 함께 참가한다고는 하지 않았으므로 C는 답에서 제외된다.

★★☆ ｜유형｜ 전체 내용 파악

62

在网络购物中，绝大多数的网站要求消费者在提供姓名、电话、地址等个人信息后方可以注册为会员。之后，部分网站经营者并没有像事先承诺的那样，对消费者提供的个人信息采取保密措施，甚至会将这些信息卖给其他网站谋取经济利益。

A 网络购物非常安全
B 网络购物很受大家的欢迎
C 少数网站不重视个人信息保密
D 网站注册会员不用提供个人信息

인터넷 쇼핑을 할 때, 절대 다수의 사이트는 소비자가 성명, 전화번호, 주소 등 개인정보를 제공한 후에 회원으로 접속할 수 있게 한다. 그런 후 일부 사이트 경영자는 미리 약속한 것과는 다르게, 소비자가 제공한 개인정보에 대해 보안 조치를 취하지 않을 뿐만 아니라, 심지어는 이런 정보들을 다른 사이트에 팔아 경제적인 이익을 꾀한다.

A 인터넷 쇼핑은 매우 안전하다
B 인터넷 쇼핑은 모두에게 매우 환영받는다
C 소수의 사이트는 개인정보의 보안을 중시하지 않는다
D 사이트에 접속하는 회원은 개인정보를 제공할 필요가 없다

단어 网络 wǎngluò 멩 네트워크, 웹, 사이버 ｜ 购物 gòuwù 됭 구매하다 ｜ 绝大多数 juédàduōshù 멩 절대 다수 ｜ 网站 wǎngzhàn 멩 웹사이트, 사이트 ｜ 消费者 xiāofèizhě 멩 소비자 ｜ 信息 xìnxī 멩 정보 ｜ 后方 hòufāng 멩 후방, 뒤, 뒤쪽 ｜ 注册 zhùcè 됭 로그인하다, 접속하다 ｜ 会员 huìyuán 멩 회원 ｜ 经营者 jīngyíngzhě 멩 경영자 ｜ 事先 shìxiān 멩 사전(에), 미리 ｜ 承诺 chéngnuò 됭 승낙하다, 약속하다 ｜ 采取 cǎiqǔ 됭 선택하여 실행하다, 채택하다 ｜ 保密 bǎomì 됭 비밀을 지키다, 기밀로 하다 ｜ 措施 cuòshī 멩 대책, 조치 ｜ 谋取 móuqǔ 됭 방법을 꾀하다, 도모하다 ｜ 利益 lìyì 멩 이익

해설 일부 사이트 경영자는 소비자가 제공한 개인정보에 대해 보안 조치를 취하지 않는다고 했으므로 답은 C다. 본문의 첫 문장에서 절대 다수의 사이트는 소비자가 성명, 전화번호, 주소 등 개인정보를 제공해야 사이트에 접속할 수 있게 한다고 했으므로 D는 답에서 제외된다.

63

古时候，两个戏班为了互相竞争，争取观众或者让对方得不到利益，会打听对方演什么戏，并且自己的戏班也会同时演出同样的戏。这样一来对方的观众就会减少，人们把这种做法叫做唱对台戏。

옛날에는 두 극단이 서로 경쟁하고 관중을 쟁취하거나 상대방이 이익을 얻지 못하도록 하기 위해서, 상대방이 무엇을 공연하는지 알아보고, 게다가 자신의 극단도 동시에 같은 연극을 공연했다. 이렇게 되면 상대방의 관중이 줄어들었고, 사람들은 이런 방법을 唱对台戏라고 불렀다.

A 演对台戏可以争取观众
B 对台戏可以不同时演出
C 戏班一般只演出对台戏
D 对台戏是一种戏剧形式

A 对台戏를 공연하면 관중을 쟁취할 수 있다
B 对台戏는 동시에 공연하지 않을 수 있다
C 극단은 일반적으로 对台戏만 공연한다
D 对台戏는 일종의 희극 형식이다

단어 戏班 xìbān 명 극단 │ 竞争 jìngzhēng 동 경쟁하다 │ 争取 zhēngqǔ 동 쟁취하다, 구하다, 얻다 │ 观众 guānzhòng 명 관중, 시청자 │ 对方 duìfāng 명 상대방, 상대 │ 利益 lìyì 명 이익 │ 打听 dǎtīng 동 알아보다, 물어보다 │ 演戏 yǎnxì 동 공연하다, 연기하다 │ 这样一来 zhèyàng yì lái 이렇게 되니, 이렇게 하면 │ 做法 zuòfǎ 명 방법 │ 叫做 jiàozuò 동 ~라고 부르다, ~라고 한다 │ 唱对台戏 chàng duìtáixì (같은 영역·일에서) 상대방과 경쟁을 펼치다, 경쟁적으로 맞서서 대항하다 │ 对台戏 duìtáixì 명 두 극단이 경쟁하기 위해 동시에 연출한 같은 작품, 맞대응, 경쟁 │ 戏剧 xìjù 명 연극, 희극 │ 形式 xíngshì 명 형식

해설 관중을 쟁취하기 위해서 동시에 같은 연극을 공연하는 방법을 **唱对台戏**라고 부른다고 하였으므로, B와 D는 답이 아니고, A가 답이다. 한편 **对台戏**는 상대 극단과 경쟁할 때 취하는 방법이라고 했을 뿐, 극단이 이런 형식으로만 공연한다고 하지는 않았으므로 C는 답에서 제외된다.

64

改革是"摸着石头过河"，这句话有两个方面的意思：一方面，要过河，对河那边是一个什么样的景象，心里大致有数，而且非常向往，目标是很明确的。另一方面，河里面结构复杂，而且可能暗礁丛生，不易过去，所以要慎重，走一步，摸一步，踏实了，确定了再走。

개혁은 '돌을 더듬으며 강을 건너는 것'이다. 이 말에는 두 가지 뜻이 있다. 한편으로 강을 건너려면 맞은편 강가 쪽이 어떤 상황인지 마음속으로 대략 알고 있어야 하고, 게다가 도달하길 매우 바라며 목표가 명확해야 한다. 다른 한편으로 강 속은 구조가 복잡하고, 게다가 암초가 한곳에 모여 자랄 수도 있어 건너가기 쉽지 않다. 그러므로 신중하게 한 걸음 걷고 한 걸음 더듬으며, 마음이 놓이고 확신이 생기면 다시 걸어가야 한다.

A 过河非常危险
B 过河时要摸着石头
C 改革时要目标明确
D 改革的过程并不复杂

A 강을 건너는 것은 매우 위험하다
B 강을 건널 때 돌을 더듬어야 한다
C 개혁할 때 목표는 명확해야 한다
D 개혁의 과정은 결코 복잡하지 않다

단어 改革 gǎigé 동 개혁하다 │ 摸 mō 동 더듬다, 더듬어 찾다 │ 石头 shítou 명 돌 │ 过河 guòhé 동 강을 건너다 │ 一方面 yìfāngmiàn 접 한편으로 ~하다 │ 景象 jǐngxiàng 명 상황, 사정 │ 大致 dàzhì 부 대체로, 대강 │ 有数 yǒushù 동 확실한 계획이 있다, 사정을 꿰뚫고 있다 │ 向往 xiàngwǎng 동 동경하다, 지향하다, 도달하길 바라다 │ 目标 mùbiāo 명 목표 │ 明确 míngquè 형 명확하다 │ 结构 jiégòu 명 구조 │ 暗礁 ànjiāo 명 암초 │ 丛生 cóngshēng 동 한곳에 모여 자라다 │ 不易 búyì 형 어렵다, 쉽지 않다 │ 慎重 shènzhòng 형 조심하다, 신중하다 │ 踏实 tāshi 형 마음이 놓이다, 편안하다 │ 确定 quèdìng 동 확정하다, 확실하게 정하다

해설 **要过河, …目标是很明确的**(강을 건너려면, …목표가 명확해야 한다)라고 하였으므로 답은 C다. 한편 본문에서 **摸着石头过河**(돌을 더듬으며 강을 건너는 것)는 일종의 비유법으로, 강을 건널 때 실제로 돌을 더듬어야 한다는 뜻이 아니라 '개혁'을 '강을 건넌다'는 것에 비유한 것이다. 따라서 B는 답에서 제외된다.

65

窑洞，是中国北方黄土高原上特有的民居形式。人们利用黄土难渗水，土层厚等特点，结合当地气候干燥少雨、冬季寒冷、木材较少等自然状况，在土里挖洞建筑出来的住所就是窑洞。窑洞具有冬暖夏凉的特点。

A 窑洞不怕大雨淋
B 建窑洞用的木材少
C 窑洞在中国很多地方都有
D 黄土高原雨少但是雪很多

토굴집은 중국 북방 황토 고원 특유의 민가 형식이다. 사람들이 황토에 물이 스며드는 것이 어렵고 토층이 두껍다는 등의 특징을 이용하여, 기후가 건조하고 비가 적으며 겨울철에는 춥고 목재가 비교적 적다는 등의 현지 자연상황과 결합시켜, 흙 안을 파서 세운 거주지가 바로 토굴집이다. 토굴집은 겨울에는 따뜻하고 여름에는 시원한 특징을 가지고 있다.

A 토굴집은 큰비에 젖을 걱정이 없다
B 토굴집을 세우는 데 사용한 목재는 적다
C 토굴집은 중국의 여러 지방에 모두 있다
D 황토 고원은 비는 적지만 눈은 매우 많다

단어 窑洞 yáodòng 몡 동굴집, 토굴집 | 黄土 huángtǔ 몡 황토 | 高原 gāoyuán 몡 고원 | 特有 tèyǒu 톙 특유하다, 고유하다 | 民居 mínjū 몡 민가 | 形式 xíngshì 몡 형식 | 渗水 shènshuǐ 통 물이 새다, 물이 스미다 | 土层 tǔcéng 몡 토(양)층, 흙의 층 | 结合 jiéhé 통 결합하다 | 干燥 gānzào 톙 건조하다, 마르다 | 冬季 dōngjì 몡 겨울철, 동계 | 寒冷 hánlěng 톙 (기온이 내려가) 차다, 춥다 | 木材 mùcái 몡 목재 | 状况 zhuàngkuàng 몡 상황, 사정, 형편 | 挖洞 wādòng 통 (땅굴이나 구멍을) 파다, 뚫다 | 建筑 jiànzhù 통 짓다, 세우다 | 住所 zhùsuǒ 몡 거주지, 거처 | 具有 jùyǒu 통 가지다, 구비하다 | 冬暖夏凉 dōngnuǎnxiàliáng 셩어 겨울에는 따뜻하고 여름에는 시원하다 | 淋 lín 통 젖다, 떨어지다

해설 토굴집은 흙 안을 파서 세운 거주지로, 많은 목재가 필요하지 않다. 또한 현지의 자연상황이 목재가 비교적 적다고 했으므로 답은 B다.

66

移动公司最近开发了一种全新的软件——飞信。这种新型的软件可以让您免费收发短信，它不仅可以安装在电脑上，还可以安装在手机上，因此更加快捷、方便。利用这个软件可以节省更多的流量和时间，目前越来越多的人开始使用这种软件，其受欢迎度已经超过短信。

A 飞信没有短信受欢迎
B 飞信比短信有更大的优势
C 现在发短信的人越来越少了
D 人们只在电脑上才使用飞信

이동 통신사는 최근 완전히 새로운 소프트웨어——페이신을 개발했다. 이 신형 소프트웨어는 당신이 무료로 문자를 송수신할 수 있게 한다. 그것은 컴퓨터에 설치할 수 있을 뿐만 아니라, 휴대전화에도 설치할 수 있어서 더욱 빠르고 편리하다. 이 소프트웨어를 이용하면 더 많은 유동량과 시간을 절약할 수 있어, 현재 점점 더 많은 사람들이 이 소프트웨어를 사용하기 시작했는데, 그 선호도가 이미 문자를 넘어섰다.

A 페이신은 문자보다 환영받지 못한다
B 페이신은 문자보다 더 우위에 있다
C 현재 문자를 보내는 사람이 점점 적어지고 있다
D 사람들은 컴퓨터에서만 페이신을 사용할 수 있다

단어 移动公司 yídòng gōngsī 몡 이동 통신사 | 开发 kāifā 통 개발하다 | 全新 quánxīn 톙 완전히 새롭다 | 软件 ruǎnjiàn 몡 소프트웨어 | 新型 xīnxíng 톙 새로운 형식의, 신형의 | 免费 miǎnfèi 통 무상으로 하다, 무료로 하다 | 收发 shōufā 통 송수신하다, 받고 보내다 | 短信 duǎnxìn 몡 (휴대전화의) 문자 메시지 | 安装 ānzhuāng 통 설치하다 | 快捷 kuàijié 톙 (속도가) 빠르다, 민첩하다 | 节省 jiéshěng 통 아끼다, 절약하다 | 流量 liúliàng 몡 유동량 | 目前 mùqián 몡 지금, 현재 | 优势 yōushì 몡 우세, 우위

해설 페이신은 신형 소프트웨어로, 컴퓨터나 휴대전화에 설치하여 무료로 문자를 송수신할 수 있다. 유동량과 시간을 절약할 수 있어, 선호도가 이미 문자를 넘어섰다고 했으므로 답은 B다.

제 4 회
阅读

67

旧时中国，封建社会人们之间交流少，相互不了解，也不清楚各自家里的情况，有时自己家里的儿女已长大成人，却不知哪家需要嫁女儿哪家要娶媳妇。所以<u>产生了"媒人"，即以说合婚姻为职业的妇女，替人提亲，促成婚事</u>。

과거의 중국은 봉건사회로, 사람들 사이에 교류가 적어 서로 이해하지 못했고, 각자의 집안 사정에 대해서도 잘 알지 못했다. 간혹 자기 집안의 자식이 이미 자라서 성인이 되어도 어느 집이 딸을 시집 보내려 하고, 어느 집이 아들을 장가 보내려 하는지 몰랐다. 그래서 '중매인'이 생겼는데, 이는 바로 혼인을 중개하는 것을 직업으로 삼는 부녀자로, 대신 혼담을 꺼내고 혼사를 성사시켜준다.

A 谁都可以当媒人	A 누구나 중매인이 될 수 있다
B 媒人可以促成婚姻	B 중매인은 혼인을 성사시킬 수 있다
C 旧时妇女大多是媒人	C 과거 부녀자들은 대부분 중매인이었다
D 旧时人们之间很熟悉	D 과거 사람들은 서로 잘 알았다

단어 旧时 jiùshí 명 과거, 예전 | 封建社会 fēngjiàn shèhuì 명 봉건사회 | 相互 xiānghù 부 서로, 상호 | 嫁 jià 동 출가하다, 시집가다 | 娶媳妇 qǔ xífù 장가들다, 아내를 얻다 | 产生 chǎnshēng 동 생기다, 출현하다 | 媒人 méirén 명 중매인, 결혼 중개업자 | 即 jí 부 바로 ~이다, 곧 ~이다 | 说合 shuōhe 동 소개하다, 중개하다, 중재하다 | 婚姻 hūnyīn 명 혼인, 결혼생활 | 妇女 fùnǚ 명 부녀자 | 提亲 tíqīn 동 혼사를 제기하다 | 促成 cùchéng 동 서둘러 성사시키다 | 婚事 hūnshì 명 혼사, 결혼 | 大多 dàduō 부 대부분, 대다수

해설 본문의 마지막 문장에서 중매인이 '대신 혼담을 꺼내고 혼사를 성사시켜준다'고 했으므로 답은 B다.

68

和其他熊科动物一样，<u>北极熊平常也过着单身生活</u>，只有在每年3月至6月的这段恋爱季节才会和异性小聚片刻。北极熊是比较好斗的家伙。随着恋爱季节的到来，斗殴事件往往频繁发生。

다른 곰과의 동물처럼 북극곰도 평소에 독신생활을 하다가, 오직 매년 3월에서 6월의 이 연애 시기에만 이성과 잠깐 만난다. 북극곰은 비교적 싸우는 것을 좋아하는 녀석이다. 연애 시기가 다가옴에 따라, 서로 치고받고 싸우는 일이 빈번하게 발생한다.

A 北极熊的性格十分温和	A 북극곰의 성격은 매우 온화하다
B 北极熊一直都保持单身	B 북극곰은 줄곧 독신을 유지한다
C 熊科动物常过着单身生活	C 곰과 동물은 자주 독신생활을 한다
D 每年冬季北极熊经常斗殴	D 매년 겨울철 북극곰은 자주 서로 때리며 싸운다

단어 熊 xióng 명 곰 | 北极熊 běijíxióng 명 북극곰, 백곰 | 平常 píngcháng 명 평소, 평상시 | 单身 dānshēn 명 독신, 홀로, 혼자 | 恋爱 liàn'ài 명 연애 | 异性 yìxìng 명 이성 | 聚 jù 동 모이다, 모으다 | 片刻 piànkè 명 잠깐, 잠시 | 斗 dòu 동 다투다, 싸우다 | 家伙 jiāhuo 명 녀석, 놈 | 到来 dàolái 동 도래하다, 오다 | 斗殴 dòu'ōu 동 서로 치고받고 싸우다, 서로 때리며 싸우다 | 频繁 pínfán 형 매우 잦다, 빈번하다 | 温和 wēnhé 형 부드럽다, 온순하다 | 保持 bǎochí 동 유지하다 | 冬季 dōngjì 명 겨울철, 동계

해설 본문의 첫 문장에서 다른 곰과의 동물처럼 북극곰도 평소에 독신생활을 한다고 하였으므로 답은 C다. 한편 북극곰이 줄곧 독신생활을 하는 것은 아니고, 매년 3월에서 6월의 연애 시기에는 이성과 잠깐 만난다고 했으므로 B는 답에서 제외된다.

69

今年春运期间，铁路部门将在广州和成都试行火车票实名制。旅客凭有效身份证件，才能购买实名制车票。旅客在其他地方买去广州、成都的异地、联程等车票，也需要凭有效身份证件。实名制车票上增加了旅客身份信息，旅客进站要拿身份证和车票。车站核对无误后，才能进站上车。

A 旅客买车票都得用身份证
B 普通车票上没有旅客身份信息
C 旅客没有身份证件不能坐火车
D 去广州、成都买票的旅客特别多

올해 설 전후 운수 업무 기간에 철도부는 광저우와 청두에서 열차표 실명제를 시험적으로 실시할 것이다. 여행객은 유효한 신분증을 갖고 가야만 실명제 차표를 살 수 있다. 여행객이 다른 지역에서 광저우, 청두의 타지, 왕복표 등의 차표를 살 때에도 유효한 신분증이 필요하다. 실명제 차표에는 여행객의 신분 정보를 추가하였고, 여행객은 역에 들어갈 때 신분증과 차표를 가지고 들어가야 한다. 기차역에서 대조 검토하여 확실해야만, 역에 들어가서 차를 탈 수 있다.

A 여행객은 차표를 살 때 모두 신분증이 있어야 한다
B 보통 차표에는 여행객의 신분 정보가 없다
C 여행객은 신분증이 없으면 기차를 탈 수 없다
D 광저우와 청두에 가서 표를 사는 여행객이 아주 많다

단어 春运 chūnyùn 몡 설날 전후 기간의 운수 업무 | 铁路 tiělù 몡 철도 | 部门 bùmén 몡 부서, 부 | 试行 shìxíng 통 시험 삼아 해보다, 시험적으로 실시하다 | 实名制 shímíngzhì 몡 실명제 | 旅客 lǚkè 몡 여행객 | 凭 píng 젠 ~에 의거하여, ~에 근거하여 | 有效 yǒuxiào 톙 유효하다, 효력이 있다 | 身份 shēnfen 몡 신분 | 证件 zhèngjiàn 몡 증서, 증명서 | 购买 gòumǎi 통 구매하다 | 异地 yìdì 몡 타향, 타지 | 联程 liánchéng 몡 왕복표 | 信息 xìnxī 몡 정보 | 核对 héduì 통 검토하여 대조하다, 심사하여 대조하다 | 无误 wúwù 톙 틀림없다, 확실하다 | 普通 pǔtōng 톙 일반적이다, 보통이다

해설 '실명제 차표에는 여행객의 신분 정보를 추가하였다'고 했으므로 보통 차표에는 여행객의 신분 정보가 없다는 것을 알 수 있으므로 답은 B다. 한편 광저우와 청두에서 열차표 실명제를 시범적으로 실시하는 것이기 때문에 A와 C는 답에서 제외된다.

70

一位随队记者和一位队员同住一室。第二天队员去看病。回来之后对记者说："我去过队医那里了，他让我好好休息，要绝对安静，这是他给开的安眠药。"记者说："好的，我会照顾你按时服药的。""不，不，不，"队员打断记者的话："这药是给你开的。大夫亲口说的。"

A 记者病得很厉害
B 队员需要安眠药
C 记者应该安静些
D 队医很不负责任

팀을 수행하는 한 기자와 선수가 한 방에서 같이 합숙했다. 이튿날 선수는 병원에 가서 진찰을 받았다. 돌아와서 기자에게 "제가 팀 닥터에게 갔는데요, 저에게 푹 쉬고 절대적으로 안정을 취해야 한다고 했어요. 이것은 그가 지어준 수면제예요."라고 말했다. 기자는 말했다. "알겠어요. 제가 당신이 제때에 약을 먹도록 돌볼게요.""아니, 아니, 아니에요," 선수가 기자의 말을 끊었다. "이 약은 당신에게 지어주는 것이에요. 의사가 직접 말했다고요."

A 기자는 병이 매우 심각하다
B 선수는 수면제가 필요하다
C 기자는 좀 조용해야 한다
D 팀 닥터는 매우 무책임하다

단어 随 suí 통 (~의 뒤를) 따르다 | 队员 duìyuán 몡 대원, 팀원, 선수 | 同住 tóngzhù 통 동거하다 | 室 shì 몡 방 | 队医 duìyī 몡 팀 닥터 | 绝对 juéduì 몜 절대로, 반드시 | 安眠药 ānmiányào 몡 수면제 | 服药 fúyào 통 약을 먹다, 복용하다 | 打断 dǎduàn 통 끊다, 자르다 | 亲口 qīnkǒu 몜 본인의 입으로, 직접 | 负责任 fù zérèn 책임지다

해설 선수의 말을 통해 기자가 선수의 휴식을 방해했고, 그래서 의사는 기자를 조용하게 만들기 위해 그에게 수면제를 지어준 것임을 알 수 있다. 따라서 답은 C다.

71-74

夏季正是桃子上市的季节，而民间也素有"桃养人"的说法，于是，71(B)/72(C)<u>不少人便觉得桃子可以撒开欢儿来吃，以便让身体好好儿地得到滋养。</u>但需要特别提醒大家的是，74(C)<u>桃子虽然养人，也不宜多吃，每天一个就够。</u>那些脾胃虚弱和爱上火的人，更应该少吃一些。

中医认为，桃子具有生津、润肠的作用；现代营养学研究表明，72(D)<u>桃子的果实中含有大量的果胶，有促进肠蠕动、72(B)改善便秘的作用。</u>因此，脾胃虚弱以腹泻为主要表现者不宜多食，否则容易加重胃肠负担。此外，桃子味甘性温，73(A)<u>容易上火的人同样不应过多食用，否则容易"火上浇油"，</u>诱发腹胀、腹痛等。

여름철은 바로 복숭아가 시장에 나오는 계절이다. 그리고 대중들 사이에도 '복숭아는 건강에 좋다'라는 말이 있어 왔다. 그래서 71(B)/72(C)적지 않은 사람들이 몸이 영양분을 잘 얻게 하기 위해서 복숭아는 마음껏 먹어도 된다고 생각했다. 하지만 특별히 모두에게 일깨워줄 필요가 있는 것은, 74(C)복숭아가 비록 건강에 좋을지라도 많이 먹어서는 안 되며, 매일 하나면 충분하다. 비장과 위가 약하고 자주 상초열이 나는 사람들은 더 조금 먹어야 한다.

중의들은 복숭아가 침액이나 체액의 분비를 촉진하고, 위장의 열기를 가라앉히는 효과가 있다고 생각한다. 현대 영양학 연구는 72(D)복숭아 열매에는 다량의 펙틴이 함유되어 있어, 장의 연동 운동을 촉진시키고 72(B)변비를 개선하는 효과가 있다는 것을 밝혔다. 그래서 비장과 위가 약해서 설사를 자주 하는 사람은 많이 먹으면 안 된다. 그렇지 않으면 위장의 부담을 가중시키기 쉽다. 이 외에 복숭아는 맛이 달고 그 성질이 따뜻해서, 73(A)쉽게 상초열이 나는 사람도 마찬가지로 너무 많이 먹어서는 안 된다. 그렇지 않으면 '불난 데 기름을 끼얹어', 복부가 팽창하고 복통 등이 일어나기 쉽다.

단어 夏季 xiàjì 圐 여름철, 여름 | 桃子 táozi 圐 복숭아 | 上市 shàngshì 동 (상품이) 시장에 나오다, 출시하다 | 民间 mínjiān 圐 민간 | 养人 yǎngrén 혱 몸에 이롭다, 영양 가치가 있다 | 说法 shuōfa 圐 의견, 견해 | 便 biàn 凰 곧, 바로, 즉시 | 撒欢儿 sāhuānr 동 마음껏 뛰놀다, 기뻐 날뛰다 | 以便 yǐbiàn 젭 ~하기 위해서, ~하기 쉽게 | 滋养 zīyǎng 圐동 자양분, 영양분(을 공급하다) | 不宜 bùyí 동 ~하기에 적절하지 않다, ~하여서는 안 된다 | 脾胃 píwèi 圐 비장과 위 | 虚弱 xūruò 혱 (몸이) 허약하다, 약하다 | 上火 shànghuǒ 동 상초열이 나다 | 中医 zhōngyī 圐 중의학 의사, 중의 | 具有 jùyǒu 동 가지다, 구비하다 | 生津 shēngjīn 동 침액이나 체액의 분비를 촉진하다 | 润肠 rùncháng 동 위장의 열기를 가라앉히다 | 营养 yíngyǎng 圐 영양 | 表明 biǎomíng 동 표명하다, 분명하게 나타내다 | 果实 guǒshí 圐 열매, 과실 | 含有 hányǒu 동 가지다, 함유하다 | 果胶 guǒjiāo 圐 펙틴 | 促进 cùjìn 동 촉진하다, 촉진시키다 | 肠 cháng 圐 장 | 蠕动 rúdòng 동 꿈틀거리다 | 改善 gǎishàn 동 개선하다 | 便秘 biànmì 圐 변비 | 腹泻 fùxiè 동 설사하다 | 表现 biǎoxiàn 동 드러나다, 나타나다 | 加重 jiāzhòng 동 증가하다, 가중하다 | 胃肠 wèicháng 圐 위장 | 负担 fùdān 圐 부담 | 味 wèi 圐 맛 | 甘 gān 혱 달다, 달콤하다 | 性 xìng 圐 성질 | 温 wēn 혱 따뜻하다 | 过多 guòduō 혱 너무 많다 | 食用 shíyòng 동 먹다, 식용하다 | 火上浇油 huǒshàngjiāoyóu 성에 불에 기름을 끼얹다 | 诱发 yòufā 동 (질병을) 일으키다, 유발하다 | 腹胀 fùzhàng 동 복부가 팽창하다 | 腹痛 fùtòng 圐 복통

★☆☆ | **유형** | 세부 내용 파악

71 本文最有可能摘自报纸的哪一个版面?

본문은 신문의 어느 지면에서 발췌했을 가능성이 가장 큰가?

A 每日新闻
B 健康快车
C 文化漫谈
D 房产直通车

A 매일 뉴스
B 건강 급행열차
C 문화 자유토론
D 부동산 직행차

단어 摘 zhāi 동 발췌하다, 뽑아내다 | 版面 bǎnmiàn 圐 지면 | 快车 kuàichē 圐 급행열차, 급행버스 | 漫谈 màntán 동 자유롭게 말하다 | 房产 fángchǎn 圐 부동산 | 直通 zhítōng 동 직행하다

해설 본문에서는 복숭아의 효과에 대해 소개하고 있으므로, 신문의 '건강' 관련 지면에서 발췌했을 가능성이 가장 크다. 따라서 답은 B다.

★★★ |유형| 전체 내용 파악

72 下面哪一项不是桃子对人的好处?

다음 중 복숭아가 사람에게 주는 이로운 점이 아닌 것은?

A 味甘性温
B 改善便秘
C 滋养身体
D 补充维生素

A 맛이 달고 성질이 따뜻하다
B 변비를 개선한다
C 몸에 영양을 공급한다
D 비타민을 보충한다

단어 补充 bǔchōng 동 보충하다 | 维生素 wéishēngsù 명 비타민

해설 맛이 달고 성질이 따뜻한 것은 복숭아의 성질일 뿐, 복숭아가 사람에게 주는 이로운 점은 아니므로 답은 A다.

★★☆ |유형| 특정 어휘 파악

73 文中画线的 "火上浇油" 可能是什么含义?

본문에서 밑줄 그은 '火上浇油'가 내포하는 뜻은 무엇인가?

A 加重身体的不适
B 补充更多的营养
C 使便秘更加严重
D 让身体得到滋养

A 몸을 더 불편하게 한다
B 더 많은 영양을 보충한다
C 변비가 더 심해지게 한다
D 몸에 영양을 준다

단어 不适 búshì 형 (몸이) 불편하다

해설 본문의 마지막 부분에서 '쉽게 상초열이 나는 사람도 마찬가지로 너무 많이 먹어서는 안 된다. 그렇지 않으면 … 복부가 팽창하고 복통 등이 일어나기 쉽다'고 하였다. 火上浇油는 '불에 기름을 끼얹다'라는 뜻이므로, 본문에서는 위장에 부담을 주는 것, 즉 몸을 더 불편하게 한다는 의미임을 알 수 있다. 따라서 답은 A다.

★★★ |유형| 주제 파악

74 作者对于吃桃子有什么建议?

작가는 복숭아를 먹는 것에 대해 무엇을 제안하는가?

A 随个人习惯
B 吃得越多越好
C 谁都不宜多吃
D 不同人不同要求

A 개인의 습관에 따라야 한다
B 많이 먹을수록 좋다
C 누구도 많이 먹어서는 안 된다
D 사람마다 요구가 다르다

단어  随 suí 동 따르다, 따라가다

해설 '복숭아가 비록 건강에 좋을지라도 많이 먹어서는 안 되며, 매일 하나면 충분하다'고 하였으므로 A와 B는 답에서 제외되며, 적당한 답은 C다. 한편 사람마다 요구가 다른 것이 아니라, 쉽게 상초열이 나거나 비장과 위가 약한 사람은 더 주의해서 복숭아를 적게 먹어야 한다고 강조했을 뿐이다. 따라서 D는 답에서 제외된다.

从前有个国王非常喜爱自己的小女儿。他想: 76(B)女儿长大以后一定会非常美丽。可是，小女儿长得实在太慢了，要等到什么时候才能看到女儿长大的样子呢?

于是他把医生叫了过来，命令他说:"快给小公主吃些药，让她立刻就长大。你是全国最好的医生，如果办不到的话，我就杀你的头!"

79(C)医生是个聪明的人，他思考了一会儿，就开口说道:"您放心好了，我知道有一种药吃了可以立刻长大。但是，这种药10年才开一次花，要弄到它谈何容易! 请您给我一些时间，我保证带药回来见您。不过，在我去找药期间，您不能见小公主，不然药就不灵了。"

国王同意了。于是医生就出发了，75(B)/77(B)不过他并没有去找药，而是找了个地方住了下来。

78(C)一直过了12年，医生才回到京城，他跟国王说:"我终于找到药了。"国王十分高兴，让他赶快把药给小公主服下。医生很快带着公主过来了，国王一看，公主真的长大了，高兴极了。

옛날 자신의 어린 딸을 매우 아끼는 한 왕이 있었다. 그는 생각했다. 76(B)딸이 자라고 나면 틀림없이 아주 아름다울 거야. 하지만 딸이 너무 늦게 자라는데 언제까지 기다려야 딸이 성장한 모습을 볼 수 있을까?

그래서 그는 의사를 불러와 그에게 명령했다. "빨리 어린 공주에게 약을 먹여서, 그녀가 즉시 성장하도록 만들어라. 너는 전국에서 가장 훌륭한 의사이니, 만약에 해내지 못한다면 너의 목을 베어버리겠다!"

79(C)의사는 똑똑한 사람이라 잠시 생각하더니, 입을 열고는 "안심하세요. 제가 먹으면 즉시 성장할 수 있는 약을 알고 있습니다. 그런데 이 약은 10년에 딱 한 번 꽃을 피우는데, 그것을 얻는 것이 말처럼 그렇게 쉽지 않습니다! 저에게 시간을 좀 주시면, 제가 약을 가지고 전하게 돌아오겠다고 약속하겠습니다. 그런데 제가 약을 찾으러 간 기간 동안 전하는 어린 공주님을 볼 수 없습니다. 그렇지 않으면 약의 효력을 잃게 됩니다."라고 말했다.

왕은 동의했다. 그래서 의사는 바로 출발했으나, 75(B)/77(B)결코 약을 찾으러 간 것이 아니라 살 곳을 찾으러 간 것이었다.

78(C)12년이 지나서야 의사는 수도로 돌아와 왕에게 말했다. "제가 드디어 약을 찾아냈습니다." 왕은 매우 기뻐하며 그에게 어서 약을 어린 공주에게 먹이라고 시켰다. 의사는 곧 공주를 데리고 왔다. 왕은 공주가 정말로 성장한 모습을 보고 아주 기뻐했다.

단어 从前 cóngqián 圆 이전, 예전, 지난날, 과거 | 国王 guówáng 圆 왕 | 喜爱 xǐ'ài 동 좋아하다, 사랑하다 | 命令 mìnglìng 동 명령하다 | 全国 quánguó 圆 전국, 나라 전체 | 杀头 shātóu 동 참수하다, 목을 베다 | 思考 sīkǎo 동 사고하다, 사색하다 | 开口 kāikǒu 동 입을 열다, 말을 하다 | 说道 shuōdào 동 ~라고 말하다 | 立刻 lìkè 閇 즉시, 바로, 곧 | 弄到 nòngdao 동 손에 넣다, 장만하다 | 谈何容易 tánhéróngyì 囫 말처럼 그렇게 간단하지 않다, 말처럼 그렇게 쉽지 않다 | 期间 qījiān 圆 기간 | 不然 bùrán 졉 그렇지 않으면 | 不灵 bùlíng 혱 (기능이나 역할이) 신통하지 못하다, 시원찮다, 나쁘다 | 京城 jīngchéng 圆 수도 | 赶快 gǎnkuài 閇 빨리, 어서, 서둘러 | 服下 fúxià 동 복용하다

★★☆ |**유형**| 전체 내용 파악

75

要弄到医生说的那种药:

A 很容易
B 不可能
C 很困难
D 没有用

의사가 말한 그 약을 얻는 것은:

A 매우 쉽다
B 불가능하다
C 매우 어렵다
D 쓸모없다

단어 有用 yǒuyòng 동 쓸모가 있다, 유용하다

해설 의사가 말한 그 약은 사실 존재하지 않는 것이므로 구하는 것이 불가능하다. 따라서 답은 B다.

76 国王为什么让医生去找那种可以立刻长大的 药?

A 他很愚蠢
B 他很急切
C 他知道药很有效
D 医生医术很高明

왕은 왜 의사에게 즉시 성장하는 그 약을 찾아오라고 했는 가?

A 그는 매우 어리석어서
B 그는 매우 급해서
C 그는 약이 매우 효과가 있다는 것을 알아서
D 의사의 의술이 매우 뛰어나서

단어 愚蠢 yúchǔn ⟨형⟩ 어리석다, 우둔하다 | 急切 jíqiè ⟨형⟩ 급하다, 절박하다 | 有效 yǒuxiào ⟨형⟩ 유용하다, 효과가 있다 | 医术 yīshù ⟨명⟩ 의술, 의료기술 | 高明 gāomíng ⟨형⟩ 훌륭하다, 뛰어나다

해설 왕은 딸의 성장이 너무 느린 것 같아서 빨리 성장했으면 하는 마음에 의사에게 빨리 성장할 수 있는 약을 구해오라고 시킨 것이다. 이를 통해 왕의 심정이 매우 급하다는 것을 알 수 있으므로 답은 B다.

★★☆ | 유형 | 전체 내용 파악

77 关于那种药，以下哪个说法是正确的?

A 很有效
B 不存在
C 根本没效果
D 医生没找到

그 약에 관해 다음 중 옳은 표현은 무엇인가?

A 매우 효과가 있다
B 존재하지 않는다
C 전혀 효과가 없다
D 의사는 찾아내지 못했다

단어 存在 cúnzài ⟨동⟩ 존재하다 | 根本 gēnběn ⟨부⟩ 아예, 전혀

해설 본문에서 의사는 약을 찾으러 간 것이 아니라 살 곳을 찾으러 간 것이었다. 또한 공주가 성장한 이유는 12년이라는 시 간이 지났기 때문이지 약의 효과 때문이 아니다. 따라서 이 약은 존재하지 않는다는 것을 알 수 있으므로 답은 B다.

★☆☆ | 유형 | 인과관계 파악

78 本文结尾时，公主为什么长大了?

A 她美丽善良
B 医生很高明
C 12年过去了
D 她吃了那种药

본문의 마지막 부분에서 공주는 왜 성장했는가?

A 그녀는 아름답고 선량해서
B 의사가 매우 뛰어나서
C 12년이 흘러가서
D 그녀가 그 약을 먹어서

단어 结尾 jiéwěi ⟨명⟩ 끝, 결말 | 善良 shànliáng ⟨형⟩ 선량하다, 착하다

해설 의사가 약을 구하러 간 지 12년이라는 시간이 흘렀고 그 사이 공주가 성장한 것이므로 답은 C다.

★★☆ | 유형 | 주제 파악

79 最适合本文的标题是:

A 美丽的公主
B 不存在的药
C 聪明的医生
D 愚蠢的国王

본문에 가장 적합한 제목은 :

A 아름다운 공주
B 존재하지 않는 약
C 똑똑한 의사
D 어리석은 국왕

단어 愚蠢 yúchǔn ⟨형⟩ 어리석다, 우둔하다

해설 본문의 주요 내용은 의사가 자신의 지력과 재능을 발휘해 목숨을 유지했고 국왕의 소원도 성취해주었다는 내용이다. 이를 통해 '똑똑한 의사'가 이 본문의 가장 적합한 제목임을 알 수 있다. 따라서 답은 C다.

<table>
<tr><td>

一个出版商有一批书很长时间都卖不掉，于是他想出了非常妙的主意：给总统送去一本书，并几次去征求意见。忙于政务的总统不愿和他纠缠，便回了一句："这本书不错。"于是出版商就做广告：现有总统喜爱的书出售。这些书很快就卖光了。不久，这个出版商又有书卖不出去，又送了一本给总统。总统上了一回当，就说："这本书糟糕透了。"80(A)/83(B)出版商脑子一转，又做广告：现有总统讨厌的书出售。又有很多人出于好奇购买，书又卖完了。81(C)第三次，出版商将书送给总统，总统吸取了前两次教训，不作任何回答。出版商又大做广告：现有令总统难以下结论的书，欲购从速。书居然又被一抢而空。总统哭笑不得，82(D)商人大发其财。

</td><td>

한 출판업자가 한 무더기의 책을 아주 오랫동안 팔지 못했다. 그래서 아주 교묘한 방법을 생각해냈다. 대통령께 책 한 권을 보내고 몇 차례 의견을 구하러 가는 것이다. 정무에 바쁜 대통령은 그에게 시달리는 것을 원하지 않아 바로 한마디 했다. "이 책 괜찮네요." 그래서 출판업자는 '대통령이 좋아하는 책을 현재 판매하고 있습니다'라고 바로 광고를 했다. 이 책들은 매우 빠르게 다 팔렸다. 얼마 지나지 않아, 이 출판업자는 또 책을 팔지 못해서 책 한 권을 또 대통령께 보냈다. 대통령은 한 번 속았기 때문에 "이 책은 아주 엉망이군요."라고 말했다. 80(A)/83(B)출판업자는 머리를 굴려 '대통령이 싫어하는 책을 현재 판매하고 있습니다'라고 또 광고를 했다. 또 많은 사람들이 호기심에 구매를 했고 책은 또 다 팔렸다. 81(C)세 번째로 출판업자는 책을 대통령께 보냈다. 대통령은 지난번에 두 차례 교훈을 얻어서, 어떤 대답도 하지 않았다. 출판업자는 '현재 대통령으로 하여금 결론을 내리기 힘들게 하는 책을 가지고 있습니다. 구입을 희망하는 분들은 서두르시기 바랍니다'라고 또 크게 광고를 하였다. 책은 뜻밖에도 또 다 팔렸다. 대통령은 울 수도 웃을 수도 없었고, 82(D)상인은 돈을 크게 벌었다.

</td></tr>
</table>

단어 出版 chūbǎn 동 출판하다, 발행하다 | 商 shāng 명 상인, 장수 | 批 pī 양 대량의 물건이나 다수의 사람을 세는 데 쓰는 단위 | 妙 miào 형 교묘하다, 기발하다 | 总统 zǒngtǒng 명 대통령 | 征求 zhēngqiú 동 (서면이나 구두 질문의 형식으로) 구하다 | 忙于 mángyú 동 ~를 바쁘게 하다 | 政务 zhèngwù 명 정무 | 纠缠 jiūchán 동 방해하다, 귀찮게 하다 | 现有 xiànyǒu 형 지금 가지고 있다 | 出售 chūshòu 동 팔다, 판매하다 | 卖光 màiguāng 동 매진되다, 남김없이 다 팔다 | 上当 shàngdàng 동 속다, 속임수에 빠지다 | 糟糕 zāogāo 형 엉망이다, 야단나다 | 透 tòu 형 충분하다, 그지없다 | 出于 chūyú 동 ~에서 나오다, ~에서 발생하다 | 好奇 hàoqí 형 호기심이 많다, 궁금하다 | 购买 gòumǎi 동 구매하다, 사들이다 | 吸取 xīqǔ 동 흡수하다, 얻다 | 教训 jiàoxùn 명 교훈 | 难以 nányǐ 형 ~하기 어렵다, ~하기 힘들다 | 结论 jiélùn 명 결론 | 欲 yù 동 ~을 원하다, 바라다 | 购 gòu 동 구매하다, 사다 | 从速 cóngsù 동 서둘러 ~하다, 급히 ~하다 | 居然 jūrán 부 뜻밖에, 생각 밖에 | 哭笑不得 kūxiàobùdé 성어 울 수도 없고 웃을 수도 없다 | 大发其财 dàfāqícái 성어 번창하여 돈을 크게 벌다

★★☆ | **유형** | 전체 내용 파악

80

<table>
<tr><td>

出版商是个怎样的人？

A 很有头脑
B 很讨人厌
C 很懂政治
D 很有耐心

</td><td>

출판업자는 어떤 사람인가?

A 매우 똑똑하다
B 남에게 매우 미움을 산다
C 정치를 잘 이해한다
D 매우 인내심이 있다

</td></tr>
</table>

단어 有头脑 yǒu tóunǎo 똑똑하다, 총명하다 | 政治 zhèngzhì 명 정치

해설 출판업자는 자신이 대통령에게 선물한 책에 대한 대통령의 서로 다른 세 번의 반응을 이용해 책을 광고했고, 사람들이 호기심에 책을 구매해서 책은 다 팔렸다. 이를 통해 출판업자가 매우 똑똑하다는 것을 알 수 있으므로 답은 A다.

81 

关于总统，下列哪种说法正确? | 대통령에 관해 다음 중 옳은 것은?

A 很喜欢看书 | A 독서를 매우 좋아한다
B 工作很勤奋 | B 일을 매우 부지런하게 한다
C 三次被利用 | C 세 번이나 이용당했다
D 能吸取教训 | D 교훈을 받아들일 수 있다

단어 勤奋 qínfèn 형 근면하다, 매우 부지런하다 ｜ 吸取 xīqǔ 동 흡수하다, 받아들이다

해설 출판업자는 책에 대한 대통령의 매번 다른 대답을 이용하여 큰돈을 벌었다. 결국 대통령의 권위를 이용하여 독자를 끌어들인 것이고, 대통령은 그의 상술에 세 번이나 이용당했다. 따라서 답은 C다.

82

下面说法正确的是: | 다음 보기 중 옳은 것은:

A 出版商是勤奋的人 | A 출판업자는 부지런한 사람이다
B 总统喜欢第一本书 | B 대통령은 첫 번째 책을 좋아한다
C 三次广告都是真的 | C 세 번의 광고는 모두 진짜다
D 出版商挣了很多钱 | D 출판업자는 매우 많은 돈을 벌었다

단어 挣钱 zhèngqián 동 돈을 벌다

해설 본문의 마지막 부분에서 출판업자는 큰돈을 벌었다고 했으므로 답은 D다. 한편 대통령이 첫 번째 책이 괜찮다고 말한 이유는 출판업자에게 시달리는 것을 원하지 않아서다. 따라서 B는 답에서 제외된다.

83

最适合本文的标题是: | 본문의 제목으로 가장 적합한 것은:

A 怎样做广告 | A 어떻게 광고를 하는가
B 聪明的出版商 | B 똑똑한 출판업자
C 如何巧妙回答 | C 어떻게 교묘하게 대답하는가
D 被欺骗的总统 | D 기만당한 대통령

단어 如何 rúhé 대 어떻다, 어떠하다 ｜ 巧妙 qiǎomiào 형 재치가 있고 약삭빠르다, 교묘하다 ｜ 欺骗 qīpiàn 동 속이다, 기만하다

해설 본문은 출판업자가 대통령의 다른 대답을 이용하여 세 번이나 크게 이익을 취했다는 내용이다. 즉 출판업자의 총명함을 이야기하고 있으므로 답은 B다.

有一棵大树很自大，它对大地说："谁也没有我本领大。84(A)我的手臂能挡住强烈的阳光，给路人提供凉快的休息地，我的树枝能为人们搭秋千，让他们荡秋千。"86(B)它嘲笑房子太矮，大地太低，自认为很伟大。人们经常给它浇水，在树荫下点蜡烛，它把这看做是对它的崇拜。下雨了，人们成群结队地挤在树下躲雨，它却傲慢地不停摇晃，显示自己多么了不起。夜里月光透过它的枝叶照到大地，它说："你看，月亮都是先由我来享受，然后才轮到你。"大地不理它。一天傍晚，刮起了特大风暴。人们四处乱跑，可是没有一个人在树下躲避。大树在风雨中抖动着，不知所措，但怕被人嘲笑，故作镇静。不一会儿，它开始感到力不从心，脚跟松动了。85(D)惭愧地对大地说："没想到，世上还有比我更有力量的。"

한 큰 나무가 매우 잘난체하며 땅에게 "누구도 나보다 능력이 대단하지 않아. 84(A)내 팔은 강렬한 햇빛을 막아서 행인에게 시원한 쉴 곳을 제공해주지. 나의 가지는 사람들을 위해 그네를 놓아 그들이 그네를 타게 할 수도 있어."라고 말했다. 86(B)그는 건물은 너무 작고 땅은 너무 낮다고 비웃으며, 스스로가 매우 위대하다고 여겼다. 사람들은 자주 그에게 물을 주고 나무 그늘 아래에서 촛불을 켰는데, 그는 이것을 그에 대한 숭배라고 간주했다. 비가 오면 사람들은 떼를 지어 나무 아래에 모여 비를 피하였는데, 그는 오히려 오만하게 끊임없이 흔들어대며 자신이 얼마나 대단한지를 과시했다. 밤에 달빛이 그의 나뭇가지와 잎을 통과해 땅을 비추자, 그는 "거봐, 달도 우선 내가 먼저 누리게 하고, 그런 다음에야 네 차례가 되잖아."라고 말했다. 땅은 그를 무시했다. 어느 날 저녁 무렵 큰 폭풍이 몰아쳤다. 사람들은 사방으로 마구 뛰었지만 나무 아래로 피하는 사람은 한 사람도 없었다. 큰 나무는 비바람 속에서 떨면서 어떻게 해야 할지 몰랐지만, 사람들에게 비웃음당할까봐 일부러 평온한 척했다. 얼마 지나지 않아 그는 능력이 모자란다는 것을 느끼기 시작했고 발뒤꿈치가 흔들거렸다. 85(D)부끄러워하며 땅에게 "세상에 나보다 더 힘센 게 있다고는 생각지도 못했어."라고 말했다.

단어 自大 zìdà 형 뻐기다, 잘난체하다 | 大地 dàdì 명 대지 | 本领 běnlǐng 명 기능, 능력 | 手臂 shǒubì 명 팔 | 挡住 dǎngzhù 동 저지하다, 막아내다 | 强烈 qiángliè 형 세차고 강하다, 강렬하다 | 路人 lùrén 명 행인 | 树枝 shùzhī 명 나뭇가지 | 搭 dā 동 (다리 등을) 놓다, 세우다 | 秋千 qiūqiān 명 그네 | 荡 dàng 동 요동하다, 흔들리다 | 嘲笑 cháoxiào 동 조소하다, 비웃다 | 房子 fángzi 명 집, 건물 | 伟大 wěidà 형 훌륭하다, 위대하다 | 浇水 jiāoshuǐ 동 물을 끼얹다, 물을 뿌리다 | 树荫 shùyìn 명 나무 그늘 | 蜡烛 làzhú 명 초, 양초 | 看做 kànzuò 동 ~로 보다, ~라고 여기다 | 崇拜 chóngbài 동 숭배하다 | 成群结队 chéngqúnjiéduì 성어 모여서 무리를 이루다 | 躲雨 duǒyǔ 동 비를 피하다 | 傲慢 àomàn 형 오만하다 | 摇晃 yáohuàng 동 흔들다, 요동하다 | 显示 xiǎnshì 동 나타내 보이다, 과시하다 | 了不起 liǎobuqǐ 형 대단하다, 뛰어나다 | 月光 yuèguāng 명 달빛 | 透过 tòuguo 동 통과하다, 투과하다 | 枝叶 zhīyè 명 가지와 잎 | 享受 xiǎngshòu 동 누리다, 즐기다 | 轮 lún 동 (일을 할) 차례가 되다 | 不理 bùlǐ 동 상대하지 않다, 무시하다 | 傍晚 bàngwǎn 명 저녁 무렵 | 风暴 fēngbào 명 폭풍 | 四处 sìchù 명 사방, 여러 곳, 도처 | 躲避 duǒbì 동 피하다, 숨다 | 风雨 fēngyǔ 명 비바람 | 抖动 dǒudòng 동 떨다 | 不知所措 bùzhīsuǒcuò 성어 어쩔 줄을 모르다 | 故作 gùzuò 동 일부러 하다, 고의로 하다 | 镇静 zhènjìng 형 평온하다, 차분하다 | 力不从心 lìbùcóngxīn 성어 하고 싶으나 능력이 모자라다 | 脚跟 jiǎogēn 명 발꿈치, 발뒤꿈치 | 松动 sōngdòng 동 흔들거리다 | 惭愧 cánkuì 형 부끄럽다, 수치스럽다 | 力量 lìliang 명 힘, 역량

★★☆ | **유형** | 세부 내용 파악

84

根据本文，大树的优点是：

A 为人们提供休息地
B 比房子和大地都高
C 让人们非常崇拜它
D 在风暴中保持镇静

본문에 의하면, 큰 나무의 장점은：

A 사람들을 위해 쉴 곳을 제공한다
B 건물과 땅보다 높다
C 사람들이 그것을 매우 숭배하게 한다
D 폭풍 속에서 평온을 유지하다

 큰 나무는 강렬한 햇빛을 막아 행인에게 시원하게 쉴 곳을 제공해주고, 나무 아래에서 사람들이 그네를 타기도 한다고 하였으므로 답은 A다.

85 让大树觉得惭愧的是：

A 大地的嘲笑
B 人们的讨厌
C 月亮的批评
D 风暴的强大

큰 나무로 하여금 부끄럽다고 느끼도록 한 것은：

A 대지의 비웃음
B 사람들의 혐오
C 달의 비난
D 폭풍의 강대함

단어 强大 qiángdà 형 강대하다

해설 본문의 마지막 문장에서 큰 나무는 자신보다 더 강한 것이 있다는 것에 부끄러움을 느꼈다고 했으므로 답은 D다.

86 这篇短文的最佳标题是：

A 风和树
B 自大的大树
C 爱享受的树
D 伟大的大树

이 글의 가장 적절한 제목은：

A 바람과 나무
B 잘난체하는 큰 나무
C 누리는 것을 좋아하는 나무
D 위대한 큰 나무

해설 '잘난체하는 큰 나무'를 제목으로 하면 본문의 중심 내용을 잘 표현할 수 있다. 따라서 답은 B다. 본문 초중반에 큰 나무가 자신이 가장 뛰어나다며 우쭐거리는 내용이 등장하고, 결말 부분에서 큰 폭풍이 몰아치자 큰 나무가 자신의 미약함을 깨닫고 부끄러워하는 내용이 앞부분과 대비를 이룬다.

87-90

红海位于亚洲与非洲之间，[87(C)]海水不仅清澈透明，而且[87(A)]水温较高，很适合游泳、洗浴。所以，红海历来是世界上最著名的海滨休闲胜地，每年吸引大量游客在这里旅游度假。不过，红海最吸引人的地方，却是[87(B)]它常呈现为红色的海水。

[88(A)]红海地区的气候炎热干燥，海水蒸发强烈，这使红海的[88(D)]海水含盐量大，[88(C)]水温高。这些条件，正适合蓝绿藻类在这里大量繁殖生长。其实，蓝绿藻类的颜色并非蓝绿色，而是红色。[89/90(A)]在海水中出现大量的红颜色藻类，海水自然就被映照成红色了。

[89]其次，来自非洲撒哈拉大沙漠的红色沙尘暴经常侵袭红海上空。当狂风卷起一阵阵红色沙尘，散布在红海上空时，天空便被染成一片红色。[89]加上红海中被大风掀起的红色海浪，天空、海水，还有海岸边的红色岩壁，所有的一切都映现出红色，从而形成了美丽奇特的红海景色。

홍해는 아시아와 아프리카 사이에 위치한다. [87(C)]해수가 맑고 투명할 뿐만 아니라, [87(A)]수온이 비교적 높아, 수영이나 목욕을 하기에 매우 적합하다. 그래서 홍해는 줄곧 세계에서 가장 유명한 해변 휴양지이며, 매년 많은 여행객을 이곳에서 여행하고 휴가를 보내도록 끌어들인다. 하지만 홍해가 가장 사람들을 끌어들이는 점은 도리어 [87(B)]그것이 늘 붉은색 해수를 나타내는 데에 있다.

[88(A)]홍해 지역의 기후는 무덥고 건조하여, 해수가 크게 증발하는데, 이는 홍해의 [88(D)]해수에 소금 함유량을 많게 하고, [88(C)]수온을 높게 한다. 이런 조건들은 녹조류들이 이곳에서 대량으로 번식하고 생장하기에 딱 적합하다. 사실, 녹조류의 색깔은 푸른색이 아니라 붉은색이다. [89/90(A)]해수 속에서 대량의 붉은색 조류가 나타나면, 해수는 자연스럽게 붉은색으로 비추어진다.

[89]그 다음으로 아프리카 사하라 사막으로부터 오는 붉은색 황사가 자주 홍해 상공을 습격한다. 광풍이 한바탕 붉은색 모래 먼지를 말아 올려 홍해 상공에 퍼뜨릴 때, 하늘은 붉게 물든다. [89]게다가 홍해에서 큰 바람에 의해 일어난 붉은색 파도와 하늘, 해수, 그리고 해안가의 붉은색의 암벽 등 모든 것이 붉은색을 띠는데, 이로 인해 아름답고 기묘한 홍해의 경관이 형성된다.

단어 红海 Hónghǎi 명 홍해 │ 位于 wèiyú 통 위치하다, 자리 잡고 있다 │ 亚洲 Yàzhōu 명 아시아 │ 非洲 Fēizhōu 명 아프리카 │ 海水 hǎishuǐ 명 바닷물, 해수 │ 清澈 qīngchè 형 맑다, 투명하다 │ 透明 tòumíng 형 투명하다 │ 水温 shuǐwēn 명 수온 │ 洗浴 xǐyù 통 목욕하다 │ 历来 lìlái 줄곧, 항상 │ 海滨 hǎibīn 명 해변, 연해지대 │ 休闲 xiūxián 통 한가롭게 보내다, 휴식하다 │ 胜地 shèngdì 명 명승지 │ 大量 dàliàng 형 대량의, 다량의 │ 游客 yóukè 명 관광객, 여행객 │ 度假 dùjià 통 휴가를 보내다 │ 呈现 chéngxiàn 통 나타나다, 드러나다 │ 地区 dìqū 명 지역, 지구 │ 炎热 yánrè 형 무덥다, 찌는 듯이 덥다 │ 干燥 gānzào 형 건조하다, 마르다 │ 蒸发 zhēngfā 통 증발하다 │ 强烈 qiángliè 형 세차고 강하다, 강렬하다 │ 藻类 zǎolèi 명 조류, 말 │ 繁殖 fánzhí 통 번식하다 │ 生长 shēngzhǎng 통 생장하다, 성장하다 │ 并非 bìngfēi 결코 ~가 아니다 │ 映照 yìngzhào 통 비추다, 조영하다 │ 撒哈拉沙漠 Sāhālā Shāmò 명 사하라 사막 │ 沙尘暴 shāchénbào 명 황사, 모래 폭풍 │ 侵袭 qīnxí 통 침입하여 습격하다 │ 上空 shàngkōng 명 상공 │ 狂风 kuángfēng 명 노대바람, 광풍 │ 卷起 juǎnqǐ 통 말아 올리다 │ 阵 zhèn 양 바탕, 차례 │ 沙尘 shāchén 명 모래 먼지 │ 散布 sànbù 통 흩어지다, 퍼지다 │ 天空 tiānkōng 명 하늘, 공중 │ 加上 jiāshang 접 게다가, 거기에다가 │ 掀起 xiānqǐ 통 출렁거리다, 물결치다 │ 海浪 hǎilàng 명 파도 │ 海岸 hǎi'àn 명 해안, 바닷가 │ 岩壁 yánbì 명 암벽 │ 映现 yìngxiàn 통 (빛이 비쳐서 모양이) 보이다, 드러나다 │ 从而 cóng'ér 접 따라서, 이로 인해 │ 形成 xíngchéng 통 이루다, 형성하다 │ 奇特 qítè 형 기묘하다, 별나다, 색다르다 │ 景色 jǐngsè 명 경치, 경관, 풍경

★★☆ │**유형**│ 세부 내용 파악

87

下面哪一项不是红海吸引游客的原因?

다음 중 홍해가 여행객을 끌어들이는 원인이 아닌 것은 무엇인가?

A 海水水温较高
B 海水是红色的
C 海水清澈透明
D 临近撒哈拉沙漠

A 해수 수온이 비교적 높다
B 해수가 붉은색이다
C 해수가 맑고 투명하다
D 사하라 사막과 근접하다

단어 临近 línjìn 통 가까이 가다, 근접하다

해설 홍해가 사하라 사막과 근접한 것이 여행객을 끌어들이는 원인과는 전혀 무관하기 때문에 답은 D다. 첫 번째 단락에서 홍해의 해수는 맑고 투명하며, 수온이 비교적 높고, 붉은색이라고 언급했으므로 A, B, C는 답이 될 수 없다.

★☆☆ │**유형**│ 전체 내용 파악

88

下面哪一项不是红海地区的自然特征?

다음 중 홍해 지역의 자연 특징이 아닌 것은?

A 气候炎热
B 经常有降雨
C 海水水温高
D 海水含盐量大

A 기후가 무덥다
B 자주 비가 내린다
C 해수의 수온이 높다
D 해수의 소금 함유량이 높다

단어 降雨 jiàngyǔ 통 비가 내리다

해설 두 번째 단락에서 홍해 지역의 기후가 무덥고 건조하여 해수가 크게 증발한다고 하였으므로 A는 본문의 내용에 부합하지만, B는 부합하지 않는다. 따라서 답은 B다. 또한 이러한 기후가 해수의 소금 함유량을 많게 하고 수온을 높게 한다고 언급했으므로 C, D는 답이 될 수 없다.

89 造成红色海水的原因有几个?

A 1个
B 2个
C 3个
D 4个

붉은색 해수를 발생시키는 원인은 몇 가지인가?

A 1개
B 2개
C 3개
D 4개

해설 홍해의 해수가 붉은색을 띠게 만드는 것은 첫째, 해수 속의 붉은색 조류, 둘째, 사하라 사막의 붉은색 황사, 셋째, 해안가의 붉은색 암벽이다. 따라서 답은 C다. 본문 세 번째 단락에 **其次**와 **加上**이 있는 것을 보았다면 답을 보다 쉽게 찾을 수 있다. 이들은 주로 예를 열거하여 설명이나 주장을 할 때 쓰인다.

90 最适合本文的题目是:

A 为什么红海的海水是红色的
B 红海和撒哈拉大沙漠的关系
C 为什么红海是最适合游泳的海
D 红海：最著名的海滨休闲胜地

본문에 가장 적합한 제목은:

A 왜 홍해의 해수는 붉은색인가
B 홍해와 사하라 사막의 관계
C 왜 홍해는 수영하기에 가장 적합한 바다인가
D 홍해: 가장 유명한 해변 휴양지

해설 본문은 주로 홍해 해수가 왜 붉은지에 대해 그 원인을 설명하고 있으므로 답은 A다. 다소 난이도 있는 글을 읽다 보면 생소한 단어들과 자주 마주치기 마련이지만, 이런 것들은 글의 주요 내용이나 주제를 파악하는 데 거의 영향을 미치지 않는다는 것을 명심해야 한다.

제4회 阅读

书写

第一部分

91-98

★☆☆ |유형| 문장성분 파악

91 表演的　　很　　同学们　　汉语节目　　精彩

답　同学们表演的汉语节目很精彩。　　学生들이 공연한 중국어 프로그램은 매우 훌륭하다.

해설　주어는 **同学们表演的汉语节目**로 문장의 제일 앞에 나와야 한다. 그리고 형용사구인 **很精彩**가 술어로 나와야 한다. 여기에서 정도부사 **很**은 동작을 나타내는 동사인 **表演**을 수식할 수 없다는 점에 주의해야 한다.

同学们表演的 ＋ 汉语节目 ＋ 很精彩
관형어　　　　　　주어　　　　술어

★☆☆ |유형| 존현문 파악

92 一个游泳池　　食堂之间　　有　　图书馆　　和

답　图书馆和食堂之间有一个游泳池。　　도서관과 식당 사이에 수영장이 하나 있다.

단어　游泳池 yóuyǒngchí 명 수영장

해설　이 문장은 존현문으로, 어떤 곳에 어떤 사물이 존재한다는 것을 나타낸다. 따라서 문장의 기본구조가 '…和…之间有…'가 되어야 한다.

图书馆和食堂之间 ＋ 有 ＋ 一个 ＋ 游泳池
　　주어　　　　　　술어　관형어　목적어

★☆☆ |유형| 전치사(对) 파악

93 把握　　什么　　我对　　没有　　这次考试

답　我对这次考试没有什么把握。　　나는 이번 시험에 어떤 자신도 없다.

단어　把握 bǎwò 명 확신, 자신

해설　이 문장의 기본구조는 '…对…有(没有)…'이다. 对 뒤에는 동작의 대상인 **这次考试**가 와야 한다.

我 ＋ 对这次考试 ＋ 没有 ＋ 什么 ＋ 把握
주어　　부사어　　　술어　관형어　목적어

94 学习情况　　接下来　　汇报一下孩子们　　向各位家长　　的

답 接下来向各位家长汇报一下孩子们的学习情况。

이어서 각 학부모님들께 아이들의 학습상황에 대해 보고하겠습니다.

단어 接下来 jiēxiàlái 튄 다음으로, 이어서 │ 家长 jiāzhǎng 몡 가장 │ 汇报 huìbào 통 보고하다

해설 接下来는 부사로, 이 문장의 제일 앞부분에 놓아야 한다. 그 다음에는 전치사 向이, 向 뒤에는 사람을 가리키는 명사 各位家长이 와야 한다. 이 문장의 구조는 '向…汇报…的学习情况'이다.

接下来 ＋ 向各位家长 ＋ 汇报 ＋ 一下 ＋ 孩子们的 ＋ 学习情况
　부사어　　　부사어　　　술어　　보어　　관형어　　　목적어

★★★ │ 유형 │ 연동문 파악

95 必须　　丰富　　老百姓的文化生活　　想办法　　政府

답 政府必须想办法丰富老百姓的文化生活。

정부는 반드시 국민들의 문화생활을 풍부하게 할 방법을 생각해야 한다.

단어 政府 zhèngfǔ 몡 정부 │ 老百姓 lǎobǎixìng 몡 백성, 국민

해설 이 문장의 주어는 政府고, 必须는 부사, 想은 술어, 办法는 목적어로, '주어 ＋ 부사 ＋ 술어 ＋ 목적어' 순으로 배열해야 한다. 또한 목적어 办法의 구체적인 내용은 丰富老百姓的文化生活로, '술어(丰富) ＋ 목적어(生活)'의 연동문이 의미를 보충해주고 있다.

政府 ＋ 必须 ＋ 想 ＋ 办法 ＋ 丰富 ＋ 老百姓的文化生活
주어　　부사　술어　목적어　술어2　　　목적어2

★☆☆ │ 유형 │ 문장성분 파악

96 中国球迷　　广泛关注　　引起了　　的　　这篇报道

답 这篇报道引起了中国球迷的广泛关注。

이 보도는 중국 구기 종목 팬들의 폭넓은 관심을 불러일으켰다.

단어 球迷 qiúmí 몡 팬, 구기광 │ 广泛 guǎngfàn 혱 광범위하다, 범위가 넓다 │ 关注 guānzhù 통 관심을 가지다

해설 这篇은 '지시대사 ＋ 양사' 형태의 관형어로 쓰여 주어 报道를 수식하므로 문장의 제일 앞에 위치한다. 술어는 引起이며, 中国球迷的广泛关注가 목적어다. 广泛关注는 이 문장의 목적어로, 관형어 中国球迷的의 수식을 받으며 문장 제일 마지막에 쓰여야 한다.

这篇 ＋ 报道 ＋ 引起了 ＋ 中国球迷的广泛关注
관형어　주어　　술어　　　　목적어

97 解决问题　　这样做　　不能从　　还　　根本上

| 답 | 这样做还不能从根本上解决问题。 | 이렇게 해도 여전히 근본적으로 문제를 해결할 수는 없다. |

단어 根本 gēnběn 형 근본적인

해설 이 문장의 주어는 **这样做**이고, **从根本上**은 부사어로 동사구 **解决问题**의 앞에 놓아야 한다.

这样做 ＋ 还不能从根本上 ＋ 解决 ＋ 问题
　주어　　　　　부사어　　　　　술어　　목적어

98 当成　　这种人　　别人的东西　　经常把　　自己的

| 답 | 这种人经常把别人的东西当成自己的。 | 이런 사람은 늘 남의 물건을 자신의 것처럼 여긴다. |

해설 이 문장은 把자문으로 목적어를 '把+명사' 형식으로 만들어 술어 앞으로 전치시켜 행동을 가함을 강조한다. 문장의 기본구조는 '…把…当成…'이다. 여기서 **自己的**는 **自己的东西**라는 뜻이지만, 앞에 **东西**라는 단어가 이미 있기 때문에 **东西**가 생략되었음을 알 수 있다.

这种 ＋ 人 ＋ 经常 ＋ 把 ＋ 别人的 ＋ 东西 ＋ 当成 ＋ 自己 ＋ 的
관형어　주어　부사어　전치사　관형어　직접적목적어　술어　관형어　간접목적어

第二部分

★★☆ | **유형** | 화제 파악

99 秋天　爬山　优美　遗憾　门票

모범답안

我很喜欢运动，喜欢锻炼身体。特别是到了秋天的时候，我常常和朋友一起去风景名胜买门票爬山。每次到了山顶，看着山下优美的风景，我都会觉得所有的烦恼、所有的遗憾全部消失了。

나는 운동하는 것과 신체를 단련하는 것을 매우 좋아한다. 특히 가을이 되면, 나는 자주 친구와 함께 경치가 좋은 명소에 가서, 입장권을 사서 등산을 한다. 매번 산 정상에 도착해서 산 아래의 뛰어나게 아름다운 풍경을 보면, 나는 모든 괴로움과 유감스러움이 전부 사라짐을 느낀다.

단어 名胜 míngshèng 명 명소, 명승지 | 门票 ménpiào 명 입장권 | 山顶 shāndǐng 명 산꼭대기 | 优美 yōuměi 형 우미하다, 뛰어나게 아름답다 | 遗憾 yíhàn 명 유감 | 消失 xiāoshī 동 없어지다, 사라지다

해설 쓰기 제2부분 첫 번째 문제는 제시어를 이용하여 몇 가지 문장들을 생각해두고, 서로 연결할 수 있는 문장이 있으면 미리 연결한다. 그런 후 만들어낸 문장을 가지고 스토리를 구성해야 한다. 우선 제시된 다섯 개의 단어들 간의 의미상의 공통점을 유추해낸다. 제시된 단어들을 보고, '秋天 + 的时候', '喜欢 + 爬山', '买 + 门票', '风景 + 优美 / 优美的 + 风景', '정도부사 + 遗憾 / 有 + 遗憾' 등을 연상할 수 있다. 이것들을 잘 조합한 후 80자 정도의 작은 이야기를 써보자.

★★☆ | **유형** | 화제 파악

100

모범답안

吸烟对身体健康有害，是一种不好的习惯。吸烟不但会让人生病，还要花很多钱。吸烟不仅对自己的健康有害，还会影响别人的健康。为了让我们的身体更健康，生活更美好，请不要吸烟！

흡연은 건강에 해로우며 일종의 나쁜 습관이다. 흡연은 병이 생기게 할 뿐만 아니라 많은 돈을 쓰게 한다. 흡연은 자신의 건강에 해로울 뿐 아니라 다른 사람의 건강에도 영향을 준다. 우리의 몸이 더 건강할 수 있고 생활이 더 아름다울 수 있도록 흡연을 하지 말아야 한다!

단어 吸烟 xīyān 동 담배를 피우다, 흡연하다 | 有害 yǒuhài 형 유해하다, 해롭다 | 美好 měihǎo 형 좋다, 아름답다, 행복하다

해설 쓰기 제2부분 두 번째 문제는 그림을 보면서 먼저 상황을 설정하고 설정한 상황에 맞는 어휘나 구문을 떠올린 후 단문을 만든다. 그림을 보면 '흡연 금지 표시'가 있다. 먼저 흡연 금지와 관련된 어휘를 생각해보고, 흡연을 금지하는 장소, 흡연을 금지하는 이유 등을 생각하며 문장을 만들어보자. 흡연 관련 주제의 문제는 종종 출제되므로, 모범예문을 많이 외워두는 것도 한 방법이다.

MEMO

외국어 출판 40년의 신뢰
외국어 전문 출판 그룹
동양북스가 만드는 책은 다릅니다.

40년의 쉼 없는 노력과 도전으로 책 만들기에 최선을 다해온 동양북스는
오늘도 미래의 가치에 투자하고 있습니다.
대한민국의 내일을 생각하는 도전 정신과 믿음으로 최선을 다하겠습니다.

동양북스

📖 동양북스 추천 교재

회화 코스북

일본어뱅크 다이스키
STEP 1·2·3·4·5·6·7·8

일본어뱅크
New 스타일 일본어 회화
1·2·3

일본어뱅크 도모다찌
STEP 1·2·3

분야서

일본어뱅크
NEW 스타일 일본어 문법

일본어뱅크
일본어 작문 초급

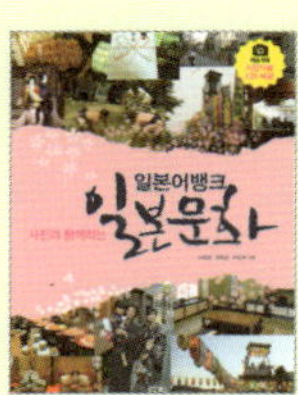

일본어뱅크
사진과 함께하는
일본 문화

일본어뱅크
항공 서비스 일본어

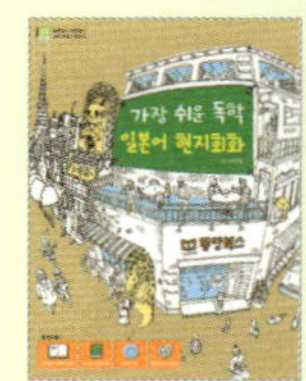

가장 쉬운 독학
일본어 현지회화

수험서

일취월장 JPT
독해·청해

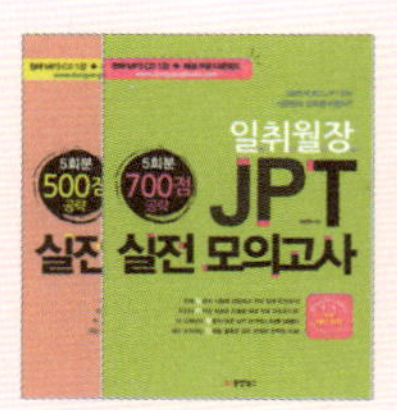

일취월장 JPT
실전 모의고사 500·700

新일본어능력시험
실전적중 문제집 문자·어휘 N1·N2
실전적중 문제집 문법 N1·N2

新일본어능력시험
실전적중 문제집 독해 N1·N2
실전적중 문제집 청해 N1·N2

단어·한자

특허받은
일본어 한자 암기박사

일본어 상용한자 2136
이거 하나면 끝!

일본어뱅크
New 스타일 일본어 한자 1·2

가장 쉬운 독학
일본어 단어장

500만 독자가 선택한

가장 쉬운
독학 일본어 첫걸음
14,000원

가장 쉬운
독학 중국어 첫걸음
14,000원

가장 쉬운
독학 베트남어 첫걸음
15,000원

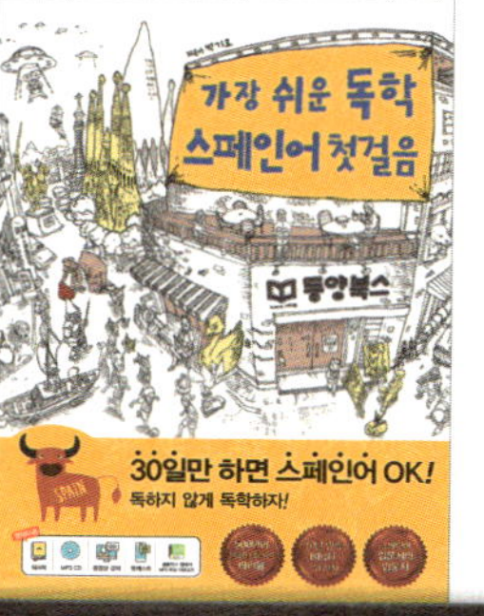

가장 쉬운
독학 스페인어 첫걸음
15,000원

가장 쉬운
프랑스어 첫걸음의 모든 것
17,000원

가장 쉬운
독일어 첫걸음의 모든 것
18,000원

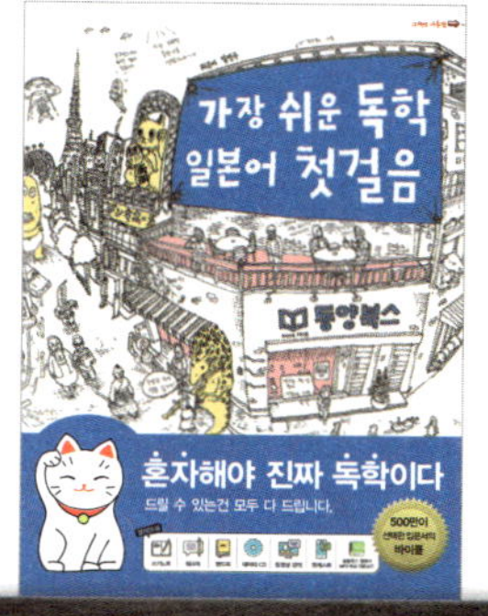

가장 쉬운
스페인어 첫걸음의 모든 것
14,500원

버전업! 가장 쉬운
베트남어 첫걸음
16,000원

버전업! 가장 쉬운
태국어 첫걸음
16,800원